3판

발달심리학

신명희 · 서은희 · 송수지 · 김은경 · 원영실
노원경 · 김정민 · 강소연 · 임호용 공저

Developmental Psychology

학지사

3판 머리말

『발달심리학』초판이 출간된 지 11년, 2판이 출간된 지도 7년의 시간이 흘렀습니다. 대부분의 사람이 태어나고 성장하면서 사춘기를 거치고 결혼을 하고 부모가 되고 노인이 되어 죽음을 맞이하는 비슷한 삶을 살아가는 것 같지만, 최근 몇년 사이에 급격한 사회적 변화로 인해 사람들의 삶의 모습과 경험의 차이는 더욱 커지고 있습니다. 이와 같은 경험의 차이는 부모와 자녀, 교사와 학부모는 물론 세대 간, 계층 간 소통의 어려움과 갈등을 증가시키고 있습니다. 또한 청소년들의 유해약물 사용과 게임 중독은 우려할 수준에 도달하였고, 은둔형 외톨이의 무차별적인 폭력적 행동은 사회를 불안하게 하고 있으며, 치매 노인의 급격한 증가로 노부모 간병에 대한 중년 자녀들의 스트레스는 그들의 삶의 질에 심각한 영향을 미치고 있습니다. 『발달심리학』에서 다루었던 이론과 쟁점들이 어느새 우리 사회가 해결해야 할 중요한 문제로 다가왔습니다.

지난 세대만 해도 3세대가 함께 살면서 경험과 지혜가 풍부한 할아버지, 할머니의 도움을 받으며 자녀를 잘 양육할 수 있었지만, 이러한 도움 없이 무한경쟁 가운데 있는 맞벌이 부모는 발달적 관점에서의 부모교육을 더욱 필요로 합니다. 평균수명이 늘어나 백세 인생을 살게 되면서, 중년의 은퇴 후 삶에 대한 고민은 전 생애 관점에서의 학습이 얼마나 중요한지 새삼 깨닫게 합니다. 어린이는 물론 어른까지 대부분의 사람이 정보를 얻고 있는 인터넷에서의 거짓 정보와는 구분되는 전 생애 발달에 관한 정확한 전문지식을 알려 줄 수 있는 책이 더욱 필요한 상황이 되었습니다. 발달에 관한 새로운 연구 결과를 빨리 독자들에게 전해 주는 것 또한 저자들이 해야 할 중요한 역할임을 인식하게 되어 3판의 개정을 진행하게 되었습니다.

3판에서는 최근 통계자료로 업데이트를 하였고, 발달에 관한 새로운 연구 결과들을 추가하였으며, 발달단계별 쟁점들을 좀 더 심도 있게 다루었습니다. 또한 전공하는 학생과 교사는 물론 학부모나 인간의 발달에 관심을 가진 모든 분이 쉽게 읽을 수 있도록 가독성을 높이기 위해 노력하였습니다.

급격한 사회의 변화와 함께 사람들의 삶의 모습도 다양하게 변화하면서 인간발달에 관한 이론과 연구 결과도 변화할 것입니다. 저희 저자들은 계속해서 자료들을 수정 · 보완하면서 한국인의 삶을 잘 이해하고 바르게 설명해 줄 수 있는 발달심리학 책을 집필하도록 노력하겠습니다.

2024년 2월
저자 일동

1판 머리말

발달심리학은 아이들과 우리 자신 그리고 부모님이 살아가는 우리들의 삶에 대한 이야기입니다. 인간은 누구나 태어나서 살다가 죽음을 맞이하는 같은 길을 걷지만 서로 다른 경험과 의미를 부여하면서 살아갑니다. 자신의 입장에서만 생각하던 아이가 사춘기를 겪으면서 어른으로 성장하고 아이를 낳아 부모가 되며 어느새 자녀를 떠나보내고 노인이 되어 죽음을 맞이하게 되는 인생의 이야기를 우리는 발달심리학을 통해 우리가 어떤 존재이고 어떻게 살아가야 하는지 성찰하게 됩니다. 각 시기마다 공통적으로 경험하게 되는 것이 무엇이며 사람들이 어떻게 다른지를 이해하는 것은 나만의 고민이 아니라 인간 공통의 고민과 경험임을 알 수 있습니다. 그래서 발달심리학은 발달을 공부하는 전공생만을 위한 딱딱한 이론서라기보다는 인생의 각 단계에서 자신의 삶을 이해하려는 독자들이 다른 사람을 이해하고 삶에 대해 더 많은 것을 알게 되며 가족 및 주변 사람들과 소통하는 데 필요한 인생의 길잡이라 할 수 있습니다. 가정에서 아이들과 소통하고 그들의 발달적 특징을 배우려는 부모님, 학교에서 학생들의 행동을 이해하고 지도하려는 선생님, 각 단계마다 인생의 목표를 찾고 의미 있는 삶을 살아가려는 우리 모두에게 이 책은 많은 도움이 될 것으로 믿습니다.

발달심리학에서 일반적으로 다루어지는 이론들을 소개하는 것을 넘어 우리 한국인의 삶의 이야기를 엮어 보자며 집필을 시작한 지 어느덧 3년이란 시간이 지났습니다. 저자들은 거의 매주마다 모여 토론하고 각 단계의 주요 주제에 대한 논의를 하면서, 때로는 책을 집필하기 위해 모였다는 것을 잊고 자신의 발달단계 고민을 나누는 의미 있는 시간을 보내기도 했습니다. 자신의 상황과 관계있는 주제를 맡아 각자의 자리에서 본인은 물론 가족과 이웃을 이해하고 웃고 우는 감동의 시간을 가졌습니다. 어린 자녀를 둔 엄마는 해당 파트를 쓰면서 아이를 더 많이 이해할 수 있었고, 사춘기 자녀의 부모는 사춘기의 갈등과 방황을 더 깊게 이해하고 아이와 화해할 수 있었습니다. 특히 성인기를 다루면서는 각 시기의 어려움을 겪고 있는 저자 자신들에 대해 전 생애적 관점에서 스스로를 돌아볼 수 있는 계기가 되었습니다.

발달심리학의 학문적 특성과 연구방법은 신명희 교수님께서 집필해 주셨고 각 발달단계별로 태내기와 신생아기는 서은희, 영아기는 송수지, 유아기는 김은경, 아동기는 원영실, 청소년기는 노원경, 성인전기는 김정민, 성인중기는 강소연, 노년기는 임호용, 죽음은 임호용, 김은경, 서은희가 공동으로 집필하였습니다. 각자 책임을 맡은 영역이 다르지만 함께 읽고 수정하는 과정을 겪으면서 어느 누구의 글이 아닌 공동의 글이 되었습니다.

아직 책을 내기에는 많이 부족하지만, 집필하는 시간이 길어지면서 최신의 자료로 원고를 수정해야 하는 경험을 하게 되었습니다. 이제는 사랑으로 키우던 아이를 애틋함과 우려로 떠나보내듯, 붙잡고 씨름하던 원고를 세상에 내놓으려고 합니다. 저자들은 보완할 점을 계속해서 고민해 나갈 것이며, 독자들이 책을 읽으면서 혹시라도 부족한 점을 확인하고 알려 주시면 지속적으로 수정하여 책의 완성도를 높이기 위해 더욱 노력하겠습니다.

이 책의 출간을 흔쾌히 맡아 주시고 3년의 시간을 묵묵히 기다려 주신 학지사 김진환 사장님과 편집과정에서 수고해 주신 백소현 과장님께 감사드립니다. 그리고 매주 우리와 함께하면서 도움을 주었던 박사과정의 이미진 선생에게도 저자 모두 고마움을 전합니다.

책을 쓰는 과정에서 저자들은 신명희 교수님의 사랑과 가르침을 확인할 수 있었습니다. 강단에서 학생들을 가르치는 저자들이지만 교수님 앞에서는 대학에 와서 발달심리학을 처음 배우는 학부생 같았습니다. 전체적으로 방향을 제시해 주시고, 작은 사례 하나도 그냥 넘기지 않으신 교수님의 가르침이 없었다면 이 책은 완성되지 못했을 것입니다. 긴 시간 동안 저희들을 이끌어 주시고 격려해 주신 교수님께 이 책을 바칩니다.

2013년 2월
저자 일동

차례

Chapter 01 발달심리학 서론 · 16

Chapter 02 태내기 prenatal period, 수정~출생 • 66

Chapter 03 출생과 신생아기 birth & newborn period, 출생~1개월 • 96

Chapter 04 **영아기** infancy, 1개월 이후~24개월 • **116**

Chapter 05 **유아기** early childhood, 2~6세 • **178**

Chapter 06 아동기 middle childhood, 6~12세 · 230

Chapter 07 청소년기 adolescence, 13~19세 · 282

Chapter 10 　**노년기** late adulthood, 65세~ • **418**

Chapter 11 생의 마지막과 죽음 준비 · 464

발달심리학 서론

시간은 삼라만상의 운명을 지배한다.
사람 또한 태어나서 죽을 때까지 시간이라는 굴레에 얽매어 있다.
시간의 지배에서 벗어나는 길은 죽음으로 시간의 굴레를 벗어던지는 것이다.

이웃집 아저씨의 탈출

이상호

물 샐 틈 없이 조여 오는
시간의 포위망을 뚫고
이웃집 아저씨가 달아났다
그는 지금 용인공원묘지 산1번지
양지바른 곳에 반듯이 누워
안도의 숨을 쉬고 있다

─오태진, 사설
'시간과 인간'(조선일보, 2006. 6. 24.) 중에서

CHAPTER 01

발달심리학 서론

1. 발달심리학의 성격

인간은 끊임없이 변화한다. 수정(conception)의 순간부터 인간은 그의 전 생애를 통해 계속될 변화의 과정을 시작한다. 좁쌀 한 톨만 한 단세포가 갓난아기가 되고, 말끝마다 "뭐야?" "싫어!"를 달고 다니는 얄미운 꼬마가 되고, 가끔씩 가당찮게 심각한 척하지만 그래도 어린이날은 꼭 챙기는 어린이가 되고, 얼굴 가득 여드름을 달고 풋풋한 젊은이로, 노련한 중년으로, 그리고 드디어 떠날 날을 앞두고 하루해를 보내는 노인이 되었다가 죽음으로 이 세상에서 사라진다.

그런가 하면 시간이 흘러도 변하지 않는 것이 있다.

"아침이 그 날을 보여 주듯이 어린 시절은 그 사람을 보여 준다."는 밀턴의 말처럼, 수줍은 소년은 수줍은 어른이 되고, 일흔 살의 노인은 많은 면에서 스무 살의 '그'와 같은 사람이다.

발달심리학은 이렇게 일생에 걸쳐 시간과 관련되어 일어나는 모든 변화(change)와 안정(stability)에 초점을 둔다.

1) 발달과 발달심리학

(1) 전 생애 발달(lifespan development)의 개념

과학자들은 생명이 만들어지는 수정의 순간부터 그 생명이 없어지는 죽음의 순간까지 전 생애에 걸쳐 시간의 흐름에 따라 일어나는 모든 체계적인 변화와 안정의 과정을 발달이라 정의한다. 체계적 변화는 일련의 순서와 양식에 따라 진행되는 것이므로 일시적인 상황에 따른 변화나 지속성이 없는 과도기적 변화는 발달의 변화에 속하지 않는다. 여기에서 시간은 중요한 조건이다. 시간의 흐름은 변화의 결과를 드러낸다. 처음에는 눈에 띄지 않던 변화가 시간이 지나면서 확실하게 그 차이를 보이는 발달의 현상으로 진행된다.

이전의 발달심리학은 영·유아와 아동·청소년의 변화에 초점을 두었지만 근래에 와서는 태아와 신생아, 성인, 노인을 포함하여 전 생애에 걸친 변화로 그 관심이 확대되었다. 발달심리학자들은 점차 발달을 일생의 과정, 즉 전 생애 발달의 개념으로 인식하게 되었다.

따라서 발달의 개념에는 키가 커지고 체중이 늘어나며 지식의 양이 많아지고 적응능력이 커지는 것과 같은 성장의 변화와 마찬가지로, 체력이 떨어지고 신체기능이 약화되며 기억력과 같은 인지 능력이 떨어지는 쇠퇴 또는 노화의 변화도 포함된다. 뿐만 아니라 전 생애 발달의 연구는 발달의 방향성이 일방적이지 않음을 제안한다. 성인기까지는 항상 성장 혹은 증가의 방향으로 변화하고 후기 발달이 언제나 쇠퇴 또는 감소의 방향으로 변화하는 것은 아니다. 예를 들어, 뇌의 신경세포는 출생에서부터 꾸준히 선택적으로 감소한다. 또한 후기 발달의 시기에서도 경험과 관련된 지능은 증가한다. 이처럼 발달의 어떤 단계에서도 성장과 감소의 변화는 함께 일어난다.

전 생애 발달
인간의 일생을 통해 일어나는 변화와 안정의 과정을 연구하는 학문

(2) 발달심리학의 성격

심리학이 인간의 생각, 감정, 행동을 연구한다면 발달심리학은 인간의 일생을 통해 생각, 감정, 행동의 변화와 안정을 탐구한다. 발달심리학은 전 생애를 통하여 일어나는 성장과 변화, 그리고 안정을 연구하는 학문이다.

발달심리학은 여러 분야의 연구들이 관련된 학제 간 학문이며 삶의 모든 분야에 적용되는 실용적인 과학으로 그 성격이 정의될 수 있다. 발달심리학은 그 시작에서부터 다양한 학문의 연구들로 구성되어 왔다. 왜냐하면 발달은 다양한 분야에서 일어나고 그 과정에서 많은 변인들이 영향을 주기 때문이다. 예를 들어, 사춘기의 발달을 이해하기 위해서 사춘기의 뇌기능 발달과 호르몬의 영향 같은 생

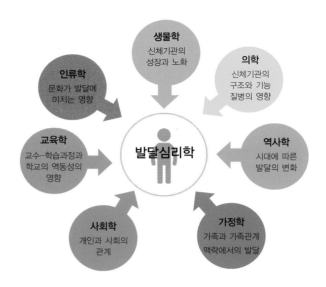

[그림 1-1] 학제 간 학문으로서의 발달심리학

물학과 의학에 관한 정보가 필요하고, 이러한 신체발달이 성격과 정서, 사회성에 미치는 영향에 관한 심리학의 연구가 필요하다. 뿐만 아니라, 사춘기 발달 변화에 영향을 주는 사회의 시대적·문화적 변화 그리고 가정과 학교의 역동성에 관한 정보도 필요하다. 이와 같이 발달심리학은 많은 관련 학문들—생물학, 의학, 인류학, 역사학, 사회학, 심리학, 교육학, 가정학 등—의 연구 결과로 이루어지는 학제 간 학문이다.

발달심리학의 연구 결과들은 양육, 교육, 사회정책과 같이 일상생활에 직접적으로 적용된다. 예를 들어, 생애 첫해의 애착연구는 양육방식의 변혁을 이루었고, 사춘기의 미성숙한 뇌기능 발달과 호르몬에 관한 연구 결과는 청소년 범죄 형량을 결정하는 데 핵심적인 역할을 하였다. 아동기발달의 정보들은 자녀가 행복하고 성공적인 삶을 살도록 키우기 원하는 부모에게 필수 지침서가 되었고, 성인발달에 관한 이해는 많은 성인들이 직업전환이나 은퇴결정, 치명적인 질환의 대처와 같은 생의 전환기를 이해하고 다루는 데 도움을 주고 있다.

발달학자들이 제시하는 대표적이고 평균적인 발달 변화과정과 속도는 개인의 발달평가에 중요한 기준이 되고, 교육 프로그램을 개발하는 준거가 된다.

발달심리학자들은 전 생애를 통하여 일어나는 성장과 변화, 그리고 안정의 발달현상을 조사하기 위하여 과학적인 접근을 한다. 다른 과학 분야의 연구자들처럼, 발달심리학자들은 과학적인 방법을 적용하여 발달의 성격과 과정에 관한 가정들(assumptions)을 검증한다. 발달에 관한 이론들을 발전시키고, 과학적 기술과 방법을 사용하여 가정의 정확성을 체계적으로 확정시켜 나간다.

과학으로서의 발달심리학은 기술(description), 설명(explanation), 예측(prediction), 그리고 개입(intervention)을 목표로 한다. 예를 들어, 발달심리학자들은 많은 아이들을 관찰하여 대부분의 아이들이 언제 말을 시작하고, 어떻게 말이 느는지를 사실적으로 기술하고, 다양한 나이의 행동에 대한 평균과 기준을 설정한다. 그리고 아이들이 어떻게 말을 배우며, 왜 어떤 아이들은 언어 습득이 지체되는지를 설명한다. 이러한 지식들은 다음의 행동, 즉 심각한 언어장애의 문제를 가질 수 있음을 예측할 수 있다. 마지막으로, 언어발달에 대한 이해는 언어발달지체에 적절히 개입하여 최적의 발달을 유지하도록 조절할 수 있다.

2) 발달의 범위: 영역과 단계

전 생애 발달연구는 그 주제에 따라서 신체와 인지, 심리사회의 세 영역을 구분하고, 생활연령으로 태내기, 신생아기, 영아기, 유아기, 아동기, 청소년기, 성인전기, 성인중기, 노년기의 단계로 그 특징을 구별한다.

(1) 발달심리학의 영역

발달심리학은 신체(physical), 인지(cognitive), 심리사회(psychosocial)의 세 주요 영역에서 일어나는 발달적 변화를 연구한다. 신체발달은 키, 몸무게와 같은 인간의 몸에서 일어나는 변화, 뇌와 심장 같은 신체기관의 구조와 과정의 변화, 운동 기능에 영향을 주는 골격, 근육, 신경계통의 변화를 포함한다. 신체발달은 발달이 진행되는 일정한 방향이 있다. 발달은 머리 쪽에서 발끝 쪽으로 진행되는 두미(cephalocaudal)방향과 신체의 중심부에서 말초 쪽으로 진행되는 근원(proximo-distal)방향으로 이루어진다. 태내발달에서 뇌와 척수의 발달이 가장 먼저 이루어지고, 신생아의 머리가 몸 전체의 1/4을 차지하는 발달의 현상을 그 예로 들 수 있다. 또한 몸통과 팔을 움직이는 운동에서 점차 손목과 손가락을 움직이는 운동으

신체발달
신체기관과 운동 기능을 포함한 몸과 뇌의 변화

두미방향
신체발달은 머리에서 발끝으로 진행됨

근원방향
신체발달은 중심부에서 말초 쪽으로 진행됨

로 발달이 일어난다. 인지발달은 언어, 학습, 기억, 사고, 추리, 창의력, 문제 해결력과 같은 지적 능력의 변화를 포함하고, 성격이나 정서, 사회적 관계의 변화는 심리사회적 발달 영역에 속한다.

발달의 주요 세 영역은 서로 관련되어 있고 서로가 영향을 주고받는다. 예를 들어, 유아기에 중이염을 심하게 자주 앓은 사람은 언어발달이 지체될 수 있고, 뇌세포의 손상은 치매로 인한 성격왜곡을 나타낸다. 인지 영역의 발달도 신체와 정서, 사회적 요인과 밀접하게 관련되어 있다. 언어발달이 빠른 아이는 다른 사람으로부터 긍정적 반응을 얻을 수 있고, 자부심도 느끼게 된다. 기억능력의 손상은 사회관계에 큰 영향을 끼친다. 심리사회적 발달도 신체와 인지의 발달에 영향을 준다. 사회관계가 원만하지 못한 외톨이는 그의 우수한 인지 능력과 신체적 조건이 아무런 의미가 없어지고 쓸모가 없을 수 있다. 동기와 자신감은 학업성취에 중요한 변인이 되고 우울이나 슬픔, 공포, 시험에 대한 불안과 같은 부정적 정서는 수행을 낮출 수 있다. 이처럼 발달의 주요 세 영역은 밀접하게 상호 관련되어 있

신체발달
신체 크기, 비율, 외형, 신체 기능, 지각능력,
운동능력, 신체 건강의 변화

인지발달
주의, 기억, 학업적 지식, 일상 지식, 문제해결
능력, 상상력, 창의력, 언어능력에서의 변화

심리사회적 발달
감정적인 의사소통, 자기이해, 다른 사람에 대한 이해, 대인관계기술,
우정, 친밀한 관계, 도덕추론, 행동에서의 변화

[그림 1-2] 발달심리학의 세 영역

으며, 발달은 하나의 통일된 과정임을 알 수 있다.

(2) 발달심리학의 단계

발달연구자들은 특정 영역의 발달이 어떤 시기에 어떻게 이루어지는가에 관심을 가진다. 일반적으로 전 생애는 비교적 넓은 범위의 나이 단계로 구분되는데, 수정(conceptions)에서 출생까지의 시기인 태내기(prenatal period)를 시작으로 신생아기(newborn period: 출생~1개월), 영아기(infancy: 1개월 이후~24개월), 유아기(early childhood: 2~6세), 아동기(middle childhood: 6~12세), 청소년기(adolescence: 12~20세), 성인전기(early adulthood: 20~40세), 성인중기(middle adulthood: 40~65세), 노년기(late adulthood: 65세 이후)로 나눠진다.

대부분의 발달학자들은 이 나이의 범위를 수용하지만, 그러나 실제로 나이는 여러 가지 면에서 임의적인 것이 사실이다. 그 시기의 구분이 확실한 시기가 있는가 하면, 어떤 시기는 그 시작이나 끝이 애매하여 분명하지 않다. 예를 들어, 영아기는 출생에서 시작되고 유아기는 초등학교에 입학하면서 끝이 난다. 청소년기는 사춘기의 시작, 즉 성적 성숙에서 시작된다. 그러나 성인전기의 시작 연령인 20세는 대부분의 산업화 사회에서는 다만 10대가 끝났음을 의미하는 것에 지나지 않

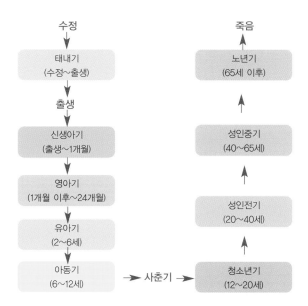

[그림 1-3] 전 생애 발달의 단계

는다. 대학에 재학 중인 19세와 20세는 크게 달라지는 것이 없으며, 졸업을 하고 사회에 진출하여 직장을 가지는 연령이 실제로 성인전기의 시작이라 할 수 있다. 이 시기는 개인의 차이나 시대와 문화에 따라 달라진다.

생물학적 성숙의 개인차와 더불어 환경적 변인들이 직업 선택, 결혼 등의 생애 특정 사건이 일어나는 시기에 영향을 주어서 초기 발달단계보다 후기 발달단계로 갈수록 나이의 구분은 더욱 어려워진다. 그러므로 발달학자들은 나이의 범위를 그 평균을 택하여 구분한다. 어떤 사람은 생의 이정표에 일찍 도달하고, 또 어떤 사람은 늦게 도착하기도 하지만 대부분의 사람들이 비슷한 나이 즈음에 도달한다.

이 책에서는 이러한 각각의 나이 단계에서 신체, 인지, 심리사회적 발달의 변화가 어떻게 일어나는지를 자세히 설명할 것이다.

3) 발달에 영향을 주는 요인들

무엇이 사람을 독특한 개체로 만드는가? 한 개인의 발달을 평가할 때는 모든 사람들이 경험하는 발달의 정상적인 과정뿐만 아니라 생각, 성격과 같은 특성이나 환경의 영향, 혹은 발달의 결과로 나타나는 개인차(individual differences)도 반드시 같이 고려되어야 한다. 사람들은 외모, 생각, 성격, 기질이 다르고 정서적 반응도 다르며, 가정이나 공동체, 사회, 인간관계와 같은 삶의 배경도 다르다. 발달은 전생애에 걸쳐 연속적으로 일어나고, 변화는 생의 어떤 시기에도 여러 가지 다양한 영향들의 결과로 일어난다.

개인차

특성, 영향 혹은 발달의 결과의 차이들

(1) 유전(heredity), 성숙(maturation), 환경(environment)

생물학은 발달변화의 가장 절대적인 원인이다. 아기가 기고 서고 걷는 것도, 사춘기의 초경과 갱년기의 폐경도 모두 성숙에 의해 일어나는 발달의 변화다. 성숙은 유전적으로 결정된 발달의 생물학적 시간표에 따라 일어나는 변화를 말하는 것으로, 사춘기는 생물학적 시계에 의해 나타나는 변화가 가장 큰 단계 중의 하나다. 그러나 이러한 시기조차 환경적 요인들에 의해 영향을 받는다. 심한 다이어트나 지나친 운동은 사춘기를 지연시킨다. 과잉 영양으로 오는 비만도 사춘기가 너

성숙

유전적으로 결정된 발달의 생물학적 시간표에 따라 일어나는 변화

무 일찍 오는 성조숙증을 일으킨다. 유전과 환경의 복합적 영향은 발달에 관련된 문제에서 더 자세하게 다룰 것이다.

(2) 문화(culture), 민족(ethnicity), 인종(race)

어떤 일이 언제 일어날지 기대할 수 있는 것처럼, 우리의 생애는 사회적 시계에 의해서도 영향을 받는다. 학교에 들어가고 떠나는 시기, 결혼하고 아이를 기르는 시기, 은퇴의 시기는 모두 그 문화에 의해 정해진다. 실제로 문화의 영향은 사상과 신념, 관습에서부터 일상의 사소한 일들까지 수많은 면에서 우리의 삶을 이루어 간다.

민족이란, 정체성과 신념, 가치 등을 공유할 수 있는 그들만의 구별되는 문화와 조상, 종교와 언어, 국가의 기원으로 하나가 된 사람들의 집단을 말한다. 민족과 문화의 형태는 가족의 구성, 경제·사회적 자원, 음식, 종사하는 직업, 사회관계의 방식, 아이들의 놀이, 학습의 방법, 가족들의 세계관을 통해 발달에 영향을 준다(Parke, 2004).

인종의 개념은 불확실해지고 있다. 인종은 피부색과 같은 신체적·구조적 특징으로 종을 분류할 때 사용하는 생물학적 개념인 반면에, 민족이란 문화적 배경, 국적, 종교, 언어에 해당되는 더 넓은 개념이다. 그러나 점차 인종은 생물학적 성격을 넘어 사회적 구성의 개념이 되었다. 그 범위가 피부색에서부터 문화와 종교까지, 실제로 인종은 많은 경우 부적합하게 그 의미를 확대시켜 왔다. 인종의 개념이 워낙 애매해서 그 정의에 따라서는 3개부터 300개까지의 인종으로 분류되며, 어떤 인종도 생물학적으로 순수하지 않다. 더구나, 생물학적 요인으로서 인종은 환경과 문화의 맥락에서 독립적일 수 없다. 특정 행동이나 일련의 행동양식을, 그가 양육된 환경을 무시하고 단지 인종으로만 귀인하는 것은 불가능하다.

문화, 민족, 인종의 범주는 점차 그 경계가 모호해져 감에 따라, 앞으로 발달연구도 특정 지역(북아메리카와 유럽)의 발달에 초점을 둔 학문에서 온 지구상의 발달을 아우르는 분야로 움직여 갈 것이다(Feldman, 2003).

(3) 규범적 영향과 비규범적 영향(normative and nonnormative influences)

우리를 변화시키는 삶의 경험 중에는 전혀 예측하기 어려운 독특한 경험들이 있다. 사랑하는 사람의 죽음, 전쟁이나 천재지변, 혹은 특정한 시기에 만난 어떤 사람 등은 우리를 다른 사람으로 만든다. 발달의 예측성과 비예측성을 이해하기 위해서 두 종류의 **규범적 영향**, 즉 한 사회 대부분의 사람들에게 비슷한 영향을 주는 생물학적 혹은 환경적 사건의 영향과, 단지 특정 사람에게만 발생한 사건의 비 **규범적 영향**을 살펴볼 필요가 있다(Baltes & Smith, 2004).

규범적 동일연령집단 영향(normative age-graded influences)은 어디서 어떻게 자라나든 상관없이 특정한 연령집단의 사람에게 일어나는 매우 비슷한 생물학적 사건이나 환경적 사건의 영향을 말한다. 예를 들어, 정상적인 발달의 범위 내에서 사춘기나 갱년기와 같은 생물학적 사건의 시기는 상당히 예측 가능하다. 사람들은 35세에 사춘기를 경험하거나 12세에 갱년기를 경험하지는 않는다.

규범적 동시대집단 영향(normative history-graded influences)은 특정한 역사적 사건과 연결된 생물학적 영향과 환경적 영향을 일컫는다. 동시집단효과(cohort effect)가 그 예 중 하나다. 전염병, 전쟁, 기근, 천재지변과 같은 역사적 사건은 같은 시기에 태어난 **동시집단**(cohort)이거나 혹은 같은 역사적 사건을 경험한 **동시대세대**(historical generation)의 행동과 태도를 형성하는 데 영향을 준다. 예를 들어, 대공황과 제2차 세계대전을 살아온 세대는 지금의 세대에게는 뚜렷하게 나타나지 않는 강한 사회적 상호의존성과 신뢰감을 보이는 경향이 있다(Rogler, 2002). 동시대집단 영향의 강도는 사건의 유형, 개인의 연령 그리고 장·단기에 걸쳐 사건이 주는 개인적·사회적 효과에 따라 달라진다.

비규범적 영향은 개인의 삶에 치명적인 충격을 주어 정상적인 생애주기를 교란시키는 예외적인 사건들이거나 혹은 어린 나이에 당한 부모의 사망과 같이 예외적인 시기에 일어나는 일상적인 사건의 영향을 말한다. 비규범적 사건들은 바람직할 수도 있고 그렇지 않을 수도 있는데, 예를 들자면, 복권에 당첨되거나 국무총리로 발탁이 될 수도 있고, 사고를 당하거나 직장에서 해고될 수도 있다. 이런 영향들은 때로 인간의 통제 밖에 있거나 삶을 통째로 바꿀 전환점으로 인식될 만큼 극심한 도전으로 나타난다. 다른 한편으로, 사람들은 때로는 자신의 비규범적생의 사건을 창조하는 데 일조하기도 하는데, 50대 중반에 아기를 가질 결심을 하거나 스카이다이빙과 같은 위험한 취미생활을 함으로써 자신의 발달에 적극적으로 참여한다.

규범적 영향
한 집단의 대부분의 사람에게 비슷한 방식으로 일어나는 사건의 영향

비규범적 영향
특정한 사람에게만 일어나는 예외적인 사건 혹은 예외적인 시기에 일어나는 일상적인 사건의 영향

동시집단
같은 시기에 태어난 사람들의 집단

동시대 세대
같은 역사적 사건을 경험한 사람들의 집단

4) 발달과 관련된 문제들

다른 과학에 비해 발달심리학은 비교적 새로운 분야 중 하나다. 인간이 어떻게 성장하고 변하는지에 대한 관심은 오래전부터 계속되어 왔지만 발달심리학이 분리된 학문의 한 분야로 성립된 것은 19세기 말에서 20세기 초에 이루어졌다. 성립기부터 발달적 변화의 본질에 관련된 핵심 논제와 의문들이 끊임없이 거론되어 왔다. 그 주요 논점은 발달의 특성, 결정적 시기의 중요성, 천성과 양육의 논쟁이다.

(1) 연속적 변화(continuous change) 대 불연속적 변화(discontinuous change)

발달심리학자들의 주요 논점 중 하나는 발달이 연속적 혹은 불연속적 형태로 진전되는가다. 연속적 변화의 관점에서는 발달을 지속적인 양적 변화의 과정으로 본다. 이전 경험 위에 새로운 사건이나 변화가 질서정연한 방식으로 덧붙여지는 연속적인 과정을 발달이라고 한다(Rutter, 1987; Wohlwill, 1973). 그러므로 연속적 변화는 종류가 아니라 정도의 변화를 의미한다. 예를 들어, 성인기까지의 키의 성장은 점차로 일어나고, 같은 방식으로 진행된다.

> **연속적 변화**
> 이전 경험 위에 새로운 경험이 덧붙여지는 점진적인 양적 변화

반면에, 불연속적 변화의 관점에서는 발달을 구별되는 단계(stage)로 일어나는 질적 변화의 과정으로 본다. 이전 단계의 행동과 질적으로 다른 행동이 만들어지는 방식으로 일련의 단계가 순차적으로 전개되는 것을 발달이라고 한다. 예를 들어, 일군의 인지심리학자들은 우리의 사고는 발달에 따라 근본적인 변화가 일어나서 질적으로 달라진다고 주장한다. 불연속적 변화로서의 단계의 개념은 몇 가지 특성을 지닌다. 첫째, 이전 발달단계와 그다음 발달단계는 질적으로 다르다. 예를 들어, 기는 행동과 걷는 행동은 질적으로 다르다. 둘째, 각 발달단계는 그 단계 내의 모든 변화를 지배하는 주제가 있다. 위의 예에서, 한 발짝씩 간신히 걷기 시작하는 행동이나 뛰듯이 빨리 걷는 행동 모두가 '걷는다'는 주제로 귀속된다. 셋째, 발달단계는 모든 개인에게 동일한 순서로 진행된다. 그러나 각 발달단계의 진행속도에는 개인차가 있다. 예를 들어, 모든 아이는 기는 단계를 거쳐 걷게 되고, 그다음에 뛰게 된다. 그러나 몸을 뒤집어 기기 시작하는 시기나 처음 한 발짝을 걷기 시작하는 시기는 아이들에 따라 다를 수 있다.

> **불연속적 변화**
> 이전 단계의 행동과는 질적으로 다른 행동의 단계로 구별되는 질적 변화

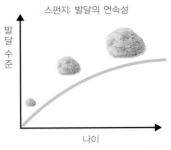

스펀지: 발달의 연속성

마른 스펀지는 물을 머금을수록 그 크기가 점점 커진다. 그러나 형태는 변하지 않는다.

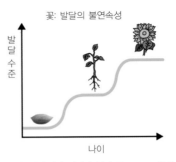

꽃: 발달의 불연속성

꽃은 자라면서 씨앗과 잎과 꽃으로 그 형태가 변한다.

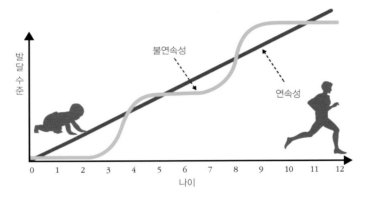

[그림 1-4] 발달의 연속성과 불연속성

참조: Cole & Cole (1993).

대부분의 발달학자는 발달이 연속적 혹은 불연속적이라는 양자택일의 입장이 적절하지 못하다고 생각한다. 관점에 따라 발달은 양적 변화일 수도 있고 질적 변화일 수도 있다고 설명한다. 많은 발달의 변화가 연속적이지만 그러나 어떤 발달의 변화는 확실히 불연속적 변화다. 혹은 단기간의 발달변화는 연속적이지만 장기간의 발달변화는 질적으로 다른 단계로 분류할 수 있다. Siegler(1991)는 "멀리서 보면 아동의 사고는 단계적으로 변화하는 것 같다. 가까이에서 보면 같은 변화라도 종종 점진적·연속적 변화처럼 보인다."고 하였다.

(2) 결정적 시기(critical periods)

임신 11주의 산모가 풍진에 걸렸다면 그 태아는 잠재적으로 시각장애나 청각장애, 또는 심장 결함의 위험한 상황에 있다고 진단한다. 그러나 만일 산모가 임신 30주에 같은 질병에 노출되었다면 태아가 입을 수 있는 손상은 그리 심각하지 않다. 이렇게 질병에 노출된 시기에 따라서 그 질병의 영향이 달라지는 것이 바로 결정적 시기의 개념이다. 결정적 시기란 어떤 주어진 사건 혹은 그 사건의 결여가 발달에 지대한 영향을 주는 특정한 시기를 말한다.

결정적 시기
어떤 사건의 출현 혹은 결여가 발달에 지대한 영향을 주는 특정한 시기

오스트리아의 생태학자인 Konrad Lorenz(1952)의 각인연구는 결정적 시기를 설명하는 좋은 예다. 그의 연구에서, 갓 부화한 새끼오리들은 본능적으로 처음 보이는 움직이는 물체를 어미로 알고 따라다닌다. 그는 이 현상을 각인(imprinting)이라 하였는데, 짧은 결정적 기간 동안에 특정 정보를 획득하려는 유기체의 신경체계의 준비도라고 하였다.

각인
발달 초기의 결정적 시기 동안에 새끼 동물이 처음 보이는 움직이는 물체에 애착을 형성하는 학습의 본능적 형태

초기의 발달심리학에서는 이 결정적 시기의 중요성을 크게 강조했지만, 근래에 와서는 특히 성격과 사회성 발달 영역의 많은 부분에서 사람은 종래의 생각보다 더 유연하다는 연구 결과들이 많아졌다. 예를 들어, 초기 사회경험의 어떤 부분의 결핍에서 오는 손상이 비교적 영구적이라는 주장은 그 초기의 장애를 후기의 경험으로 극복할 수 있다는 제안으로 대체되고 있다. 그래서 오늘날의 발달학자들은 결정적 시기보다는 **민감한 시기**(sensitive periods)라고 말한다. 민감한 시기에 유기체는 환경의 특정 종류의 자극에 특별히 더 민감해진다. 그러나 결정적 시기와는 달리, 민감한 시기 동안에는 그 자극이 결여되더라도 그 결과가 언제나 회복될 수 없는, 비가역적인 결과가 되는 것은 아니다(Thompson & Nelson, 2001).

민감한 시기
특정한 종류의 경험에 특별히 민감한 발달의 시점

(3) 천성(nature)과 양육(nurture)의 상대적 영향

발달에 있어서 가장 널리 알려진 질문 중의 하나는 인간의 행동이 얼마나 유전 혹은 환경에 의해 결정되는가에 관한 것이다.

천성은 부모로부터 물려받은 선천적인 기질, 능력, 역량을 말한다. 이는 곧 성숙의 과정으로, 유전적 소인에 의해 생산되는 모든 요인을 포함한다. 유전은 우리의 눈이 쌍꺼풀인지, 대머리인지, 시력이 근시인지 등에 영향을 준다.

반면에, 양육은 행동을 형성하는 환경적 영향을 말한다. 산모가 섭취한 코카인이 그 태아에게 미치는 영향이나 아이에게 제공되는 음식의 종류와 양 같은 생물학적 영향과, 부모의 훈육이나 사춘기 또래의 압력과 같은 사회적 영향이 있다. 그리고 사회경제적(socioeconomic) 조건처럼 더 큰 사회적 수준의 영향도 있다.

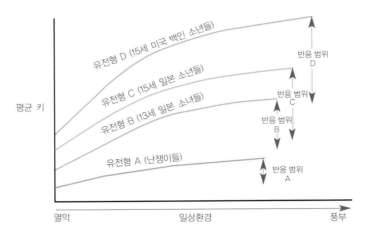

[그림 1-5] 키의 성장에 미치는 유전과 환경의 영향

가장 작은 키 유전형에서 큰 키로 갈수록 환경의 영향이 미치는 범위가 커진다. 유전형 A는 환경이 열악할 때와 풍부할 때 나타나는 키의 정도가 크지 않지만, 가장 큰 키 유전형 D는 열악한 환경에서 자랄 수 있는 키의 정도와 풍부한 환경에서 자랄 수 있는 키의 차이가 매우 크다.

참조: Cole & Cole (1993).

만일 우리의 행동이나 특질이 오로지 유전이나 혹은 환경의 영향만을 받는다면 이 문제에 대한 논쟁은 훨씬 줄어들 것이다. 그러나 대부분의 행동에서 이런 경우는 거의 없다. 가장 치열한 논쟁을 불러일으키는 지능을 예로 들어 보자. 지능이 부모로부터 물려받은 유전적 특질에 의해 결정되는지 아니면 환경적 조건, 즉 양육에 의해 결정되는지의 문제는 과학에서부터 사회정책과 정치의 분야까지 그 논쟁이 확장되고 있다. 만일 지능이 유전자에 의해 처음부터 결정되어 태어날 때부터 이미 고정되었다면, 우리의 지적 능력의 개선을 위한 노력은 모두 실패할 수밖에 없을 것이다. 반대로, 만일 지능이 부모의 양육행동이나 또래의 영향과 같은 환경적 요인들의 결과라면 우리는 학교교육이나 지적 자극과 같은 사회적 조건이 지능을 증가시켜 줄 것을 기대할 수 있을 것이다.

여러 차례 거론되었던 것처럼, 발달학자들은 행동이 온전히 어떤 한쪽의 결과라는 것을 거부한다. 유전과 환경의 상대적 중요성에 관한 논쟁이 사라진 것은 아니지만, 많은 발달학자들은 어느 쪽이 더 중요한가보다는 유전과 환경이 서로 어떻게 상호작용하는가를 설명하는 데 좀 더 관심을 가진다.

2. 발달심리학의 이론

17세기 이전까지 유럽에서는 '아동기'라는 개념이 없었다. 대신에, 아동을 단지 작은 어른으로 생각하였다. 어른과 같은 욕구와 욕망을 가지고, 어른과 같은 사악함과 미덕을 가지며, 어른보다 더 많은 특권을 보장받지 못하고, 어른과 같은 방식으로 옷을 입었고, 작업 시간도 같았다. 잘못에 대해서도 어른과 같은 벌을 받았다. 도둑질을 하면 교수형을 당했고, 잘하면 어른처럼 성공할 수 있었다(Aries, 1962).

17세기 이전까지 아동은 크기에서만 작은 어른일 뿐 '아동기' 개념이 없었다. 그 시대의 관점에서 인간은 평생을 통해 그 '크기'를 제외하고는 실제로 변하지 않는 것으로 보았다. 아동에 관한 이해와 사회적 관심의 발전은 발달심리학의 성립에 중요한 요인으로 작용하였다. 아동기에 관한 연구와 더불어 발달을 연구하기 시작한 것은 비교적 근래의 일이다. 성인발달과 노년을 포함한 전 생애의 변화에 관한 관심과 조사는 1960년대와 1970년대에 이르러서야 나타나기 시작했다(Elder, 1974). 그럼에도 불구하고 어떻게 인간이 자라고 변화하는지에 대한 아이디어는 수세기 동안 이어져 왔으며, 이러한 추측들이 과학적 연구를 통해 발달의 이론들로 구성되었다.

발달을 연구하는 학자들은 다양한 관점에서 발달의 현상에 접근한다. 각각의 관점은 하나 혹은 그 이상의 이론을 포함하고 있는데, 다양한 영역을 설명하는 다양한 이론들은 저마다 다른 목적을 가지고 있다. Freud나 Piaget의 이론은 설명이 주된 목적이고, Skinner식 접근과 행동수정이론의 일차적 목적이 행동의 예측과 통제라면, Bronfenbrenner의 생태학적(ecological) 접근의 목적은 발달현상의 기술이다.

이제 우리는 발달심리학의 주요 이론적 관점들(정신분석, 행동주의, 인지주의, 인본주의, 생태학적 이론)을 살펴볼

17세기 유럽 화가 디에고 벨라스케스의 〈푸른 드레스를 입은 마르가리타 공주〉(1659년 作)에서도 어린아이는 어른과 같은 방식의 옷을 입고 있다.

것이다. 각각의 관점들은 다른 종류의 발달 과정을 강조하고, 앞에서 설명한 발달과 관련된 문제에서 서로 다른 입장을 취한다. 이 관점들은 연구자들이 제기하는 문제와 그들이 사용하는 연구방법, 자료를 해석하는 방식에 영향을 준다. 그러므로 발달의 연구를 평가하고 해석하는 데 있어서 각 관점들의 입장을 인지하고 있는 것은 중요하다. 여기에서는 각 이론들의 주요 관심현상과 원리들을 개관할 것이고, 앞으로 이 책의 전 부분에서 각 발달단계에 해당되는 상세한 내용을 설명할 것이다.

1) 정신분석적 관점(the psychoanalytic perspective)

정신분석적 관점은 한 개인의 내적 구조와 그 역동성에 초점을 맞춘다. 인간의 행동은 자신이 거의 의식하지 못하고 통제하기 힘든 내부의 힘, 갈등, 기억들에 의해 유발된다고 믿는다. 어린 시절에 뿌리를 둔 이 내적 힘은 일생 동안 지속적으로 행동에 영향을 준다.

(1) Freud의 정신분석이론(psychoanalytic thoery)

비엔나의 정신과 의사였던 Sigmund Freud(1856~1939)의 정신분석이론은 심리학과 정신의학에 지대한 영향을 주었을 뿐만 아니라 인류의 역사에 한 획을 그을 만큼 혁명적인 사상이었다.

Freud의 정신분석이론은 무의식의 힘이 행동과 성격을 결정한다고 주장한다. 그에 의하면, 우리의 의식세계는 우리가 전혀 알아차리지 못하는 무의식(unconscious)과 노력을 하면 알 수도 있는 전의식(preconscious), 주의를 집중하면 알아차리게 되는 의식(conscious)의 수준이 있다고 한다. [그림 1-6]에서 보듯이 의식은 수면 위에 떠 있는 빙산의 작은 부분이고, 전의식의 대부분과 무의식의 모든 부분은 물속에 잠겨 있어서 쉽게 알아차릴 수 없다. 무의식에는 우리가 알아차리지 못하는 유아적 소망, 욕망, 갈망, 억압된 기억들이 숨겨져 있으며, 우리의 일상적인 행동의 상당 부분은 무의식에서 기인된 것이다.

Freud는 성격이 원초아, 자아, 그리고 초자아의 세 개 측면으로 구성되어 있다고 한다. 원초아(id)는 성격의 가장 원초적인 부분으로, 기본적인 생물학적 충동

원초아

성격의 가장 원초적인 부분으로, 성적이고 파괴적인 본능으로 구성됨

Sigmund Freud(1856~1939)는 오스트리아의 신경학자로 1859년 가족이 비엔나로 이주한 후 평생을 오스트리아에서 보냈다. 의과대학에서 신경의학(neurology)을 공부하였고 이후 히스테리 증상에 대해 연구하였는데, 환자들이 최면(hypnosis)을 통해 무의식으로 억압된 감정을 드러내도록 함으로써 히스테리 증상 치료에 성공하였다. 그러나 최면이 모든 환자에게 효과적이지 않다는 것을 깨닫고, 마음속에 떠오르는 생각을 자유롭게 이야기함으로써 무의식 속의 사고와 감정에 도달하게 하는 자유연상법(free association)을 개발하여 환자들을 치료하였다. 1896년 이 치료법을 '정신분석'이라고 명명한다. 1900년 이후 꿈, 착각, 해학과 같은 정상심리도 연구하고 소아성욕론도 주장하였다. 주요 저서로는 『히스테리의 연구』(1895), 『꿈의 해석』(1900), 『성(性)이론에 관한 세 가지 논문』(1905), 『정신분석입문』(1917) 등 다수가 있다.

Sigmund Freud

들, 즉 먹고 배설하고 고통을 피하고 성적 쾌감을 얻으려는 욕구와 공격적이고 파괴적인 본능으로 구성되어 있다. 원초아는 이러한 본능에 대한 즉각적인 만족을 추구하며, 외부 상황들에 상관없이 고통을 피하고 쾌락을 얻으려는 쾌락원칙(pleasure principle)에 따라 작용한다. 원초아는 무의식에 속해 있으며 현실세계와 접촉이 전혀 없다. 자아(ego)는 합리적이고 이성적인 성격의 부분으로, 아동이 현실의 요구를 고려하는 것을 배우게 됨에 따라 발달된다. 아이들은 자신의 충동이 항상 즉각적으로 충족될 수 없다는 것을 알게 되고 적절한 환경조건이 발견될 때까지 기다려야 한다는 것을 배운다. 자아는 현실원칙(reality principle)에 따른다.

자아

현실적이고 합리적인 성격의 부분

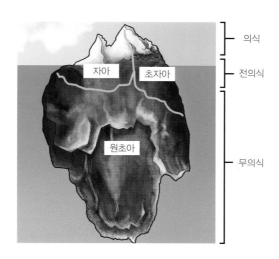

[그림 1-6] Freud의 성격구조

어떤 행동이 적절하고 원초아의 어느 충동이 어떤 방식으로 충족되어야 하는지를 결정짓는 성격의 '집행자'이며, 원초아의 본능적 요구와 현실세계, 그리고 초자아의 요구들 사이를 절충하는 중재자라 할 수 있다. 초자아(superego)는 부모와 다른 사람들이 아동에게 가르쳐 준 사회의 가치와 도덕의 내면화된 표상이다. 이것은 개인의 양심으로, 행동의 옳고 그름을 판단한다. 원초아는 쾌락을 추구하고, 자아는 현실을 검증하며, 초자아는 완전을 추구한다.

Freud는 아동기를 통해 성격에 영향을 주는 몇 개의 발달단계가 있음을 제안하였다. 발달을 이끄는 중요한 힘으로 성적 에너지인 리비도(libido)를 상정하고, 리비도가 신체의 어느 부분에서 만족을 얻느냐에 따라 구강기(oral stage), 항문기(anal stage), 남근기(phallic stage), 잠재기(latency period), 성기기(genital stage)의 심리성적 발달(psychosexual development) 단계로 구분하였고(〈표 1-1〉 참조), 특히 남근기까지 초기의 세 단계는 성인의 성격형성에 중요한 단서가 된다고 하였다. 그에 따르면, 어떤 단계에서 충분한 만족을 얻지 못하거나, 반대로 너무 지나치게 과잉충족이 되면 그 단계에 고착된다. 고착(fixation)은 해결되지 못한 갈등으로 인해 특정 발달단계를 반영하는 행동을 말한다. 예를 들어, 구강기에 고착이 된 성인은 구강의 행위, 즉 먹고, 말하고, 씹는 행동 등에 지나치게 탐닉하고, 빈정대고 비꼬는 행동을 잘한다. 발달단계에 대한 자세한 내용은 해당되는 장에서 설명될 것이다.

초자아

행동의 옳고 그름을 판단하는 개인의 양심

심리성적 발달

Freud가 제안한. 성적 만족이 특정 신체 기능과 부분에 집중되는 일련의 발달단계

고착

해결되지 못한 갈등으로 인해 특정 발달단계를 반영하는 행동

표 1-1 Freud의 심리성적 발달단계

단계	연령	주요 특징
구강기	0~18개월	• 구강활동을 통한 쾌를 추구 • 원초아가 지배함
항문기	18개월~2, 3세	• 배설활동을 통한 쾌를 추구 • 자아와 원초아가 지배함
남근기	2, 3~6세	• 성기를 통한 쾌를 추구 • 자아, 원초아, 초자아의 완성
잠재기	6~11세	• 성적 본능의 욕구에서 자유로운 시기 • 탐색, 기술의 습득에 관심
성기기	11세~	• 이성에 대한 호기심 • 성숙한 성관계 확립

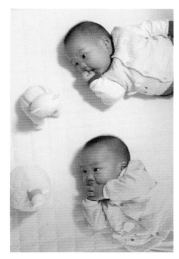

구강기의 아기들: 빨기행동으로 구강의 만족을 얻는다.

(2) Erikson의 심리사회이론(psychosocial theory)

Freud가 성적 및 공격 충동을 지나치게 강조하는 것은 정신분석학파의 학자들 사이에서조차 많은 논란을 불러왔다. 그들은 개인의 생물학적 욕구보다는 개인을 둘러싸고 있는 사람들, 사회 및 문화에 의해서 성격이 더 많이 형성된다고 보았다. 정신분석학자인 Erik Erikson(1902~1994)은 개인의 성격발달이 생애의 여러 시점에서 수립되는 사회적 관계에 달려 있음을 강조하는 그의 심리사회적 발달이론에서 정신분석적 관점의 대안적 견해를 제시하였다. 심리사회적 발달(psychosocial development)은 사회의 한 구성원으로서의 나 자신에 대한 지식과 이해의 변화와 마찬가지로 서로 간의 이해와 상호작용의 변화도 포함한다(Erikson, 1963). 그의 이론에 따르면, 개인은 여덟 개의 심리사회적 발달단계를 거쳐 발달하는데, 각 단계는 개인과 사회적 환경 사이에서 일어나는 갈등 혹은 위기로 정의된다. 이런 위기를 만족스럽게 해결해야 건강하게 발달이 이루어진다. 이 단계들은 일련의 두 가지 기본 태도로 명명되는데, 각 단계에서 위기를 어떻게 극복하느냐에 따라 어느 한쪽 결과가 나타난다(Erikson, 1980).

'기본적 신뢰 대 불신'의 위기인 첫 단계에서 영아는 양육자의 적절하고 일관적인 돌봄과 사랑에 따라 신뢰감이나 불신감을 발달시킨다. Erikson(1980)은 "기본적 신뢰감은 건강한 성격의 기초"라고 보았다. 유아기, 아동기를 거쳐서 사춘기

심리사회적 발달

Erikson이 제안한, 사회에 의해 영향을 받는 자아의 발달 과정

Erik Erikson

Erik Erikson(1902~1994)은 덴마크계 미국인 발달심리학자이자 정신분석학자다. 그는 독일 프랑크푸르트에서 덴마크인 부모(어머니는 유대인)에게서 태어났다. 3세 때 아버지가 사망한 후 어머니의 재혼으로 유대인 의부를 갖게 된다. 어린 시절 그는 주위의 유대계 사람과 구별되는 덴마크인 용모로 인해 정체성 문제를 심하게 겪었고, 이 때문에 자아정체감이 그의 이론에서 중심이 되었던 것으로 보인다. 오스트리아 빈(Wien)의 사립학교에서 교사를 하게 되면서 Sigmund Freud의 딸인 Anna Freud를 알게 되었고, 이후 정신분석학자가 되었다. 히틀러의 탄압으로 유럽을 떠나 미국에 정착한 후 아동분석가로 활동하고 인디언에 관한 문화인류학적 연구를 하였으며, 예일 대학교와 하버드 대학교에서 교수로 재직했다. Erikson이 Freud의 이론을 바탕으로 하여 사회 속에서의 개인의 성격발달에 대한 이론을 만들 수 있었던 것은 이민과 강제 이주, 인디언 문화 연구 등 그의 개인적인 체험에서 각 문화 사이의 비교 연구가 있었기 때문이다.

로 시작되는 청소년기는 일생의 발달단계에서 중심이 되는 시기로, 청소년은 자아감을 발달시키며 자신의 정체감을 확립한다. 아동기까지의 위기 극복의 결과는 이 시기의 '정체감 대 역할혼미'의 위기를 극복하고 자아정체감을 확립하는 데 중요한 역할을 하며, 정체감 위기 극복의 결과는 이후의 성인기 발달에 핵심적인 역할을 하게 된다. 청소년기와 성인기의 위기는 이전 단계들만큼 연령과 강하게 연결되어 있지는 않다. 대신 이들 단계는 성인의 삶의 중요한 주제들을 보여 준다. Erikson은 각 단계의 해결은 이전 단계가 얼마나 잘 해결되었는지에 달려 있기 때문에 이런 주제들이 정해진 순서로 나타난다고 주장하였다.

성격발달이 청소년기에 비교적 완성된다는 Freud의 견해와는 달리, Erikson은 성장과 변화는 일생을 통하여 계속된다는 전 생애를 포함한 이론을 제안하였다. 또한 특정 단계에서 위기 극복에 실패했더라도 그다음 단계로 발달이 진행되며, 특정 위기가 언급된 시기는 그 위기를 해결하기에 가장 적절한 시기를 나타낸 것이며 그때만 가능한 것은 아니라는 점에서 Freud의 결정론적 견해와 차이를 보인다.

표 1-2 Erikson의 심리사회적 발달단계

심리사회적 위기	연령	주요 사회적 관계	주요 특징	바람직한 결과
신뢰 대 불신	0~1세	어머니 (양육자)	양육자의 일관되고 적절한 돌봄과 사랑은 기본적인 신뢰감을 형성한다. 거부적이고 부적절한 돌봄은 불신을 야기한다.	신뢰, 희망
자율성 대 수치 및 의심	2세	부모	자기능력으로 기능을 발휘하도록 허용, 격려할 때 자율성이 발달한다. 과잉보호나 도움의 결핍은 환경을 통제하는 능력에 의심을 갖게 하여 수치심이 형성된다.	의지
주도성 대 죄의식	3~5세	가족	탐색할 수 있는 자유를 허용하고 질문에 충실히 답해 줄 때 주도성이 발달한다. 활동을 제한하고 간섭하고 질문을 귀찮게 여기면 죄의식이 형성된다.	목적, 의도
근면성 대 열등감	6~11세	이웃, 학교	성취할 기회를 부여하고, 성취한 것을 인정, 격려하면 근면성이 발달한다. 성취할 기회를 갖지 못하거나 결과에 비난을 받고 귀찮은 존재로 취급되면 열등감이 형성된다.	기술, 유능감
정체감 대 역할혼미	청소년기	또래 집단, 리더십 모델	자신의 존재, 가치에 대한 인식이 정체감을 발달시킨다. 신체적 불안감, 성역할과 직업 선택의 불안정은 역할혼미를 초래한다.	성실, 충성
친밀성 대 고립	성인 전기	친구, 연인, 회사 동료	타인과 친밀한 인간관계를 유지하는 능력을 발달시킨다. 친밀한 관계 형성에 실패하면 고립감을 느끼게 된다.	사랑
생산성 대 침체	성인 중기	노동의 분화와 가사의 분담	다음 세대의 지도과정에 참여하고 생산적 활동을 통해 타인과 사회를 위해 노력할 때 생산성이 발달한다. 이러한 활동에 참여하지 못하면 침체감에 빠진다.	배려
통합성 대 절망	노년기	인류	자신의 인생이 만족스러웠다고 회상하고, 자신을 수용하고, 인생에 대한 관조를 할 수 있을 때 통합성이 형성된다. 인생을 후회하고 죽음을 두려워할 때 절망감에 빠진다.	지혜

(3) 정신분석적 관점의 평가

Freud의 행동에 미치는 무의식의 영향에 관한 제안은 서구 문화에 널리 퍼진 기념비적 성취임에 틀림없다. 실제로, 오늘날 학습과 기억을 연구하는 학자들이 우리의 행동에 중요한 영향을 주는, 그러나 우리가 인식하지 못하는 기억들에 관한 연구 결과들을 제시하였다. 무엇보다 무의식의 출현은 심리학의 연구영역을 확장시킨 업적으로 평가된다. Freud는 또한 인간의 성격이 단계를 거쳐 이루어짐을 처음으로 제안한 학자로 간주된다.

그러나 Freud의 기본 원리의 많은 부분은 아직 의문에 싸여 있는데, 이는 뒤이은 연구들에 의해 검증받지 못하고 있기 때문이다. 특히 성인의 성격을 결정하는 아동기 발달단계 부분은 다른 연구들의 확정적인 지지를 거의 받지 못하고 있다. 예를 들어, 오이디푸스 콤플렉스(Oedipus complex) 부분은 이제 진부한 개념이 되어 버렸고, 원초아, 자아, 초자아의 개념들은 과학적인 검증을 할 수 없다. 뿐만 아니라 정상적인 성격발달에 관한 그의 연구표본이 평균적 아동들이 아닌 그의 성인 환자들이었으며, 그의 이론이 남성의 발달에 국한된 것이라는 점도 여성 비하와 관련하여 성차별의 비판을 면치 못한다.

Erikson의 일생을 통한 발달의 견해는 비교적 충분한 지지를 받고 있는 매우 중요한 제안이다(Whitbourne et al., 1992; Hetherington & Weinberger, 1993; Zauszniewski & Martin, 1999). 그러나 이 이론도 Freud의 이론처럼 여자보다는 남자의 발달에 초점을 두었으며, 다른 연구들이 검증하기 어려운 애매한 부분이 있음도 지적되었다.

일반적으로 정신분석적 관점은 이론을 적용하여 주어진 한 개인의 행동에 관한 확실한 예측을 하기가 어렵다. 결론적으로, 이 관점은 과거 행동은 잘 기술하지만 정확한 미래 행동의 예측은 제공하지 못한다(Feldman, 2003).

2) 행동주의적 관점(the behavioral perspective)

행동주의 심리학자들은 발달을 이해하기 위해 유기체 내부의 무의식 과정을 들여다보기보다는, 관찰하고 측정할 수 있는 행동과 환경의 외부 자극들을 실마리로 삼을 것을 제안한다. 자극을 안다면 그 행동을 예측할 수 있다.

> "나에게 12명의 건강한 아이들과 그 아이들을 키울 수 있는 특수한 나만의 세계를 주면 그중 어떤 아이든 아무나 선택하여 그 아이의 재능, 기호, 기질, 능력에 상관없이 내가 선택할 전문가, 의사, 변호사, 예술가, 사업가, 심지어 거지나 도둑으로도 훈련시킬 수 있음을 보장한다."

'행동주의'라는 용어를 처음 만든 미국의 심리학자 John B. Watson(1878~1958)은 앞의 말로써 행동주의적 관점을 요약했다. 그는 환경을 구성하고 있는 자극을 주의 깊게 연구하는 것으로 발달을 완전히 이해할 수 있으며, 환경을 효과적으로 조절하는 것으로 어떤 행동도 만들 수 있다고 주장하였다.

행동주의 이론들은 사람이 보편적인 일련의 발달단계를 지난다는 것을 거부한다. 대신에, 사람은 그들이 노출되어 있는 환경의 자극에 영향을 받는다고 믿는다. 따라서 발달의 형태는 개인적이며, 특정한 환경적 자극을 반영하고, 행동은 환경의 특정 요인에 계속적으로 노출된 결과로 본다. 발달적 변화는 질적이기보다는 양적인 개념으로 설명된다. 예를 들어, 아동의 진전된 문제 해결 능력은 문제에 관련된 사고의 질적 변화가 아니라 더 커진 정신능력의 결과라 할 수 있다(Feldman, 2003).

> **행동주의적 관점**
> 발달 이해의 핵심은 관찰할 수 있는 행동과 외부 환경에 있는 자극들이라는 주장

(1) 고전적 조건화 이론(classical conditioning theory)

아무런 반응을 유발하지 않는 중성자극과 무조건 반응을 일으키는 무조건자극이 결합되어 유기체가 중성자극에도 특정한 반응을 보일 때 고전적 조건화는 일어난다. 러시아의 생리학자인 Ivan Pavlov(1849~1936)는 개의 타액분비실험에서 개가 음식을 주는 실험자의 발자국소리에도 타액이 분비되는 현상에서 고전적 조건화의 개념을 설정하였다. 타액 분비를 유발하지 않는 발자국소리가 무조건 타액 분비가 일어나는 음식물과 결합되어 발자국소리만으로도 타액이 분비되었던 것이다.

> **고전적 조건화**
> 아무런 반응을 유발하지 않는 자극과 무조건 반응을 일으키는 자극의 결합이 바탕이 된 학습

고전적 조건화로는 우리의 정서반응의 학습을 설명할 수 있다. 이유가 분명하지 않은 많은 종류의 특정 정서반응은 고전적 조건화의 과정으로 우리에게 학습된 것이다. 맛있는 음식을 이야기하는 것으로도 우리는 입 안에 침이 고인다. 황홀했던 첫 데이트에서 들었던 노래는 이후로 그 노래가 나오면 언제나 기분이 좋아진다. 이처럼 일상생활에서의 고전적 조건화는 실험실과 달리, 단 한 번의 경험으로도 일어난다. 이러한 차이점은 '생태학적 관련성'이 있는 자극이 조건자극의 기능을 더 잘한다는 가정을 불러왔다(Domjan et al., 2004). 다시 말하면, 조건자극의 역할을 잘하기 위해서 중성자극은 무조건자극과 어떤 확실한 연결이 있어야한다. 예를 들어, 냄새, 맛과 소화과정 사이에는 실제로 연결고리가 존재하고 치

Ivan Petrovich Pavlov(1849~1936)는 러시아 출생의 생리학자다. 상트페테르부르크 대학교에서 화학과 생리학을 공부하였고, 상트페테르부르크의 임피리얼 의학 아카데미에서 의사자격을 취득하였다. 1890년부터 1924년까지 임피리얼 의학 아카데미에서 생리학 교수로 재직하였다. Pavlov는 개의 타액분비 반응을 통해 소화 문제를 연구하다가 실험실의 개가 음식물이 제공되지 않은 상황에서도 타액을 분비하는 것을 우연히 발견하게 되었다. 그 후 Pavlov는 음식물이 제공되지 않아도 발소리만을 듣고 개의 타액이 분비될 수 있다는 조건형성을 설명하고자 일련의 실험을 실시하였다. 1904년 소화의 생리학에 관한 공로를 인정받아 노벨 생리의학상을 수상하였으며, 주요 저서로는 『동물의 고등신경계활성에 관한 객관적인 20년 연구경험』(1923), 『뇌의 커다란 반구에 관한 연구 강의』(1927), 『조건반사』(1927) 등이 있다.

Ivan Petrovich Pavlov

과의 드릴소리도 실제 고통을 일으킬 수 있다. 연구에 따르면, 생물학적으로 유효한 조건자극이 Pavlov가 사용했던 종소리나 버저소리와 같은 인위적 자극보다 쉽게 조건화되고 조건화의 소거도 잘 일어나지 않는다. 소거는 조건화가 이루어진 후에 강화의 역할을 하는 무조건자극의 제시 없이 조건자극만 계속 제공할 때 조건반응이 약화되어 마침내 사라지는 현상을 말한다.

고전적 조건화가 이루어진 자극은 다른 비슷한 자극으로 전이가 되는 일반화의 현상이 일어나는데, 개에게 물렸던 끔찍한 기억이 개와 비슷한 다른 동물에게도 공포반응을 일으키는 것과 같은 경우다.

(2) 조작적 조건화 이론(operant conditioning theory)

특정 자극에 대하여 일어나는 반응행동의 학습과는 달리, 자발적으로 일어난 어떤 행동이 그 긍정적 혹은 부정적 결과에 따라 강화가 되거나 혹은 약화가 되는 과정이 조작적 조건화다. 미국의 심리학자인 B. F. Skinner(1904~1990)는 특별히 고안된 Skinner 상자 안의 쥐가 지렛대를 누를 때마다 음식을 제공하는 실험을 통해 조작적 조건화의 학습이론을 정립하였다. 이 실험에서 쥐의 지렛대를 누르는 행동은 먹이라는 긍정적 결과를 통해 학습된 행동이다.

사람들이 어떤 행동을 계속하거나 하지 않게 되는 것은 그 행동의 결과가 강화되거나 처벌받기 때문이다. 예를 들어, 숙제를 잘해서 칭찬을 받은 아이는 계속해서 숙제를 잘하려고 하고, 음주운전으로 처벌을 받은 운전자는 이후로는 술을 마

조작적 조건화
자발적인 행동과 그 결과의 결합이 바탕이 된 학습

강화
바람직한 행동의 증가와 관련된 과정

처벌
특정 행동이 소거되거나 혹은 억제되는 과정

Burrhus Frederic Skinner(1904~1990)는 미국의 심리학자다. 뉴욕 해밀턴 대학교에서 영문학을 공부하고, 하버드 대학교에서 심리학 박사학위를 취득하였다. 미네소타 대학교, 인디애나 대학교를 거쳐 1948년부터 1974년까지 하버드 대학교 교수로 재직하였다. 그는 Watson과 함께 행동주의 심리학을 이끈 주요 인물로서 20세기 가장 영향력 있는 심리학자로 손꼽힌다. 스키너 상자와 누적기록장치를 제작하여 유기체의 조작적 행동형성 과정을 설명하는 조작적 조건형성이론을 주창하였다. 그의 이론은 심리학을 비롯하여 여러 다른 분야에도 지대한 영향을 미쳤으며, 특히 오늘날 교육 현장에서도 조작적 조건형성이론에 근거한 교수방법이 사용되고 있다. 그중 교수기계(teaching machine)를 통해 프로그램 수업방법을 소개한 바 있다. 행동과학에 대한 공로를 높이 평가받아 1968년 미국 국립과학협회로부터 공로상을 받았으며, 1971년과 1990년에 미국심리학회로부터 각각 골든메달과 평생공로상을 받았다.

Burrhus Frederic
Skinner

시면 운전을 하지 않으려고 한다. 강화는 조작적 조건화에서 핵심이 되는 개념으로, 특정 행동의 증가와 관련이 있다. 선호자극을 제공하였을 때 행동의 빈도가 증가하는 강화를 '정적 강화'라 하고, 혐오자극을 제거하였을 때 행동의 빈도가 증가하는 강화를 '부적 강화'라 한다. 정적 강화는 상의 개념과 비슷하다. 반면에 처벌은 특정 행동의 소거 혹은 억제와 관련이 있다. 처벌도 혐오자극을 제공하는 '정적 처벌'과 선호자극을 제거하는 '부적 처벌'로 사용된다.

조작적 조건화의 원리는 바람직한 새로운 행동을 만들거나, 반대로 바람직하지 못한 행동을 수정할 때도 사용된다. 행동조형(behavior shaping)과 행동수정(behavior modification) 프로그램을 적용한 사례들은 일상생활에서 많이 찾아볼 수 있는데, 서커스에서 동물의 행동을 조율하는 조련사는 먹이나 채찍을 사용하여 원하는 동물의 행동을 만들어 간다. 보험회사는 자동차 사고나 도난으로 인한 보험금을 줄이기 위해 에어백과 도난방지장치를 설치한 가입자에게 보험료를 할인해 준다. 교사나 부모들은 아이들이 잘못할 때 긍정적 강화를 차단하는 타임아웃을 사용한다.

(3) 사회인지학습이론(social-cognitive learning theory)

다른 운전자가 과속으로 처벌을 받으면 내 운전속도를 줄이게 된다. 유명 연예인이 입은 옷은 백화점 판매대에서 금방 매진된다. 발달심리학자인 Albert

Bandura(1925~2021)는 많은 행동들이 다른 사람의 행동을 관찰하는 것으로 학습된다는 관찰학습의 개념으로 **사회인지학습이론**을 주장하였다(Bandura, 1977, 1994).

사회인지학습이론

모델의 행동을 관찰하고 모방하는 것으로 행동이 학습된다는 이론

Bandura는 인간의 많은 행동은 강화와 처벌에 의한 직접 조건화로 학습되기보다는 다른 사람의 행동을 관찰하고 모방하거나 혹은 다른 사람이 수행한 행동의 결과에 제공되는 강화와 벌을 관찰하면서 다음 행동에 대한 기대와 신념을 갖게 되는 대리조건형성의 과정으로 학습된다고 하였다.

행동을 보여 주는 사람 또는 그 행동에 대해 본보기가 되는 사람을 모델이라고 한다. 모델의 효과는 모델의 능력, 매력, 신분과 관련이 있다. 나이, 성별도 중요한 요인이 된다. 부모나 운동선수, 연예인들은 종종 아이들의 강력한 모델이 된다.

학습된 행동이 실제 행동으로 연결되는가는 모델의 행동이 보상 또는 처벌을 받는지, 그리고 관찰자가 그 행동에 의해 보상받을 것을 기대하는지에 따라 크게 달라진다(Bandura, 1977).

Bandura에 의하면, 관찰학습은 네 단계로 일어난다고 한다. 첫째, 관찰자는 모델의 행동에 주의를 기울인다. 둘째, 관찰자는 모델의 행동을 기억한다. 셋째, 관찰자는 기억한 행동을 정확하게 수행한다. 넷째, 관찰자는 관찰하고 수행하기 위한 동기유발이 되어야 한다.

Albert Bandura

Albert Bandura(1925~2021)는 심리학자로 캐나다 앨버타 먼데어에서 출생하였다. 브리티시컬럼비아 대학교에서 심리학을 전공하였으며, 아이오와 대학교에서 석사와 박사 학위를 취득하였다. 1953년부터 스탠퍼드 대학교에서 학생들을 가르치기 시작하여 지금까지 재직하고 있다. 인간의 행동과 사회모델의 역할과의 관계에 관심을 가지고 사회학습과 공격성에 대한 연구를 시작하였으며, 이후 인간의 사고와 동기, 행동이 사회적 상황의 영향과 밀접한 관계가 있다는 사회학습이론을 주장하였다. 또한 공포장애를 가지고 있는 환자의 신념이 환자 자신의 공포를 증가시키는 것과 연관이 있음을 발견함으로써 자아효능감이란 개념을 처음 소개하였다. 1986년 『사고와 행동의 사회적 기초: 사회인지이론』에서 인간은 대리적 조건형성, 자기조절, 자기반성을 통해 환경에 적응한다고 주장하였다. 1974년 미국심리학회(APA) 회장, 1981년 서부심리학회(WPA) 회장 등을 역임하였다. 미국심리학회로부터 1999년 Thorndike 상을 받았으며, 2004년 평생공로상, 2006년 골든메달을 받는 등 세 차례에 걸쳐 공로를 인정받았다. 주요 저서로는 『청소년의 공격성』(1959), 『공격성: 사회학습분석』(1973), 『사회학습과 성격발달』(1963), 『사회학습이론』(1977), 『사회인지이론』(1989) 등이 있다.

(4) 행동주의적 관점의 평가

행동주의 이론들은 발달심리학에 중대한 영향을 주고 있다. 조건화의 원리는 공포증, 불안과 같은 부정적 정서행동의 치료와, 바람직하지 못한 행동의 수정과 바람직한 행동의 조형 및 발달장애의 치료까지 광범위하게 적용되고 있다. 반면에, 조건화 이론은 많은 경우 동물과 인간의 차이를 간과하고 있다는 비난을 면치 못한다. 동물실험과는 달리, 인간행동의 경우에는 동일한 자극이 동일한 반응보다는 다양한 반응으로 나타나기 쉽다. 이는 환경의 외부적이고 관찰 가능한 자극과 반응만을 대상으로 하는 조건화 이론이 설명하지 못하는 유기체 내부의 조건이라는 것이다. 사회인지학습이론은 같은 행동주의 관점으로 묶여 있지만, 조건화 이론의 몇 가지 기본 가정에는 동의하지 않는다. 사회인지학습이론은 인간발달의 완전한 이해는 외적 자극과 반응의 한계를 넘어서지 않고는 이루어지지 않는다고 주장한다. 유기체 내부의 조건을 강조하고 내적 정신활동에 초점을 둔 접근이 다음에 나올 인지주의적 관점이다.

3) 인지주의적 관점(the cognitive perspective)

인지심리학은 극단적 행동주의에 대한 반발로 생겨나서 발전하였다(Robins, Gosling, & Craik, 1999). 인지주의 심리학자들은 인간에 대해 환경적 힘에 의해 좌우되는 수동적 존재가 아니라 경험을 찾고 그것을 수정하고 조성하는 능동적 존재로 본다. 인지주의적 관점은 인간이 세상에 대하여 알고, 이해하고, 그리고 생각하는 과정에 초점을 둔다. 그들은 사람이 어떻게 세상에 대하여 내적으로 표상하고 생각하는가를 강조한다.

(1) Piaget의 인지발달이론(cognitive developmental theory)

인지발달연구에 스위스의 심리학자 Jean Piaget(1896~1980)보다 더 큰 영향을 준 사람은 없다. Piaget는 인지가 **조직화**(organization), **적응**(adaptation), **평형화**(equilibration)라는 선천적 경향성을 통하여 발달된다고 하였다. 조직화는 지식을 일관성 있게 체계화하거나 범주를 만드는 경향성을 말한다. Piaget에 따르면, 아동은 도식이라고 하는 인지구조를 점점 더 복합적으로 만들어 가는데, 도식이란

인지주의적 관점
세상에 대한 지식, 이해, 사고의 과정에 초점을 두는 견해

조직화
지식을 일관성 있게 체계화하거나 범주를 만드는 경향성

적응
환경에 맞게 조정하려는 경향성

평형화
현재의 인지구조와 새로운 정보 간의 균형을 회복하려는 경향성

도식
사고와 행동의 조직화된 형태, 인지구조

행동과 생각의 조직화된 형태다. 더 많은 정보를 획득할수록 도식은 더 복합적이 된다. 예를 들어, 갓난아기는 단순한 빨기의 도식을 가지고 있지만 곧 엄마의 젖과 젖병과 손가락을 빨 때 각각 달라지는 복합적인 도식으로 발전한다. 아동은 조직화를 통해 기존의 도식들을 하나의 통합된 체계로 만들어 간다.

Piaget에 의하면, 모든 유기체는 환경에 적응하려는 경향성을 가지고 있는데, 적응은 **동화**(assimilation)와 **조절**(accommodation)이라는 두 개의 상호 보완적인 과정을 통하여 이루어진다. 아동은 새로운 대상, 사건, 경험과 정보를 만나면 이미 가지고 있는 인지구조, 즉 도식 안에 그것을 맞추어 넣으려고 하는데 이를 동화라고 한다. 그러나 모든 것이 이미 가지고 있는 도식 안에 동화되지는 않는다. 동화의 실패를 깨달으면서 아동은 조절이라는 과정을 사용하게 된다. 아동은 조절을 통해 새로운 정보를 처리하기 위해 기존의 도식을 수정하거나 새로운 도식을 만든다. 동화는 새로운 경험을 이해하고 인지하기 위하여 현재의 사고와 이해를 사용할 때 일어난다. 조절은 새로운 경험을 수용하기 위하여 현재의 인지구조를 변형하거나 새롭게 형성하는 과정이다. 앞의 빨기 도식을 예로 들면, 젖병을 사용하던 아기는 유아용 컵을 주었을 때, 젖병을 빠는 방식으로 컵을 사용하려는 동화의

동화
새로운 정보를 기존의 도식으로 이해하려는 과정

조절
새로운 정보를 수용하기 위해 기존의 도식을 수정하는 과정

Jean Piaget

스위스에서 태어난 Jean Piaget(1896~1980)는 어렸을 때부터 생물학에 관심이 많았다. 그는 11세의 나이에 공원에서 본 색소결핍증 참새를 관찰하여 논문을 발표하였고, 고등학교 시절에는 연체동물에 대한 논문을 발표하였으며, 22세에는 생물학 박사학위를 받았다. 그의 논문들은 과학자들로부터 큰 호평을 받았고, 대학도 들어가기 전에 자연사 박물관 관장을 맡아 달라는 제의를 받았다.

박사학위를 받은 후, Piaget는 취리히 대학교에서 새로운 학문 분야인 심리학에 관심을 가지기 시작하였고, 1920년 파리에 있는 Binet 연구소에서 지능검사를 표준화하는 작업에 참여하게 되었다 그곳에서 Piaget는 비슷한 연령의 아동들이 어떤 문제에 같은 오답을 한다는 사실을 발견하였다. 즉, 아동의 오류가 연령집단에 따라 질적으로 다르다는 사실을 발견한 것이다. 이러한 발견을 통해 Piaget는 아동의 사고과정이 성인의 사고과정과 근본적으로 다르다는 결론을 내리고 아동의 사고 발달을 본격적으로 연구하기 시작하였다. 1923년 Piaget는 결혼하여 세 자녀를 두었는데, 세 자녀가 성장하는 과정을 주의 깊게 관찰함으로써 인지발달이론을 정립하였다. 발달심리학자이기 이전에 과학자였던 Piaget는 생물학적 원리와 방법을 인지발달연구에 상당 부분 적용하였다. 그는 수백 편의 논문과 60권이 넘는 책을 집필하였고, 73세가 되던 1969년에 유럽인으로서는 최초로 '미국심리학회'로부터 '특별 과학 공헌상'을 수상하였다. 오늘날 그는 심리학 역사상 가장 영향력 있는 발달심리학자로 평가받는다.

과정을 보인다. 그러나 컵을 사용할 때는 혀와 입술의 동작이 달라져야 한다는 것을 알아차리면서 자신의 빠는 방식을 수정하는 조절의 모습을 보인다.

평형화는 현재의 인지구조와 새로운 경험 간의 균형을 회복하려는 경향성을 말하는 것으로, 동화에서 조절로 넘어갈 것을 지시한다. 기존의 인지구조로 새로운 경험을 이해할 수 없을 때(동화) 아동은 불평형의 불편한 상태를 경험한다. 이에 기존의 인지구조를 수정하거나 새로운 인지구조를 만들어 새로운 경험을 수용하면(조절) 다시 안정된 평형상태를 회복한다. 즉, 동화와 조절은 함께 평형을 만들어 안정적이고 새로운 인지구조가 발달하게 된다. 평형화는 일관성(조직화)과 안정성(적응)을 추구하는 자기조절 기제로, 유기체가 평형상태를 유지하기 위해 지속적으로 자신의 인지구조를 변화시켜 나가는 것이다.

Piaget는 모든 사람들은 정해진 일련의 보편적인 인지발달단계를 지난다고 제안했다. 그는 각 단계는 정보의 양적 증가뿐만 아니라 지식과 이해의 질적 변화도 같이 일어난다고 하였다. 그의 초점은 아이들이 한 단계에서 그다음 단계로 넘어갈 때 일어나는 인지의 변화였다(Piaget, 1952, 1962, 1983). 〈표 1-3〉은 그가 제안한 인지발달의 4단계를 요약한 것이며, 그 내용은 앞으로 해당되는 장에서 상세하게 다룰 것이다.

표 1-3 Piaget의 인지발달단계

단계	연령	주요 특징
감각운동기	출생~2세	• 감각과 운동을 통한 인지구조 발달 • 반사행동에서 목적을 가진 의도적 행동으로 발전 • 대상영속성 개념 습득
전조작기	2~7세	• 언어, 상징과 같은 표상적 사고능력의 발달 • 중심화: 자아중심적 언어와 사고 • 직관적 사고와 전인과성 사고
구체적 조작기	7~11세	• 구체적 경험중심의 논리적 사고 발달 • 보존개념의 획득 • 유목화와 서열화 가능
형식적 조작기	11세 이후	• 추상적 상황의 논리적 사고 가능 • 명제적 · 가설연역적 추리 가능 • 조합적 추리 가능

(2) Piaget 이론의 평가

Piaget는 인지발달의 이해에서 비견할 만한 사람이 없는, 독보적인 존재다. 지적 성장에 관한 방대한 연구를 했고, 수많은 조사들이 그의 연구를 검증해 왔다. 대체로 인지발달단계에 관한 그의 폭넓은 견해는 정확하다.

그러나 이론의 구체적인 면에서, 특히 시간에 따른 인지 능력의 변화 부분에서 의문이 제기되었다. 예를 들어, 어떤 인지기술은 그가 제시하는 시기보다 확실히 더 이른 시기에 아이들에게서 나타났다. 일부 발달학자들은 '무엇을 못하는가'에 초점을 둔 그의 연구들은 자기충족적 예언이 될 수도 있으므로 '무엇을 할 수 있는가'에 초점을 둔다면 다른 실험 결과가 나올 수 있다고 주장한다. 또한 실험의 상황이 아동에게 익숙할 때도 결과는 달리 나타날 수 있다고 주장하는데, 예를 들어, 3개의 산 실험에서 산 대신 장난감 자동차를 두는 것과 같은 경우다. 인지발달단계의 보편성도 문제가 되었다. 점점 더 많은 증거들이 특정한 인지기술이 비서구 문화에서는 다른 시간표에 따라 나타난다는 점을 제시하였다. 그리고 모든 문화에서 얼마의 사람들은 그가 제시한 가장 높은 인지수준인 형식적 조작기에 결코 도달하지 못하는 것으로 보였다. 고차원적 사고를 하지 못하는 것은 인지 능력의 미성숙이라기보다는 경험적 지식의 부족 때문이라는 주장도 제기되었다.

무엇보다도 가장 큰 비판은 인지발달이 그가 제안한 것 같이 비연속적일 필요가 없다는 것이다. 앞에서 설명한 대로, 그는 인지발달이 이전 단계와 다음 단계

표 1-4 세 학자의 이론에 따른 발달단계

발달단계	Piaget	Freud	Erikson
영아기	감각운동기	구강기	신뢰 대 불신
		항문기	자율성 대 수치 및 의심
유아기	전조작기	남근기	주도성 대 죄의식
아동기	구체적 조작기	잠재기	근면성 대 열등감
청소년기	형식적 조작기	성기기	정체감 대 역할혼미
성인기			친밀감 대 고립
			생산성 대 침체
노년기			통합성 대 절망

는 질적으로 달라지는 4단계를 지난다고 하였다. 그러나 많은 발달학자는 각 단계 간의 전이는 점진적이며, 발달의 변화는 극적이기보다는 이전의 지적 기술들이 점차 축적되는 과정에서 자연스럽게 얻어지는 것이라고 주장한다. 이 비판들이 하나의 대안적 관점을 제시하는 바, 그것은 일생을 통한 학습, 기억, 사고의 기저에 있는 과정에 초점을 두는 정보처리접근이다.

(3) 정보처리이론(information processing theory)

정보처리이론은 Piaget식 접근의 중요한 대안으로 부상하였다. 단계를 강조하는 대신에 인지발달을 정보를 처리하는 능력과 지식의 점진적인 증가로 보았다. 인지발달의 정보처리접근은 개인이 정보를 받아들이고, 사용하고, 저장하는 방식을 확인하는 것을 추구한다.

정보처리이론은 전자식 정보처리의 발달, 특히 컴퓨터에 의한 정보처리의 발달에서 성장하였다. 그들은 학습, 기억, 범주화, 사고와 같은 복합적인 행동까지도 각각 구체적 단계의 시리즈로 분류할 수 있다고 확신한다.

아이의 사고가 나이 듦에 따라 질적으로 진전된다는 Piaget의 견해와는 완전히 대조되어서, 정보처리이론은 발달이 양적인 진전에 의해 일어난다고 확신한다. 아동과 어른의 인지 차이는 곧 기억능력의 차이이며, 아동이 정보를 기억하고 조직하는 전략이 나이에 따라 어떻게 변하는지에 초점을 두었다. 정보를 처리하는 속도와 효율성이 변하듯이 정보를 조정하는 용량도 나이에 따라 변한다. 더구나, 정보처리접근은 나이가 많아짐에 따라서 처리의 특성을 더 잘 조정할 수 있고 정보를 처리하는 전략을 변화할 수 있다고 제시한다.

정보처리이론
개인이 정보를 받아들이고, 사용하고, 저장하는 방법을 확인하는 데 초점을 둔 견해

(4) 정보처리이론의 평가

정보처리이론은 실용적인 적용성이 있다. 발달학자들은 정보처리 모델을 학습문제의 검사와 진단, 처치에 사용한다. 반면에, 그들은 행동에 대한 완전한 설명을 제공하지 않는다. 예를 들어, 정보처리이론은 가장 심오한 아이디어들이 종종 비논리적이고 비직선적인 방식으로 발달되는 창의력과 같은 행동에는 거의 관심을 갖지 않는다. 그들은 또한 발달이 자리 잡고 있는 사회적 맥락에도 관심이 없다. 발달의 사회적이고 문화적인 측면을 강조하는 이론의 대표적 주자가 Vygotsky다.

(5) Vygotsky의 사회문화적 이론(sociocultural theory)

사회문화적 이론
인지발달이 문화구성원들 간의 상호작용의 결과로 진행된다는 견해

러시아의 심리학자인 Lev Semenovich Vygotsky(1896~1934)는 아이들이 성장하는 문화와 사회 환경에서 인지발달의 근원을 찾았다. Vygotsky의 사회문화적 이론은 인지발달에서 사회문화적인 영향력을 강조한다. 즉, 인지발달은 한 문화 속에서 구성원들 간의 사회적 상호작용의 결과로서 진행되는 것이며 그에 따라 개념, 태도, 전략, 기술 등 개인의 심리적인 과정이 형성되는 것이다. 외부적인 상황이 개인에게 내면화(internalize)되면서 학습은 타자주도적(other-regulated) 학습에서 점차 자기주도적(self-regulated) 학습으로 전환된다(Vygotsky, 1926, 1979).

근접발달영역
아동이 스스로 할 수 있는 현재의 발달 수준과 도움을 받아서 할 수 있는 잠재적 발달 수준의 차이

Vygotsky에 따르면, 사회적인 상호작용이 학습자 개인에게 내면화되는 과정에 있어서 아동이 자기보다 앞선 아동들이나 어른들의 도움 없이 스스로 문제를 해결할 수 있는 현재의 발달 수준과 도움을 받아서 문제를 해결할 수 있는 잠재적 발달 수준을 구분하였다. 그리고 그 두 수준의 차이를 근접발달영역(zone of proximal development: ZPD)이라 하였다. 아동의 현재 발달 수준이 같더라도 다른 사람의 도움을 받아서 어려운 문제를 해결할 수 있는 근접발달영역은 개인에 따라 다를 수 있다. 이런 관점에서 그는 수업이 발달에 선행하는 것이 바람직하다고 제안하였다. 즉, 수업은 근접발달영역에 작용하여 아동들의 잠재적인 능력을 깨우친다. 아동들의 잠재능력을 최대한 개발하기 위해서 Wood와 동료들은 근접발달영역 내에서 성인들이 도움을 주는 발판, 즉 비계설정(scaffolding)이 이루어져야 한다고 하였다(Wood, 1980; Wood et al., 1976).

Vygotsky에 있어서 언어는 학습과 발달을 매개하는 중요한 요인이다. 처음에 언어는 다른 사람들과 상호작용하기 위해 필요하다. 언어는 다른 사람이 가지고 있는 지식에 접근하도록 해 준다. 또한 언어는 스스로 문제를 해결할 수 있도록 돕는다. 이때의 언어는 혼잣말의 형태로 나타나는데, 그는 이것을 사적 언어(private speech)라고 하였다. 사적 언어는 공유된 지식을 개인적 지식으로 변환시키는 기제이며, 자신의 생각을 조절하고 반영하는 수단이다. 사적 언어는 이후 내적 언어로 전환되어 더 이상 소리 내어 말하지는 않으나 여전히 사고를 조직화하는 데 중요한 역할을 한다.

(6) Vygotsky 이론의 평가

Vygotsky의 사회문화적 이론은 점점 더 그 영향이 커지고 있다. 그 이유는 발달에 있어서 문화의 중심적 중요성에 대한 자각이 증가하기 때문이다. 아동들은 문화적 진공 속에서 자라지 않는다. 그들은 그들의 문화적 환경의 결과인 특정한 종류의 기술을 발달시킨다. 오늘날의 사회가 점점 다문화적으로 되어 가는 것처럼 사회문화적 이론은 발달을 형성하는 풍부하고 다양한 사회문화적 영향을 이해하도록 돕는다(Reis, Collins, & Berscheid, 2000; Matusov & Hayes, 2000).

그러나 사회문화적 이론에 대한 비판이 없는 것은 아니다. 첫째, Vygotsky의 문화와 사회적 경험의 역할에 대한 강한 강조는 발달에 미치는 생물학적 요인을 무시한다. 둘째, 그의 이론은 유럽 중심적이라는 비판을 받는다. 그는 유럽의 문화가 다른 문화보다 우월하다고 생각하였다. 마지막으로, 그의 이론에서는 개인이 그 자신의 환경을 형성하는 데 있어서 할 수 있는 역할을 최소화하였다. 그의 관점에서 보면 개인이 자신의 발달을 위해 능동적으로 할 수 있는 일은 거의 없어 보인다(Wertsch & Tulviste, 1992).

Lev Semyonovich
Vygotsky

러시아의 심리학자 Lev Semyonovich Vygotsky(1896~1934)는 유복한 유대인 가정에서 태어났다. 은행지점장인 아버지와 교사 교육을 받은 어머니는 따뜻하고 지적인 가정환경을 제공하였다. 특히 8남매의 둘째로 태어난 Vygotsky는 형제들과의 토론을 즐겼다. 어린 시절 Vygotsky는 가정교사에게서 소크라테스식 문답법에 기초한 교육방법으로 지도를 받았는데, 이 교육방법은 그의 사고를 일깨워 주는 데 중요한 역할을 하였다. 15세 때 그는 철학, 문학, 예술, 역사에 관한 지적 토론을 자주 이끌었기 때문에 '꼬마 교수'로 불리기도 했다. 이러한 그의 성장배경은 이후 그의 이론 정립에 영향을 미친다.

매우 영특했던 그는 유대인에게 대학입학 정원의 단 3%만을 허용하는 모스크바 대학교에 입학하였다. 모스크바 대학교와 샤니아프스키(Shaniavsky) 인민 대학교에서 법학과 문학, 철학, 예술, 심리학을 공부한 Vygotsky는 1924년 Pavlov의 조건반사이론을 비판하는 논문을 발표하면서 관심을 끌기 시작하였다. 그는 아동의 인지발달에서 사회적·문화적 맥락의 중요성을 강조하였으며, 1934년에 결핵에 걸려 38세의 젊은 나이로 요절할 때까지 180편이 넘는 논문과 책을 출판하였다.

그는 심리학의 모차르트로 불릴 만큼 천재적인 심리학자로 평가받고 있으며, 만약 그가 Piaget처럼 장수하면서(Piaget는 Vygotsky와 같은 해에 출생하여 1980년에 사망하였다) 소련의 탄압을 받지 않고 자유롭게 연구활동을 할 수 있었다면 현대 심리학의 판도가 달라졌을 것이라는 평가까지 나오고 있다.

각 개인이 자기 자신의 발달 과정을 결정하는 데 중심적인 역할을 하고 있다고 강조하는 관점이 바로 인본주의적 관점이다.

4) 인본주의적 관점(the humanistic perspective)

인본주의적 관점
인간이 그들의 행동을 조정하고 자신의 삶을 결정할 수 있는 천성적 능력을 가지고 있다고 주장하는 견해

인본주의적 관점은 인간은 그들 자신의 삶을 결정하고 자신의 행동을 조정하는 천성적 능력을 가지고 있음을 주장한다. 이 관점에 따르면, 인간은 오로지 환경의 산물이 아니라 인간으로서 자신의 독특한 잠재력을 실현시키려는 욕구에 의해 동기화되고 자신의 삶에 대한 선택과 결정을 할 수 있는 '자유선택'과 '자유의지'를 가지고 있다고 말한다. 사회적 기준에 의지하기보다는, 자신의 삶에 무엇을 해야 할지를 자신이 결정하려는 것으로 동기화되어 있다고 가정한다.

인본주의 관점의 주요 인물 중 한 사람인 Carl Rogers(1971)는 모든 사람은 저변에 있는 사랑과 존경을 받고 싶은 소원으로부터 오는 긍정적 관심의 욕구를 가지고 있다고 한다. 긍정적 관심은 다른 사람으로부터 오기 때문에 그것을 얻기 위해서는 자신의 행동을 참고, 자신의 지각을 거부하거나 왜곡하고, 자신의 경험을 무시해야 한다. 결과적으로, 우리 자신과 자기 가치에 대한 우리의 견해는 다른 사람이 우리를 어떻게 보는가를 반영한다. 이렇게 하여 스트레스와 불안을 경험하면서 자아구조가 위협받게 된다. Rogers에 따르면, 긍정적 관심을 얻기 위해 다른 사람들의 가치를 따라 살아갈 것이 아니라 자신의 가치에 따라 경험하고 살아가는 것이 중요하다. '자발적으로 자신의 내면 가치체계에 따라 최적의 수준에서 완벽하게 작용하는 충분히 기능하는 인간'이 Rogers의 심리치료의 최종목표다.

Rogers와 더불어 또 다른 인본주의의 주요 인물인 Abraham Maslow(1970)는 자아실현(self-actualization)이 삶의 근본적인 목적이라고 제안한다. Maslow는 그의 욕구위계이론에서 가장 상위에 있는 인간의 욕구가 '자아실현의 욕구'라고 하였다. 자아실현은 사람이 그 자신의 독특한 방식으로 자신의 잠재력의 최고수준을 성취한 자아충족의 상태다. 그에 따르면, 건강한 사람은 자신이 원하는 모습으로 되기 위해서 끊임없이 노력한다. 자아실현자는 정확하게 현실을 지각할 수 있고 권위자나 외부에 의존하지 않고 독립적 · 자율적인 경향이 있다.

인본주의적 관점의 평가는 다음과 같다. 중요하고 독특한 인간의 자질에 대한 강조에도 불구하고 인본주의적 관점은 발달의 분야에 큰 영향을 주지 못했다. 인본주의자는 인간 안에서 어떤 악도 보지 않고 듣지 않고 찾지 않으며 비과학적이라고 비판 받았지만, 아직도 인본주의 관점에서 나온 어떤 개념들, 즉 이타주의, 협력, 사랑, 타인의 수용, 자기존중감, 자아실현 등은 인간 행동의 중요한 측면으로 묘사되고, 인간의 긍정적인 성격 특성에 관한 연구를 불러일으켰다. 그리고 건강관리 분야에서 비즈니스까지 폭넓게 토론되고 있다.

5) 생태학적 관점(the ecological perspective)

발달의 과정을 신체, 인지, 심리사회적 요인으로 고려하는 것은 장단점이 있다(Feldman, 2003). 즉, 발달의 영향을 깔끔하고 압축된 묶음으로 적절하게 나누게 한다. 그러나 이런 범주화는 심각한 결점이 있다. 현실세계에서는 이 넓은 영향 중 어떤 것도 다른 것과 동떨어져 일어나지 않는다. 오히려 서로 다른 영향들과 끊임없이 상호작용을 진행한다. 결과적으로, 인지수준에서 일어나는 일은 신체, 심리사회 발달에 반향되고, 신체수준에서 일어나는 일은 인지, 심리사회 발달에 영향을 준다. 예를 들어, 중년은 운동의 중요성을 인지하고 운동을 시작하는 것으로 신체적 혹은 사회적 변화까지도 이끌어 낸다.

발달의 역동성에 영향을 미치는 사회, 역사적 맥락이 고려되면서 발달심리학은 생태학적 접근(ecological approach)이라는 좀 더 넓은 틀을 갖게 된다.

생태학적 접근
환경의 다른 수준들이 동시에 개인에게 영향을 준다고 제안하는 관점

(1) 생태학적 이론(ecological theory)

발달의 전통적인 접근방법의 문제를 인식한 미국의 심리학자 Urie Bronfenbrenner(1917~2005)는 생태학적 이론이라는 대안을 제시하였다(Bronfenbrenner, 1979, 1989; Bronfenbrenner & Ceci, 1994). 그는 생활과 분리된 실험실의 연구로서는 발달의 역동을 이해할 수 없으며, 발달은 사회적 맥락에서만 이해될 수 있다고 강조하였다. 생태학적 이론 이전의 대부분의 발달학자들은 환경을 매우 좁은 개념, 즉 개인에게 직접 관계된 주변의 사건과 조건으로 한정하였다. Bronfenbrenner는 기존의 이 견해를 확장시켜 아동이 직접 접해 있는 가정을 포함하여 그 너머의 학

러시아계 미국 심리학자인 Urie Bronfenbrenner(1917~2005)는 1917년 러시아의 모스크바에서 출생하였고, 그가 6세 되던 해에 가족들이 미국으로 이주하였다. 1938년 코넬 대학교에서 심리학과 음악을 이중 전공하여 학사학위를 마치고, 1942년 하버드 대학교에서 발달심리학으로 석사학위 취득에 이어 미시간 대학교에서 박사학위를 받았다. 그 후에 군대에 입대하여 심리학자로 복무하였다. 제2차 세계대전이 끝난 직후부터 미시간 대학교의 심리학과 조교수로 일을 시작하기 전까지 짧은 기간 ARVA(Administration and Research for the Veterans' administration)의 임상심리 수석보좌관으로 일했다. 1948년에 코넬 대학교 교수로 임명받았고, 당뇨합병증으로 2005년 88세를 일기로 영면할 당시는 코넬 대학교 심리학과의 명예교수였다. 그는 미국의 소외계층 취학전 아동을 위한 Head Start 프로그램의 공동창설자이기도 하다.

Urie Bronfenbrenner

교, 이웃, 사회까지 환경 구조를 넓혔다. 생태학적 이론은 개인에게 동시에 영향을 주는 다섯 가지 수준의 환경—미시체계, 중간체계, 외체계, 거시체계, 시간체계—을 제시하였다([그림 1-7] 참조). 발달에 미치는 복합적인 영향을 이해하기 위해서는, 개인은 이러한 모든 수준의 환경 맥락에서 고려되어야 한다.

미시체계(microsystem)는 아동이 그의 일상을 이끌어 가는 매일의, 직접적인 환경이다. 가정, 학교, 부모, 친구, 선생님 등이 이 영향의 예다. 이 수준에서 모든 관계는 양방향으로 이루어진다. 예를 들어, 부모의 양육행동이 아동에게 영향을 주는 것과 마찬가지로 아동의 성격, 신체적 특성, 능력도 부모의 태도에 영향을 준다.

중간체계(mesosystem)는 다양한 미시체계들 간의 상호관계를 말한다. 마치 체인의 고리처럼 아이들과 부모, 학생과 교사, 학부모와 교사, 친구와 친구를 연결한다. 이것은 직접 혹은 간접으로 서로를 묶는다. 예를 들어, 아동의 학업성취는 교실에서의 활동뿐 아니라 학부모의 학교생활 관여에도 좌우되고, 학교공부는 집으로도 넘겨진다.

외체계(exosystem)는 개인에게 간접적인 영향을 주는 외부체계 혹은 기관들과 미시체계 사이의 연결로 구성된다. 교육위원회, 종교시설, 미디어, 공동체, 지역 정부기관과 같은 사회기관을 포함하는 더 넓은 영향을 말한다. 외체계는 미시체계와 중간체계가 어떻게 운영되는지에 각각 영향을 준다. 예를 들어, 폭력을 조장하는 텔레비전의 프로그램은 가정의 안전을 위협할 수 있다.

거시체계(macrosystem)는 한 개인의 더 큰 문화적 영향을 말한다. 법, 관습, 정부의 형태, 종교, 정치관 그리고 다른 넓은 영향요인들이다. 대한민국과 조선인민민주주의공화국에 사는 아동들의 생태를 예로 들 수 있다.

시간체계(chronosystem)는 시간의 차원으로, 사람과 환경의 변화 혹은 불변을 말한다. 일생 동안 일어나는 변화와 사회역사적 환경의 변화를 포함한다. 가정의 구조, 직업, 주거지의 변화와 전쟁, 경제순환 같은 더 큰 문화적 변화가 포함된다.

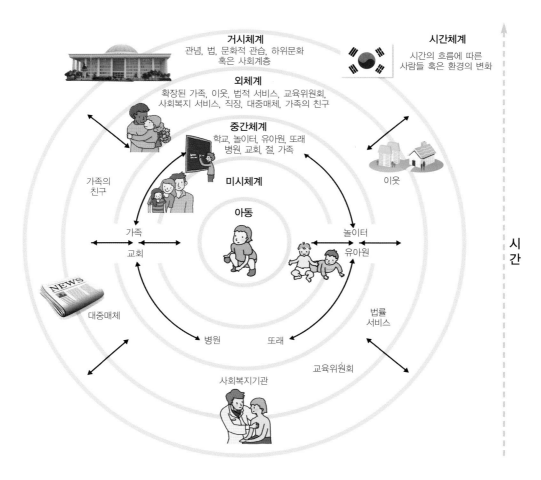

[그림 1-7] Bronfenbrenner의 생태학적 체계 모델

참조: Shaffer & Kipp (2007).

(2) 생태학적 관점의 평가

Bronfenbrenner에 의하면, 개인은 단순히 발달의 결과일 뿐만 아니라 발달을 만들어 가기도 한다. 사람들은 그들의 생물학적이고 심리적인 특질, 재능, 기술, 장애, 기질을 통하여 그들의 발달에 영향을 준다. 사람은 그를 둘러싼 환경에 의해 만들어질 뿐만 아니라, 자신의 경험과 주위를 선택하고 수정하고 만듦으로써 자신의 환경을 스스로 만들어 간다. 그러므로 사람과 환경은 상호의존적 영향의 연결망을 형성한다.

개인에게 영향을 주는 가족과 그리고 가족을 넘어선 여러 수준의 환경체계들을 제시하는 것으로써 생태학적 이론은 발달의 다양한 영향들을 보여 준다.

또한 생태학적 관점은 하나의 문화 혹은 한 집단 내의 문화(예: 백인 중류층 미국인)는 다른 사회나 문화집단의 사람에게 꼭 같이 적용될 수는 없음을 일러 준다.

지금까지 우리는 발달의 다섯 가지 주요 접근, 즉 정신분석, 행동주의, 인지주의, 인본주의, 생태학적 접근을 살펴보았다. 그러나 발달에 관한 모든 측면을 다 설명할 수 있는 보편적인 단일 이론은 없다. 이 관점들은 많은 면에서 서로 다르다.

먼저, 각각의 접근은 서로 다른 발달의 영역에 초점을 둔다. 예를 들어, 정신분석 접근은 정서와 행동의 무의식적 결정요소, 즉 사람의 머릿속에 무엇이 있는가를 강조한다. 반면에 행동주의 접근은 외현적 행동, 즉 사람들이 무엇을 하는가에 초점을 둔다. 인지주의와 인본주의 접근은 반대적 입장으로, 무엇을 하는가보다는 무엇을 생각하는가를 더 고려한다. 마지막으로 생태학적 접근은 발달의 현상이 여러 사회체계와의 관계 속에서 이해되어야 함을 강조한다.

다음으로, 각각의 이론은 발달에 대한 견해가 다르다. 앞서 발달과 관련된 문제들에서 다루어진 것처럼 발달이 연속적 혹은 불연속적 특성인지, 천성 혹은 양육이 지배적인지, 결정적 시기는 존재하는지에 대한 견해가 각각 다르다. 예를 들어,정신분석과 Piaget는 발달을 불연속적 특성으로 보는 단계 이론을 취하고 있지만, 반면에 행동주의, Vygotsky와 정보처리이론은 발달을 연속적 특성으로 본다. 이 부분은 각 이론의 설명에서 자세히 찾아볼 수 있을 것이다.

마지막으로, 각 접근의 평가에서 설명되었듯이, 각각의 이론이 갖는 강점과 제한점이 다르다. 이렇게 각 접근은 각자의 원칙을 기본으로 하고, 각각의 강점과

제한점이 있으며, 발달의 다른 측면에 초점을 둔다.

그러나 같은 발달의 현상을 동시에 다른 접근의 방법으로 볼 수도 있다. 실제로 어떤 발달학자들은 절충적 접근을 사용하여 동시에 여러 접근으로 그려 낸다. 다섯 개의 접근을 지도에 비유해 보자(Feldman, 2003). 같은 지리적 지역의 지도이지만 한 지도는 그 지역의 상세한 길의 정보를 담고 있고, 다른 지도는 그 지역의 행정구역을 보여 주며, 또 다른 지도는 지리적 특색을 보여 주고, 그 지역의 경관이나 역사적 유적 같은 관광정보를 보여 주는 지도도 있다. 각각의 지도는 모두 정확하지만 서로 다른 견해와 다른 사고 방식을 제공한다. 어떤 지도도 완전하지는 않고, 모두를 합친 것으로 그 지역을 완전하게 알 수 있다.

같은 이치로, 발달의 다양한 접근들은 발달을 보는 다른 방식을 제공한다. 그들을 모두 합쳐서 인간 일생의 변화와 성장의 무수한 길의 그림을 그릴 수 있다. 그러나 다양한 접근에서 나오는 모든 이론과 주장이 모두 정확한 것은 아니다. 그렇다면 경쟁적인 설명들 중에서 어떤 것을 선택할 것인가? 그 답은 학술적 연구다. 발달의 이론은 학술적 연구에 의해 검증되고 발전해 나간다. 많은 연구자들에 의해서 반복되고 검증된 연구는 이론으로 발전한다. 반면에, 연구에 의해서 사실이 아니라고 밝혀진 가설이나 지지되지 않은 이론은 이론으로 받아들여지지 않는다. 이론과 연구 사이의 이러한 불가결한 결합을 염두에 두고, 발달연구자들이 사용하는 방법을 살펴보자.

3. 발달심리학의 연구방법

발달의 변화를 기술하고 설명하기 위해서 발달학자들은 과학적인 방법을 사용한다.

과학적 방법이란 체계적 관찰(systematic observation)과 자료들의 수집을 포함한 통제된 기술을 사용하여 문제를 제기하고 그 답을 찾는 과정을 말한다. 체계적 관찰은 전집(population)을 대표하는 표본(representative sample)을 선정하여 이론에 근거하여 선택한 변인(variable)을 연구하는 과정과 같이, 특정한 조건이 있는 관찰을 말한다. 대표적 표본을 얻기 위해 연구자들은 전집의 모든 구성원의 목록에

과학적 방법
체계적이고 규칙적인 관찰과 자료수집을 포함한 치밀하고 통제된 기술을 사용하여 문제를 제기하고 답을 하는 과정

서 무선(random)으로 표본을 표집한다.

과학적 방법은 관심 있는 현상을 설명하고 예측하고 이론을 공식화하는 것을 포함한다. 앞에서 우리는 전 생애 발달에서 연구자들에게 가장 강력한 영향을 주는 다섯 가지의 이론을 살펴보았다. 발달학자들은 이론을 이용하여 가설을 형성한다. 그들은 이론에 근거한 구체적인 예측을 검증하는데, 이렇게 검증할 수 있게 진술된 예측을 가설(hypothesis)이라 한다. 예를 들어, 출생 후 일 년 사이에 어머니와의 관계에서 형성되는 기본적 신뢰(basic trust)는 낙관적인 가치관 형성에 결정적 요인이라는 Erikson의 이론에 동의하는 학자는, 열악한 환경의 보육원에서 영아기를 보낸 사람들이 비관적인 관점으로 세상을 보게 될 것이라는 가설을 이 이론에서 끌어낼 수 있다.

1) 발달의 연구방법

제기된 가설의 타당성을 검증하기 위하여 발달학자들은 다양한 연구방법을 사용한다. 그중에서 기술법, 상관법, 실험법은 가장 일반적인 연구방법이다.

(1) 기술법(descriptive research)

기술법
관심 있는 현상이나 사건을 있는 그대로 조사하여 기술하는 연구방법

기술법은 관심이 있는 현상이나 사건을 있는 그대로 조사하여 기술하는 연구방법이다. 기술연구는 인간의 행동은 분리되어 조사될 수 없는 복합적이고 상호의존적인 힘의 결과이며, 실험실 안의 모의실험이 아닌 자연적인 환경에서 조사되어야 하는 대상이라는 가정에서 이루어진다. 따라서 기술연구는 실제 생활 속의 어떤 특정 상황에서 일어나는 현상과 사건들의 관계를 어떤 조작이나 통제도 하지 않고 자연적인 상황에서 있는 그대로를 파악하여 정확하게 기술하는 것을 목적으로 한다.

기술연구에 흔히 쓰이는 기법으로는 관찰법(observation methods), 질문지법(questionnaire methods), 면접법(interview methods), 사례연구법(case study methods), 민속지학(ethnography) 등이 있다. 관찰법에는, 실제 생활의 현장에서 행동이나 환경에 어떤 변동도 없이 본 그대로 기록하는 자연관찰(naturalistic observation)과 실험실과 같이 통제된 환경에서 관찰하고 기록하는 실험실관찰

(laboratory observation)이 있다. 자연관찰은 정상 상황에서 자연스럽고 자발적인 행동을 연구할 수 있다는 장점이 있다. 그러나 사건이 일어날 때까지 기다려야 하고, 그 과정을 빠르게 혹은 느리게 할 수 없다는 제한이 있다. 실험실관찰은 모든 대상을 같은 조건하에서 관찰할 수 있으므로 환경의 영향을 받지 않는 행동의 차이점을 더 정확하게 확인할 수 있고, 반응을 측정하기 위해 더 정확한 장비를 사용할 수 있다는 장점이 있다. 그러나 실험실에서 일어나는 행동이 실제 생활에서 일어나는 행동과 다를 수 있으므로 관찰 결과를 실험실 밖 상황에서 일반화하는 것에 제한점이 있다.

질문지법은 자기보고식 질문지를 제시하여 그 반응을 분석한다. 비교적 손쉽게 자료를 수집할 수 있는 방법으로, 자료수집 시간을 단축할 수 있고, 직접 관찰할 수 없는 행동을 간접적으로 연구할 수 있는 장점이 있다. 그러나 자기보고식 방식의 자료수집은 반응자들이 정확하지 않은 정보를 제공할 수 있다는 제한점이 있다.

면접법은 연구대상에게 직접 질문을 하여 얻은 반응을 분석한다. 잘 구조화된 양식의 면접을 사용하여 자료를 보다 체계적으로 수집할 수 있다. 그러나 일대일로 만나기 때문에 시간과 비용이 많이 들고, 면접자의 전문성과 성, 나이, 인종, 종교, 사회계층 등과 같은 면접자의 조건이 연구 결과에 영향을 줄 수 있다는 제한이 있다.

사례연구법은 발달학자들이 사용하는 또 다른 기술연구법이다. 사례연구는 한 개인 혹은 작은 집단에 대한 집중적인 연구로, 오랜 기간에 걸쳐 깊게 연구한다. 따라서 이 연구의 장점은 한 개인 내의 복잡한 과정과 현상들의 상세한 분석이 가능하다는 것이다. 반면에, 연구 결과를 다른 개인 혹은 집단에 얼마나 적용할 수 있고 일반화할 수 있는지의 문제가 제기된다.

사례연구가 한 개인의 심층연구라면, 민속지학은 한 문화 혹은 하위문화 집단의 심층연구다. 민속지학연구는 특정 집단의 생활상을 반영하는 관습, 신념, 전통 등의 형식을 기술하는 것이 목적이다. 민속지학은 이론과 연구의 문화적 편견을 극복할 수 있게 하는 반면에, 연구자의 문화적 편견에서 자유로울 수 없다는 제한이 있다.

기술연구는 각기 다른 연령의 발달적 변화를 알아내기 위하여 발달심리학에서 가장 광범위하게 쓰이는 연구법인데, 예를 들어, Piaget는 자신의 아이들이 여러 가지 과제를 수행하는 것을 주의 깊게 관찰하고 기술한 자료를 바탕으로 인지발달의 단계 이론을 발전시켰다. Freud는 자신의 환자들에 대한 사례를 분석하여 정신분석이론의 기초를 마련하였고, G. Stanly Hall은 아동과 청소년 연구에 최초로 질문지를 사용한 기술연구를 하였다. 그는 방대한 분량의 질문지를 내놓았는데, 그의 방법은 정확했고, 질문지의 범위도 장난감에서부터 정서와 습관까지 광범위했다. 질문지법은 오늘날 과학적인 연구도구로 널리 사용되고 있다.

(2) 상관법(correlational research)

상관법
변수들의 서로 간의 관계를 조사하는 연구방법

상관법은 둘 혹은 그 이상의 변수들의 관계를 조사하는 연구방법이다. 변수들 간의 관계를 말하는 상관(correlation)은 그 방향(정적 혹은 부적)과 강도로 표현된다. 정적 상관(positive correlation)이란 한 변수의 값이 증가할 때 다른 변수의 값도 같이 증가하는 것을 말한다. 예를 들어, 텔레비전 폭력물의 시청과 공격성은 정적 상관으로 밝혀졌다. 즉, 텔레비전 폭력물을 더 많이 시청할수록 공격성도 더 많이 나타났다. 부적 상관(negative correlation)은 한 변수의 값이 증가하면 다른 변수의 값은 감소하는 것으로, 예를 들어, 교육경력과 치매 발생의 위험수준에 관한 연구에서 학교교육을 받은 기간이 증가할수록 치매 발생 위험 정도는 감소되었다(Katzman, 1993).

변수 간의 관계는 상관계수(correlation coefficient: r)로 표현되는데, +1.00에서 1.00 사이의 수치로 나타난다. 상관계수의 수치는 두 변수 간 관계의 상대적 강도를, 부호는 관계의 방향을 의미한다. 수치가 클수록, 즉 1에 가까울수록 두 변수의 관계는 강하다. 상관계수가 +1.00인 것은 완전한 정적 상관을, −1.00인 것은 완전한 부적 상관을, 0.00은 두 변수가 전혀 상관이 없음을 뜻한다. 실제로 완전상관은 드물다.

상관연구는 한 변수의 정보를 가지고 다른 변수를 예측할 수 있게 한다. 폭력물 시청과 공격성이 정적 상관이라는 연구에서 우리는 폭력물을 더 많이 보는 아동은 폭력물을 보지 않는 아동보다 더 잘 싸울 것이라는 것을 예측할 수 있다.

상관연구는 윤리적·실제적 이유로 변수를 직접적으로 연구할 수 없을 때 적절하게 사용할 수 있다. 예를 들어, 모체의 알코올 섭취가 태아에게 문제가 되는지를 알아보기 위하여 임산부에게 술을 마시게 할 수는 없다. 이런 경우에, 임산부의 음주습관과 출산한 아기 상태 사이의 관련성을 살펴보는 상관법이 유용하다. 실제로 발달학자들의 관심 변수들은 이처럼 조작할 수 없는 경우가 훨씬 많다. 상관연구는 이처럼 연구자가 인위적인 상황을 만들지 않고 변수를 있는 그대로 연구할 수 있는 편리함이 있다.

상관연구의 또 다른 장점은 여러 변수의 상호관계를 동시에 연구할 수 있다는 것이다. 공격성과 관련된 여러 변수들, 예를 들면 폭력물 시청, 폭력적인 생활환경, 선천적인 공격기질 등 변수의 관계를 동시에 연구할 수 있다.

비록 공격성과 폭력물 시청의 강한 정적 상관이 두 변수가 인과관계일 수 있음을 제시하더라도, 폭력물 시청이 공격성의 원인이라고 결론지을 수는 없다. 역으로, 공격성이 폭력물 시청의 원인이 될 수도 있고, 혹은 또 다른 변수인 폭력적인 생활환경이 아동의 공격성과 폭력물 시청의 원인이 될 수도 있기 때문이다. 인과관계를 확실하게 규정할 수 있는 방법은 실험을 통하여 검증하는 것이다.

(3) 실험법(experimental research)

행동의 원인 혹은 현상의 인과관계를 확인하기 위해 발달학자들이 사용하는 방법이 실험법이다. 실험은 둘 이상의 변수 사이의 인과관계에 대한 가설을 검증하기 위해 설계되는데, 과학적 실험은 그 결과와 결론을 확증하기 위하여 다른 실험자가 다른 대상에게 똑같은 방법으로 실험을 반복할 수 있는 방식으로 실행되고 발표되어야 한다.

> **실험법**
> 변수들 사이의 인과관계를 조사하기 위한 연구방법

실험에는 연구자가 원인이라고 생각하는 변수, 즉 다른 변수에 영향을 준다고 생각하는 변수가 있다. 연구자는 변수를 조작하고 통제하여 인위적인 처치(treatments)를 하고 그것의 영향(effects)을 분석한다. 조작하여 처치하는 변수를 독립변수(independent variables)라 하고, 독립변수에 의해 영향을 받는 변수를 종속변수(dependent variables)라 한다. 종속변수는 실험의 마지막에 측정된다.

연구자는 실험을 실행하기 위하여 실험참가자들을 두 종류의 집단으로 나눈다. 실험집단(experimental group)은 독립변수에 노출된, 처치를 받는 집단이고, 실험집단과 비슷하지만 처치를 받지 않는 집단은 통제집단(control group)이 된다. 실험자는 무선배당(random assignment)을 사용하여 실험집단과 통제집단의 동질성을 확보한다. 무선배당은 우연절차를 사용하여 참가자를 선택하는 방식으로, 각 참가자가 어떤 집단에 할당될 확률을 동일하게 해 준다. 무선배당은 실험을 시작할 때 집단들이 비슷할 가능성을 극대화시켜 두 집단이 비교가 가능하다는 것을 확인시킨다.

폭력물의 시청이 공격성의 원인이 된다는 인과관계의 가설을 실험을 통해 확인해 보자. 한 집단의 청소년들에게 폭력행동이 대부분인 영화를 관람하게 한 후에 뒤이어 일어나는 공격성을 측정한다. 또 다른 집단의 청소년들에게는 폭력이 전혀 없는 영화를 관람하게 하고, 마찬가지로 그 이후의 공격성을 측정한다. 이 실험에서 폭력물 시청은 독립변수이고, 폭력물 시청 후 뒤이어서 일어난 공격성은 종속변수가 된다. 폭력적인 영화를 본 집단은 실험집단이며, 비폭력성의 영화를 본 집단은 통제집단이다. 이 두 집단은 폭력물 시청이라는 독립변수 이외에 공격성에 영향을 줄 수 있는 다른 변수들을 통제해야 하므로 연령이나 생활환경, 심지어 선천적 기질까지 유사한 집단을 선택하여 무선배당으로 각각의 집단을 형성해야 한다. 실험의 결과, 실험집단과 통제집단의 공격성이 통계적으로 유의한 차이가 있다면, 폭력물 시청이 공격성을 일으키는 원인이라는 가설은 확인되고 두 변수의 관계는 인과관계가 된다. Leyens와 그의 동료들은 실제로 이 실험에서 폭력적 영화를 시청한 청소년들이 다른 집단의 청소년들보다 공격성의 유의한 증가를 보였다고 보고하였다(Leyens et al., 1975).

실험연구가 변수 사이에 존재하는 인과관계를 밝혀 줄 수 있는 유일하고 가장 강력한 방법이기는 하지만, 너무 인위적인 실험실의 상황이 실제 생활과 관련이 적을 수 있다. 실험법은 상황을 엄격하게 통제할 수 있지만, 통제를 많이 할수록 연구상황은 점점 더 인위적이고 자연스럽지 못하게 되어 연구 결과를 실제 상황

표 1-5 세 가지 연구방법의 특징

연구방법	절차	장점	단점
기술법	어떤 사건 혹은 현상의 상황을 파악한다.	현재 상황을 비교적 상세하게 알 수 있다.	변수 간의 관계를 알 수 없다.
상관법	둘 또는 그 이상의 변수 간의 관계를 알아본다.	여러 변수 간의 관계를 파악하고 예측할 수 있다.	변수 간의 인과관계를 알 수 없다.
실험법	독립변수를 조작하여 종속변수에 미치는 영향을 알아본다.	변수 간의 인과관계를 알 수 있다.	모든 변수를 다 조작할 수 없고 일반화가 어렵다.

에 일반화하기가 어렵게 된다. 실험실이 아닌 집이나 학교와 같은 일상 상황에서 자연스럽게 이루어지는 현장실험연구(field experiment)일 경우는 연구 결과의 일반화는 더 유리하지만, 처치변수 외에 결과에 영향을 줄 수 있는 다른 변수를 철저하게 통제하기는 더 어렵다. 또한 발달의 분야는 임산부의 음주습관과 태아기형 발생의 경우처럼 윤리적 혹은 실행의 이유로 변수 조작이 매우 어렵거나 불가능한 경우도 많다.

2) 발달연구의 설계

발달은 시간의 경과에 따른 유기체의 변화를 연구하는 분야인 만큼 시간은 발달연구의 설계에 중요한 조건이다. 시간의 변수를 설계하는 것으로 가장 보편적인 연구법에는 횡단법과 종단법이 있다. 횡단법은 다른 연령집단 사이의 유사성과 차이를, 종단법은 개인이 연령이 많아짐에 따라 어떻게 변하는지 혹은 그대로인지를 밝혀 준다. 발달연구자들은 횡단법과 종단법의 결점을 보완한 방법으로 계열적 설계의 연구방법을 사용하기도 한다.

(1) 횡단법(cross-sectional study)

'나이가 들어감에 따라 사람들은 어떻게 변하는가?'라는 질문에 가장 빠른 답을 찾아내는 방법은 각 연령대의 대상들을 동시에 조사하는 '횡단적 연구'를 하는 것이다. 예를 들어, 10세부터 70세까지 7개 연령집단의 학습 능력을 동시에 검사하여 각 연령집단 간의 학습 능력의 차이를 조사하는 것이다.

횡단법은 여러 연령대의 대상들을 동일한 시점에서 동일한 변수에 대해 한 차례 조사하는 연구방법이다. 이 설계의 장점은 각 연령집단 간의 차이와 유사성을 알 수 있고, 비교적 쉽고 빠르게 조사할 수 있어서 시간과 비용에서 경제적이라는 것이다.

> **횡단법**
> 다른 연령대의 사람들을 동시에 한 차례 조사하는 연구방법

그러나 횡단적 연구설계는 집단의 평균에 초점이 맞추어져 있어서 개인의 차이가 불분명하고 연령에 따른 개인의 변화를 알 수 없다. 더 심각한 단점은 연구 결과가 동시집단의 차이, 즉 다른 시기에 태어난 사람들의 다른 경험의 차이에 영향을 받을 수도 있다는 것이다. 횡단적 연구에서 나타난 연령 결과는 연령에 기인한

것일 수도 있지만, 서로 다른 연령집단에 영향을 준 문화적 · 역사적 요인들을 반영한 것일 수도 있다. 예를 들어, 연령에 따른 학습 능력의 횡단적 연구는 아마도 20대가 가장 학습 능력이 높고 나이가 더 많아질수록 학습 능력이 점차 떨어져서 노년기에는 현저하게 낮아지는 결과를 보일 것이다. 이 연구 결과로, 학습 능력은 20대를 지나면서 낮아진다는 결론을 내려도 좋을 것인가? 만일 60대의 평균학력이 20대보다 현저히 낮다면 이 연구 결과는 연령에 따른 변화이기보다는 동시집단의 차이를 반영한 것일 수 있으므로, 횡단적 연구는 연구 결과의 해석에 세심한 주의가 필요하다.

(2) 종단법(longitudinal study)

종단법
같은 연령의 사람들을 오랜 기간 반복하여 조사하는 연구 방법

종단법은 동일한 개인 혹은 집단을 시간의 차이를 두고 한 번 이상, 여러 차례 조사하는 연구방법이다. 예를 들어, 10세의 한 개인 혹은 집단을 선정하여 그들의 학습 능력을 검사하고, 10년 후인 20세, 20년 후인 30세, 30년 후인 40세에 각각 동형의 검사를 하는 것으로, 각 참가자들에 대한 30년 동안 네 번의 검사자료를 통하여 시간에 따른 개인의 학습 능력 변화를 조사하는 것이다.

종단적 연구설계는 한 개인 혹은 집단의 시간에 따른 발달 변화를 통하여 그 변화양식을 추적할 수 있게 한다. 시간에 따라 동일한 개인들을 반복 측정함으로써 개인 안에서 이루어지는 연령과 관련된 변화를 알 수 있다. 또한 이 변화는 동일한 개인 안에서 일어나는 것이므로 집단들 간의 차이, 즉 동시집단의 차이와 혼동되지 않는다.

그러나 이 연구법은 한 집단의 연구 결과를 다른 집단에 적용하기 어렵다는 단점이 있다. 즉, 1900년에 태어난 집단의 변화양식을 2000년에 태어난 집단에 그대로 적용하는 것은 적합하지 않을 수 있다. 더욱이, 오랜 연구기간과 많은 연구비가 필요하므로 시간과 비용에서 비경제적이라는 치명적인 단점도 있다. 뿐만 아니라 오랜 연구기간 동안 연구 참가자들과의 연락을 유지하는 것도 상당히 어려울 수 있는데, 연구기간 중 참가자들이 사망, 이사 혹은 싫증 등의 이유로 연구에서 탈락하는 소멸(attrition)의 현상은 피할 수 없는 종단연구의 문제다. 같은 맥락에서, 연구기간 동안 남아 있는 참가자들은 지능과 사회경제적 지위에서 평균 이상일 경향이 높아 연구 참가자의 편향도 문제가 될 수 있다. 마지막으로, 반복

검사로 인한 연습효과(practice effect)가 연구 결과에 영향을 줄 수도 있는데, 검사 과정에 익숙해진 참가자들이 발달과는 상관없는 수행의 향상을 보일 수도 있다. 예를 들어, 30년 동안 수행된 학습 능력 연구의 결과는, 나이가 많아질수록 학습 능력이 감소한다는 횡단연구의 결과와는 달리 나이에 따른 변화가 거의 없거나 오히려 더 증가하는 것으로 나타날 수 있다. 이것은 동시집단의 차이와 마찬가지로, 개인적 특성이나 생활경험 또는 특정한 검사 조건들도 연령보다 더 크게 학습 능력의 변화에 영향을 줄 수 있음을 의미한다.

이처럼 횡단과 종단의 연구설계 모두에서 중요한 정보가 손실될 수 있는 결점을 보완하고, 두 연구설계의 장점을 합친 접근법이 계열법이다.

(3) 계열법(sequential study)

계열법은 횡단설계와 종단설계를 혼합한 것으로, 연구자는 횡단연구에서처럼 각각 다른 연령의 집단을 종단연구에서처럼 일정 기간 동안 계속하여 평가한다. 계열설계연구에서 연구자는 출생동시집단의 비교효과 그리고 연령과 관련된 변화에 대한 정보를 모두 얻을 수 있다는 장점이 있다. 예를 들어, [그림 1–8]에서 연구자는 1950년, 1960년, 1970년에 태어난 세 출생동시집단을 20세부터 40세가 될

계열법
다른 연령의 사람들을 오랜 기간 반복하여 조사하는 연구 방법

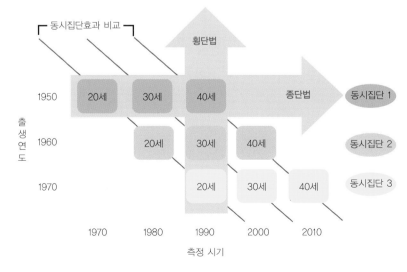

[그림 1–8] 발달연구설계의 예
참조: Berk (2001).

표 1-6　세 가지 연구설계의 특징

연구설계	절차	장점	단점
횡단법	다른 연령의 사람들을 동시에 조사한다.	연령의 차이를 알 수 있다. 시간이 절약되고 경제적이다.	연령의 차이가 동시집단의 효과와 혼동될 수 있다. 개인의 변화를 알 수 없다.
종단법	같은 연령의 사람들을 오랜 기간 동안 반복하여 조사한다.	개인(연령)의 변화를 알 수 있고 이전과 이후 행동의 관계를 알 수 있다.	시간이 오래 걸리고 비경제적이다. 참가자 탈락, 연습효과, 동시집단효과의 영향으로 결과가 왜곡될 수 있다.
계열법	다른 연령의 사람들을 오랜 기간 반복하여 조사한다.	출생동시집단의 비교효과와 연령의 변화를 알 수 있다.	횡단과 종단의 문제를 함께 가질 수 있다. 시간과 노력에서 비경제적이고 결과의 일반화가 어려울 수 있다.

때까지 종단적으로 학습 능력을 조사하였다. 이 연구에서 연구자는 각각 다른 시기에 태어난 같은 연령 사람들의 학습 능력을 비교함으로써 동시집단효과를 알아볼 수 있다. 1950년에 태어난 동시집단 1의 20세들은 1960년과 1970년에 태어난 동시집단 2와 3의 20세들과 얼마나 다른지를 알 수 있다. 이 연구에서는 연령과 관련된 차이의 정보도 얻을 수 있는데, 1990년대의 40대는 20대와 학습 능력에서 어떤 차이가 있는지, 혹은 1950년대의 20대는 40세가 됐을 때 학습 능력에서 어떻게 달라지는지 알 수 있다.

그러나 계열연구는 시간과 노력 그리고 복잡함이라는 결점이 있다. 계열연구는 많은 연구 참가자들이 필요하고, 장기간에 걸친 방대한 자료의 수집과 분석에 상당한 노력이 들며, 연구 결과의 해석도 복잡하다.

3) 발달연구의 윤리

발달연구는 그 대상이 인간이므로 연구자들은 언제나 윤리적인 문제에서 자유로울 수 없다. 인간발달의 많은 영역들이 윤리적인 이유로 실험연구를 할 수 없다. 모든 발달연구는 그 진행에 앞서서 이러한 윤리적 규준에 대하여 세밀한 검토가 이루어져야 한다.

미국심리학회(American Psychological Association)와 아동발달연구학회(Society for Research in Child Development)를 비롯한 발달심리학의 주요 기관들은 연구의 윤리적 검토를 위한 지침을 제정하였는데, 반드시 지켜야 하는 기본적인 원칙들을 요약하면 다음과 같다.

- 해를 받지 않을 권리: 연구자들은 연구 참가자들을 신체적·심리적 위해로부터 보호해야 한다. 연구자들은 연구에서 발생할 수 있는 모든 부정적인 결과들을 예상해야 하며 그것을 최대한 방지할 수 있도록 모든 노력을 기울여야 할 의무가 있다. 연구에서 참가자들의 권리는 항상 우선한다. 연구 참가자들의 복지와 이익 그리고 권리는 연구자들의 그것에 우선한다.
- 연구 참여의 승낙서: 연구자는 연구가 시작되기 전에 연구 참가자에게 연구의 내용과 예상되는 결과, 참가자의 역할에 관한 충분한 설명을 하고 연구 참가자들로부터 자발적인 연구 참여 승낙서를 반드시 받아야 한다. 연구 참가자가 18세 이하인 경우는 부모 혹은 보호자의 동의서도 필요하다.
- 속임수의 사용: 연구자들이 연구 참가자들의 자연스러운 반응을 조사하기 위하여 의도적으로 그들에게 잘못된 가정을 갖게 하거나 실험의 목적을 위장하기 위한 속임수의 사용이 불가피할 때가 있다. 미국심리학회의 윤리지침에서도 이런 경우의 속임수 사용을 허락하고 있다. 그러나 비록 속임수의 사용이 불가피하다고 할지라도 이러한 속임수 연구는 연구 참가자의 연구 참여에 관한 자기결정권리를 무시하고 그들의 사생활을 침해할 수도 있으므로 이에 대한 비판과 반대는 거세다. 불가피하게 속임수를 사용하더라도 연구자는 연구 참가자들에게 반드시 속임의 필요를 보여 주고, 해악을 방지하기 위한 절차를 설명해야 한다.
- 사생활의 보호: 연구자는 연구 참가자의 사생활을 보호해야 한다. 특히 연구 주제가 개인적인 정보를 포함하는 것일 경우 익명성을 보장하여 참가자의 신분이 노출되지 않도록 세심한 주의를 기울여야 한다. 예를 들어, 실험과정이 촬영된다면 반드시 피험자의 동의를 얻어야 하고 촬영된 테이프의 접근과 사용은 제한되어야 한다.

태내기

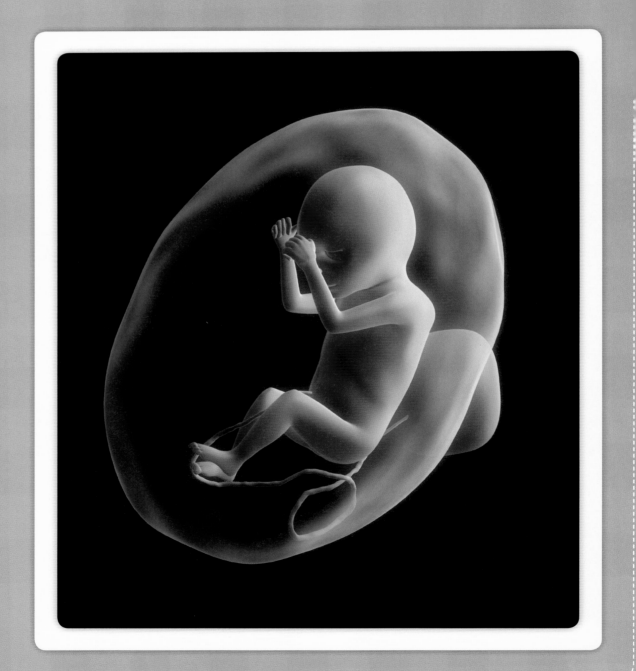

태교와 스승의 가르침

부모가 아이를 낳고 기르는 것과 스승의 가르침은 모두 한가지다.
부모와 스승의 위치는 같다.
의술을 잘하는 의사는 병들기 이전에 다스리고,
가르치기를 잘하는 사람은 태어나기 이전에 가르친다.
그러므로 스승의 십 년의 가르침이
어머니가 임신하여 열 달 기르는 것만 같지 못하고,
어머니 열 달 기름이
아버지 하루 낳는 것만 같지 못하다.

－『태교신기』 2절 중에서

태내기

prenatal period, 수정~출생

잉태의 순간은 험난한 여정과 거듭되는 실패를 뚫고 일어나는 실로 놀라운 결과다. 정자가 난자를 만나기 위해서는 약 15~18cm를 헤엄쳐 가야 하는데, 정자에게 이 거리는 50m 수영장을 100번 헤엄치는 것만큼이나 힘든 거리다. 또한 질의 강한 산성 환경, 질에서 분비되는 점액과 수많은 주름은 정자에게 큰 난관이 아닐 수 없다. 게다가 난자가 배출되지 않는 엉뚱한 나팔관에 도착할 수도 있으므로 운도 따라야 한다. 이렇게 어려운 과정을 거쳐 만난 정자와 난자는 하나의 세포로 결합되고, 이 하나의 세포가 2,000억 개의 세포로 구성된 태아가 되어 세상의 빛을 보기까지 약 266일(이전 생리일부터 계산하였을 경우 280일)이 걸린다. 이 기간 동안의 성장과 발달은 인간의 전 생애에 걸쳐 가장 빠르고 놀라운 변화다.

태내에서의 발달은 크게 세 단계로 나누어진다. 첫 번째 단계인 발아기는 정자와 난자가 만나 수정이 이루어져서 자궁벽에 착상하는 2주까지의 기간을 말한다. 두 번째 단계인 배아기는 착상이 이루어진 이후 8주까지의 기간을 말한다. 이 시기에는 주요 기관들이 형성된다. 마지막으로 태아기는 9주부터 출생까지의 기간으로, 주요 기관들이 기능하기 시작하고 급속도로 성장한다.

대부분의 아기가 정상적으로 태어나지만 일부는 장애를 가지고 태어난다. 이러한 장애는 부모로부터 유전적으로 물려받아서 발생하기도 하고 태내환경의 영향을 받아서 일어나기도 한다. 어머니와 아버지의 부적절한 음식 또는 약물 섭취, 생활 습관, 정서 상태, 질병 등은 태아의 발달에 치명적인 영향을 미칠 수 있다. 따라서 임신기간 중 부모는 만사에 조심을 기할 필요가 있다.

1. 인간발달의 생물학적 기초

1) 인간의 구성

인간의 몸을 구성하는 세포의 핵 속에는 46개의 염색체가 들어 있다. 이 염색체는 꼬아 놓은 실처럼 생겼으며, 나선형 사다리꼴 모양의 DNA 분자로 구성된다. 46개의 염색체는 2개씩 쌍을 이루는데, 이 중 22쌍을 상염색체(autosome), 23번째 쌍을 성염색체(sex chromosome)라고 한다. 정상적인 여성의 성염색체는 XX이고, 남성의 성염색체는 XY이다([그림 2-1] 참조). 염색체 내의 DNA에는 약 20,000~25,000개의 유전자(gene)가 있는 것으로 추정되는데, 이 유전자들이 우리의 눈 색깔, 모발 조직, 혈액형, 골격 구조 등 모든 것을 결정한다.

인간의 성장은 세포 분열을 통해 이루어진다. 인간의 세포는 크게 골격과 신경 등을 형성하는 체세포와, 난자와 정자를 만드는 성세포로 분류된다. 이 두 종류의 세포는 분열되는 방식이 서로 다르다. 체세포는 유사분열(mitosis)을 통해 새로운 세포를 생산하고, 성세포는 감수분열(meiosis)을 통해 새로운 세포를 생산한다.

유사분열
모세포가 핵 내의 염색체를 두 쌍의 동일한 딸세포로 분리하는 과정

감수분열
동물의 난자 · 정자, 식물의 화분 · 배낭모세포 등 생식세포 형성과정에서 일어나는 세포 분열로, 2회의 분열이 연달아 일어나서 1개의 모세포에서 4개의 딸세포가 형성됨

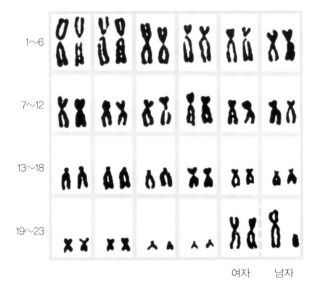

[그림 2-1] 정상적인 인간의 염색체 구조

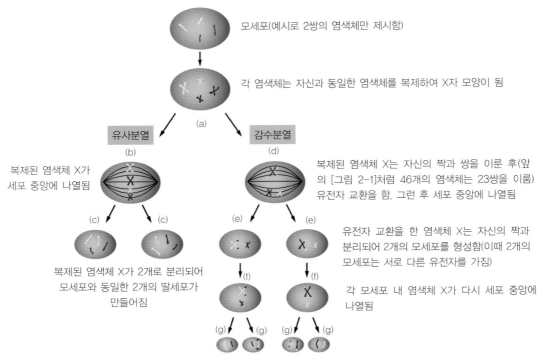

모세포(예시로 2쌍의 염색체만 제시함)

각 염색체는 자신과 동일한 염색체를 복제하여 X자 모양이 됨

유사분열 (b)   (a)   감수분열 (d)

복제된 염색체 X가
세포 중앙에 나열됨

복제된 염색체 X는 자신의 짝과 쌍을 이룬 후(앞의 [그림 2-1]처럼 46개의 염색체는 23쌍을 이룸) 유전자 교환을 함. 그런 후 세포 중앙에 나열됨

(c)   (c)   (e)   (e)

유전자 교환을 한 염색체 X는 자신의 짝과 분리되어 2개의 모세포를 형성함(이때 2개의 모세포는 서로 다른 유전자를 가짐)

복제된 염색체 X가 2개로 분리되어 모세포와 동일한 2개의 딸세포가 만들어짐

(f)   (f)

각 모세포 내 염색체 X가 다시 세포 중앙에 나열됨

(g)   (g)   (g)   (g)

염색체 X가 2개로 분리되어 모세포 염색체 수의 1/2을 가진 4개의 딸세포가 만들어짐

[그림 2-2] 유사분열과 감수분열
출처: Brum & McKane (1989), p. 152.

유사분열은 모세포 내의 염색체가 스스로를 복제하는 것으로 시작된다. 그 후 복제된 염색체는 서로 분리되어 모세포의 양쪽 끝으로 옮겨지고 세포가 2개로 분열된다. 분열이 완성되면 모세포와 동일한 염색체를 가진 2개의 딸세포가 형성된다([그림 2-2] 참조).

반면 감수분열은 유사분열과 마찬가지로 염색체가 스스로를 복제하는 것으로 시작되는데, 그 후 염색체 간에 유전자 교환이 이루어지고, 이 과정이 끝나면 복제된 염색체는 2개의 모세포로 분리된다. 이 유전자 교환을 통해 인간은 각기 다른 고유함을 가진다. 마지막으로 2개의 모세포가 각각 분열되어 4개의 딸세포를 만들고, 이 딸세포들은 각각 23개의 염색체를 갖게 된다. 즉, 정자와 난자는 각각 23개의 염색체만을 가지고 있으며, 이 둘이 수정되어 46개의 염색체를 가진 수정란을 만들게 된다([그림 2-2] 참조).

2) 유전의 법칙

아버지와 어머니는 모두 곱슬머리인데, 나는 왜 직모일까? 부모님 모두 A형인데, 나는 왜 O형일까? 이에 대한 답은 유전의 법칙에서 찾을 수 있다. 인간은 머리카락의 유형, 눈의 색깔, 혈액형 등의 형질에 대해 각각 한 쌍의 유전자를 가진다. 그중 하나는 아버지에게서, 다른 하나는 어머니에게서 물려받은 것이다. 이렇게 양쪽 부모로부터 각각 물려받은 유전자의 결합 형태를 유전자형(genotype)이라고 하며, 겉으로 나타나는 유전적 특징을 표현형(phenotype)이라고 한다.

우리는 부모로부터 동일한 특성을 물려받기도 하고, 서로 다른 특성을 물려받기도 한다. 부모로부터 각각 물려받은 유전자가 서로 다른 특성을 가질 때, 둘 중 하나가 더 우세한 경우도 있고, 동일하게 영향을 주는 경우도 있다. 이때 우세한 유전자를 우성 유전자(dominant gene)라 하고, 열세한 유전자를 열성 유전자(recessive gene)라 한다. 그리고 우성 유전자가 열성 유전자를 지배하므로, 우성 유전자가 아이의 형질로 나타난다. 즉, 우성 유전자가 표현형이 된다. 이를 우성의 법칙(law of dominance)이라고 한다.

예를 들어, 혈액형의 유전을 살펴보자. 중·고등학교 생물 시간에 배운 바와 같이 A와 B의 유전자는 우성 유전자이고, O의 유전자는 열성 유전자다. 따라서 어

우성 유전자

우성인자라고도 하며, 어떤 특성에 대하여 대립되는 형질보다 우세하게 표현되는 형질의 유전자를 말함

열성 유전자

열성인자라고도 하며, 어떤 특성에 대하여 대립되는 형질과 동시에 있을 때 나타나지 않는 형질의 유전자를 말함

우성의 법칙

Mendel이 완두콩을 이용한 교배 실험을 통해서 밝혀낸 유전법칙 중 한 가지로, 우성과 열성 2개의 형질이 있을 때 우성 형질만 드러난다는 법칙

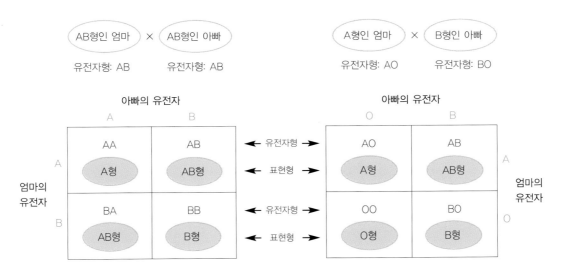

[그림 2-3] 혈액형의 유전

표 2–1 우성 또는 열성 유전자를 가진 특성	
우성	열성
피부색소	백화증
곱슬머리	직모
흑모	금발
정상	대머리
갈색 또는 검은 눈	푸른, 회색, 또는 녹색 눈
긴 속눈썹	짧은 속눈썹
쌍꺼풀	외꺼풀
정상	색맹
정상	근시
원시	정상
녹내장	정상
유전성 백내장	정상
정상	선천성 귀머거리
두꺼운 입술	얇은 입술
보조개	보조개 없음
주근깨	주근깨 없음

머니의 혈액형이 A형(유전자형이 AO인 경우)이고 아버지의 혈액형이 B형(유전자형이 BO인 경우)인 경우, 우성의 법칙에 따라 자녀의 혈액형은 A, B, AB, O형이 모두 나올 수 있다([그림 2–3] 참조).

이와 같이 양 부모로부터 수천 개씩 물려받은 유전자들은 제각기 다른 특성을 가지고 있기 때문에 사람들은 저마다 유전적으로 독특한 특성을 가지게 된다. 한 부모에게서 태어난 형제나 자매도 서로 다른 유전자를 가진 난자와 정자의 결합에 의해 각기 다른 유전적 특성을 가지게 되므로, 형제라 해도 서로 성격이 다르고 외모가 다르다.

3) 성의 결정

인간의 성(性)은 다른 신체적인 특징과 마찬가지로 정자와 난자가 수정되는 순간에 결정된다. 23쌍의 염색체 중에서 인간의 성별을 결정짓는 것은 단 한 쌍으로, 바로 성염색체인 X염색체와 Y염색체다. 여성의 성염색체인 난자는 모두 X염색체를 가지지만, 남성의 성염색체인 정자는 절반 정도가 X염색체를, 나머지 절반 정도가 Y염색체를 가진다. 난자가 정자와 만나 수정될 때, X염색체를 가진 정자를 만나면 그 자녀는 여자가 되고, Y염색체를 가진 정자를 만나면 그 자녀는 남자가 된다. 따라서 아기의 성별은 아버지의 정자가 어떤 성염색체를 가지고 있느냐에 달려 있다.

수정 시 XY와 XX의 비율은 150:100이지만 출생할 때의 비율은 106:100으로, 임신 중 남아의 사산 비율이 여아보다 더 높다. 유전질환 또한 주로 남성에게 나타난다. 이는 근이양증, 혈우병, 색맹, 자폐증 등의 유전질환이 X염색체와 관련이 있는데, 남성의 경우 X염색체를 하나만 가지고 있으므로 염색체에 유전적 결함이 생기면 이를 보완하거나 대체할 염색체가 없기 때문이다. 한편 뛰어난 지능 유전자도 X염색체에 있어서 남성에게 천재 또는 지적장애와 같은 극단적 지능이 나타나는 경우가 더 많다.

게놈 프로젝트 결과, X염색체는 1,098개의 유전자를 가진 반면, Y염색체는 78개의 유전자만을 가지는 것으로 밝혀졌다. 이와 같이 두 성염색체의 유전자 수가 크게 다른 이유는 약 3억 년 전 성의 구별이 없던 생명체가 진화와 돌연변이를 거치면서 X와 Y염색체가 생긴 이후 X염색체는 진화를 거듭한 반면, Y염색체는 네 번의 퇴화를 거쳐 크기가 작아지고 많은 유전자를 소실하였기 때문으로 분석된다.

4) 일란성 쌍생아와 이란성 쌍생아

쌍생아는 크게 일란성 쌍생아와 이란성 쌍생아로 구분된다. 일란성 쌍생아(identical twin)는 하나의 난자가 하나의 정자를 만나 수정된 후, 수정란이 2개로 분리되는 것을 말한다. 따라서 일란성 쌍생아는 동일한 유전형질을 지니고 동일한 성(性)이 된다.

반면 이란성 쌍생아(fraternal twin)는 여성이 배란을 할 때 2개 이상의 난자를 배출한 경우 생긴다. 즉, 1개의 난소에서 난자가 2개 배출되거나 양쪽 난소에서 각각 하나씩 배출되어 각각 다른 정자와 수정될 때 이란성 쌍생아가 태어난다. 따라서 이란성 쌍생아는 함께 태어나긴 하지만 유전형질이 서로 다르다. 즉, 외모도 서로 다르며, 성별도 다를 수 있다. 이란성 쌍생아는 일란성 쌍생아에 비해 더 흔하게 발생한다.

일란성 쌍생아

1개의 수정란이 분열하는 과정에서 2개로 갈라져 생겨난 쌍생아로서, 성(性)이 같으며 생김새와 성격도 유사함

이란성 쌍생아

한 번에 배란된 2개의 난자가 따로 수정되어 생긴 쌍생아로서, 생김새 및 성격이 서로 다름

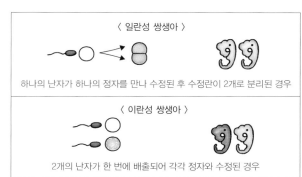

일란성 쌍생아

[그림 2-4] 일란성과 이란성 쌍생아의 수정과정

과거 쌍생아 출생 비율은 일란성 쌍생아의 경우 0.4%, 이란성 쌍생아의 경우 0.8% 정도였다(Plomin, 1990). 그러나 최근 들어 인공수정, 시험관 등의 난임시술을 통한 임신이 늘어남에 따라 쌍생아 출산이 크게 증가하였다. 2021년 통계청 자료에 따르면, 우리나라 쌍생아 또는 다태아 출생 비율은 전체 출생아 수의 5.4%로 역대 최대치이며, 1991년 1%대의 7천 명 수준이었던 다태아 수는 20년 만에 2배인 1만 4천 명으로 늘었다(이영준, 2022. 8. 29.).

2. 태내발달

1) 발아기(the germinal period)

발아기
태내발달의 첫 단계로, 배란기, 발아기, 배종기, 난체기, 정착기, 배시기 등으로 불리기도 함. 수정부터 자궁벽에 착상하기까지 2주의 기간을 말함

배란
다음 월경 예정일 14일 전쯤 양쪽 난소에서 한 번씩 번갈아 성숙한 난자를 배출하는 것

여성은 태어날 때 200만여 개의 난모세포를 가지고 태어난다. 이후 난모세포는 소멸하기 시작해서 사춘기가 되면 4만여 개만 남는다. 난모세포는 배란(ovulation) 직전에 감수분열을 일으켜 난자가 된다. 여성은 생리주기마다 일반적으로 하나의 난모세포만을 분열시켜 난자를 만들어 내므로, 결국 난자를 만들어 내는 난모세포는 겨우 400여 개 정도다. 난자는 한 달에 하나씩 다음 월경 예정일을 기준으로 14일 전쯤에 난소를 떠나 나팔관을 따라 자궁으로 향한다.

남성이 여성의 질 속에 사정할 때는 약 3~4억 개의 정자를 배출한다. 그러나 대부분의 정자는 질 밖으로 흘러나오거나 도중에 길을 잃고 죽는다. 결국 건강한 정자 수백 개만이 나팔관까지 도착하는 데 성공한다.

난자의 생존기간은 약 24시간이고 정자의 생존기간은 약 72시간이므로, 만약 이 기간 내에 수정이 되지 않으면 난자와 정자는 죽고 여성의 자궁내막이 떨어짐에 따라 월경이 시작된다.

배란기 전후에 질 속에 사정된 정액 속의 정자가 나팔관까지 올라오는 데 성공하면 난소에서 내려오는 난자를 만

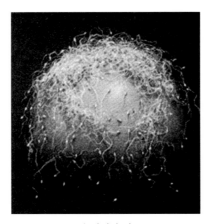

수정의 순간

약 3~4억 개의 정자가 여성의 질에 들어오나 수백 개의 정자만이 난자에 도착하고, 이 중 오직 1개의 정자만이 수정될 수 있다.

출처: Vasta, Haith, & Miller (1995), p. 125.

나게 된다. 난자와 정자의 수정은 대개 난소 근처의 나팔관 안에서 이루어지는데, 이곳에서 정자가 난자의 세포막을 뚫고 들어가면 정자의 핵과 난자의 핵은 46개의 염색체를 가진 단일 세포를 형성한다. 이 단일 세포를 수정란(fertilized ovum)이라 하고, 이러한 과정을 수정(fertilization)이라 한다.

수정란은 36시간 후에 2개의 세포로 분열되고, 48시간 후에는 4개, 3일 후에는 16~32개, 4일 후에는 100개의 세포로 분열을 거듭하면서 자궁에 도착한다. 자궁에 도착한 수정란은 10일경쯤 자궁벽에 부착된다. 이를 착상(implantation)이라 한다. 이때쯤 수정란은 액체로 가득 찬 구형의 세포로 변하는데, 이것을 배반포(blastocyst)라고 한다. 배반포는 외세포 덩어리와 내세포 덩어리로 나눠진다. 영양배엽이라 불리는 외세포 덩어리는 나중에 태아를 보호하고 영양분을 공급하는 지원체계로 발달하며, 내세포 덩어리는 배아(embryo), 즉 태아로 발달한다. 이와 같이 수정란이 자궁벽에 착상하고 나면 발아기는 끝이 난다.

수정란

정자의 핵과 난자의 핵을 합쳐서 형성한 것

수정

정자가 난자의 세포막을 뚫고 들어가서 46개의 염색체를 가진 단일 세포를 형성하는 과정

착상

수정된 배아가 자궁내벽에 붙어 태아가 모체로부터 산소 및 영양분을 받을 수 있는 상태

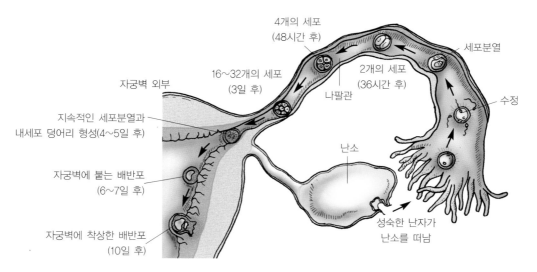

[그림 2-5] 착상과정

출처: Papalia, Olds, & Feldman (2009), p. 78.

2) 배아기(the embryonic period)

배아기

태내발달의 두 번째 단계로,
착상부터 8주까지의 기간을
말하며, 주요 기관들과 해부학
적 구조들이 형성되는 시기

성공적으로 착상이 이루어지면 배아기가 시작된다. 배아기는 착상 후 8주까지
의 기간을 말한다. 이 시기의 배아는 모체로부터 혈액과 영양소를 공급받기 시작
하면서 신체기관과 신경계를 형성한다.

배아로 발달하는 수정란의 내세포 덩어리는 3개의 세포층으로 분화된다. 가장
외층인 외배엽은 피부, 머리카락, 신경계, 감각기관으로 발달한다. 중간층인 중배
엽은 골격, 근육, 순환계, 배설기관으로 발달한다. 내층인 내배엽은 소화기관, 호
흡기 계통, 비뇨기관, 그리고 간과 췌장 같은 내부 장기로 발달한다.

3주경이면 배아에 초기 심장이 생기고, 3주가 끝날 무렵에는 심장이 뛰기 시작
한다. 4주경이 되면 눈, 귀, 소화기관이 형성되며, 척추가 생기고 신경계가 형성된
다. 5주경에는 호흡기 계통이 생성되며, 45일경에는 주요 기관들이 초기 활동을
시작한다. 7주경에는 얼굴과 목, 눈꺼풀이 형성되며, 근육이 빠르게 분화되고, 신
경이 매우 빠른 속도로 발달한다. 이 시기 배아의 길이는 약 2~3cm 정도다.

한편, 외세포 덩어리는 배아를 보호하고 지원해 주기 위해 융모막(絨毛膜,
chorion), 양막(羊膜, amnion), 탯줄 그리고 태반(胎盤, placenta)을 형성한다. 융모

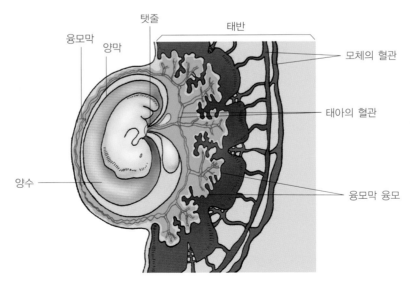

[그림 2-6] 태아와 태아를 지원하는 조직

출처: Papalia, Olds, & Feldman (2009), p. 79.

막은 양막을 둘러싸며, 양막 속은 양수(羊水, amniotic cavity)로 채워진다. 양수는
외부의 충격으로부터 태아를 보호하고 온도를 조절하는 역할을 한다. 이와 함께
탯줄이 발달하여 태아를 자궁벽의 태반과 연결시켜 준다. 태반으로 흘러든 모체
의 혈액은 탯줄을 통해 태아에게 산소와 영양분을 제공한다. 이때 태아에게 나쁜
영향을 줄 수 있는 약물 등도 태아에게 전달될 수 있다. 그리고 태아는 탯줄을 통
해 탄소산화물과 배설물을 배출한다.

　이 시기는 주요한 신체기관과 기본 조직이 급속하게 형성되는 시기인 만큼 환
경에 가장 민감한 시기다. 따라서 바람직하지 못한 환경은 이 시기의 발달에 치명
적인 영향을 줄 수 있다. [그림 2-7]에서 보는 바와 같이 배아기는 주요 기관들이
발달하는 결정적 시기며, 이 시기 모체의 약물 복용, 질병, 영양 결핍 등은 자연유
산 또는 신체적 기형 등의 발달장애를 낳을 수 있다.

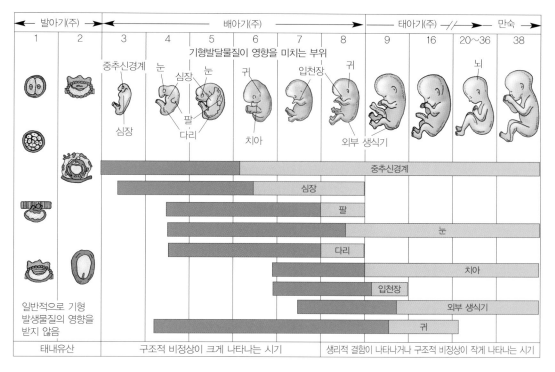

[그림 2-7] 태내발달의 결정적 시기
출처: Shaffer & Kipp (2007), p. 127.

3) 태아기(the fetal period)

태아기는 9주부터 출생까지의 시기를 말한다. 이 시기에는 각 기관의 구조가 정교화되고, 성장이 가속화되며, 기능이 원활해진다.

9주가 되면 딸꾹질을 포함한 무의식적 반사가 일어나고, 큰 소리에 반응하는 움직임을 보이기도 한다. 이 시기 태아의 심박수는 약 157회로, 성인의 두 배 정도로 빠르다. 10주가 되면 성기의 외형 차이가 나타난다. 12주가 되면 태아의 성별을 확실하게 구분할 수 있고, 피가 골수에서 형성되기 시작하며, 눈이 완성된다. 이 시기 정수리에서 둔부까지의 태아 길이는 7~8cm 정도이고, 체중은 약 30g 정도다.

4개월 말이 되면 임산부는 태동을 느낄 수 있으며, 태아의 모습은 인간의 모습에 가까워진다. 머리카락이 나기 시작하고 몸이 머리보다 커진다. 그리고 뼈의 대부분이 명확해지고, 관절이 나타나며, 온몸으로 중추신경이 뻗어난다. 이 시기 태아의 길이는 20~25cm 정도이고, 체중은 170g 정도가 된다.

18주가 되면 태아가 가장 활발하게 활동하는 시기에 접어든다. 태아는 몸을 비틀고, 돌리고, 꿈틀거리고, 주먹으로 때리고, 발로 차면서 반사 능력을 훈련한다. 또한 이 시기의 태아는 소화기가 작동하기 시작하여 양수를 삼키고 태변을 배출한다. 5개월 말이 되면 모든 신경세포가 나타난다.

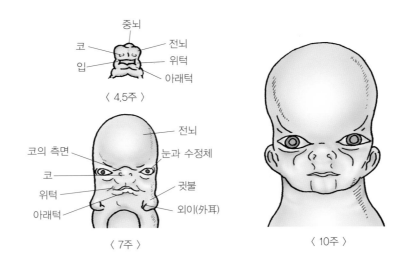

[그림 2-8] 얼굴의 발달

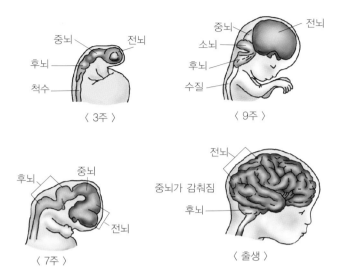

[그림 2-9] 뇌의 발달

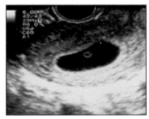

6주 된 태아의 모습이다. 검은 타원형 안의 회색의 작은 구형이 태아로 성장한다.

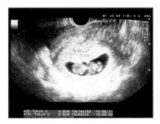

10주 된 태아의 모습이다. 왼쪽으로 누워 있는 모습인데, 머리와 몸통의 분화 그리고 양팔과 양다리를 확인할 수 있다.

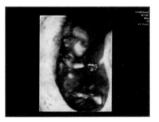

13주 된 태아의 모습이다. 이젠 사람의 모습으로 보인다.

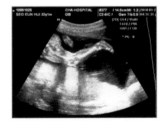

21주 된 태아의 다리다. 이제 태아가 커져서 초음파를 통해서는 전신을 볼 수 없다.

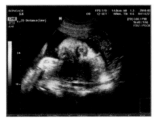

30주 된 태아의 얼굴이다. 오른쪽으로 누워 있다. 왼쪽 사진이 눈을 뜨고 있는 사진이고, 오른쪽 사진이 눈을 감고 있는 사진이다.

초음파 사진

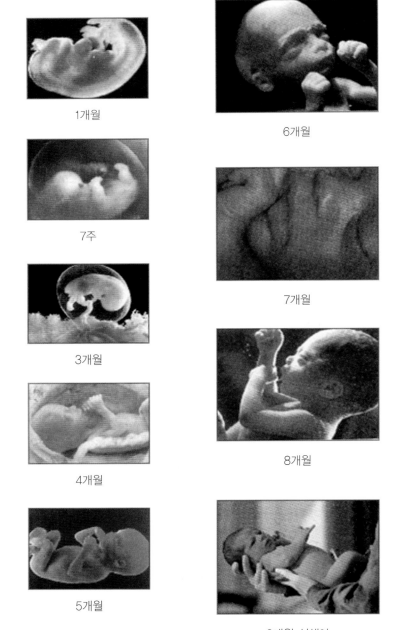

1개월

7주

3개월

4개월

5개월

6개월

7개월

8개월

9개월 신생아

개월 수에 따른 태아의 발달 모습

출처: Papalia, Olds, & Feldman (2009), pp. 76-77.

　6개월 말이면 태아는 생존 가능 연령에 도달하는데, 이제 태어나도 처치를 받으면 생존할 수 있다. 이 시점부터 하루하루 지날수록 생존 가능성은 더 커진다. 이 시기의 태아는 빨기 반사, 삼키기 반사 등의 반사 반응을 보이고, 왼손 또는 오른손 선호가 나타나서 오른손 선호를 보이는 태아는 오른손을 빤다. 그리고 후각, 청각, 미각 등의 감각도 기능하기 시작한다. 이 시기 태아의 길이는 35~38cm 정도이고, 체중은 약 1kg에 이른다.

　7개월 말이 되면 허파와 중앙신경계의 발달로 숨을 쉴 수 있게 되며, 감은 눈을 뜨고 빛에 반응할 수 있다. 8개월 말이 되면 태아의 피부가 펴지고 팔다리가 통통해진다. 신생아와 같이 느끼고, 꿈을 꾸며, 어머니의 목소리, 모국어, 친숙한 이야기를 즐긴다. 이 시기 태아의 체중은 거의 2~3kg까지 늘고, 키는 45cm까지 큰다.

　9개월 말이 되면 몸무게는 증가하나, 출산이 다가옴에 따라 성장은 늦어진다. 이제 태아는 좁은 자궁 내에서 가장 편안한 자세인 머리를 아래로 향한 자세를 취하고, 태어나기 위해 자궁 밑으로 내려간다. 이 시기 태아의 길이는 48cm 정도이고, 체중은 3.4kg 정도다.

3. 태내에서의 기형발달

1) 선천적 장애

(1) 유전자 이상 장애

　비정상 유전자는 일반적으로 정상 유전자에 비해 열성이다. 예를 들어, 색맹과 근시, 선천적 청각장애 등은 열성인자다. 대부분의 유전병은 열성인자에 의해 발생한다. 예를 들어, 신진대사에 필요한 효소를 만들지 못하여 아미노산의 신진대사 장애를 보이는 페닐케톤뇨증(phenylketonuria: PKU)은 열성인자에 의한 유전병 중 하나로, 지적장애와 운동신경장애를 유발한다. 혈우병 또한 열성인자에 의한 유전병으로, 혈액응고 인자가 없어서 발생하는 질환이다. 상처가 나도 혈액응고 인자가 없어 피가 멈추는 데에 정상인보다 시간이 오래 걸리고 출혈과다로 사망할 수도 있다.

▶ **페닐케톤뇨증**
열성인자에 의한 유전병으로, 선천적인 효소계 장애에 의하여 단백질의 대사장애를 일으키며, 지적장애와 운동신경장애 또한 유발함

헌팅턴병
우성인자에 의한 중추신경계 질병으로, 무도증, 정신장애, 치매가 나타남

한편 우성인자에 의한 유전질환도 있다. 대표적인 것이 헌팅턴병(Huntington's chorea)으로, 주로 30~40대에 발병하며, 무도증, 정신장애, 치매가 주요한 증상이다. 즉, 신경계가 손상됨에 따라 우울증, 환각, 망상과 같은 정신장애와 치매가 나타나고, 근육이 무력해짐에 따라 손발에 심한 경련이 오거나 몸이 뒤틀리는 무도증이 나타난다.

(2) Rh동종면역

모체가 태아의 세포를 적으로 판단하여 이를 공격하는 항체를 형성하는 경우를 동종면역이라고 한다. Rh동종면역은 Rh−인 여성이 Rh+인 남성을 만나 Rh+인 태아를 임신하였을 경우, 태아의 Rh+ 혈액 일부가 모체 혈액으로 침투하여 모체 내에 Rh+ 항체가 생성되는 것을 말한다. Rh동종면역으로 인한 문제는 첫째 아이와 둘째 아이가 모두 Rh+인 경우 둘째 아이의 출산 때 발생한다. 첫째 아이가 Rh+인 경우 첫째 아이의 출산에는 문제가 없으나, 둘째 아이도 Rh+인 경우 첫째 아이의 출산으로 인해 생성된 Rh+ 항체가 둘째 아이의 Rh+ 혈액을 균으로 인식하여 태아의 적혈구를 파괴시키는 태아적아구증(erythroblastosis)을 유발시킨다. 이로 인해 태아가 사산될 수 있다.

하지만 Rh동종면역은 예방도 가능하다. 임산부가 임신 8개월째와 출산 직후에 면역 글로불린 주사를 맞으면 다음 임신에서 태아적아구증을 예방할 수 있다.

(3) 상염색체 이상 장애

다운증후군
21번째 염색체가 삼체형이거나 전위형일 때 나타나는 유전성 질환으로, 특이한 용모와 지적장애를 가짐

1866년 Landon Down에 의해 발견된 다운증후군(Down's syndrome)은 가장 흔한 염색체 이상 장애로, 21번째 염색체가 3개인 삼체형이거나 21번째 염색체 하나가 15번 또는 22번에 걸쳐 길게 누적되어 있는 전위형일 때 나타난다. 삼체형의 경우는 유전되지 않으나, 전위형의 경우는 유전될 확률이 약 70%다. 다운증후군의 발생 빈도는 약 600~800 대 1이고, 이 중 95%가 삼체형인 경우다. 다운증후군은 특이한 용모와 저지능을 가진다. 이들은 눈꼬리가 치켜 올라가고, 뒷머리가 납작하며, 목이 짧고, 코가 작으며, 팔다리가 짧고 통통하다. 비록 지적장애를 가지지만, 교육 환경이 잘 조성될 경우 기본 생활을 영위할 수 있을 만큼 훈련이 가능하다. 특히 성격이 밝고 사람을 좋아하기 때문에 사교적이다. 이들은 백혈병, 심

영화 〈제8요일〉에서 다운증후군의 주인공

장병, 순환계 질환에 잘 감염되어 조기사망률이 높았으나, 요즘에는 의료기술의 발달로 생존율이 높다.

(4) 성염색체 이상 장애

성염색체의 이상으로 나타나는 장애는 남성에게 발생하는 염색체 이상과 여성에게 발생하는 염색체 이상으로 나누어 볼 수 있다.

클라인펠터 증후군(Klinefelter syndrome)은 남아에게 발생하는 성염색체 이상으로, 발생 빈도가 500~800 대 1 정도다. 이 증후군은 성염색체가 XXY로, X염색체가 2개일 때 나타난다. 이 증후군의 남아는 골반이 넓으며, 사춘기에 유방이 돌출되는 등 여성의 2차 성징을 보이고, 고환이 미성숙하여 정자를 생산하지 못하기 때문에 생식이 불가능하다. 또한 이들 중에는 지능이 낮은 경우가 많다.

XYY증후군(supermale syndrome) 또한 남아에게 발생하는 성염색체 이상으로, 발생 빈도가 1,000 대 1 정도다. 이 증후군은 성염색체가 XYY로, Y염색체가 2개 이상일 때 나타난다. 이들은 정상적인 남성보다 키가 크며, 테스토스테론(testosterone) 호르몬의 혈청 농도가 높다. 정자 수가 매우 적으나 대체로 수정 가능하다. 한때 XYY증후군은 저지능이며 폭력적이고 공격적인 경향이 있는 것으로 알려졌으나, 최근에는 모두 타당성이 없는 것으로 밝혀졌다.

터너증후군(Turner syndrome)은 여아에게 발생하는 성염색체 이상으로, 발생 빈도가 2,500~5,000 대 1 정도다. 이 증후군은 성염색체가 XO로, 1개의 X염색체만을 가질 때 나타난다. 비록 증상이 일정치 않으나, 사춘기에 2차 성적 발달이 이루

클라인펠터 증후군
X염색체가 2개 이상일 때 나타나는 성염색체 이상 증후군으로, 남성이지만 생식 능력이 불가능함

XYY증후군
Y염색체가 2개 이상일 때 나타나는 성염색체 이상 증후군으로, 남성 호르몬의 혈청 농도가 정상인보다 높음

터너증후군
X염색체의 결함으로 나타나는 성염색체 이상 증후군으로, 여성의 생식기 발육부전을 보임

어지지 않으며, 임신이 불가능하다. 체형이 작으며, 언어 지능은 정상적이지만 공간 판단력, 기억력, 추리력에 문제가 있다.

다중X증후군(superfemale syndrome) 또한 여아에게 발생하는 성염색체 이상으로, 발생 빈도가 500~1,200 대 1 정도다. 이 증후군은 성염색체가 XXX로, X염색체가 3개 이상일 때 나타난다. 임신이 가능하며 정상적인 성염색체를 가진 아이를 출산할 수 있다. 이들은 지능, 특히 언어추리 능력이 떨어진다.

X결함증후군(fragile X syndrome)은 X염색체가 구부러져 있거나 너무 가늘어서 나타나는 이상 장애로, 다운증후군 다음으로 지적장애의 주요 원인이 되는 유전적 장애다. 최근에는 유아 자폐증 또한 유발시키는 것으로 밝혀졌다. 이 증후군은 여아에게도 나타날 수 있으나, 남아에게서 흔히 발생한다. 이 증후군을 가진 남아는 약 75%가 지적장애를 보였으나, 여성의 경우에는 지적으로 정상이거나 약간 경미한 손상을 보였다. 이러한 이유는 남성의 성염색체가 XY인 반면, 여성의 성염색체는 XX로, 여성의 경우 결함이 있는 X염색체를 대체할 수 있는 정상적인 X염색체를 가지나 남성은 대체할 X염색체가 없기 때문이다.

(5) 염색체 이상 장애의 원인

염색체 이상 장애는 주로 부모의 세포가 감수분열을 할 때 오류가 발생하여 일어난다. 예를 들어, 터너증후군이나 XYY증후군은 아버지의 성염색체 이상으로 발생된다. 터너증후군을 가진 여아의 약 80% 이상이 X나 Y 염색체를 가지지 않은 비정상적인 정자에 의해 유발되며, XYY증후군 또한 Y염색체를 2개 이상 가진 비정상적인 정자에 의해 유발된다. 한편 터너증후군의 약 20%는 어머니의 성염색체 이상으로 발생하는 것으로 밝혀졌다. 그 외 클라인펠터 증후군, 다중X증후군, X결함증후군 등도 아버지뿐 아니라 어머니의 성염색체 이상으로 발생되기도 한다. 상염색체 이상 장애인 다운증후군 아동의 경우에는 약 90%가 어머니의 난자 감수분열 시 21번 염색체의 비분리 현상으로 발생하며, 5% 정도는 아버지의 정자 감수분열 시 비분리가 원인이다(서울아산병원 홈페이지, 2022. 12. 24.).

염색체 이상 장애의 또 다른 주요 원인은 어머니의 연령이다. 어머니의 연령이 20세인 경우, 염색체 이상인 아기를 낳을 확률은 122명당 1명이나, 어머니의 연령이 25세인 경우 119명당 1명, 30세인 경우 110명당 1명, 35세인 경우 84명당 1명,

---

다중X증후군
X염색체가 3개 이상일 때 나타나는 성염색체 이상 증후군으로, 지능 및 생식에 문제가 있음

X결함증후군
X염색체가 구부러져 있거나 너무 가늘어서 나타나는 이상 장애로, 다운증후군 다음으로 지적장애의 주요 원인이 되는 유전적 장애

표 2-2	산모의 초산 연령과 다운증후군 발생 빈도				
산모의 나이(만)	20세	25세	30세	35세	40세
다운증후군 발생 빈도	1 : 1,250	1 : 1,000	1 : 714	1 : 294	1 : 86

출처: American College of Obstetricians and Gynecologists (2022).

40세인 경우 40명당 1명으로 급격하게 높아진다(American College of Obstetricians and Gynecologists, 2022).

다운증후군의 원인도 아직 분명하게 밝혀지지 않았지만, 어머니의 연령과 관련이 깊은 것으로 보인다(〈표 2-2〉 참조). 반면 아버지 연령과의 관계는 어머니 연령의 경우에 비해 영향력이 적은 것으로 나타났다. 어머니의 연령이 염색체 이상의 원인이 되는 주된 이유는 난자가 되는 난모세포의 노화현상 때문이다. 즉, 정자는 일생 동안 계속 재생산되지만, 여자는 태어날 때 이미 모든 난모세포를 가지고 태어난다. 따라서 어머니의 나이가 40세이면, 난모세포의 나이도 40세다. 즉, 수십 년간 환경오염물에의 노출과 노화로 인해 염색체 이상을 유발하는 것으로 보인다.

2) 환경적 장애

(1) 어머니의 음주

임신 중의 음주와 흡연이 태아에게 나쁘다는 사실은 이미 널리 알려져 있다. 특히 어머니의 습관적인 음주는 태아알코올증후군(fatal alcohol syndrome)을 유발한다. 이 증후군의 아기는 얼굴 기형을 보인다. 즉, 눈 간격이 넓으며, 윗입술이 얇고, 코가 짧다('태아알코올증후군' 사진 참조). 또한 주요 증상으로 지적장애를 수반한다. 이 외에도 심장 기형, 주의력 결핍 등의 증상을 보인다. 이와 같이 음주가 태아에게 치명적인 악영향을 주는 이유는 어머니의 음주가 태반을 통해 빠른 속도로 태아에게 전달되는 반면, 태아의 알코올 분해 능력은 성인의 절반 수준이기 때문이다.

> **태아알코올증후군**
> 임신 중인 여성이 술을 과도하게 마심으로써 태어난 아기에게 신체적 · 정신적 이상이 나타나는 선천성 증후군

태아알코올증후군에 걸린 아이

출처: Papalia, Olds, & Feldman (2009), p. 84.

아직까지 태아알코올증후군이 발생하는 음주량의 역치는 밝혀지지 않았다. 만성적으로 다량의 음주를 섭취하는 경우뿐 아니라, 횟수는 적어도 폭음을 한다든지, 적은 양이라도 지속적으로 섭취하는 경우에도 이러한 장애가 유발될 수 있다(서울대학교병원 홈페이지, 2022. 12. 24.). 따라서 임신기간 중에는 술을 마시지 말아야 한다.

(2) 어머니의 흡연

흡연 또한 태아에게 나쁜 영향을 미친다. 임신 중에 담배를 피우면, 담배 연기 속의 니코틴이 태아에게 전달되는 혈액의 양을 감소시키고, 혈액 속의 일산화탄소 헤모글로빈의 양을 급격하게 증가시킨다. 이 일산화탄소 헤모글로빈은 혈액에 들어 있는 산소의 양을 줄어들게 만드는데, 이로 인해 흡연 여성은 저체중아를 출산할 가능성이 높아진다. 연구에 따르면, 흡연 여성이 비흡연 여성에 비해 저체중아를 출산할 확률이 두 배 이상 높은 것으로 나타났다. 또한 흡연은 조산이나 태아의 얼굴 기형 등을 유발하는 것으로 밝혀졌다.

탈리도마이드
신경 진정제로 태아의 사지 기형, 얼굴 기형, 내부기관 기형, 저지능을 유발할 수 있음

(3) 어머니의 약물 복용

임신 중 어머니의 약물 복용 또한 태아에게 심각한 해를 끼칠 수 있다. 대표적인 것이 탈리도마이드(thalidomide) 사건이다. 1960년대 진정제이면서 입덧을 가라앉히는 데 효과가 있어서 많은 임산부가 복용했던 탈리도마이드는 태아의 사지 기형, 얼굴 기형, 내부기관 기형, 저지능을 유발하는 것으로 밝혀졌다. 이 중 가장 대표적인 결함은 사지 기형으로, 팔, 다리가 없거나 손과 발이 몸통에 붙어 있는 경우다. 탈리도마이드에 의한 결함의 유형은 언제 약물을 복용했는가에 따라 다르다. 보고된 사례에 따르면, 임신 4주쯤 약물을 복용했던 임산부의 아기는 귀가 없이 태어날 가능성이 높았으며, 임신 5주쯤 약물을 복용했던 임산부의 아기는 팔이 없거나 기형적인 팔을 가진 것으로 나타났다. 이와 같이 잘못된 약물 복용의 영향력은 태내발달의 결정적 시기([그림

탈리도마이드 복용으로 인한 기형아 사진

출처: Shaffer & Kipp (2007), p. 130.

2-7 참조)에 따라 달리 나타날 수 있다.

해열과 소염에 탁월한 효능을 보이는 아스피린(aspirin)을 복용한 임산부는 유산할 가능성이 높고, 저지능, 주의력 결핍, 운동기술 결함 등을 가진 아기를 낳을 수 있다. 항우울제와 비타민제 과다 섭취 또한 태아에게 부정적인 영향을 미칠 수 있는 것으로 밝혀졌다. 따라서 임신 중에는 함부로 약물을 복용해선 안 되며, 반드시 의사와 상의 후 약의 복용 여부를 결정해야 한다.

한편 마약류인 헤로인(heroine), 코카인(cocaine) 그리고 마리화나(marijuna)는 조산이나 저체중아 출산의 위험을 높인다. 특히 헤로인과 코카인은 태아의 신체 결함과 호흡 결함뿐 아니라 생식기, 비뇨기, 신장, 심장 기형을 유발할 수 있고, 뇌 발작과도 관련이 있는 것으로 밝혀졌으며, 출생 직후 사망할 가능성이 높다. 출생 이후에는 발달지체를 보이며 성미가 매우 급하고 사나운 경향을 보인다.

이 외에도 일상생활에서 우리가 쉽게 접하는 약물이 있다. 바로 카페인(caffeine)이다. 하루에 300mg 이상 카페인을 다량 섭취하면 저체중아 출산과 자연유산의 위험이 증가하는 것으로 보고되고 있다. 많은 임산부가 카페인 섭취를 줄이기 위해 바꾸는 식습관 중 하나가 커피를 끊는 것이다. 보통 커피 한 잔에는 카페인이 75~100mg 정도 함유되어 있다. 따라서 하루에 커피 한두 잔 정도는 괜찮지만, 녹차, 콜라, 코코아, 초콜릿 등 우리가 일반적으로 섭취하는 많은 식품 속에도 카페인이 함유되어 있으므로 지속적으로 여러 잔을 마시는 것은 삼가야 한다. 또한 커피전문점의 커피 잔의 크기가 크다는 사실도 기억해야 할 것이다.

(4) 어머니의 질병

어머니의 질병은 태아에게 치명적인 결함을 유발할 수 있다. 태내 결함을 유발하는 대표적인 질병인 풍진(rubella)은 전염력이 높은 감염성 질환이다. 임신 초기에 풍진에 걸리면 시각장애, 청각장애, 심장질환, 지적장애 등과 같은 다양한 결함을 가진 아기를 낳을 수 있다. 풍진은 임신 3개월까지가 가장 위험하다. 선천성 풍진 증후군의 태아감염의 빈도는 산모가 임신 첫 1개월에 감염 시 50%, 임신 2개월에 감염 시 25%, 임신 3개월에 감염 시 10%이며, 임신 3개월 이후에 감염 시 1% 미만이다(전남대학교병원 홈페이지, 2022. 12. 24.). 따라서 임신 계획이 있을 경우, 풍진 항체가 있는지 미리 확인해 보고, 항체가 없을 경우 예방접종을 받아야 한다. 풍진 예방접종은 살아 있는 바이러스를 약화시켜서 주입하는 것이므로 접종 후에는 약 3개월간 피임을 할 필요가 있다.

톡소플라즈마병(toxoplasmosis)은 동물의 기생충에 의해 감염되는 질병으로, 임신 중에 익지 않은 고기를 먹거나 감염된 고양이의 배설물을 치울 때 감염될 수 있다. 또한 개나 고양이와 직접적인 접촉을 하거나 진드기나 이를 통해서도 감염될 수 있다. 임신 초기에 톡소플라즈마병에 감염되어 태아에게 전이된다면 태아의 눈과 뇌의 심각한 결함을 유발할 수 있고, 임신 후기에 감염된다면 유산될 수 있다(Carrington, 1995). 따라서 임신한 여성은 모든 고기를 잘 익혀 먹어야 하며, 요리 도구의 살균에도 신경 써야 한다. 또한 동물들과의 접촉과 동물의 분비물이 있는 곳을 피하는 것이 좋다.

후천성 면역결핍증(AIDS)은 감염된 임산부의 태반을 통해서, 출산과정에서, 또는 수유를 통해 아기에게 전염될 수 있다. 태반을 통해 감염된 태아는 저체중, 미숙아로 출생할 가능성이 높고, 얼굴 기형, 성장 지체, 신경장애, 뇌질환이 나타난다. 또한 AIDS에 감염된 아기는 면역체계가 손상되어 있으므로 감염되기 쉽고 사망할 가능성이 높다.

그 외에도 임산부가 매독이나 임질 등의 성병에 감염된 경우, 유산이나 기형아 출산, 태아의 시각장애를 초래할 수 있으며, 임산부의 당뇨병 또한 유산, 신체 기형, 지적 손상을 유발할 수 있다. 심지어 감기도 유산과 태아의 신체 기형을 유발할 수 있으므로 임산부는 건강관리에 특별히 신경을 써야 한다.

(5) 어머니의 영양

어머니가 필요한 영양을 충분히 섭취하지 못할 경우, 조산 또는 유산을 하거나 저체중아를 출산할 수 있다. 또한 태아의 신체발달과 지적 발달에도 나쁜 영향을 줄 수 있다. 어머니의 영양실조가 심각하면 태아의 중추신경계가 손상되고, 그로 인해 태아의 뇌신경세포가 정상 태아보다 약 15~20% 덜 생성되며, 뇌의 무게 또한 약 36% 적게 나간다. 따라서 임신 중에는 적절한 영양소를 충분히 섭취하는 것이 중요하다.

영양 섭취의 기본 상식인 다섯 가지 기초 식품군의 음식을 골고루 섭취해야 할 뿐 아니라, 특별히 신경을 써야 할 영양소들이 있다. 그 첫 번째가 엽산이다. 비타민 B 계열에 속하는 엽산은 특히 임신 초기에 중요한 영양소다. 엽산이 부족하면 태아의 신경계 손실을 초래하므로 임신 3개월 전부터 꾸준히 복용하는 것이 좋다. 엽산은 녹색 채소, 오렌지, 키위 등의 식품에 함유되어 있지만, 식품만으로는 필요한 양을 충분히 섭취하기 어렵다. 따라서 엽산 영양제를 추가적으로 복용하는 것이 좋다.

임신 중기에는 철분을 충분히 공급하는 것이 좋다. 철분은 혈액 속의 적혈구를 만드는 데 꼭 필요한 영양소이며, 태아가 모체의 철분을 흡수하여 자신의 혈액을 만들기 시작하므로 철분이 많이 필요하다. 만약 철분이 부족할 경우, 빈혈이 생기거나 임신중독증에 걸릴 위험이 있다.

그 외 블루치즈, 카망베르치즈와 같이 살균 처리하지 않은 치즈나 곰팡이를 숙성시킨 치즈, 살균 처리하지 않은 양젖이나 염소젖, 덜 익힌 가금류와 날생선, 그리고 덜 익힌 조개류와 갑각류는 임신 중에 먹지 않는 것이 좋다. 왜냐하면 조산, 유산, 혈액 감염 그리고 뇌수막염을 일으킬 우려가 있는 리스테리아(listeria)에 오염되어 있을 수 있기 때문이다. 생달걀이나 덜 익힌 달걀, 가정에서 만든 마요네즈도 살모넬라균(salmonella)에 오염되어 있을 가능성이 있으므로 가급적 먹지 않는 것이 좋다. 그리고 참치와 상어 등의 생선에는 태아의 신경계에 영향을 줄 수 있는 화학물질인 메틸수은이 많이 함유되어 있으므로 많이 먹지 않는 것이 좋다.

(6) 어머니의 정서 상태

이탈리아에서 발생한 지진으로 충격을 받은 임산부들을 관찰한 결과, 그들의 태아가 다른 태아에 비해 더 급격하게 움직였으며, 호주에서 실시된 연구에서도 임산부가 무덤덤한 영화를 볼 때보다 감정적으로 격한 영화를 볼 때 태아의 움직임이 더 많은 것으로 나타났다(Deans, 2003). 즉, 임산부의 공포, 분노와 같은 격한 정서적인 반응은 자율신경계에 영향을 미쳐 부신호르몬의 분비를 촉진시키고, 이는 혈관을 수축시킬 뿐 아니라 혈액을 자궁이 아닌 다른 신체기관으로 흐르게 함으로써 태반 내 혈액량을 감소시켜 태아가 산소와 영양분을 섭취하는 것을 방해한다. 이로 인해 태아의 심장박동이 빨라지고 움직임이 격해진다. 특히 심각한 불안 증상이 지속될 경우 유산, 미숙아, 저체중아, 언청이 또는 호흡기 질환을 가진 아기를 출산할 확률이 높아진다. 따라서 임신기간 중에는 긴장 이완법을 이용해 감정을 차분하게 유지함으로써 태아를 안정시키는 것이 좋다.

(7) 아버지의 영향

지금까지 어머니의 행동과 건강 상태가 태아의 성장에 어떠한 영향을 미치는지를 살펴보았다. 이는 아버지도 마찬가지다. 아버지의 행동 또한 태아의 성장에 치명적인 영향을 미칠 수 있다. 연구에 따르면, 담배를 피우는 아버지에게서 저체중아가 태어날 가능성이 높은 것으로 나타났다. 그 이유는 어머니의 간접 흡연 때문이다. 간접 흡연자들도 직접 흡연자들과 똑같이 태아 성장에 악영향을 끼치는 니코틴과 탄소산화물을 들이마신다. 따라서 임산부가 직접 흡연했을 때와 마찬가지로 저체중아를 낳을 확률이 높아진다. 아버지의 실외 흡연도 태아에게 영향을 미치는 것으로 나타났다. 임신 35주 비흡연 임산부 896명의 모발에서 검출된 니코틴 수치를 보면, 배우자가 흡연을 하지 않는 경우 0.33ng/mg이지만, 배우자가 실내에서 흡연하는 경우 0.58ng/mg이었으며, 배우자가 실외에서 흡연하는 경우에도 0.51ng/mg으로 나타났다(Yoo et al., 2010). 즉, 예비 아버지가 담배를 밖에서 피우든 집 안에서 피우든 간접 흡연의 영향력은 크게 다르지 않다. 따라서 아내가 임신 중일 때는 남편의 금연이 필수적이다.

아버지의 환경 독극물에 대한 노출도 태아의 발달에 영향을 줄 수 있다. 아버지가 방사능, 마취 가스, 기타 독극물을 포함한 화학제품에 장기간 노출될 경우, 정자의 염색체에 이상이 생겨 태아가 유산되거나 유전적 결함을 가질 수 있다. 이로 인해 아버지가 화공약품을 다루는 직업에 종사할 경우 기형아를 출산할 확률이 높아진다.

또한 임신한 어머니가 술을 마시지 않고 약물을 하지 않더라도 아버지가 알코올중독자이거나 마약중독자이면 저체중아를 포함하여 결함을 가진 아기를 낳을 가능성이 높아진다(Merewood, 2000).

(8) 기타 요인

앞에서 언급한 요인들 외에도 태아에게 유해한 영향을 줄 수 있는 요인들이 있다. 우선 방사능은 유전자의 변화를 초래하여 신체 기형이나 지적장애를 유발할 수 있다. 실례로, 핵폭발 사고가 있었던 우크라이나의 체르노빌 지역에서는 팔다리가 없는 기형아가 태어났으며, 원자폭탄이 투하됐던 히로시마에서는 혈액장애와 성장발육장애가 있는 아기가 태어났다.

살충제 또한 태아에게 나쁜 영향을 끼친다. 연구자들은 임산부가 살충제에 장기간에 걸쳐 자주 노출되면 선천성 결함을 가진 태아를 낳을 수 있음을 경고한다. 따라서 집에 임산부가 있는 경우 살충제를 가능한 한 사용하지 않는 것이 좋다.

사우나 또한 임신기간 중에 피해야 할 활동이다. 임신 후 첫 7주 동안 10분 이상 체온이 38.9도 이상 올라가면 유산할 위험이 있으며, 척추이분증과 같은 신경관결함을 가진 아기를 출산할 수 있다. 따라서 임신 초기에는 고열을 피해야 한다.

이 외에도 가정용 페인트나 수도관 속의 납, 수은, 아연과 같은 중금속은 태아의 신체적 기형과 지적장애를 유발할 수 있으며, 엑스레이(X-ray)는 태아의 성장지체, 저지능, 백혈병을 일으킬 수 있는 것으로 밝혀졌다.

지금까지 태아에게 부정적인 영향을 줄 수 있는 요인들에 대해 살펴보았다. 하지만 이런 환경에 노출된다고 모든 태아가 결함을 갖는 것은 아니다. 위험 요소에 노출된 기간, 즉 결정적 시기에 노출되었는가, 그리고 얼마나 오랫동안 노출되었는가의 여부, 강도 및 태아의 감수성 정도에 따라 결함이 발생할 확률은 달라진다.

4. 태내기 주요 쟁점

1) 태교

태교가 출생 후 아기의 인지, 정서, 사회성, 신체발달과 밀접한 관련이 있다는 연구들이 보고되면서 그 중요성이 더 강조되고 있다. 특히 우리나라는 전통적으로 태교를 중요시하여 왔다. 1800년인 정조 24년 사주당 이씨가 집필한 『태교신기』는 세계 최초의 태교 단행본으로, 우리의 태교 문화가 얼마나 발달했는지를 엿볼 수 있다. 이 외에도 『칠태도』와 『태중훈문』 등 태교에 관한 지침서들이 많이 편찬되어 임신한 여성이 행해서는 안 되는 행동과 먹어서는 안 되는 음식 등을 전하고 있다.

태교
임신부가 임신하여 출산할 때까지 모든 일에 대해서 조심하고, 나쁜 생각이나 거친 행동을 삼가며, 편안한 마음으로 말이나 행동을 할 때 태아에게 정서적·심리적·신체적으로 좋은 영향을 준다고 생각하는 태중 교육

『칠태도(七胎道)』는 임산부가 지켜야 할 일곱 가지의 태교를 담고 있는데, 주요한 몇 가지만 언급하면 다음과 같다. 지나치게 말을 많이 하거나 웃지 말고, 놀라거나 겁을 먹지 말며, 울지 말아야 한다. 또한 조용히 앉아 아름다운 말만 하거나 들으며, 성현의 문구를 외고 시를 읽거나 붓글씨를 쓰고 노래를 들어야 한다. 나쁜 말을 듣지 말고, 나쁜 일은 보지 말며, 나쁜 생각은 품지 말아야 한다. 또한 임산부는 가로로 눕지 말고, 기대어 앉지 말며, 한쪽 발로만 서 있어도 안 된다. 임신 3개월부터 태아의 기품이 형성되므로 주옥, 명향 등 기품이 있는 물건을 가까이 두고 감상하며, 소나무에 드는 바람소리를 듣고자 노력하고, 매화와 난초의 은근한 향을 맡도록 한다. 산달에는 높은 마루나 바위 등에 올라서는 안 된다. 또 술을 마시지 말고, 무거운 짐을 지지 말며, 험한 산길과 위험한 냇물을 건너지 않아야 한다. 이러한 전통 태교방법은 오늘날에도 많이 이어져 오고 있으며, 과학적으로도 타당한 것으로 밝혀졌다.

이 외에도 임산부와 태아에게 긍정적인 태교방법으로 태담태교, 음악태교, 그림태교, 운동태교 등이 있다. 태담은 일상에서 겪는 소소한 사건과 느낌 또는 태아에게 하고 싶은 말들을 태아에게 대화하듯이 이야기하는 방법이다. 태담태교는 태아의 정서적 안정과 사회성 발달에 도움을 준다. 태담태교를 받은 아기가 그렇지 않은 아기에 비해 원인 없이 울거나 떼를 쓰는 경우가 더 적은 것으로 나타났다. 그리고 태담태교는 어머니와 아기의 정서적 유대감 형성에도 도움을 준다. 임신 후반기의 태아는 태담에 반응하기도 하며, 배 속에서 들었던 목소리를 기억하여 출생 후에도 그 목소리에 반응한다. 또한 다른 목소리보다 배 속에서 들었던 목소리를 더 좋아하며, 낯선 외국어보다 친숙한 모국어를 더 선호하는 것으로 밝혀졌다.

음악태교 또한 임산부들이 많이 하는 태교방법이다. 임신 6개월 정도가 되면 태아도 들을 수 있다. 즉, 외부 소리에 따라 심장박동이 빨라지거나 느려진다. 음악태교를 받은 아기가 그렇지 않은 아기에 비해 감수성과 집중력이 더 뛰어난 것으로 밝혀졌다. 기분 좋은 소리를 듣게 되면 뇌를 활성화할 때 증가하는 알파파가 뇌에 많이 발생하는데, 이 알파파는 엔도르핀 분비를 촉진시켜 정서적으로 안정감을 갖게 한다. 태아에게 가장 익숙한 소리는 어머니의 심박동 소리다. 따라서 심박동 소리와 유사하게 1분에 60~70박 정도의 빠르기를 가진 음악이 태교에 적

태담태교

일상에서 겪는 소소한 사건과 느낌 또는 태아에게 하고 싶은 말들을 태아에게 대화하듯이 이야기하는 태교방법

당하다. 그리고 슬픈 곡보다는 규칙적인 음향의 밝고 차분한 곡이 좋다. 이러한 음악으로 서양의 클래식 음악, 특히 모차르트 음악을 떠올리겠지만, 국악도 훌륭한 태교음악임이 입증되었다. 어머니가 부르는 자장가 또한 매우 좋은 음악태교가 된다.

운동태교도 임산부와 태아 모두에게 매우 좋은 태교법이다. 임신 중에 규칙적으로 운동한 임산부의 경우, 진통 시간이 짧고 유도분만을 한 경우도 훨씬 적은 것으로 나타났다. 또한 운동을 하면 모체를 통해 들어온 신선한 산소가 태아에게 공급되어 태아의 뇌를 활성화한다. 운동태교에는 임산부의 순산을 돕고 다리 부기와 허리 통증을 완화하는 데 효과적인 수영태교, 임산부의 심신의 안정을 도모하고 자연분만의 가능성을 높여 주는 요가태교 등이 있다. 그러나 운동 중에 피곤함이 느껴지거나 이상 중세가 있을 때에는 운동을 멈추어야 한다.

이 외에도 명화를 감상하거나 직접 수를 놓아 아기용품을 만드는 것도 좋은 태교방법이다. 또한 동화책을 읽어 주는 것도 좋은 방법인데, 이때 새롭고 다양한 이야기보다 같은 내용을 반복적으로 들려주는 것이 더 낫다.

부성태교도 중요하다. 연구 결과, 자궁 내부에서 들리는 어머니의 목소리 이외에 외부의 소리 중에서는 여성의 목소리보다 남성의 목소리를 더 잘 듣는 것으로 나타났다. 또한 임신 중 사이 좋은 부부에 비해 사이가 나쁜 부부에게서 정신적·육체적 장애를 가진 아기가 태어날 확률이 2.5배 높은 것으로 나타났다(박문일, 1999). 이는 아버지의 태담태교가 중요하며 임신한 아내와 친밀한 관계를 유지하도록 아버지가 부단히 노력해야 함을 의미한다.

2) 유산

유산(abortion)이란 태아가 생존 가능한 시기 이전에 임신이 종결되는 것을 말하며, 자연유산과 인공유산으로 분류된다.

자연유산은 의학적 시술을 시행하지 않은 상태에서 태아가 생존 가능한 시기, 대략적으로 임신 20주 이전에 임신이 종결되는 것을 말한다. 일반적으로 임신의 20% 이상이 자연유산되는 것으로 알려져 있으며, 자연유산의 80% 이상은 임신 12주 이내에 발생한다. 소수의 여성은 유산을 반복하기도 한다. 이를 습관성 유산

유산
태아가 생존 가능한 시기 이전에 임신이 종결되는 것

자연유산
의학적 시술을 시행하지 않은 상태에서 태아가 생존 가능한 시기 이전에 임신이 종결되는 것

이라고 하는데, 3회 이상 연속해서 유산을 한 경우에는 정밀검사를 통해 정확한 원인을 알아볼 필요가 있다. 일부 원인은 의학적 치료를 통해 유산을 막을 수 있다.

자연유산의 일반적인 증상은 질출혈과 하복부 통증이다. 질출혈은 생리처럼 질에서 피가 나는 것이다. 임신 초기에는 약 20~25%의 산모가 질출혈을 경험하는데, 이 중 약 50%가 자연유산으로 발전한다. 하지만 태아가 자궁 내에서 사망했음에도 산모에게 특별한 증상이 나타나지 않는 경우도 있다.

자연유산의 주요 원인은 태아의 염색체 이상이다. 산모의 황체 호르몬 결핍, 갑상선 기능 이상, 당뇨병과 같은 내분비의 이상, 동종면역과 같은 면역계의 이상, 선천성 자궁 기형과 자궁근종과 같은 해부학적 이상도 자연유산의 원인이다. 환경적으로는 산모의 흡연과 음주, 다량의 카페인 섭취, 방사선에의 노출, 항암제 투여 그리고 환경 독소에의 노출 또한 유산의 위험을 높인다. 유산을 예방하기 위해서는 엽산을 꾸준히 복용하고 영양이 균형 잡힌 식사를 하는 것이 좋다.

이와 같이 자연유산은 흔하게 일어나는 일이며, 정상적으로 성장할 수 없는 태아가 자연적으로 도태되는 불가피한 과정이다. 하지만 예상치 못한 태아의 사망은 산모와 가족에게 충격적인 사건이다. 일부 산모는 심각한 우울증에 걸리거나

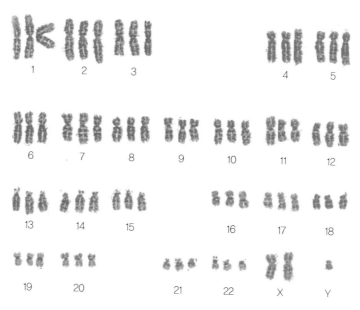

[그림 2-10] 유산된 태아의 염색체

감수분열이 정상적으로 일어나지 않은 정자 또는 난자가 수정되어 3쌍씩 총 69개의 염색체를 가진다.

자책감에 빠지기도 한다. 따라서 가족들은 산모가 절망감에 빠지지 않도록 따뜻한 관심과 깊은 배려를 해 주어야 한다.

　인공유산은 태아가 생존 능력을 갖기 이전에 약물적 또는 수술적 방법으로 임신을 종결시키는 것으로, 선택적 유산과 치료적 유산으로 나눌 수 있다. 선택적 유산은 여성 권리적 측면에서 여성 본인의 의사에 따라 시행하는 인공 유산을 말한다. 치료적 유산은 의학적·법의학적 이유에 근거한 인공 유산을 말한다. 「모자보건법」에 따르면, 우리나라에서 인공임신중절수술의 허용 한계는 본인이나 배우자가 대통령령으로 정하는 우생학적 또는 유전학적 정신장애나 신체질환이 있는 경우, 본인이나 배우자가 대통령령으로 정하는 전염성 질환이 있는 경우, 강간 또는 준강간에 의하여 임신된 경우, 법률상 혼인할 수 없는 혈족 또는 인척 간에 임신된 경우, 임신의 지속이 보건의학적 이유로 모체의 건강을 심각하게 해치고 있거나 해칠 우려가 있는 경우다.

▸**인공유산**
태아가 생존 능력을 갖기 이전에 약물적 또는 수술적 방법으로 임신을 종결시키는 것

출생과 신생아기

생명

김세실(시인, 1956~)

오오
환희여
빛의 떨림이여

갓 태어난
고귀한 작은 생명
아이를 볼 때면

생명이 얼마나
신비하고
불꽃이 일고 있는가를

어느 누가 만든
창작품이 이보다
더 정교하고
아름다울 수 있을까

사람의 뱃속에서
열 달을 견디며
작은 생명은
엄마의 숨결로 채워지고

어느 누가
다듬어 놓은
조각이 이보다 더
오묘할 수 있을까

꿈틀대는 몸짓
해맑은 웃음
솜털쟁이
하품쟁이

아가의
맑은 눈망울에는
온 세상이 천진한
사랑으로 물들어

오오
생명의
완성이여
잉태의 신비여

CHAPTER 03

출생과 신생아기

birth & newborn period, 출생~1개월

임신 후 약 열 달이 지나면 태아는 세상에 태어날 준비를 한다. 산모에게 출산은 매우 힘들지만 경이로운 경험이다. 그동안의 연구는 산모가 경험하는 '출산'에 초점을 맞추었으나, 태아에게도 출생의 과정은 참으로 어려운 경험이며 인생 최대의 변화라는 관점이 부각되면서 오늘날은 태아가 경험하는 '출생'에 더 많은 초점을 둔다.

태아가 세상에 태어나는 방법은 의학적인 개입 정도에 따라 달라진다. 대표적인 방법으로 자연분만, 유도분만, 제왕절개 분만이 있다. 제왕절개의 경우 의학적인 개입 정도가 가장 크나, 자연분만이라 할지라도 원활한 출산을 돕기 위해 의학적 개입을 하기도 한다.

출생 후 첫 한 달 동안의 아기를 신생아라고 부르는데, 이 짧은 기간 동안 아기는 급속도로 성장하며 새로운 환경에 적응해 나간다. 아기는 태어날 때 무력해 보이지만, 이미 많은 능력을 가지고 태어난다. 생존에 필요한 반사 능력을 모두 가지고 태어나며, 오감 또한 이미 충분히 기능한다. 따라서 갓 태어난 신생아라 할지라도 볼 수 있고, 들을 수 있으며, 엄마의 젖 냄새가 나는 쪽으로 고개를 돌리고, 단맛을 선호하고, 주사를 맞을 때 괴로운 듯 운다. 또한 신생아들은 이러한 능력을 바탕으로 학습도 가능하다.

1. 출생

1) 자연분만

자연분만의 경우, 출산은 개구기, 출산기, 후산기의 세 단계를 거쳐 이루어진다.

개구기는 출산과정 중 가장 긴 단계로, 산모의 자궁이 수축하기 시작하며 자궁경부가 완전히 확장된다. 즉, 태아의 머리가 통과할 수 있도록 자궁경부가 약 10cm까지 열린다. 자궁 수축으로 인한 진통은 처음에 20분 간격으로 약 20~60초 동안 짧게 일어나다가 점점 더 강하고 빈번하게 일어나서, 개구기가 끝날 무렵에는 2~3분 간격으로 60~90초 동안 매우 강하게 나타난다.

두 번째 단계인 출산기는 태아가 자궁에서 나와 산도를 지나 바깥세상으로 나오는 과정이다. 태아의 두개골판은 아직 고정되지 않았으므로 산도를 유연하게 지나갈 수 있으며, 이때 산도의 모양에 따라 두개골의 형상이 달라질 수 있다.

마지막 단계인 후산기는 태반을 배출하는 단계로, 태아를 보호하고 있던 태반과 양막이 자궁벽에서 떨어져 나와 밖으로 배출된다. 이 과정은 산모들이 크게 힘들어하지 않으며, 몇 분이면 끝난다.

자연분만이라 할지라도 상황에 따라 의학적 개입을 하기도 한다. 산모가 너무 기진맥진해 있거나 효과적으로 힘을 줄 수 없을 경우 겸자나 흡입기를 사용해서 태아를 끄집어내기도 하고, 회음부가 충분히 늘어나지 않거나 태아의 머리가 너무 클 경우 회음부를 절개하기도 한다.

이 모든 과정에 걸리는 시간은 초산부의 경우에는 14시간, 경산부의 경우에는 8시간 정도이지만, 개인차가 매우 크다. 또한 각 단계의 소요 시간도 개인마다 서로 다르며 그 차이가 크다.

개구기
자궁경부가 완전히 확장되는 시기로 규칙적인 자궁의 수축(진통)이 일어나는 단계

출산기
태아가 자궁에서 나와 산도를 지나 바깥세상으로 나오는 단계

후산기
태반을 배출하는 단계

〈 개구기 〉

분만이 시작되기 전

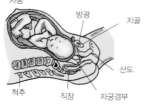

〈 출산기 〉

태아가 산도를 통과함

〈 후산기 〉

태반이 배출됨

태반

자궁경부가 확장되며 태아의
머리가 산도 직전까지 내려옴

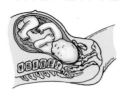

머리가 밖으로 나옴

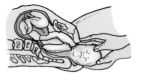

출산 후 골반

[그림 3-1] 출산의 3단계

출처: Shaffer & Kipp (2007), p. 143.

2) 유도분만

유도분만
자궁 수축을 일으킬 수 있는 물질을 투여하여 인위적으로 분만 진통을 일으키게 하는 시술

유도분만은 자발적인 분만 진통이 시작되기 전에 자궁 수축을 일으킬 수 있는 프로스타글란딘과 옥시토신 등의 물질을 부분 또는 전신에 투여하여 인위적으로 자궁 수축을 일으키게 하는 시술이다. 일단 진통이 유발되어 분만에 이르게 될 경우 자연분만의 경과와 크게 다르지 않다.

이 시술은 출산 예정일이 1~2주가 지나도 분만 진통이 시작되지 않아 태반의 기능 퇴화로 인한 태아의 산소 및 영양 결핍이 우려될 때, 임산부에게 임신과 합병된 고혈압성 질환인 자간전증과 같은 의학적인 문제가 있을 때, 태아의 심박동이 비정상적이거나 어려움을 보일 때 실시한다.

그러나 이 시술은 이전에 제왕절개술을 받았거나, 태반이 자궁 출구에 매우 근접해 있는 전치 태반이거나, 거대 태아가 확실한 경우, 또는 자궁 수술을 한 경우 위험할 수 있다. 이 밖에 다태 임신이거나 산모가 심장질환이 있는 경우, 또는 중증 고혈압 등의 경우에도 주의를 요한다.

3) 제왕절개 분만

제왕절개 분만은 산모의 복부를 절개한 후 자궁을 절개하여 태아를 분만하는 수술법으로, 마취 시간을 제외한 수술 시간은 1시간 전후다. 제왕절개는 원칙적으로 자연분만이 불가능한 경우에 시행한다. 이전에 제왕절개로 분만한 경우, 태아가 두정위, 즉 머리가 산도로 향한 자세가 아닌 경우, 태아가 자궁 내에서 저산소혈증이나 산증으로 인해 심장박동의 이상이 있는 경우, 정상적인 분만 진행과정을 넘어서 지연되는 경우, 태아가 나와야 할 산도를 태반이 막고 있는 전치 태반이거나, 산모가 후천성 면역결핍증(AIDS)에 감염되었거나, 태아가 근골격계 질환 또는 복벽 결손과 같은 기형일 경우 제왕절개 분만을 한다.

2021년도 가족과 출산조사에 따르면, 우리나라 제왕절개율은 49.7%로, 자연분만율 50.3%와 비슷한 수준인 것으로 나타났다(박종서 외, 2021). 이는 세계보건기구(WHO)의 권고치를 크게 넘는 수준이다. WHO는 전체 분만 중 제왕절개를 통한 분만이 15%를 넘지 않도록 권고하고 있다. 그리고 제왕절개율은 산모의 연령이 높을수록 급격히 증가하는데, 구체적으로 25~29세 여성의 제왕절개 분만율은 49.4%, 30~34세의 경우는 47.3%, 35~39세의 경우는 55.9%, 40~44세의 경우는 65.9%였다(박종서 외, 2021). 즉, 20대와 30대 초반까지는 50% 미만의 제왕절개 분만율을 보이다가 35세 이후부터 급격하게 높아지는 양상을 보인다.

제왕절개는 여러 부작용을 낳는 것으로 의학계에 보고되고 있다. 우선 신생아 호흡 곤란증이 발생하기 쉽다. 자연분만의 과정에서 태아가 겪는 압박감은 폐호흡을 가능하게 하는 등 새로운 환경에 대한 적응력을 높여 주지만, 제왕절개 분만은 이러한 압박감이 없기 때문에 태아가 폐 속에 있던 양수나 분비물을 쉽게 뱉어 내지 못하고 호흡 곤란증을 유발하기도 한다.

산모에게는 골반 장기 유착증, 즉 골반 안에서 서로 다른 조직이나 장기가 섬유조직으로 연결되어서 붙는 증상이 유발될 수 있으며, 척추 마취로 시술을 한 경우 요통이 생길 수 있고, 출혈, 감염, 방광과 내장 손상, 모유 수유 지연 등의 부작용이 발생할 수 있다. 또한 제왕절개 분만 후 다음 출산 시 산모에게 전치 태반, 태반 조기박리, 불임, 자궁외임신, 자궁파열 등의 위험이 발생할 수 있다.

▶ 제왕절개 분만
산모의 복부를 절개한 후 자궁을 절개하여 태아를 분만하는 수술법

4) 태아가 경험하는 출생의 과정

자연분만인 경우, 태아는 개구기 동안 머리를 아래로 향한 채 산도로 조금씩 내려오다 출산기의 과정에 접어들면 압박감을 겪게 되는데, 이 압박감은 태아가 세상에 태어나 적응하는 데 도움이 된다. 태아의 머리를 누르는 압박감은 갑상선 호르몬과 아드레날린을 분비시켜 출생 후에 체온을 조절할 수 있도록 도와준다. 또한 산도를 내려가는 동안 태아의 가슴을 누르는 압박감은 태아의 폐에서 유동체와 점액을 배출시키고 유동체와 혈액의 흡입을 예방함으로써 아기의 첫 폐호흡을 돕는다. 자궁 속에서 태아는 태반에 있는 모체의 혈관을 통해 산소를 공급받지만, 출산 후에는 스스로 호흡을 하여 자신의 몸에 산소를 공급할 수 있어야 한다.

태아가 산도를 지나는 동안 탯줄이 압박을 받아 잠깐 저산소증이 생길 수 있지만, 이에 대한 본능적인 반응으로 출생 직후 공기 흡입을 시도하게 되고, 정상적으로 호흡하는 순간 울음을 터뜨리게 된다. 아기의 폐에 공기가 주입되면 폐의 기낭(air bladder)이 팽창하기 시작하고, 산소는 폐의 혈관을 이완시킨다. 이를 통해 아기는 정상적인 폐호흡을 할 수 있게 된다. 하지만 태아가 산도에 너무 오랫동안 머물러 있거나 출생 후 5분 안에 호흡을 시작하지 않으면 산소결핍 또는 저산소증으로 인해 뇌손상을 입을 수 있으며, 질식사의 위험도 있다. 왜냐하면 아기의 폐의 기낭 수는 성인의 1/10밖에 되지 않으며 성숙되지 않은 채 태어나므로 호흡 문제에 특히 예민하다.

표 3-1 아프가 척도

기준	점수		
	0	1	2
외모	창백하거나 청색이다	몸은 분홍색이나 손끝과 발끝 등은 청색이다	분홍색이다
맥박	감지되지 않는다	100 미만이다	100 이상이다
반사 행동	자극에 반응이 없다	찡그린다	울거나 기침을 하거나 재채기를 한다
활동성	무기력하다	말단이 움직인다	활발하게 움직인다
호흡	없다	불규칙하고 느리다	양호하다, 운다

출산 직후 대부분의 아기는 아프가 척도(Apgar scale)를 이용하여 평가를 받는다 (〈표 3–1〉 참조). Virginia Apgar 박사(1953)가 개발한 이 척도는 다섯 가지 하위 기준으로 구성된다. 각 기준마다 0, 1, 2점이 매겨지며 최대 10점을 받는다. 미국에서 98.5%의 신생아들이 7~10점을 받는데, 이 점수는 아기가 좋은 상태라는 것을 의미하고, 7점 미만은 호흡하는 데 도움이 필요하다는 것을, 4점 미만은 생존을 위한 즉각적인 처치가 필요하다는 것을 의미한다. 아프가 척도는 첫 한 달 동안의 생존을 예측하는 데 신뢰성 있는 척도다(Casey, McIntire, & Leveno, 2001).

2. 신생아의 신체 및 생리 발달

소아청소년 성장도표에 따르면, 남아의 경우 출생 시 체중은 3.3kg이고 신장은 49.9cm이나, 신생아기가 끝날 무렵인 생후 1개월이 되면 체중은 4.5kg, 신장은 54.7cm가 된다. 여아의 경우 출생 시 체중은 3.2kg이고 신장은 49.1cm이나, 신생아기가 끝날 무렵이 되면 체중은 4.2kg, 신장은 53.7cm가 된다(질병관리본부, 2017). 즉, 한 달 만에 체중은 1.3~1.4배로 늘어나며, 키는 약 5cm 큰다.

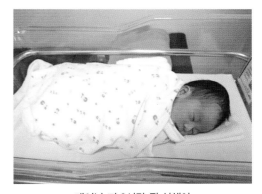

태어난 지 6시간 된 신생아

Newman과 Buka(1990)는 출산 시 영아의 체중이 이후의 지능 및 성취도와 상관이 있음을 밝혀냈다. 그리고 출생 시 체중이 2.5kg 이하인 저체중아는 정상적인 체중으로 태어난 아기에 비해 생후 1년 이내에 사망할 가능성이 20배나 높은 것으로 나타났다. 또한 영국 보건당국이 신생아 1,300여 명을 대상으로 60년간 추적하여 연구한 결과, 저체중으로 태어난 아기들이 성인이 되어 고혈압 또는 심장병을 앓을 가능성이 컸다.

갓 태어난 신생아의 모습은 그리 예쁘지만은 않다. 산도를 지나면서 길쭉해진 원뿔 모양의 두상, 납작하게 밀린 코, 두툼한 눈꺼풀, 온몸을 덮고 있는 혈액과 점액, 두툼한 흰색 지방층인 태지, 절단 후 검은색으로 변한 탯줄, 그리고 푸르스름한 손발과 길게 자란 손톱과 발톱은 신생아들이 보이는 공통된 모습이다. 또한 엉덩이와 등에 몽고반점, 즉 멍이 든 것처럼 푸르스름한 반점이 있기도 하다. 이 몽

몽고반점
한국인 대다수 아이의 엉덩이·허리·등에 나타나는 크기가 고르지 않은 푸른 반점으로, 아반(兒斑)이라고도 함

고반점은 생후 1년 내에 사라진다. 태아의 두개골은 분만 24~48시간 후에 정상적인 형태로 돌아간다. 그리고 탯줄은 생후 1~2주 내에 저절로 떨어지며, 손발의 푸르스름한 빛깔은 생후 며칠이 지나면 사라진다.

신생아는 출생 후 며칠 동안 섬유질이 많고 녹색을 띤 검은 태변을 본다. 이 태변은 태아일 때 창자에 쌓여 있던 노폐물이다. 태변이 배출되고 몸의 수분이 증발됨에 따라 일시적으로 약 5% 정도 체중이 감소되지만, 어머니의 젖을 먹으면서 체중은 다시 늘어나기 시작한다. 만약 젖이 충분치 않아 아기의 체중이 늘어나지 않으면 아기는 황달에 걸릴 위험이 높아진다. 황달은 피부와 눈동자가 노랗게 보이는 증세로, 간의 미성숙으로 발생한다. 출생 후 3~4일 후에 절반가량의 아기(조산아의 경우에는 더 많은 아기)가 신생아 황달을 겪을 만큼 흔하게 나타나는 증세이며(Papalia, Olds, & Feldman, 2009), 그 자체가 크게 위험하거나 특별한 치료를 필요로 하지 않는다. 출생 후 1주일 정도가 지나 간 기능이 원활해지면 황달은 자연스럽게 사라진다. 그러나 황달 정도가 심각할 경우 뇌손상을 유발할 수 있으므로, 배와 다리까지 노랗게 보이면 치료를 받아야 한다.

신생아의 소화 능력은 성인에 비해 약하다. 즉, 신생아는 젖을 먹고 나서 잘 토하는데, 이는 신생아의 위 모양이 성인의 J자형과 달리 I자형이며 위장과 식도 사이의 근육이 잘 조절되지 않기 때문이다. 따라서 젖을 먹이고 나서 트림을 시킬 필요가 있다. 또한 신생아는 괄약근을 조절할 수 있는 능력이 없으므로 창자와 방광이 차면 괄약근이 자동적으로 열려서 배설물을 배출한다.

출생 후 약 10일 동안 신생아의 심장박동은 빠르고 불규칙하며, 혈압은 안정적이지 못하다. 그리고 신생아는 딸꾹질을 자주 하는데, 이것은 성숙하지 못한 횡격막이 갑자기 불규칙하게 수축하면서 일어나는 현상이다. 이는 호흡에 필요한 근육이 튼튼해지면서 차차 줄어들게 된다.

신생아의 체온은 37~37.5도로, 성인의 체온보다 조금 높다. 비록 땀샘이 완전히 발달되지 않아 체온조절 능력이 성인보다 미흡하나, 태아기의 마지막 두 달 동안 발달하는 지방층은 신생아가 출생 후 체온을 유지할 수 있도록 해 준다. 또한 신생아는

태변
신생아가 분만 후 2, 3일 동안에 배출하는 끈기가 있고 냄새가 없는 암녹색 변

황달
원인은 분명하지 않으나 대체로 간의 기능이 불완전하여 생후 3~4일경에 얼굴에 누른빛이 나타나는 현상. 누른빛이 점차 가슴과 손발까지 번지는 수가 있으나 7~10일 무렵에는 없어짐

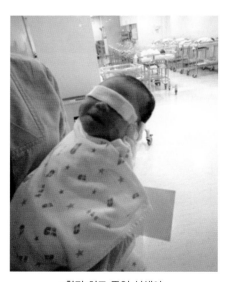

황달 치료 중인 신생아
황달 치료에는 광선 치료가 포함되므로 신생아의 눈을 가린 채 치료한다.

표 3-2 표준예방접종 일정표

대상 감염병	백신 종류 및 방법	횟수	출생 시	4주 이내	1개월	2개월	4개월	6개월	12개월	15개월	18개월	19~23개월	24~35개월	만 4세	만 6세	만 11세	만 12세
B형간염	HepB	3	HepB 1차		HepB 2차			HepB 3차									
결핵	BCG(피내용)	1		BCG 1회													
디프테리아 파상풍 백일해	DTaP	5				DTaP 1차	DTaP 2차	DTaP 3차		DTaP 4차					DTaP 5차		
	Tdap/Td	1														Tdap/Td 6차	
폴리오	IPV	4				IPV 1차	IPV 2차		IPV 3차						IPV 4차		
b형헤모필루스인플루엔자	Hib	4				Hib 1차	Hib 2차	Hib 3차	Hib 4차								
폐렴구균	PCV	4				PCV 1차	PCV 2차	PCV 3차	PCV 4차								
	PPSV	–							고위험군에 한하여 접종								
로타바이러스 감염증	RV1	2				RV 1차	RV 2차										
	RV5	3				RV 1차	RV 2차	RV 3차									
홍역 유행성이하선염 풍진	MMR	2							MMR 1차					MMR 2차		
수두	VAR	1								VAR 1회							
A형간염	HepA	2									HepA 1~2차						
일본뇌염	IJEV(불활성화 백신)	5								IJEV 1~2차			IJEV 3차		IJEV 4차		IJEV 5차
	LJEV(약독화 생백신)	2									LJEV 1차		LJEV 2차				
사람유두종바이러스감염증	HPV	2														HPV 1~2차	
인플루엔자	IIV	–								IIV 매년 접종							

출처: 질병관리청 예방접종도우미.

온도가 떨어지면 팔다리를 움직임으로써 체온을 유지하려 한다.

신생아는 하루의 대부분을 잠을 자면서 보낸다. 즉, 신생아의 수면 시간은 하루 18시간 정도이며, 이 중 약 50%는 REM(rapid eye movement) 수면이 차지한다. REM 수면은 꿈을 꾸면서 자는 수면으로, 이 기간 동안 인체의 심박동과 호흡은 불규칙해지며 눈동자가 빨리 움직인다. 신경과학자들은 REM 수면이 신생아의 기억력 발달과 관련이 있다고 주장한다. 이 REM 수면은 연령이 많아짐에 따라 점차 감소된다.

REM 수면

깨어 있는 것에 가까운 얇은 수면으로, 안구의 빠른 운동에 의해 구분된 수면의 한 단계

3. 신생아의 반사 행동

원시 반사

생존과 자기 보호를 위한 본능적인 반응으로, 대부분 생후 6~12개월 안에 사라짐

근원 반사

뺨에 닿는 무언가를 향해 고개를 돌려 빨려고 하는 본능적인 반응

빨기 반사

입 속에 들어온 것은 무엇이든 빨려고 하는 본능적인 반응

모로 반사

큰 소리에 놀랐을 때나 몸에 접촉물이 닿을 때 팔다리를 쭉 펼친 상태에서 무엇을 안으려는 듯한 모습을 보이는 본능적인 반응

잡기 반사

파악 반사라고도 하며, 손바닥에 자극이 닿으면 꼭 쥐는 본능적인 반응

바빈스키 반사

신생아의 발바닥을 간질이면 발가락을 부채 모양으로 발등 쪽으로 펴는 본능적인 반응

신생아는 태어나면서부터 외부의 자극에 무의식적으로 반응하는 반사 행동을 보인다. 반사 행동에는 원시 반사와 생존 반사가 있다.

원시 반사(primitive reflex)는 생존과 자기 보호를 위한 본능적인 반응으로, 양육자와의 초기 관계 형성에 도움을 준다. 근원 반사, 빨기 반사, 모로 반사, 잡기 반사, 바빈스키 반사, 걷기 반사, 수영 반사가 이에 해당하며, 이들 대부분은 생후 6~12개월 안에 사라진다. 또한 일부 원시 반사는 인류의 진화과정에서 나타난 것으로 보인다. 예를 들어, 잡기 반사는 아기 원숭이의 행동에서도 찾아볼 수 있다. 근원 반사(rooting reflex)는 뺨에 닿는 무언가를 향해 고개를 돌려 빨려고 하는 행동으로, 아기가 젖을 찾는 데 도움이 된다. 이 반사는 3~6개월에 사라진다. 또한 신생아는 입 속에 들어온 것은 무엇이든 빨려고 한다. 이것이 빨기 반사(sucking reflex)다. 신생아는 갑자기 위치가 바뀌거나 큰 소리를 들을 때 양팔을 옆으로 뻗고 손가락을 펼친 상태에서 무엇을 안으려는 듯한 모양을 한다. 이것이 모로 반사(Moro reflex)다. 이 반사 능력은 4~6개월에 사라진다. 잡기 반사(grasping reflex)는 손바닥에 닿는 것을 꽉 잡는 행동으로, 그 힘이 매우 세서 아기가 매달릴 수 있을 정도다. 그리고 잡힌 손으로부터 빼내려고 하면 아기는 더 세게 잡는다. 이 반사 능력은 3~4개월에 사라진다. 신생아의 발바닥을 간질이면 발가락들을 부채 모양으로 쫙 펼치는데, 이것이 바빈스키 반사(Babinski reflex)다. 이 반사 행동은 8~12개월에 사라진다. 신생아를 똑바로 세워 발을 평평한 바닥에 닿게 하면 자연

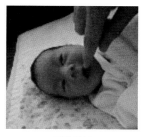
근원 반사

빨기 반사

잡기 반사

바빈스키 반사

모로 반사

원시 반사의 대표적인 유형

스럽게 걷기 동작을 하며 앞으로 걸어 나가려고 한다. 이것이 걷기 반사(stepping or walking reflex)다. 이 반사 능력은 2개월경에 사라진다. 수영 반사(swimming reflex)는 신생아가 물속에서 헤엄을 치는 행동으로, 이때 아기의 폐는 자동으로 닫힌다. 이 반사 능력은 4~6개월경에 사라진다.

생존 반사(survival reflexes)는 눈 깜박임, 하품, 기침, 재채기, 토하기, 어두운 곳에서의 동공 확장과 같이 인간이 살아가는 데 필요한 반응으로 대부분 평생 유지된다.

> **생존 반사**
> 인간의 생존을 높이기 위하여 특정한 자극에 대해서 무의식적으로 반응하는 행동

4. 신생아의 감각 능력

신생아의 감각은 완전하지는 않지만 상당히 발달되어 있다. 즉, 태어날 때부터 흐릿하지만 볼 수 있고, 들을 수 있으며, 맛볼 수 있고, 냄새를 맡을 수 있으며, 촉감을 느낄 수 있다.

촉감은 가장 먼저 발달하며 출생 초기에 가장 성숙한 감각 기능이다. 임신 32주

108

가 되면 몸의 모든 부분에서 촉감을 느낄 수 있고, 생후 5일 동안 촉감의 예민함은 더 발달된다. 신생아가 촉감에 예민하게 반응한다는 것은 근원 반사를 통해서도 알 수 있다. 신생아는 입 근처에 무엇인가가 닿으면 그쪽으로 얼굴을 돌리며 젖을 찾으려는 듯 행동한다.

◀ 캥거루 케어

신생아를 어머니의 가슴에 눕혀 서로 피부를 맞대고 있도록 하는 방법으로, 신생아의 생존율을 높이고 심각한 질환에 걸릴 확률을 낮춤

이러한 촉감을 이용한 미숙아 치료방법이 캥거루 케어(kangaroo care)다. 1978년 콜롬비아의 신생아학과 교수인 Sanabria가 소개한 방법으로, 그 당시 콜롬비아는 인큐베이터와 간호사의 수가 부족하였다. 그는 열악한 병원 환경에 대한 대안책으로 신생아, 특히 미숙아를 어머니의 가슴에 눕혀 서로 피부를 맞대도록 하였고, 필요할 때마다 모유 수유를 하도록 하였다. 그 결과, 미숙아와 저체중아의 생존율이 높아졌고 기도질환과 병원 감염의 위험이 낮아졌다(Conde-Agudelo, Diaz-Rossello, & Belizan, 2003). 흥미로운 사실은 어머니의 체온이 인큐베이터보다 신생아의 체온조절을 더 원활하게 도왔다는 것이다. 캥거루 케어는 또한 신생아로 하여금 자기조절 능력을 향상하고 스트레스를 줄이도록 돕는 것으로 나타났다(Ferber & Makhoul, 2004).

신생아는 통증을 느끼며 날이 갈수록 통증에 더 민감하게 반응한다. 한때 의사들이 신생아는 통증을 느끼지 못하거나 아주 짧게만 느낀다고 믿어 그들을 수술할 때 마취제를 사용하지 않곤 하였으나, 임신 3개월이 지나면 태아에게도 통증을 느끼는 능력이 나타나는 것으로 밝혀졌다.

후각 또한 출생 초기부터 상당히 발달되어 있어 어머니의 젖 냄새와 다른 여성의 젖 냄새를 구분할 수 있으며, 어머니의 젖 냄새를 더 선호한다. 어머니의 젖을 묻힌 수건과 다른 여성의 젖을 묻힌 수건을 신생아의 양 뺨에 대면, 신생아는 어머니 젖을 묻힌 수건 쪽으로 고개를 돌려 빨려고 한다. 그리고 신생아는 어머니의 젖 냄새를 통해 어머니가 가까이 왔음을 인지한다. 재미난 사실은 모유를 먹는 아기나 분유를 먹는 아기 모두 모유의 냄새를 선호한다는 것이다(Marlier & Schaal, 2005).

미각도 태내에서 어느 정도 발달되므로 태어날 때부터 맛을 구분할 수 있으며, 특정한 맛에 대한 선호도 타고난다. 신생아는 신맛, 쓴맛, 짠맛보다 단맛을 선호하는데, 단물을 통해 2~3주 일찍 태어난 조산아들도 달랠 수 있다.

청각 역시 출생 전부터 기능한다. 태아는 소리에 반응하고 이를 기억한다. 그래

서 태어난 후 배 속에서 들었던 목소리를 더 좋아한다. 특히 톤이 높은 소리를 선호하는데, 이는 어머니의 목소리가 대체로 톤이 높은 것과 관련이 있어 보인다. 한편 신생아는 작은 소리를 잘 듣지 못한다. 이는 출산과정에서 귀로 스며든 양수 때문인 것으로 보인다. 하지만 양수가 제거되면 신생아도 음조, 소리의 크기, 소리가 나는 방향 등을 구별할 수 있다. 청각은 언어발달에 핵심적인 역할을 하므로, 청각 능력에 손상이 있는지 여부는 가능한 한 빨리 발견되어야 한다. 청각장애는 100명당 1~3명 정도 발생하며, 조기 발견이 되지 않으면 발달에 문제가 있을 수 있다.

시각은 인간의 감각 능력 중 가장 늦게 성숙한다. 그 이유는 컴컴한 자궁 속에서는 볼 수 있는 것이 거의 없기 때문으로 보인다. 신생아의 눈은 성인의 눈에 비해 작으며 망막 구조도 불완전하고 시신경도 충분히 발달하지 않은 상태다. 출생 직후의 신생아는 사물에 초점을 고정시키지 못하지만, 출생 후 첫 한 달이 지나면 초점을 맞추고 응시하는 것이 가능해지고 움직이는 대상을 쫓아 시선을 이동할 수 있다.

많은 사람이 신생아는 세상을 흑백으로 지각한다고 믿고 있으나, 실제로는 출생 시부터 빨간색과 초록색을 구분할 수 있으며, 4개월이 되면 빨간색, 초록색, 파란색 그리고 노란색을 구별할 수 있는 것으로 밝혀졌다. 다만 성인이 보는 것보다 좀 더 뚜렷한 시각 대비를 필요로 한다.

Fantz(1961)가 [그림 3-2]와 같이 사람의 얼굴, 얼굴의 특징들이 뒤섞인 타원형, 단순한 흑백 대비의 타원형을 신생아에게 제시한 결과, 신생아는 정상적인 얼굴을 가장 열심히 쳐다보았고 단순한 자극에 대해서는 별 관심을 보이지 않았다. 이 결과를 통해 신생아는 직선보다 곡선을, 지나치게 단순한 형태보다 적당히 복잡한 형태를 더 선호한다는 사실을 알 수 있다. 이 밖에도 신생아는 비대칭형보다 대칭형을, 규칙적인 형태보다는 불규칙적인 형태를, 윤곽이 열려 있는 형태보다 닫힌 형태를, 정지된 것

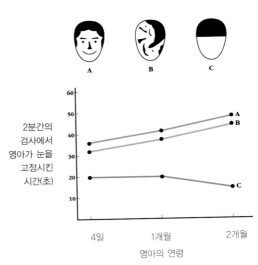

[그림 3-2] 신생아의 형태 선호도
출처: Shaffer & Kipp (2007), p. 175.

[그림 3-3] 대상을 쳐다보는 신생아와 영아의 눈 움직임
출처: Shaffer (1998).

보다는 움직이는 물체를 더 좋아하는 것으로 밝혀졌다. Fantz(1961)의 실험에서 흥미로운 사실은 신생아가 정상적인 얼굴만큼 뒤섞인 얼굴에도 흥미를 보였다는 사실이다. 이는 신생아가 사람의 얼굴을 단지 복잡한 요소들로 구성된 타원형으로 인식했다는 것을 의미한다.

신생아는 [그림 3-3]과 같이 전체의 모양을 훑어보지 못하고 가장자리나 경계선을 주로 쳐다본다. 반면 2개월 된 영아는 내부의 특성에 더 주의집중하며, 사람의 얼굴 중에서 눈을 가장 오래 응시함으로써 눈에 대한 분명한 선호를 보인다.

영아의 시지각 능력이 발달함에 따라 깊이지각 능력 또한 발달하게 된다. Walk와 Gibson(1961)은 시각벼랑(visual cliff) 실험을 통해 영아의 깊이지각 능력이 영아가 기기 시작하는 생후 6개월경에 분명히 나타남을 발견하였다. 한편 Campos, Langer와 Krowitz(1970)는 기지 못하는 영아에게도 깊이지각 능력이 있는지 확인하기 위하여 시각벼랑 위에 2개월 된 영아를 눕혀 놓고 심장 박동수의 변화를 확인하였다. 그 결과, 영아의 심장 박동수는 시각벼랑 위에서 감소하는 것으로 나타났다. 이는 2개월 된 영아도 깊이를 지각할 수 있음을 의미한다. 하지만 심장 박동수가 오히려 감소하는 것으로 보아 이 상황을 공포로 받아들이지는 않는 것으로 해석된다. 또한 길 수 있는 영아가 기지 못하는 영아보다 시각벼랑을 더 무서워하는 것으로 나타났다. 즉, 시각벼랑에 대한 공포는 기기 시작할 무렵에야 나타난다. 이와 같이 영아가 스스로 움직일 수 있는 시기에 깊이지각 능력이 함께 발달함으로써 영아의 생존 가능성은 더 높아진다.

신생아는 약 20~30cm 정도 떨어져 있을 때 가장 잘 볼 수 있다. 이 거리는 어머니가 아기를 안고 젖을 물릴 때 어머니와 아기 얼굴 간의 거리 정도인데, 이는 어머니와 아기 간의 유대관계를 향상시키기 위한 진화의 산물로 보인다. 그리고 신생아가 선호하는 형태는 인간의 얼굴인 것으로 나타났다. 특히 흑백의 대조를 이루는 눈을 가장 선호하는데, 이는 어머니와의 상호작용을 이끌어 내서 아기의 생존율을 높이는 데 기여한다.

시각벼랑 실험

Walk와 Gibson(1961)은 영아의 깊이지각이 언제 발달하는지를 확인하기 위하여 실험 장치를 고안하였다. 그들은 평평한 탁자 위와 바닥에 바둑판 무늬의 천을 깔았다. 그리고 탁자 위에서 바닥까지 평평하고 긴 유리판을 장착하였다. 즉, 바닥이 낭떠러지처럼 보이지만 실제로는 그 위를 안전하게 기어갈 수 있도록 만들었다.

장치가 완성된 후, Walk와 Gibson은 본격적으로 실험에 착수하였다. 그들은 막 기기 시작한 영아를 탁자 위에 놓고 엄마가 벼랑 쪽에 서서 아기에게 기어 오도록 손짓할 것을 부탁하였다. 그러자 영아는 벼랑이 시작되는 지점까지만 기어 오고 그 이상은 건너가려 하지 않은 채 머뭇거렸다.

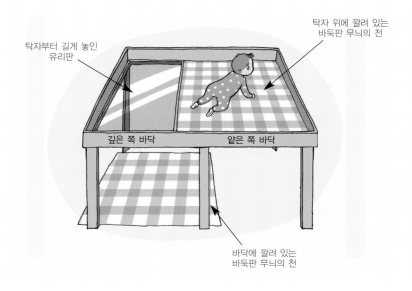

탁자 위에 깔려 있는 바둑판 무늬의 천

탁자부터 길게 놓인 유리판

깊은 쪽 바닥   얕은 쪽 바닥

바닥에 깔려 있는 바둑판 무늬의 천

5. 신생아의 학습 능력

신생아들은 이미 많은 능력을 갖고 태어난다. 그리고 신생아는 앞에서 살펴본 감각 능력과 생존 본능을 토대로 학습을 할 수 있다.

우선 신생아에게서 습관화를 찾아볼 수 있다. 습관화는 학습의 단순한 형태로, 특정 자극 또는 대상에 친숙해져서 더 이상 흥미나 관심을 보이지 않는 것을 말한다. 이는 특정 자극 또는 대상을 학습했음을 의미한다. Madison, Madison과 Adubato(1986)는 27~36주 된 태아도 습관화가 가능하다는 사실을 발견하였다. 그들에 따르면, 엄마의 배 위에 진동기를 작동시켰을 때 태아가 처음에는 활발하게 움직였으나, 진동에 익숙해지고 나서는 움직임이 줄어들며 습관화가 나타났다.

신생아는 다른 사람의 행동을 모방할 수 있다. 다음의 사진과 같이 성인이 혀를 내밀면 2~3주 된 신생아도 따라서 혀를 내밀고, 성인이 입을 벌리면 신생아도 입을 벌리며, 성인이 입술을 내밀면 신생아도 입술을 내밀 수 있다. 그리고 이러한 모방은 잠시 후 성인이 더 이상 표정을 짓지 않을 때도 유지되므로 자발적인 모방 반응으로 볼 수 있다.

신생아는 고전적 조건화가 될 수 있다. Lipstitt와 Kaye(1964)는 2~3일 된 신생아에게 특정 소리와 젖꼭지를 함께 제시하였다. 그러자 신생아는 빨기라는 무조건 반응을 보였다. 이런 조건화를 여러 번 경험한 후 신생아는 특정 소리를 듣자마자 입을 오물거리며 빨기 시작하였다. 즉, 특정 소리에 빠는 행동이 학습된 것이다. 비록 신생아의 조건화 행동은 학습하는 데 많은 시간이 소요되며, 빨기 행동과 같이 생존과 관련된 반사 행동에만 성공할 수 있다는 한계점이 있으나, 신생

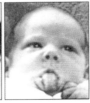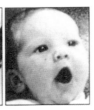

신생아의 모방 능력

출처: Shaffer (1998).

아도 분명히 학습할 수 있음을 보여 준다.

신생아는 조작적 조건화도 될 수 있다. Papousek(1967)은 2일 된 신생아에게 오른쪽으로 머리를 돌리면 우유를 강화로 주는 실험을 하였다. 200회 시도 후에 신생아로 하여금 머리를 돌리는 행동을 학습시킬 수 있었다. 이러한 학습 속도는 영아가 성장할수록 빨라진다. 3개월 된 영아는 약 40회, 5개월 된 영아는 30회 미만의 시도 후 머리 돌리는 행동을 학습하였다.

이러한 학습 능력은 미소나 옹알거림과 같은 사회적 제스처를 보이거나 양육자의 행동을 그대로 따라 함으로써 양육자의 주의와 애정을 이끌어 내어 자신의 생존력을 높일 수 있게 한다.

6. 신생아기 주요 쟁점

◎ 수유

모유와 분유 중 아기에게 무엇을 먹여야 할까? 당연히 모유일 것이다. 모든 분유가 지향하는 바는 모유에 가장 가깝게 제조하는 것이다. 그래서 분유 광고를 보면 너도나도 모유에 가장 가깝게 만들어졌음을 강조한다. 그리고 모든 분유병에는 "모유가 아기에게 가장 좋은 식품입니다."라는 문구가 있다.

모유
분만 후 모체의 유선(乳腺)에서 분비되는 유즙

분유
우유에서 수분을 제거하여 가루 상태로 만든 식품

그러면 모유가 아기에게 좋은 이유는 무엇일까? 우선 모유는 면역 성분이 풍부하다. 모유를 먹은 아기는 분유를 먹은 아기보다 설사, 호흡기 간염, 중이염, 요로 감염과 같은 전염병과 염증성 장질환, 천식, 습진, 소아 백혈병과 같은 질환에 덜 걸리는 것으로 나타났다. 그리고 영양학적으로도 우수하고 균형적이어서 시력과 뇌신경 발달을 촉진하고 언어발달과 운동 능력 발달에 도움을 주는 것으로 나타났다.

모유는 아기에게만 좋은 것이 아니다. 모유 수유는 산모의 빠른 산후 회복을 돕고, 산후 출혈을 예방하며, 유방암과 난소암의 위험을 줄여 주고, 산후우울증을 예방하며, 피임에도 효과적인 것으로 나타났다. 또한 모유 수유는 편리하며 경제적이다.

이에 미국소아과학회(American Academy of Pediatrics Section on Breastfeeding,

초유(좌)와 성숙유(우)의 비교

초유

임신 후반에 유방을 누르면 조금 나오는 유즙이나 분만 후 3~4일까지 나오는 것으로, 황색을 띠고 양은 적으나 영양가가 높으며, 특히 단백질이나 칼슘이 많음

성숙유

분만 후 3~4일 지나서 나옴. 초유의 황색은 없어지고 유백색을 띠며, 초유보다 지방과 젖당이 많음

2005)는 생후 6개월간 아기에게 모유만을 먹일 것을 권유한다. 특히 초유만큼은 아기에게 꼭 먹일 필요가 있다. 초유는 산후 2~3일 동안 나오는 모유로, 황금빛이 도는 누르스름하고 진한 액체다. 초유의 양은 비록 적지만 성숙유보다 더 풍부한 단백질을 함유하고 있으며, 생후 첫 며칠 동안 아기에게 필요한 모든 미네랄, 비타민, 지방 등의 영양소와 면역 성분이 들어 있다. 이후 모유의 영양 성분은 수유를 하는 중에 변화한다. 이로 인해 아기는 자라면서 필요로 하는 모든 영양분을 충분히 섭취할 수 있다.

그러나 산모가 AIDS에 감염되었거나, 폐결핵 또는 전염병에 걸렸을 때, 방사능에 노출되었거나, 약을 복용하고 있을 때에는 모유 수유를 하지 않는 것이 좋다. 이 외에도 모유 수유가 어려울 때에는 우유를 기반으로 비타민과 미네랄이 보충되고 철분이 강화된 분유로 모유를 대체한다.

영아기

Vincent van Gogh의 〈첫걸음(First Step)〉

이 작품은 Vincent van Gogh(1853~1890)의 1890년 작품으로, Millet의
그림을 다시 그린 것이다. 아기가 처음 걸음을 내딛으려 하는 순간을 표현하
고 있다. 망설임과 설렘을 보여 주는 아기와 이 놀라운 순간을 지켜보는 부모
의 모습이 아름답다.

영아기

infancy, 1개월 이후~24개월

영아(infant)라는 단어는 라틴어의 'in'과 'fant'가 결합된 것으로 'non speaker'로 해석된다. 즉, 영아기는 말하지 못하는 시기를 의미한다. 그러나 영아기는 성장과 발달이 급속하게 일어나며 기본적인 발달의 토대를 마련하는 경이로운 시기다. 생후 2년까지의 영아기는 인간의 전 생애적인 관점에서 볼 때 매우 짧은 시기이지만, 이 시기의 발달은 매우 빠른 속도로 이루어진다. 또한 영아의 발달과 경험은 신체적 · 인지적 · 심리사회적 발달의 기초를 형성하며 전 생애에 걸쳐 영향을 미치게 된다. 영아기에는 급속한 신체적 성장과 더불어 운동 능력에 있어서도 눈에 띄는 변화를 보여 준다. 이러한 신체발달로 인해 점차 타인에게 덜 의존하는 독립적인 존재로 성장해 간다. 또한 뇌와 신경계의 발달이 빠르게 이루어지며 인지 능력, 언어 능력에도 큰 발달을 보인다. 감각기관을 통해 주변 환경을 탐색하고 이해하며, 언어를 통한 의사소통이 가능해진다. 특히 영아는 양육자와 정서적 유대감을 형성하며 향후 심리사회적 발달의 토대가 되는 생애 최초의 사회적 관계 맺음을 경험한다.

1. 신체발달

급속한 신체발달이 이루어지는 영아기를 제1 성장 급등기라고 한다. 급속한 신체적 성장과 더불어 뇌와 신경계의 발달이 빠르게 이루어지며, 운동 능력에 있어서도 눈에 띄는 변화가 나타난다. 영아기 신체발달은 발달 원칙에 따른 일정한 방향과 순서를 가지고 있으나 그 속도에 있어서는 개인차가 있다.

1) 신체적 성장

(1) 신체 및 신체 비율의 변화

영아는 출생 후 빨기, 삼키기, 소화시키기 등 새로운 섭취 방식에 적응하게 되면서 성장이 급속도로 진행된다. 출생 후 몇 개월간 매일 30g씩 몸무게가 늘어나고 매월 2~3cm씩 키가 큰다. 생후 1년 즈음에는 출생 당시보다 몸무게는 약 3배, 키는 약 1.5배에 이르게 된다. 만 2세가 되면 영아의 몸무게는 성인 몸무게의 1/5 정도가 되고, 성인 키의 대략 1/2 수준이 된다.

〈표 4-1〉은 우리나라 영아의 신체발육을 나타낸 것이다. 생후 2~3개월에는

표 4-1 신체발육 2개월~2세

연령	신장(cm)		체중(kg)	
	남자	여자	남자	여자
2개월	58.4	57.1	5.6	5.1
3개월	61.4	59.8	6.4	5.8
4개월	63.9	62.1	7.0	6.4
5개월	65.9	64.0	7.5	6.9
6개월	67.6	65.7	7.9	7.3
7개월	69.2	67.3	8.3	7.6
8개월	70.6	68.7	8.6	7.9
9개월	72.0	70.1	8.9	8.2
10개월	73.3	71.5	9.2	8.5
11개월	74.5	72.8	9.4	8.7
12개월	75.7	74.0	9.6	8.9
15개월	79.1	77.5	10.3	9.6
18개월	82.3	80.7	10.9	10.2
21개월	85.1	83.7	11.5	10.9
24개월	87.1	85.7	12.2	11.5

출처: 질병관리청(2017).

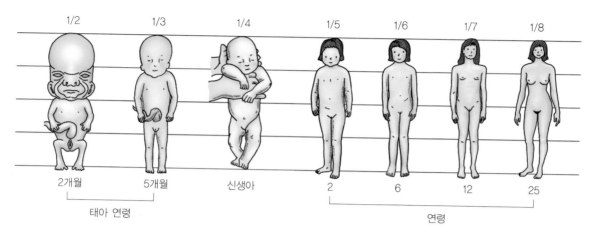

[그림 4-1] 신체 비율의 변화

출처: Santrock (2004).

약 60cm 정도의 신장과 6kg을 조금 넘는 신체발육을 보이던 영아가 24개월 정도가 되면 신장은 85cm를 넘고 체중도 11kg 이상으로, 출생 후 2년 동안 급격한 신체적 성장이 이루어진다.

영아는 급격한 신장과 체중의 변화뿐 아니라 신체 비율에도 급격한 변화를 보인다. 영아에서부터 성인이 될 때까지 겪는 가장 주목할 만한 신체 변화 중 하나는 나머지 신체에 비해 머리가 차지하는 비율이 줄어든다는 점이다. 신생아의 머리 크기는 신장의 1/4을 차지하지만, 생후 2년 정도에는 신장의 1/5이 되고, 성인이 되면 1/8이 된다.

(2) 골격의 발달

출생 시 영아의 뼈는 부드럽고 쉽게 휘어지며, 뼈의 수도 성인보다 많다. 그 후 청소년기까지 뼈가 서로 연결되면서 그 수가 감소하고 부드럽던 뼈가 단단하게 경화(硬化)된다. 이러한 골격의 발달도 두미형 발달의 원칙과 근원형 발달의 원칙에 따라 경화가 일어난다. 두개골과 손이 가장 먼저 경화되고 성숙해지며, 다리나 발가락의 뼈는 10대 후반까지 계속해서 발달이 진행된다. 이러한 신체적 성숙 수준은 X레이 촬영으로 골격 연령(skeletal-age)을 측정하여 알아볼 수 있는데, 1세 아이와 청소년의 뼈 구조는 차이가 있다.

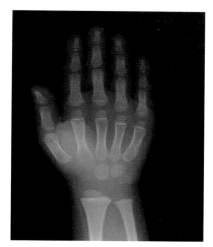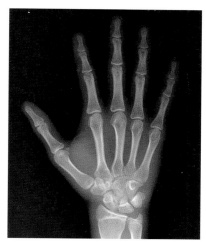

영아(좌)와 청소년(우)의 손 X레이 촬영사진
영아의 손목뼈와 손뼈는 청소년의 뼈 구조보다 잘 연결되어 있지 못하다.

또한 출생 시 여아들의 골격 성숙은 남아보다 4~6주 앞서고, 12세경에는 1~2년 정도까지 그 차이가 벌어진다. 이러한 성차는 사춘기 아동의 성별 성숙 차이의 원인이 된다. 또한 골격발달 사진은 신체적 성숙을 예언하고 문제를 발견하는 데 도움을 준다. 최근 문제가 되고 있는 성조숙증을 진단하는 검사에서도 이러한 뼈 사진을 통해 성숙을 예언하고 문제를 발견한다.

(3) 신경계와 뇌의 발달

영아가 기고, 걷고, 딸랑이를 흔들고, 옹알이를 할 때, 영아의 뇌에서는 놀라운 변화가 일어나고 있다. 뇌와 신경계의 급속한 성장을 보이는 영아기를 뇌 성장 급등기(brain growth spurt)라고 한다.

① 신경계의 발달

뉴런(neuron)은 신경계를 구성하는 기본 단위로 세포 내에서 정보를 전달하고 교환하는 역할을 한다. 인간의 신경계에 존재하는 뉴런의 수는 대략 1,000억 개에서 많게는 1조 개 정도로 추정된다. 뉴런은 대부분의 임신 5~26주에 만들어지며, 이 기간 동안 뇌에서는 매분 25만 개의 세포가 생성된다. 뉴런의 구조는 세포체(soma), 수상돌기(dendrite), 축삭돌기(axon)로 이루어진다. 나뭇가지 모양의 수

▸ 뉴런
신경계를 구성하는 기본 단위로 세포체, 수상돌기, 축삭돌기로 이루어짐

상돌기는 다른 뉴런으로부터 정보를 받아들이고 세포체는 그 정보들을 통합한다. 세포체에서 갈라져 나온 길고 가는 관인 축삭돌기는 정보와 신호를 다른 수상돌기에 전달하는 이동 통로의 역할을 담당한다.

수초(myelin sheath)는 축삭돌기 주변에 형성된 지방세포층으로 축삭돌기의 대부분을 감싸고 있다. 이와 같이 축삭돌기를 지방세포인 수초가 감싸는 과정을 수초화(myelination)라고 한다. 축삭돌기를 감싸고 있는 수초는 주위의 다른 반응을 막아 주고, 정보 전달이 보다 빠르게 이루어지도록 돕는 역할을 하게 된다.

뉴런들은 매우 복잡하게 얽혀 있는데, 뉴런의 축삭돌기 끝에 있는 축삭종말과 다른 뉴런의 수상돌기의 연결 부위에는 수백만 분의 일 밀리미터도 안 되는 좁은 틈이 존재한다. 뉴런들 사이에 존재하는 이 좁은 틈이 시냅스(synapse)다.

영아기 두뇌발달의 핵심 변화는 급격한 시냅스의 형성과 수초화로 설명할 수 있다. 영아가 성장함에 따라 축삭돌기와 수상돌기 간의 시냅스 연결망은 급격히 분화된다. 이때 사용된 시냅스는 보다 강화되어 계속 존재하지만, 사용되지 않는 시냅스는 소멸한다. 즉, 인간은 출생 전후에 가장 많은 뉴런을 가지고 있다가 발달 과정을 통해 필요한 만큼의 뉴런과 시냅스만 남기고 필요 없는 것은 버리는 과잉 생성 후 선택적 소멸과정을 거치게 된다. 이러한 과정을 통해 인간은 환경에 대응할 수 있는 잠재력을 극대화할 수 있다.

▸ 수초화
축삭돌기를 지방세포인 수초가 감싸는 과정

▸ 시냅스
뉴런들 사이에 존재하는 좁은 틈

▸ 과잉 생성 후 선택적 소멸과정
발달 과정에서 필요한 만큼의 뉴런과 시냅스만 남기고 불필요한 것은 버리는 과정

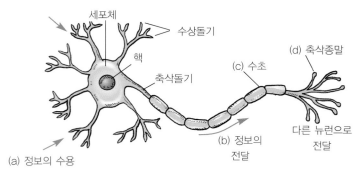
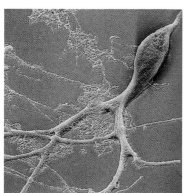

[그림 4-2] 뉴런

(a) 수상돌기는 다른 뉴런으로부터 정보를 수용하고, (b) 축삭돌기는 이러한 정보를 아래로 전달한다. 이때 수초는 이러한 정보 전달과정을 촉진시키고, (c) 정보가 축삭돌기 말단에 도달하면, (d) 축삭종말을 통해 흩어진다.

출처: Santrock (2004).

시냅스의 증가가 일어나는 시기는 뇌의 영역에 따라 차이가 있다. 시각피질의 시냅스는 생후 4개월에 가장 많이 생성되고, 그 후 학령기 전까지 점차적으로 감소한다. 이보다 조금 늦은 시기에 청각과 언어를 담당하는 뇌 영역에서도 이와 유사한 과정이 나타난다. 그러나 고등 수준의 사고와 자기통제를 담당하는 전두엽피질에서는 시냅스의 생성이 생후 약 1년경에 가장 많이 일어나며, 청소년 중반에서 후반에 접어들어야 시냅스의 밀도가 성숙해진다.

또한 영아의 뇌에서는 급속한 수초화가 이루어진다. 수초화는 뇌의 빠른 성장에 영향을 미치며 영아기 동안 급속도로 진행되지만, 뇌의 영역에 따라 속도와 완성 시기에 차이가 있다. 예를 들어, 시각 경로의 수초화는 출생 후 급격히 이루어지기 시작하여 생후 6개월 이내에 완성되고, 청각 경로의 수초화는 4~5세가 될 때까지도 계속된다. 반면 주의집중력과 같은 일부 수초화 과정은 사춘기 이후까지 계속 진행되기도 한다.

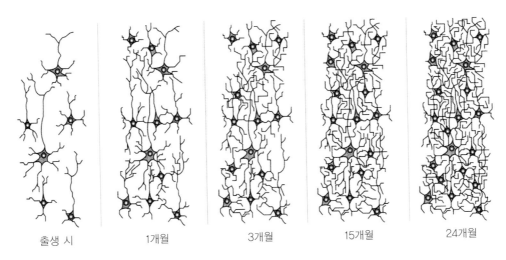

| 출생 시 | 1개월 | 3개월 | 15개월 | 24개월 |

[그림 4-3] 신경세포의 연결과정

생후 첫 2년 동안 뉴런 간의 연결망은 점점 더 촘촘해진다. 24개월까지 급격하게 형성되던 시냅스는 그 후 점차 감소한다. 2~7세 아동의 시냅스는 성인보다 50% 정도 많다.

출처: Feldman (2001).

② 뇌의 발달

◎ 뇌의 구조와 기능

영아기는 뇌의 전반적인 부분이 발달하는 시기다. 뇌의 구조를 종단면으로 단순화해 살펴보면, 뇌는 뇌간(brainstem), 변연계(limbic system), 대뇌피질(cerebral cortex)의 세 부위로 나누어 볼 수 있다(MacLean, 1990).

뇌의 가장 아래쪽에 있는 뇌간은 두뇌의 부위 중 가장 먼저 발달하는 뇌 부위로 수정에서 15개월까지 발달하며, 숨쉬기, 동공 반사 등 생존에 필요한 기능을 담당한다. 뇌간과 대뇌피질 사이, 즉 뇌의 가운데 부분을 차지하는 변연계는 감정, 성욕, 식욕 등 감정과 본능적 욕구를 조절한다. 변연계는 15개월부터 4세까지 가장 활발하게 발달한다. 마지막으로, 뇌의 가장 바깥쪽에 위치한 대뇌피질은 전체 뇌의 약 80%를 차지하며 뇌 구조 중 가장 많은 수의 뉴런과 시냅스가 있다. 언어 및 사고를 담당하는 대뇌피질은 좌우로 독립되어 나누어진 두 반구로 되어 있으며, 양 반구를 연결해 주는 뇌량을 통해 정보를 교환한다. 대뇌피질은 뇌 구조 중 가장 늦게까지 발달한다. 영아기에는 뇌의 뇌간, 변연계, 대뇌피질의 세 부분 모두 현저한 발달이 이루어진다.

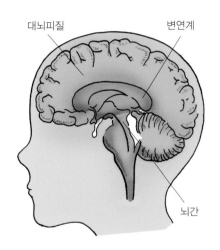

[그림 4-4] 뇌의 구조
출처: MacLean (1990).

◎ 대뇌피질의 발달

대뇌피질은 뇌 구조 중 가장 많은 수의 뉴런과 시냅스를 가지고 있으며, 지각, 언어, 학습, 사고와 같은 인간의 지적 기능에 결정적인 역할을 한다. 대뇌피질은 엽(lobe)이라고 하는 네 영역으로 구분되어 각기 세분화된 기능을 담당한다.

전두엽(frontal lobe)은 운동 및 사고, 정서 기능을 관장하고, 후두엽(occipital lobe)은 시각을, 측두엽(temporal lobe)은 감정 조절 및 청각을, 그리고 두정엽

(parietal lobe)은 신체 감각에 대한 정보처리를 관장한다. 뇌의 영역들은 1차적인 기능이 있으나 서로 협력하여 활동한다. 예를 들어, 영아가 강아지를 접하면 강아지의 모습은 후두엽에서, 강아지의 짖는 소리는 측두엽에서, 강아지를 보았을 때의 느낌은 변연계에서 이루어진다. 또 강아지를 만지려고 다가가기 위한 계획은 전두엽에서, 실제 다가가는 운동은 소뇌에서 이루어진다. 이와 같이 강아지라는 하나의 동물을 폭넓게 이해하기 위해서는 동시적이고 협동적인 뇌의 기능이 요구되는 것이다. 뇌의 기능은 뇌의 구조에 따라 단순하게 나누어지는 것이 아니라 상호 복합적인 상호작용의 결과임이 밝혀지고 있다. 즉, 변연계도 사고와 관련이 있고 대뇌피질도 감정에 관여되고 있는 것이다.

　뇌의 기능에서 중요한 것은 뇌의 구조보다 구조 간의 연결(synaptic connectivity)이다. 실제 1개의 뉴런은 25만여 개에 이르는 접속을 통해 신경망을 형성함으로써 뇌의 기능적 역할을 수행한다.

　대뇌피질의 이러한 네 가지 엽은 신생아기 때는 미숙한 상태이지만, 생후 1년 동안 뉴런이 수초화되고 시냅스가 증가하면서 점차 발달하게 된다. 대뇌피질이 발달하는 순서는 영아기에 나타나는 여러 가지 능력과 일치한다. 가장 먼저, 영아는 생리 상태를 조절하는 능력이 발달하고 반사를 보다 잘 통제할 수 있게 된다. 생후 8개월 무렵부터는 대뇌피질 중 정서 관련 부위가 증가를 보이고, 부모와의 애착이 일어나는 시기에 매우 활발한 활동이 이루어진다. 시각과 청각을 관장하는

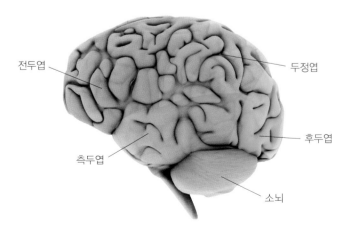

[그림 4-5] 대뇌피질의 구조와 기능

피질의 시냅스 성장과 수초화는 시각과 청각의 발달이 급속히 이루어지는 시기인 3~4개월에 시작해서 첫돌에서 두 돌까지 계속된다. 언어를 관장하는 전두엽 피질에서의 뇌파 활동의 증가는 개념적 사고와 언어발달이 활발해지는 1.5~2세에 일어난다.

영아기 스트레스와 뇌발달

최근 들어 더욱 가세되고 있는 조기교육 열풍은 점차 학습 위주의 성격이 강해지고 있다. 특히 외국어교육 열풍과 맞물려 영아기에 접하는 영어교육 교재나 프로그램, 영어학원들이 이미 인기를 끌며 보급되고 있는 추세다. 거기다가 영재교육이 가세하여 영재교육을 위해 학습 능력의 조기 개발에 중점을 두는 경우도 적지 않다.

그러나 영·유아기의 사교육이 인지, 정서, 사회적 발달에 미치는 영향을 분석한 국내의 연구들(이경숙 외, 2005; 우남희 외, 2005; 이기숙 외, 2002; 육아정책연구소, 2016)은 이 시기 사교육이 학습의 효과가 별로 없고, 자율성, 창의성, 학습 태도 등에도 긍정적이지 않다고 하였다. 오히려 자녀들의 미래를 위한다는 명목 아래 시행되는 이러한 인지교육 중심의 영아교육은 발달단계에 상관없이 부적절한 학습 자극을 가하는 것으로, 정서적인 측면에 있어 스트레스, 무기력, 불안과 주의집중력 저하 등의 문제를 일으킬 수 있다. 스트레스 등과 같은 위협 상황을 경험하면 인간의 몸은 코르티솔(cortisol)이라는 호르몬을 분비해 이를 대항할 수 있게 한다. 그러나 과다한 코르티솔은 뉴런을 파괴하고, 뇌를 취약하게 하며, 뇌의 시냅스를 줄임으로써 뇌 자체를 위축시켜 뇌의 기능을 손상시킨다. 코르티솔의 농도가 만성적으로 높으면, 변연계의 일부이자 기억을 관장하는 해마(hippocampus)의 신경망이 손상될 수 있다(Gunnar, 1998; Sylwester, 1994). 특히 뇌가 민감하고 연약한 시기인 영아기에 코르티솔 분비량이 과다하게 증가하는 것은 영아의 정서 상태를 악화시킬 뿐 아니라 학습 능력까지 저하시키게 된다.

영아기의 뇌발달과 스트레스에 관한 이러한 연구들은 영아기의 과도한 스트레스가 뇌발달에 치명적임을 시사하며, 영아기 조기교육 열풍에 휩싸여 있는 부모들에게 경종을 울리고 있다.

◎ 뇌의 편재화

대뇌피질은 좌반구와 우반구로 구성되어 있는데, 양 반구는 그 모양은 같지만 각기 다른 기능을 하고 신체의 각기 다른 영역을 통제한다. 좌반구는 언어 능력, 청각, 언어기억, 의사결정, 긍정적 정서의 표현 등을 관장하고 신체의 오른쪽 부분을 통제한다. 반면 우반구는 공간 지각력, 촉각, 음악과 같은 비언어적 소리, 부정적 정서의 표현 등을 관장하며 신체의 왼쪽 부분을 통제한다. 이렇게 대뇌피질을 구성하는 각 반구가 분리되어 각기 다른 기능을 담당하고 있는 것을 뇌의 편재화(cerebral lateralization)라고 한다. 좌뇌와 우뇌의 기능적 차이는 분할 뇌 환자와 손상된 뇌 연구를 통해 밝혀졌다. 예를 들어, 전쟁에서 우뇌를 다친 군인들은 공간적 혼란을 겪고, 좌뇌를 다친 군인들은 언어 능력에 문제를 보였다.

그러나 뇌의 기능이 분화되었다고 해서 좌반구와 우반구가 서로 완전히 독립된 것은 아니다. 예를 들어, 말하기, 문법 등 언어 관련 기능의 대부분은 좌반구에서 담당하고는 있으나, 맥락에 맞는 적절한 언어 사용이나 은유 등을 사용하는 언어 표현 등은 우반구가 맡고 있다. 이는 좌반구에서만 언어 능력을 담당하는 것은 아니라는 점을 보여 준다. 이때 좌우 대뇌반구 사이에 위치한 뇌량이 양 반구를 연결해 주는 기능을 하며, 뇌의 양쪽 반구의 상호작용을 통해 복잡한 사고가 가능해진다.

뇌의 편재화
대뇌피질을 구성하는 각 반구가 분리되어 각기 다른 기능을 담당하고 있는 것

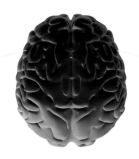

좌뇌(언어 뇌)

이성적, 논리적, 합리적
- 언어, 문자, 숫자, 기호, 분석 능력
- 학교에서 배우는 주요과목은 주로 좌뇌의 능력을 요구한다.
- 좌뇌가 뛰어난 학생은 국어, 영어, 수학, 과학 등을 잘한다.

우뇌(이미지 뇌)

감정적, 직관적, 창의적
- 그림, 음악, 스포츠 분야의 능력
- 공간인식 능력, 공감(共感) 능력이 뛰어나다.
- 우뇌가 뛰어나면 분위기 파악을 잘하고 상상력이 뛰어나다.

[그림 4-6] 좌뇌와 우뇌의 역할

〈표 4-2〉는 영아기 뇌발달에 대한 연구들을 종합해서 뇌발달에 따른 영아기에 적합한 경험을 정리한 것이다.

이와 같이 영아기에는 학습보다는 정서적 유대감을 형성하고, 신체 운동과 감각을 자극할 수 있는 활동이 뇌발달에 적합한 경험이 된다.

표 4-2	영아기 뇌발달과 적합한 경험	
영아기 뇌발달 영역과 시기	영아기에 적합한 경험
정서(애착 0~24개월, 감정 제어 0~24개월)	정서적 유대감 형성
운동발달(0~24개월)	신체 운동 활동
감각(시각 0~24개월, 청각 0~36개월)	오감을 자극하고 활용하는 경험

직접 만져 보고 뛰어노는 활동에 즐거워하고 있는 영아의 모습

영아기 뇌발달을 도와주는 교육

• 자주 안아 주고 뽀뽀해 주는 등 신체적 접촉을 많이 한다. 영아기에는 정서를 감각으로 받아들이기 때문에 양질의 접촉을 통해 안정된 애착을 형성하게 된다. 영아의 뇌발달은 안정된 애착에서 출발함을 잊지 말아야 한다.

• 영아의 움직임에 대한 욕구를 존중하고 신체 활동을 독려한다. 영아기 운동은 뉴런의 기능을 향상함으로써 인지 기능까지 증진시키는 역할을 한다.

• 오감(五感)을 활용할 수 있는 활동을 한다. 영아는 감각을 통해 사물을 지각하고 인지한다. 시각 자료보다는 실물을 직접 만져 보고 직접 체험하는 경험이 영아의 탐구심을 자극한다.
• 통합적 활동을 할 수 있는 경험을 마련한다. 뇌의 영역이 동시적이고 협동적으로 활성화되도록 게임, 놀이 등 통합 경험을 제공하도록 노력한다. 게임이나 놀이를 통한 정서적 교감, 몸의 움직임, 감각의 활용 등은 영아기 뇌발달에 가장 적합한 방법이 될 수 있다.

③ 뇌의 가소성과 초기 경험

영아기 뇌발달은 유전적 요인뿐 아니라 초기 경험에 의해 많은 부분 영향을 받는다. 초기 뉴런과 시냅스의 생성에는 유전적 요인이 중요한 역할을 담당하지만, 뉴런과 시냅스의 선택적 소멸과 수초화 과정은 환경적인 자극을 통해 계속 발달해 나간다.

인간의 뇌는 환경에 의해 변화할 수 있는 유연성인 가소성(plasticity)이 있으며, 특히 영아기에는 뇌의 가소성이 크다. 뇌 가소성에는 회복 가소성과 적응 가소성이 있다. 회복 가소성(restoring plasticity)은 뇌손상 후 뇌는 자체적인 변화와 적응을 통해 잃어버린 기능을 어느 정도 회복한다는 의미다. 영아기에는 뇌의 특정 영역이 손상되더라도 다른 영역에서 대신 수행하거나 연결을 재구성하는 등의 재구조화도 어느 정도 가능하다. 예를 들어, 뇌졸중 환아의 경우, 언어 영역이 파괴되었을지라도 재활훈련을 통해 다른 뇌의 부위가 언어 기능을 담당할 수 있는 가능성이 더 크다. 그러나 점차 중추신경계의 가소성이 줄어들게 됨으로써 성인기에 일어난 뇌손상은 회복이 쉽지 않게 된다. 적응 가소성(adaptive plasticity)은 새로운 경험과 환경을 통해 뉴런의 시냅스가 강화되거나 약화되어 기능과 구조의 변화가 이루어지는 것을 말한다. 초기 뇌과학자들은 뇌의 구조와 기능이 어린 시절에 모두 결정되는 것으로 보았으나, 점차 후천적 노력과 경험에 의해 변화되고 발달될 수 있다는 증거들이 늘어나고 있다. 뇌의 적응 가소성은 후천적 노력이나 평생 동안의 학습이 중요하다는 것을 보여 주는 것으로, 성인기 이후의 뇌의 보상을 통해 설명된다.

가소성
환경에 의해 변화할 수 있는 가능성을 뜻함

서번트 신드롬

　뇌장애를 가진 일부 사람이 암기, 계산, 기계수리, 음악, 미술 등에 있어 기이할 정도로 천재적인 능력을 보여 주는 서번트 신드롬(savant syndrome)은 이러한 뇌의 보상 기능을 보여 주는 대표적인 사례다. 바보천재(idiot savant)로도 불리는 서번트 신드롬은 뇌의 선물로 표현된다.

서번트 신드롬을 보여 주는 영화 〈레인맨〉의 실제 주인공인 Kim Peek의 모습(좌)과
영화 〈레인맨〉의 한 장면(우)

　이들은 다른 사람의 도움 없이 일상생활이 불가능할 정도로 어려움을 겪지만, 짧은 시간 안에 전화번호부를 다 외우거나 몇 년도, 몇 월, 몇 일, 무슨 요일까지를 다 기억하는 경이로운 모습을 보여 준다.

　뇌발달에 있어 초기 경험의 중요성은 Mark Rosenzweig와 동료들의 연구(Rosenzweig, 1969)에 의해 부각되기 시작하였다. 그들은 갓 태어난 침팬지를 16개월 동안 어둠 속에서 사육하는 실험을 실시했는데, 그 결과로 침팬지의 망막과 시신경을 구성하는 뉴런이 위축되었다. 이 실험을 통해 동물의 시각 박탈이 7개월을 넘지 않으면 위축된 시신경이 돌아올 수 있지만, 시각 박탈이 1년 이상 지속되면 자극받지 않은 뉴런이 퇴화되면서 완전히 시각을 상실하게 되는 것이 발견되었다. 또한 그들은 실험용 쥐 등의 동물들을 풍족한 환경과 고립된 환경으로 나누어 각기 다른 환경에서 성장하도록 하는 실험을 실시하였다. 그 결과, 풍족한 환경에서 성장한 동물들의 뇌는 그렇지 않은 동물들의 뇌보다 무겁고 시냅스의 연결망이 촘촘하며, 신경화학 활동 수준도 더 높은 것으로 나타났다. 이러한 차이는 실험의 대상인 동물들이 어릴수록 더 컸다.

　최근 뇌파 활동 사진을 통해 환경에 따른 아동의 뇌발달을 연구한 결과, 정상적인 환경에서 자란 영아에 비해 고아원 등 궁핍한 환경에서 성장한 영아의 뇌는 침체되어 있음을 알 수 있었다(Begley, 1997; Cicchetti, 2001).

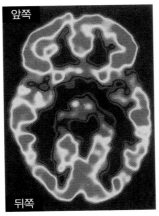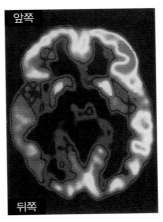

환경에 따른 초기 뇌 활동 비교 사진

보통 환경에서 성장한 영아의 뇌(좌)와, 출생 직후 루마니아 고아원에서 자란 루마니아 고아의 뇌(우)를 찍은 사진이다. 정상적인 영아의 두뇌 사진을 보면 활동적인 부분(적색, 흑색)이 대비된다. 루마니아 고아의 두뇌 사진을 보면 자극을 수용하고 감정조절 기능을 하는 측두엽이 거의 활동을 하지 않고 있다.

2) 운동발달

출생 당시 신생아는 신체의 다른 부분에 비해 머리가 크고, 목도 잘 가누지 못한다. 그러나 생후 12개월 동안 영아는 앉기, 서기, 기기, 걷기까지 할 수 있는 현저한 운동발달 능력을 보여 준다. 생후 2년이 되면 기어오르기, 뛰기 등의 활동까지 가능하게 된다.

운동 기능의 발달 속도에는 개인차가 있지만, 대체로 다음과 같은 일정한 순서가 있다. 두미형 발달의 원칙에 따라 영아는 머리와 목을 먼저 가누게 되고, 가슴과 등의 근육이 발달하며, 다리 근육은 가장 늦게 발달한다. 또한 전체적이고 미분화된 운동에서 점차 특수하고 부분적인 운동으로 분화 · 발달되는 경향성을 보여 준다.

(1) 대근육 운동

성인에게 전적으로 의지하던 영아는 생후 2년 동안 뒤집기, 기기, 서기, 걷기, 뛰기 등이 가능해지는 놀라운 변화를 보여 주며 기동성 있는 독립적 존재로 성장해 간다.

뒤집기   기기   혼자 앉기

혼자 걷기   자전거 타기

영아의 대근육 운동발달

출생 후 6주경에는 엎드린 자세에서 턱을 들고, 2개월경에는 가슴을 든다. 5~6개월경에는 뒤집기를 할 수 있으며, 7개월경에는 혼자 앉는다. 11개월경에는 물건을 잡고 혼자 설 수 있고 12개월경에는 혼자 걸을 수 있게 된다. 18~24개월에는 뜀뛰기, 계단 오르내리기, 자전거 타기 등도 가능하게 된다.

[그림 4-7]은 영아의 운동 기능 발달을 나타낸 것이다.

태내 자세

0개월

턱을 든다

6주(3주~4개월)

가슴을 든다

2개월(3주~4개월)

물건을 잡는다

3개월, 3주(2~7개월)

혼자 앉는다

7개월(5~9개월)

긴다

7개월(5주~11개월)

의자를 잡고 일어선다

8개월(5~12개월)

혼자 선다

11개월(9~16개월)

혼자 걷는다

11개월, 3주(9~17개월)

[그림 4-7] 영아의 월령별 운동 기능 발달

(2) 소근육 운동

신생아에게는 잡기 반사 능력이 있지만 이를 통제하는 능력은 없다. 6개월경이 되어야 매달려 있는 물체를 잡을 수 있고, 물체를 제대로 잡으려면 생후 1년이 되어야 한다. 1세의 영아는 눈과 손을 협응하여 크레파스 등으로 무엇인가 그리는 일이 가능해지고, 2세 정도가 되면 그림을 그대로 따라 그리거나 숟가락을 이용해서 음식을 먹을 수 있게 된다. 이와 같이 영아는 점차 눈과 손의 협응 기능이 발달해 간다.

영아의 소근육 운동발달

사진의 영아는 엄지와 검지를 이용하여 바닥에 떨어진 체리를 줍고 있다.

이러한 소근육 운동도 중심말초 방향의 발달 원칙에 따라 팔과 손, 손가락의 순서로 발달을 한다. 작은 물체를 잡기 위해 처음에는 손바닥 전체를 사용하지만, 10개월경이 되면 엄지손가락과 집게손가락을 이용하여 작은 물체를 잡을 수 있게 된다.

영아기의 운동발달은 정상적인 뇌발달을 보여 주는 영아기 전체 발달의 중요한 지표가 된다.

영아기 운동발달을 도와주는 교육

• 영아를 다양한 방법으로 안아 준다. 앞으로 안기, 뒤로 업기, 눕혀서 들기 등 다양하게 영아의 감각과 운동을 자극한다.

• 영아의 움직임에 대한 욕구를 존중하고, 마음껏 움직일 수 있는 환경을 만들어 준다. 마음껏 기어 다니고, 구르고, 돌고, 춤추는 등 과격한 놀이도 권장할 만하다.

• 다양한 질감, 색상의 장난감을 통해 감각을 자극한다. 특히 음식을 가지고 노는 것은 좋은 경험이 된다. 이 시기에는 식탁에서의 예절보다는 음식을 가지고 놀면서 오감을 활용하는 것이 더 유익하다.

• 그러나 무엇보다도 영아에게 너무 많은 자극을 주는 것은 오히려 영아의 즐거움과 호기심을 뺏을 수 있음을 유의해야 한다.

2. 인지발달

1) Piaget의 인지발달: 감각운동기

영아는 주로 감각운동기관을 통해 정보를 받아들이기 때문에 Piaget는 이 시기를 감각운동기(sensorimotor stage)라고 명명하였다. 감각운동기는 출생 후부터 대략 2년 동안 지속되며, 영아들은 이 시기에 주로 보고, 듣고, 느끼는 감각기관과 행동하는 운동 활동을 통해서 환경을 경험한다.

물속의 돌멩이를 직접 만져 보며
주변 환경을 탐색하는 영아

감각운동기가 시작되는 시점에는 선천적으로 타고난 반사 활동만을 보이지만, 감각운동기가 끝나는 생후 2년 정도가 되면 다양하고 복잡한 감각운동적 도식(schema)이 가능해지며, 목적이 있는 행동을 보이게 된다. 이러한 감각운동기의 변화는 반사운동기, 일차 순환반응기, 이차 순환반응기, 이차 순환반응의 협응기, 삼차 순환반응기, 정신적 표상기의 6개 하위 단계로 분류되며, 각각의 하위 단계는 감각-운동 구성에서의 질적 변화를 수반한다.

(1) 감각운동기의 하위 6단계

① 반사운동기(reflex activity, 출생~1개월)

이 시기는 감각운동기 중 하위 1단계로 출생 후 한 달 정도의 기간에 해당한다. 이 시기에 영아가 보여 주는 행동은 반사적이다. 영아는 젖 찾기, 빨기, 잡기 등 선천적으로 가지고 태어난 다양한 반사 도식을 사용하여 외부 세계에 적응해 나간다. 이 시기에 대표적인 반사가 빨기 반사인데, 이 시기의 영아는 입에 닿는 것은 무엇이든지 빠는 행동을 보여 준다. 빨기 반사, 잡기 반사 등은 외부 세계에 적응해 가는 과정에서 계속적으로 수정되고 발달하며, 이후의 인지발달의 토대가 된다.

손가락을 빨고 있는 영아

② 일차 순환반응기(primary circular reactions, 1~4개월)

이 시기는 감각운동기 중 하위 2단계로 생후 1~4개월의 기간에 해당한다. 이

손과 발을 반복해서 빠는 영아

시기 영아의 관심은 외부 대상보다는 자신의 신체에 있으며, 자신이 한 우연한 행동이 재미있고 만족스러우면 그 행동을 계속 반복한다. 즉, 영아는 자신의 신체에 관심을 가지고 빨기, 잡기와 같은 감각운동을 반복해서 보여 준다. 이와 같이 이 시기 영아의 행동은 외부보다 자신을 향해 있으므로 일차적이라고 하며, 같은 행동을 반복하기 때문에 순환반응이라고 한다. 예를 들어, 영아는 손가락을 빠는 것이 만족스러우면 손가락을 계속 입 속에 넣어 빠는 행동을 하게 된다. 이러한 행동은 행위 자체의 즐거움을 위해 반복되는 것이다.

③ 이차 순환반응기(secondary circular reactions, 4~8개월)

이 시기는 감각운동기 중 하위 3단계로 생후 4~8개월의 기간에 해당한다. 이 시기의 영아는 앉을 수 있고 손을 뻗어 사물을 잡을 수 있는 운동 능력이 생긴다. 그리고 영아는 이러한 능력을 바탕으로 자신의 신체보다는 주변 세계에 대해 관심을 가지고 집중하게 된다. 이와 같이 인지의 범위가 외부 세상으로 확대되고 행동이 일으키는 변화에 흥미를 가지고 행동을 반복하기 때문에 이차 순환반응기라고 한다. 예를 들어, 딸랑이를 건드려 본 영아는 이 놀라움과 재미를 계속 즐기기 위해서 계속 딸랑이를 반복해서 건드린다. 그리고 잠시 멈추었다가 다시 한번 그 소리를 듣기 위해 딸랑이를 흔드는 행위를 반복하게 된다. 이는 의도성(intentionality)의 표출로, 영아의 행동에서 의도적 행위가 나타나기 시작하는 것이다.

딸랑이가 달린 장난감을 계속 건드리며 노는 영아

④ 이차 순환반응의 협응기(coordination of secondary circular reactions, 8~12개월)

이 시기는 감각운동기 중 하위 4단계로 생후 8~12개월의 기간에 해당한다. 이 시기의 영아는 자신의 신체보다는 주위 환경에 관심을 가지고 있으며, 자신의 목표를 달성하기 위해 이전에 획득한 도식을 새로운 상황에 사용한다. 이렇게 두 가지 행동이 협응되기 때문에 이 단계를 이차 순환반응의 협응기라고 한다.

이 시기의 영아는 기존의 도식을 목표 성취를 위해 협응시킨다. 이때 영아의 행동은 보다 의도적이고 목표 지향적이다. 예를 들어, 영아가 원하는 곰인형이 토끼인형 아래에 있으면 이를 가지고 놀기 위해 토끼인형을 치워 버리는 행동을 보여 준다. 이는 장난감(곰인형) 집기와 방해물(토끼인형) 치우기라는 두 가지 도식의 협응을 보여 주는 것이다. 이때 방해물 치우기라는 행동은 장난감을 잡는 행동 목표 달성을 위한 수단이 된다.

이 시기의 또 다른 주요 특성은 대상영속성이라는 개념을 획득하기 시작하는 것이다. 대상영속성(object permanence)이란 대상이 시야에서 사라지더라도 계속 존재한다는 것을 인식하는 능력이다. 즉, 이전 단계까지의 영아는 흥미로운 물체가 사라졌을 때 더 이상 그 물체가 존재하지 않는다고 생각하여 아무런 반응도 나타내지 않는다. 그러나 대상영속성을 획득한 영아는 눈앞에서 물체가 보이지 않더라도 그 물체가 존재한다고 생각하며 그 물체를 찾으려고 한다.

▶ **대상영속성**
대상이 시야에서 사라지더라도 계속 존재한다는 것을 인식하는 능력

자신이 원하는 장난감을 찾고 있는 영아

⑤ 삼차 순환반응기(tertiary circular reactions, 12~18개월)

이 단계는 감각운동기 중 하위 5단계로서 생후 12~18개월의 기간에 해당한다.

이 단계에서 영아는 단순한 목적을 지닌 반복이 아니라 다양한 시도를 하게 된다. 의도적으로 새로운 가능성을 탐색해 봄으로써 자신의 행동이 어떤 결과를 가져올지를 알아보기 위한 실험을 한다. 걸음마를 하게 되면서 대상과의 접촉이 용이해지고 새로운 경험을 할 수 있는 가능성이 늘어나기 때문에 영아는 보다 더 적극적이 된다. 예를 들어, 이 시기의 영아는 다양한 소리를 듣기 위해 숟가락, 연필, 막대기 등 여러 물체를 이용해 두드리는 시도를 해 본다. 또한 여러 위치에서 물건을 떨어뜨려 그 떨어지는 상황을 관찰해 보기도 한다.

북을 두드리는 영아

⑥ 정신적 표상기(mental representation, 18~24개월)

이 단계는 감각운동기 중 하위 6단계로서 생후 18~24개월의 기간에 해당한다.

이 단계는 감각운동기에서 전조작기로 넘어가는 시기로, 이 하위 단계에서 영아의 인지 능력은 놀라울 정도로 크게 성장한다. 5단계까지는 신체를 이용한 실제 경험을 통해서만 인지 작용이 가능했지만, 이제 영아는 눈앞에 없는 사물이나 사건들을 정신적으로 그려 내는 정신적 표상을 사용할 수 있다. 문제 해결을 위해서도 시행착오적 시도를 하기보다 행동하기 전에 머릿속에서 먼저 생각을 한 이후에 행동을 한다. 이와 같이 정

인형에게 이불을 덮어 주고 있는 영아

지연모방
특정 행동을 목격한 후 일정 시간이 지난 후에 그 행동을 재현하는 것

신적 표상(mental representation)이 가능해지면서 이제까지는 불가능했던 지연모방(deferred imitation)도 가능해진다. 지연모방이란 특정 행동을 목격한 후 일정 시간이 지난 후에 그 행동을 재현하는 것을 말한다. 예를 들어, 병원에서 의사선생님이 환자를 치료하는 것을 목격한 영아가 다음날 인형을 가지고 의사놀이를 하는 경우, 엄마가 자신에게 했던 행동을 인형에게 똑같이 하는 경우, 친구들이 욕하고

싸우는 것을 듣고 며칠 후에 화가 났을 때 똑같은 행동을 보이는 경우 등이다. 지연모방이 가능한 것은 영아가 기억 속에 저장하고, 후에 인출해 낼 수 있는 심상을 구성할 수 있기 때문이다.

(2) 대상영속성

감각운동기에 획득하는 주요한 특성인 대상영속성의 획득과정을 좀 더 구체적으로 살펴보면, 처음 하위 1단계에서 영아는 대상영속성의 개념이 전혀 없다. 신생아는 눈앞에 불빛이 보이면 따라가지만, 빛이 사라지면 더 이상 관심을 보이지 않는다. 하위 2단계에서는 원시적 형태의 대상영속성이 어렴풋이 나타난다. 앞의 동일한 상황을 제시했을 때, 이 단계의 영아는 불빛이 사라진 지점을 잠시 기대하는 듯 잠깐 바라보다가 곧 더 이상의 관심을 보이지 않는다. 하위 3단계에서 영아는 물체가 보이지 않아도 어딘가에 존재한다는 사실을 어렴풋이 이해한다. 부분적으로 사라진 물체는 찾을 수 있지만, 완전히 사라진 물체에 대해서는 더 이상 찾으려고 하지 않는다. 하위 4단계에서 영아는 시야에서 사라진 물체를 적극적으로 찾으려고 한다. 그러나 이 시기의 영아는 자신의 눈앞에서 지켜보는 가운데 물체를 처음 감춘 장소에서 다른 장소로 옮겨 놓아도 처음 감추었던 장소에서 물건을 찾으려는 모습을 보인다. 즉, 영아는 새로운 장소보다는 익숙한 장소에서 숨겨진 물체를 찾으려고 한다. 이를 AB 오류(AB error)라고 하는데, 영아가 새로운 장소(B)보다 익숙한 장소(A)에서 숨겨진 물체를 찾으려 하는 실수를 범하는 현상을

어머니와 까꿍놀이하는 영아

말한다. 하위 5단계에서 영아는 자신이 보는 앞에서 숨기는 물체에 대해서는 빠르게 숨기더라도 그 물체의 위치를 추적하여 찾아낼 수 있다. 그러나 보이지 않는 곳에서의 이동을 완전히 이해하지는 못한다. 하위 6단계에서는 대상영속성의 개념이 완전하게 발달한다. 숨기는 과정을 눈으로 보지 못한 경우에도 그 숨겨진 물체를 찾아낼 수 있게 된다.

이러한 대상영속성 개념의 획득을 돕는 대표적인 놀이가 바로 까꿍놀이다. 이 시기의 영아들은 부모와의 까꿍놀이를 통해 정서적 유대감을 느끼고 대상영속성을 습득하게 된다.

감각운동기의 하위 6단계에서 나타나는 각각의 주요 행동 특성과 대상영속성의 발달 과정을 정리하면 〈표 4-3〉과 같다.

표 4-3 감각운동기 하위 6단계

하위 단계	연령(개월)	행동 특성	대상영속성의 발달
1. 반사운동기	출생~1	• 타고난 반사 행동	• 대상이 사라지면 무시
2. 일차 순환반응기	1~4	• 자신의 신체와 관련된 흥미로운 활동의 단순반복	• 대상이 사라진 곳을 잠깐 응시하는 원시적 형태의 대상영속성
3. 이차 순환반응기	4~8	• 외부 대상에 대한 흥미로운 활동의 반복 • 의도적이고 목표 지향적인 행동의 출현	• 부분적으로 감추어진 대상을 찾을 수는 있으나 완전히 감추어진 대상을 찾지는 못함
4. 이차 순환반응의 협응기	8~12	• 기존의 도식을 목표 성취를 위해 협응 • 인과 개념과 대상영속성 개념 획득	• 대상영속성 개념의 획득으로 숨겨진 대상을 찾아냄 • AB 오류 현상 있음
5. 삼차 순환반응기	12~18	• 문제 해결을 위한 시행착오적 탐색과 다양한 시도	• 보이는 곳에서 이동한 대상만 찾아냄
6. 정신적 표상기	18~24	• 상징 등 정신적 표상 가능 • 통찰을 통한 문제 해결	• 대상영속성 개념의 완전한 획득 • 보이지 않게 이동한 대상도 찾아냄

2) 언어발달

언어를 통해 인간은 자신의 생각과 감정 등을 다른 사람에게 전달하는 동시에 타인의 생각과 감정도 이해할 수 있게 된다. 언어를 통한 의사소통 과정 속에서 인간은 다른 사람과 관계를 맺고 점차 사회적 존재로 성장하며 살아가게 된다.

언어는 의사소통 및 사회적 상호작용의 역할뿐만 아니라 인지발달의 주요한 수단이다. 인간은 언어를 통해 새로운 현상을 이해하고, 새로운 지식을 습득한다.

이와 같이 영아기의 언어 습득은 영아의 생존과 성장에 영향을 주고, 사고·인지 발달에 주요한 역할을 하며, 정보를 처리하고 문제를 해결하는 데 있어 매우 효율적인 수단이 된다. 인간의 언어 능력은 영아기, 유아기를 거쳐 급속도로 발달한다.

(1) 언어발달이론

인간의 언어 습득 능력이 선천적인 것인지, 아니면 학습되는 것인지에 대한 논쟁은 여전히 계속되고 있다. 환경의 영향에 의해 언어가 학습된다고 보는 학습이론, 선천적인 언어 획득 기제에 의해 이루어진다고 주장하는 생득이론, 그리고 유전과 환경의 상호작용에 의해서 이루어진다고 보는 상호작용이론이 대표적인 언어발달이론이다.

① 학습이론

언어발달에 있어 환경의 영향을 강조하는 학습이론에서는 언어가 저절로 습득되는 것이 아니라 강화와 모방이라는 학습 기제를 통해 이루어진다고 설명한다.

대표적인 행동주의 심리학자인 Skinner는 다른 모든 행동과 마찬가지로 언어도 조작적 조건형성에 따른 강화 원리에 의해 획득된다고 보았다. 영아가 무심코 어떤 소리를 낼 때, 부모는 성인의 언어와 비슷한 소리에 더 주의를 기울이며 이에 대해 반응을 보이게 된다. 이러한 부모의 긍정적 반응이 강화 자극이 되어 영아는 자극받은 소리를 더 자주 내면서 발전해 가게 되고, 그렇지 않은 소리는 소멸하게 됨으로써 언어를 학습하게 된다는 것이다.

사회학습 이론가인 Bandura는 언어발달이 강화에 의해 이루어진다고 주장하는 Skinner와 달리, 강화 없이도 관찰을 통한 모방에 의해 언어발달이 가능하다고 보았다. 즉, 인간은 어려서부터 주변 사람들의 언어 행동을 관찰하고 그들이 내는 소리를 그대로 모방함으로써 언어를 습득해 간다는 것이다.

이러한 강화나 모방에 의해 언어발달을 설명하는 학습이론은 인간의 언어 습득 과정을 부분적으로 설명해 줄 수는 있지만, 아동이 점차 성장하면서 보이는 언어 발달 과정 모두를 강화와 모방으로만 설명하기에는 한계가 있다.

② 생득이론

생득이론에서는 선천적인 기제에 의해 언어발달이 이루어진다고 보고, 환경적 요인보다 생물학적 요인을 더 강조한다. 즉, 생득이론은 인간이 환경에 의해 언어를 습득하기보다는 선천적으로 배울 수 있는 가능성을 타고난다고 주장한다.

Chomsky(1957)는 학습이론에서 주장하는 것처럼 강화와 모방만으로는 언어발달이 설명될 수 없다고 하였다. 그의 이론에 따르면, 인간은 선천적으로 언어습득장치(language acquisition device: LAD)를 가지고 태어나는데, 여기에는 모든 언어에 필요한 보편적인 규칙이 담겨 있다. 따라서 인간은 굳이 배우지 않아도 언어습득장치에 의해 저절로 언어를 습득하게 된다. 이러한 언어습득장치는 어린 연령에만 작동되며, 사춘기 이후가 되면 이 능력이 급격히 저하된다.

각기 다른 문화권에서 아동이 범하는 문법적 오류의 유사함이나 언어발달 과정의 보편성 등은 언어습득장치를 지지해 주는 증거가 될 수 있다. 또한 소리를 듣지 못하는 청각장애 아동도 자기 나름의 언어 신호를 만든다는 사실이 Chomsky의 이론을 뒷받침해 준다.

Lenneberg(1967)는 언어발달의 생득설을 주장하는 또 다른 학자로, 인간은 언어를 습득하고 이해하고 산출해 내는 특별한 능력을 가지고 태어난다고 보았다. 즉, 언어 습득은 선천적으로 타고난 능력으로 뇌의 발달과 상관이 있다고 보았다. 그렇기에 각기 다른 문화 언어권의 영아의 언어발달이 비슷한 시기에 비슷한 순서로 이루어진다고 주장하였다.

인간의 언어 기능을 주로 담당하는 좌반구에 뇌손상을 입은 영·유아의 경우 중추신경계의 가소성으로 인해 우반구가 그 결손을 회복시키지만, 사춘기 이후에는 회복이 어렵다는 연구 결과 역시 언어발달과 신경계 발달 간의 관련성을 입증해 준다.

언어습득장치
인간이 선천적으로 가지고 태어나는 보편적 문법 지식체계로 문법적인 변형 규칙을 적용 가능하게 하는 장치 또한 그는 언어발달에 있어 결정적 시기(critical period)의 중요성을 제시하였다. 그는 언어가 습득되는 시기인 18개월부터 사춘기 사이에 언어의 결정적 시기가 존재하며, 특히 취학 전 약 5세까지가 언어를 매우 빠르고 쉽게 습득하는 시기라고 하였다.

🌱 현대판 야생아 Genie

　1970년 미국에서 발견된 현대판 야생아 Genie의 사례연구는 언어에 있어 결정적 시기가 있음을 지지한다.

　Genie라는 소녀는 부모에 의한 아동학대 피해자로, 출생 후 20개월부터 13세가 넘을 때까지 부모에 의해 작은 구석방에 격리되어 살아왔다. 이 소녀는 하루 종일 묶인 채 움직일 수도 없었고, 격리되어 그녀에게 말을 거는 사람은 아무도 없었다. 철저하게 학대받고 격리되어 온 Genie가 발견된 것은 13세인 사춘기 나이였지만 그녀는 똑바로 서지도 말하지도 못하는 상태였다. 그 후 집중적인 언어치료, 물리치료 등을 통한 재활 프로그램을 받으며 수년간을 보낸 후, 그녀는 결국 자연스럽게 걷고 용변을 처리하는 등의 능력을 획득하게 되었다. 그러나 언어발달은 2세 정도의 수준에 머물러 끝까지 정상적인 수준의 언어 획득은 하지 못하였다.

　청각장애인을 위한 인공와우[1] 이식 수술이 성인들보다 언어 습득기 이전 영·유아에게 효과적이라는 연구 결과(Chin, 2003)도 언어발달에 있어서의 결정적 시기가 있음을 보여 주는 예다. 우리나라에서도 2~3세 이전에 수술을 받는 청각장애 영·유아를 대상으로 한 인공와우 수술이 점차 증가하고 있으며 그 수술 시기가 점차 앞당겨지고 있는 추세다. 이렇게 초기에 인공와우 수술을 받는 경우, 수술 후 초기 3년 동안 언어발달과 관련된 뇌신경의 언어처리 능력이 향상되고 조음정확도 등이 점차 증가하게 된다(김정서, 2006; 전현주, 2011).

　그러나 생득이론은 언어학습에서 환경적 측면인 자극과 경험의 역할을 지나치

---

1) 인공와우는 청각신경에 전기적 자극을 주어 손상되거나 상실된 청각 기능을 대행하는 전기적 장치다.

게 과소평가한 점, 언어발달에 있어 유창성 등의 개인차를 설명하기 어려운 점, 선천적인 언어 기제를 구체적으로 설명할 수 없는 점 등의 한계를 가지고 있다.

③ 상호작용이론

상호작용이론은 학습이론과 생득이론만으로는 언어발달을 설명하기에 충분하지 못하다고 보고, 생득적 기반과 언어 경험 두 가지의 중요성을 모두 강조한다. 상호작용이론은 언어발달에 있어 타고나는 선천적 요인도 중요하지만, 언어는 사회적 환경에 따라 발달한다고 주장하는 입장이다. 즉, 타고난 언어 능력은 언어적 노출이 풍부한 사회적 상황에서 발전된다는 것이다.

Vygotsky의 견해를 지지하는 Bruner(1983)는 사회문화적 맥락이 인간의 언어발달에 있어 핵심적이라 보고, 부모와 교사의 역할을 강조한다. 그는 언어발달을 도울 수 있는 부모의 역할을 언어습득 지원체계(language acquisition support system: LASS)라는 개념을 통해 설명한다. 부모는 영아가 옹알이를 시작할 때부터 반응을 보이는데, 부모와의 이러한 상호작용을 통해 영아의 언어는 발달하게 된다.

부모가 영아의 언어발달을 지원하는 방식으로는 아동대상 화법(child-directed speech)이 있다. 이는 부모가 영아에게 말을 할 때 높은 어조로 간단한 단어를 짧게 강조하고 반복하여 이야기하는 방식을 말한다. 아기식 말투(motherese)를 사용

언어습득 지원체계
언어를 습득하는 데 있어 필수적인 타인과의 상호작용이라는 문화체계

아동대상 화법
부모가 아기식 말투를 사용하여 높은 어조로 간단한 단어를 짧게 강조하고 반복하여 이야기하는 방식

영아의 옹알이에 아기식 말투로 응답하고 있는 영아의 어머니

하는 아동대상 화법은 영아의 주의를 끌어서 의사소통이 지속적으로 이루어지도록 돕는 기능을 한다.

청각장애를 가진 부모를 둔 자녀의 언어 습득과정에서도 상호작용을 통한 언어 습득의 중요성은 발견된다. 청각장애 부모를 둔 영아의 경우 TV나 라디오 등을 통해서는 효과적인 언어를 습득하지 못한다. 이는 일방적으로 듣는 것만으로 영아의 효과적인 언어 습득이 이루어지지 못함을 보여 주는 것이다. 오히려 청각장애 부모가 수화, 구화 등을 통해 자녀와 의사소통을 시도한 경우 자극을 주고받으며 자연스럽게 의사소통 능력이 발전하였다. 이러한 연구 결과는 언어가 상호작용 속에서 습득된다는 것을 보여 주는 사례다.

또한 전문직 부모들과 생활보호 대상자 부모들의 영아를 대상으로 가정에서의 언어학습 환경을 비교한 Hart와 Risley(1995)의 연구는 부모 지지와 개입이 영아의 언어발달에 도움을 준다는 것을 보여 준다. 전문직 부모들은 생활보호 대상자 부모들보다 영아에게 더 많은 말을 하였으며, 이는 영아의 어휘발달과도 관련성을 보였다. 또한 말하는 방식에서도 두 부모 집단은 차이가 발견되었는데, 생활보호 대상자 가정의 부모는 자세하게 상황에 대한 기술을 하는 경우가 드물고 필요한 말만을 하였다.

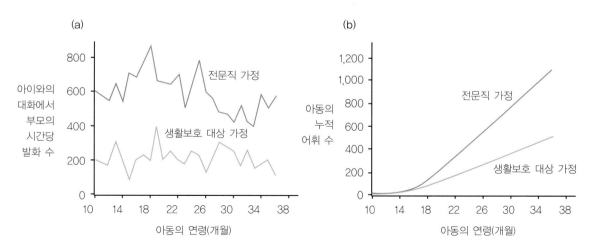

[그림 4-8] 전문직 가정과 생활보호 대상 가정에서의 언어환경과 언어발달
출처: Santrock (2004).

최근 우리나라의 영아기 언어발달연구에서도 가정의 사회경제적 지위뿐 아니라 부모-영아 상호작용이 영아의 언어발달에 미치는 영향에 대한 연구들이 많이 보고되고 있다. 또한 취업모의 증가로 인해 보육시설에서 시간을 보내는 영아가 늘어나면서, 부모-영아 상호작용뿐 아니라 보육시설의 교사와 영아 간의 상호작용이 영아의 언어 및 발달에 미치는 영향에 대해서도 관심을 가지고 연구가 진행되고 있는 추세다.

(2) 언어발달 과정

영아는 환경 속에서 자연스럽게 언어를 배워 나가는데, 이는 크게 수용언어와 표현언어로 나누어진다. 수용언어란 다른 사람의 말을 인지할 수 있는 언어이며, 표현언어는 소리 내어 말할 수 있는 언어다.

수용언어

다른 사람의 말을 인지할 수 있는 언어

표현언어

소리 내어 말할 수 있는 언어

🌱 영아의 디지털기기 사용

조기교육의 붐을 타고 영아를 대상으로 한 한글, 영어 등 학습 영상 자료와 교재가 넘쳐나고 있다. 부모들이 영·유아용 영상 자료를 교육도구로 확신하고 있는 것은 우려할 만한 일이다. 영상 자료를 많이 보는 것은 발달에 도움이 되지 않고, 오히려 언어발달 지연, 정서조절 문제, 과잉언어증 등 발달적 문제를 초래할 수 있다. 과잉언어증(hyperlexia)은 문자로 읽는 능력은 발달해 있지만 이를 이해하지 못하는 발달장애를 말하는 것으로, 세밀한 것에만 집중하게되고 타인에게 전혀 관심을 보이지 않는 등 사회성 결여를 보이는 것이 특징이다. 과잉언어증을 앓고 있는 아동 대부분은 2세 이전부터 과도한 시각적 환경 자극이 제공되었고, 한글이나 영어 학습용 영상 프로그램, 선전 등에 하루 3시간 이상 노출된 것으로 알려져 있다.

최근 우리나라 1~2세 영아를 대상으로 디지털기기 사용현황에 관한 연구들에 의하면(곽지혜, 2016; 류정하, 2020; 백현진, 2017), 공통적으로 1세경에 디지털기기를 처음 접한 경우가 가장 많았고, 스마트폰과 TV를 가장 많이 사용하는 것으로 나타났다. 주중에는 평균 30분~1시간 정도 사용하였고, 주말이나 공휴일에는 1~2시간 정도 디지털기기를 사용하는 것으로 나타났다. 한편, 일부 영아들은 2시간 이상 디지털기기에 지속적으로 노출됨으로 중독의 우려가 있었다. 영아는 디지털기기로 동영상(애니메이션) 시청을 가장 많이 하였고, 부모는 자신이 무언가를 해야 할 때에 자녀가 디지털기기를 가장 많이 사용하게 했으며, 자녀가 즐거워하며 부모를 귀찮게 하지 않고 혼자 놀 수 있기 때문에 디지털기기를 사용하게 하는 것으로 나타났다.

디지털기기 사용 능력을 조사한 결과, 과반수의 영아는 누군가의 도움이 있어야 사용 가능했지만 연령이 증가할수록 능숙하지는 않아도 혼자 사용할 수 있거나 자유자재로 사용 가능한 경우가 늘어났다. 또한 디지털기기 사용 시에는 누군가와 함께 디지털기기를 사용하는 경우가 많지만, 연령이 높아짐에 따라 영아 혼자 사용하는 비율이 증가하였다. 일부 부모들은 영아의 디지털기기 사용이 언어발달을 도와주고, 학습 능력이나 인지발달에 긍정적 영향을 준다고 인식하고 있는 것으로 나타났다. 그러나 디지털기기 사용 시간이 길수록 언어발달 점수가 낮게 나타나 영아의 디지털기기 사용이 언어발달에 부정적인 영향을 주는 것으로 밝혀졌다.

최근 미국소아과학회(American Academy of Pediatrics)는 2세 미만의 영아는 TV를 봐서는 안 된다고 강력히 권고하며, 언어발달, 두뇌발달은 사람들과의 밀접한 상호작용 속에서 이루어지는 것임을 강조하고 있다. 2019년 세계보건기구(WHO)도 만 2세 미만 아이들에 대한 영상 노출은 0시간, 24~59개월 아이들의 경우 하루 60분 이내로 해야 한다고 권고하였다.

① 수용언어

아직 말을 할 수 없는 영아도 다른 사람이 말하는 단어들을 재인할 수 있고, 간단한 지시, 자신의 이름 등 익숙한 단어를 들으면 이해하고 반응한다.

일반적으로 2개월경에는 어휘 속의 음소들을 구별하여 들을 수 있고, 4개월경에는 말소리에서 자신의 이름을 변별하며, 7개월경에는 반복되는 음절의 일반적인 패턴을 발견할 수 있게 된다. 9개월경이 되면 친근한 어휘를 분절하여 들을 수 있으며 비로소 단어를 인식하기 시작한다. 그러나 초기 영아의 언어발달은 자신이 경험한 것에 국한된다. 예를 들면, 이 시기의 영아들은 자신이 가지고 노는 자동차만을 자동차라고 이해하는 것이다.

일반적으로 영아는 10개월경에 자신의 경험에서 벗어나 단어의 의미를 이해할 수 있게 되는데, 평균 12~14개월 정도가 되면 경험과 관계없이 초기 단어의 이해가 가능해진다. 그러나 부모의 보고에 의하면 이보다 훨씬 이른 약 8개월 정도에 영아가 단어를 이해하고 심지어 말로 표현하기도 한다.

영아가 초기에 이해하는 초기 수용단어는 주로 가족, 신체, 장난감, 동물, 아동이 즐겨 하는 놀이 이름 등 사람 이름이나 사물 이름이 대부분이다. 이는 초기에 습득된 어휘들이 주로 영아의 경험과 주위 환경과의 상호작용을 통해 획득되기 때문이다. 16개월경이 되면 영아는 92~321개의 어휘를 이해할 수 있다(Fenson et al., 1994).

영아가 16~18개월에 이르면 점차 여러 단어로 이루어진 문장을 이해할 수 있게 되어 간단한 지시를 듣고 수용할 수 있으며, 문장에 나타나는 의미들의 관계를 이해할 수 있게 된다. 우리나라 영아를 대상으로 한 연구에서도 14개월 영아는 주변의 친숙한 사물과 관련된 질문이나 지시를 50% 정도 이해하고, 18개월에는 70% 이상의 영아들이 지시를 이해하였다는 결과가 보고된 바 있다(곽금주 외, 2005).

그러나 이 시기의 영아는 대부분 자신이 들은 문장을 구문 구조보다는 문장에 포함된 일부 단어나 경험을 통해 이해한다. 예를 들면, 이 시기의 영아들은 "기저귀 갈아야지?"라고 말했을 때와 "이제 기저귀 다 갈았다."라고 말했을 때 모두 새 기저귀를 들고 오는 행동을 보인다.

② 표현언어

영아의 표현언어 발달은 울음, 옹알이 등의 초기언어 단계에 속하는 전언어 단계와 한 단어 단계, 그리고 두 단어 단계인 전보문 단계를 거치게 된다.

◎ 전언어 단계(prelinguistic period, 출생에서 10~12개월)

신생아가 태어나면서 처음 내는 소리는 울음이다. 아기의 첫 울음은 숨을 내쉼으로 일어나는 순수한 반사 활동의 결과이지만, 점차 분화되고 특수화되면서 울음은 영아가 자신의 욕구를 표현하는 의사소통으로 발전하게 된다.

이와 같이 언어발달의 첫 단계는 울음에서 시작하게 된다. 출생 후 1개월까지의 초기 울음은 미분화된 울음으로 그 이유를 정확하게 알기 어렵다. 그러나 생후 1개월이 지나면서 영아의 울음은 분화되기 시작한다. 즉, 배고플 때, 졸릴 때, 아플 때, 기저귀가 젖었을 때 등 영아의 울음소리는 상황에 따라 다른 양상을 띠게 된다. 울음은 상황에 따라 각기 다른 패턴, 고저와 강도를 띠면서 분화되어 나타남으로써 이 시기 영아의 욕구를 표현하고 정확한 의사 전달의 수단이 된다.

생후 1개월이 지나면서 울음 이외의 발성인 '구구……' '우우……' 등과 같이 모음으로 구성된 소리내기를 시작하다가 생후 2개월 이후부터는 이러한 구구 소리내기(cooing)가 옹알이로 바뀐다.

옹알이(babbling)는 언어와 유사한 최초의 말소리로, 영아기 언어발달 과정에서 매우 중요한 위치를 차지한다. 영아는 옹알이를 통해 음소를 획득함으로써 언어발달의 기반을 형성하게 되는 것이다. 일반적으로 옹알이는 영아가 만족스러운 상태일 때 가장 많이 나타나며, 처음에는 옹알이 자체가 주는 기쁨을 느끼기 위한 놀이 기능으로 옹알이를 사용한다. 그러나 차츰 엄마를 비롯한 주위 사람들과의 접촉과 그들의 반응을 통해서 그 소리가 변화되고 다양화된다. 이러한 과정을 통해 옹알이는 인간이 내는 거의 모든 소리를 낼 수 있을 정도의 음소 확장 현상이 나타난다. 이때 영아는 옹알이 가운데 모국어의 음소와 유사한 것만 강화받게 됨으로써 음소 축소 현상도 함께 일어난다. 이러한 과정을 통해 영아의 옹알이가 자신이 소속된 집단에서 자주 쓰이는 모국어와 유사한 소리로 점차 바뀌어 가게 되는 것이다.

> **옹알이**
> 언어와 유사한 최초의 말소리로, 단어 이전 시기의 영아가 내는 혼잣소리

이때 어머니나 영아를 돌보는 가족들은 영아의 옹알이에 반응하며 자극을 줌으로써 영아의 발성을 자극하는 역할을 한다. 이처럼 옹알이는 언어발달의 촉진뿐 아니라 부모와의 상호 의사소통의 매개체 역할로 사용된다.

6개월경의 영아는 옹알이를 하다가 자신이 발성한 소리에 자극되어 '마마' '바바' 등 의미 없이 스스로 소리를 만들어 반복하는 자기 소리 모방을 보이고, 9개월경이 되면 의식적으로 주변 사람의 말을 모방하기 시작한다. 이때 영아가 보이는 타인 소리 모방은 단어의 의미를 알지 못한 채 메아리처럼 따라서 말하는 것이라고 해서 반향어(echolalia)라고도 한다.

영아의 보조언어
엄마에게 손을 흔들어 인사하고 있는 11개월 영아

또한 8~12개월이 되면 영아들은 보조언어로 몸짓을 사용하기 시작한다. 잘 가라는 의미로 손을 흔들거나, 우유를 달라고 우유를 가리키는 등의 행동을 보이는 것이 그 예다.

◎ 한 단어 단계(one word stage, 12~18개월)

영아는 생후 1년을 전후하여 첫 단어를 말하기 시작하는데, 이때부터 18개월경까지가 언어발달에 있어 한 단어 단계다. 영아의 초기 어휘 습득은 느리게 진행되다가, 영아가 첫 단어를 말하기 시작하고 나면 어휘가 급격하게 발달한다.

이 시기에 영아는 하나의 단어를 사용하여 자신의 의사를 표현한다. 이때 영아가 처음 사용하는 단어들은 초기 수용언어 발달과 마찬가지로 '엄마' '맘마' 등 사람, 동물, 음식, 신체 부위와 같이 일반적으로 영아에게 친숙한 사물이나 대상의 이름이다. 이는 영아가 자주 접하는 상황이나 경험을 토대로 하여 첫 단어를 습득하기 때문이다.

우리나라 8~17개월 영아가 가장 많이 표현하는 언어는 일상생활 용어로는 까꿍, 네/응, 빠이빠이(일상 용어), 엄마, 아빠(사람 이름), 맘마, 물, 과자/까까(음식 이름), 멍멍이(동물 이름)인 것으로 조사되었다(장유경, 2004).

한 단어 단계에서 영아가 사용하는 이러한 하나의 단어는 단순히 하나의 대상을 지칭하는 단어가 아니라 문장의 의미를 담고 있다. 예를 들면, 이 시기의 영아가 "엄마."라고 말하는 것은 "엄마, 물 주세요." "엄마, 저기로 가자." 등을 뜻하며, "맘마."라고 말하는 것은 "배고파요." "우유 주세요." 등의 다양한 의미를 내포하고 있는 것이다.

영아들은 이 시기에 특히 사물에 많은 주의를 기울이며, 가리키는 사물의 이름과 그 의미를 빠른 대응과정을 통해 학습하게 된다. 그러나 이 시기의 영아는 단어의 의미를 획득하는 과정에서 과잉확대와 과잉축소의 오류를 범하는 모습을 흔히 보여 준다. **과잉확대**(overextension)란 특정 대상을 가리키는 단어를 다른 대상에까지 일반화하여 확대해서 사용하는 것을 의미한다. 예를 들어, 개를 '멍멍이'라고 부르는 영아가 고양이나 송아지 등 네 발의 털 달린 짐승을 모두 '멍멍이'라고 부르는 경우가 과잉확대 오류다. 이러한 과잉확대 현상은 지각적으로 유사하거나 같은 범주에 속해 기능 면에서 공통성이 있는 대상에 대해서 나타나게 된다. 반대

◀ **과잉확대**
특정 대상을 가리키는 단어를 다른 대상에까지 일반화하여 확대해서 사용하는 것

로 일반적이고 포괄적인 단어를 특정 대상에게만 사용하는 경향성도 나타나는데 이를 과잉축소(underextension)라고 한다. 예를 들어, 우리집 진돗개는 멍멍이라고 하지만, 이웃집 개 치와와는 멍멍이라고 하지 않는 경우다. 이러한 과잉확대와 과잉축소 현상은 영아가 빠른 대응과정을 통해 단어를 습득하기 때문에 발생되는 오류로 해석된다.

과잉축소
일반적이고 포괄적인 단어를 특정 대상에게만 사용하는 것

◎ 두 단어 단계(two words stage, 18~24개월)

영아의 초기 어휘 습득은 느리게 진행되다가 16~24개월 정도에 이르면 단어 습득의 속도가 급속하게 빨라져서 어휘가 폭발적으로 늘어난다. 이러한 어휘의 급격한 발달을 어휘 폭발(vocabulary spurt)이라고 한다. Fenson 등(1994)은 15개월에는 평균 10개 정도의 단어를 사용하다가 20개월에는 50개 단어를 표현하고, 24개월에는 5배 이상인 250~300개 정도의 단어를 표현할 수 있게 된다고 하였다. 그 후 30개월에 접어들면 여아는 대략 600개, 남아는 540개로 남아보다 여아의 언어발달이 더 빨리 이루어진다는 것을 보여 주었다. 우리나라의 8~36개월 중산층 영아를 대상으로 실시한 장유경(2004)의 연구에서도 18개월경의 영아가 하루 평균 3~4개의 새로운 어휘를 습득하는 것으로 나타났다. 최은희(2000)는 18개월 영아는 약 74개, 24개월에 약 311개, 29개월에는 약 482개의 단어를 표현한다고 하였다. 이러한 어휘 폭발은 단어가 사물, 사람 혹은 상황 등을 지칭한다는 것을 영아가 이해하기 시작하고, 인지적으로도 사물을 범주화함에 따라 단어 이름을 보다 많이 산출하게 되기 때문이다.

일반적으로 18~24개월이 되면 영아들은 두 개의 단어들을 연결하여 간단한 문장을 만들기 시작한다. 이 시기의 영아들은 "엄마, 과자." "우유, 더."와 같이 가장 핵심적인 단어만으로 문장을 구성하게 된다. 그러나 이 시기의 영아도 그 의미 전달을 위해 단어를 나열할 뿐 문법 규칙에 의해 문장을 형성하지는 못한다. 이 단계에서 영아가 사용하는 언어는 마치 전보문처럼 조사나 접속사가 생략된 채 명사, 동사, 형용사 같은 중요한 내용들만 포함하고 있기 때문에, 이 단계의 언어를 전보식 언어(telegraphic speech)라고도 한다. 이 시기에 영아는 자신이 듣는 수많은 단어로부터 동작과 대상을 지칭하는 데 사용되는 단어의 차이를 깨닫기 시작하고, 나름의 규칙적인 배열을 통해 이를 표현하게 된다.

전보식 언어
조사나 접속사 등이 생략된 채 몇 개의 핵심 단어만으로 구성된 문장으로 말하는 것

표 4-4	영아기의 언어발달 과정		
단계		연령	전형적 행동 양상
전언어 단계		출생	• 분화되지 않은 울음
		1~2개월	• 분화된 울음 • 구구 소리내기
		2~6개월	• 옹알이
		6~12개월	• 자기 소리 모방 • 타인 소리 모방 • 몸짓 사용
언어 단계	한 단어 단계	12~18개월	• 한 단어 발화 • 어휘 폭발 시작
	두 단어 단계	18~24개월	• 두 단어 발화(전보식 언어) • 단어 이해의 급증

　영아가 사용하는 문법적 형태소인 품사의 발달에 대해서는 국내외 연구들이 서로 일치하지 않는 결과를 보고하였다. 미국 영아는 동사보다 명사를 더 일찍, 더 많이 습득한다는 비교적 일관된 연구 결과가 제시되고 있는 데 비해, 아시아권의 언어에 대해서는 불일치한 연구 결과가 제시되고 있다. 술어를 문장 끝에서 강조하는 한국어 구조 특성상 동사를 먼저 습득한다는 연구 결과(Gopnik & Choi, 1990; Kim, McGregor, & Thompson, 2000)와 우리나라 영아도 미국 영아와 마찬가지로 명사를 더 빨리 습득한다는 연구 결과(장유경, 2004; 최은희, 서상규, 배소영, 2001; Dapretto & Song, 1994)가 있다.

　영아기의 표현언어 발달 과정을 정리하면 〈표 4-4〉와 같다.

　수용언어와 표현언어는 발달 속도에 있어 차이를 보인다. 일반적으로 수용언어는 표현언어보다 앞서 발달하며, 우리나라의 돌 직후 영아를 대상으로 한 연구에서도 표현어휘보다 수용어휘가 평균 3배 정도 더 많았다(장유경, 2004).

책을 보며 즐거워하는 영아

또한 수용언어는 꾸준한 성장을 보여 주는 반면, 표현언어는 2세 전후에 빠른 성장을 보여 준다. 이러한 차이는 영아가 이해는 하지만 발음이 어렵거나 의사소통의 가치가 적은 단어는 말하지 않기 때문이다.

언어발달은 가정의 소득 수준, 부모와의 상호작용 등 가정환경의 영향에 따라 개인차가 크게 나타난다. 즉, 부모가 어떠한 언어적 환경을 제공하는가는 영아의 언어발달 수준을 결정하는 중요한 요소다. 옹알이 때부터 부모의 반응은 영아의 언어발달을 강화시켜 주는 역할을 한다. 영아의 반응을 민감하게 알아채고 다양한 몸짓과 풍부한 표현으로 대화해 주는 부모와의 상호작용을 통해 영아의 언어는 발달한다.

표 4-5 우리나라 영아의 월령별 언어발달 점검표

출생 후	소리(말) 반응
3개월까지	• 큰 소리에 놀라 반응하며 바둥거린다. • 큰 소리에 반응하거나 잠을 깨기도 한다. • 엄마나 친숙한 사람의 목소리를 들으면 조용해지기도 한다.
3~6개월	• 엄마 목소리에 반응해서 흉내 내거나 따라 하려고 한다. • TV 선전, 동요 음악, 소리 나는 장난감 등 노래와 음악에 반응한다. • '아' '오' 등의 의미 없는 소리를 반복하기 시작한다.
6~10개월	• 자신의 이름을 부르거나 흔하게 사용하는 단어(맘마, 엄마, 안녕 등)에 반응한다. • 옹알이를 많이 한다. • "이리 와." 등의 간단한 지시에 반응하기 시작한다.
10~15개월	• 친숙한 특정 사물을 가리키고 지시하면 그 사물을 가리킬 수 있다. • 의미 있는 단어를 하나 이상 말하고 흉내 낼 수 있다. • 까꿍, 짝짜꿍 등 소리를 이용한 놀이를 좋아하고 즐긴다.
15~18개월	• 엄마의 지시에 따라 공 가져오기 등 간단한 행동을 할 수 있다. • '멍멍' '빵빵' 등 의성어가 발달하고, 의미 있는 2~3개 이상의 단어를 사용한다. • 3~10개 혹은 그 이상의 표현어휘를 습득한다.
18~24개월	• 동화책이나 이야기 듣는 것을 즐긴다. • 두 단어를 붙여 구문을 말하기 시작한다(예: "엄마, 물.") • 구사하는 단어 수가 급격히 증가해서 10~50여 개의 단어를 말할 수 있다.

영아기 인지발달을 도와주는 교육

- 영아가 스스로 주변 세계를 탐색할 수 있는 기회를 제공해 주어야 한다.
- 영아에게 언어적 · 비언어적으로 끊임없이 반응을 보여 주어야 한다. 영아와 이야기하고, 질문하고, 그들의 반응에 귀를 기울인다.
- 영아에게 책을 읽어 주어야 한다. 비록 아직 그 뜻을 이해하지 못하더라도, 영아는 책 읽어 주는 목소리에서 느낄 수 있는 친밀감에 반응한다. 또한 책 읽기 습관을 들이는 데도 도움이 된다.
- 너무 빠른, 또 너무 많은 기대로 영아를 압박하지 말아야 한다. 영아의 잠재력 개발에 가장 좋은 것은 무엇보다도 부모의 따뜻한 사랑이다.

3. 심리사회적 발달

영아기의 심리사회적 발달은 출생 직후부터 나타나며, 영아기에 형성된 영아와 양육자 간의 정서적 유대감은 성장하면서 타인과의 관계 맺음에 영향을 주게 된다. 영아기의 심리사회적 발달에는 정서, 기질, 성격, 애착 등이 주요한 요소들이다.

1) 정서

정서
자극에 대해 나타나는 생리적 변화 또는 얼굴 표정이나 행동의 반응

정서(emotion)란 자극에 대해 나타나는 생리적 변화(혈압, 맥박수, 호흡 등) 또는 얼굴 표정이나 행동의 반응(미소, 찡그림 등)을 말하며, 일반적으로 감정 또는 느낌이라고 한다.

정서의 발달은 출생 직후부터 나타나며, 월령이 증가하면서 영아의 정서는 점차 분화되고 타인의 정서를 이해할 수 있고, 자신의 정서를 규제할 수 있게 된다. 또한 정서는 사회적 발달뿐 아니라 인지와 학습, 신체발달에까지 영향을 미치게 된다.

영아기의 정서는 크게 두 가지 기능을 한다. 첫째, 영아 자신이 경험하고 있는 정서적 상태를 양육자나 타인에게 알려 주는 의사 전달 기능을 한다. 또한 이러한

정서 표현을 통해 양육자가 자신을 보살피는 행동을 하도록 하고, 영아와 양육자 간의 상호적 의사소통 기능을 한다. 예를 들어, 괴로운 표정이나 울음은 양육자로 하여금 영아를 돌보게 하고, 영아의 미소는 영아와 양육자 간의 상호작용을 지속시키는 것이다. 둘째, 특정 자극에 대해 특정 행동을 하도록 하는 동기를 부여함으로써 사회적 거리 조절 및 사회환경을 통제하는 역할을 한다. 예를 들어, 공포는 회피 행동의 동기를 부여함으로써 낯선 사람과 일정한 거리를 유지할 수 있도록 해 준다. 정서의 이러한 기능은 유기체가 환경에 적응하기 위한 것이다.

(1) 정서 표현

얼굴 표정은 선천적인 것으로, 영아는 얼굴 표정으로 여러 가지 정서를 표현한다. 출생 직후부터 얼굴 표정을 통해 정서를 표출하며, 월령의 증가와 함께 다른 사람들이 알아볼 수 있는 신호로 발달해 나간다.

출생 시부터 신생아는 단맛, 신맛, 쓴맛에 각각 다른 얼굴 표정으로 반응하고 울음소리를 달리하는 등 고통, 혐오, 만족 같은 선천적인 정서를 나타낸다. 그리고 생후 2개월 반에서 7개월에는 노여움, 기쁨, 슬픔, 놀라움과 공포 등의 정서를 나타내는데, 이를 일차적 정서 또는 기본정서라고 한다. 이러한 일차적인 정서들은 정상영아의 경우 모두 같은 시기에 나타나며, 모든 문화권에서 공통적으로 볼 수 있다. 생후 4주경이 되면 영아는 움직이는 물체나 어머니 음성 등의 외부 자극에 대한 미소를 보이고, 2개월경이 되면 사람의 얼굴에 대해 **사회적 미소**(social smile)를 보인다. 사회적 미소는 양육자와의 친밀감을 강화시키고 사회적 상호작용의 토대가 된다. 7~9개월경이 되면 영아는 인지가 발달하면서 애착이 형성된 부모와 격리되거나 낯설고 새로운 것에 대한 두려움을 나타내기 시작한다. 18개월경이 되면 영아는 자신과 타인이 다른 개체임을 아는 자아인식(self-cognition)이 생겨나며 수치, 부러움, 죄책감, 자긍심 등의 정서가 생겨난다. 이를 이차적 정서 또는 복합정서라고 한다. 이러한 정서들은 자아인식이 형성된 후 수반되는 정서이며, 인지발달에 의존하여 발달한다.

사회적 미소
어머니 등 친숙한 사람에 대해 반응을 보이며 미소를 보이는 것

낯가림과 분리불안은 모든 인종과 문화에서 나타나는 보편적인 현상이다. 하지만 육아환경에 따라 강도와 기간에 있어서 차이가 있다.

영아의 낯가림 현상은 7~8개월에 시작되어 12개월에 절정을 이루고, 이후 차

표 4-6 영아기의 정서 표현 발달 과정

출현 시기	정서
출생 시	만족, 불만족
8주	사회적 미소
3개월	웃음, 호기심
4개월	분노, 슬픔
9개월	공포, 분리불안
18개월	수치심, 당혹감, 죄책감, 자부심

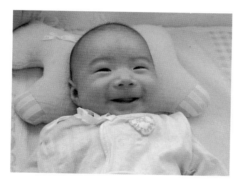

영아의 정서 표현(미소 짓기)

사진의 영아는 엄마를 보며 미소를 짓고 있다.

영아의 정서 표현(울음)

왼쪽 사진의 영아는 사진을 찍기 위해 엄마가 자리를 뜨자 엄마를 보며 울음으로 분노와 공포를 표출하고 있다.
오른쪽 사진의 영아는 낯선 사람이 다가오자 극도로 불안해하며 울음을 터뜨리고 있다.

츰 사라진다. 분리불안 현상은 14~18개월에 급증하고 18개월 이후 차츰 감소하
다 사라지게 된다.

　[그림 4-9]는 인종과 문화에 상관없이 그래프가 모두 비슷한 양상을 보임으로
써 낯가림과 분리불안이 모든 인종과 문화의 보편적 현상임을 보여 주고 있다. 반
면 영아가 처한 육아환경에 따라 그 강도와 기간에 있어서는 차이를 나타낸다. 아
프리카 부시맨(African Bushman)은 아기를 땅에 내려놓지 않고 키우는 특성이 있
다. 항상 어머니와 함께 붙어 있는 부시맨의 영아가 낯가림과 분리불안의 강도가
가장 세고 기간이 긴 것을 알 수 있다. 도시 과테말라인(Antigua, Guatemala)은 보통
의 도시 아이를 키우는 방식으로 아기를 양육하지만, 과테말라 원주민(Guatemala
Indian)은 아기를 바람과 해로부터 보호해야 한다는 미신 때문에 한 달 동안 아기
를 방에 가두고 격리해서 키운다. 이러한 환경에서 자란 과테말라 원주민 영아의
낯가림과 분리불안 강도는 도시 과테말라인보다 낮고 그 기간도 짧다.

　키부츠(Kibbutz) 집단은 이스라엘의 집단농장의 한 형태로 철저한 자치조직에
의한 생활 공동체다. 이들의 아이들은 18세가 될 때까지 부모와 별개의 집단생활
을 하게 된다. 아기를 엄마가 직접 키우지 않기에 그들의 낯가림과 분리불안의 강
도와 기간은 다른 부족 예시들보다 낮게 나타난다.

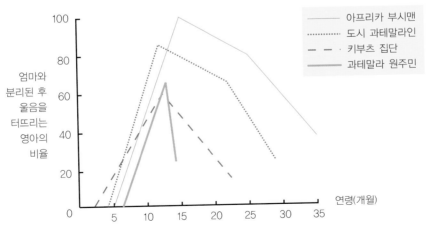

[그림 4-9] 낯가림과 분리불안의 문화적 보편성과 차이

출처: Cole & Cole (1993).

(2) 정서 이해

영아는 6개월경이 되면 미소 짓는 얼굴과 찡그린 얼굴 등 정서와 관련된 얼굴 표정을 구분할 수 있게 된다. 그리고 차츰 타인의 정서에 의해서 영향을 받기 시작한다.

타인의 정서를 인식하고 해석할 수 있는 능력은 영아가 어떤 상황에서 어떤 행동을 해야 좋을지에 대한 추론을 가능하게 해 준다. 영아가 타인의 정서 표현을 인식하고 파악하는 능력은 8~10개월 정도에 두드러진다. 이 시기가 지나면 영아는 낯설고 모호한 상황에서 양육자를 주시하는 모습을 보인다. 이는 그 상황을 해석하고 자신이 행동하는 데 있어 양육자의 반응을 정보로 사용하기 위한 것인데, 이러한 현상을 사회적 참조(social reference)라고 한다. 즉, 사회적 참조란 낯선 상황에서 어떻게 행동해야 할지를 결정하기 위해 타인의 정서적 표현을 참조하는 것이다. 영아들은 생후 24개월에 사회적 참조를 보다 잘하게 되며, 처음에는 주로 부모의 얼굴 표정을 통해 행동을 선택하지만 연령이 증가하면서 낯선 사람의 행동까지 참조하게 된다.

3장에서 소개된 시각벼랑 실험에서도 사회적 참조과정을 보여 준다. 1세 된 영아를 테이블의 얕은 쪽에 놓고 어머니는 반대편 깊은 쪽에 장난감과 함께 서 있을 때, 영아는 어찌할 바를 몰라 어머니를 바라본다. 이때 어머니가 기쁘고 호기심 어린 표정을 지으면 영아는 어머니 쪽으로 기어가지만, 어머니가 분노나 공포스러운 표정을 표출하면 영아는 건너가지 않았다. 이는 영아가 어머니의 얼굴 표정을 단서로 이용하여 행동하는 사회적 참조과정을 보여 주는 예다.

일상생활에서도 양육자의 얼굴이나 행동을 쳐다보고 그들이 보이는 반응에 따라 행동하는 영아의 모습은 흔히 관찰된다.

사회적 참조
낯선 상황에서 어떻게 행동해야 할지를 결정하기 위해 타인의 정서적 표현을 참조하는 것

(3) 정서 조절

사회에서의 정서 표현에는 일종의 규칙이 있어서, 정서를 표출할 수 있는 상황과 정서 표현을 조절하고 억제해야만 하는 상황이 있다.

영아는 우리가 생각하는 것보다 훨씬 일찍부터 이러한 규칙들을 습득한다. 생후 12개월경이 되면 영아는 불쾌한 자극에 대해 몸을 앞뒤로 흔들거나, 입술을 깨물거나, 스스로 장난감에 관심을 돌리는 등으로 부정적 정서 유발을 감소시키는

나름의 책략을 발달시킨다. 18개월경이 되면 영아는 슬픔이나 분노를 숨길 줄 알게 되고, 이를 억제하기 위해서 눈살을 찌푸리거나 입술을 굳게 닫고 이를 악무는 모습을 보인다. 이 시기의 영아가 넘어졌을 때 보는 사람이 있을 경우 울지만 아무도 없는 경우는 울음을 참는 모습을 보이는 것이 그 예다.

2) 기질

기질(temperament)은 애착과 더불어 중요한 심리사회적 발달 특성으로, 후기 성격발달에 기초가 된다. 기질이란 환경적 자극에 대해 개인이 안정적으로 보여 주는 정서적 반응 양식을 말하며, 개인차의 근원으로 여겨진다. 어떤 영아는 조용하고 느리게 행동하고, 어떤 영아는 잘 울고 보채며, 또 어떤 영아는 활동적이고 민첩하다. 이렇게 영아는 태어나면서부터 다른 기질적 특성을 보여 준다. 기질 연구자들은 영아의 기질을 타고나는 것으로 보고, 이러한 기질이 환경에 영향을 받으며 아동기나 성인기의 성격으로 나타난다고 본다.

기질
환경적 자극에 대해 개인이 안정적으로 보여 주는 정서적 반응 양식

(1) 기질의 유형

영아의 모습을 관찰해 보면, 팔다리를 힘차게 흔들고 몸을 움직이려고 애쓰는 영아가 있는가 하면, 조용하고 움직임이 거의 없는 영아도 있다. 또 외부의 자극이나 압력에 쉽게 울음을 터뜨리며 흥분하는 영아가 있는 반면, 쉽게 만족하며 잘 흥분하지 않는 영아가 있다.

대표적인 기질 연구자인 Thomas와 Chess는 1956년부터 시작된 뉴욕 종단연구(New York Longitudinal Study: NYLS)[2]를 통해 영아의 기질을 진단할 수 있는 9개 범주의 행동 차원을 설정하였다. 이 9개의 범주는 활동성, 규칙성, 주의 산만성, 접근/회피, 적응력, 지구력, 반응 강도, 반응 역치, 일반적 정서 상태다(〈표 4-7〉참조).

---

2) Thomas와 Chess에 의해 1956년에 시작된 뉴욕 종단연구(NYLS)는 기질에 대한 선구자적 연구로서, 지금까지 수행된 기질 연구 중 가장 포괄적인 종단연구로 알려져 있다. 이 연구에는 141명의 영아를 대상으로 아동기까지 그들을 관찰한 관찰법, 부모와 교사를 통한 면접법, 여러 종류의 심리검사를 통한 검사법 등이 사용되었다.

표 4-7	Thomas와 Chess의 기질의 행동 차원
행동 차원	보이는 특성
활동성	젖 먹기, 목욕 등 일상생활에서의 신체 활동량
규칙성	수유, 배설, 수면주기 등 생리적 기능의 예측 가능성
주의 산만성	외부 자극에 의해 현재 진행 중인 활동이 방해받는 정도
접근/회피	새로운 자극(음식이나 장난감 등)에 대한 접근 또는 회피 정도
적응력	환경 변화에 대한 적응의 용이성
지구력	활동의 지속 시간 및 방해 상황에서 활동을 계속하려는 의지
반응 강도	자극에 대한 긍정적 또는 부정적 반응의 강도
반응 역치	새로운 반응을 일으키기에 필요한 자극량
일반적 정서 상태	불쾌하거나 비우호적인 행동의 빈도 및 행복하거나 우호적인 행동의 빈도

출처: Thomas & Chess (1986).

혼자서도 잘 노는 순한 영아

이러한 9개의 차원을 토대로 영아의 기질을 순한 영아, 까다로운 영아, 반응이 느린 영아 등 세 가지 유형으로 분류하였다.

순한 영아(easy child)는 수면, 식사, 배변 습관 등의 생리적 리듬이 규칙적이다. 이러한 유형은 행복하게 잠에서 깨고, 장난감을 가지고 혼자서도 잘 놀며, 잘 먹는다. 또한 새로운 상황에 잘 적응하고, 사람들에게 미소를 띠며 쉽게 접근하고, 긍정적이며 명랑하다.

까다로운 영아(difficult child)는 식사, 수면, 배변 습관 등의 생리적 리듬이 불규칙하고 조금만 불편해도 강한 반응을 보인다. 또한 새로운 상황이나 낯선 사람에 대한 적응이 쉽지 않아 많은 시간이 소요된다. 이러한 유형은 자주 울고, 부정적이며 적대적인 반응을 많이 보인다.

반응이 느린 영아(slow to warm up child)는 새로운 상황을 접할 때 불안해하며 위축된다. 환경적 자극에 대해 활발한 반응을 보이지 않으며, 변화에 적응하는 데 오랜 시간이 걸린다. 그러나 다시 기회가 주어지면 결국에는 적응하는 모습을 보인다.

영아 중 약 40%는 순한 영아, 약 10%는 까다로운 영아, 그리고 약 15%는 반응이 느린 영아로 분류되었으며, 나머지 약 35%는 이 세 유형으로 분류될 수 없는 기질을 가지고 있었다.

이 종단연구에서 초기의 기질은 이후에도 어느 정도 지속되는 것으로 나타났다. 까다로운 영아의 약 70%가 자라면서 문제 행동을 보인 반면, 순한 영아는 약 18%만이 자란 후에 문제 행동을 보였다. 또한 까다로운 영아는 이후 학교생활이나 또래관계 등에서 문제를 보이는 경우가 많았고, 반응이 느린 영아는 새로운 환경에 빨리 적응해야 하는 학령기에 어려움을 겪는 경우가 많았다(Thomas & Chess, 1986).

그러나 기질은 유전적 요소뿐 아니라 성장하면서 겪게 되는 경험에 의해 영향을 받으며 수정되고 변화되기 때문에 영아기의 기질 유형이 완전하게 고정되는 것은 아니다.

(2) 기질과 부모의 양육 행동

영아의 기질과 부모의 양육 행동은 서로 영향을 주고받는다. 일반적으로 까다로운 기질의 영아는 부모들을 혼란스럽고 좌절하게 하며, 우울하고 화가 나게 만든다. 결과적으로 까다로운 영아의 부모들은 영아를 부정적으로 대하게 되며 기대도 덜 하는 양육 태도를 갖게 된다. 반면 일반적으로 순한 영아의 부모들은 그들의 자녀에게 웃음, 애정 등 긍정적인 반응과 양육 행동을 보이는 경우가 많다.

그러나 까다로운 영아의 부모 중에도 자신의 영아를 씩씩하고 도전적이라고 긍정적으로 여기며 민감하게 반응해 주는 부모가 있다. 반면 순한 영아의 부모 중에도 그들이 다루기 쉽기 때문에 내버려 두거나 무시하는 경우가 있다. 이러한 부모의 양육 행동은 영아의 기질에 영향을 미쳐서 까다로운 영아라도 긍정적인 아동으로 성장하게 하기도 하고, 순한 영아임에도 불구하고 문제 행동을 유발하게 하기도 한다.

이와 같이 영아의 기질과 부모의 양육 행동은 쌍방적 원칙에 근거해 상호작용을 일으킨다. 부모-자녀 상호작용을 통해 영아의 유전적 기질은 변화를 겪으며 발달해 가는 것이다. 따라서 영아의 기질과 부모의 양육 행동이 맞지 않을 때에는 문제 행동이 일어날 가능성이 커지고, 영아의 기질과 환경이 조화를 이루면 바

조화의 적합성

영아의 기질과 사회적 환경이 조화를 이룰 때 가장 적절한 발달이 이루어질 수 있다는 개념

람직한 결과를 도출하게 된다. 이를 조화의 적합성(goodness of fit)이라고 한다. 즉, 조화의 적합성이란 영아의 기질과 사회적 환경이 조화를 이룰 때 가장 적절한 발달이 이루어질 수 있다는 개념이다. 따라서 양육자는 영아의 기질적 개인차를 이해하고 그들의 특성에 맞게 민감하고 융통성 있게 반응해야 한다.

3) 성격

영아기는 Freud의 심리성적 발달단계의 구강기(0~18개월), Erikson의 심리사회적 발달단계의 신뢰 대 불신(0~1세)에 해당한다.

(1) Freud의 심리성적 발달이론

Freud에 따르면 구강기(oral stage)는 출생부터 18개월까지로, 성적인 욕구가 입으로 집중되는 시기다. 영아는 리비도가 입으로 집중되어 입, 혀, 입술을 통해 젖을 빠는 데서 쾌감을 느끼며 유아 성욕을 충족한다. 영아는 자아중심적이고 자신의 욕구 중심적이다. 다른 대상에 대한 개념이 없어서 자기애와 자아도취가 특징적이다. 이 시기에 충분히 욕구가 만족되지 못하거나 과잉 충족을 하게 되면, 이 단계의 고착 현상이 일어나고, 결과적으로 구강기적 성격이 된다. 과잉 충족되는 경우 의존적 성격이 될 수 있고, 욕구가 충족되지 못하면 손가락 빨기, 손가락 물어뜯기, 과식과 과음, 지나친 음주, 흡연, 약물남용 등의 특성이 나타난다. 구강기 욕구가 적절히 충족되면 낙천적이고 먹는 것을 즐기는 성격이 된다. Freud는 성격발달에 있어 초기의 경험을 중요시하며, 특히 이 시기 어머니의 수유를 통한 영아의 욕구 충족을 강조하였다.

(2) Erikson의 심리사회적 발달이론

Erikson에 따르면, 0~1세에 해당하는 1단계에서 영아는 최초의 사회적 관계인 어머니를 통해 신뢰감을 형성하게 된다. 어머니는 영아에게 있어 최초의 가장 중요한 존재로서, 이 시기의 영아가 가지는 사회적 관계는 주로 어머니와의 관계다. 어머니는 음식이나 애정을 통해 영아의 욕구를 만족시켜 주어야 하며, 이를 통해 영아는 어머니를 신뢰하게 되면서 인간에 대한 기본적 신뢰감을 형성하게 된다.

[그림 4-10] Erikson의 심리사회적 발달단계와 영아기

영아는 자신의 기본적인 필요 충족의 지속적인 경험을 바탕으로 일반적 안전감, 낙관성, 타인에 대한 신뢰감을 발달시킨다. 하지만 이때 어머니가 영아의 욕구에 적절하게 대응하지 못하거나 일관성 없는 양육 행동, 거부적 태도를 보여 주면 영아는 좌절하고 불신감을 가지게 된다. 이러한 신뢰감 혹은 불신감은 발달단계의 전 과정 동안 지속될 수 있다. 즉, 인생 초기 단계에 신뢰감을 형성하는 것은 후에 맺게 되는 모든 사회적 관계에 영향을 미치기 때문에 매우 중요하다. 이 시기에 부모는 영아가 배가 고프거나 기저귀가 젖었을 때 민감하게 영아의 요구를 알아차려 반응해 주어야 한다. 영아는 기본적 욕구 충족을 통해 어머니가 곧 자신의 필요를 충족시켜 주거나 고통을 덜어 줄 것이라고 기대하게 된다. 영아는 이러한 경험에 기초해 앞으로 맺게 되는 사회적 관계 형성의 바탕이 되는 기본적 신뢰감을 형성한다.

4) 애착

애착이란 영아와 어머니 또는 자신을 돌보아 주는 양육자 간의 강한 정서적 유대를 맺는 것을 의미한다. 애착 형성을 설명하는 이론으로는 행동주의 이론, 정신분석이론, 동물행동학이론, 인지발달이론이 대표적이다.

> **애착**
> 영아와 어머니 또는 자신을 돌보아 주는 양육자 간에 맺는 강한 정서적 유대

(1) 애착이론

① 정신분석이론
Freud는 출생 후 1년 이내의 영아는 빠는 것과 입의 활동, 즉 구강 부위를 통해

만족을 추구한다고 보았으며, 이러한 구강 만족을 주는 사람에게 애착을 느끼게 된다고 보았다. 즉, 영아는 자신의 수유 욕구를 충족시켜 주는 어머니에게 의존하며 애착을 느끼게 된다. 어머니가 수유 욕구를 충족시켜 줄 때, 영아는 어머니를 자신의 안전과 애정의 대상으로 인식하며 신뢰감을 발달시킨다.

Erikson 또한 어머니가 영아의 수유 욕구 및 기본적 욕구를 충족시켜 주는 일은 영아기의 안정된 애착 및 신뢰감 형성에 바탕이 된다고 보았다. 그러나 Freud와 비교해 볼 때 Erikson은 수유 자체보다 영아의 욕구에 대한 어머니의 전반적인 반응을 강조하였다. 영아는 성장하면서 이러한 어머니와의 강한 정서적 유대관계와 정서적 안정감을 기반으로 타인과 관계 형성을 발달시켜 간다.

일반적으로 정신분석이론에서는 애착이라는 개념을 사용하지는 않았지만, 어머니와 영아의 상호작용의 질이 훗날 사회성 및 성격 발달에 결정적인 영향을 미친다고 본다. 하지만 아동의 발달상 문제의 원인을 기질 등 영아의 요인을 간과한 채 어머니의 잘못된 양육으로 인한 애착 형성의 문제로만 보는 경향이 문제로 지적되고 있다.

② 학습이론

학습이론에서도 정신분석이론과 마찬가지로 수유를 애착발달에 중요한 요인으로 보고 있다. 그러나 정신분석이론과는 달리 학습 경험에 의해 애착이 획득되는 것으로 설명하였다. 즉, 어머니는 수유를 통해 영아의 배고픔을 해결해 주고, 수유 동안의 접촉과 평온함, 따스함 등의 정서적 자극도 제공해 준다. 이러한 과정이 반복되면서 영아는 어머니와 즐거운 감정을 연합시키며, 어머니는 영아에게 이차적 강화물(secondary reinforcer)이 된다. 이차적 강화물이란 처음에는 중립적이었으나 다른 강화물과 반복적으로 연합됨으로써 일차적 강화물의 지위를 갖게 되는 것을 말한다. 이와 같이 어머니가 이차적 강화원의 역할을 하기 시작하면, 영아는 어머니의 관심을 끌고 가까이 있기 위해 미소 짓기, 옹알이, 울기 등 필요하다고 생각되는 행동들을 보이게 된다. 즉, 영아의 행동은 어머니의 일관성 있는 강화에 의해 자극을 받아 강한 애착관계를 형성하게 된다는 것이다.

이차적 강화물

처음에는 중립적이었으나 다른 강화물과 반복적으로 연합됨으로써 일차적 강화물의 지위를 갖게 되는 것

③ 인지발달이론

인지발달이론에서는 애착 형성을 영아의 기본적인 인지적 발달에 기반을 두고 설명한다. 즉, 기본적인 영아의 지적 발달이 이루어진 다음에 애착 형성이 가능하다고 본다.

애착을 형성하기 전에 영아는 우선 낯선 사람과 친숙한 사람을 구별할 수 있어야 하며, 대상영속성의 개념을 획득해야 한다. 대상영속성의 개념이 획득되지 않는 영아는 애착 대상이 시야에서 사라지고 없으면 그 대상이 더 이상 존재하지 않는 것으로 생각하기 때문에 애착 대상과 안정된 관계를 형성할 수 없다. 7~9개월이 되어 대상영속성 개념을 획득하면 영아는 비로소 애착 현상을 보인다. 이와 같이 첫 애착의 시기는 영아의 대상영속성 개념을 획득하는 시기에 따라 달라진다.

④ 동물행동학이론

동물행동학이론은 오늘날까지 가장 널리 받아들여지고 있는 애착이론이다. 이 이론은 Lorenz의 각인(imprinting) 연구에서 처음 시작되어 Bowlby의 애착이론의 토대가 되었다.

Lorenz는 어미를 따라다니는 새끼 오리의 행동을 관찰함으로써 각인이 학습하지 않고 저절로 일어난 행동이며, 이러한 각인 현상은 어린 새끼들이 어미 옆에 있

Lorenz를 어미로 알고 따라다니는 새끼 오리들

음으로 생존을 보호받고자 하는 선천적 특성이라고 설명하였다. 오리들이 생존을 위해 어미를 따라다니는 일련의 선천적 행동 특성을 가지고 있는 것처럼, 영아의 경우도 미소 짓기, 매달리기, 울기 등의 행동을 통해 양육자의 보살핌과 보호를 이끌어 낸다. 이러한 영아와 양육자 간의 사회적 상호작용을 통해 애착은 형성되고 발달되어 가는 것이다. 따라서 양육자가 영아들의 반응에 적절하게 반응하지 않는 경우, 영아의 선천적인 행동들은 약해지고 결국 애착 형성에도 문제가 생길 수 있다. 따라서 Bowlby는 안정된 애착 형성을 위해서는 영아와 양육자 모두 적절하게 반응하는 것을 학습해야 한다고 한다.

사회적 상호작용을 강조한 Bowlby의 애착이론은 Harlow의 유명한 원숭이 실험 결과를 토대로 애착 형성에 있어 수유보다 정서적 유대와 접촉의 중요성을 강조한다.

Harlow의 원숭이 대리모 실험

Harlow와 Zimmerman(1959)의 실험은 원숭이를 대상으로 애착발달에 있어 수유와 접촉의 중요성을 비교하였다. 태어나자마자 새끼 원숭이들을 어미 원숭이와 격리시키고 대신 두 대리모 원숭이에 의해 키우도록 하였다. 그리고 새끼 원숭이들이 부드러운 천으로 된 대리모 원숭이와 철사 줄로 된 대리모 원숭이 중 어느 대리모 원숭이에게 자주 가는지 살펴보았다. 그 결과 우유를 제공하는 철사 대리모보다 접촉을 통해 안정감을 주는 천으로 된 대리모 원숭이를 선호하여 더 많은 시간을 보내는 것을 보여 주었다. 이러한 연구 결과는 새끼 원숭이들이 어미 원숭이를 통해 단순히 배고픔을 해결하기보다는 신체적 접촉을 통해 안정감을 얻고자 하는 욕구가 더 크다는 것을 보여 주는 것으로, 수유가 양육자에 대한 영아의 애착에 결정적 요인이 아님을 시사한다.

(2) 애착 형성의 단계

① 전 애착 형성 단계(preattachment phase, 출생 후~8주)

이 단계의 영아들은 어머니의 냄새나 목소리에 반응을 보임으로써 어머니를 감각적으로 인식하기 시작한다. 그러나 아직까지 애착이 형성되지 않아 낯선 사람과 혼자 남겨져도 크게 개의치 않는 모습을 보인다.

② 애착 형성 단계(attachment in the making phase, 8주~8개월)

이 단계에서 영아는 자신에게 친숙한 사람과 낯선 사람을 구분하여 다르게 반응하기 시작한다. 어머니를 다른 사람들보다 선호하는 반응을 보이는 것이다. 영아는 어머니를 보고 더 많이 웃거나 미소 지으며 지속적으로 바라보고, 옹알이도 더 자주 한다.

그러나 이 시기에 낯선 사람과 친숙한 사람을 구분할 수 있음에도 불구하고 낯선 사람과 혼자 남겨져도 어머니와 떨어지는 것에 대한 분리불안을 보이지 않는다. 즉, 아직까지도 분명한 애착관계는 형성되지 않았음을 보여 준다.

③ 애착 단계(phase of clearcut attachment, 8~18개월)

이 단계에서 영아는 어머니에 대한 애착을 분명히 나타낸다. 기기와 걷기가 가능해진 이 시기의 영아는 어머니에게 적극적으로 접근하고 매달리고 따라다니며 함께 있으려고 한다. 한편 어머니와 떨어지게 되면 매우 불안해하는 분리불안(separation anxiety)을 보임으로써 어머니에 대한 애착을 분명하게 나타낸다. 이러한 분리불안은 모든 문화권에서 보여 주는 영아기의 보편적 행동 양상이며, 12개월 전후부터 나타나기 시작해 14~16개월에 급증하고, 18개월 정도까지 지속되다가 점차 사라진다. 분리불안은 영아가 대상영속성을 획득했음을 보여 주는 것으로,

어머니에게 분리불안을 느끼며
매달리는 영아

↑ 분리불안
영아가 어머니에게서 처음으로 떨어질 때 나타내는 흥분, 울음 등의 정서적 반응

대상영속성을 빨리 획득한 영아일수록 분리불안은 빨리 시작된다.

④ 상호적 관계 형성 단계(formation of reciprocal relationship, 18개월~2세)

2세 정도가 되면 영아는 언어와 정신적인 표상이 발달하면서 어머니가 다시 돌아온다는 것을 인지하고 결과적으로 분리불안이 급격히 감소한다. 이 단계에서 영아는 요구와 설득을 통해 어머니와 협상하고 자신이 원하는 방향으로 어머니의 행동을 수정하려는 시도들을 하게 된다. 언어와 인지가 발달한 이 시기의 영아는 어머니가 말도 없이 외출하면 울면서 어머니를 찾는다. 그러나 언제 돌아오는지를 설명하고, 없는 동안 블록놀이를 하고 있으라고 하든지, 돌아오면 동화책을 읽어 주기로 하면, 영아는 분리불안을 덜 느끼고 기다릴 수 있다.

(3) 애착 유형

영아의 애착의 질을 측정하기 위해 Ainsworth 등(1978)은 여덟 가지 에피소드로 구성된 낯선 상황 실험을 실시하였다(〈표 4-8〉 참조). 부모와 분리, 재회하는 상황에서 영아가 보여 주는 행동을 바탕으로 애착 유형을 '안정 애착(secure attachment)'과 불안정 애착(insecure attachment)인 '회피 애착' '저항 애착' 등으로 구분하였다. 이후 Main과 Solomon(1990), Shaffer(1993) 등이 불안정 애착의 또 다른 형태인 '혼란 애착'을 추가함으로써 애착을 네 가지 유형으로 구분하였다.

안정 애착(secure attachment) 유형의 영아는 어머니를 안전기지로 삼아 환경을 탐색한다. 안정 애착 유형은 낯선 사람보다 어머니를 뚜렷하게 선호하고 주위의 환경을 탐색하기 위해서 어머니로부터 쉽게 분리된다. 낯선 사람보다 어머니에게 더 확실한 관심을 보이며, 어머니와 함께 놀 때 밀접한 관계를 유지한다. 또한 어머니가 실험실 밖으로 나가면 울기도 하지만 대안적인 위안을 찾고는 능동적으로 탐색을 시도한다. 어머니가 돌아오면 영아는 즉각 울음을 멈추고 어머니를 반기며 적극적으로 접촉하고 쉽게 편안해한다. 부모가 영아의 요구에 즉각적으로 반응해 주고 안정적으로 상호작용을 해 주는 경우, 영아는 안정 애착을 형성할 수 있다.

회피 애착(avoidant attachment)은 불안정 애착의 한 유형으로 어머니에게 별 반응을 보이지 않는다. 회피 애착 유형은 어머니가 방을 떠나도 불안해하거나 울지

표 4-8　Ainsworth의 낯선 상황

에피소드	등장인물	지속시간	행동기술	관찰되는 애착 행동
1	관찰자, 어머니, 영아	30초	관찰자가 어머니와 영아를 장난감이 있는 실험실로 인도한 후 떠난다.	–
2	어머니, 영아	3분	어머니는 아기가 탐색하도록 두고 가만히 앉아 있는다.	안전기지로서의 양육자
3	낯선 이, 어머니, 영아	3분	낯선 이가 들어와 어머니가 대화를 나눈다.	낯선 이에 대한 반응
4	낯선 이, 영아	3분 또는 이내	첫 번째 격리 장면. 어머니가 나가고 낯선 이가 영아의 행동에 맞추어 상호작용을 한다.	분리불안
5	어머니, 영아	3분 또는 이상	첫 번째 재결합 장면. 어머니가 돌아와 영아를 반기거나 달랜 후 영아가 다시 놀이를 하도록 한다. 그 사이에 낯선 이는 방을 나간다.	재결합 반응
6	영아 혼자	3분 또는 이내	두 번째 분리 장면. 어머니가 방을 나간다.	분리불안
7	낯선 이, 영아	3분 또는 이내	두 번째 분리의 연속. 낯선 이가 들어와 영아를 진정시킨다.	낯선 이에 의해 진정되는 정도
8	어머니, 영아	3분	두 번째 재결합 장면. 어머니가 들어와 영아를 반기고 안아 준다. 그 사이에 낯선 이는 가만히 방을 나간다.	재결합 반응

출처: Ainsworth, Blechar, Waters, & Wall (1978).

않고 어머니가 돌아왔을 때에도 안기려 하지 않는 등 무시하거나 회피한다. 어머니와의 관계에서 친밀감을 추구하지 않으며 낯선 사람에게도 이와 유사한 반응을 보인다. 부모가 자기중심적이고 강압적이며 지나친 자극을 주는 경우, 영아는 회피 애착을 보일 수 있다. 자기중심적인 부모는 영아의 반응에 민감하지 못하고, 영아가 원하는 바에 상관없이 부모 자신의 생각에 따라 행동한다. 회피 애착 유형의 부모들은 무감각하고 신체 접촉이 거의 없으며, 화가 나 있거나 초조해하며 거부하듯이 영아를 다루는 경향이 있다. 지속적으로 원치 않는 자극을 받는 영아는 결국 부모와 있는 것이 즐겁지 않고, 부모를 피하거나 무시하는 행동을 보이게 된다.

　저항 애착(ambivalent-resistent attachment)은 불안정 애착의 또 다른 유형이다. 어머니가 방을 떠나기 전부터 매우 불안해하며 어머니의 곁에서 떨어지지 않고 탐색도 거의 하지 않는다. 어머니가 방을 나가면 매우 당황하며 분리불안 증세를 보이고, 어머니가 돌아온 후에는 어머니와 접촉하려고 시도하지만 안아 주어도 안정감을 느끼지 못해 화를 내며 밀쳐내는 등 양가감정을 표현한다. 저항 애착 유형의 영아가 부모를 갈망하는 한편, 거부하는 양면성을 보이는 것은 부모의 일관되지 못한 양육으로 인한 경우가 많다. 저항 애착 유형의 부모들은 무감각하고 영아를 다루는 방식이 어색하지만 화를 내는 느낌은 아니다. 그러나 기준 없이 부모의 기분에 따라 다르게 반응하는 일관성 없는 양육 태도는 영아를 불안하게 만든다. 결국 영아는 부모에게 떼쓰고 울면서 애정을 갈구하는 모습을 보이게 된다.

혼란 애착(disorganized attachment) 유형은 불안정 애착의 가장 심한 형태로 회피 애착과 저항 애착이 결합된 형태로 나타난다. 혼란 애착 영아들은 극단적인 혼돈 상태로 양육자에게 접근해야 할지 회피해야 할지 갈피를 잡지 못하는 것처럼 보인다. 이 유형의 영아들은 어머니와 재결합했을 때 어머니가 안아 주어도 얼어붙은 표정으로 있거나 먼 곳을 응시한다. 또 양육자에게 접근하다가도 양육자가 다가오면 멀리 도망가고 피한다. 영아의 5~10%가 이 유형에 속한다. 학대받은 영아의 경우, 부모가 자신의 안전기지가 되어 줄 수 있는 존재인지, 아니면 자신의 안전을 위협하는 존재인지를 혼란스러워한다. 이러한 양육 환경에 처한 영아는 부모에게 다가가다가 막상 부모가 자신에게 다가오면 피하거나 얼어붙은 듯 멍한 표정을 짓기도 한다.

낯선 상황에서 영아의 행동은 양육 문화에 따라 차이를 보인다. 예를 들어, 독립성을 강조하는 독일 영아들은 낯선 상황에서 어머니와 재결합할 때 미국 영아들보다 회피 애착을 많이 보였다(Grossmann et al., 1985). 반면 어머니와 떨어져 있는 경험이 적은 일본 영아들은 낯선 상황 자체가 스트레스로 작용하여 낯가림과 분리불안을 심하게 보였다(van IJzendoorn & Sagi, 1999). 우리나라 영아들의 경우는 애착 유형에 있어 서구 아동과 유사한 비율을 보인다(홍계옥, 정옥분, 1995).

이러한 문화적 다양성과 차이에도 불구하고 대부분의 문화권에서 이 네 가지 애착 유형이 발견되었으며, 안정 애착을 보이는 영아들이 불안정 애착을 보이는 영아들보다 많았다(van IJzendoorn & Kroonenberg, 1998).

(4) 애착 형성의 관련 요인

영아기에 영아가 부모와 형성하는 초기 애착의 질은 아동기의 인지발달과 사회·정서 발달에 지대한 영향을 미친다.

안정된 애착 형성을 위한 요건으로 살펴볼 수 있는 것이 영아의 기질과 부모의 특성이다. 영아의 기질은 그 자체보다 양육자와의 '조화의 적합성'으로 애착에 영향을 미치게 된다. 즉, 영아의 기질에 맞는 적절한 양육이 제공될 때 영아가 안정된 애착을 형성할 수 있게 된다.

또한 양육자의 특성 중 영아의 신호에 대한 양육자의 민감성과 반응성이 애착 형성에 중요하다. 안정된 애착을 형성한 영아의 어머니는 불안정 애착의 어머니보다 영아의 신호에 빠르게 반응하고 민감한 상호작용을 보여 준다. 영아가 원하는 것이 있을 때 부모가 적절한 반응을 보여 주면 영아는 부모를 신뢰하게 되고 안정 애착을 형성한다. 안정 애착은 부모를 신뢰하는 것처럼 다른 사람을 신뢰하게 만들며, 후에 긍정적인 대인관계를 형성할 수 있는 토대가 된다. 초등학생을 대상으로 또래 간의 인기와 애착 유형을 조사한 결과, 안정 애착을 형성한 아동이 불안정 애착 유형의 아동보다 또래관계에서도 인기가 있고 리더십이 있었다. 뿐만 아니라 안정 애착은 호기심, 탐색 욕구가 많고 자신감이 있으며, 학교생활에서도 적극적이고 자신감이 있다. 이러한 태도는 결국 학업에도 긍정적인 영향을 미치게 된다.

어머니와 영아의 애착관계만을 중시했던 초기 애착 연구와 달리, 최근 어머니가 아닌 타인으로부터 양육되는 영아가 늘어나면서 다중애착 관계에 대한 연구가 부각되고 있다. 다중애착(multiple attachment)이란 영아가 두 사람 이상에게 동시에 애착을 형성하는 것으로, 어머니 한 사람과만 애착을 형성하는 것이 아니라 아버지, 조부모, 육아도우미, 보육교사 등 타인 양육자인 여러 이차적 인물에 대해서도 애착을 형성하는 것을 말한다. 어머니가 아닌 양육자에 의해 양육을 받는 경우, 어머니와 함께 있는 시간보다 양육자와 함께 보내는 시간이 더 많기 때문에 어머니와의 애착과 타인 양육자와의 애착은 모두 영아에게 매우 중요하다. 영아는 타인 양육자와도 어머니와 형성하는 애착과 유사한 강도의 애착을 형성할 수 있으며, 어머니와의 애착 안정성과는 별개로 타인 양육자와 독립적인 애착을 형성할 수 있다. 어머니와 안정된 애착을 형성하게 되면 타인 양육자와도 안정된 애착

다중애착
영아가 두 사람 이상에게 동시에 애착을 형성하는 것

외할머니와 산책하고 있는 영아

을 형성하기가 쉽다. 비록 어머니와 안정 애착을 형성하지 못했을지라도 타인 양육자와 안정된 애착을 형성하면 이러한 부분을 보완할 수 있다. 이와 같이 어머니와의 애착과 양육자에 대한 애착은 서로 영향을 미치며, 영아의 발달에 영향을 미치게 된다. 애착 형성에 있어서는 어느 한쪽의 애착관계만이 아닌 어머니와 타인 양육자에 대한 다중적인 애착을 고려해야 한다.

영아의 안정 애착 형성을 도와주는 방법

- 잦은 신체적 접촉과 표현으로 영아에게 부모의 사랑을 전달해야 한다. 안정 애착 형성에 있어 부모와의 접촉과 애정은 무엇보다 중요하다.
- 부모는 영아의 감정과 행동에 항상 주의를 기울이고 영아의 요구에 민감하게 반응해 주어야 한다. 영아는 부모의 이러한 반응을 통해 기본적인 신뢰감을 형성하게 된다.
- 부모의 욕심으로 인해 영아의 요구와 상관없이 지나친 자극을 주는 일이 없어야 한다. 원치 않는 자극을 계속 경험하면, 영아는 어머니와 함께하기를 회피하게 되고 결국 안정된 애착을 형성하기 어렵게 된다.
- 일관성 있는 양육 태도가 중요하다. 일관된 양육 태도는 영아로 하여금 부모의 반응을 예측할 수 있게 하고 안정감을 느끼게 한다.
- 반드시 24시간을 영아와 함께 있어야만 좋은 양육은 아니다. 함께 있는 시간 동안 영아에게 집중하고 민감하게 반응해 주는 것이 더 중요하다.
- 부모의 문제나 태도는 영아에게 그대로 전해진다. 부모가 안정되고 긍정적인 마음을 가져야 영아에게도 긍정적인 영향을 미칠 수 있음을 기억해야 한다.

또한 애착 문제는 세대 간 전이가 일어나는 특성이 있어서, 어린 시절 자신의 부모와의 관계가 부모가 된 후 자신과 자녀의 관계에도 영향을 미친다. 애착 유형의 세대 간 전달 경향은 .62의 높은 상관을 보였다(Ainsworth & Eichberg, 1992). 부모는 자신의 애착 경험과 양육 태도를 점검해 보고, 자신의 애착 문제가 영아에게 전이되지 않도록 노력해야 한다.

4. 영아기 주요 쟁점

1) 여성의 취업과 육아 문제

여성의 경제활동 참여가 과거에는 가구소득의 부족을 충당하기 위한 저소득층 가구 여성에 국한된 것으로 인식되었으나, 여성의 교육 수준 향상과 사회적 성취 욕구 증대 등으로 점차 중상류층 여성에게까지 확대되고 있는 추세다. 우리나라 여성의 경제활동 참여율은 2005년을 기점으로 50%를 상회하고 있으며, 2019년 여성의 고용률을 10년 전인 2009년과 비교하면, 대부분의 연령대에서 고용률이 상승하였다(통계청, 2020).

그러나 우리나라 여성의 경우 여전히 다른 OECD 국가에 비해 낮은 취업모의 경제적 활동을 보고하고 있다. 또한 여성의 경제활동을 생애주기에 따라 연속선으로 파악할 때, 일정 기간 경제활동 참여율이 하락하는 M자형 곡선(M-curve)이

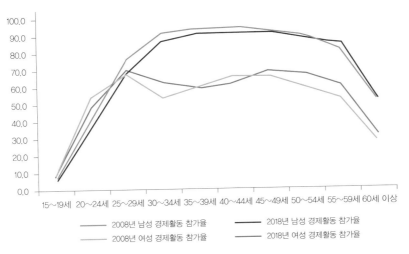

[그림 4-11] 생애주기에 따른 우리나라 여성의 경제활동 참여율

출처: 여성가족부(2020).

지속되는 현상이 여전히 두드러진다. 20대 후반에서 30대 초반에 취업률이 낮아지는 전형적인 M자형 곡선은 우리나라 여성의 취업이 출산, 육아로부터 영향을 받음을 알려 준다(통계청, 2020).

우리나라 기혼여성의 경력단절 사유에 대한 조사에서도 육아가 38.2%로 가장 높고, 다음으로 결혼(34.4%), 임신·출산(22.6%) 순으로 나타났다(여성가족부, 2020). 이는 육아의 부담이 기혼여성에게 전가되어 여성의 경제활동 참여를 어렵게 만들고 있음을 보여 주며, 아직까지 우리나라에서 영아의 양육을 지원하는 사회적 시스템이 미비함을 시사한다.

🌱 유럽의 부모 공동 육아책임 문화

영아의 양육지원에 관한 다른 나라의 정책을 살펴보자면 우선 프랑스의 경우 미혼모 가정, 동거 등 다양한 가족의 형태를 인정하고 모든 지원을 평등하게 하고 있다. 성평등 문화가 지속되어 남성의 가사, 육아 참여가 생활화되어 있으며, 여성이 아이를 낳고 키우는 것이 아니라 아이는 여성이 낳지만 사회가 함께 키운다는 인식으로 변화되면서 출산율이 증가되었다. 스웨덴은 일·가정 양립정책과 돌봄의 공정성 강화, 양성평등문화가 사회 전반에 구축되어 있다. 현재 스웨덴에서는 480일의 부부 육아휴직을 주는데, 이 중 90일은 의무적으로 남성만 사용하도록 하고 있다(유하나, 2022). 또한 스피드 프리미엄 정책을 시행하고 있는데, 첫째 출산 후 빠른 시간 내에 둘째를 출산을 유도하는 정책이다. 첫 자녀 출산 30개월 이내에 둘째를 출산할 경우, 첫째 출산 시의 임금을 기준으로 육아휴직급여를 제공하는 제도이다. 독일은 보육시설을 확충하고 육아휴직제도를 강화하여 부모의 공동 육아책임과 휴직 후 원활한 직장복귀를 위한 제도적인 지원과 육아휴직수당, 보육지원금을 다양화하고 있다(이홍직, 박선아, 이원희 이정은, 2022). 우리나라에서도 양육에 대한 경제적 부담을 줄여 주는 것과 더불어 일과 가정이 양립할 수 있도록 남성들도 육아에 공동으로 참여하는 부모의 공동 육아책임 지원과 다양한 공공돌봄제도를 확대해야 할 것이다.

2) 타인양육

아이는 누구에게 맡기고, 어떻게 키울 것인가? 쏟아져 나오는 저출산 대책에 앞서 물어야 할 질문이다. 양육은 전통적으로 어머니에게 맡겨진 역할이었으나, 최근 여성의 사회 활동이 증가하면서 영아가 어머니가 아닌 타인에 의해 양육되는 경우가 많아지고 있다. 이와 함께 영아의 어머니 부재 및 타인에 의한 양육이 영아에게 어떠한 영향을 주는가에 대한 관심도 증가하고 있다.

타인양육의 대표적인 형태는 보육기관이지만, 최근 우리나라 보건복지부(2021)의 연구에 따르면, 2세 미만 영아의 경우 보육기관보다도 조부모 양육, 육아도우미 양육 등 집안에서 개별적으로 양육하는 것을 선호하는 것으로 나타났다.

특히 조부모 양육은 우리나라의 가장 전통적인 타인양육 형태로, 최근 여성의 사회 진출 증가, 경제적 어려움, 보육시설의 부족과 더불어 노년층의 장수화로 인해 다시 증가하는 추세다. 특히 최근 조사에 따르면, 육아뿐 아니라 집안일 등에 외조부모에게 도움을 받는 비율이 2018년 대비 2021년 크게 상승한 것으로 나타났다(보건복지부, 2021). 조부모 양육은 부모가 안심하고 자녀를 맡길 수 있고, 보육비용이 거의 들지 않는 장점이 있다. 또한 조부모와 함께 사는 손자녀들은 조부모에 의하여 정서적 안정감과 유대감을 형성할 수 있다. 그러나 영아보육으로 인한 조부모의 건강 악화 및 영아보육과 관련된 갈등 야기 등의 문제가 생길 수 있다. 육아도우미에 의한 양육은 1990년대부터 늘어나기 시작했으며, 영아가 집이 아닌 장소로 이동해야 하는 수고나 적응상의 어려움을 겪지 않아도 되고, 여러 명의 영아와 함께 보살핌을 받을 때 생길 수 있는 건강이나 안전상의 문제 등을 걱정하지 않아도 되는 점, 필요한 시간에 이용할 수 있는 편이성 때문에 부모들의 마음을 끌었다. 그러나 육아도우미의 자격요건이 정해져 있지 않고 정부의 규제가 없기 때문에 양육자나 양육의 질을 보장할 수 없다. 마지막으로 기관보육의 경우, 어린이집 이용자 중 만 2세 이하(0~2세)의 영아 수가 절반 넘게 차지하고 있는 상황으로 볼 때, 영아가 가정 이외의 다른 환경인 보육시설에서 생활하는 경우도 많음을 알 수 있다(보건복지부, 2021). 기관보육은 정부가 일정한 설치 기준을 제시하고, 그 제시한 기준에 따라 지도감독을 하기 때문에 비교적 양육 서비스의 질을 보호받을 수 있으며, 육아도우미 고용에 비해 비용 부담이 적다. 그러나 조부모 양육에 비해 많은 수의 영아가 함께 생활하기 때문에 건강 및 안전상의 문제가 생길 수 있고, 영아가 양육 장소로 매일 이동해야 되는 어려움이 있다.

보육 환경의 일관성은 보육의 질적 수준을 알려 주는 중요한 척도가 되며, 영아의 애착 형성에 주요한 변수가 된다. 영아와 양육자 간의 정서적 유대감으로 주

양육자가 자주 바뀌면 애착 형성에 어려움이 생기고, 또래관계도 원만치 않으며 분노와 공격성 등 문제 행동까지 보인다. 모든 영아에게 필요한 것은 그들이 신뢰감을 배울 수 있는 양육자와의 일관성 있고 따뜻한 관계다.

어머니를 대신하여 영아를 돌보는 이러한 타인양육은 반드시 영아의 애착에 부정적인 영향을 미치는 것이 아니다. 양육 환경, 양육자와 영아의 관계, 양육자의 전문성 및 직업의식 등 양육이 어떠한 상황에서 어떠한 내용으로 이루어졌는가에 따라 영아에게 미치는 영향은 다를 수 있다.

유아기

어떻게 살 것인가, 무엇을 할 것인가, 어떻게 존재할 것인가에 관해 내가 정말 알아야 할 모든 것을 나는 유치원에서 배웠다. 아래에 적은 것들이 내가 배운 것들이다.

무엇이든지 나누어 가져라.

정정당당하게 행동하라.

남을 때리지 마라.

물건은 항상 제자리에 놓아라.

자신이 어지럽힌 것은 자신이 치워라.

남의 물건에 손대지 마라.

남의 마음을 상하게 했을 때는 미안하다고 말하라.

밥 먹기 전에는 손을 씻어라.

화장실 물을 내려라.

따뜻한 쿠키와 찬 우유는 몸에 좋다.

균형 잡힌 생활을 하라.

공부도 하고 매일 적당히 그림도 그리고, 노래하고, 춤추고, 놀고, 일도 하라.

매일 오후에 낮잠을 자라.

경이로운 일에 눈떠라. 컵에 든 작은 씨앗을 기억하라.

뿌리가 나고 새싹이 나서 자라지만 아무도 어떻게, 왜 그렇게 되는지 알지 못한다.

우리들도 모두 그와 같은 것이다.

금붕어, 햄스터, 흰쥐, 스티로폼 컵에 심은 씨앗까지 모두 죽는다. 우리도 마찬가지다.

집 밖을 나설 때는 차를 조심하고 서로 손을 잡고 함께 다녀라.

그림동화와 맨 처음 배운 '이것 좀 봐(LOOK!)'라는 단어를 기억하라.

−『내가 정말 알아야 할 모든 것은 유치원에서 배웠다
(All I Really Need to Know I Learned in Kindergarten)』
(Robert Fulghum 저, 최정인 역, 2009) 중에서

유아기

'세 살 버릇이 여든까지 간다.'라는 속담이 있다. 어릴 적 몸에 밴 버릇은 늙어서 도 고치기 힘들다는 의미로, 습관을 형성하는 유아기가 건강한 인간으로 살아가 는 데 매우 중요함을 나타내는 말이다.

유아기는 신체, 인지, 언어, 정서적으로 많은 발달이 이루어지는 시기다. 유아 는 잠시도 가만히 있지 못하고 끊임없이 움직이고 놀이를 하면서 성장한다. 놀이 터에서 정글짐, 모래장난, 그네와 시소를 타고 노는 것, 식물을 키우는 등 자연환 경 속에서 노는 것, 강아지와 어울려 뛰어다니고 친구들과 어울려 노는 것 등의 모 든 놀이가 유아의 발달을 촉진한다. 유아기는 신체적 활동량이 많아지고 호기심 도 많아져서 사고 위험이 높은 시기이기도 하다. 집에서 주로 생활하던 영아와 달 리, 유아의 활동 범위는 유치원과 어린이집 등의 기관으로 넓어지고, 대인관계의 폭이 넓어져 가족 이외의 사람들과의 상호작용을 통해서 바깥세상을 탐험하고 사 회의 가치관과 규범을 습득하게 된다.

걷기, 말하기, 사회성 발달은 유아기 발달이 정상적으로 이루어지는지를 살펴 보는 중요한 지표가 된다. 걷기, 말하기, 사회성 발달의 영역에서 정상적인 발달 속도보다 3개월 이상 지체되는 경우에는 발달지체를 고려하여 전문가를 찾는 것 이 좋다.

1. 신체발달

만 2세경부터 취학 전까지의 유아는 영아보다는 신체적 성장 속도가 둔화되지만 꾸준히 성장한다. 신체의 크기나 모습에서 현저한 변화가 나타남으로써 아기에서 아동의 외모로 바뀌기 시작한다. 다음의 사진에서 보는 것처럼 1세의 영아는 신체에서 머리의 비율이 크고, 6세경의 유아는 팔다리가 길어져서 균형 잡힌 모습을 보인다. 이는 영아기 때보다 머리 크기의 성장은 느려지고 팔과 다리의 성장이 두드러지게 이루어져서 뼈가 단단해지고 팔다리가 길어지기 때문이다. 머리 크기는 신체 비율로 볼 때 여전히 큰 편이지만, 점차 어른과 같은 비율로 발전한다. 2세부터 6세까지 매년 신장은 약 7cm, 체중은 약 2kg 정도씩 증가한다. 6세경의 유아는 신장이 약 115cm, 체중은 21kg이 되며, 남아가 여아보다 신체적으로 좀 더 큰 경향을 보인다.

1세 영아(좌)와 6세 유아(우)의 신체 비율 비교

표 5-1 유아기 신체발육

연령	신장(cm)		체중(kg)	
	남자	여자	남자	여자
2세	87.1	85.7	12.2	11.5
3세	96.5	95.4	14.7	14.2
4세	103.1	101.9	16.8	16.3
5세	109.6	108.4	19.0	18.4
6세	115.9	114.7	21.3	20.7
7세	122.1	120.8	24.2	23.4

출처: 질병관리청(2017).

이 시기의 신체발달에 영향을 미치는 요인으로는 유전적 요인과 환경적 요인이 있다. 키, 골격 구조, 근력, 감각기관의 예민도 등은 유전적 요인으로 신체발달에 영향을 미친다. 유아기에 중요한 환경적 요인은 영양 상태, 충분한 수면, 정서의 안정으로 설명될 수 있다.

첫째, 영양소를 골고루 섭취해야 한다. 뇌와 신경체계, 호흡기와 순환계 등의 발달이 활발한 이 시기에는 면역력을 강화하고 기초 체력을 형성할 수 있도록 영양 공급이 원활히 이루어져야 한다. 유아의 위의 크기는 어른의 1/2 정도이므로 한번에 많이 먹이기보다는 조금씩 자주 먹도록 하는 것이 영양 섭취에 도움이 된다. 유아의 신체발육을 고려하여 비만해지지 않도록 규칙적으로 정해진 양을 편식하지 않게 하는 건강한 식습관을 길러 주어야 한다.

둘째, 충분한 수면은 수면 중에 성장호르몬이 활성화되므로 중요하다. 유아는 영아기에 비해 잠자는 습관도 변화하고 잠자는 시간도 줄어든다. 5세경이면 더 이상 낮잠을 자지 않게 되고, 밤에 11시간가량을 자는 유아들이 많아진다. 이 시기 유아의 10% 정도는 잠꼬대를 하거나 잠자면서 돌아다니는 수면 문제들이 생기는데(National Sleep Foundation, 2004), 이는 성장하면서 자연스럽게 사라진다. 잠자면서 돌아다니는 유아를 깨우기보다는 부드럽게 잠자리로 데려다주는 것이 유아를 놀라지 않게 하므로 가장 좋다. 유아들은 무서운 꿈도 많이 꾼다. 가끔씩 꾸는 무서운 꿈은 전혀 해롭지 않으나, 지속적으로 빈번하게 무서운 꿈을 꾸는 것은 유아들이 과도한 스트레스를 받는다는 신호임을 알아야 한다.

야뇨증도 때때로 나타난다. 대소변을 가리는 시기는 유아마다 차이가 많은데, 일반적으로는 걷는 근육이 발달하여 주위의 도움 없이 혼자서 잘 걸을 수 있는 나이가 되는 18개월에서 24개월 사이에 시작하는 경우가 많은 것으로 알려져 있다. 그러나 대소변 훈련을 빨리해서 좋다는 근거는 없으므로 유아가 대소변 가리기 준비가 될 때까지 기다려 주는 것이 좋다. 대부분은 소변보다 대변을 더 빨리 가리는데, 야간의 대변 가리기, 주간의 대변 가리기, 주간의 소변 가리기, 야간의 소변 가리기 순서로 훈련이 된다. 대략 만 4세경에 이 과정이 끝나며, 남자아이보다 여자아이가 대체로 빨리 가리기 시작한다. 따라서 30개월경까지 나타나는 대소변 실수는 자연스러운 현상이라고 할 수 있다. 그러나 4, 5세에 이르러서도 배뇨 실수를 하게 되면 야뇨증으로 볼 수 있는데, 5세 유아의 10~15%, 특히 남아들에게서 잠이 깊게 들었을 때 나타난다. 대부분 8세경이면 이러한 증상은 사라지므로, 부모는 야뇨증을 너무 심각하게 받아들이거나 유아를 야단치지 말아야 한다. 그러나 8~10세 이후에도 지속적으로 야뇨증이 나타나는 경우에는 신체적으로 방광 근육의 미성숙, 방광이나 요도의 이상, 척추 이상, 자율신경의 미성숙이 원인이 될 수 있으며, 심리적으로 정서불안, 질투에 의한 무의식적 퇴행, 흥분 등의 문제가 있을 수 있다. 이러한 경우 전문가로부터 검진을 받도록 한다.

셋째, 정서의 안정은 신체발달과 밀접한 관련이 있다. 유아가 흥분하거나 불안하면 위 운동이 저하되며 성장 속도가 저하된다. 따라서 유아가 정서적으로 안정되지 않았을 때 너무 많이 먹도록 강요하지 말아야 하며, 정서적 안정을 찾도록 도와주어야 한다.

1) 운동기술

뼈와 근육이 단단해지고 폐 기능이 발달함으로써 뛰고, 달리고, 공을 던지고, 기어오르고, 자전거를 타고, 긴 계단을 내려오는 등의 대근육 운동이 가능해진다. 유아는 영아기 때보다 빠르게 달리고 높이 뛰는 등 활발하게 움직인다. 지각과 근육의 협응 능력이 발달하면서 보다 정교하고 세밀한 활동들이 가능해진다. 옷의 단추를 채우거나 크레파스로 그림을 그리는 등의 눈과 손의 협응이 필요한 미세 근육 운동도 할 수 있게 된다.

긴 계단도 잘 내려오는 유아 　　　　　혼자서 옷 입기

　　크레파스나 연필을 가지고 그림을 그리는 것은 소근육 운동기술 발달에서 중요하다. [그림 5-1]에서 보는 것처럼 2, 3세에는 원과 수평선을 그리는데, 아직 자신의 생각을 그림으로 표현하기보다는 소근육 움직임을 통해 무의미한 그림을 그린다. 이 시기에는 너무 가느다란 연필보다는 유아가 잡기 쉬운 굵은 크레파스를 주는 것이 좋다. 3, 4세에는 주변 환경을 관찰하여 그림으로 나타내기 시작하는데, 사각형을 그리고 아래쪽에 원을 두 개 그려 넣은 후 자동차라고 표현하기도 한다. 5, 6세에는 삼각형을 그릴 수 있게 되며, 7세 이후에는 사각형 안에 대각선을 그려 넣는 것이 가능해질 정도로 눈과 손의 협응이 이루어진다. 이러한 협응 능력의 발달에 따라 유아는 점차 자신이 의도하는 행동을 할 수 있게 된다.

　　Kellogg(1970)는 뇌와 근육이 발달함에 따라서 유아들의 그림이 일련의 단계를 거치면서 변화하는 것을 발견하였다. 2세에는 직선이나 지그재그 선과 같은 형태가 있는 낙서(scribble)를 하다가, 3세에는 동그라미나 십자가와 같은 형태를 그리는 단계(shape stage)와 이러한 형태를 복잡하게 결합하는 디자인 단계(design stage)를 거친다. 그리고 4, 5세에는 그림의 단계(pictorial stage)에 도달한다. Kellogg는 이러한 발달이 유아의 내면에서 일어난다고 보고, 어른들이 적게 개입

표 5-2	유아기 대근육 · 소근육 운동의 변화	
나이	대근육 운동	소근육 운동
2~3	• 빠른 걸음이 뛰는 것으로 바뀐다. • 점프하고 던지고 받는 것이 가능하다. • 달리면서 속도를 조절하거나 갑자기 정지할 수 없다. • 방향 틀기, 뒤돌아서기가 안 된다.	• 단순한 옷을 입고 벗을 수 있다. 큰 지퍼를 올리고 내린다. • 수저를 잘 사용한다.
3~4	• 도움 없이 발을 번갈아 가면서 계단을 오를 수 있다. • 불규칙하게 한 발로 깡충깡충 뛸 수 있다. • 상체를 굽히면서 점프한다. • 상체를 활용하면서 공을 던지고 받는다. • 세발자전거를 타기 시작한다.	• 큰 단추를 끼우고 뺄 수 있다. • 도움 없이 혼자서 음식을 먹는다. • 가위를 사용하여 종이를 자른다. • 원과 평행선을 모방하여 그린다. • 사람의 그림을 그리기 시작한다.
4~5	• 발을 번갈아 가면서 긴 계단을 내려갈 수 있다. • 속도를 조절하면서 달리거나, 멈추고, 방향을 바꿀 수 있다. • 한 발로 4~6걸음을 뛸 수 있다. • 사다리나 정글짐, 미끄럼틀 등을 타고 오르내린다. • 세발자전거를 빠르게 잘 탄다.	• 포크를 잘 사용한다. • 선을 따라 가위질을 한다. • 삼각형과 글자들을 모방하여 그린다.
5~6	• 빠르게 뛴다. • 높이뛰기와 멀리뛰기, 줄넘기를 할 수 있다. • 능숙하게 발을 앞으로 내밀고 팔을 뻗어 공을 던지고 받는다. • 보조바퀴가 달린 두발자전거를 탄다.	• 부드러운 음식을 자를 때 나이프를 사용한다. • 신발끈을 묶는다. • 사람을 머리, 몸통, 팔, 다리 등의 여섯 부분으로 그린다. • 숫자와 쉬운 단어들을 모방하여 쓴다.

2, 3세
원과 수평선

3, 4세
사각형과 직사각형

5, 6세
삼각형

7~9세
마름모꼴과 직사각형에
대각선 등의 선

[그림 5-1] 나이에 따른 도형 그리기 능력: 눈과 손의 협응 능력

2세 유아의 버스 그림

3세 유아의 그림

4세 유아의 그림

6세 유아의 가족 그림

할 때 더 잘 발달한다고 하였다. Vygotsky는 사회적 상호작용을 하면서 그림의 기술이 발달한다고 보았다. 유아는 어른들의 그림에서 사물을 찾아내고, 다른 사람의 그림에 대해 이야기하거나 보는 것, 이를 모방하면서 그리는 것을 배운다.

크레파스나 연필, 블록 장난감, 찰흙놀이 등을 하면서 소근육 운동기술을 발달시키고, 이러한 과정에서 유아가 왼손이나 오른손 중에 한쪽 손을 더 많이 사용하는 것이 시작된다. 5세경에는 약 90%의 유아가 오른손을 선호하고, 10%의 유아가 왼손을 선호하는 것으로 나타났다. 모든 사람이 모든 과제에 대해 한쪽 손을 더 많이 사용하는 것은 아니며, 남아가 여아보다 왼손잡이가 더 많은 것으로 알려져 있다(Feldman, 2004). 우리나라 유아도 오른손잡이가 더 많다. 과거에는 유아가 왼손을 많이 사용하면 부모가 이를 오른손잡이로 교정하려는 경향이 있었다. 그러나 이는 유전에 따른 선호도이므로 무리하게 왼손잡이를 오른손잡이로 교정하지 않는 것이 좋다. 강제로 교정하는 것은 유아에게 스트레스를 주어 부적응 행동이 유발될 수 있으므로, 강제적인 교정보다는 양손을 모두 사용할 수 있도록 권유하는 것이 좋다.

2) 건강과 안전: 비만

세계적으로 소아비만(obesity)이 심각한 사회 문제로 부각되고 있는데, 우리나라도 예외는 아니어서 최근 소아비만이 급속도로 증가하고 있다.

비만도(%)는 '(실제 체중−신장별 표준 체중)÷신장별 표준 체중×100'으로 계산하여 나온 수치다. 계산 시 표준 체중은 보건복지부의 신체발육 표준치 자료를 참고하거나, '신장(m)×신장(m)×22'로 계산하면 된다. 이러한 수치에 따라 계산된 '비만도'가 20%가 넘으면 비만으로 진단되는데, 20~29%는 경도 비만, 30~49%는 중등도 비만, 50% 이상은 고도 비만으로 세부 분류할 수 있다.

예: 키가 80cm이고 몸무게가 20kg인 유아의 비만도 계산

　키가 80cm인 남아의 경우 표준 체중은 0.8×0.8×22=14.08kg이 된다.

　이 남아의 비만도를 계산해 보면 비만도는 42%로 중증도 비만에 속한다고 볼 수 있다.

국제적으로는 체질량지수(body mass index: BMI)를 사용하여 소아비만을 진단하고 있다. 체질량지수(BMI)는 체중을 신장으로 두 번 나눈 것(kg/m^2)으로, 앞서 예를 들었던 키가 80cm이고 몸무게가 20kg인 유아의 체질량지수는 20÷(0.8×0.8)=31.25가 된다. 우리나라 국민건강영양조사에서는 체질량지수가 20 미만일 때를 저체중으로 보고, 20~24는 정상 체중, 25~30은 경도 비만, 30 이상은 비만으로 본다. 따라서 체질량지수 31.25인 유아는 비만으로 볼 수 있다. 2016~2018년의 국민건강영양조사 자료를 분석한 결과에 따르면 우리나라 만 2~3세 유아의 15.8%가 과제중이거나 비만인 것으로 나타나서 이른 시기에 비만 예방에 신경 써야 할 필요가 있다(최혜승, 박미란, 황혜리, 이종은, 2021).

비만은 유전, 환경, 음식 섭취 등 여러 요인에 의한 것으로 알려져 있는데, 최근 비만이 급격히 증가하고 있는 것은 환경과 음식 섭취 등의 요인으로 설명되고 있

다. 즉석식품(fast food)의 섭취가 늘고 전통 식단이 줄어들면서 과일, 야채의 섭취는 줄어들고 고지방 음식 소비가 늘어났으며(보건복지부 보건사회연구원, 2006), TV나 컴퓨터의 사용으로 유아의 신체 활동이 줄어드는 것이 그 원인이라고 볼 수 있다. 하루 4시간 이상 TV를 시청하는 유아는 활동량이 적어서 비만해진 것으로 나타났다(Cho, Park, & Seo, 2009).

소아비만은 관리가 어려워 성인비만으로 이어지는 경우가 많으므로 어린 시기에 예방하는 것이 중요하다. 과체중이나 비만 청소년의 90%가 만 3세에 이미 비만한 상태였다(Geserick et al., 2018). 소아비만이 있었던 사람은 성장기에 과도하게 축적된 지방이 성장 호르몬의 역할을 방해하고 혈액순환장애로 인해 성장 호르몬이 필요한 곳으로 배달되지 못하여 성장이 순탄하지 못하며 사춘기를 빨리 오게 하는 조기 성숙을 유발하는 경향이 있다. 또한 고혈압, 당뇨병 등의 만성질환이 더 일찍 심하게 나타나면서 여러 합병증을 동반하게 되는 것으로 알려져 있다.

비만은 가족의 생활 습관에도 영향을 받는다. 부모 중 한쪽이 비만인 유아는 비만해질 가능성이 40%이며, 부모 모두 비만인 유아가 비만해질 가능성은 80%다. 특히 어머니가 비만인 경우는 그렇지 않은 유아보다 비만 위험이 2.5배 이상 증가한다고 알려져 있다. 자녀가 비만이라면 가족 전체의 생활 습관을 바꾸어야 한다.

유아기는 성장이 활발히 일어나는 시기이므로, 비만인 유아는 현재의 체중을 유지하고 키가 성장하도록 돕는다면 상태가 호전될 수 있다. 영아기에 비하여 활동량이 많아진 유아들이 식사를 덜 하려고 할 때 부모들은 어떻게든 밥을 먹이려고 하는데, 비만을 예방하기 위하여 유아가 음식을 남기지 않도록 강요하지 말아야 한다. 그리고 즉석식품, 과자, 탄산음료, 주스, 주문 배달하는 음식, 라면 등 인스턴트 음식의 섭취를 줄이고 음식물의 적절한 양과 질에 주의를 기울여야 한다. 또한 TV 시청이나 디지털기기 사용 시간을 제한하여야 하며, 놀이나 일상생활에서의 활동을 늘리기 위해 야외 활동, 신체 활동을 많이 해야 한다. 유치원에 갈 때 차를 타지 않고 걸어가거나 엘리베이터를 타지 않고 계단을 이용하는 등 자주 걷는 것이 좋다.

소아비만 예방 방법

- 고칼로리, 고지방 음식 줄이기
- 야채와 과일 섭취 늘리기
- 일정한 시간에 식사하기
- TV 시청과 디지털기기 사용은 하루 1~2시간 이내로 제한하기
- 매일 30분 이상 걷기

3) 건강과 안전: 사고

유아기는 운동 능력이 향상되고 호기심이 많은 시기이므로 주변에 대한 탐색 활동을 활발하게 시도한다. 그러나 유아는 위험한 상황에서 판단하고 대처하는 능력이 부족하므로 여러 가지 사고나 위험 상황에 닥치기 쉽다. 2021년 14세 이하 어린이 10만 명당 안전사고 사망자 수는 2.4명으로 2009년 5.4명이었던 것에 비하여 많이 낮아지고 있는 추세다. 어린이 사망 사고의 주원인으로는 교통사고가 있다. 유아기 교통사고로는 자전거나 인라인스케이트 등을 타다가 차와 충돌하는 경우, 길거리에서 놀다가 충돌하는 경우, 보행 중 차에 충돌하는 경우, 탑승 중의 사고 등이 있다. 유아에게 교통사고가 일어날 수 있는 위험 상황을 인식하고 스스로 대처할 수 있도록 구체적이고 반복적인 교육이 필요하다.

한국소비자원이 2021년 14세 미만 어린이 안전사고를 분석한 결과에 따르면 어린이 안전사고는 연령별로는 1~3세의 영유아가 가장 많았고, 성별로는 남아가 여아보다 1.5배 정도 많았다. 유아는 집에 있는 시간이 많으므로 주택에서 사고가 가장 많이 발생했다. 보호자는 바닥에 미끄러지거나 넘어짐, 침대나 의자에 부딪힘이나 추락, 완구 등의 이물질 삼킴 등 주택에서 발생할 수 있는 안전사고의 유형을 인지하고 안전교육을 할 필요가 있다(한국소비자원, 2022).

유아는 시소나 미끄럼틀 등의 야외 놀이기구는 물론 자전거, 인라인스케이트, 퀵보드 등 여러 가지 스포츠를 즐기기 시작한다. 놀이기구나 스포츠를 즐기기 전에 보행자 안전, 자전거를 탈 때 헬멧 쓰기, 스케이트보드를 탈 때 안전 장비 갖추기를 지도하는 안전교육을 통해 안전사고를 어느 정도 예방할 수 있다.

2. 인지발달

유아의 체중은 성인의 30% 정도이지만, 유아의 뇌는 2세 때 성인 무게의 75%에 이르고 5세 때 성인의 90% 정도까지 성장한다. 이러한 뇌의 발달과 함께 유아는 신체적 협응 능력, 지각, 주의, 기억, 언어, 논리적 사고, 상상력 등 다양한 능력을 발달시키게 된다. 뇌의 좌우 반구는 다른 속도로 발달하는데, 3~6세 대부분의 유아에서 좌반구의 성장 급등이 나타난다. 대조적으로 우반구는 유아기와 아동기에 걸쳐서 천천히 발달하며, 8~10세 사이에 활동이 활발해진다(Thatcher, Walker, & Giudice, 1987). 이러한 뇌의 발달은 인지발달과 일치하는 경향이 있는데, 흔히 좌뇌의 영역으로 알려진 언어발달은 유아기에 놀랍게 발달한다. 그리고 우뇌 영역의 하나인 공간적 능력은 위치나 방향을 찾거나 그림을 그리는 데 사용되는데, 아동기, 청소년기에 걸쳐서 점진적으로 발달한다.

1) Piaget의 인지발달이론

Piaget는 유아기가 인지발달의 전조작기(preoperational stage)라고 하였다. 전조작기는 대략 2세에서 6세까지 지속되는데, 이 시기 유아의 사고는 비논리적이고, 아동기가 되어야 논리적 사고가 가능하다. 이 시기 유아의 개념 획득에 가장 결정적인 것은 다양한 언어 활동과 신체 활동을 통한 경험인데, 유아의 인지발달은 자아중심성의 특성을 보이므로 잘못된 개념, 현실에 위배되는 개념들을 가지는 경향이 있다. 또한 이 시기 유아의 판단은 언어화되지 않는 모호한 인상이나 지각적인 판단에 의존하기 때문에 사물에 대한 판단이 잘못된 경우가 많다.

전조작기의 유아는 상징적인 사고 능력이 생기면서 외부 세계를 표상하기 위해 상징(symbol)을 사용하는 **표상적 사고**(representational thought)를 시작한다. 유아는 냉동실 문을 열지 않고도 아이스크림을 말하면서 차갑고 맛있는 아이스크림의 특징을 생각할 수 있다. 유아는 감각을 통해 알고 있는 개념들을 단어, 숫자, 심상의 상징을 사용하여 표현할 수 있는데, 이러한 상징의 사용은 유아들이 실제 눈앞에 없는 것들도 기억하고 생각할 수 있도록 돕는다. 이러한 능력은 이전에 관찰했

◀ **표상적 사고**

상징을 사용하는 대상을 마음 속에 그릴 수 있는 정신 능력

던 것을 모방하거나, 인형이나 물건을 사람으로 상상하고 가상의 상황을 만들어 노는 가상놀이(pretend play)를 통하여 발달한다. 언어는 의사소통하는 상징체계의 사용이라고 할 수 있다.

　전조작기의 유아는 중심화 경향을 보이는데, 중심화(centration)는 사물의 한 가지 차원에만 초점을 두고 다른 중요한 특성들은 인식하지 못하는 경향성을 의미한다. 유아는 어느 상황을 동시에 다양한 관점으로 생각하지 못하므로 비논리적인 결론을 내리게 된다. 중심화는 직관적 사고, 자아중심성의 특징을 통해 잘 나타난다. 직관적 사고(intuitive thinking)는 사물의 여러 측면에 주의를 기울일 줄 모르고 현재 지각되는 어느 한 사실에만 주의를 기울임으로써 그 대상을 규정짓는 사고 특성이다. 유아는 직관적 사고의 특성 때문에 사물의 실제와 겉모습을 구분하는 데 혼란스러워한다. De Vries(1969)는 유아들에게 먼저 고양이를 보여 준 후, 개의 탈을 쓴 고양이를 보여 주고 그것이 무슨 동물인지 물었다. 3세 유아는 모두 겉모습에만 초점을 두어 이 동물이 개라고 하였고, 4, 5세 유아들은 고양이가 개로 변한 것은 믿지 못하지만 그것이 무슨 동물인지 정확하게 설명하지 못했다. 6세가 되어서야 유아는 개처럼 보이는 고양이라고 대답할 수 있었다. 크리스마스에 산타클로스 복장의 선생님이 나타나 선물을 주면 5세 이하의 유아는 정말 산타클로스가 와서 선물을 주었다고 생각한다. 직관적 사고는 분류나 보존 개념의 실험에서 잘 나타난다. 보존 개념(conservation)이란 한 사물의 외양이 변해도 그것의 길이, 양, 무게, 면적, 부피 등은 변화하지 않는다는 사실을 이해하는 것이다.

　[사진 5-1]에서 유아는 짧고 넓은 2개의 컵에 같은 양의 우유가 채워지는 것을 지켜본 후(좌) 한쪽 컵의 우유를 길고 좁은 컵으로 옮겨 부으면(중) 이제 길고 좁은

중심화
사물의 한 가지 차원에만 초점을 두고 다른 중요한 특성은 인지하지 못하는 경향성

직관적 사고
현재 지각되는 어느 한 사실에만 주의를 기울여 그 대상을 규정짓는 사고 특성

보존 개념
물질의 모양이나 위치가 변하여도 물질의 속성은 동일하다는 개념

[사진 5-1] 액체 보존 과제 실험

컵의 우유가 더 많다고 대답한다(우). 이는 우유의 높이라는 시각적인 인상에 의해 좁고 긴 컵의 우유 높이가 올라가서 양도 더 많아 보이는 직관적 사고 때문에 나타나는 현상이다. 또한 우유의 높이에만 주목하고 넓이의 변화를 고려하지 못하는 중심화의 특징도 함께 나타났다고 볼 수 있다.

전조작기 유아가 보존 개념을 획득하지 못하는 것은 동일성, 가역성, 상보성이라는 개념에 대한 이해가 부족하기 때문이다. 어떠한 물체의 모양이 변해도 그 물체는 모양이 변하기 이전과 같은 대상이기 때문에 결국 질량의 변화는 없다는 개념이 동일성(identity)이다. [사진 5-1]에서 짧고 넓은 컵의 우유를 길고 좁은 컵으로 옮겨 부어도 우유의 양은 변하지 않는다는 것을 이해하는 것이 동일성이다. 가역성(reversibility)은 머릿속에서 처음의 상태로 돌아가도록 거꾸로 생각할 수 있어서 결국 양의 변화가 없다는 것을 알게 되는 것이다. 가역성 개념을 이해하는 구체적 조작기의 아동은 '4+5=9'라는 것을 이해하는 동시에 '9-5=4'라는 사실도 이해할 수 있다. [사진 5-1]에서 길고 좁은 컵으로 옮겨 부은 우유를 다시 거꾸로 짧고 넓은 컵으로 옮겨 부을 수 있으므로 결국 같은 양의 우유라는 것을 이해하게 되면 가역성 개념을 습득한 것으로 볼 수 있다. 상보성(compensation)은 한 가지 차원에서 잃어버린 것은 다른 차원에 의하여 보상될 수 있다는 개념이다. 즉, 상보성 개념을 획득하면 동시에 여러 차원을 볼 수 있어서 한 차원에서의 변화를 다른 차원에서의 변화로 상쇄할 수 있다는 생각을 하게 된다. [사진 5-1]에서 컵의 넓이가 넓은 것에서 좁은 것으로 변화했지만 컵의 높이도 동시에 짧은 것에서 높은 것

동일성
모양이 변해도 변화되기 이전과 동일한 대상이라는 생각

가역성
어떠한 문제를 처음의 상태로 되돌려 거꾸로 생각할 수 있는 것

상보성
동시에 여러 차원을 볼 수 있어서 한 차원에서의 변화를 다른 차원에서의 변화로 상쇄할 수 있다는 생각

[사진 5-2] 길이 보존 과제 실험

[사진 5-3] 수 보존 과제 실험

으로 변화했으므로 컵의 넓이의 변화가 높이의 변화로 보상되었다는 것이 상보성이다.

[사진 5-2]에서 같은 길이의 젓가락 2개를 보여 주고 1개를 왼쪽이나 오른쪽으로 밀어 배열을 변화시키자 유아는 자신의 앞에 있는 젓가락이 더 길다고 대답한다. [사진 5-3]에서 같은 수의 그림카드를 두 줄로 늘어놓은 후, 한 줄의 그림카드의 간격을 넓혀 배열을 달리하면 유아는 간격이 넓은 배열의 그림카드가 더 많다고 대답한다. 전조작기 유아는 배열이 변화해도 길이나 수에 변화가 없다는 보존 개념을 아직 획득하지 못한다. [그림 5-2]에서 제시된 것처럼, 보존 개념의 습득은 연령에 따라 다르다. 유아기 후반기인 6, 7세경에는 수, 질량, 길이, 용액 등에 대한 보존 개념이 형성되고, 아동기에 이르면 면적, 무게, 부피 등의 보존 개념이 획득된다.

Piaget는 유아가 7, 8세경에 직관적 사고에서 벗어나 범주 포함 조작이 가능해진다고 주장하였다. 분류(classification)는 유아가 유사점과 차이점을 구별하여 한 가지 범주에 포함된 몇 개의 하위 항목으로 나누는 것을 말한다. 4세의 유아는 색깔과 모양의 두 개 범주를 동시에 범주화(categorization)할 수 있었다. 하지만 살아 있는 것과 살아 있는 것이 아닌 것을 구분하는 것은 무생물체도 생명이 있다고 생각하는 물활론(animism)을 가지고 있어서 혼란스러워하였다. 유아기 초기에 유아는 생명이 없는 대상에 생명과 감정이 있다고 믿는 물활론의 사고 특성을 보인다. 유아는 세상 모든 것은 생명을 가지고 있다고 생각하고, 인형을 침대에 눕히고 재

분류

유사점과 차이점을 구별하여 한 가지 범주에 포함된 것을 몇 개의 하위 항목으로 나누는 것

보존 과제	획득 연령	최초 배열	변형	변형된 배열	원리
수	6~7세	A줄과 B줄에 같은 수의 바둑알이 있는가? 	한 줄을 길게 늘린다. 	A줄과 B줄에 바둑알 수가 같은가?	재배열 후에도 수는 동일하다.
질량	6~8세	찰흙으로 만든 A공은 B공과 같은 양인가? 	B공을 눌러서 납작하게 바꾼다.	A와 B는 같은 양인가?	모양이 변해도 찰흙 양은 동일하다.
길이	7~8세	막대 A와 B의 길이는 같은가?	막대 하나를 왼쪽이나 오른쪽으로 움직여 배열을 변화시킨다. 	A와 B는 같은 길이인가?	배열이 변화해도 길이는 변하지 않는다.
용액	7~8세	A컵과 B컵의 물은 같은 양인가? 	A컵의 물을 넓고 얕은 컵에 붓는다. 	A와 B의 물은 같은 양인가?	물을 담은 컵의 모양이 변하더라도 물의 실제 양은 동일하다.
면적	8~9세	여기 두 농장이 있는데 각 농장에는 풀들이 있다. 소가 농장에서 풀을 뜯어 먹는다. 소는 A와 B에서 같은 양의 먹을 풀을 갖고 있는가? 	한 농장의 풀들의 간격을 벌려 놓는다. 	A와 B에서 같은 양의 먹을 풀을 갖고 있는가? 아니면 왜 그렇지 않은가?	면적을 덮고 있는 물체의 위치를 옮겨도 덮이지 않은 전체 면적은 변함이 없다.
무게	9~10세	A와 B는 공 모양의 찰흙덩어리인데 둘 다 같은 무게인가? 	질량의 보존에서와 같이 A나 B 찰흙공 하나를 눌러서 납작하게 만든다. 	저울에 올려놓으면 A와 B는 같은 무게일까?	모양이나 부피가 변해도 무게는 동일하다.
부피	10~15세	같은 모양의 찰흙공 A와 B를 물에 넣으면 올라오는 높이가 같은가? 	찰흙공 하나의 모양을 눌러서 변형시킨다. 	A와 B가 용기 속의 물을 똑같은 높이로 올릴 것인가?	모양이 변해도 부피는 변하지 않으므로 물 높이는 동일하다.

[그림 5-2] 보존 개념 실험의 예

고양이 인형과 대화하는 유아

우거나 자신을 놀라게 한 장난감을 '때찌때찌' 하며 야단친다. 위 사진의 유아는
돌로 만들어진 고양이가 살아 있다고 생각하여 대화를 나누고 있다. 유아는 자신
과 마찬가지로 사물들도 감정을 가질 것이라고 생각한다. 이러한 물활론은 4, 5세
경이면 감소한다.

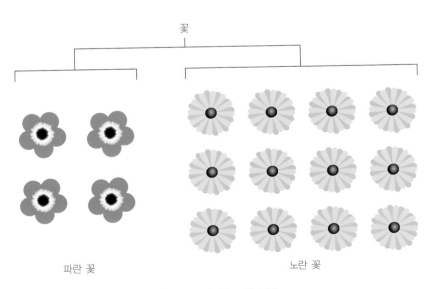

파란 꽃　　　　　　　　　　　노란 꽃

[그림 5-3] 꽃 그림 실험

Piaget는 이 시기의 유아에게 [그림 5−3]과 같이 파란색 달맞이꽃 4송이와 노란색 달맞이꽃 12송이가 그려진 카드를 제시하고 꽃이 많은지 노란 꽃이 많은지 질문하였다. 전조작기의 유아는 노란 꽃이 많다고 대답하였다. 이 실험에서 5~7세 아동의 50% 이상이 색깔이나 형태의 지각적 속성에 따른 직관적 사고에 의하여 범주 포함(class-inclusion) 조작에 실패하였다. Piaget 이후 이론가들은 친숙한 물체나 과제로 항목의 수나 질문 형태 등을 최적화하여 제시하면 범주 포함 조작 능력이 4~6세경에 획득된다고 하였다(Smith, 1979).

전조작기의 또 다른 특성인 **자아중심성**(egocentrism)은 중심화의 한 형태로서, 이기적인 사고를 의미하는 것이 아니라 타인이 자신과 동일하게 생각하고 느끼고 지각한다고 여기고 타인의 관점에서 조망하지 못함을 의미한다.

Piaget는 3개의 산 모형 실험을 통해 자아중심성을 측정하였다([그림 5−4] 참조). 세 산을 탁자 위에 놓고 유아가 A 위치에 앉아서 인형을 C 위치에 두어 마주 앉도록 한다. 그리고 유아에게 세 산의 여러 가지 측면 사진을 보여 주고 인형이 보는 쪽의 산 모양을 사진에서 찾아보도록 하였다. 5세는 자신이 보는 쪽의 사진을 집었고, 6, 7세는 자신이 보는 쪽의 산 모양과 인형이 보는 쪽의 산 모양이 다르다는 것은 알지만 자신이 보고 있는 산 모양을 집었다. 이는 전조작기 유아들이 자신의 조망과 타인의 조망을 구별하지 못하고 타인의 위치에서 보이는 사물의 모습을 추론하지 못한다는 것을 나타낸다.

자아중심성

타인의 생각, 감정 등이 자신과 동일하다고 믿고 타인의 관점을 이해하지 못하는 경향

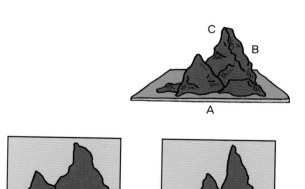

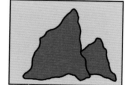

A 위치에서 본 산   B 위치에서 본 산   C 위치에서 본 산

[그림 5−4] Piaget의 산 모형 실험

연령이 증가하면서 유아는 다른 자리에서 보는 산 모양이 자신이 보는 산 모양과 다르다는 사실을 이해하게 되는데 이를 탈중심화라고 한다. 탈중심화가 된 유아도 타인의 위치에서 보는 산의 모습을 정확하게 추론하는 데는 시간이 걸린다.

자아중심성은 언어에서도 나타난다. 유아는 자기가 알고 있는 것을 다른 사람들이 이미 알고 있다고 생각하고 자신이 하고 싶은 말을 하는 자기중심적 언어(egocentric speech)를 사용하게 되는데, 이렇게 의미 전달은 안 되면서 자아중심적으로 이야기하는 것을 집단적 독백(collective monologue)이라고 한다. 유아들이 서로 동시에 자신의 이야기를 하고 있는 것은 의사소통을 하고 있는 것이 아니라 자신이 하고 싶은 말을 하는 집단적 독백이다.

유아는 논리적으로 원인과 결과를 연결 짓지 못하는 전인과성 사고(precausal reasoning)를 한다. 유아는 시간적으로 가깝게 일어난 사건들을 관련짓거나 전혀 관련성이 없는 사건들을 연결한다. 예를 들면, 유아는 동생이 아프거나 부모가 이

집단적 독백
의미 전달은 안 되면서 자아중심적으로 이야기하는 것

전인과성 사고
논리적으로 원인과 결과를 연결 짓지 못하는 사고

유아의 집단적 독백

혼을 하는 것이 자신이 나쁜 생각을 했기 때문이라고 믿는다. 그러나 유아는 원인과 결과가 동등하고 매우 예측 가능한 경우에는 인과성 사고가 가능하다고 한다.

유아는 늘 반복되어 잘 알고 있는 일상적인 상황과 주제에 대해서 부모와 대화할 때 인과성 사고를 보여 주었다고 보고된다(Hickling & Wellman, 2001). 예를 들어, 유아는 손을 안 씻으면 반드시 감기에 걸린다고 생각한다.

2) Vygotsky의 근접발달영역

Vygotsky는 언어를 기초로 한 인지발달이론을 주장한 러시아의 구성주의 교육심리학자다. 그는 유아의 지적 발달이 부모, 친구, 교사와의 사회관계 속에서 이루어진다고 보고, 유아의 지적 능력을 근접발달영역(zone of proximal development: ZPD)으로 설명하였다. 실제적 발달 수준(level of actual development)은 아동이 현재 스스로 문제를 해결할 수 있는 수준이며, 잠재적 발달 수준(level of potential development)은 성인이나 또래의 도움을 받아 과제를 해결하는 수준인데, 이러한 두 수준 사이의 격차가 근접발달영역이다. 즉, 근접발달영역은 유아가 혼자서는 해결할 수 없지만 다른 사람의 도움을 받으면 해결할 수 있는 영역이라고 할 수 있다. 현재의 지적 발달 수준이 같더라도 도움을 받아 개발될 수 있는 능력은 다를 수 있으므로 근접발달영역은 개인에 따라 다를 수 있다.

근접발달영역 내에서 유아가 스스로 문제를 해결하는 수준에 도달하도록 제공되는 친구나 부모, 교사의 도움을 비계설정(scaffolding)이라고 한다. 소꿉놀이, 병원놀이 등의 사회적 상호작용 과정에서 또래 친구나 부모의 도움과 지원은 유아의 언어와 인지발달을 촉진한다. 부모나 돌보는 사람이 유아가 흥미를 느낄 수 있도록 풍부한 경험과 정보를 제공하고 격려하는 것은 유아의 인지발달에 매우 효과적이다. 유아가 혼자서 과제를 해결하지 못할 때 성인은 도움을 주어야 하며, 유아가 문제를 잘 해결해 나가게 되면 성인은 도움을 줄여 가야 한다. 유아가 혼자서 문제를 해결할 수 있을 때는 성인은 간섭하지 않는 것이 좋다. 더 이상 비계설정이 필요하지 않은 것이다. 유치원에 다니기 전에 이러한 비계설정을 받은 유아들은 유치원에 들어가서 학습을 더 잘 해내는 것으로 밝혀졌다(Neitzel & Stright, 2003).

근접발달영역
혼자서는 문제를 해결할 수 없지만 성인이나 친구의 도움을 받아 문제를 해결할 수 있는 영역

비계설정
개인의 잠재적 발달 수준에 제공되는 지원체계

오빠의 도움을 받으며 놀고 있는 여아

타인과의 상호작용에 필수적인 언어 습득은 인지발달에서 매우 중요한 역할을 한다. Vygotsky는 유아와 부모의 언어적 상호작용이 인지발달의 기초가 된다고 보았다. 예를 들면, 4세인 민아가 혼잣말로 소리 내어 "자, 이제 내가 그린 그림을 말려야지. 나는 그림을 창문가에 둘 거야. 햇빛 때문에 잘 마르겠지……."라고 혼 잣말하는 것을 사적 언어(private speech)라고 한다. 또래와 함께 있을 때나 혼자 있 을 때 자신에게 소리 내어 말하는 사적 언어는 주로 4~10세 아동들에게 흔히 나 타난다. 사적 언어는 주로 유아기에 증가하다가 5~7세경에 절정을 이루고 자신 의 행동을 조절하고 통제할 수 있게 되면서 9세경에는 내면화되므로 겉으로 소리 내어 말하는 것은 서서히 사라진다. Vygotsky는 이러한 사적 언어를 자기 자신과 대화하는 것으로 보았으며, 유아는 사적 언어를 통해서 자신의 사고를 정리하고 촉진한다고 하였다. 유아는 어려운 과제에 직면했을 때 자신의 문제 해결에 도움 이 되도록 사적 언어를 많이 사용하며, 특히 어른의 도움이 없는 경우에 사적 언어 는 증가한다(Berk, 1992).

> **사적 언어**
> 혼잣말의 형태로 자신의 사고 를 조절하고 반영하는 수단

3) 기억발달

3세에서 6세에 이르는 동안 유아는 점차 주의집중력이 향상되고, 정보를 처리

하는 속도와 양이 증가하며, 오랫동안 기억하기 시작한다. 만화 주인공이나 공룡의 이름 등 유아에게 친숙한 지식, 긴 정보보다는 짧은 정보를 성인보다 더 잘 기억하는 것을 종종 볼 수 있다. 그러나 일반적인 정보처리 속도가 느리고 세상에 대한 경험과 지식이 부족하므로 학령기 아동들처럼 잘 기억하지는 못한다. 유아는 자신이 이전에 알고 있는 지식과 친숙한 상황에 근거해서 새로운 경험을 이해하려고 하므로, 여행을 다녀온 후에 여행에서 있었던 일을 질문하면 여행에서 있었던 다양한 경험을 기억하지 못하고 밥 먹고 잠을 잔 것과 같은 익숙한 행동들을 기억하여 이야기한다. 연령이 증가하면서 유아는 점차 어떤 사건이나 상황들을 복잡하고 세세하게 기억하기 시작한다.

(1) 주의집중

유아들의 과제 집중 시간은 짧고 쉽게 방해받는다. 주의집중(attention) 능력은 유아의 기억이 발달하는 데 중요한 역할을 한다. 2~4세 유아의 주의집중 시간은 2, 3분에 불과하고, 3~5세경이 되면 주의집중 능력이 현저히 증가한다(Anderson, Lorch, Field, Collins, & Nathan, 1986). 유치원에서는 유아의 짧은 주의집중 시간을 고려하여 유아의 활동을 10~15분마다 바꾼다. 유아는 어떤 활동을 하다가도 또 다른 활동에 흥미를 보이는 경우가 많다. 유아는 성장하면서 과제와 관련된 자극에만 선택적으로 주의를 집중하거나 행동하기 전에 계획을 세우는 등의 주의 전략을 사용함으로써 주의집중 능력이 증가한다.

(2) 기억

유아의 기억은 감정이나 욕구에 의해 강한 영향을 받는다. 유아에게 흥미로웠던 것, 기뻤거나 슬펐던 경험은 장기간 기억된다. 또 전체적으로 기억하는 것도 유아기 특징이다. 유아가 동요나 광고에 나오는 노래를 기억했다고 하더라도 처음부터 부르지 않고 중간부터 부르기는 어렵다. 글자도 통글자로 인식한다. '과자'라는 글자를 읽을 수 있다고 해서 반드시 '과'자와 '자'자를 읽을 수 있는 것은 아니다.

만 2세경이 되면 친숙한 소리를 구별하여 말하거나 동요를 따라 부를 수 있고, 특정한 물건을 찾아올 수 있다. 만 3세경에는 얼마 전에 경험한 일들을 이야기하고, 친숙한 사람을 알아보고 인사를 나눌 수 있으며, 그림 속에 있었던 물건이 무엇이었는지를 기억할 수 있다. 만 4세경에는 1년쯤 전에 있었던 사실도 기억할 수 있고, 잘 알고 있는 동화는 책을 보지 않고도 이야기할 수 있으며, 1부터 10까지 빠짐없이 외울 수 있고, 5개 정도의 동요를 외울 수 있다.

유아에게 그림 10개를 보여 주고 그것들을 다른 몇 개의 그림과 섞은 후 처음에 본 그림을 찾아내라고 했을 때, 4, 5세의 유아들은 거의 완벽하게 처음에 본 그림들을 찾아낸다. 유아는 그림을 펼쳐 놓고 그 그림을 전에 본 적이 있는지 기억해 내는 재인(recognition)에 매우 유능하다. 그러나 그림을 눈앞에서 치우고 유아들이 봤던 그림을 설명해 보라고 하는 회상(recall)은 재인보다 부족하다. 2세의 유아는 겨우 1, 2개의 그림을 기억해 낼 수 있고, 4세의 유아는 3, 4개의 그림을 기억해 낼 수 있다(Perlmutter, 1984). 물론 회상이 재인보다 더 어렵다. 그러나 성인의 회상 능력과 비교하면 유아의 회상은 매우 부족한데, 이는 기억 전략(memory strategies)을 잘 사용하지 못하기 때문이다. 즉, 기억해야 할 정보를 여러 번 반복해서 암송하는 시연(rehearsal), 정보를 서로 관련이 있는 것끼리 묶어 범주나 집단으로 분류하여 기억하는 조직화(organization), 서로 관계가 없는 정보 간의 관계를 설정해 주는 정교화(elaboration)와 같은 기억 전략들을 사용하지 못한다. 이러한 기억 전략 사용의 부족은 유아가 처리해야 할 정보가 많지 않아서 이러한 전략을 사용할 필요가 없기 때문이기도 하고, 작업기억의 용량이 부족하기 때문이기도 하다고 설명된다(Bjorklund & Coyle, 1995).

(3) 초인지

유아는 기억하는 방법이나 전략의 사용에 대해 잘 알지 못하지만 기억과 문제해결력이 발달하면서 자신의 사고과정을 되돌아보기 시작한다. 자신의 사고 능력과 정신 활동에 대해 알고 있는 지식을 초인지(metacogniton)라고 한다. 초인지는 기억체계의 과정 전체를 지각하고 통제한다. 유아는 언어와 인지발달을 통해서 초인지를 조금씩 발달시켜 나가며, 3, 4세의 유아도 짧은 내용이 기억하기 쉽고 또, 긴 내용을 기억하는 데는 많은 노력이 필요하다는 것을 안다(Kreutzer, Leonard, & Flavell, 1975; Yussen & Bird, 1979). 유아는 주로 반복 시연(rehearsal)을 통해 자료를 기억하기는 하지만 효율적인 기억 전략을 찾아내거나 사용하는 데

재인
현재 경험하고 있는 것이 과거에 경험한 것과 같은지 알아내는 것

회상
과거의 경험이 필요에 의해 다시 의식으로 떠오르는 것

초인지
자신의 사고 능력과 정신 활동에 대해 알고 있는 지식

어려움을 겪는다. 유아에게 자료를 제시할 때, 보다 친숙한 상황에서 전략을 사용하도록 도와주고 전략을 사용하는 과정을 단순화해 주면 전략을 효율적으로 사용하는 것이 가능할 수 있다. 유아가 생각한다, 믿는다, 원한다 등 정신 상태에 대해 묘사하는 어휘력을 풍부하게 배울 수 있도록 도와주는 것과 나이가 더 많은 형제자매나 또래와 어울리는 사회적 경험은 초인지발달에 도움을 준다.

유아의 기억발달을 도와주는 팁

- 유아의 흥미를 일으킬 수 있는 자료를 제공한다.
- 될 수 있는 대로 많은 반복을 시킨다.
- 안정된 기분을 유지하게 한다.
- 기쁨이나 슬픔과 같은 정서와 결합시켜 준다.
- 기억의 규칙과 질서, 유의미성을 보여 준다.

4) 언어발달

2~3세의 유아는 450단어 정도의 어휘를 사용하여 표현하며, 그보다 더 많은 단어를 이해할 수 있다. 3세경의 유아는 3개 이상의 낱말을 연결하여 문장을 만들어 사용할 수 있으며 900~1,000단어 정도의 어휘력과 문법의 초보적 지식을 갖추게 된다. 4세경이면 어린이 문법이 사라지고 복잡한 문법을 이해할 수 있고, 주소와 생년월일을 이야기하는 것이 가능하다. 5, 6세경이면 2,600단어를 사용하여 말할 수 있고 20,000단어 이상을 이해할 수 있어서(Owens, 2005) 모국어가 기본적으로 완성된다고 볼 수 있다. 대부분의 5세경 유아는 모국어의 발음을 모두 습득하지만 어려운 몇 개의 발음에서는 여전히 어려움을 겪는다. 유아는 자신이 발음하기 쉬운 단어들을 많이 사용하는 경향이 있다.

이러한 폭발적인 언어 습득은 유아가 대화에서 한 번 또는 두 번 들은 새로운 단어의 적절한 의미를 이해하고 받아들이는 신속표상대응(fast mapping)을 통해서 일어난다. 언어학자들도 신속표상대응이 어떻게 일어나는가를 설명하지는 못하지만, 신속표상대응은 단어 형성의 규칙, 비슷한 단어들, 상황과 맥락, 대화에서

신속표상대응
새로운 이름과 낯선 대상을 연결시켜 어휘를 확장해 가는 것

의 주제 등에 기초하여 이루어지는 것으로 알려져 있다. 3세 미만의 유아들도 새로운 단어를 유사한 다른 상황에 적용할 수 있는 것으로 나타났다(Golinkoff, Jacquet, Hirsh-Pasek, & Nandakumar, 1996).

책을 읽는 유아

유아기에는 음절, 단어, 문장을 결합시키는 문법적 지식도 급속하게 발전한다. 3세경까지는 일반적으로 문장이 짧고 간결하며 선언적이다. "나 우유 줘." "언니들 미웠어."와 같이 조사가 생략되지만 복수

형태나 과거형 등의 시제를 사용하기도 한다. 유아의 언어발달 수준을 알아보기 위해 한 문장 내에서 기본 의미 단위인 형태소(morpheme)의 수를 통해 문장의 길이를 살펴보는 평균발화길이(mean lenth of utterence: MLU)가 사용된다. 평균발화길이는 문법적으로 정교화되는 것과 관련이 있다. 예를 들어, '고양이 있다.'라는 2개의 형태소가 연결된 문장에서 '들'이라는 복수를 나타내는 형태소가 더해지면 '고양이들 있다.'는 세 개의 형태소가 연결된 문장이 되므로 형태소가 늘어나고 평균발화길이가 늘어난다. 우리나라 유아는 만 3세경에 우리말의 기본 구문 구조를 산출하기 시작하며, 일부 격조사나 문장 어미 등 형태소도 적절하게 산출하기 시작한다고 보고되었다(배소영, 2001).

4, 5세경이 되면 "엄마, 공."에서 "엄마, 공이 어디 있어?"라고 문장을 표현하게 된다. 보통 4, 5개의 단어를 사용하여 문장을 만들고, "나 배 안 고파."와 같은 부정형을 사용하거나 "배고파서 밥 먹어."와 같이 부모들이 종종 사용하는 원인과 결과 등 단어 간의 상호관계를 표현하는 복잡한 문장들을 사용하기도 한다. 또한 '그리고…… 그래서…… 그리고……'와 같이 접속어를 반복적으로 사용하는 경향이 있다.

5～7세의 유아들은 거의 어른처럼 말한다. 유아는 상호관계나 비교에 의해 의미를 이해하는 관계어(relational words)의 이해 능력이 발달하게 되는데, 특히 '크다-작다' '많다-적다' '높다-낮다' 등과 같이 상대적 의미를 보여 주는 대립관계어(relational contrasts) 이해 능력의 발달이 이루어진다. 문장도 길어지고 복

▸ **과잉규칙화**
어떤 언어 규칙이 예외가 되
는 단어에도 적용되어 생기는
오류

잡해지고 표현도 잘하지만 문장의 이해나 문법은 완전하지 못하다. 과잉규칙화 (overregularization)는 전보문 단계 이후의 유아가 문법적 지식을 발달시키면서 나타나는 현상으로, 유아가 문법 규칙을 지나치게 적용하여 나타나는 실수를 말한다. 주격조사를 과잉규칙화하여 '엄마이가' '선생님이가'로 사용하거나 어미를 과잉규칙화하여 '~한다요'라고 하는 것이 그 예다. 미국 유아는 동사의 과거형을 나타낼 때 어미 −ed를 붙인다고 처음으로 배우게 되면, 이러한 현상이 모든 과거형 어미에 적용된다고 생각하여 go의 과거형을 went가 아닌 goed라고 표기하거나 run의 과거를 runned로 표현하기도 한다. 한 예로, 미국에 이민 간 6세의 한국 아동은 형이 이를 닦는 중이라는 것을 표현하기 위해 '형아 is 이빨 닦어ing'이라고 영어 문장 속에 우리말을 변형시켜 넣는 과잉규칙화 현상을 보여 주었다. 유아는 만 7세경이 되어야 문법 규칙을 정확하게 판단한다.

언어발달이 이루어지면서 유아는 실제 생활에서 언어를 어떻게 사용해야 하는가에 대한 자신감이 생기게 된다. 이제 유아의 언어는 이야기를 시작하고, 대화를 이끌어 가며, 다른 사람의 이야기를 듣고 적절하게 반응하는 사회적 언어(social speech)로 발전한다.

말을 늦게 배우는 것을 언어발달 지연(speech delay)이라고 한다. 언어발달 지연이 왜 일어나는가에 대해서는 명확히 설명되지 않고 있지만, 유전적 요인, 사회경제적 요인, 발달 지연, 듣기 능력의 문제, 신속표상의 문제 등이 언급되고 있다. 대개 남아가 여아보다 말이 늦는 경향이 있다. Albert Einstein도 3세에 말을 더듬더듬 하기 시작했고, 7세가 되어서야 읽을 수 있었다고 한다. 말이 늦다고 해서 무조건 도움이 필요하다고 판단할 수는 없지만, 언어치료가 효과적인 역할을 하는 경우도 많다.

언어발달장애(speech disorder)는 또래 유아와 비교하여 언어발달 과정이 현저하게 지체되거나 1년 이상 차이를 나타내는 경우를 말한다. 언어발달장애를 보이는 유아는 자신의 의사를 말로 표현하는 데 어려움을 느낀다. 언어발달장애가 있는 유아는 사용하는 단어가 낱말 구조나 문장 구조에 맞지 않거나 부적절한 어휘를 사용하여 의미 전달에 어려움을 가지며, 의사소통이 잘 안 되는 경우에 떼를 쓰거나 울고 소리를 지르는 등의 행동을 보이기도 한다. 다른 발달에는 문제가 없으나 언어발달에서만 어려움을 보이는 단순언어장애가 있고, 지적장애, 청각장애,

자폐, 뇌성마비 등의 장애로 인해 언어발달장애를 보이는 경우가 있다. 언어발달 장애의 원인으로는 뇌의 구조적인 문제, 환경호르몬, 중금속, 예방접종 부작용 등 이 지적되고 있는데, 언어발달장애 유아에게는 공통적으로 뇌의 불균형적인 발달 이 나타난다. 따라서 유아가 크면 나아질 것이라고 생각하고 언어발달장애인 유 아를 방치한다면 뇌의 발달 상태가 많이 지연되고 불균형이 심화되어 언어발달이 더욱 어려워진다. 언어발달장애 유아는 전문가의 정확한 진단을 통해 적절한 치 료를 진행하는 것이 좋다.

유아의 언어발달 문제발견을 위한 체크리스트

- 만 2세가 되었는데 말을 하지 않는다.
- 만 3세가 지난 유아의 말을 거의 알아들을 수 없다.
- 만 3세가 되었는데도 아직 두세 낱말로 구성된 문장을 사용하지 않는다.
- 만 5세가 지났는데 받침을 생략하거나 문장 구조에 문제가 있다.
- 만 5세가 지났는데 비정상적인 말의 속도, 억양이 나타난다.
- 만 6세가 지났는데 말이 유창하지 못하다.

3. 심리사회적 발달

1) 자아발달

자기 자신에 대한 능력, 태도, 느낌을 모두 포괄하는 **자아개념**(self-concept)은 어 떻게 발달할까? 자아개념은 다른 사람들이 자신을 어떻게 이해하고 평가하는가 에 의해 크게 영향을 받으므로 유아기 이전부터 발달하기 시작하지만 다른 사람 과 사회적 관계를 맺으면서 더욱 구체적으로 형성된다. 초등학교에 입학하기 전 까지의 자아개념은 긍정적이고 낙관적인 경향이 있다. 학교에 들어간 이후에 아 동은 좀 더 현실적이 되고, 구체적인 과제에서 어떤 수행 결과를 보였는가에 따라 서 높고 낮은 자아개념이 형성된다.

자아개념
자신의 특성, 능력, 태도, 가치, 느낌 등에 대한 총체적인 견해

206

4세 이전까지 유아는 "나는 엄마, 아빠와 살고, 자장면을 좋아한다." "나는 100까지 셀 수 있고, 의자 위에서 뛰어내릴 수 있다."와 같이 자신에 대해 구체적이고 외부에서 관찰 가능한 행동에 대해서 묘사한다. 그러나 5~7세의 유아는 자신에 대해 완전히 다르게 표현하는데, "난 똑똑해." "애들이 날 좋아해."와 같이 자기 자신의 내재적 특성을 고려한 일반화된 자아개념을 보여 준다.

신피아제 학파들(Case, 1985; Fischer, 1980)에 의하면, 자아개념의 변화는 3단계로 이루어진다.

1단계는 4세경의 유아가 자신에 대해 한 가지 차원에서 진술하는 단계다(single representations). "나는 강아지를 좋아한다. 나는 강하다."와 같이 논리적인 연결 없이 각각의 특징들을 나열하는 수준이다. 이 단계에서는 두 가지 감정을 동시에 가지는 것을 상상하지 못하는데, 동시에 다른 관점을 고려할 수 없기 때문이다. 이 시기의 유아의 사고는 현실 속의 진짜 자아(real self)와 자신이 되고 싶어 하는 이상적인 자아(ideal self)가 다르다는 것을 인식하지 못한다. 이 시기 유아의 거짓말은 그것이 거짓말임을 자신이 인식하지 못하는 경우가 많다. 예를 들면, 유치원에서 자기 집에 강아지가 있다고 늘 자랑하던 유아는 친구의 엄마가 집에 강아지가 없음을 확인하는 질문을 했을 때 당황해한다. 강아지를 집에서 기르고 싶은 것을 실제와 구분하지 못하여 집에 없는 강아지를 기르고 있다고 자랑한 것이다. 유아는 실제 자아와 이상적인 자아가 다르다는 것을 인식하지 못하여 자신이 가지고 싶은 것을 가지고 있다고 표현하는 경우가 많으므로 이러한 행동을 거짓말이라고 야단쳐서는 안 된다. 거짓말을 하지 말라고 야단쳐도 이러한 거짓말은 계속되며 나쁜 것이라고 인식하지 못한다. 이러한 현상은 성장하면서 점차 사라진다.

2단계는 5~6세경의 유아가 몇 개의 자아개념을 논리적으로 연결하기 시작하는 단계다(representational mappings). 자신의 체격, 연령, 성 등 전체적인 범위에서 자신을 구체적으로 설명할 수 있지만, 여전히 긍정적인 자아개념을 가지고 있고, 자신이 어떤 영역에서는 부정적인 자아개념을 가질 수 있다는 것을 의식하지 못한다.

3단계는 7세경의 유아가 자신에 대해 통합된 구체적인 자아개념을 갖게 되는 단계다(representational systems). "나는 축구는 잘하지만 숫자 계산은 잘 못한다."와 같이 자신을 매우 현실적이고 균형 잡힌 시각에서 묘사한다.

자아존중감(self-esteem)은 자기 자신의 가치에 대한 포괄적인 긍정적 혹은 부정적 평가를 의미하며 자신감과 같은 정서적인 반응을 포함한다. 자아존중감은 자신을 묘사하는 유아의 인지적 능력의 성장과 관련이 있는데, 5~7세에 자아개념의 변화가 이루어지기 전까지는 자아존중감도 현실에 근거하지 않는 경향이 있다. 유아는 어른들의 긍정적이고 무비판적인 피드백을 그대로 받아들이며, 대부분 자신을 가치 있고 긍정적인 존재로 평가한다. 아동기에 가서야 부모와 사회적인 가치와 기준을 내재화하여 보다 현실적인 자아존중감을 갖게 된다. 자아존중감이 높은 유아들은 높은 성취를 하고자 한다. 자아존중감이 높은 유아들의 부모나 교사들은 전반적인 비판보다 구체적인 행동에 대한 피드백을 주는 경향이 있다. 예를 들면, "신발 거꾸로 신은 것 안 보이니? 넌 도대체 언제 신발을 제대로 신는 방법을 배울래?"라고 야단치기보다는 "신발을 한번 봐. 왼쪽 신발이 오른쪽 발에 있네."라고 구체적으로 표현한다.

자아존중감
자신의 가치에 대한 전체적 평가

2) 성격발달

예전에는 '미운 일곱 살'이라는 표현이 있었지만 요즈음엔 '미운 세 살'이라고 이야기한다. 생후 24개월 이후 유아는 의사소통이 가능해지고 걷고 뛰는 활동이 자유로워지면서 말끝마다 '싫어'를 외치고, 제 고집대로만 하려고 하며 아무데나 드러눕는 등 말썽을 부린다. 서양에서도 이 시기를 '끔찍한 두 살(terrible twos)'이라고 표현한다. 유아는 자신의 자율감을 표현하기 위해 주어지는 거의 모든 것에 저항하므로 부모의 말을 안 듣는 고집불통의 미운 아이로 변하며, 이러한 상태는 학교에 가기 전까지 지속된다.

(1) Freud의 심리성적 발달이론

Freud의 심리성적 발달이론에 따르면, 유아기는 항문기와 남근기에 해당된다. 항문기(anal stage)는 3세까지로 성적인 욕구가 항문으로 이동하는 시기다. 배변훈련 시기이므로 배설물을 참고 보유하거나 배출하는 데에서 쾌감을 얻는다. 자신의 배변을 훈련시키는 부모에 대한 적대감과 부모의 사랑을 받으려고 하는 욕구 간의 갈등을 해결해야 한다. 부모가 배변훈련을 너무 엄격하게 시키면 이 시기에 고착되어 어지르고 무질서한 사람이 되거나 지나치게 깨끗한 결벽증, 완벽주의자의 항문기적 성격이 형성될 수 있다. 적절한 대소변 훈련을 시킨다면 생산적이고 창의적인 사람으로 성장한다.

남근기(phallic stage)는 성적인 욕구가 성기에 머무르는 시기다. 초자아(super ego)가 발달하면서 아동 스스로가 자신의 사고와 행동을 살피고 감시하기 시작한다. 자신에 대해 엄격하고 나쁜 행동을 했을 때는 죄책감, 수치심 혹은 자존심의 저하를 느낌으로써 자아(ego)를 벌하는 경향이 있다. 남아는 오이디푸스 콤플렉스, 여아는 엘렉트라 콤플렉스를 통해서 자신의 성역할을 습득하고 성정체성을 발달시켜 나간다. 유아는 자신과 다른 성의 부모를 자신이 소유하고 싶어 하고, 이러한 감정이 처벌받을 것이며 부모의 사랑을 잃어버릴지도 모른다는 강한 불안을 갖게 된다. 처벌을 피하고 이러한 불안을 없애기 위해서 유아는 자신과 같은 성의 부모를 동일시(identification)함으로써 이러한 불안을 극복하고 부모의 성역할을 닮아간다. 자아가 약하여 원초아(id), 자아(ego) 및 초자아(super ego)의 조절을 잘 이루지 못하는 유아는 성격 문제가 유발될 수 있다.

오이디푸스 콤플렉스
아들이 어머니에 대해 애정을 가지고 아버지를 성적인 경쟁자로 생각하여 적대감을 가지는 것

엘렉트라 콤플렉스
딸이 아버지에 대해 강한 소유욕적인 애정을 품고 어머니에 대한 강한 경쟁의식을 가지는 것

(2) Erikson의 심리사회적 발달이론

유아기는 Erikson의 심리사회적 발달이론에서 자율성 대 수치 및 의심의 2단계와 주도성 대 죄의식의 3단계에 해당된다.

배변훈련을 하는 유아

자율성 대 수치 및 의심(autonomy vs shame and doubt) 단계에서 2세의 유아는 혼자서 걷고 물건을 잡는 등의 신체적 기술이 발달하면서 주위를 활발하게 탐색하고 남의 도움을 받지 않고 행동하고자 한다. 숟가락질도, 컵으로 물을 마시는 것도 모두 스스로 해 보고자 한다. 거부나 비난 없이 자신의 방법과 속도로 행동하는 것이 허용되고 격려받는 지속적인 경험을 바탕으로 자율성이 발달한다. 그러나 배변훈련을 너무 엄격하게 시키거나 유아가 스스로 행동할 수 있는 기회를 주지 않으

면 유아는 수치심을 갖게 된다. 수치심은 자신이 타인의 눈에 좋게 보이지 않는다고 생각할 때 갖는 느낌이다. 부모가 도와주지 않고 내버려 두거나 과잉 보호하면 유아가 자신의 환경을 통제하는 능력에 의심을 갖게 되어 수치심이 형성된다. 유아가 오줌을 싼다거나, 언제나 부모가 떠먹이는 음식을 받아먹기만 하는 모습을 다른 사람들에게 보이는 것을 부끄러워하면서 수치심이 생긴다. 부모는 유아가 스스로 선택하고 행동하도록 함으로써 자신의 의지를 나타내는 자율성을 잘 형성해 가도록 적절한 도움을 주어야 한다. 유아가 사용할 수 있는 가벼운 숟가락이나 플라스틱 컵, 쉽게 단추를 끼울 수 있는 옷 등을 준비해 주어서 유아가 실패하지 않고 스스로 하는 활동에 재미를 느끼면서 계속하도록 한다.

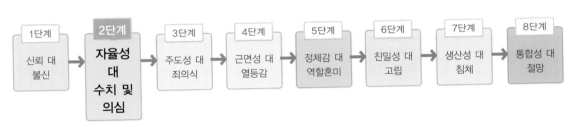

[그림 5-5] Erikson의 심리사회적 발달단계와 유아기-2단계

3단계 주도성 대 죄의식(initiative vs guilt) 단계는 유아가 자신감 있는 자아상을 발달시키고, 자신의 정서를 효과적으로 조절하며, 도덕성에 대한 개념을 형성하고, 새로운 사회적 기술을 습득하는 시기다. 유아가 자율성을 획득하고 부모와 떨어져도 안전하다는 것을 느끼면, 이 단계에서는 좀 더 진취적으로 목적의식을 가지고 행동하게 된다. 주도성은 사회적으로 수용 가능한 방식으로 자신을 주장하는 힘이다. 유아는 새로운 과제를 가지고 씨름하고, 또래 친구와의 활동에 참여하며 어른을 도울 수 있는 일이 무엇인지 알게 된다. Erikson은 유아가 놀이를 통해서 자신과 사회적 관계에 대해 알게 된다고 하였다. 유아에게 놀이란 어른의 생각 혹은 계획에 비교할 수 있다. 유아는 놀이를 통해 작은 실패 경험을 하고 새로운 기술을 익히며, 공동의 목적을 달성해야 하는 그들만의 작은 사회적 관계를 조직하는 경험을 한다. 영아기에는 주 양육자와 가까이 있고 싶고 신체적 접촉을 원하는 애착을 형성하지만, 유아기에는 다른 사람들로부터 도움을 받거나 인정받고

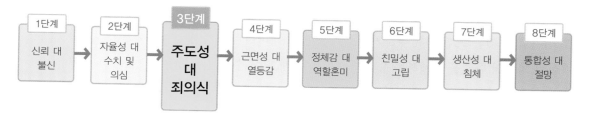

[그림 5-6] Erikson의 심리사회적 발달단계와 유아기-3단계

사랑받고 싶은 의존성을 발달시키게 된다. 유아는 가족의 범위를 넘어서서 경찰관, 의사, 간호사, 소방관 등 다양한 직업을 가진 사람들을 알게 되는데, 이를 통해 자신과 사회의 관계를 이해하기 시작한다.

유아는 언어 능력과 운동 기능이 성숙하면서 주변 환경을 탐색하는 데 매우 공격적이고 힘이 넘친다. 부모와 가족이 유아에게 자유롭게 움직이고 탐구하고 실험할 수 있는 자유를 부여해 주면, 아이들은 주도성을 가지게 되고 목표 지향적이된다. Erikson은 유아의 활기 넘치는 놀이와 새로운 과제를 습득하려는 노력을 어른이 못하게 하면 유아가 어른에 의해 위협받고, 혼나고 있다고 느끼기 때문에 죄의식을 갖게 된다고 하였다. 어른에 의해 제재를 당하는 것은 자신감을 무너뜨리고 외부 세계에 대해 두려움을 갖게 한다. 유아의 활동을 제한하고, 유아의 질문을 귀찮게 여기거나 질문에 대한 대답이 일관성이 없으며, 유아가 무언가를 주도적으로 하려 할 때 부모가 심하게 꾸짖으면, 유아는 계획이나 목표를 이루지 못하고 새로운 활동을 나쁜 것이라고 느끼며 자연적인 추진력에 대한 죄의식을 갖게

유아의 성격발달에 도움을 주는 팁

- 유아의 행동을 방해하지 말고 느긋하게 기다려 주어야 한다.
- 힘으로 유아의 기를 꺾어서는 안 된다.
- 유아가 스스로 선택하는 상황을 만들어 준다.
- '~하지 말라'는 명령조나 윽박지르기보다는 대안을 제안하는 것이 현명하다.
- 같은 상황에서 일관성 있게 대처해야 한다.
- 주 양육자의 원칙과 의견을 존중한다.

된다. 부모와 교사는 유아를 방해하지 않으면서 위험한 물건을 다루다가 다치지 않도록 감독해야 한다. 또한 유아가 실패했을 때 실패는 자연스러운 일이라는 분위기를 조성하여 죄의식을 느끼지 않도록 해야 한다. 놀이와 활동의 종류를 선택할 시간과 기회를 주고, 유아가 놀이에 열중할 때는 가능한 한 방해하지 않으며 유아의 제안을 수용하거나 활용하면서 언제나 긍정적인 표현을 해야 한다.

3) 정서발달

유아기에 발달하는 중요한 능력 중의 하나는 감정을 조절하고 다른 사람의 감정을 이해하는 능력이다. 유아기에는 대인관계의 폭이 넓어지고 다양해지므로 감정에 대한 조절 능력을 발달시키는 것이 자신의 행동을 통제하는 데 도움이 되며, 다른 사람들과 잘 어울려서 지낼 수 있는 능력이 발달하는 것을 의미한다.

유아는 자신의 감정에 대해 이야기할 수 있지만 종종 다른 사람의 감정을 이해하지 못하거나 자신과 다른 사람의 감정이 다르다는 것을 구별하지 못한다. 4, 5세경이면 여러 가지 정서를 유발하는 원인에 대해 판단하기 시작하는데, 주로 외적 요인에 근거하여 이해하는 경향이 있다. 예를 들면, "민희는 오늘 행복해요. 왜냐하면 새로 산 바지를 입었거든요."라고 자신의 정서를 표현하는 유아는 외적 요인인 새로 산 바지에 자신의 행복감의 원인을 돌리고 있다. 연령이 증가하면서 내적 요인이 정서를 유발하는 것에 대해 이해의 폭이 넓어진다.

그러나 Piaget의 중심화에서 살펴볼 수 있는 것처럼 유아는 정서를 유발하는 다양한 원인을 동시에 고려하지 못하며, 가장 확실한 한 가지 원인에 초점을 두어 생각한다. 4, 5세 유아는 고장 난 자전거와 함께 행복한 얼굴을 한 아이가 있는 모순된 상황이 있는 사진을 보면서 "아이가 자전거 타는 것을 좋아하니까 행복하다."와 같이 정서 표현에만 초점을 두어 이해한다.

또한 유아는 감정이 욕구와 관련되어 있어서 사람들이 자신이 원하는 것을 가지면 행복하고 원하는 것을 가지지 못하면 슬플 것이라고 생각한다. 성장하면서 감정적인 이해는 더욱 복잡해지는데, 이러한 이해는 5~7세의 자아개념 변화와도 관련이 있다. 가지고 놀던 공이 차도로 굴러갔을 때 4세 유아는 차도에 들어가면 안 된다는 규칙을 어기더라도 공을 갖게 된다면 행복할 것이라고 하였고, 자신이 규칙을 잘 지키는 사람이라는 자아개념을 가진 5세 이상의 유아는 규칙을 지키면 기분이 좋아지고 규칙을 어기면 기분이 나빠질 것이라고 말하였다(Lagattuta, 2005).

유아는 부정적 정서에 대처하는 능력도 발달시킨다. 불쾌한 장면이나 경험에 직면했을 때, 유아는 불쾌한 장면에서 관심을 다른 곳으로 돌리거나 즐거운 생각을 하려고 노력함으로써 부정적 정서를 조절한다. 유아는 3, 4세쯤이면 불쾌한 소리를 듣지 않기 위해 눈이나 귀를 막는 등의 전략을 사용한다. 스스로 관심을 다른 곳으로 돌리는 것을 할 수 있는 3세 유아는 학령기에 협동적이고 문제 행동을 적게 일으키는 아동으로 성장한다(Gilliom et al., 2002).

유아의 정서발달에 영향을 미치는 요인은 유아의 선천적 기질, 가정과 유치원에서의 적응, 또래 친구와의 상호관계 형성 등 다양한데, 특히 부모와의 상호작용은 유아의 정서발달에 매우 중요하다. 어머니와 안정 애착이 형성되고 감정에 대해 자주 대화를 나누는 유아는 정서를 잘 이해하며, 부모가 사용하는 정서조절 전략과 비슷한 정서조절 전략을 사용한다. 유아는 성인이 감정을 다루는 것을 관찰하면서 정서조절 전략을 배우는데, 부모가 감정을 조절하는 전략을 설명해 주고 참을성 있게 긍정적인 정서를 표현해 주면 유아는 스트레스 관리 능력을 강화시킨다(Gottman, Katz, & Hooven, 1997). 그러나 스스로 분노를 통제하지 못하거나 부정적인 정서를 계속해서 경험하는 부모의 유아는 감정을 억제하는 데 어려움을 가지며, 힘든 상황에서 화를 내고 공격적으로 반응하기 쉽다. 정서조절 능력이 낮은 유아는 친사회적 행동을 덜 보인다(Bengtsson, 2003). 부모의 지나친 간섭과 기대는 유아의 자율성과 호기심을 잃게 하므로 정서적 불안 상태를 유발할 수 있다. 예술적이고 정서가 풍부한 동화책을 많이 읽고 부모와 안정적인 애정을 교류하는 것은 유아의 정서발달에 도움이 된다.

4) 도덕성 발달

옳고 그름을 구별하는 능력인 양심은 유아기에 형성되기 시작한다. 유아는 처음에는 성인에 의해 도덕성이 통제되는 단계를 거쳐 점차 자신의 내적 기준에 의해 옳고 그름을 판단할 수 있게 된다. 인지발달 이론가들은 도덕에 대한 유아의 사고방식이 성숙하면서 도덕적 발달이 이루어진다고 보고 도덕의 인지적 측면 또는 도덕적 추론을 강조하였다.

Piaget는 아동의 도덕성 발달이 인지발달과 병행하여 진행된다고 주장하면서, 인지적 성숙과 사회적 경험이 도덕성의 발달을 가져오는 중요한 요인이라고 설명하였다. 도덕적으로 성숙한다는 것은 규칙을 존중하고 사회 정의감, 즉 만인이 사회적으로 정의된 질서의 규칙 아래서 정당하고 공평하게 대우받아야만 한다는 것에 대한 관심이 생기는 것을 의미한다. Piaget는 5~13세에 해당되는 스위스 아동들을 대상으로 임상 실험을 하였다. 우선 판단력 게임의 규칙에 대하여 이해하는지를 질문하였고, 나아가 아동에게 선과 악의 행동을 하는 주인공의 의도와 그 행동의 결과가 달라지는 이야기를 제시하였다. 제시한 이야기는 다음과 같다 (Piaget, 1965).

- 존은 제 방에 있다가 저녁 먹으라는 말을 듣고 내려와서 식당 문을 열었다. 문 바로 뒤에는 의자가 있었고, 의자 위에는 쟁반과 함께 컵 15개가 있었다. 존은 그 사실을 알지 못하였다. 존이 문을 열자마자, 문이 쟁반에 부딪히면서 컵이 모두 산산조각 나 버렸다.
- 어머니가 외출하고 없을 때, 헨리는 어머니의 허락 없이 과자 통에서 과자를 먹으려고 의자에 올라가 과자 통에 손을 대다가 그 옆에 있는 컵 1개를 깼다.
- 존과 헨리 중 누가 더 나쁜가?

이와 같은 질문에 대한 답변의 수준, 즉 규칙이나 정의, 의도성에 대한 이해, 벌에 대한 태도 등에 대한 질문 및 답변을 근거로 하여 Piaget는 아동의 도덕성 발달 단계를 전도덕성 단계, 타율적 도덕성 단계, 자율적 도덕성 단계의 3단계로 구분하였다.

전도덕성 단계(pre-moral stage)는 4세까지의 유아가 해당되며, 인지발달이 이루어지지 않아서 규칙을 이해하지 못하고 도덕적인 판단을 할 수가 없다. 타율적 도덕성 단계(heteronomous stage)는 5~6세의 유아가 해당되며, 아직 다양한 정보를 바탕으로 도덕적 판단을 하지 못하므로 두드러진 특성이나 결과적으로 드러난 사실에 기초하여 판단하는 경향이 있다. 5~6세경의 유아는 존과 헨리의 사례에서 의도적으로 나쁜 행동을 했던 헨리보다 결과적으로 더 많은 컵을 깨트린 존이 좀 더 나쁘다고 대답하는데, 이것은 외부의 규칙에 의한 행동의 결과에 따라 옳고 그름을 판단하는 타율적 도덕성 단계이기 때문이다. 이 시기의 유아는 컵은 깨트려서는 안 되는 물건이라는 외부의 규칙에 의하여 선과 악을 판단하게 된다. 7세 이후의 도덕성 발달단계는 자율적 도덕성 단계(autonomous stage)다. 이 단계의 아동은 규칙이나 질서가 다른 사람과의 협의에 의해 결정된다는 것을 이해하고, 다른 사람과의 상호작용을 고려하며 행동의 결과보다는 의도를 파악하여 옳고 그름을 판단한다. 타율적 도덕성 단계에서 자율적 도덕성 단계로 발달하기 위해서는 아동의 인지적 성숙과 사회적 경험이 매우 중요한 역할을 한다. Piaget가 강조한 사회적 경험이란 또래와의 대등한 위치에서의 상호작용을 의미한다. 아동은 또래와의 관계 속에서 어떠한 목표의 달성을 위하여 상대방의 입장에서 보기도 하며, 갈등이 생기면 그 해결 방안에 대하여 배우게 된다. 그러므로 동등한 위치에서 또래와의 관계는 좀 더 융통성 있고 자율적인 도덕성을 발달시키는 데 도움을 준다. 이 단계의 아동은 사람들이 각각 다른 규칙을 가지고 있음을 이해하는 **협력의 도덕성**(morality of cooperation)을 발달시키게 되고, 규칙은 다른 사람과의 협의에 의해 바뀔 수 있음을 알게 된다.

협력의 도덕성
규칙은 사람에 의해 만들어졌으므로 바꿀 수 있다고 인식함

Kohlberg는 앞서 Piaget의 도덕성 발달단계를 발달시켜 여러 갈등 상황을 통해 분석한 도덕성 발달단계의 전체적인 양상을 6단계로 나누어 설명한다. 유아기는 대부분 인습 이전 수준(pre-conventional level) 단계에 머무르는데, 이는 1단계 벌과 복종에 의한 도덕성(obedience and punishment orientation)과 2단계 욕구 충족 수단으로서의 개인적 쾌락주의 단계(self-interest orientation)에 해당된다. 1단계에서는 유아의 행위 결과가 벌인가 칭찬인가, 또는 행위를 강요하는 사람이 누구인가에 의해 선악이 판별된다. 처벌을 피하기 위하여 규칙에 순종하는 단계로, 권위자의 벌을 피하고 권위에 순종한다. 나쁜 짓을 한 놀이 친구를 고자질할 것인가 말 것인가 하는 질문을 받는다면, 유아는 "차라리 말하겠어. 그렇지 않으면 매 맞을 거야."라고 말한다. 2단계에서는 유아 자신의 필요나 욕구, 다른 사람의 필요나 욕구를 충족시켜 주는 행위이면 옳다고 판단한다. 자신의 욕구 충족이 도덕 판단의 기준이며, 욕구 배분의 동기는 있으나 자신의 욕구 충족을 우선 생각한다. 이 단계에서는 순진한 도구적 상대주의(instrumental relativism)에 있게 된다. 앞의

도구적 상대주의
개인적이고 주관적인 관점에서 도덕성을 판단하는 것

질문에 대하여 유아는 오히려 "다른 아이들과 잘 지낼 수 있도록 고자질하지 않겠어요."와 같이 답변할 것이다. 2단계의 아이들은 공평성, 상호성이 중요하다고 생각하기 때문에 어떤 환경에서든지 모든 사람이 동등한 대우를 받도록 공명정대함을 요구한다. 예를 들면, 유아는 자신들은 잠을 자야 되는데 왜 어른들은 더 늦게까지 자지 않아도 되는가를 이해하기 어려워한다.

인지발달이 유아의 도덕적 이해에 도움을 주지만, 한편으로 유아는 성인 혹은 또래 집단과 도덕적 문제에 대해 논의하고 그들이 그러한 문제를 다루는 방식을 관찰하는 사회적 경험을 통해서 도덕적 사고가 발달한다. 형제 또는 또래와 권리, 소유에 대한 논쟁을 벌이는 것은 공정함에 대한 개념을 형성하는 데 도움을 준다 (Killen & Nucci, 1995). 도덕적 사고가 발달한 유아의 부모는 유아가 이해할 수 있는 수준에서 도덕적 시사점이 담긴 이야기를 들려주며, 유아가 깊이 있게 생각해 보도록 독려하고 친사회적 행동을 격려하였다(Walker & Taylor, 1991).

5) 성역할 발달

성역할이란 남성과 여성에 따라 각기 달리 기대되는 행동 양식을 의미한다. 유아는 성역할 개념을 일찍부터 발달시키며, 획득된 성역할 형태는 일생 동안 지속된다. 유아가 자신의 성역할을 인식하고 그에 적합하게 행동하고자 하는 경향은 사회화 과정에서 매우 중요한 부분이다. 남아, 여아에 따라 부모의 상호작용 방식이 다르며 유아에게 기대하는 것도 다르다. 남성과 여성에게 기대하는 성역할기준은 사회마다 매우 다르면서도 공통점이 있다. 여성에게는 자녀를 양육하고 가사를 맡는 역할을 기대하므로 여자아이를 다정하고 상냥하고 협조적이며 타인의 요구에 민감하게 키우려고 노력하는 경향이 있다. 남성에게는 가족을 부양하고 보호하는 역할을 기대하므로 지배적·독립적·자기주장적·경쟁적으로 키우려고 하는 경향이 나타난다. 유아가 자신의 성에 맞는 가치와 행동을 획득하는 과정을 성유형화라고 한다.

(1) 성역할 지식의 획득
남성과 여성의 구분에 대한 인지가 발달함에 따라 아동은 점차 어떤 특성이나 대상이 전형적으로 남성 혹은 여성에게 국한되어 적용된다는 성역할 지식을 획득한다. 2~3세의 유아는 자신을 남자 또는 여자로 구분할 수 있고, 장난감이 남아의 것인지 혹은 여아의 것인지를 구분할 수 있다. 이 시기의 남아들은 집 짓기 블록, 트럭과 자동차를 좋아하고, 여아들은 인형과 부드러운 장난감, 공주옷, 소꿉놀이를 좋아하는 경향이 있는데, 남아가 남성적 장난감을 더욱 선호한다(Blakemore, LaRue, & Olejnik, 1979; Hines & Kaufman, 1994). 유아기부터 같은 성의 놀이 친구를 선호하기 시작하고, 점차 반대 성과 지내는 시간보다 동성 친구와 지내는 시간이 길어진다. 4세경의 유아는 색깔을 성에 따라 분류하는데, 남아는 청색과 갈색을 선호하고 여아는 분홍색을 선호한다. 5세경이면 성과 관련된 사회적 행동에 관한 지식이 나타나기 시작하는데, 남성은 공격적이며 지배적인 행동을 하고 여아는 친절하고 싸우는 것을 좋아하지 않는다. 이러한 행동의 차이는 놀이 양식의 차이를 가져오게 되고, 6세 반경의 유아는 반대 성과 지내는 시간의 10배 이상을 동성 친구들과 지내며 반대 성의 놀이 친구에 대한 편견을 나타낸다(Powlishta, Serbin, Doyle, & White, 1994).

자동차를 가지고 노는 남아

공주옷을 입은 여아

(2) 성역할 고정관념

성역할 고정관념은 어떤 문화에서 성에 따라 형성된 외모, 행동 양식, 감정 표현 양식 등 여러 가지 특성에 대한 개념이다(Hurlock, 1981). 성역할 고정관념은 대체로 극단적으로 역할을 일반화하여 각 개인의 행동을 억압하고 남녀 간의 차이를 왜곡하는 경향이 있다. 사람들은 양성 간의 실제적 차이보다도 더 많은 차이가 있다고 믿는 경향이 있으며, 이러한 성역할 고정관념에는 환경적 요인이 크게 작용한다.

성역할 사회화는 대체로 성역할 고정관념에 기초하여 이루어지는데, 대부분의 부모, 친구, 교사, 형제는 유아의 성에 따라 각각 다르게 반응한다. 그들은 성역할 고정관념에 맞는 행동을 하거나 장난감을 가지고 놀 때 더 긍정적인 반응을 한다 (Fagot, 1978). 즉, 남성에게는 전통적인 남성적 특성을, 여성에게는 전통적으로 여성적인 것으로 인식되는 태도, 가치관, 행동 등을 강화하고 내면화시키는 것이다. 유아는 부모의 양육 태도나 교사, 친구, 책, TV, 인터넷 매체 등을 통해 성역할을 배우고 그에 맞는 행동을 하게 된다. 예를 들면, 유아 상품은 분홍색이 여아용, 파란색이 남아용으로 성별을 구분하는 경우가 많은데 소꿉놀이나 인형은 여성성을 상징하는 분홍색 계열로 자동차나 공구세트는 파란색 계열로 제작된다. 색깔에 대한 이미지에 상품이 연결되면서 유아는 남성과 여성의 역할에 대한 인식을 갖게 된다. 대개 남아들이 여아들보다 성역할에 맞는 행동을 하도록 더 많은 압력을 받으며, 남성적 활동과 역할이 사회에서 더 높게 평가된다. 성역할 고정관념은 유아의 가치관, 행동뿐 아니라 성인이 되었을 때 직업 선택에도 영향을 줄 수 있다.

(3) 성역할 발달이론

1960년대 이전까지 대부분의 심리학자는 성역할 특성들이 유전자, 성호르몬과 같은 선천적인 생물학적 요인에 의해 이미 결정되어 있다고 믿었다. 남녀의 해부학적 신체 구조가 선천적으로 결정되듯이 성격, 태도, 행동 등 모든 남녀 간의 심리적 특성의 차이도 생물학적 요인에 의해 생득적으로 결정된다고 생각하였다. 그러나 1960년대 이후 성역할과 성차에 대한 생각이 사회적·문화적 편견에서 기인한다는 주장이 제기되면서, 생득적 요인은 성차의 요인으로 존재하긴 하지만 환경적인 요인이 실제 성차를 결정하므로 생물학적 요인과 사회적(환경적) 요인의 상호작용이 성역할 발달을 가져온다는 주장이 힘을 얻게 되었다. 성역할 발달

성역할 고정관념
어떤 문화에서 성에 따라 형성된 외모, 행동 양식, 감정 양식 등 여러 특성에 대한 개념

성역할 사회화
사회 성원으로서 필요한 성역할을 학습하는 과정

은 유아가 자신이 속한 사회나 문화적 풍토에 적합한 성역할 특성을 발달시켜 가는 과정으로 다양한 관점에서 설명된다.

① 정신분석학적 접근

Freud의 정신분석이론에서는 남아는 오이디푸스 콤플렉스, 여아는 엘렉트라 콤플렉스를 해결하기 위해 동일시 과정에 의해 아동의 성역할이 형성된다고 보았다. 남아는 아버지로부터 거세불안(castration anxiety)을 감소시키기 위해 아버지를 동일시하지만, 여아는 거세불안이 없으므로 어머니에 대한 두려움과 경쟁심이 적다. 따라서 여아는 아버지의 애정을 유지하고 기쁘게 하기 위해 여성화하려는 과정에서 성역할이 형성된다고 볼 수 있다.

그러나 최근에는 남아의 아버지에 대한 동일시가 거세불안에서 비롯된 것이 아니라는 주장에서 거세불안의 개념이 비판받고 있다. 오히려 남아는 처벌적이고 위협적인 아버지보다 따뜻하고 온정적인 아버지를 강하게 동일시하는 경향이 있다(Bem, 1989).

② 사회학습이론

사회학습이론(social learning theory)은 성역할을 환경, 경험에 의해 획득된 후천적 행동 양식으로 설명한다. Mischel(1970)은 성역할이 직접적인 학습과 관찰학습에 의해 발달한다고 하였다. 부모가 몸담고 있는 사회나 문화가 기대한 역할 특성과 일치하는 행동을 했을 때는 강화되고, 일치하지 않는 행동의 경우에는 억압하는 사회화 과정을 통해 성역할이 학습된다. 또래는 2세경부터 자신의 성과 맞지 않는 놀이를 하는 아동들을 놀리는 등의 부정적인 반응을 보이는 또래 압력을 행사한다.

또한 유아는 타인의 행동을 관찰하고 또 어떤 행동에 대하여 타인이 보상받는 것을 봄으로써 그 행동을 모방하게 되므로, 부모, 친구, 교사, 대중매체의 등장인물 등 다양한 모델의 행동을 관찰함으로써 다양한 성역할을 학습하게 된다.

Bandura(1989)는 직접적인 가르침과 관찰학습을 통해서 성정체성을 획득하게 되며, 동성의 모델에게 주의를 집중하고 동성의 행동을 모방하게 된다고 하였다. 특히 대중매체의 모델은 큰 영향을 끼친다. 대중매체에서는 남성은 전문적인 일을 하고 지배적인 성격으로 묘사되지만 여성은 가사를 돌보거나 의존적이고 감정적인 존재로 설명되어 성역할 고정관념을 강화시키는 부정적 영향을 주는 경향이 있다.

③ 인지발달이론

Kohlberg(1966)는 유아의 인지적 능력의 발달이 성역할을 발달시킨다고 하였다. 유아는 단순히 이미 사회적으로 형성되어 있는 자기 성에 적합한 역할이나 행동을 배움으로써 사회적 영향을 수동적으로 받아들여 성역할을 획득하는 것이 아니다. 유아가 자신이 남자 또는 여자라는 성별 자아개념을 인식하는 것은 성역할 동일시에 가장 중요한 요인이다. 먼저 자신의 성정체성을 형성한 후에 자신의 성에 적합한 특성이나 행동을 배우기 위해 적극적으로 필요한 정보를 찾음으로써 능동적으로 성역할 발달을 이룬다는 것이다.

Kohlberg는 3단계를 거쳐 남성과 여성이 되는 것의 의미를 이해하게 된다고 하였다. 첫 단계는 3세경에 자신을 남자 또는 여자로 범주화하는 능력을 갖게 되는 단계로 성정체감 단계(gender identity)라고 한다. 둘째 단계는 4세경에 도달하는 성안정성 단계(gender stability)로, 성이 시간이 지나도 안정적이라는 것을 이해하는 단계다. 이 단계에서 남아는 자라서 남자 어른이 되고 여아는 자라서 여자 어른이 된다는 것을 알게 된다. 셋째 단계는 5~6세경으로 성일관성 단계(gender constancy)인데, 성은 의복, 머리 모양, 행동이 달라지더라도 어느 상황에서든 결코 변하지 않는다는 것을 이해하게 된다. 유아는 성숙(maturation)에 의해 성적 발달을 이루게 되고, 성일관성 단계를 지난 후에야 자신의 성에 적합한 행동과 특성을 배우기 시작한다. 성유형 개념들은 초등학교 입학 무렵 구체적 조작기와 더불어 완성된다.

④ 성도식이론

Bem(1981, 1985)의 성도식(gender schema)이론에서는 성역할 발달이 성도식화(gender schematization) 과정을 통해 형성된다고 한다. 성도식은 성에 관한 인지구조로서, 유아가 성에 관련되는 정보에 주의를 기울이고 조직화하며 관련 정보를 기억하는 데 사용하는 일종의 신념과 기대체계를 뜻한다. 성도식화는 성도식

인형을 안고 다니는 여아

에 근거해서 모든 정보를 부호화하고 조직화하는 성향이다. 유아는 2~3세경에 기본적인 성정체성이 확립되면 이를 바탕으로 성에 관한 여러 정보를 학습하게 되며, 이들 정보를 성도식에 통합하게 된다. 유아는 자신이 가지고 있는 성도식과 일치하고 잘 알고 있는 정보는 선호하고, 자신의 성도식에 맞지 않을 경우 회피한다.

성도식은 유아의 성 관련 행동의 선택과 통제에 영향을 미친다. 예를 들어, 여자아이는 인형은 좋아하지만 자동차는 멀리한다. 인형은 여자 것이므로 내 것으로 생각하여 가지고 놀지만 자동차는 남자 것으로 인식하여 내 것이 아니라고 생각하여 피하거나 잊어버리기 때문이다. 또한 자신의 도식에 맞는 환경 내의 성 관련 정보에 주의를 촉진시키므로, 인터넷 매체를 볼 때 남아는 운동 중계나 게임 프로그램을 선택하고 여아는 로맨틱한 만화나 드라마를 선택하게 된다.

⑤ 심리적 양성성

기존의 성역할 발달이론들은 주로 남성과 여성이 갖는 특성과 그 형성과정에 대해 설명해 왔다. 그러나 심리적 양성성(psychological androgyny)은 남성성과 여성성의 균형과 통합을 의미하며 보다 효율적인 성역할 개념을 의미한다(Bem, 1974). 양성성(androgyny)은 남성(andro)과 여성(gyn)이라는 그리스어의 합성어다. 양성성 이론에 의하면, 여성성과 남성성의 개념은 일직선상의 양극에 존재하는 상반된 개념이 아니라 별개의 독립적 차원으로 존재하는 개념이다. 따라서 남성적 또는 여성적이라는 이분법적인 구분이 아니라 한 개인 내에 여성적 특징과 남성적 특징을 동시에 가질 수 있다는 것을 의미한다. 심리적 양성성은 남성과 여성이 갖고 있는 바람직한 특성들을 함께 지닌 것을 의미하며 성역할의 무분별과는 구분된다.

심리적 양성성을 지닌 사람은 성 유형화된 사람보다 더 유연한 성도식을 지니고 있어서 상황에 따라 남성적인 특성과 여성적인 특성의 역할을 더 적절하게 수행하므로 적응력이 높다. 또한 양성적인 사람은 자존감, 자아실현, 성취 동기, 결혼 만족도, 도덕성 발달과 자아발달도 높은 수준이며 정신적으로 건강한 것으로 보고되었다(Bem, 1975; Bem, Martyna, & Watson, 1976). 현대사회에서는 과거에 비해 남성적인 특성과 여성적인 특성이 모두 요구되므로 고정화된 성역할을 강조하기보다는 양성성을 키워 주는 사회적 노력이 필요하다.

6) 가족과 또래의 영향

(1) 가족의 영향

Piaget와 Vygotsky의 이론에서 살펴본 것처럼, 유아를 둘러싼 물리적 환경은 유아의 인지발달에 매우 중요한 역할을 한다. 장난감과 책이 많은 환경에서 자란 유아는 지적 발달이 잘 이루어진다. 따뜻하고 애정을 표현하고 언어와 지적인 자극을 주고 주변 환경을 유아가 흥미로워하는 것들로 조성하는 부모 아래서 자란 유아는 사회적으로 성숙된 행동을 하는 것으로 알려져 있다.

부모의 양육 태도는 유아의 발달에 매우 중요하다. 100명의 백인 중산층 유아들을 대상으로 한 종단연구에서, Baumrind(1991)는 유아를 관찰하고 그 부모와의 인터뷰를 통해서 부모의 양육 태도(parenting styles)를 자녀의 행동에 대한 부모의 자애로움(warmth)과 통제(control)라는 두 가지 중요한 요소에 따라 네 가지의 양육 태도로 분류하였다.

권위적인 부모(authoritative parents, 높은 자애로움, 높은 통제)는 일관성 있게 지시하며 자녀의 반발을 억제하는 엄격한 통제 방식을 사용한다. 자녀의 사회적·인지적 능력에 맞추어 행동하도록 하고 독립심과 결단력을 권장함으로써 자녀에게 성숙한 행동을 요구한다. 또한 부모의 말에 따라야 하는 이유를 자녀에게 충분히 설명한다. 자녀의 의견에 귀 기울이며 그 의견에 따라 행동을 바꾸기도 한다. 다정하고 정서적으로 감싸 주는 분위기에서 훈육하며 유아에게 긍정적인 정서 환경을 제공한다.

아빠와 책 읽기

네 가지의 양육 태도 유형 중에서는 권위적인 양육 태도를 가진 부모의 유아가 가장 심리사회적 발달을 잘하여 사회적 기술이 높고 인지적 능력도 비교적 높았다. 그들은 책임감 있고 독립적이며 성취 지향적이고 성인과 또래 집단에게 협조적이어서 유치원 시기부터 사회적으로 유능하다. 유능한 유아란 친절하고, 행복하고, 독립적이며, 새로운 사람이나 여러 상황에서 대담하며, 자신감이 있고, 자기를 통제하고, 책임감 있고, 친구와 잘 어울리는 유아다. 권위적인 부모의 자녀가 긍정적으로 발달하는 것은 많은 연구 결과로 증명되고 있다.

독재적인 부모(authoritarian parents, 낮은 자애로움, 높은 통제)는 절대적 기준에 따라 자녀를 통제한다. 자녀는 그 기준을 왜 따라야 하는지 모르지만 감히 부모에게 도전할 수 없다. 이 유형의 부모는 세력 행사적 훈육을 선호하고, 자녀와 대화하지 않으며, 때때로 자녀를 거부하기도 한다. 독재적인 부모의 자녀는 예민하고 불친절하며 우울한 경향성을 보였으며, 인지적 능력이나 사회적 기술에서 평균이거나 그 이하로 나타났다.

허용적인 부모(permissive parents, 높은 자애로움, 낮은 통제)는 자녀의 충동과 행동에 대해 수용적이고 긍정적으로 반응한다. 통제나 처벌을 거의 하지 않고, 책임감이나 예의범절과 같은 성숙한 행동도 거의 요구하지 않으며, 자녀 스스로 자신의 행동을 조절하도록 한다. 자녀가 하고 싶은 대로 다 하게 놔두고 무제한 자유를 허용하므로 자녀는 자기통제가 부족하고 충동적이다. 허용적인 부모의 자녀는 충동적이고 자기중심적이며 통제력이 부족하고 독립심과 성취 수준이 낮았다. 특히 남아의 경우 공격적인 성향을 보였고, 인지적 능력이나 사회적 기술 모두에서 낮은 성취를 보였다.

무관심한 부모(rejecting/neglecting/uninvolved parents, 낮은 자애로움, 낮은 통제)는 자녀에게 기대와 반응을 보이지 않으며 자유방임적이다. 이러한 부모의 자녀는 목표나 동기가 없고 자기통제가 부족하다. 허용적인 부모와 함께 무관심한 부모의 양육 방식은 자녀에게 해로운 영향을 끼친다. 반사회적인 유아의 부모는 대체로 거칠고, 훈육에 일관성이 없으며, 자녀들과의 긍정적인 상호작용을 거의 하지 않는 것으로 나타났다. 그들은 유아의 적절한 행동이나 비행 행동에 대해 일관된 반응을 보이지 않으며, 다른 식구들에게 공격적 행동을 하는 것을 허용한다. 유아는 강제적인 수단을 통해 타인의 행동을 통제하는 것을 배우게 되고, 적절한 사회적 행동을 배우는 데 실패하게 된다. 그들은 학교에 가서도 교실에서의 규칙에 적응하는 데 어려움을 겪으며 친구나 선생님과의 관계에도 어려움을 겪는 것으로 알려졌다.

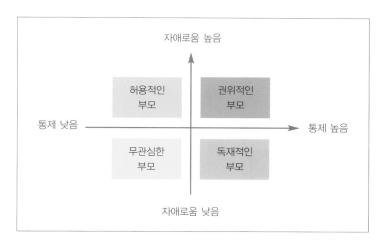

[그림 5-7] Baumrind의 양육 태도

권위적인 양육 태도 팁

- 부모가 공정하고 합리적이며 독단적이지 않을 때, 자녀는 자기조절 능력을 내면화하고 부모에게 보다 순종적이다.
- 자녀에게 명확한 기준을 제공하고 온정적이며 참여적인 부모는 자녀를 보호하겠다는 뚜렷한 의지와 확신을 보여 준다. 이러한 경우에 유아는 사회성을 향상하는 데 필요한 자기조절 능력과 정서적·사회적 수용성을 발달시킬 수 있다.
- 온정과 논리성, 합리적 조정 능력을 지닌 부모는 그들의 기대 수준에 자녀가 기꺼이 협조할 수 있도록 지원하는 효과적인 방법을 활용한다.
- 자녀의 자율성을 적극적으로 허용하는 부모는 유아가 스스로 자신의 행동에 대한 책임과 통제 능력을 학습할 수 있도록 한다.
- 부모의 허용 및 참여, 합리적인 조정 등은 자녀를 부정적인 가족생활 스트레스로부터 보호하는 데 효과적인 수단이 된다.

출처: Berk (2006).

(2) 또래 집단

유아는 성장하면서 유치원에 입학하고 사회적 접촉의 범위가 가정을 벗어나 또래 집단으로 확대된다. 유아는 소꿉놀이, 병원놀이와 같은 가상놀이를 하기 시작

유치원 재롱잔치

한다. 전화기를 집어서 "여보세요." 하고 이야기를 하고, 인형을 등에 업고 엄마놀이를 하는 등 실제로 보고 들었던 것을 흉내 내고 논다. 처음에는 유아 자신이 행동하는 것을 흉내 내는 놀이를 하다가 점차 인형에게 밥을 먹이거나 주사를 놓는 등 다양한 행동을 결합한 가상놀이를 한다.

유아기는 사회성을 발달시킬 수 있는 최적의 시기다. 이 시기에 이루어지는 교육에서의 활동 내용은 유아의 발달 정도에 적합해야 하며 학습 동기를 유발할 수 있도록 구성되어야 하고, 유아는 이 활동에 흥미를 느껴 자발적으로 사회성 발달을 이루도록 해야 한다.

가정의 보호 안에서 길러진 유아들은 동년배들이 모이는 유치원에 들어오면 큰 기대감과 함께 알 수 없는 불안한 상태 속에 놓인다. 이러한 유아들에게는 스스로 자유롭게 활동할 수 있도록 하는 것이 무엇보다 중요하다. 자유롭게 놀이하는 가운데 친구들과 관계하는 것을 배워 나갈 수 있다. 유치원에서는 전체적인 대집단 놀이 시간과 자유로이 놀이를 골라 활동할 수 있는 소집단 놀이 시간의 균형을 고려해, 안정감 속에서 점차 유아가 혼자서 스스로 진행하며 놀이에 몰두하도록 이끌어야 한다.

친구들과의 관계가 어느 정도 형성되면 비교적 단순하게 협력할 수 있고 협력할 필요성이 있는 공동 작업 활동의 기회를 제공하여 협동심을 길러 주는 것이 좋다. 이러한 협동놀이 활동을 통해서 유아는 집단의식을 가지게 되고 규칙에 대한 개념을 발달시킨다. 또한 타인의 권리를 인식함으로써 바람직한 방법으로 자신의 감정을 조절하도록 배운다. 이 놀이 활동의 결과로 지적 발달 외에도 협동심, 나눠 가지기, 도와주기, 감정이입 등 사회적 성장에 절대적으로 필요한 경험을 하게 된다.

혼자놀이

각자놀이

대집단 협동놀이

소집단 협동놀이

만화 주인공 역할놀이

병원 가상놀이

유아들이 자신을 표현하는 가장 대표적인 형태 중의 하나는 역할놀이, 인형극 등의 가상놀이다. 이야기, 동화, 견학 등을 통해 보고 들은 것을 재연함으로써 자신의 감정을 실제로 표현해 보고 다른 사람의 반응과 감정을 이해할 수 있게 된다. 뿐만 아니라 유아는 가상놀이에서 역할을 나누고 놀이 계획에 대해 또래들과 타협함으로써 사회적인 개념을 배우고 사회적 통찰력을 기르게 된다. 가상놀이를 많이 하는 유아들은 교사에 의해 유능하다고 평가받는다(Connolly & Doyle, 1984). 유아는 가 상놀이를 통해 주의집중, 기억, 언어 능력, 창의 성, 자신의 관점을 표현하고 타인의 의견을 수 용하는 능력 등 다양한 정신적 능력을 강화한다 (Bergen & Mauer, 2000; Ruff & Capozzoli, 2003).

인형에게 주사 놓는 가상놀이

4. 유아기 주요 쟁점

1) 조기 영어교육

우리나라에서는 1997년부터 초등학교에서 영어교육을 시작하였다. 그러므로 초등학교 입학 이전에 이루어지는 영어교육을 조기 영어교육이라고 볼 수 있다. 일반적으로 6세 이전에 영어교육을 시키는 것이 효과가 있다고 믿고 있으며, 전 일제 영어 학원, 주 1, 2회 가정방문 학습지를 통한 영어교육, 기타 영어 이야기책, 오디오, 인터넷 등 다양한 매체와 방식을 통한 조기 영어교육이 이루어지고 있다.

두 가지 언어를 동시에 배우는 유아는 한 가지 언어만을 배우는 유아에 비해 각 각의 언어에서의 어휘력이 부족하다. 두 언어를 배우는 유아가 두 가지 언어에 서 아는 단어의 수를 합치면 한 가지 언어를 배우는 유아의 단어 수와 거의 같다 (Pearson, Fernandez, Lewedeg, & Oller, 1997). 그러나 지속적으로 두 가지 언어에 노출시키는 경우에는 이러한 어휘력의 차이가 줄어들게 된다.

조기 영어교육이 타당하다고 믿는 사람들은 유아기가 언어 습득에 결정적 시기 (critical period)여서 두뇌가 외국어학습에 유리하고 원어민과 같은 발음을 배우기 에 적절하다고 하며, 사춘기 이후에 외국어를 배울 때는 모국어의 억양 없이 발음 하는 것은 매우 어렵다고 주장한다(Anderson & Graham, 1994). Lenneberg(1967)는 사춘기 이전이 언어학습의 민감기(sensitive period)로 2개 이상의 언어를 동시에 쉽게 획득할 수 있다고 보았고, Asher와 Garcia(1969), Oyama(1976)는 사춘기 이 전에 미국에 이민 온 사람은 보다 확실한 미국식 영어를 구사한다고 하였다.

그러나 Moyer(1999), Bongaerts, Planken과 Schils(1997), Bialystok(1997), Birdsong과 Molis(2001) 등은 이러한 결정적 시기가 없다는 주장을 하고 있다. 최근의 연구는 유아기 이후의 언어학습이 더 효과적이라고 주장한다(Kagan & Herschkowitz, 2005). 인지적 학습 능력이 일정한 수준에 도달하여 자신의 학습 상황을 인지하고 통제할 수 있는 아동기 이후에 단어나 문법을 더 빨리 잘 배운다는 것이다. 따라서 단어를 외우거나 문법을 배우는 등 의식적으로 이루어지는 언어학습은 유아기에 제대로 이루어지기 어렵다.

그러나 이러한 결정적 시기에 대한 연구들은 우리나라와 같은 외국어교육 환경에서 이루어진 것이 아니라 이민 온 사람들을 대상으로 이루어졌으므로, 외국어교육 환경에서의 결정적 시기라는 이유로 조기 영어교육의 효과를 논하기는 어렵다. 결정적 시기에 대한 논의 이외에도 유아는 또래 친구들과 잘 사귀고 낯선 문화에 잘 적응하므로 조기 영어교육이 효과적이라고 하기도 한다. 유아는 환경에 직접적으로 노출되고 경험을 통해 학습하는 것에 강하다. 따라서 영어를 사용하여 자연스럽게 이루어지는 놀이를 한다거나 일상 상황에서 영어로 하는 대화를 늘리는 등 유아를 영어에 많이 노출시키는 것을 통하여 유아는 빠르게 영어를 배울 수 있다.

그러나 조기 영어교육은 정서적 측면에서 심리적 부담감을 주게 되며 쉽게 배우는 대신 쉽게 잊어버릴 수 있어서 바람직하지 않다는 견해도 있다. 또한 모국어 발달이 제대로 이루어지지 않은 상태에서의 조기 영어교육은 심리적 · 인지적 부작용을 일으킬 수 있다. Tabors(1997)는 미국에 이민 간 유아들이 유치원에 입학했을 때 몇 주에서부터 일 년이 지나도록 영어를 말하지 않는 침묵의 시기를 보였다고 보고하였다. 나이가 어릴수록 침묵의 시기는 길어지는 경향이 있었다는 연구 결과는 조기 영어교육이 유아에게 스트레스를 줄 수 있음을 시사한다. 미국에서 제작된 〈세서미 스트리트(Sesame Street)〉 TV 프로그램은 유아의 읽기학습을 도와주는 것으로 알려져 영어교육에서 많이 활용되고 있는데, 이러한 프로그램에서 자료가 제시되는 속도는 유아의 정보처리 속도에 비해 너무 빨라서 영어를 모국어로 사용하는 유아에게서도 주의력 결핍 현상을 가져올 수 있다(Elkind, 1986). 또한 이러한 조기 영어교육은 장기적으로 영어학습에 대한 동기를 저하시킬 수 있으며, 유아가 주어진 영어학습 자료를 기억하고 암기하도록 학습하는 것은 자기주도적으로 학습하는 능력을 방해할 수 있다.

이처럼 조기 영어교육에 대한 찬반론은 다양하며, 세계적으로 외국어교육은 아동기부터 이루어지는 추세다. 많은 심리학자는 외국어교육에 있어서 민감한 시기 (sensitive periods)는 스스로 학습할 수 있는 아동기라고 한다(Woolfolk, 2010). 유아기부터 영어교육을 시키는 것은 언어교육이 단기간에 이루어질 수 없는 것임을 고려할 때 전체적인 영어교육 시간을 늘려 주는 효과는 있을 것이다. 그러나 유아기의 영어교육이 효율적이지 못하고 영어학습에 대한 동기를 저하시키며 스트레스로 인한 정서적 부담 등의 부작용이 있음을 간과해서는 안 된다. 조기 영어교육을 시키고자 하는 경우에는 유아의 언어적 능력을 고려하여 모국어와의 언어적 혼란이 일어나지 않고 심리적 부담감을 최소화하는 범위에서 이루어지도록 하는 것이 바람직할 것이다.

2) 유아보육

맞벌이 부모가 증가하면서 유아보육에 대한 필요성과 관심이 급증하고 있다. 2021년 전국보육실태조사에 따르면 어머니의 취업률은 54.1%로, 과반 이상의 어머니가 경제활동을 하며 이러한 비율은 점차 높아지는 것으로 나타나 유아보육에 대한 수요는 지속될 것으로 보인다(보건복지부, 2021). 그동안 많은 직장여성이 유아보육 문제로 고민해 왔으며 이로 인하여 출산을 기피하는 현상까지 나타나고 있다. 유아보육(educare)은 과거에는 부모가 유아를 돌보기 어려울 때 타인에 의해 일정 시간 양육되는 탁아의 의미로 이해되었으나, 최근에는 부모의 취업 여부와 관계없이 교육, 영양, 건강 등 교육적인 환경에서 유아의 발달을 지원하는 교육(education)과 보호(care)의 개념으로 이해된다. 현대사회에서 유아보육 문제는 더 이상 개인이나 가정의 문제가 아니라 국가와 사회의 문제로 인식되고 있다.

이러한 유아보육에 대한 인식 변화와 보육시설을 이용하는 유아의 증가에 따라 모든 계층의 자녀를 대상으로 그들의 다양한 요구를 반영할 수 있는 국 · 공 · 사립의 다양한 종류의 보육시설 마련이 필요하다. 어린이집과 유치원 이용률은 2013년 65.7%에서 2020년 72.5%로 증가하였고 이용하는 기관은 어린이집 50.3%, 유치원 26.5%, 반일제 이상 학원 등 기타 기관 2.8% 순이었다. 어떤 시설도 이용하지 않는다고 응답한 비율은 20.4%였다. 국공립, 직장, 사회복지법인의 공공보육 이용률은 34.3%로 해마다 증가하는 추세이지만 선진국에 비하여 여전히 부족하며 보호자들이 원하는 육아정책 1위는 '국공립어린이집 확충(22%)'이었다(보건복지부, 2021).

영아기부터 질 높은 보육기관에 다녔던 유아들은 청소년기에 이르기까지 긍정적인 사회적 · 정서적 · 지적 발달을 보이는 것으로 알려져 있어서(Andersson, 1992), 보육 서비스의 질적 수준도 매우 중요하다. 어린이집 이용 비용의 국가 지원이 늘어나면서 부모들은 어린이집의 비용 절감보다는 '교육내용의 다양화'와 '보육 교직원 인력 증원'을 요구하고 있는 것으로 나타났다(보건복지부, 2021). 유아교육은 저렴한 비용으로 유아의 개별 욕구를 충족시켜 줄 수 있는 다양한 경험을 할 수 있는 시스템을 갖도록 질적인 변화가 이루어져야 한다. 이제까지의 정책이 보육시설 확충에 집중했다면 이제는 보육 서비스의 질을 높이기 위한 노력이 필요하다.

우리나라에서는 유아보육료 지원제도를 통해 만 5세 이하의 영유아보육료를 지원하고 있으나 영유아 사교육비가 지속적으로 증가하고 있어서 실질적인 가계의 부담은 늘어나고 있다. 유아 사교육은 대부분 놀이를 표방하지만 사실상 학습이 목적인 경우가 많고 영어교육에 집중되는 경우가 많다. 유아가 사교육에 노출되는 것은 과도한 학습량으로 인한 학업 스트레스를 유발하고, 유아가 자율성을 길러야 하는 시기에 선생님 주도하에 수동적 태도를 학습하게 하는 등 학습에 따른 부작용의 우려가 있다. 선진국에서는 지역사회에서 도서관 프로그램, 스포츠 클럽 등을 운영하여 가족 단위로 참여할 수 있는 인프라를 갖추고 있는 경우가 많다. 유아들이 수준에 맞는 활동을 할 수 있는 지역 시설과 프로그램을 확충한다면 동네 또래 친구를 사귀며 다양한 경험을 할 수 있고, 가족과 함께하는 시간을 늘리는 동시에 유아기부터 학습 중심의 사교육에 집중하지 않도록 할 수 있을 것이다. 그리고 현재 보육기관에서 이루어지고 있는 교육에서 만족하지 못하는 부분을 채워 줄 수 있는 다양한 방과후 프로그램을 개설하는 것도 사교육을 대체할 수 있다. 유아보육이 유아의 발달에 긍정적인 영향을 미치도록 이루어지기 위해서는 단지 재정적인 지원이 아니라 장기적으로 보육시설 확충과 보육 서비스의 질적인 수준을 높이고 지역사회의 인프라 구축, 유아교육기관의 방과후 프로그램 등으로 사교육비 부담을 줄이는 다양한 노력이 있어야 할 것이다.

아동기

아이의 그림

아이는
아이는
그림을 그린다

춤추는 파란 크레파스를 따라
하얗던 도화지가
바다처럼 푸른 하늘로 탈바꿈한다

툭
떨어지는
구슬 같은 물방울 소리에

아이는
아이는
고개를 든다
눈을 든다

아이의 표정이 어두워진다
아이의 눈앞에서
푸르던 하늘이
회색으로 물이 든다

푸른 도화지 위에서
성이 난듯
힘이 들어간 아이의 손 따라
회색 크레파스는 스케이트를 탄다

아이는
아이는
그림을 그린다
의자에 앉아 하늘을 그린다

−초등학교 5학년 박예원 어린이가
파란 하늘에 먹구름이 몰려오는 모습을 보고 창작한 시

아동기

유치원을 막 졸업한 유아를 초등학교 1학년에 갓 입학한 아동과 구분하는 것은 어려운 일이다. 또한 초등학교를 막 졸업한 아동과 중학교를 갓 입학한 학생을 구별하는 것도 그리 쉽지 않다. 하지만 초등학교를 입학한 아동과 중학교를 입학한 학생을 구별하는 것은 쉬운 일이다. 유치원생과 거의 같은 수준으로 시작하여 중학교 1학년 학생과 거의 비슷한 수준으로 끝나는 시기, 그와 같은 변화를 겪는 시기가 아동기다.

아동의 신체성장 곡선은 영·유아기나 사춘기와 비교해 볼 때 비교적 완만한 형태를 보인다. 비록 성장 속도는 둔화하지만 이 시기에도 신체성장은 꾸준히 지속된다. 학교생활을 시작하면서 아동의 인지 능력은 급격한 변화를 겪는다. 비뚤비뚤한 글씨체로 단순한 생활 일기를 썼던 아동은 아동기 후반에 이르러 자신의 느낌을 진솔하게 담은 아름다운 시를 쓰는 시인이 된다. 또한 담임선생님과 또래 친구를 만나면서 새로운 인간관계를 만들어 나가고 그만큼 심리사회적 발달도 경험한다.

1. 신체발달

1) 일반적인 신체발달

아동기 신체발달의 특징은 몸통이나 팔다리가 가늘어지고 어깨가 넓어지며 머리 크기가 키의 1/7~1/8 정도로 되는 등 성인의 모습과 비교적 비슷한 형태를 갖춘다는 점이다. 이 시기 동안 아동의 신장은 성별과 상관없이 1년에 평균 5.5cm 정도 성장한다. 평균 키는 남아가 여아보다 크지만, 10~11세에 도달하면 여아가 남아보다 크다. 이것은 남아보다 여아의 사춘기가 조금 일찍 시작되기 때문이다. 아동기에 일반 아동의 체중은 1년에 평균 2.7kg씩 늘어난다.

표 6-1 아동기 신체발육 표준치

연령	신장(cm)		체중(kg)	
	남자	여자	남자	여자
8세	127.9	126.7	27.5	26.6
9세	133.4	132.6	31.3	30.2
10세	138.8	139.1	35.5	34.4
11세	144.7	145.8	40.2	39.1
12세	151.4	151.7	45.4	43.7
13세	158.6	155.9	50.9	47.7

출처: 질병관리청(2017).

학령기 생활을 시작하면서 아동은 신체 활동을 많이 하며 그만큼 대근육과 소근육 운동 능력을 발달시킨다. 더욱 활발해진 운동량은 아동기 내내 그 수준을 유지하다가 사춘기에 접어들면서 서서히 감소한다. 그만큼 이 시기를 거치면서 인간의 운동 기능은 기존에 비하여 더욱 빠르고 정교하며 유연하게 발달한다. 유아기에 습득하지 못했던 대근육 운동 기능을 습득하면서 달리는 속도가 빨라지고 깡충 뛰기나 옆으로 걷기를 잘한다. 점프 능력도 향상되며 공을 던지거나 차는 거리와 속도, 정확도가 증가한다.

초등학교 저학년 어린이의 균형 잡힌 점프 능력
아동기 대근육 발달의 사례다.

대근육이 발달하면서 아동은 수영이나 자전거 타기, 줄넘기, 야구, 농구 등 다양한 체육 활동에 참여한다. 그러므로 이 시기의 문제점 중 하나가 체육 활동과 관련된 부상이다. 아동의 건강과 안전 수칙을 잘 지키도록 조직화된 체육 활동은 부상의 빈도가 낮고 비교적 경도의 부상을 당하는 경우가 많다. 그러나 빈번하고 강도 높은 체육 활동은 오히려 아동의 신체성장에 악영향을 주며 나아가 운동에 대한 부정적인 정서를 형성할 수 있기 때문에, 아동의 신체적 · 정서적 상태를 고려하여 참석 여부를 결정해야 한다. 지나친 경쟁은 피하고 아동의 성장이 크게 저해되지 않는 범위 내에서의 조직적인 체육 활동을 권장할 때, 아동은 지속적으로 운동을 즐기며 그만큼 자존감도 높아진다.

아동기에는 대근육 운동의 발달과 더불어 소근육 운동 기능도 향상된다. 초등학교를 입학할 무렵, 대부분의 아동은 타인의 도움 없이 스스로 옷을 입고 벗으며 식사할 수 있다. 학년이 올라갈수록 손놀림이 매우 안정적이며 그에 따라 글씨를

6세	7세	8세	9세	10세	11세	12세
깡총깡총 뛸 수 있다.	눈을 감고 한쪽 발로 균형을 잡을 수 있다. 5cm 정도의 평균대 위를 넘어지지 않고 걸을 수 있다. 사방차기 놀이를 할 수 있다. 거수도약운동을 할 수 있다.	발을 번갈아 가며 한 발로 뛸 수 있다. 여러 가지 놀이를 할 수 있다.	작은 공을 12m 정도 던질 수 있다. 25cm 정도의 높이로 뛰어오를 수 있다.	1초에 5m 정도를 달릴 수 있다.	1.5m 정도의 멀리뛰기를 할 수 있다.	1m 정도의 높이로 뛰어오를 수 있다.

[그림 6-1] 아동기 운동 기능의 발달

출처: Feldman (2006), p. 307.

쓰는 속도가 빨라지고 유아기에 보였던 글자를 거꾸로 쓰는 일 등은 더 이상 관찰되지 않는다. 소근육의 발달로 인하여 아동은 악기 연주나 정교한 조작, 그 밖에 다양한 취미 활동을 하게 되고 그만큼 독립심도 증가한다.

성장통(growing pains)은 아동기 신체발달 특징 중의 하나다. 마치 근육을 당기는 듯한 느낌의 성장통은 근육이 성장하는 신체에 적응하기 위하여 나타나는 현상으로 약 10~20%의 아동이 경험한다. 밤중에 심하게 나타나고 아침이 되면 사라지는 성장통의 원인은 분명하지 않지만, 전문가들은 뼈를 덮고 있는 골막이 늘어나 주위의 신경을 자극하기 때문이라고 추측한다. 또한 뼈의 성장 속도에 비하여 근육의 성장 속도가 느리기 때문이라는 견해도 있다(Sheiman & Slomin, 1988). 성

초등학교 3학년 어린이가 만든 사슴벌레 모양의 시계
아동기 소근육 발달의 사례로, 우드락을 정교하게 자르고 붙여서 완성하였다.

장통을 근육통의 일종으로 보는 학자도 있고 아동의 스트레스가 주된 원인이라는 주장도 있다. 성장통은 아동의 신체성장과 더불어 자연스럽게 발생하는 증상이므로 크게 걱정할 필요가 없다. 아동에게 상황 설명을 자세히 해 주고 가벼운 마사지를 통하여 잘 이겨 낼 수 있도록 격려한다. 그러나 아동의 증상이 심하여 자주 고통을 호소하면 반드시 내원하여 전문가의 처치를 받는 것이 좋다.

신체발달과 마찬가지로 2차 성징의 발현 시기 또한 개인차가 있다. 여아의 경우 9~16세 사이, 남아의 경우 10~18세 사이에 성적인 성숙이 이루어진다. 발현 및 성숙의 시기에 대한 개인차가 큰 만큼 또래에 비하여 일찍 혹은 늦게 성장한다고 해서 걱정할 필요가 없다. 특히 성적 성숙이 빠른 여아의 경우와 성적 성숙이 느린 남아의 경우 걱정을 많이 하는데, 이는 성적 성숙에 대한 여아와 남아의 인식 차이에 기인한다. 즉, 여아는 또래에 비하여 조숙한 경우 자신의 2차 성징 발현을 부끄러워하는 경향이 있으나, 남아는 조숙한 경우에 또래 집단 내에서 우세하다. 남아는 오히려 2차 성징의 발현이 늦을수록 자신에 대해 만족하지 못하는 것으로 나타났다(Rodriguez-Tome et al., 1993). 최근 들어 성적 성숙의 연령대가 아동기 내

에서도 점차 낮아지고 있는데, 이는 영양 상태의 호전이나 인터넷 매체와 같은 환경적 요인에 기인한 것으로 생각된다.

2) 건강관리와 질병

아동기는 영·유아기에 비하여 면역력이 증가하므로 대체로 건강한 편이지만 초등학교 생활을 시작하면서 생활 반경이 넓어지고 그에 따라 많은 사람과 접촉함으로써 감기를 비롯한 전염병에 노출될 위험이 높다. 학령기 아동에게 잘 발생하는 질병은 중이염이나 편도선, 수두, 유행성 장염 등 다양하지만, 항생제 치료를 받으면 쉽게 회복되며 때에 맞춰 예방접종을 하면 별 문제가 없다. 아동기 건강과 관련하여 거론되는 주요 쟁점은 영양과 비만이다.

(1) 영양

아동기의 영양 상태는 신체발달을 넘어서 아동의 정서적·사회적 영역까지도 영향을 미친다. 영양 공급을 충분히 받은 아동은 그렇지 못한 아동에 비하여 긍정적인 사고를 했으며 불안 수준이 낮았다. 또한 새로운 환경에 대한 도전감 및 절망적인 상황에 대한 인내심이 높고 자기 자신에 대한 확신 및 인식도 좋았다 (Barrett & Frank, 1987). 아동의 영양 상태는 두뇌 발달에도 큰 영향을 미치기 때문에 적절한 상태가 유지될 수 있도록 지속적인 관심이 필요하다.

아동기는 지속적 성장의 시기이므로 성인기에 비하여 단백질 섭취의 양을 늘려야 한다. 또한 곡류 및 전분류를 포함한 탄수화물, 채소 및 과일류를 포함한 무기질 및 비타민, 고기 및 생선, 달걀 및 콩류를 포함한 단백질, 우유 및 유제품을 포함한 칼슘, 유지 및 당류를 포함한 지방과 당의 다섯 가지 식품군을 골고루 섭취해야 균형 잡힌 영양 상태를 유지할 수 있다. [그림 6-2]에서 보듯이, 건강을 위하여 우리나라 사람들이 섭취해야 할 다섯 가지 식품군은 피라미드의 형태로 구성된다. 즉, 곡류 및 전분류의 섭취를 가장 많이 하고 다양한 영양소를 지닌 각종 음식의 섭취량을 곡류와 대비하여 적절히 조절함으로써 이상적인 건강 상태를 유지할 수 있다. 아동의 단백질 섭취량이 강조되다 보니 오히려 곡류를 포함한 탄수화물 섭취의 중요성이 간과되는 경향도 있다. 우리나라 영양섭취 기준에 따르면, 아동

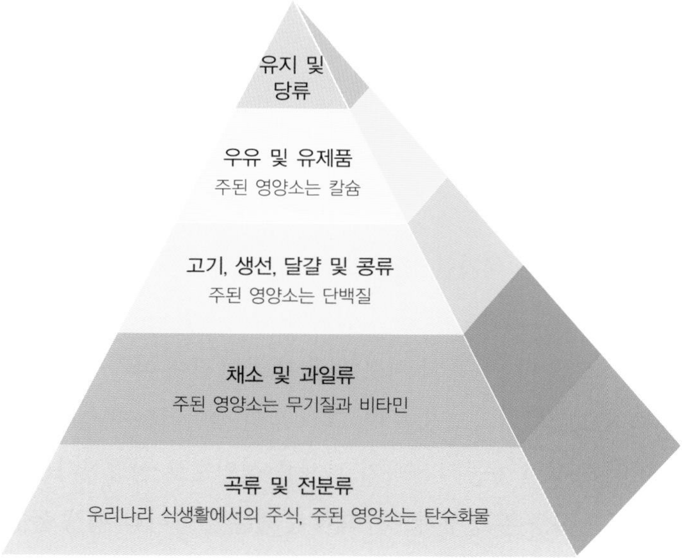

유지 및
당류

우유 및 유제품
주된 영양소는 칼슘

고기, 생선, 달걀 및 콩류
주된 영양소는 단백질

채소 및 과일류
주된 영양소는 무기질과 비타민

곡류 및 전분류
우리나라 식생활에서의 주식, 주된 영양소는 탄수화물

[그림 6-2] 우리나라 다섯 가지 식품군

기 에너지 적정 비율로 탄수화물 55~70%, 지방 15~25%, 단백질 7~20%의 섭취
가 권장된다(김숙배, 최희진, 2008). 그러므로 밥을 포함한 양질의 탄수화물을 충분
히 섭취하고 아동의 에너지 적정 비율을 고려한 건강한 식단을 제공하는 것이 바
람직하다.

특히 끼니를 거르고 난 후 폭식하거나 라면과 같은 인스턴트 식품, 패스트푸드,
과자와 같은 간식으로 식사를 대체하게 되면 식품 구성군에서 보이는 각종 영양소
가 결핍되어 아동의 건강을 해치고 영양실조에 걸리기 쉽다. 영양실조에 걸린 아
동은 키가 작고 저체중이며 신체적·정서적 성숙이 순조롭지 못하다. 아프리카 케
냐에서 영양실조에 걸린 아동이 상대적으로 영양 상태가 좋은 아동보다 언어 능력
검사 및 다양한 인지발달 검사에서 더 낮은 점수를 받았다는 보고가 있다(Singman,
Neumann, Jansen, & Bwibo, 1989). 영양실조는 아동의 지적 호기심과 배움에 대한
동기를 저하시킴으로써 결국 아동의 인지발달에 부정적인 영향을 미친다.

영양 결핍으로 인하여 아동에게 발생하는 질환 중 하나가 빈혈이다. 특히 이 시
기 후반에 급성장하는 아동에게서 쉽게 발생하는 빈혈은 철분 결핍 현상으로, 혈
액 중 적혈구에 들어 있는 헤모글로빈의 농도가 정상 수치보다 낮은 경우를 의미

한다. 빈혈이 발생하면 몸속에 있는 산소를 운반하는 능력이 저하되어 두통이 심하고 만성 피로감이 오며 집중력과 에너지가 떨어진다. 균형 잡힌 영양 상태의 유지는 아동의 빈혈 방지를 위해서도 필수적이다.

(2) 비만

지난 수십 년 동안 서구 국가를 중심으로 비만과 과체중의 비율이 지속적으로 증가했다. 우리나라 역시 고칼로리 음식 섭취와 상대적인 운동 부족으로 비만 아동의 비율이 증가하고 있다. 아동기 비만 비율이 높아짐에 따라 후속되는 청소년기의 비만도 지속적으로 증가하고 있으며, 그 이후인 성인기까지 영향을 주고 있다.

과체중과 비만에 걸린 아동의 80%가 과체중 성인으로 성장한다는 보고가 있다(Berk, 2006a). 비만 아동은 정서적·사회적 문제뿐만 아니라 평생 동안의 건강 문제로 고통 받을 수 있다. 우선 고혈압이나 높은 콜레스테롤 수치, 비정상적인 호흡기 상태가 아동기 초기에 나타나는데, 이러한 현상은 성인기 심장병이나 당뇨, 소화장애 및 각종 암 발생을 미리 예측할 수 있는 징후들이다.

비만의 원인은 유전학적 요소, 호르몬 대사 이상 등 다양하지만, 가장 주된 원인은 고지방 및 인스턴트 음식의 섭취, 과식하도록 자극하는 스트레스 환경, 운동량의 부족이다. 흥미로운 점은 식습관에 대한 부모의 잘못된 인식이 아동기 비만의 원인이 될 수 있다는 점이다. 미국에서 비만 아동의 부모를 인터뷰한 결과, 그들은 자녀에게 매일 감자튀김이나 피자, 사탕, 당분이 가득한 음료를 제공하였다고 한다. 어떤 부모는 아동이 짜증 내는 경우 이를 음식에 대한 욕구 결핍으로 해석하여 걱정스러울 정도로 많이 먹인 사례도 있다. 또는 자녀의 비만을 지나치게 걱정하여 부모가 자녀가 먹는 음식의 종류나 시간, 양을 과도하게 제한하다 보니 오히려 아동의 음식에 대한 욕구가 커져 비만의 원인이 된 사례도 있다(Berk, 2006a). 이러한 경험 때문에 비만 아동은 정상적인 또래 친구보다 음식과 관련된 외부 자극이나 말에 더욱 쉽게 반응하고 음식으로 보상받기를 원하는 좋지 못한 식습관을 지니게 된다. 결국 부모에 의하여 제공된 환경 조건이 아동을 더욱 비만 아동으로 만드는 것이다.

잘못된 식습관 및 스트레스 상황과 함께 비만을 유발하는 가장 큰 요인은 최근 들어 인터넷, 게임기와 같은 기구가 제공됨으로써 실외에서의 활동보다 실내에서 앉아서 즐기는 놀이 유형이 증가했다는 점이다. 게임기나 인터넷과 같은 매체는 아동이 신체 운동에 소비하는 시간을 감소시키고 건강에 무익한 간식들을 섭취하도록 유도한다.

　결국 좋지 못한 식습관이나 운동량 부족, 스트레스로 인하여 아동은 비만을 얻게 되고, 그 결과 사회적으로 고립되는 고통을 겪는다. 아동 중기가 되면 비만 아동은 정상인 또래 집단으로부터 정서적·사회적으로 더욱 고립되며 그만큼 학교생활을 함에 있어서 어려움을 겪는다. 또래로부터의 따돌림과 고립, 낮은 자아존중감은 과식과 낮은 활동성을 초래하여 또다시 체중 증가와 따돌림으로 이어지는 악순환을 겪게 한다. 불행히도, 비만의 결과는 지속적인 심리적 압박으로 남을 수 있다.

　아동기 비만을 치료하는 방법으로는 식이요법, 운동요법, 행동수정 요법, 정신 치료, 약물, 수술 등 다양한 방법이 있다. 이 중 가장 효과적인 방법은 비만을 초래한 나쁜 식습관 및 생활 습관을 고치는 행동수정 요법이다. 처음부터 눈에 띄게 체중이 줄지는 않지만 장기적인 체중 감소 효과가 가장 크며 부작용도 없고 중도에 포기하거나 비만이 재발할 가능성도 낮다. 물론 이와 함께 지속적인 운동이나 식이 조절도 함께 하면 좋다. 비만 아동을 위하여 학교 당국은 아동과 학부모를 대상으로 정기적인 건강관리 교육을 실시하고 좋은 식단으로 구성된 급식을 제공해야 한다. 우리나라의 경우 전국의 보건소를 통해 초등학교 및 지역아동센터를 중심으로 '건강한 돌봄 놀이터'라는 아동 비만 예방사업이 2016년부터 운영되고 있다. 이 프로그램에 참여한 아동은 규칙적인 놀이형 영양 교육과 저지방 식단, 체계적인 운동 수업을 통한 신체 활동의 증가를 바탕으로 비만균율을 감소시킬 수 있었다. 그러므로 아동의 비만 예방과 건강을 위한 다양한 교육 프로그램이 더욱 확대되도록 지역사회와 국가의 지속적인 관심과 지원이 필요하다.

2. 인지발달

1) Piaget 인지발달이론

아동기의 인지 능력은 영·유아기에 비하여 획기적으로 발달한다. 구체적 조작기에 들어서면서 좀 더 세련된 방법으로 상징을 사용하고 논리적으로 생각하며 어떠한 사물의 한 가지 측면에만 집착하지 않고 여러 측면을 고려하여 사고한다. 나아가 다른 사람이 나와 다르게 생각할 수 있다는 점을 이해한다. 그러나 이 시기의 사고는 구체적인 것, 즉 자신이 직접 경험하는 세계에 한정되며 그에 따라 추상적이고 가설적인 개념은 이해하지 못한다.

아동기 인지발달의 특성을 한마디로 언급하면 '구체적인 경험 중심의 논리적 사고'다. 즉, 논리적 조작이 가능해지면서 보존 개념을 획득하고 분류와 서열화의 기능이 가능해진다. 구체적 조작기에 도달하면서 아동의 자아중심성은 점차 감소한다. 학교생활 속에서 자신의 생각과 다른 친구의 생각을 비교할 수 있으며 그만큼 사고의 폭도 넓어진다. 즉, 전조작기의 자아중심성이나 중심화로부터 점차 탈중심화한다.

앞서 언급했듯이 아동은 논리적 사고의 조작이 가능해지는데, 이는 그 이전 단계와 확연하게 구별되는 질적인 차이다. Piaget는 아동의 논리적 조작에서 특별히 가역성을 강조하였고, 전조작기 아동이 보존 개념을 획득하지 못한 것은 가역성을 획득하지 못했기 때문이라고 보았다. '수 보존 개념'에서 구체적 조작기에 해당되는 아동은 블록의 수는 같으나 그 간격을 넓히거나 좁게 한 경우 간격과 상관없이 블록의 수가 동일하다고 인지한다. 이것은 구체적 조작기의 아동이 단지 '늘려 놓은 것'을 자신의 머릿속에서 역으로 좁혀 놓을 수 있는 가역성을 획득하였기 때

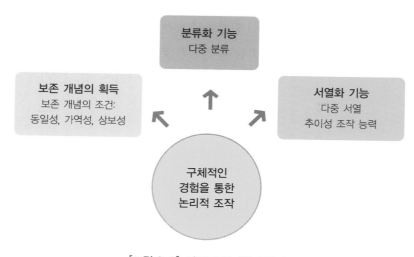

[그림 6-3] 아동기 인지발달 특성

문이다. 즉, 구체적 조작기에 도달한 아동은 본래의 상태로 전환시킬 수 있는 가역성을 획득함으로써 눈에 지각되는 상황과 관계없이 두 블록의 수가 같다는 것을 머릿속으로 생각할 수 있게 된다. 그러므로 구체적 조작기의 아동은 어떠한 상황을 거꾸로 상상할 수 있으며 그 상황을 본래의 상황으로 재변환할 수 있다. 이러한 논리적 조작은 분류나 보존 개념, 서열화 기능에서 잘 나타난다.

(1) 분류

구체적 조작기에 도달하면 아동은 공통된 속성에 따라 물건을 분류하고 일정한 물건이 다른 물건의 상하위 범주에 속하는 것을 인지할 수 있다. 어떠한 대상을 한 가지 속성에 따라 단순하게 분류하는 단순 분류(simple classification)뿐만 아니라 일정한 대상을 두 개 이상의 속성에 따라 분류하는 다중 분류(multiple classification)가 가능해진다. 즉, 전조작기의 유아가 단순 분류만 가능하였다면, 구체적 조작기의 아동은 다중 분류가 가능하다.

또한 상위와 하위 범주 간의 관계를 이해하는 범주 포함(class inclusion) 개념을 습득한다. 예컨대, 강아지 8마리와 고양이 2마리가 있는 상황에서 "강아지가 많니? 동물이 많니?"라고 질문했을 경우, 전조작기의 유아는 자신의 눈에 보이는 대로 강아지가 많다고 대답한다. 그러나 구체적 조작기의 아동은 동물이 많다고 대

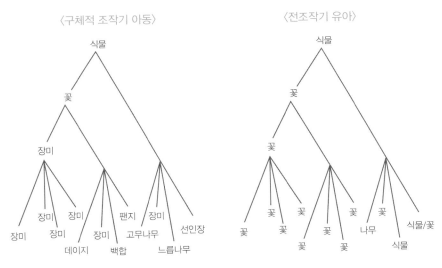

[그림 6-4] 구체적 조작기의 분류 조작 능력

답하는데, 이것은 강아지보다 동물이라는 개념이 더욱 상위의 범주 개념임을 인지할 수 있는 능력을 습득하였기 때문이다. 구체적 조작기 아동이 습득하는 분류 조작 능력을 [그림 6-4]를 통하여 확인할 수 있다.

[그림 6-4]의 우측 그림에서 보듯이, 전조작기의 유아는 상위와 하위 범주에 대한 개념이 없이 혼돈된 기준으로 분류한다. 그러나 구체적 조작기에 도달한 아동은 좌측 그림에서 보듯이 식물이라는 상위 범주를 꽃과 나무라는 하위 범주로 단순 분류할 수 있을 뿐만 아니라 꽃이라는 범주를 다시 다양한 하위 범주의 꽃으로 재분류할 수 있다. 이렇듯 인지발달이 진행됨에 따라 아동의 분류 기능은 더욱 세련되고 복잡해진다.

(2) 보존 개념

인지발달 수준이 구체적 조작기에 이르면서 아동은 더 이상 자신의 눈에 보이는 지각적 특성에 따르지 않고 논리적 조작에 근거하여 보존 문제를 해결한다. 즉, 이전 시기인 전조작기와 구체적 조작기 인지발달의 큰 차이는 어떠한 문제를 해결하는 과정에서 직관에 의존하기보다 논리적으로 사고하고 규칙을 적용한다는 점이다.

구체적 조작기 아동이 보존 개념을 획득하는 것은 동일성, 가역성, 상보성의 개념에 대한 이해 능력을 획득하였기 때문이다. 물론 아동의 인지발달이 구체적 조작기에 도달하였다고 하여 모든 영역에서의 보존 개념을 획득하지는 않는다. 수에 대한 보존 개념은 유아기인 6~7세경에 획득하지만, 면적에 대한 보존 개념은 아동기 초기인 8~9세는 되어야 획득한다. 그리고 무게에 대한 보존은 아동기 중후반인 9~10세경이 되어야 획득하며, 부피에 대한 보존은 훨씬 뒤인 14~15세경에 획득한다.

아동이 면적에 대한 보존 개념을 획득하였다고 하여 같은 인지적 조작이 다른 문제의 해결에 전이되는 것은 아니다. 이것은 아동의 직관적 특성이 다양한 영역의 논리 조작적 적용에 영향을 주기 때문이다. 환언하면, 구체적 조작기 아동의 논리적 조작은 구체적인 사물의 내용과 연관되어 있어서 결국 구체적인 특성을 넘어서는 일반화 능력을 획득하지 못하였기 때문이다.

Piaget가 제시한 아동기 보존 개념의 획득은 문화적인 맥락이나 훈련에 의하여

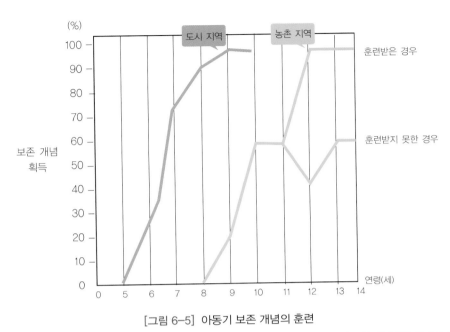

[그림 6-5] 아동기 보존 개념의 훈련

도시 아동보다 보존 개념을 덜 발달시킨 농촌 아동을 꾸준히 학습시킨 결과, 도시 아동의 보존 개념 획득 및 수행 정도와 비슷해졌다. 그러나 훈련을 받지 못한 농촌 아동은 여전히 보존 개념 획득 및 수행의 정도가 도시 아동의 수준에 미치지 못하였다.

영향받는다. 특정한 문화권에 있는 아동의 인지발달은 전조작기에 지속적으로 머물렀으며, 보존 개념을 획득하는 등 구체적 조작기로의 발달이 더 이상 진행되지 않았다. 또한 [그림 6-5]에서 보듯이 도시의 아동에 비하여 보존 개념을 덜 발달시킨 농촌의 아동을 꾸준히 학습시킨 결과, 훈련 및 학습에 따라 농촌 아동이 곧 도시 아동의 보존 개념 획득 및 수행의 정도를 따라잡을 수 있었다(Dasen, Ngini, & Lavallee, 1979). 이러한 연구 결과는 Piaget가 제안한 아동기 보존 개념 이론의 적용이 사회·문화권에 따라 제한적일 수 있음을 시사해 준다.

(3) 서열화

서열화(seriation)란 '길이'와 같은 '양'적인 차원에 따라 특정한 사물을 차례대로 배열할 수 있는 능력을 의미한다. 유아에게 여러 개의 자동차를 크기대로 배열하라고 하면 대부분의 유아는 일관성 없이 배열한다. 그러나 구체적 조작기에 도달한 아동은 크기가 큰 자동차부터 가장 작은 자동차까지 별다른 시행착오 없이 배열한다. 구체적 조작기의 아동은 일정한 속성에 따라 분류하면서 동시에 물체 간의 상호관계에 따라 순서대로 배열하는 것이 가능하다. 한 가지 속성에 따라 대상을 비교하며 차례대로 배열하는 단순 서열화(simple seriation)뿐만 아니라, 두 가지 이상의 속성에 따라 물체를 비교하여 배열하는 다중 서열화(multiple seriation)의 능력도 획득한다. 즉, 앞에 놓여 있는 여러 개의 자동차를 크기와 종류에 따라 동시에 배열할 수 있다.

이 시기에 나타나는 인지발달 특징 중 하나는 추이성(transitivity)이다. 추이성은 어떠한 결론을 이해하기 위하여 일정한 관계를 논리적으로 통합할 수 있는 능력을 의미한다. '서로 크기가 다른 A, B, C의 물체를 준 후, A가 B보다 크고 B가 C보다 크다면 A는 C보다 큰가?'라는 질문에 대하여 전조작기 유아는 이해를 못하지만, 구체적 조작기의 아동은 A가 C보다 크다고 대답한다.

이와 같이 구체적 조작기의 인지발달은 전조작기의 그것과 질적으로 다르다. 탈중심화하고 분류와 서열화, 보존 개념과 같은 논리적 조작 능력을 획득하지만 그것은 구체적인 사물로 제한된다. 즉, 명료하고 뚜렷하며 구체적인 대상이 아니면 직관적 사고 수준에서 벗어나는 논리적 추론은 여전히 할 수 없다.

2) 지능 발달

(1) 지능의 의미와 지능이론

지난 1세기 동안의 심리학 연구를 통하여 지능이 무엇을 의미하는지에 대한 관점은 체계적으로 정립되고 개선되어 왔다. 지능 관련 연구들은 지능의 의미를 다양한 측면에서 규정하고 있다. 예컨대, 지능이란 타당한 지능검사가 보고하는 점수를 의미하거나 인간의 학습 역량, 한 인간이 획득한 총 지식, 새로운 상황과 환경에 대한 적응력 등으로 규정된다. 결국 여러 논의에 기초하여 지능의 의미를 규정하면 지능이란 문제 해결의 특성을 지닌 것으로서 인간의 인지 과정과 조작에 의한 적응 능력으로 정의할 수 있다.

지능의 의미에 대한 관점이 다양하듯이 지능이 단일의 특성인지 혹은 복수의 특성인지에 대한 의견 역시 분분하다. 지능의 기저에 있는 능력은 우리 눈에 정확하게 관찰될 수 없는 속성으로서 인간의 추정에 의한 것이기 때문이다. 지능의 특성에 대한 다양한 견해는 일반요인이론, 다요인이론, 다중지능이론의 큰 흐름으로 설명된다. 지능검사의 측정 문항 간 상관이 높아서 결국 지능은 하나의 요인으로 구성된다는 관점이 일반요인이론이며, 지능은 한 개가 아닌 몇 개의 기본정신 능력으로 구성되어 있다는 관점이 다요인이론이다. 또한 지능의 기저 능력은 서로 별개의 것으로 고유한 영역이라는 이론이 다중지능이론이다.

일반요인이론의 대표적인 학자인 Spearman(1904)은 여러 종류의 성취도 검사와 정신작업 검사 간의 상관연구를 통하여 인간의 지능이 g요인과 s요인으로 구성되어 있다고 제안하였다. 즉, 어떠한 종류의 지능검사에도 적용할 수 있는 하나의 정신 속성인 g요인이 있고, 각각의 지능검사에서 요구하는 특수한 능력이 이러한 g요인에 덧붙여 있는 것이라고 제안하였다. Spearman은 g요인으로 '언어, 수, 정신 속도, 주의, 상상'의 다섯 가지 요인이 공존함을 밝혀냈다. 그에 의하면, 일반지능과 특수능력 모두에서 인간의 개인차는 나타나며, 이 두 요인이 함께 정신 과제에 대한 수행을 결정한다고 한다.

다요인이론의 대표적인 학자로는 Thurstone과 Guilford를 들 수 있다. Thurstone(1938)은 모든 지적 기능을 군림하는 단일 능력으로서의 일반지능을 부인하고, 지능은 1개가 아닌 몇 개의 기본정신 능력(primary mental ability: PMA)으로 구성되어 있다고 주장하였다. 그는 지능이 서로 독립적인 별개의 요인으로 존재하므로 인간의 지능에 대한 기술은 각각의 지능 요인에 대한 개별화된 점수를 제시해야 한다고 제안하였다. Thurstone이 제시한 일곱 가지의 기본정신 능력은 '언어 이해 요인, 기억 요인, 추리 요인, 공간 시각화 요인, 수 요인, 단어유창성 요인, 지각속도 요인'이다.

Guilford(1988)는 인간의 지능에는 세 가지의 필수적인 지적 국면이 있다고 주장하면서 지능구조 모형을 제안하였다. 세 가지의 필수적 차원이란 정신 능력에 포함되는 내용 차원과 그 요인에서 요구하는 조작 차원, 그리고 그러한 조작이 내용에 작용하여 나타나는 산출 차원을 말한다. 내용 차원은 '시각적, 청각적, 상징적, 의미론적, 행동적'의 5개 하위 요인으로 구성되며, 조작은 '인지, 기억 파지, 기억 저장, 확산적 사고, 수렴적 사고, 평가'의 6개 하위 요인으로 구성된다. 결과로 나올 수 있는 산출 차원은 '단위, 유목, 관계, 체계, 변환, 함축'의 6개 하위 요인으로 구성된다. 내용, 조작, 산출의 세 차원은 처음에는 내용 차원 4개, 조작 차원 5개,

산출 차원 6개로 총 120개의 요인이 제시되었으나, 이후에 제시된 지능구조 모형에서는 5개 내용 차원과 6개 조작 차원, 6개 산출 차원을 구성하는 요인이 상호 결합하여 얻어지는 180개의 상이한 정신 능력으로 구성되었다.

지능의 속성은 하나의 일반 능력이나 서로 분리된 몇 개의 능력으로 구성되는 것이 아니라 처음부터 서로 별개의 것이라는 제안도 있다. Sternberg의 삼원지능 이론과 Gardner의 다중지능이론이 대표적이다.

먼저, Sternberg(1985)는 인간이 특정한 문제를 해결하고 지적으로 행동하기 위한 정보를 어떻게 모으고 사용하는지의 관점에서 지능을 바라보았다. 그가 제안한 '지능 삼원론(triarchic theory of intelligence)'에서 삼원에 해당되는 지능은 '분석적 지능, 창조적 지능, 실제적 지능'이다. 분석적 지능은 인간의 정신과정과 관련된 것으로서 흔히 학문적인 영역의 지능을 의미한다. 이 지능은 기본적인 정보처리를 위한 메타 요소, 수행 요소, 지식 습득 요소로 구성되어 있다. 메타 요소는 어떠한 일을 사전 계획하거나 일이 진행되는 동안 점검하는 것, 일을 통제하기 위하여 평가하는 것과 같은 정신과정을 말한다. 수행 요소는 메타 요소인 고등 정신과정을 이행하기 위한 하위 수준의 과정을 의미하며, 지식 습득 요소는 메타와 수행 요소가 하는 것을 실제로 어떻게 해야 하는지에 대한 학습을 말한다. 창조적 지능은 인간의 경험과 연관된 것으로서 경험적 지능이라고도 부른다. 이 지능은 신기성(novelty)을 다루는 능력과 정보처리를 자동화하는 능력으로 구성되어 있다. 신기성이란 통찰력 혹은 새로운 상황을 효과적으로 다루는 창조적인 능력을 의미하며, 자동화 능력이란 새로운 해결책을 신속하게 일상적인 과정으로 바꾸어서 많은 인지적 노력 없이도 적용할 수 있는 능력을 의미한다. 실제적 지능은 전통적인 지능검사의 점수나 학업 성취도와는 무관한 지능으로 적응, 선택, 조성의 세 부분으로 구성되어 있다. 실제적인 적응력이나 사회적 유능성 등의 능력을 의미하는 실제적 지능은 일상 속에서 개인의 경험을 통하여 획득되고 발달된다.

다음으로, Gardner(1999)는 지능을 일컬어 일정한 문화에서 유용하게 쓰일 수 있는 정보를 처리하는 생물·심리적인 잠재력이라고 정의하면서, 인간 두뇌의 해부학적 구조와 개인이 속한 문화의 관점에서 지능을 분석하여 다중지능이론을 제시하였다. 그가 제안한 여덟 가지의 지능은 '언어 지능, 논리—수학 지능, 공간 지능, 신체운동 지능, 음악 지능, 대인간 지능, 개인내 지능, 자연친화 지능'이다.

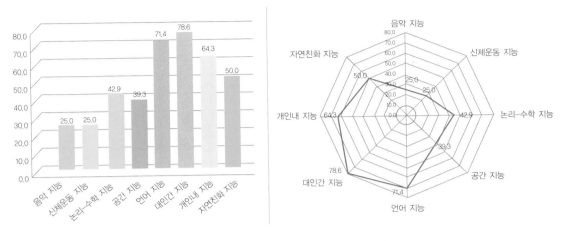

[그림 6-6] 개별 아동의 다중지능 검사 결과

　　다중지능 검사의 측정은 학생 자신이나 교사 혹은 부모가 각각의 질문에 대하여 답하는 자기보고식 체크리스트를 활용한다. 체크된 문항의 수가 많을수록 해당 영역의 지능은 높은 것이며, 체크된 문항의 수가 적으면 그 영역의 지능이 그만큼 덜 개발된 것을 의미한다. 다중지능 검사의 결과는 아동의 교수-학습 과정에 적용될 수 있다. [그림 6-6]에서 보듯이 어떤 아동이 언어 지능과 대인간 지능이 높은 수준이라면 아동의 개인차를 고려하여 강점 지능을 더욱 향상할 수 있는 교수-학습 방법을 투입한다. 동시에 신체운동 지능과 음악 지능이 낮은 수준이라면 그 아동의 강점인 언어 지능과 대인간 지능을 활용하여 약점 지능인 신체운동 지능과 음악 지능 또한 높일 수 있는 교수-학습 방법을 투입한다. 결국 아동의 강점 지능은 더욱 강화시키고 약점 지능은 강점 지능을 통하여 보완하는 것이 다중지능이론의 핵심이다.

🌱 Gardner가 제안한 여덟 가지 다중지능

- 언어 지능(linguistic intelligence): 말하기, 읽기, 작문, 듣기 영역에 대한 민감성, 언어학습 능력, 특정한 목표를 달성하기 위한 언어 활용 능력
- 논리-수학 지능(logical-mathematical intelligence): 문제를 논리적으로 분석하고 수학적 조작을 수행하며 과학적인 방법을 사용하여 문제를 해결할 수 있는 능력

- 공간 지능(spatial intelligence): 공간을 인지하고 다루는 잠재력. 시각적인 세계를 잘 지각하고 지각된 것을 변형시킬 수 있으며 균형과 구성에 대한 민감성. 유사한 양식을 감지하는 능력
- 신체운동 지능(bodily-kinesthetic intelligence): 문제를 해결하거나 사물을 아름답게 꾸미기 위하여 몸 전체나 손, 입과 같은 신체의 일부분을 사용할 수 있는 능력
- 음악 지능(musical intelligence): 연주, 가창, 작곡, 지휘 기술과 관련된 능력. 음정과 리듬에 대한 민감성, 음악의 정서적인 측면에 대한 이해 능력
- 대인간 지능(interpersonal intelligence): 타인의 욕구와 동기, 의도를 이해하고 다른 사람과 효과적으로 일할 수 있는 능력
- 개인내 지능(intrapersonal intelligence): 자신을 이해하고 자신의 욕구, 불안, 두려움 등을 잘 통제하여 효율적인 삶을 살 수 있는 잠재력
- 자연친화 지능(naturalist intelligence): 자연에 존재하는 여러 종을 잘 구분하고 종 사이의 관계성을 인식하고 규정하며 자연과의 교감을 능숙하게 할 수 있는 능력

(2) 지능과 관련된 다양한 쟁점

지능은 키나 몸무게와 같이 직접 측정하여 간단한 숫자로 나타낼 수 있는 속성이 아니기 때문에 아동의 지능지수에 대하여 좀 더 신중하게 접근해야 한다. 현재 가장 널리 쓰이고 있는 편차 지능지수(deviation IQ)는 지능검사의 점수를 받은 어떤 아동이 같은 연령대의 집단, 즉 모집단 내에서 다른 아동과 비교하여 어느 위치에 있는지를 나타내 주는 수치다. 편차 지능지수는 검사의 점수가 모집단에 정규 분포되어 점수의 분포가 종 모양의 곡선을 이룬다는 것을 가정한다. 이때 지능지수의 평균은 100, 표준편차는 15~16이다. 표준편차 ±2 수준까지가 정상 지능에 속하며 그 외의 영역은 비정상 지능을 의미한다. 그러나 이러한 해석에는 점수 분포 곡선상의 경계선상에 속하는 아동의 지능을 어떻게 해석해야 하는지의 문제점이 내포되어 있다. 예컨대, 지능지수 69와 70이 지적장애 아동과 비장애 아동을

구분해 주는 절대적인 조건이 될 수는 없다.

해가 거듭될수록 지능검사 점수의 평균점이 점차 높아지고 있다는 점도 주요 쟁점 중의 하나다. 뉴질랜드의 정치학자 James Flynn이 발견한 플린 효과(Flynn effect)는 세대가 반복될수록 지능검사의 점수가 높아지는 현상을 의미한다. 그는 미국 군입대 지원자의 IQ 검사 결과를 분석하여 신병의 평균 IQ가 10년마다 약 3점씩 올라간다는 사실을 발견하였다. 또한 벨기에, 네덜란드, 이스라엘에서는 한 세대, 즉 30년 만에 평균 IQ가 20점 올랐고, 13개국 이상의 개발도상국에서도 5~25점 증가했다고 보고하였다(Flynn, 1999).

지능의 측정과 지능지수에 대한 해석은 여전히 많은 쟁점을 지니고 있다. Stanford-Binet 검사의 경우, 피험자가 2시간 이상을 숙련된 전문가 앞에서 검사를 받아야 하는 개인 지능검사임에도 불구하고 결과를 해석함에 있어서 몇 가지 문제점을 지니고 있다. 예컨대, 검사 당일 피험자의 정서 상태를 포함한 다양한 변인이 검사 결과에 영향을 미칠 수 있다는 점 등이 문제점이다. 그러므로 현재 일반 학교에서 다수의 아동을 대상으로 실시되는 집단 지능검사의 경우 그 결과를 해석함에 있어서 더욱 신중해야 한다.

지능검사 점수의 의미에 대한 해석도 다양하다. 지능검사 점수는 아동의 학업 성취도 수준을 비교적 잘 예측해 주는데, 이는 지능검사 자체가 처음부터 학업 성취도 수준의 예측을 위하여 고안되었기 때문이다. 하지만 지능지수가 높은 사람이 실제 생활에서 성공적이고 행복한 삶을 살고 있는지의 여부는 분명하지 않다.

지능이 유전적인 요인의 영향을 받는가, 아니면 환경적인 요인의 영향을 받는가의 문제는 여전히 논쟁거리다. 천재 지능의 아동을 중상류층 이상의 가정에서 양육한 경우 지능지수가 200 이상까지 발달하였으나, 하류층에서 양육한 경우 지능지수 80 정도만 유지되었다. 흥미로운 점은 지적장애 아동의 경우에는 별 차이가 없었다는 것이다. Wolf(1964)에 따르면, 지능과 유전의 상관계수는 .50 정도였고, 지능과 환경의 상관계수는 .76이었다. Richard Herrnstein과 Charles Murray는 『종형곡선(The Bell Curve)』(1994)을 통하여 지능이란 40~80%의 범위 안에서 유전적 영향을 받는다고 제안하였고, 미국심리학회는 지능이 유전과 환경의 영향을 모두 받는다고 하였다. 결국 지능은 타고난 유전적 요인의 영향을 기본적으로 받음과 동시에, 후천적인 환경적 요인의 영향도 받는다고 볼 수 있다.

상관계수

두 변량 X, Y 사이의 상관관계의 정도를 나타내는 수치. 변수들은 서로 정적으로 상관(r>0)되기도 하고, 부적으로 상관(r<0)되기도 하며, 상관이 없을(r=0) 수도 있음. 정적 상관(positive correlation)은 한 변수의 값이 높아질 때 다른 변수의 값도 함께 높아지는 것을 의미하며, 부적 상관(negative correlation)은 한 변수의 값이 높아질 때 다른 변수의 값은 낮아지는 것을 의미함. 즉, 변수 간의 관계 정도는 상관계수(correlation coefficient=r)로 나타나며, 상관계수의 범위는 1에서 −1까지임. 1 혹은 −1에 가까울수록 두 변수 간의 관계는 강함

지능과 환경 변수와의 상관에 대한 다양한 연구 결과

영역		연구 결과
태아기와 초기 발달적 영향	출산, 분만합병증	산부인과 합병증은 지능과 상관관계 없음
	출생 시 체중	출생 시 체중은 지능과 매우 낮은 상관을 보임(7세와 상관계수 r=.08)
	출생 시 무산소증	무산소증은 지능과 매우 낮은 상관을 보임(r=-.05~-.06)
	아동기 질병	홍역 및 백일해, 풍진, 성홍열 등은 상관관계 없음
	납 중독	소량의 납 중독 영향은 아직 밝혀지지 못했음
	영양실조	미미한 영양실조는 상관관계 없음 그러나 심한 영양실조는 지적 발달 저해 및 성장 부진, 사망을 초래함
가족 배경	생물학적 가족	가정의 수입, 교육, 직업, 분위기는 지능과 상관관계 있음 (r=.18~.58)
	비생물학적 가족	가정환경은 입양아의 지능에 어느 정도 상관관계 있음(r=.09 ~.21)
	가정환경 변수	성취 동기에 대한 기대, 언어발달에 대한 기대, 학습에 대한 준비 등의 가정환경은 아동의 지능과 높은 상관이 있음
	출생 순위, 가족 크기, 출생 간격	지능의 개인차를 설명하기 위하여 출생 순위 및 가족 크기, 출생 간격들의 변수를 설정하여 연구한 결과, 연구의 타당함에 의문을 제기하는 증거가 남아 있음
학교교육	학교교육의 질	학교교육의 질이 지능의 개인차에 주요한 원천이 된다는 확고한 증거 없음
	학교교육의 기간	성인 지능과 학교교육 기간과의 상관은 .69로 나타남
	학령 전 증진 프로그램	학령 전 증진 프로그램은 지능에 영향을 미치기는 하지만, 장기적인 영향은 적은 것으로 나타남

지능지수에 관한 논란은 여전하기 때문에 그 점수에 대한 부모나 교사의 올바른 이해는 필수적이다. 일회적인 지능검사 점수로 인하여 아동에 대한 전반적인 기대를 낮추거나 높일 이유가 없다. 특히 최근 들어 우리나라의 부모들이 어린 연령대의 자녀를 대상으로 지능검사를 포함한 각종 검사도구를 투입하고, 마치 그 검사의 결과가 자녀에 관한 모든 것을 설명해 주는 것처럼 의존하는 사례들이 관찰되기도 하는데, 일회적인 검사도구의 타당성과 효용성을 고려해 볼 때 아동을 대상으로 한 검사 결과의 과대 및 축소 해석은 그만큼 위험도를 수반할 수 있다는 점을 잊지 말아야 한다. 다만 환경이 아동의 지능에 영향을 미칠 수 있는 범위가 우리가 생각하는 것보다 훨씬 넓다는 점을 생각해 볼 때 아동의 지능 개발을 위하여 가정이나 학교 환경이 중요한 요인이 될 수 있음을 기억해야 한다.

3. 심리사회적 발달

1) 성격발달

아동은 성격의 기초를 형성해 온 가정이라는 울타리로부터 벗어나 학교라는 단체에 새롭게 적응해야 하는 과제를 안게 된다. 또래 친구와 학교라는 집단생활을 시작함으로써 집단 혹은 단체 의식을 형성하기 시작한다. 아동은 또래와의 생활을 통해 '다른 사람의 관점에서 자신을 바라보는 경험'을 한다. 그에 따라 아동 자신과 또래 친구를 비교할 수도 있고, 그들과의 생활을 통해 앞으로 스스로 선택할 가치관의 토대를 형성하기도 하며, 또래 집단에 소속되었다는 안정감도 획득한다. 또한 학교의 규칙이나 법을 준수함으로써 앞으로 사회생활을 해 나가는 데 필요한 기초를 닦는다.

(1) Erikson의 심리사회적 발달이론

Erikson의 심리사회적 발달단계 중에서 아동기에 해당되는 것은 4단계인 '근면성 대 열등감'이다. 본능적 성숙과 사회적 압력에 의하여 아동은 근면성을 획득해야 하는 상황을 경험한다. 반대로 근면성을 획득하지 못했을 때는 열등감을 형성하는 위기를 경험한다.

학교생활을 시작하면서 아동은 인지적·사회적 기술을 습득하고 숙달하며 점차 근면성을 형성해 간다. 또래 집단과의 관계 역동에서 성공과 발전의 지속적인 경험을 바탕으로 아동기의 심리사회적 발달 과업은 완성되고 그만큼 즐거움을 느낀다. 아동에게 성취할 기회를 충분히 부여하고, 아동이 성취한 과업을 인정하고 격려하는 과정을 통해 아동의 근면성은 더욱 발달한다. 그에 따라 자아에 대한 유능감도 지니게 된다. 그러나 무언가 성취할 기회를 갖지 못하고, 귀찮은 존재로 취급되며, 아동이 성취한 결과가 비난을 받고, 지속적인 실패를 경험할 경우 그만큼 부정적인 자아상을 가지게 되며 아동기에 해결해야 할 근면성의 획득이라는 심리사회적 발달이 제대로 이루어지지 않아 결국 열등감에 빠지게 된다. 이렇게 형성된 열등감은 아동기에 수행해야 할 학습 상황이나 그 이후의 삶에 부정적인 영향을 준다.

그러므로 아동이 과제를 성공적으로 수행했다는 자신감과 만족감을 얻는 것은 중요하다. 성공적인 경험으로 인해 형성된 자신감은 앞으로 다양한 지식을 배우고 새로운 기술을 획득하기 위한 중요한 동기가 된다. 부모나 교사는 아동의 근면성을 격려하며, 개인차로 인한 열등감을 지니지 않도록 지도해야 한다. 먼저 아동 앞에서 다른 아동과의 '상대적 비교'는 가급적 삼가는 것이 좋다. 학령기에 접어들면서 아동은 자연스럽게 비교 혹은 서열화의 상황을 경험한다. 학업 성취도를 포함하여 여러 측면에서의 비교 및 서열화는 낮은 점수 혹은 평가 결과를 받은 아동의 열등감을 부추길 뿐이다. 상대적 비교보다 아동의 장점을 부각시키는 것이 근면성 획득에 효과적이다. 또한 타인들의 기대 및 요구를 충족시킴으로써 아동의 유능감은 형성되므로 외부로부터의 기대를 잘 충족시킬 수 있는 적절한 방법을 지도해야 한다. 예컨대, 아동 스스로 현실적인 목표를 세우고 실행할 수 있도록 기회를 준다. 이때 목표는 세분화되어야 하며 실행 방법도 다양한 방식의 과제로 제안하는 것이 좋다. 또한 아동이 자신이 세운 목표를 점진적으로 달성할 수 있도록 지도한다. 이를 위하여 과제의 진전 사항을 일지에 기록하도록 한다. 아동이 독립심과 책임감을 가질 수 있도록 충분한 기회를 주며, 혹시 실수를 하더라도 인내심을 갖고 지켜본다. 목표를 달성하지 못하여 낙심한 아동은 진심으로 격려한다. 지금까지의 과제 진전 사항을 기록한 일지를 함께 보며 현재 실패한 결과에

[그림 6-7] Erikson의 심리사회적 발달단계와 아동기

초점을 두기보다, 일지에 기록되어 있는 지금까지의 완성된 결과물들을 통하여 아동이 자신의 진전된 모습을 볼 수 있도록 지도하고 격려한다. 부모나 교사는 아동에 대한 긍정적인 믿음을 지니고 있어야 한다. 아동에 대한 신뢰는 결국 아동의 근면성 발달을 촉진시키기 때문이다.

부모나 교사가 알아야 할 아동기의 근면성 격려를 위한 지침

- 또래 친구와의 상대적 비교는 삼간다.
- 아동 스스로 현실적인 목표를 세우고 실행할 수 있도록 지도한다. 목표는 세분화하며 다양한 방식의 과제를 제안한다.
- 목표를 점진적으로 달성해 가도록 지도한다. 특히 진전 사항 기록 일지(progressing chart)를 기록하도록 한다.
- 독립심과 책임감을 발휘할 수 있는 기회를 준다.
- 아동의 실수에 대하여 인내한다.
- 낙심한 아동은 진심으로 격려한다. 당장 눈에 보이는 실패한 결과에 초점을 두기보다, 지금까지 아동이 기록한 진전 사항 기록 일지를 함께 보며 아동의 진전된 모습을 격려한다.
- 아동에 대한 긍정적인 믿음을 가진다.

(2) 자아개념, 자아존중감, 자아효능감

인간은 타인과의 관계 역동 속에서 자신에 대한 이해를 발달시킨다. 아동은 학교라는 사회 맥락 안에 놓이면서 자신이 누구인지에 대한 자아개념 및 자아존중감, 나아가 자아효능감을 발달시켜 나간다.

아동기가 되면 자아개념(self-concept)에 변화가 온다. 이전 시기와는 다르게 자신에게 내재되어 있는 독특한 특성으로 자아를 인식하기 시작한다. 아동은 자신의 신체 특성이나 능력, 행동, 소유물과 연관 지어 자신을 규정한다. 아동기의 자아개념은 성장함에 따라 점차 안정적으로 변하며 좀 더 추상적이고 분화된 개념으로 발달한다. 즉, 아동기 중후반이 되면 자신의 심리적 특성이나 타인과의 관계 등을 중심으로 자신을 정의한다. 자아개념에 대한 질적인 자기 서술을 하게 되는 이유는 학령기 아동이 다른 사람의 능력이나 외모와 같은 특성과 관련하여 자신의 능력이나 행동, 외모를 판단하는 사회적 비교를 할 수 있기 때문이다. 유아가 1명의 또래 친구와 자신을 비교하는 반면, 아동은 자신을 포함한 여러 명의 개인을 비교할 수 있다. 즉, 아동은 유아보다 자아 규정을 함에 있어서 더욱 다양한 기준을 활용한다. 이것은 연령이 증가함에 따라 자기를 이해할 수 있는 인지의 발달에 기인한다.

사회적 비교
자신의 행동 및 능력, 의견을 다른 사람의 것과 비교하여 판단하려는 욕구

아동은 성장하면서 자신에 대한 이해를 바탕으로 하여 더욱 복잡한 자아상을 구성할 뿐만 아니라 자신의 여러 특성에 대하여 스스로 평가할 수 있다. 자아개념에 대한 스스로의 평가적 측면을 의미하는 자아존중감(self-esteem)은 아동의 정신건강에 중요한 역할을 담당한다. 높은 자아존중감을 지닌 아동은 자신의 장점 및 약점을 잘 이해하며 자신의 특성 및 능력에 대하여 긍정적인 느낌을 가진다. 상대적으로 낮은 자아존중감을 지닌 아동은 자신의 장점보다는 약점에 주의를 더 기울이며 그만큼 자신에 대하여 부정적인 느낌을 지닌다.

아동의 자아존중감에 영향을 미치는 요인은 다양하다. 첫째, 부모의 양육 태도다. 자아존중감이 높은 아동의 부모는 온유하고 민주적인 경향성을 지니고 있었다. 그들은 자녀를 사랑하고 지지해 주며 자녀가 의견을 말하도록 격려하고 스스로 어떠한 결정에 참여하도록 기꺼이 허용하였다. 반면에 낮은 자아존중감을 지닌 아동의 부모는 자녀에게 무관심하고 통제적인 양육방법을 사용하였다. 둘째, 사회적 비교다. 자신을 타인과 비교하여 자아를 정의하고 평가하는 과정인 사회적 비교는 아동의 연령과 함께 증가하면서 자아존중감

형성에 영향을 미친다. 특히 또래 집단 내에서의 경쟁 구조나 아동의 성취가 강조되는 사회·문화는 아동의 자아존중감 형성에 중요한 역할을 한다. 셋째, 일반적으로 맏이나 외동이의 자아존중감이 높은 것으로 나타났다. 특히 형제관계가 친밀하고 온정적일수록 자아존중감이 높았고, 갈등 상황의 경우 자아존중감이 낮았다(박영애, 1995).

자아효능감(self-efficacy)이란 자신이 스스로 어떠한 상황을 극복할 수 있고 자신에게 주어진 과제를 성공적으로 수행할 수 있다는 개인의 신념이나 기대를 의미한다. 높은 자아효능감은 자신에 대하여 긍정적인 자아개념을 형성하고 그만큼 과제 지향적 노력을 촉진시켜 높은 성취 수준에 도달하게 하지만, 낮은 자아효능감은 자신에 대하여 부정적인 자아개념을 형성하고 그만큼 자신감을 낮추어 낮은 성취 수준에 머무르게 한다(Bandura, 1993).

> **자아효능감**
> 주어진 영역에서 스스로 상황을 극복하고 성공적인 수행을 할 수 있다는 개인의 신념

아동기는 자아효능감의 형성을 위한 중대한 시기다. 이 시기가 되면서 아동은 특정한 영역에 대하여 자신이 얼마만큼 잘 해낼 수 있는지에 대하여 스스로 예견할 수 있을 정도로 인지가 발달한다. 학교에서 처음 배우는 수학 개념을 잘 이해하고 적용하는 아동은 앞으로 자신이 수학을 꾸준히 공부하면 더욱 잘할 수 있을 것이라는 믿음을 스스로 갖는다. 반대로 처음 학습하는 내용에 대하여 잘 이해하지 못하고 실패하면 특정 영역에 대한 자아효능감은 그만큼 하락한다. 낮은 자아효능감이 지속될 경우, 아동은 자신이 아무것도 할 수 없으며 그 무엇을 해도 실패할 것이라는 '학습된 무기력(learned helplessness)'을 경험한다. 학습된 무기력이란 '나는 실패하는 게 당연해.'와 같은 생각을 하며 학습에 대한 어떠한 시도조차 하지 않는 상태를 의미한다. 학습된 무기력에 빠진 아동은 자신의 실패가 거듭될수록 '나는 바보야.'라고 실패의 원인을 자신의 능력으로 돌리며, 그로 인해 절망감과 수치심에 휩싸이고 아무도 자신에게 도움을 줄 수 없다고 생각하여 도움을 구하지도 않고 과제를 수행하려는 시도조차 하지 않는다.

그러므로 아동의 낮은 자아효능감을 높이기 위하여 교사나 부모는 각별히 주의를 기울여야 한다. 다양한 난이도와 여러 가지 유형의 과제를 주어 성공의 경험을 가질 수 있도록 기회를 준다. 아동으로 하여금 향상된 것을 스스로 확인할 수 있는 쉬운 단기 목표를 세우도록 하고 주의집중을 돕는 요약이나 개요와 같은 구체적인 학습 전략을 사용하도록 지도한다. 그 무엇보다도 아동이 성공이나 실패 자

체보다 노력하는 과정의 중요성을 깨닫도록 지도한다.

2) 도덕성 발달

인지와 언어 발달이 지속되고 사회적 관계 형성이 활발해지는 아동은 11세경이 되면서 강한 정서가 동반된 정교한 도덕적 사고의 표현이 증가하며 동시에 비도덕적 행동도 증가한다. 아동의 인지발달과 도덕성 발달이 어떠한 상관이 있는지에 관한 문제는 수세기 동안 많은 철학자와 심리학자의 주된 관심사였다. 도덕성의 결정 요인은 사회적 · 개인적 수준 모두에서 찾아볼 수 있다. 모든 문화권에서 도덕성은 올바른 행위에 대한 규율을 명시하여 모든 것에 우선하는 사회적 조직을 앞서게 하는 것이다(Berk, 2006a).

전통적으로 도덕성은 정서적 요소와 행동적 요소, 인지적 요소라는 세 가지의 측면에서 연구되어 왔다. Freud는 정서적 요소의 측면에서 도덕성을 설명한다. 그는 부모와 자녀 간의 정서적 관계가 아동이 부모의 도덕 기준을 내면화하는 데 영향을 주며, 그러한 도덕 기준을 아동이 어겼을 때 부정적인 경험을 하게 되면서 아동의 도덕성이 발달한다고 보았다. 반면에 Bandura를 포함한 사회인지학습 이론가들은 아동이 어떻게 도덕적으로 행동하는가의 문제에 초점을 두어 도덕적 행동의 학습과정을 설명하였다. 이에 비하여 Kohlberg는 인지적 측면에 초점을 두어 아동의 도덕성 발달을 설명하였다.

◎ Kohlberg의 도덕성 발달이론

Kohlberg는 인간의 도덕성이 3단계를 거쳐서 발달한다는 Piaget의 이론이 지나치게 단순하다고 비판하면서 도덕적 갈등 상황을 겪는 가상적 이야기를 제시하고 그 판단에 따라 도덕성 발달의 수준을 확장시켰다. 그는 10~16세의 아동과 청소년을 대상으로 도덕성 연구를 하였다. 제시된 딜레마를 읽고 난 후 아동은 도덕적 갈등 상황에 대한 몇 가지 질문을 받았고, 그 질문에 대한 답변의 수준에 따라 도덕성 발달단계는 3수준 6단계로 구분되었다.

3수준 6단계 중에서 2수준 3, 4단계가 아동기 도덕성 발달단계에 해당된다. 2수준은 인습 수준으로, 3단계 '착한 소년 · 소녀 지향' 단계와 4단계 '사회질서와 권위 지향' 단계로 구성된다. 착한 소년·소녀를 지향하는 3단계는 다른 사람을 기쁘게 하고 도와주는 행위의 여부가 선악을 결정하는 준거가 되며 타인의 승인을 중요하게 생각하여 도덕적 판단을 하는 단계다. 아동은 부모나 교사, 또래 친구들로부터 '착한 아이'라는 인식을 얻기 위하여 부모나 학교의 도덕적 기준을 자신의 도덕적 판단 기준으로 삼는다. 착한 아이가 되기 위하여 자신이 속한 사회관계 속에서 신뢰감 및 배려, 타인에 대한 충실함을 도덕적 판단 기준으로 선택한다. 그러므로 도덕성 발달 3단계에 속하는 아동에게 부모나 교사, 또래 친구들의 도덕적 판단 기준은 중요하다. 특히 부모나 교사의 도덕적 판단 기준이 아동에게 그대로 내면화되는 정도를 생각하면, 아동의 도덕성 발달을 위하여 부모나 교사의 도덕성 발달이 전제 조건이 됨을 기억해야 한다.

4단계는 사회질서와 권위를 지향하고 법은 절대적이고 사회질서는 유지되어야 한다는 인식에 기초하여 도덕성을 판단하는 단계다. 개인적인 문제보다 전체를 위한 의무감을 더욱 중요하게 여기며 그에 따라 주어진 사회질서를 유지하려는 행동이 나타나는 단계다. 초등학교 고학년이 되면서 아동은 자신이 속한 사회 집단의 규칙과 약속을 기반으로 하여 도덕적 판단을 한다. 학급에서 한 친구가 잘못된 행동을 하였을 경우, 4단계의 도덕적 추론이 가능한 아동은 학급의 규칙과 교사 및 친구들과의 약속에 기반하여 친구의 잘못을 판단할 수 있다. 학급의 규칙이나 질서를 중시하는 아동은 사회나 국가의 질서와 법 역시 중요하다는 인식을 지니게 된다. 학교의 도덕교육이 점점 중요해지는 단계라고 볼 수 있다.

Kohlberg는 아동의 도덕성 발달이 인지발달과 병행한다고 보았다. 즉, 각기 다른 도덕성의 발달에는 그에 적합한 인지 능력이 필요하다. 인습 이전 수준의 도덕적 판단은 자기중심적이다. 다음 단계인 인습 수준에 도달하기 위해서는 타인의 견해와 입장을 이해할 수 있을 정도의 인지발달이 병행되어야 한다. 또한 인습 이후 수준의 도덕적 판단을 위해서는 형식적 조작기에 해당되는 사고가 필요하다. 그러므로 아직 인지발달 수준이 구체적 조작기에 있는 아동기의 도덕적 판단 수준은 인습 이후 수준에 도달할 수 없다.

Kohlberg의 도덕성 발달 이론이 아동기 교육에 주는 시사점은 크다. 그가 제시한 이론에 의하여 아동의 연령과 인지적 수준에 기초한 도덕교육 행동 지침이 마련되고 있으며, 아동의 도덕성 발달을 위한 토론식 교육방법도 제안되고 있다. 또한 교육 현장에 있는 교사나 부모로 하여금 아동이 보다 고차원적이고 복잡한 사고방식을 접하여 좀 더 높은 수준의 도덕적 판단 수준을 지니도록 격려할 것을 제안하고 있다.

3) 심리사회적 발달에 미치는 영향

사회화의 과정을 통하여 아동은 자신이 속한 사회의 가치나 신념, 행동을 학습하면서 심리사회적 발달을 한다. 아동의 사회화에 영향을 미치는 요인은 가족, 또래 집단, 교사 및 학교, 각종 교육기관 및 대중매체 등 다양하다.

(1) 가족

가족은 아동의 사회화를 담당하는 첫 번째 기관이다. 현대 가족이론에서는 부모와 자녀의 관계를 단순한 일방향 모델로 이해하기보다 좀 더 포괄적인 사회적 체계로 접근한다. 즉, 부모가 자녀에게 영향을 준다는 사실을 인식하면서 동시에 자녀 또한 부모의 행동과 자녀 양육 방법에 영향을 미친다는 점을 수용한다. 또한 가장 소집단인 가족은 더 큰 사회문화적 맥락에 의하여 영향을 받으면서 항상 진화하는 상호 관련 관계망으로 구성되어 있다는 점을 강조한다(Belsky, 1981).

부부관계가 원만한 가정의 자녀는 그렇지 못한 가정의 자녀보다 훨씬 안정적인 심리사회적 발달을 보인다. 부부가 서로를 존중하고 신뢰하며 긍정적인 상호작용을 하는 것은 자녀에게 간접적인 영향을 미친다. 긍정적인 역동 속에 있는 부부가

함께 자녀에게 애정과 신뢰감을 주는 가정환경은 아동의 건강한 심리사회적 발달을 위한 최적의 조건이다. 자녀 또한 직간접적으로 부모에게 영향을 미친다. 부모의 지시를 따르지 않는 충동적인 자녀는 어머니로 하여금 더욱 강압적이고 처벌 중심의 훈육방법을 쓰도록 만든다 (Kochanska, 1993). 또한 통제적인 훈육방법은 자녀를 더욱 반항적으로 만들 수

도 있다. 자녀에 대한 따뜻함과 관심은 올바른 부모 역할 수행을 위하여 필수적인 요소다. 부모로부터 거부당한 느낌을 지니며 자란 아동은 성장 자체에 어려움이 있고 학령기에 들어와 많은 부적응을 보인다.

　화목한 가정, 즉 협력적이고 따뜻한 가족관계는 아동의 건강한 심리사회적 발달을 촉진시킴과 동시에 이후의 삶에도 영향을 준다. 가족의 신뢰와 지속적인 지원은 삶의 여정 속에서 겪게 되는 수많은 어려움을 극복해 나가는 데 필요한 원동력이 되어 주기 때문이다. 그렇다면 화목한 가족관계는 무엇이며 어떠한 역동 속에서 구성되는 것일까? 우리나라 보건복지부에서 실시한 아동종합실태조사의 가족관계 설문 문항(김미숙 외, 2013)을 살펴보면 다음과 같다.

- 가정에서 무엇인가를 결정할 때, 아이들의 의견을 물어보고 같이 참여시킨다.
- 가족 각자의 의견을 들어 주고 의견을 존중한다.
- 가족 구성원은 다른 사람의 도움 없이 각자의 능력껏 살아가고 있다.
- 우리 가족은 취미를 같이 한다.
- 가족 간에 의견 차이가 있어도 서로 간의 사랑이 줄지는 않는다.

　결국 아동에게 있어서 화목한 가정이란 부모로부터 존중받고, 본인의 의견을 자유롭게 표현할 수 있으며, 자신이 원하는 방향으로 삶을 살아갈 수 있도록 지지대가 되어 줌과 동시에 삶의 어려움이 있어도 신뢰와 사랑이 무너지지 않는다는 신념을 함께할 수 있는 공동체를 의미한다고 볼 수 있다.

🌱 아동학대

　아동의 심리사회적 발달을 위한 가족의 중요성에도 불구하고 최근 들어 부모를 포함한 가족의 아동학대가 점차 늘고 있어 심각한 사회 문제로 대두되고 있다.

　아동학대는 보호자를 포함한 성인이 18세 미만인 사람의 건강 또는 복지를 해치거나 정상적 발달을 저해할 수 있는 신체적·정신적·성적 폭력이나 가혹 행위를 하는 것과 아동의 보호자가 아동을 유기하거나 방임하는 것을 말한다(나무위키, 2023). 아동학대의 원인은 부모의 심리적 요인 및 스트레스 해소, 정신질환, 부모의 개인사, 아동혐오, 부부불화 및 애정결핍 등 다양하다. 학대 유형 또한 신체적·정서적·성적 학대, 유기 및 방임 등 다양한 양상으로 관찰된다.

표 6-2	국내 아동학대 사례 유형					
구분	전체	신체학대	정서학대	성학대	방임	중복학대
건수(건)	24,604	3,436	5,862	910	2,604	11,792
비율(%)	100.0	14.0	23.8	3.7	10.6	47.9

출처: 보건복지부(2018).

아동학대는 아동이 성장하면서 보고 말하고 행동하는 모든 일에 영향을 준다. 아동에게 깊은 상처를 줌과 동시에 그 이후의 삶 전체를 통하여 우울증, 불안장애, 공황장애. 분노조절장애. 자기혐오 등 심리장애를 일으킬 수 있는 범죄 행위다. 특히 가정이라는 폐쇄적 환경 속에서 일어나는 아동학대는 목격자의 확보조차 힘들기 때문에 아동에게 더욱 치명적인 상황을 일으킬 수 있다. 은밀하게 구성되는 부모의 아동학대를 파악할 수 있는 사람은 바로 아동의 교사다. 아동이 특별한 사유 없이 결석이 잦거나 신체에 상처가 있는 경우, 즉시 국가기관에 신고하고 아동보호를 위한 후속 조치를 신속하게 취해야 한다.

(2) 또래 집단

학령기의 아동이 경험하는 세상은 가족 중심으로부터 벗어나 좀 더 다면화된 외부 환경으로 확대된다. 학교생활을 시작하면서 아동은 또래라는 중요한 집단과 만난다. 또래란 사회적으로 동등한 사람들 또는 적어도 또래로 있는 동안에는 유사한 행동 수준에서 상호작용하는 사람들을 의미한다. 그러므로 연령대가 조금 차이가 나도 공통의 관심이나 목표를 추구하면서 서로의 요구에 맞추어 갈 수 있다면 또래 집단으로 볼 수 있다. 또래에 대한 인식은 연령에 따라 변화한다. 유아기에는 놀이를 같이 하는 존재로 또래를 인식하지만, 아동기에 들어오면 서로의 요구를 들어 주고 이해하는 보다 상보적인 관계로 인식한다.

또래 집단의 가장 중대한 기능은 사회화다. 친구를 통하여 아동은 자신이 속한

아동기 심리사회적 발달에 영향을 미치는 또래 집단

사회에서 수용되는 것과 수용되지 못하는 것을 배우며 가치관을 학습한다. 친구 관계를 통하여 규칙을 배우고 타협과 협동심을 기른다. 친구로부터 인정받는 것은 곧 자신을 지각하는 자아개념의 형성에 중요한 역할을 담당한다. 아동에게 있어서 또래 집단은 부모나 교사와 같이 강화원과 모델링의 역할도 담당한다. 아동의 행동은 또래가 하는 반응에 의하여 증가될 수도, 유지될 수도, 감소하거나 소멸될 수도 있다. 또한 또래는 서로에게 사회적 모델로서 영향을 미친다. 아동은 또래를 주의 깊게 관찰함으로써 그 사회가 수용하는 바람직한 행동과 특성을 학습하며 또래가 수용하는 방식으로 대화하고 행동한다. 또한 각자에게 적합한 사회적 행동에 대한 피드백을 받으며 서로 협력하거나 경쟁하는 법을 배우면서 심리사회적 발달을 이룬다. 즉, 또래는 자체 내의 규칙과 기준을 가지고 아동 개인에게 영향을 미치는 집단이다. 또래 집단은 아동에게 상담자의 역할도 담당함으로써 공동의 관심사와 욕구, 흥미, 정서적인 문제에 대하여 서로 의논의 대상이 되며 함께 해결책을 찾기 위하여 노력한다. 또한 부모나 교사와는 별도로 자신들만의 관심거리인 어떠한 일을 도모함으로써 강한 유대감을 형성하기도 한다.

또래 집단의 행동규범이나 집단 결정에 따르려는 경향성이 또래 동조성이다. 또래들이 다양한 친사회적 행동이나 반사회적 행동을 하자는 압력이 있을 때 아동이 그 압력에 따르게 될 가능성을 조사한 결과, 친사회적 행동에 대해서는 연령이 증가하면서 또래에 대한 동조성이 크게 변화하지 않지만, 반사회적 행동에 대해서는 동조성이 크게 증가하였다(Brown, Clasen, & Eicher, 1986). 부모와의 의사소통이 적을수록, 또래 집단의 응집력이 클수록, 독립된 주체로서의 결정력이 약할수록 또래 집단의 영향력은 커진다. 그러므로 또래 집단의 문화가 학업 성취도나 학교, 부모를 비롯한 성인에 대하여 부정적인 태도를 갖게 되면 그만큼 또래 집단이 아동에게 미치는 영향은 부정적이라고 볼 수 있다.

또래 동조성
또래 집단의 행동규범이나 집단 결정을 따르려는 경향성

(3) 교사

학령기 아동의 심리사회적 발달에 교사가 기여하는 바는 크다. 교사는 단순한 학과 지식의 전달자를 넘어서 아동과의 개인적인 접촉을 통해 부모와 거의 같은 수준의 정서적 안정감 및 유대감을 형성할 수 있다. 온정적이고 합리적인 교사를 만난 아동의 학교생활은 안정적이고 즐거우며 그만큼 아동의 심리사회적 발달에 긍정적인 영향을 끼친다. 아동에게 있어서 교사가 절대적인 존재인 만큼 아동의 역할 모델 및 동일시의 대상이 된다. 홍미로운 점은 교사가 가르치는 학과 지식보다 교사가 직접 보여 주는 행동이나 태도, 인격이 아동의 사회성 발달에 기여하는 바가 더욱 크다는 점이다.

현대사회는 맞벌이 가정, 한부모 가정이 점차 증가하는 추세이고 그만큼 대부분의 시간을 혼자서 보내는 아동이 점차 늘고 있다. 이러한 사회문화적 변화에 따라 교사의 돌봄이 필요한 아동이 늘어나고 있다. 교사는 대인관계나 심리사회적 문제에 처해 있는 아동을 주의 깊게 관찰하고 아동에게 최선의 도움을 줄 수 있는 역할을 담당한다. 가정생활이 불안정하거나 또래 집단으로부터 이탈되어 있는 아동의 경우 따뜻하고 일관성 있는 교사의 돌봄이 더욱 필요하다. 교사는 부모 대리인, 상담자, 인생의 안내자로서의 역할을 수행하면서 아동을 지지하고 성장시키는 존재다. 인격적으로 훌륭한 교사와 지내면서 아동은 성숙하고 삶에 대한 긍정적인 느낌을 지닌다.

Erikson(1968)에 의하면, 훌륭한 교사는 아동으로 하여금 자신감을 갖도록 지지하고 신뢰감을 형성해 나가며 아동의 자아존중감을 높여 줄 수 있는 교사다. 훌륭한 교사는 열정적인 수업을 하고, 아동에게 친근감을 표현하며, 권위와 위엄을 지닌 것으로 나타났다(Norman & Harris, 1981). 또한 아동은 자신감 있고, 관대하며, 정서적으로 안정감 있고, 친절하며, 신뢰할 수 있고, 열등감을 느끼지 않도록 만드는 교사를 좋아한다(Teddlie, Kirby, & Stringfield, 1989).

교사의 기대는 아동의 성취도에 중요한 영향을 미친다. 『교실에서의 피그말리온(Pygmalion in The Classroom)』에 제시되어 있는 '자기충족적 예언' 실험(Rosenthal & Jacobson, 1968)은 교사가 아동에게 미칠 수 있는 영향력에 대한 실증적인 자료다. 연구자는 초등학교 1~6학년까지의 아동에게 비언어적 지능검사를 실시하면서 교사에게는 이 검사를 학력검사라고 거짓으로 소개하였다. 검사 후, 학급마다 학생 수의 약 20% 아동 명단을 교사에게 주면서 명단에 있는 아동이 놀라울 정도의 지적 성장을 보일 것이라고 알려 주었다. 사실상 그 명단은 무작위로 선출된 아동의 이름이 기재되어 있을 뿐이었다. 8개월 후 해당 아동들을 대상으로 똑같은 유형의 비언어적 검사가 실시되었고, 그 결과 교사에게 뛰어난 잠재 능력을 지닌 것으로 보고되었던 아동의 점수가 의미 있는 결과를 보였다. 즉, 명단 속의 아동들이 의미 있는 지적 성장을 보인 것이다. 이러한 실험은 비록 40년 전의 연구이지만 아동의 성장에 있어서 교사의 역할이 얼마나 중대한지에 관한 정보를 준다. 자기충족적 예언에 관한 후속 연구들에서는 교사에게 사실과 다른 정보를 주어 아동에 대한 긍정적인 기대를 유도하는 방법은 더 이상 효과가 없는 것으로 밝혀졌다. 그러나 교사의 긍정적인 기대가 아동의 바람직한 행동을 유발할 수 있다는 점에 대해서는 이견이 없다.

교사의 긍정적인 기대와 마찬가지로 부정적인 기대 또한 아동에게 영향을 준다. 즉, 아동에 대한 부정적인 선입견이나 편견이 자기충족적 예언으로 작용할 수 있음을 기억해야 한다. 일반적으로 교사는 아동의 지적 능력 수준이나 가정환경, 이전에 가르쳤던 교사들의 의견 및 주변의 평판 등에 의하여 아동에 대한 기대를 형성한다. 그러므로 부정적인 사실에 대해서는 그만큼 부정적인 선입견을 가질 수 있다. 교사의 기대가 아동에게 미칠 수 있는 영향을 생각해 볼 때, 교사는 아동에 대한 기대를 형성하는 과정에 좀 더 신중해야 한다.

(4) 매체

현대사회에서 아동은 인터넷과 핸드폰 등 다양한 매체에 노출되어 있다. 각종 미디어가 주는 장점은 많다. 아동은 다원화된 사회가 요구하는 수많은 정보를 각종 매체를 통하여 신속하고 유익하게 얻을 수 있다. 그러나 각종 매체가 아동에게 미치는 부정적인 영향 또한 크다. 아동의 인터넷 이용 시간이 해마다 늘고 있다는 점을 생각해 볼 때, 대중매체가 아동에게 미치는 부정적인 영향에 대하여 생각해 보아야 한다.

우선 장시간의 인터넷 노출이나 게임은 아동의 신체에 문제를 일으킬 수 있다. 또한 충분히 검증되지 않은 내용의 경우 아동에게 교육적인 효과를 주기보다는 오히려 부정적인 영향을 미칠 수 있다. 건전한 매체 활용을 위한 적절한 교육이 이루어지지 않은 상황에서 아동이 인터넷에 노출되면, 아동은 게임 등과 같이 중독성이 높은 프로그램에 몰입하게 되고 몰입의 시간이 길어지는 만큼 중독 상태에 빠진다. 즉, 아동은 각종 매체가 지니고 있는 유익성의 뒷면에 존재하는 해로움에 노출됨으로써 사회적 · 정서적 문제에 직면한다. 매체 중독이란 매체 사용에 대한 금단과 내성을 지니고 있으며 이로 인해 일상 생활의 장애가 유발되는 상태를 의미한다. 인터넷을 포함한 각종 매체 중독은 점점 사용 시간이 증가하고 더욱 자극적인 내용을 통해서 만족을 느낄 수 있으며 매체를 일정 시간 이상 사용하지 못하면 불안하고 초조해하는 양상을 보인다. 또한 과도한 매체의 사용으로 인하여 학업 성적이 하락하고 대인관계의 문제도 발생한다.

이와 같은 부정적인 영향에 대한 노출을 예방하기 위해서는 매체 사용에 대한 적절한 교육이 선행되어야 한다. 아동 대상의 매체교육이 가장 효율적으로 실천될 수 있는 장소는 가정이다. 가정은 아동이 직접적으로 각종 매체를 접촉하는 주된 장소이기 때문에 가정에서 올바른 매체의 접촉 습관을 기르는 교육을 하는 것은 당연한 일이다. 아동 대상의 매체교육을 제대로 실천하기 위해서는 부모의 역할이 무엇보다 중요하다.

각종 매체를 통하여 아동에게 무엇을 가르칠 것인지에 관한 논의도 필요하다. 아동을 대상으로 한 대중매체 교육의 목적은 아동이 지나치게 매체에 의존하여

아동의 매체시청 습관을 기르기 위한 지침

- 대중매체를 보는 시간을 분명하게 제한한다. 어린 아동의 경우, 하루 시청 시간을 1~2시간으로 제한하는 것을 권장한다.
- 가정에서 인터넷을 포함한 전자매체의 영향력을 최소화한다. 정해진 과제나 반드시 필요한 경우가 아니면 사용을 제한하도록 지도한다.
- 가족과의 대화를 우선순위로 둔다. 특히 식사 중에는 핸드폰이나 전자매체를 끄도록 한다. 대중매체가 가족의 중심에 있지 않도록 주의한다.
- 아동과 의논하여 미리 매체의 사용 시간을 계획한다.
- 아동에게 상을 주거나 벌을 주는 데에 매체를 사용하지 않는다.
- 아동과 함께 인터넷을 본다. 아동이 보는 내용을 이해할 수 있도록 도와준다.
- 대안을 마련해 준다. 아동이 인터넷에 장시간 노출되는 것은 부모의 책임이 크다. 아동이 집 안과 밖에서 하는 활동을 격려하고 지지한다. 특히 운동은 아동에게 매우 중요하다. 또한 특별한 가족 활동을 고안해 보는 등 매체를 대체할 수 있는 다른 활동을 지지한다.
- 무엇보다도 부모가 지도하는 내용에 대해 솔선수범을 보인다. 부모가 종일 매체에 빠져 있으면서 아동에게 제한을 둘 수는 없다.

그들이 매체식 세계관으로 실제 세계를 오해하는 것을 예방하는 데 있다. 아울러 매체를 창조적으로 활용하는 능력을 기르는 데에 그 목적이 있다. 아동의 눈높이에 맞춘 효과적인 매체교육 프로그램의 개발과 그러한 프로그램을 어떠한 방법으로 현장교육에 투입할 것인지에 관한 구체적인 연구가 필요하다.

4. 심리장애: 학교 부적응

학교 부적응이란 아동의 욕구가 학교와 관련된 환경에서 수용 혹은 충족되지 못하여 일어나는 내적 갈등과 함께 부적절한 행동을 보이는 상태를 의미한다. 여기서 학교생활 환경이란 아동이 학교에서 받는 총체적 교육 활동을 말한다. 즉, 교과 활동, 계발 활동, 봉사 활동, 자치 활동, 행사 활동 등 아동이 참여하고 있는 모든 교육 활동을 의미한다. 또한 학교생활 구성 요소에 속하는 아동과 교사의 관계, 아동 상호 간의 관계, 학급생활 등도 모두 학교생활 환경에 포함된다. 그러므로 학교 부적응이란 다양한 교육 환경 속에서 관찰되는 아동의 심리적 갈등과 그에 따른 이상 행동을 의미한다고 볼 수 있다.

급변하는 사회문화적 환경 속에서 바르게 적응할 수 있는 능력을 기르는 의도적 교육기관이 학교라는 점을 생각해 볼 때, 아동의 학교 부적응은 중요하게 다루어져야 할 문제다. 학교는 아동이 깨어 있는 대부분의 시간을 보내는 곳이며 교사와 친구 사이에 사회적 관계가 이루어지는 장일 뿐만 아니라, 사회가 요구하는 지식 습득 및 평가가 이루어지는 생활공간으로 아동의 심리사회적 발달에 중대한 영향을 미치는 환경 요소이기 때문이다. 학교 부적응 행동의 발생 원인은 아동의 능력 결함이나 성격 이상과 같이 아동 내부에서 발생하는 경우도 있지만, 학교교육 환경 자체가 좋지 못하여 아동의 기본적인 욕구를 충족시켜 주지 못한 데에 기인되는 경우도 적지 않다.

1) 자폐 스펙트럼

봄(8세)이는 항상 무표정한 얼굴이다. "이게 뭐지?"라고 질문을 하면 대답 대신

"이게 뭐지?"라고 말을 따라 한다. 의사소통이 거의 되지 않으며, 혼잣말을 하고, 가끔 이유 없이 큰 소리를 지른다. 눈 맞춤을 하지 않으며 의자에 가만히 앉아 있지 못하고 계속해서 돌아다닌다. 책상에 놓인 종이를 찢거나 책꽂이의 책을 다 빼놓는 행동을 한다. 손바닥을 보면서 원을 그리는 행동을 반복적으로 하고, 지하철이나 차와 관련된 물건에 관심이 있다. 어렸을 때부터 전자매체를 많이 봤으며 또래 친구에게 관심이 전혀 없기 때문에 유치원에 다닐 때도 친구가 한 명도 없었다. 화가 나면 벽에 머리를 쿵쿵 박는 모습을 보이고, 기분이 좋으면 혼자 흥얼거린다.

자폐
의사소통과 사회적 상호작용 이해 능력에 저하를 유발하는 신경발달 장애

자폐(autism)는 의사소통과 사회적 상호작용 이해 능력의 저하를 일으키는 신경발달 장애로 1943년 소아정신과 의사 Leo Kanner에 의해 확인된 증상이다. 자폐의 남녀 유병률은 3:1로 남아의 경우가 더 많지만 여아에게서 발병한 경우 그 증상이 더 심하다. 주로 가족력으로 나타나는 경우가 많다. 이 증상의 원인은 아직 명확하게 밝혀지지 않았지만 두뇌 특정 부분의 이상으로 보는 견해가 우세하며, 적어도 부모의 냉담한 양육 태도 요인은 아닌 것으로 합의되고 있다.

자폐의 증상은 환자마다 차이가 있고 그에 따라 증상에 대한 의사들의 처방도 다양하다. 우선 자폐아의 절반가량은 말을 전혀 못하거나 동일 단어를 반복하는 등의 극단적인 언어발달 지체 증상을 보인다. 융통성이 없고 때때로 특정 사물이나 특정 의식에 강하게 집착하여 특정한 영역에 대한 높은 동기 수준을 지닌 영재로 오해받기도 한다. 부모를 포함한 양육자와 애착 형성이 안 돼서 눈을 맞추지 못하고 부모의 감정 표현에도 거의 반응하지 않는다. 타인의 정서를 지각하거나 이해하는 데에 어려움을 느끼며 타인의 존재나 감정을 인식하는 능력이 결핍되어 있다. 자폐아는 사람을 사물로 대하기도 하며, 의사소통에 관심이 없고, 사회성이 현저히 떨어진다.

자폐 증상의 치료는 쉽지 않다. 자폐아에 대한 지속적인 사랑과 보살핌을 기저로 자율성을 강조한 행동수정 프로그램의 투입이 권장된다. 우리나라의 경우 1998년 자폐아 부모들의 모임인 '기쁨터' 프로그램을 통하여 자활미술치료나 율동, 이야기 나누기, 현장학습을 통한 사회성 강화훈련 등의 방법이 활용되고 있다.

표 6–3 자폐아의 일반적인 특성

- 아무리 불러도 대답이 없다.
- 또래와 어울리지 못한다.
- 타인의 말을 이해하지 못한다.
- 의사표현을 잘 하지 못한다.
- 충동적인 행동을 보인다.
- 자기 방어를 못한다.
- 눈을 맞추지 못한다.
- 같은 길로만 가려고 한다.
- 한 장난감에 집착한다.
- TV는 광고만 보려고 한다.
- 가구를 옮기면 불안해한다.
- 손을 비틀거나 씻는 행동을 반복한다.
- 혼잣말은 하는데 대화는 못한다.

1990년대부터 자폐 스펙트럼 장애(autism spectrum disorder: ASD)라는 용어가 사용되고 있는데 이는 자폐증, 아스퍼거 증후군 등을 포함한다. 이와 구별되는 유사 자폐는 언어 및 사회성, 행동에서의 심한 자폐를 의미하는 자폐증과는 달리 증상은 미약하지만 치료가 필요한 다양한 장애를 포함한다. 다음 사례에서 보듯이, 유사 자폐 아동은 타인의 마음을 이해하지 못하고 상황 파악 능력이 떨어진다.

> 여름(12세)이는 동물 관련 책과 다큐멘터리를 보고 또 보고, 끊임없는 동물 이야기로 친구들을 진저리나게 만든다. 항상 분위기를 잘 파악하지 못하며, 정해진 규칙은 지나치게 잘 따른다. 엄마가 택시를 잡으려고 차도에 내려서면 깜짝 놀라며 질겁을 하고 엄마를 인도로 끌어올린다.

유사 자폐의 치료는 심리상담 치료가 권장되며, 특히 부모의 협조가 절대적으로 중요하다.

자폐아 부모는 이렇게

'몸 쓰는 놀이를 함께하고 간단한 집안일을 시키면 도움된다.'

- 일상생활: 인터넷을 포함한 전자매체나 TV는 끄고 부모가 스킨십을 한다. 자폐아가 하는 행동이나 놀이를 말로 표현해 주면 부모와의 상호작용이 증가한다. 언어로 학습하는 놀이보다 신체를 활용한 놀이가 좋다. 놀이를 하면서 부모를 모방하게 되고 다른 사람과 어울리게 된다.

자녀가 위축된 모습을 보이거나 고립되어 있으면 간단한 집안일부터 시킨다.
- 문제 행동: 괴성을 지르거나 짜증을 내면 일단 못 들은 척한 뒤 조용해지면 자녀가 원하는 것이 무엇인지 살펴보고 들어준다. 사회적으로 난처한 행동을 한 경우 단호하게 제지하고 나중에 나쁜 행동을 중단한 것에 대하여 칭찬한다. 물을 틀어 놓거나 전등을 켰다 껐다 하는 행동을 보이면 심심하다는 신호이므로 무언가 다른 일을 할 수 있도록 유도한다. 자해 행동은 욕구불만의 신호이므로 원인을 파악한 뒤 해소해 준다. 편식하면 집착하는 음식을 없애고 여러 가지 음식을 주고 난 뒤 더 이상 관심을 주지 않는다.
- 성교육: 자폐증 초기 어릴 때부터 반복해서 가르친다.

2) 주의력결핍 과잉행동장애(ADHD)

서울의 한 식당에서 만난 가을(10세)이는 한시도 가만히 앉아 있지를 못했다. 의자에서 내려와 식당을 이리저리 돌아다니기를 서너 번, 주문을 하고 식사가 나오는 10분 사이에 다리를 앞뒤로 휙휙 저으며 단무지를 세 접시나 집어 먹었다. 더 이상 먹을 단무지가 없자 이번에는 플라스틱 젓가락을 가지고 장난을 치기 시작했는데, 결국 젓가락을 부러뜨리고 말았다. 가을이의 어머니는 "초등학교 입학 전까지는 아이가 그저 활발한 편이려니 하고 생각했는데, 학교에 입학한 후 여러 문제가 발생하여 병원에 갔다."고 말했다.

겨울(9세)이는 초등학교 2학년이다. 지하철을 타면 칸을 옮기며 뛰어다니고, 자리에 앉아서도 발을 가만히 두지 못하고 옆에 앉은 사람을 툭툭 친다. 식당에서도 밥을 먹는 것에는 관심이 없고 옆 테이블 물건을 만지거나 큰 소리를 지르며 뛰어다닌다. 학교에서는 수업 시간에 교실 바닥을 기어다니고, 아무 말도 없이 갑자기 일어나서 물을 마시러 나갔다 오곤 한다. 선생님이 설명을 하실 때 상관없는 얘기를 해서 수업 진행을 방해한다. 선생님이 혼을 내셔도 언제 그랬냐는 듯이 곧바로 다시 떠들고 돌아다닌다. 친구들과 싸우는 일도 많다. 친구가 뭘 물어보려고 뒤에서 툭툭 건드렸는데 겨울이는 자기를 때렸다고 생각하고 친구에게 발길질을 한 적도 있고, 줄을 서지 않고 새치기했다고 친구 머리를 책으로 때린 적도 있다.

학령기 아동의 10~15%가 겪는 주의력결핍 과잉행동장애(attention deficit hyperactivity disorder: ADHD)는 주의가 매우 산만하여 집중을 하지 못하는 상태의 장애를 의미한다.

주의력결핍 과잉행동장애
주의가 산만하여 조금도 정신을 집중하지 못하는 장애

ADHD의 증상은 부주의, 과잉행동, 충동성의 세 가지 패턴으로 관찰된다. 부주의 패턴은 보통 5~7세경부터 나타나며 과잉행동보다 오랜 기간 지속되지만 일반적으로 청소년기가 되면 감소한다. 주의를 집중하지 못하고 실수를 잘하며 규칙이나 지시를 따르지 못한다. 지속적인 정신력이 필요한 작업을 싫어하고 거부하며 외부 자극으로 인하여 생각이 쉽게 흩어진다. 과잉행동 패턴은 손이나 발을 가만히 두지 못하고 항상 움직이거나 몸을 비트는 등의 행동을 보인다. 일정한 장소에서 뛰거나 기어오르며 계속해서 쉴 새 없이 움직인다. 충동성 패턴은 질문이 채 끝나기도 전에 대답을 불쑥 해 버리고 다른 사람이 하는 일을 방해하거나 간섭한다.

ADHD의 정확한 원인은 아직 밝혀지지 않았지만 선천적인 신경화학적 문제를 발생 원인으로 보는 학자가 다수다. 뇌신경 전달물질의 부족으로 나타나는 질환으로 본능적 반응을 억제하고 합리적 사고를 활성화하는 전전두엽 피질(prefrontal cortex) 부위의 기능 저하가 발생 원인이다. 하버드 의대 교수 출신인 정신과 의사 Edward M. Hallowell에 의하면, 현대인의 멀티태스킹(multitasking)이 뇌의 과부하를 초래하고 결국 뇌의 안정성을 깨트러 ADHD가 발생한다는 것이다. 카이스트 연구 팀(김은준, 강창원, 2011)은 뇌의 신경 시냅스 단백질(GIT1) 부족이 ADHD 발병의 원인이라는 연구 결과를 내놓았다. 그들은 정상 아동과 ADHD 아동의 유전자 비교를 통해 GIT1 유전자의 염기 1개가 달라 이 단백질이 적게 만들어지는 아동에게서 ADHD의 발병 빈도가 두 배가 높다는 사실을 밝혀냈다. 이것은 ADHD가 유전자 이상으로 발병한다는 사실을 세계 최초로 규명한 연구 결과로, ADHD 치료법 개발의 새로운 가능성을 열어 주었다.

ADHD 아동 중 일부는 성장하면서 그 증상이 점차 자연스럽게 완화되지만, 치료하지 않고 방치할 경우 집중력 및 학습 능력 저하, 사회 부적응, 반사회적 성격장애 등 증상이 심해지거나 우울증, 학습장애, 틱증후군 등의 증상으로 발전할 위험이 있다. 그러므로 ADHD 아동에 대한 조기 발견과 그에 따른 체계적인 치료는 중요하다. 현재 소아정신과에서 사용하는 가장 흔한 치료방법은 약물 복용이

표 6-4 ADHD 유형 및 특징

부주의	과잉행동	충동성
• 주의집중 결여 • 실수가 잦음 • 규칙이나 지시를 따르지 못함 • 부모나 교사가 말을 할 때 귀 기울여 듣지 않는 것처럼 보임 • 자신이 하는 일에 조직적이지 못함 • 장시간의 정신력이 필요한 작업을 싫어하거나 거부함 • 물건을 자주 잃어버림 • 외부 자극으로 생각이 쉽게 흩어짐 • 일상적인 활동을 자주 잊어버림	• 손이나 발을 항상 움직이거나 몸을 비트는 등 가만히 앉아 있지를 못함 • 일정한 장소에서 지나치게 뛰어다니거나 기어오름 • 여가 활동을 평온하게 즐기거나 놀지 못함 • 계속해서 쉴 새 없이 움직임 • 자주 지나치게 말을 많이 함	• 질문이 채 끝나기도 전에 불쑥 대답함 • 차례를 기다리지 못함 • 다른 사람이 하는 일을 자주 방해하거나 간섭함

다. 향정신성 의약품에 속하는 중추신경 자극제 메틸페니데이트(methylphenidate: MPH)가 가장 널리 쓰이는 약물이며, ADHD 아동의 충동성과 과잉행동을 가라앉히고 주의력을 향상하는 데 도움을 주는 것으로 알려져 있다. 그러나 약물치료는 아동에게 단기적으로는 도움을 줄 수 있으나 장기적으로는 도움이 되지 못하는 것으로 나타났다(Weiss, 1983). 약물치료와 더불어 적절한 사회적 · 학업적 행동을 강화해 줄 수 있는 행동치료 프로그램을 병행하는 것이 더욱 효과적인 치료방법이다.

ADHD 아동을 다루는 방법

- 수업 시간에 다른 행동을 못하도록 앞자리 앉히기
- 가정에서 자는 곳, 노는 곳, 공부하는 곳의 세 곳으로 구획을 나누어 주기
- 백화점과 같이 자극이 심한 장소에서 오래 머무르지 않기
- 공부를 나누어 시키기. 1시간 지속보다 20~30분씩, 10문제를 한번에 푸는 것보다 5문제를 풀고 조금 쉬고 5문제 풀기
- 잘못한 일을 심하게 꾸짖기보다는 잘한 행동을 칭찬하기

3) 학습장애

초등학교 3학년인 바다(가명)는 글을 읽고 쓰지 못한다. 지능검사상의 문제는 없으나 기초학습기능검사 결과, 학년 수준과 2년 이상 차이가 났다. 바다는 '사과'라는 단어와 '고구마'라는 단어는 알고 있는데 '사고'라는 단어는 읽지 못한다. 자기 이름을 써 놓은 것은 읽지만 이름의 글자가 다른 곳에 있으면 읽지 못한다. 5세 때부터 한글 학습지를 하고, 집에서 글자를 가르치려 노력했지만 전혀 나아지지 않았다. 배운 글자를 바로 잊어버렸다. 초등학교에 입학해서 받아쓰기 시험을 보면 10~20점 정도였고, 하나도 쓰지 못해 0점을 받을 때도 있었다. 수업 시간에 책을 읽으라고 시키면 전혀 읽지 못하고, 문제를 읽을 수가 없어서 시험을 보면 백지로 내는 경우가 빈번했다. 말로 문제를 읽어 주면 답을 알고 있는 경우도 있는데, 읽고 쓸 수가 없어서 혼자서는 문제를 풀 수 없다. 알림장도 써 오지 못하고 숙제도 으레 안 하는 것으로 알고 있다.

학습장애
듣기, 말하기, 읽기, 쓰기, 계산 능력 등 정보의 습득과 정보 처리상의 어려움이 있는 장애

학습장애(learning disabilities)는 듣기, 말하기, 읽기, 쓰기, 계산 능력 등 정보의 습득과 정보처리상의 어려움이 있는 경우를 의미한다. 일반적으로 지능검사로 측정되는 지적 능력과 성취검사로 측정되는 실제 수행 간에 큰 차이가 있으면 학습장애로 간주한다(Colman, Levine, & Sandler, 1991). 학습장애 아동은 정상 지능을 지니고 있음에도 불구하고 또래와 비교하여 볼 때 실제 수행 능력이 약 2년 정도 뒤떨어진다. 그들은 낮은 학업 성취로 인한 자신감의 결여, 대인관계의 미숙함 등으로 학교 현장에서 많은 곤란을 겪는다. 학습장애는 성인기의 사회 적응력에도 영향을 미칠 수 있으며 행동장애 및 주의력결핍 과잉행동장애, 우울증 등과 동반하여 나타날 수 있다는 점에서 주의 깊게 살펴보고 그에 적합한 처치를 조기에 해야 하는 장애다.

학습장애가 가장 흔하게 나타나는 학업 분야는 읽기와 쓰기, 셈하기다(Hallahan & Kaufman, 2000). 소위 난독증(dyslexia)으로 불리는 읽기장애는 읽거나 철자를 기억하는 능력이 손상된 경우를 의미한다. 난독증을 겪는 아동은 학업에 대한 자신감이 매우 낮고 쉽게 우울해진다. 또한 또래들에 비하여 주의력결핍 과잉행동장애의 증상을 보이는 경향이 높다(Boetsch, Green, & Pennington, 1996). 쓰기장애

는 잘못된 구두점이나 문장이나 문단 구성의 빈약함, 철자법 실수, 지나치게 형편 없는 필체 등의 증상으로 나타난다. 쓰기장애를 지닌 아동은 글씨를 쓰거나 철자를 기억할 때, 혹은 작문을 해야 할 때 어려움을 느낀다. 셈하기 장애는 여러 가지 기능상의 문제를 포함한다. 산술 용어나 개념 이해와 같은 언어적 기능의 형태로 나타나기도 하며, 수의 상징이나 산술 부호를 인식하기와 같은 지각적 기능의 형태로 관찰되기도 한다. 또한 숫자와 모양을 정확하게 그리기 혹은 공식 기호를 관찰하기와 같은 주의집중 기능의 형태로 나타나기도 하며, 순서에 따라 계산하기 혹은 구구단 학습하기와 같은 산술적 기능의 형태로 관찰되기도 한다.

학습장애 현상은 읽기, 쓰기, 셈하기와 같은 학습적인 면에서뿐만 아니라 운동 능력이나 사회성의 측면에서도 나타난다. 물론 학습장애를 지니고 있는 아동 개인에게서 이러한 증상이 모두 복합적으로 관찰되는 것은 아니다. 어떠한 아동은 읽기장애를 겪는 반면, 어떠한 아동은 셈하기와 같은 산술장애를 겪는다. 또한 과잉행동을 수반하는 학습장애를 지닌 아동이 있는가 하면, 조용한 학습장애 아동도 있다. 하나의 학습장애가 다른 연령에서 다른 형태로 나타날 수도 있다. 예를 들면, 언어장애를 지닌 아동의 경우 유아기에는 언어발달 지체로, 초등학교 저학년에는 읽기장애로, 고학년에는 쓰기장애로 나타날 수 있다.

학습장애를 치료하는 목적은 학업을 좀 더 효율적으로 수행할 수 있도록 하고 나아가 학습장애로 인하여 발생할 수 있는 이차적인 정신건강 문제를 방지하기 위함이다. 아동의 학습장애 치료를 위해서는 부모 및 교사, 학습 및 심리치료 전문가의 긴밀한 협조가 필요하다. 학습장애를 치료하기 위한 다양한 방법들을 종합해 보면 직접치료 방법과 간접치료 방법으로 분류할 수 있다. 직접치료는 학습 문제에 직접적으로 접근하는 방법이고 간접치료는 감각 기능 강화를 위한 치료법으로 감각통합치료가 이에 속한다. 이러한 치료 외에도 이차적인 정서 문제의 치료를 위한 놀이치료나 가족 간의 갈등 상황 해소를 위한 가족치료를 병행하기도 한다.

감각통합치료
외부 환경과 신체 내부의 감각들을 효율적으로 조직화하고 신체를 효과적으로 사용할 수 있도록 하는 신경학적 치료

| 표 6-5 | 학습장애의 유형 및 특징 | | |

읽기장애	쓰기장애	산술장애	기타 장애
• 글을 읽을 때 자주 틀리거나 빼먹고 읽음 • 글을 읽을 때 비슷한 글자나 단어를 혼동함 • 책을 읽는 속도가 느림 • 책을 읽은 후 질문을 하면 무슨 내용을 읽었는지 잘 모름	• 글씨체가 알아보기 힘듦 • 글씨를 쓸 때 많이 틀림 • 글을 쓸 때 또래에 비하여 단순한 문장만을 사용함 • 글을 쓰는 속도가 매우 느림 • 받아쓰기를 못함	• 더하기, 빼기, 곱하기, 나누기의 계산이 자주 틀림 • 수학에서 응용 문제를 잘 못 풂	• 기억력이 부족함 • 학습할 때 오래 집중하지 못함 • 때와 장소에 어울리지 않는 말을 할 때가 빈번함

4) 게임 중독

초등학교 6학년인 하늘이는 학업에 대한 흥미를 잃은 지 오래다. 2년 전 아버지가 병으로 직장을 그만두시자, 어머니는 집안의 경제 형편을 돕기 위하여 직장에 다니기 시작하셨다. 언제부터인지 하늘이는 집에서 혼자 있는 시간이 많아졌고, 외로움을 달래기 위하여 컴퓨터 채팅이나 게임을 하였다. 처음에는 그저 늘 하던 게임이었기에 큰 문제로 여기지 않았다. 그러나 하늘이가 게임에 몰두하는 정도는 점차 심해졌고, 밤늦도록 컴퓨터 앞에 앉아 있는 시간이 늘더니 급기야 학교도 지각하거나 결석하게 되고 학원을 결석하는 일 역시 빈번해졌다. 휴일이면 하늘이는 거의 먹지도 자지도 않고 게임에 매달린다. 장시간 게임에만 매달려 있는 하늘이를 보고 화가 난 어머니가 컴퓨터를 꺼 버리자, 하늘이는 화를 참지 못하고 컴퓨터를 마구 때려 부수어 버렸다. 하늘이의 게임 결제 비용으로 한 달에 수십만 원이 지불된다. 하늘이는 게임 캐릭터가 죽기라도 하면 머리를 쥐어뜯으며 신경질적인 반응을 보인다.

게임 중독은 과도한 게임으로 인하여 학업과 일, 가정 및 대인관계에 지대한 영향을 받고 있는 상태를 의미한다. 점점 발전해 가는 IT 산업으로 인하여 인터넷을 사용한 각종 게임의 수렁에 빠져 헤어 나오지 못하는 등 최첨단 정보화의 역기능이 발생하면서 아동의 게임 중독이 사회 문제로 대두되고 있다. 특히 가정이나 학교뿐만 아니라 PC방 등 사회 곳곳에서 아동이 게임에 노출될 수 있는 환경이 점점 많아지고 있는 것에 더해, 최근에는 최첨단 스마트폰의 등장으로 언제 어디서나

게임 중독

과도한 게임으로 인하여 학업과 가정 및 대인관계에 부정적인 영향을 받고 있는 상태

인터넷에 접속할 수 있는 등 인터넷 접근성이 더욱 높아지고 있어 그만큼 아동의 게임 중독은 더욱 심화될 것으로 예측된다.

아동이 인터넷 게임을 시작하는 이유는 재미를 위하여, 스트레스의 해소를 위하여, 친구들과 어울리기 위하여 등 다양하다. 아동은 현실 속에서 경험할 수 없는 생각과 행동을 사이버 공간에서 마음껏 할 수 있고 그만큼 억눌렀던 욕구와 불만을 가감 없이 발산할 수 있기에 게임을 시작하고 결국에는 중독으로 인해 그릇된 자아를 형성하게 되는 악순환에 놓인다. 즉, 게임 중독에 빠진 아동은 현실과 가상 공간을 구분하지 못하는 등의 심각한 문제에 직면한다. 컴퓨터 및 각종 게임에 몰두하는 아동은 자아개념이 낮고, 그만큼 현실세계에서 위축된 자신을 가상

🌱 게임 중독 뇌, 마약중독자 뇌 구조와 비슷

분당서울대학교병원 핵의학과 김상은 교수 연구진에서는 온라인 게임 과다 사용자가 정상 사용자보다 높은 충동성을 나타낸다는 연구 결과를 제시하였다. 이들은 온라인 게임 정상 사용자(9명)와 과다 사용자(11명)의 대뇌 포도당 대사와 충동성을 비교 측정하였다. 연구 결과, 사진과 같이 온라인 게임 과다 사용자는 오른쪽 안와전두피질, 왼쪽 미상핵, 오른쪽 도회에서 정상 사용자보다 높은 대뇌 활동성을 보인다. 이 세 부분은 각각 충동 조절, 보상 처리, 중독과 관련해 결정적인 영향을 미치는 대뇌 영역이다. 특히 '안와전두피질'은 전두엽 영역에 있으며 오른쪽 안구 안쪽에 있는 피질이다. 이 부분의 적당한 활성화는 사고력, 창조력을 키워 주며 긍정적인 기능을 하지만 과하게 활성화되면 뇌가 고르게 자극되지 않게 된다.

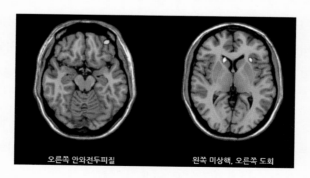

오른쪽 안와전두피질   왼쪽 미상핵, 오른쪽 도회

온라인 게임 과다 사용자의 뇌

충동성을 보여 주는 뇌의 세 부분에서 높은 활동성을 보이고 있다(한국과학창의재단 사이언스올 이슈, http://www.scienceall.com).

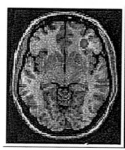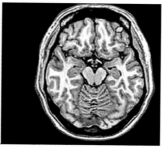

마약인 코카인 중독자의 뇌(좌)와 인터넷 게임 과다 사용자의 뇌(우)를
양전자방출단층촬영(PET)으로 찍은 모습

충동 조절 및 인지 기능에 결정적 역할을 하는 전두엽 부위(코카인 중독자의 뇌: 파란색 부위,
인터넷 게임 과다 사용자: 노란색 부위)가 비슷하게 높은 활동성을 보이는 것으로 나타나 있다
(동아사이언스, http://news.dongasicence.com).

의 공간에서 강자로 보상받기 위하여 더욱 게임에 몰두하는 것으로 나타났다(송
숙자, 심희옥, 2003).

　게임 중독에 빠진 아동은 끼니도 거르고 밤새도록 게임에만 몰두하며 부족한
잠을 보충하기 위해 학교에서는 잠만 잔다. 게임을 하지 않을 때에도 늘 게임에
관한 생각뿐이며, 현실과 가상 공간을 잘 구분하지 못하고, 꿈에서도 게임에 관한
꿈을 꾼다. 과도한 게임으로 인하여 학업 성적이 떨어지고 교우관계에도 문제가
발생하는 등 일상생활에 심각한 지장을 받는다. 특히 폭력적인 게임에 지속적으
로 노출된 아동은 그만큼 인간의 폭력성에 대한 내성이 생겨 더욱 폭력적인 성향
을 보인다. 그러므로 아동의 게임 중독을 방지하기 위한 대책 마련은 시급한 과제
다. 또한 이미 게임 중독에 빠져 있는 아동을 위한 적절한 치료 및 재발 방지 교육
도 사회적인 차원에서 논의되어야 한다. 아동의 게임 중독을 치료하기 위하여 다
양한 센터에서 제공하고 있는 치료 방안을 정리해 보면 다음과 같다.

게임 중독 치료 방안

- 아동의 게임 시간을 점차 줄여 간다. 게임 중독인 아동의 경우 처음부터 게임을 완전히 못하도록 하는 것보다 점차적으로 시간을 줄여 가는 것이 효과적이다.
- 모든 게임을 못하게 하는 것보다 게임의 내용을 점검하고 보다 건전한 게임을 하도록 유도한다. 특히 폭력적인 게임에서 비폭력인 게임으로, 게임의 항목 자체를 바꾸어 나가도록 지도한다.
- 가정이나 학교에 비치되어 있는 컴퓨터에서 게임용 프로그램들을 점차 지워 나간다.
- 현실성 있는 컴퓨터 사용 습관을 기르도록 한다. 예를 들어, 컴퓨터상에서 게임을 하는 시간과 정보를 검색하는 시간을 5:5의 비율로 조정해 나가도록 한다.
- 모든 게임 동호회의 가입이나 출석은 중단시킨다.
- 게임은 게임일 뿐, 가상세계와 현실이 다름을 인식시킨다.
- 아동에게 게임이 자신에게 어떠한 영향을 주고 있으며, 게임이 주는 나쁜 점과 좋은 점이 무엇인지에 관하여 생각해 보도록 하고 스스로 느낄 수 있도록 지도한다.
- 게임을 통해서가 아니라 현실 속에서 운동이나 문화 활동, 건전한 취미 활동 등을 통하여 아동이 성취감을 맛볼 수 있도록 한다.
- 다양하고 균형 잡힌 경험과 생활을 권장하여 게임에만 몰두하거나 치우치지 않도록 한다.

스마트폰 과의존

등교버스 시간 확인, 수업 자료 탐색, 급식비 결제 등, 아이들이 생활의 많은 부분을 스마트폰으로 해결하는 시대가 되었다. 스마트폰이 주는 편리함과 유용함을 부인할 수는 없으나, 과도하게 집착하는 경향성도 점점 늘고 있어, 이 문제를 해결하기 위한 사회적 논의가 절실한 시점이다.

스마트폰 과의존이란 과도한 스마트폰 이용으로 스마트폰에 대한 **현저성**이 증가하고, 이용 조절력이 감소하여 문제 상황을 경험하는 상태를 의미한다(스마트쉼센터, www.iapc.or.kr). 2019년 기준, 국내 스마트폰 과의존 위험군 비율은 청소년(만 10~19세)의 경우 30.2%, 유아동(만 3~9세)은 22.9%로 나타났다(과학기술정보통신부, 한국정보화진흥원, 2020).

현저성
개인의 삶에서 스마트폰을 이용하는 생활 패턴이 다른 형태보다 두드러지고 가장 중요한 활동이 되는 것(출처: 스마트쉼센터)

표 6-6	국내 유아동 및 청소년 스마트폰 과의존 위험군 비율(단위: %)

구분		2015년	2016년	2017년	2018년	2019년
과의존 위험	유아동(만 3~9세)	12.4	17.9	19.1	20.7	22.9
	청소년(만 10~19세)	31.6	31.6	30.3	29.3	30.2
고위험	유아동(만 3~9세)	1.7	1.2	1.2	2.0	2.3
	청소년(만 10~19세)	4.0	3.5	3.6	3.6	3.8
잠재적 위험	유아동(만 3~9세)	10.7	16.7	17.9	18.7	20.6
	청소년(만 10~19세)	27.6	27.1	26.7	25.7	26.4

출처: 과학기술정보통신부, 한국정보화진흥원(2020), p. 34.

　유아동 및 청소년이 스마트폰을 활용하여 탐색하는 콘텐츠의 영역을 살펴보면, 먼저 유아동의 경우 동영상 및 게임의 비율이 높았지만, 청소년은 동영상, 메신저, 게임, 학습 자료 탐색 등 스마트폰 활용 영역이 다양해졌다. 즉, 연령이 증가할수록 단순한 동영상 시청 및 게임 외, 친구들과의 소통이나 학습 자료 탐색에도 스마트폰을 활용한다.

　과의존의 비율이 증가하고 있으며 콘텐츠 활용 영역도 다양해지는 것은, 과거와는 다른 새로운 시대가 이미 시작되었음을 알려 주므로, 아동을 지도함에 있어서도 단순히 "안 돼." "하지마."와 같은 금지 위주의 방법은 더 이상 설득력이 없음을 알 수 있다. 이러한 이유로 과의존 예방교육의 패러다임 자체를 변화시켜야 한다는 논의가 전개되었고, 디지털 시민성 및 미디어 리터러시 역량 강화 프로그램 등의 스마트폰 순기능 활동을 통해 역기능을 줄이는 교육이 실제 사례로 운영되고 있다.

표 6-7	국내 유아동 및 청소년 스마트폰 콘텐츠 이용 현황(단위: %)

구분	메신저	영화/TV/동영상	관심사(취미)검색	뉴스보기	상품/서비스 정보 검색	교통 및 위치 정보 검색	음악	학업/업무용 검색	기타 일반적인 웹서핑	SNS	금융	게임
3~9세	42.1	96.5	34.8	19.2	20.7	17.5	59.7	48.7	27.2	22.0	0.5	73.6
10~19세	97.3	97.5	91.0	73.8	79.0	77.1	88.5	93.9	77.4	79.7	24.4	93.1

주: 복수응답임.
출처: 과학기술정보통신부, 한국정보화진흥원(2020), p. 62.

5) 성조숙증

　　딸이 이혼한 후, 초등학교 2학년인 외손자 가을이를 맡아 키우는 이 모 씨는 정성을 들여 식사를 차린다. '어릴 때 잘 먹어야 쑥쑥 큰다.'는 생각에 매끼 곰국은 물론 고기 반찬을 상에 올린다. 반찬 투정도 하지 않고 잘 먹는 가을이가 또래보다 키도 덩치도 훨씬 커 내심 뿌듯한 할머니. 하지만 최근 가을이가 이상해졌다. 여드름이 얼굴을 가득 덮고 늘 씻겨 주던 샤워도 신경질적으로 혼자 하겠다고 하며 예민해진 것. 여드름 때문에 스트레스를 받나 싶어 아이 손을 잡고 병원을 찾은 할머니는 의외의 병명을 듣고 깜짝 놀랐다.

　　맞벌이를 하느라 바쁜 어머니는 초등학교 1학년인 겨울이의 식사가 늘 걱정이다. 그래서 또래보다 용돈도 넉넉하게 주고 냉장고에 아이가 좋아하는 인스턴트 식품을 가득 채워 놓는 것으로 미안함을 대신한다. 늦은 퇴근을 한 어머니는 식탁 위에 어질러진 피자 박스를 보고 순간 화가 나 짜증을 내며 아이 방 문을 열고 들어섰다가 깜짝 놀랐다. 겨울이가 방 한구석에서 울고 있는 것이었다. "엄마, 나 이제 죽는 거야?"라고 울먹이는 딸은 피가 묻은 팬티를 손에 들고 있었다. '우리 딸이 초경을 했구나.'라고 생각하는 순간, 어머니는 겨울이의 나이가 8세밖에 되지 않았다는 생각에 가슴이 철렁 내려앉아 다음 날 바로 병원을 찾았다.

성조숙증
2차 성징의 출현이 매우 일찍 나타나는 증상

　　성조숙증(precocious puberty)은 2차 성징의 출현이 정상적인 시기보다 일찍 나타나는 증상을 의미한다. 여아는 8세, 남아는 9세 이전에 나타나는 경우로서, 여아에게서 훨씬 흔하게 보이는 증상이다. 최근 들어 성조숙증에 걸린 아동의 수가 부쩍 늘고 있어 사회적 관심거리가 되고 있다.

　　성조숙증은 시상하부-뇌하수체 기능의 조기 발동 여부에 따라 완전 성조숙증과 불완전 성조숙증으로 분류된다. 완전 성조숙증의 90%를 차지하는 특발성 성조숙증은 대부분 산발적으로 발생하며 여아에게서 주로 나타난다. 남아의 경우 고환 크기의 증가, 여아의 경우 유방 크기의 증가가 첫 증상이다. 이러한 증상 외에도 남아의 경우에는 음경 비대, 음모 출현의 증상이 보이고, 여아의 경우에는 음모 출현 및 질 출혈 등의 2차 성징의 증상들을 보인다. 빠른 성장 속도와 골 성

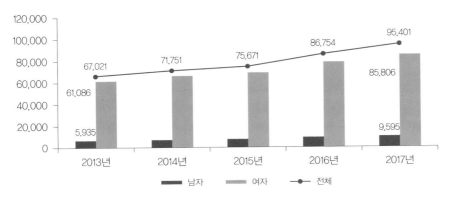

[그림 6-8] 연도별 성조숙증 진료실 인원 현황

출처: MEDI: GATE NEWS (2019. 5. 20.)

숙을 보이기는 하지만 뼈의 성장을 담당하는 골단이 조기에 융합을 일으켜 결국 성인이 되면 저신장증을 보인다. 이와는 달리 시상하부와 뇌하수체의 기질적인 병변에 의해 나타나는 성조숙증은 여아보다는 남아에게서 더 흔히 나타나며, 대부분이 종양에 의해 발생된다. 종양 이외에는 뇌염, 골육종증, 뇌손상, 뇌수종 등이 그 원인이 되며, 이러한 경우 성조숙증과 함께 뇌전증이나 지능 저하 증상을 수반하는 경우가 많다.

불완전 성조숙증을 보면, 우선 남아는 남성 호르몬이 과다하게 분비되고 부신 혹은 고환에서 성선 호르몬이 과다하게 분비되는 경우에 발생하며, 주로 종양이나 효소 결핍으로 인한 증상을 보인다. 반면 여아는 과도한 에스트로겐 분비에 의해 나타나며, 남아와 마찬가지로 종양이나 인위적인 약물 또는 음식물의 섭취에 의해 발생할 수 있다.

아동에게서 나타나는 성조숙증의 문제는 두 가지로 해석할 수 있다. 첫째, 사춘기 시작 후 2~3년 뒤에는 성장판이 닫히기 때문에 키가 제대로 자라지 못한다는 점과 둘째, 아동의 정서발달에 나쁜 영향을 줄 수 있다는 점이다. 실제로 신장의 문제뿐만 아니라 여아의 경우 생리를 일찍 시작함으로써 주변 또래들로부터 놀림의 대상이 되고 그로 인하여 본인 스스로 정신적 스트레스를 겪는 경우가 빈번하다. 이러한 부작용을 제거하기 위하여 성조숙증에 걸린 아동은 소위 사춘기를 늦추는 치료를 받게 된다. 이것은 뇌하수체에 작용해 성호르몬이 분비되지 않도록 억제를 유도해 주는 치료를 의미한다. 대개 한 달에 한 번 주사를 맞는데, 이때 주의할 점은 아동마다 써야 할 용량이 다르다는 점이다. 또한 너무 지나치게 억제하여 키가 오히려 자라지 않는 경우도 있으므로 주의해서 치료해야 한다. 따라서 무작정 주사를 맞는 것보다는 치료 전에 여타 질환이 없는지 잘 살펴보고 전문 병원의 전문의를 찾아가서 치료하는 것이 좋다.

청소년기

청춘(靑春)! 이는 듣기만 하여도 가슴이 설레는 말이다.

청춘! 너의 두 손을 가슴에 대고, 물방아 같은 심장의 고동(鼓動)을 들어 보라. 청춘의 피는 끓는다. 끓는 피에 뛰노는 심장은 거선(巨船)의 기관(汽罐)과 같이 힘 있다. 이것이다. 인류의 역사를 꾸며 내려온 동력은 바로 이것이다. 이성은 투명하되 얼음과 같으며, 지혜는 날카로우나 갑 속에 든 칼이다. 청춘의 끓는 피가 아니더면, 인간이 얼마나 쓸쓸하랴? 얼음에 싸인 만물은 얼음이 있을 뿐이다.

보라, 청춘을! 그들의 몸이 얼마나 튼튼하며, 그들의 피부가 얼마나 생생하며, 그들의 눈에 무엇이 타오르고 있는가? 우리 눈이 그것을 보는 때에, 우리의 귀는 생의 찬미(讚美)를 듣는다. 그것은 웅대한 관현악(管絃樂)이며, 미묘(微妙)한 교향악(交響樂)이다. 뼈 끝에 스며들어 가는 열락의 소리다. 이것은 피어나기 전인 유소년에게서 구하지 못할 바이며, 시들어 가는 노년에게서 구하지 못할 바이며, 오직 우리 청춘에서만 구할 수 있는 것이다.

청춘은 인생의 황금시대다. 우리는 이 황금시대의 가치를 충분히 발휘하기 위하여, 이 황금시대를 영원히 붙잡아 두기 위하여, 힘차게 노래하며 힘차게 약동한다.

−민태원(1894〜1935)의 『청춘예찬』 중에서

CHAPTER 07

청소년기

adolescence, 13~19세

청소년기
어원은 라틴어 'adolescere'
으로 성숙한 사람으로 성장해
간다는 뜻

　청소년기의 'adolescence' 어원은 라틴어 'adolescere'에서 유래된 말로 '성장한다, 성숙해지기 위해 성장해 간다(to grow or to grow into maturity)'는 의미다. 청소년기를 언제로 보는가 하는 것은 다소 견해 차이가 있는데「청소년기본법」(제3조)에서는 청소년을 '9세 이상~24세 이하'로 보고 있으며,「청소년보호법」(제2조)에서는 '만 19세 미만'으로 규정하고 있다. 이 책에서는 일반적으로 발달심리학에서 규정하고 있는 것처럼 청소년기를 중학교에 입학하는 13세에 시작하여 고등학교를 졸업하는 19세로 보고자 한다.

　청소년기를 나타내는 다양한 용어가 있는데 '과도기' '심리적 이유기' '주변인' 등이 있다. '과도기'는 미숙한 아동에서 성숙한 성인으로 가는 상태를 의미하고, '심리적 이유기(離乳期)'는 청소년기에 자아의식의 발달로 부모의 간섭에서 벗어나 스스로 판단하고 행동하려는 성향을 심리적으로 젖을 떼는 이유기로 표현한 것이며, '주변인'은 아동도 아니고 성인도 아니며 어느 쪽에도 소속되지 못한다는 의미이다. 또한 청소년기를 표현하는 대표적인 용어로 '사춘기'가 있다. 사춘기는 봄을 생각하는 시기로, 봄은 새싹이 돋고 꽃이 피는 따뜻한 계절이지만 갑작스러운 꽃샘추위가 나타나는 등 날씨의 변화가 심하다. 사춘기가 되면 봄에 새싹이 돋고 꽃이 피듯 어른으로 성숙해질 준비를 하지만 기대감과 불안함으로 많은 혼란을 겪기도 한다.

　사춘기 청소년은 또래 집단에서는 정상적이지만 부모와의 관계를 어렵게 만드는 태도가 있다. 예를 들어, 이 시기 청소년은 '부모와는 다르고 또래와는 같다'고 느끼며 그들은 부모의 기준을 거부하고 또래 집단의 기준에 순응한다. 사춘기 청소년은 마치 자신이 모든 것을 다 알고 있는 것처럼 '내가 알아서 한다'는 태도를 보이지만, 이 시기 청소년이 가진 정보는 많은 부분 왜곡되어 있거나 불완전한 지식이다. 사춘기 청소년은 또래 문화에서 유행하는 옷, 물건 등 주로 외적인 것에 집착하고 이것을 가지기 위해 부모에게 끊임없이 요구하기도 한다. 청소년은 친구들과 함께 어울리기를 좋아하는 반면, 혼자 있기도 좋아하여 몇 시간씩 혼자만의 시간을 보내기도 하는 상반적 태도를 보인다.

청소년기는 신체·정서적인 변화를 많이 겪는 불안정한 시기이지만, 아동기에서 성인기로 도약하는 전환기다. 청소년기는 앞으로 독립된 성인으로 성장하기 위한 각자의 진로와 미래를 준비하며 새로운 가능성을 꿈꿀 수 있는 시기이기도 하다.

🌱 30세도 청소년……?

20세기 사회가 고도로 문명화, 산업화되면서 청소년 역시 성인기로 진입하는 준비기간이 길어지고 그에 따라 청소년기 기간에 대한 논란이 진행되고 있다. Baldwin(1986)은 청소년기를 초기, 중기, 후기의 3단계로 구분하고, 청소년 후기를 30세까지로 제안하였다.

청소년 초기(early adolescence, 10, 11~17세)는 주로 생물학적 성숙이 이루어지는 시기다. 이 시기의 청소년은 성인 세계로부터 분리되어 뚜렷이 구별되는 자신들만의 하위 문화를 가지고 그것에 자신을 동일시하려 한다. 또한 부모로부터의 정서적 분리를 원하며 이후 성인이 되기 위한 새로운 정체성을 만들어 간다. 이 과정에서 부모를 멀리하고 부모의 충고에 저항하거나 의심, 불신감을 가진다. 이 시기 청소년은 성인이 되는 것에 대한 비현실적인 기대를 하고, 미래는 아직 멀다고 생각하며, 돈이 생기면 친구와 쇼핑을 하거나 노는 데 시간을 보낸다.

청소년 중기(middle adolescence, 18~24세)는 생물학적 성숙이 끝나고 행동적·문화적, 나아가 사회·경제적 성숙까지 경험하는 시기다. 아직까지 기본적으로 부모의 도움을 받고 있지만 앞으로 부모로부터 독립하기 위해 현실 상황에서 자신을 시험한다. 예를 들면, 경제적 자립을 위해 아르바이트를 하거나 부모에게 자신의 의견도 피력한다. 청소년 초기와 같이 친구들과 몰려다니는 것이 아니라 자신의 비전을 공유할 수 있는 친구를 찾고 그들과 관계를 유지한다. 이러한 과정을 통해 힘든 현실과 미래에 직면하고 자신의 기대치를 조정하거나 낮추는 현실적인 대응 방안을 탐색한다. 청소년의 공격성이나 방어 정도가 이전보다 줄어들기 때문에 부모와의 관계는 훨씬 좋아진다. 그러나 생활방식, 직업 결정 등에 있어 부모와의 갈등은 여전히 존재한다.

청소년 후기(late adolescence, 24~30세)는 진정한 성인 세계로 진입하는 시기이지만 여전히 인간관계나 직업에 있어 불안정한 측면이 있다. 그러나 시간이 지남에 따라 더 나은 삶과 개인의 목표 성취를 위해 적극적이고 성숙하게 행동한다. 새로운 동료 집단을 형성하고 일에 전념한다. 정서적으로 자아가 충족되고 안정되면서 부모와의 관계에서도 부모의 입장을 이해하고 상호 존중하는 관계가 된다.

1. 신체발달

1) 성장 급등(成長 急騰)

청소년기는 다른 발달단계와 마찬가지로 키와 몸무게는 꾸준히 증가한다. 다만 성장 호르몬이 많이 분비되면서 다른 시기에 비해 신장과 체중이 급격하게 증가하는 때가 있는데 이를 '성장 급등'이라고 한다. 우리는 영아기, 특히 출생 후 1년까지의 시기와 청소년기, 이렇게 두 번의 성장 급등을 경험한다. 일반적으로 여자는 9~11세경에, 남자는 11~13세경에 성장 급등을 시작하지만 신체발달에서 개인차가 크다.

〈표 7-1〉은 우리나라 청소년기 연령별 신장과 체중 변화를 나타낸 것이다. 남자 청소년은 12세 평균 키가 151.4cm, 13세 평균 키가 158.6cm로, 다른 연령대에 비해 성장의 폭이 가장 컸다. 여자 청소년 역시 12세 평균 키가 151.7cm, 13세 평균 키가 155.9cm로 다른 연령대에 비해 성장이 크게 나타났다. 체중의 경우 남자 청소년은 12세에 45.4kg, 13세에 50.9kg로 증가의 폭이 가장 컸으며, 여자 청소년의 경우도 12세에 43.7kg, 13세에 47.7kg으로 가장 많이 성장하였다. 이와 같이 남자, 여자 청소년 모두 중학교에 입학할 무렵 키와 몸무게의 변화가 가장 크게 나타나는 시기임을 알 수 있다.

▸ 성장 급등
사춘기에 신장과 체중이 급격히 증가하는 현상

연령	신장(cm)		체중(kg)	
	남자	여자	남자	여자
12세	151.4	151.7	45.4	43.7
13세	158.6	155.9	50.9	47.7
14세	165.0	158.3	56.0	50.5
15세	169.2	159.5	60.1	52.6
16세	171.4	160.0	63.1	53.7
17세	172.6	160.2	65.0	54.1
18세	173.6	160.6	66.7	54.0

표 7-1 청소년기 연령별 신장과 체중

출처: 질병관리본부, 대한소아과학회(2017).

2) 성장의 개인차

청소년의 성장 급등 시기와 성장 속도는 개인에 따라 차이가 있을 수 있다. [그림 7-1]의 여자 청소년 3명과 남자 청소년 3명은 각각 12세, 14세로 모두 같은 연령이다. 그러나 이들은 신장과 체중을 비롯한 신체발달에서 개인차가 있음을 알 수 있다.

인간은 **1차 성징**(first sex characteristics)과 **2차 성징**(secondary sex characteristics)의 발달 과정을 경험한다. 1차 성징이 출생 시 생식기에 의한 신체상의 성적 특징이

1차 성징
태어나면서 생식기에 의한 남자와 여자를 구분할 수 있는 신체상의 성적 특징

2차 성징
사춘기가 시작되면서 성호르몬의 분비에 의해 나타나는 신체상의 성적 특징

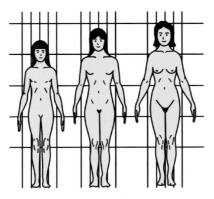
여자 청소년 12세

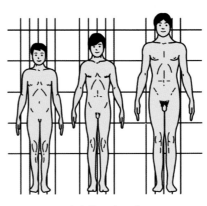
남자 청소년 14세

[그림 7-1] 사춘기 청소년 신체발달의 개인차

라면, 2차 성징은 사춘기가 시작되면서 성호르몬의 분비에 의해 나타나는 신체상의 성적 특징을 의미한다. 즉, 1차 성징은 남녀의 생식 능력에 직접적으로 영향을 주는 기관(고환, 난자 등)이 성숙되는 것이라면, 2차 성징은 호르몬의 변화로 나타난다.

인간은 모두 남성 호르몬으로 알려진 **테스토스테론**(testosterone)과 여성 호르몬으로 알려진 **에스트로겐**(estrogen)을 가지고 있으며 두 호르몬의 상대적인 양의 차이에 따라 남성과 여성의 특징이 나타난다. 테스토스테론은 여성보다 남성에게 많이 있는 호르몬으로 남성의 성기를 구성하는 고환과 음경을 발달시키고 정자의 생산이 가능하도록 신체 내부의 구조적인 변화를 만들고 변성과 수염, 체모 등이 나타나게 한다. 사춘기 동안 남성의 신체 변화는 테스토스테론의 증가와 밀접한 관련이 있다. 사춘기 동안 호르몬의 증가와 신체적 변화의 상관관계를 보여 주는 연구에서 9~14세까지의 남녀 학생 108명을 대상으로 테스토스테론의 양을 측정한 결과, 신체적으로 가장 성숙한 남자 청소년이 가장 미성숙한 남자 청소년보다 9배나 많은 테스토스테론이 분비되었다. 가장 성숙한 여자 청소년은 가장 미성숙한 여자 청소년보다 2배나 더 많은 테스토스테론이 분비되었다(Nottelmann et al., 1987).

여성은 남성보다 에스트로겐을 더 많이 가지고 있는데 사춘기 동안 여성의 신체 변화에 중요한 역할을 하는 **에스트라디올**(estradiol)은 에스트로겐의 일종이다. 에스트라디올 양의 증가는 유방과 자궁, 질의 발달에 영향을 미치고 체지방의 분포에도 영향을 미쳐 남성의 신체보다 곡선이 많은 여성의 신체 모양을 형성한다. 9~14세 사이의 남녀 학생을 대상으로 에스트라디올의 양을 측정한 결과, 가장 성숙한 여자 청소년이 가장 미성숙한 여자 청소년보다 8배나 많은 에스트라디올을 가지고 있는 반면, 가장 성숙한 남자 청소년은 가장 미성숙한 남자 청소년보다 2배나 더 많은 에스트라디올을 가진 것으로 나타났다(Nottelmann et al., 1987).

이와 같이 테스토스테론과 에스트로겐은 사춘기 이전부터 이미 존재하지만, 사춘기 동안 그 분비량이 급격히 증가하면서 남녀의 신체적·생리적 발달에 영향을 미친다. [그림 7-2]는 사춘기 시작 단계(stage 1)부터 가장 마지막 단계(stage 5)까지의 남자와 여자의 호르몬 분비에서 변화를 나타낸 것이다. 사춘기 동안 테스토스테론은 남자가 20배 증가하는 데 비해 여자는 5배 증가한다. 에스트라디올은

테스토스테론
고환에서 만들어지는 남성 호르몬 중 하나임. 남성의 2차 성징을 발현시킴

에스트로겐
여성의 2차 성징에 중요한 역할을 하는 여성 호르몬으로 사춘기 이후에 많은 양이 분비되어 가슴을 나오게 하고 성기를 성숙하게 하며 몸매에도 영향을 줌. 에스트론, 에스트라디올, 에스트리올의 세 종류가 있음

에스트라디올
여성에 주로 존재하는 성호르몬으로 에스트로겐 중 가장 강력하고 대표적인 호르몬임

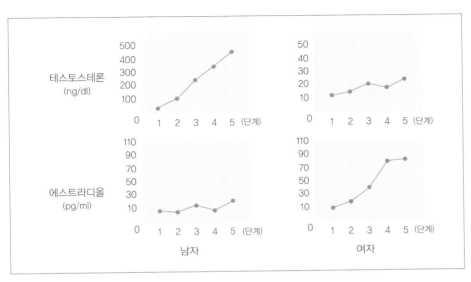

[그림 7-2] 사춘기 단계 남녀의 호르몬 분비 변화

출처: Santrock (2010), p. 54.

남자가 2배 증가하는 데 비해 여자는 8배 증가한다. 사춘기 남자의 테스토스테론의 급격한 증가는 이후 남자의 성적 충동이나 행동에 영향을 미친다.

　남자 청소년의 성적 성숙은 고환의 성장으로부터 시작된다. 고환은 난자와 수정할 성숙한 정자를 만들고 테스토스테론을 분비한다. 테스토스테론은 남성 특유의 성적 발달을 일으키는데, 음경과 음낭을 확대시키고 어깨뼈를 발육시킨다. 또한 목소리가 저음화되게 하고 성적 충동을 일으킨다. 테스토스테론을 포함하는 남성 호르몬인 안드로겐(androgen)은 각 신체부위 털의 성장을 촉진시키고 근육을 재배치함으로써 넓은 어깨, 좁은 엉덩이를 갖는 남성 고유의 체격을 형성하게 한다. [그림 7-3]은 사춘기 남자 청소년의 신체 변화 시기와 그 순서를 나타낸 것이다. 성장 급등이 시작되는 11~12세에는 고환이 확대되고 음모가 나타난다. 12~13세에는 음경이 확대되고 13~14세는 성장 급등이 절정에 이르는 시기로 첫 사정과 겨드랑이털, 얼굴 수염이 나타난다. 14~15세에는 목소리가 저음으로 변하고 성인초기의 음경으로 확대된다. 15~16세에는 음모가 성숙하며 성인 크기의 고환에 도달한다. 이와 같은 발달의 속도는 개인차가 심하기 때문에 어떤 청소년은 그 시기에 해당하는 신체 변화가 전혀 나타나지 않는 경우도 있고, 어떤

▶ 안드로겐

남성 생식계의 성장과 발달에 영향을 미치는 호르몬의 총칭으로 남성 호르몬이라고도 함

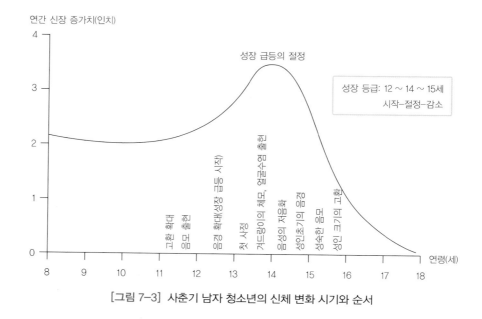

연간 신장 증가치(인치)

성장 급등의 절정

성장 등급: 12 ～ 14 ～ 15세
시작-절정-감소

고환 확대
머 이음
음경 확대(성장 급등 시작)
첫 사정
겨드랑이의 체모, 얼굴수염 출현
음성의 저음화
성인초기의 음모
성숙한 음모
성인 크기의 고환

연령(세)

[그림 7-3] 사춘기 남자 청소년의 신체 변화 시기와 순서

청소년은 또래보다 훨씬 신체적으로 성숙한다. 신체적 발달이 일찍 이루어진 친구들에 비해 자신의 음모나 겨드랑이털이 채 자라지 않았거나, 턱수염이 나지 않았거나, 음경이 덜 발달되었을 때 청소년은 자신이 미숙하다고 느끼게 된다. 또한 이제 막 신체적 발달이 시작된 청소년은 자신의 성적 이미지에 대해 자주 의식하기도 한다.

우리나라 남자 청소년은 약 13세경에 처음 **몽정**을 경험한다(교육부, 보건복지부, 질병관리본부, 2015). 이 시기 청소년은 자위 행위를 하기도 하는데, 성장하는 청소년에게 나타날 수 있으며 개인차는 있지만 여자 청소년보다는 남자 청소년에게서 더 많이 나타난다. 남자 청소년의 경우 성적 충동이 일어나면 몽정을 통해 다소 해소하기도 하지만, 첫 몽정 경험 이후 정자 생산량이 많아지는 3~4년 뒤에는 대부분의 청소년이 자위를 통해 사정을 하게 된다. 사춘기 시기 청소년의 자위 행위는 무조건 부정적으로 인식하기보다는 다른 방식으로 전환시키는 방법을 알아보는 것이 좋다. 가능하다면 청소년을 혼자 공부하는 공간에 놔두기보다 여럿이 모여 학습하는 공간에 노출시키는 것이 욕구 조절에 도움이 되고, 다양한 스포츠 활동을 권유하는 것도 바람직하다. 이때 도움이 되는 것이 같은 성, 즉 아버지의 역할이다. 자신과 비슷한 상황을 경험한 아버지의 공감과 조언은 남자 청소년에게

▶ **몽정**
성숙한 남성이 수면 중에 성적(性的) 흥분을 하는 꿈을 꾸고 사정(射精)하는 것

좋은 모델이 될 수 있다.

　여성의 생식선 자극 호르몬은 사춘기 동안 난소의 활동을 자극한다. 난소는 여성 호르몬인 에스트로겐과 프로게스테론(progesterone)을 분비한다. 여성의 1차, 2차 성징에 관여하는 주 호르몬은 에스트로겐이며, 프로게스테론은 보조적 역할을 수행한다. 한 달 주기로 분비되는 에스트로겐은 자궁과 나팔관 등의 1차 성징에 해당하는 신체기관이 정상 크기와 기능을 유지할 수 있도록 하며, 임신이 가능하도록 자궁의 내벽을 준비하는 역할을 한다. 또한 유방의 발육, 음모의 생성, 성적 충동의 발달과 같은 2차 성징에도 관여한다. 배란 후 약 13일 동안 분비되는 프로게스테론은 태아가 성장하기에 적합한 자궁의 환경을 만드는 역할을 한다. 즉, 자궁이 영양물질을 분비할 수 있도록 하고, 혈액 공급을 증가시키며, 유방을 확대시키고, 유선을 자극한다. 그러나 임신이 되지 않으면 에스트로겐과 프로게스테론의 수준은 급격히 감소되며, 수정되지 못한 난자는 월경으로 배출된다.

　한편 남성 호르몬인 테스토스테론도 여성의 성적 성숙에 기여하는데, 여성의 부신에서 분비되는 테스토스테론은 사춘기 동안 증가하며 성적 각성 능력의 발달을 돕는다. [그림 7-4]는 여자 청소년의 사춘기 신체 변화 시기와 그 순서를 나타낸 것이다. 10~11세에는 유방의 발육이 시작되고 자궁이 확대되는 등 자궁과 질

생식선 자극 호르몬
생식선이 정자와 난자를 만들어 내는 것을 조절하는 호르몬

프로게스테론
성호르몬으로 여성의 대표적인 스테로이드 호르몬의 일종

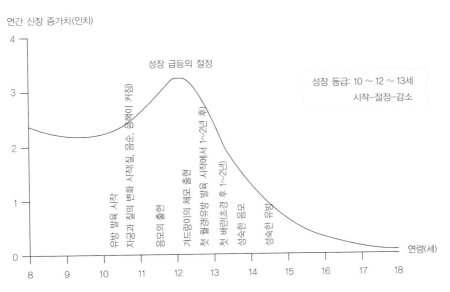

[그림 7-4] 사춘기 여자 청소년의 신체 변화 시기와 순서

의 변화가 시작된다. 11~12세에는 음모가 나타나며, 12~13세에는 겨드랑이털이 나타나며 초경이 나타난다. 13~14세에는 첫 배란이 이루어지고 음모가 성숙해진다. 14~15세에는 유방이 성숙해진다.

우리나라 여자 청소년은 과거보다 초경을 일찍 경험한다. 초등학교 4학년~고등학교 2학년 여자 청소년의 평균 초경 연령과 그 학생을 자녀로 둔 어머니의 평균 초경 연령을 비교한 조사에 따르면 어머니와 그 자녀 사이의 초경 연령 차이는 평균 2년 이상 차이가 났다. 여자 청소년의 71.7%가 평균 11.98세에 초경을 경험한 반면, 여자 청소년의 어머니는 평균 14.41세에 초경을 경험한 것으로 나타났다 (보건교육포럼, 2010).

일반적으로 여성의 성장이 남성보다 먼저 나타나는 경우가 많으나 개인에 따라 성장이 일찍 시작되었다가 빨리 끝나기도 하고, 반대로 성장이 늦게 시작되어 오래 지속되는 경우도 있다. 청소년의 성장에는 유전, 건강 및 영양 상태, 환경 등 다양한 요인이 영향을 미치며, 같은 연령이라도 신체 상태에 따라 차이가 나타날 수 있으므로 연령만으로 개인의 상태를 판단하지 않는 것이 좋다. 조숙(early-maturing)한 청소년이나 만숙(late-maturing)한 청소년이나 모두 시간이 지남에 따라 신체발달의 차이는 점차 사라지게 된다.

조숙

심신의 발달속도가 보통의 아이들보다 현저하게 빨라 연령에 비하여 발달이 앞서 있는 상태

만숙

성숙이 비교적 늦게 이루어지는 상태

키가 150cm와 180cm인 남학생이 함께 있는 중학교 1학년 교실

3) 신체상

신체상은 객관적인 실제 외모가 아닌 신체에 대한 생각, 느낌, 태도 등 자신에게 있는 주관적인 이미지를 말한다. 청소년은 신체상에 대한 관심이 크며, 급격히 변해 가는 신체적 특징에 대해 민감하다. 일반적으로 청소년이 자신의 신체상에 대해 만족할수록 학업 성취가 높을 뿐만 아니라 심리적 행복감을 더 느낀다. 청소년의 신체상에 대한 지나친 관심은 자신의 신체에 대한 왜곡된 이미지를 형성하기도 하는데, '청소년건강형태조사'(2021년)에서는 '신체이미지 왜곡 인지율'을 '체질량지수[BMI=체중(kg)/{신장(m)}^{2}] 기준 85백분위수 미만인 자 중에서 자신의 체형을 살이 찐 편이라고 인지하는 사람의 비율'로 정의하였는데, 중학교 1학년~고등학교 3학년까지 학생 중 22.2%가 신체이미지 왜곡 인지율에 해당하는 것으로 나타났다. 성별 및 학교급별로 살펴보면 남학생의 신체이미지 왜곡 인지율은 17.2%였으며 중학교(19.0%)가 고등학교(15.3%)에 비해 높게 나타났다. 여학생의 신체이미지 왜곡 인지율은 26.7%였으며 고등학교(28.9%)가 중학교(24.7%)에 비해 높게 나타났다.

최근 우리 사회에서 날씬한 몸매는 미의 기준일 뿐만 아니라 성공에 필요한 요소로 여겨지는 경향이 있으며, 이러한 사회적 분위기의 영향으로 감수성이 예민한 청소년들은 체형 불만족으로 인한 신경성 식욕부진증(거식증), 신경성 폭식증, 폭식장애 등 섭식장애를 경험할 수 있다. 거식증과 신경성 폭식증은 체중을 줄인다는 목표는 같지만 방법과 상황이 다르다. 거식증은 심한 체중 감소를 동반한다. 체중이 줄어도 오히려 체중 증가에 대한 두려움은 더 커지기 때문에 체중이 낮아졌음에도 더 낮추려는 병적인 행동을 해 위험하다. 신경성 폭식증은 체중이 정상 범위에서 크게 벗어나지 않는다. 단시간 내에 많은 음식을 먹고 섭취 통제력을 잃기도 하고 체중 증가를 막기 위해 구토를 하거나 설사약, 이뇨제 남용, 과도한 운동 등을 하려 한다.

이와 같은 섭식장애는 생물학적 원인과 심리적 원인이 상호작용하여 발생하는 것으로 알려져 있다. 생물학적 원인으로는 유전적 원인, 신경전달물질의 변화, 식욕 및 포만감에 관여하는 물질의 변화, 에너지 대사과정의 변화 등이 있다. 심리적 원인으로는 날씬함을 강조하는 사회적 압력, 의학기술의 발달과 대중매체에

신체상
자기 자신의 신체에 관한 이미지

거식증
음식을 거부하는 증세로 살을 빼려는 지속적인 행동, 체중 감소, 음식과 체중과 연관된 부적절한 집착, 무월경 등을 주요 특징으로 하는 질환

폭식증
한 번에 집중적으로 많은 양의 음식을 먹고, 배가 부른데도 먹는 것을 멈출 수 없을 것 같은 느낌을 가지며, 무엇을 얼마나 먹어야 할 것인지 조절할 수 없는 증상

섭식장애
음식 섭취와 관련한 장애

의한 왜곡된 정보 확산도 문제가 된다.

다이어트를 한다고 해서 모두에게 섭식장애가 오는 것은 아니다. 어린 시절부터 자존감이 낮다거나, 가족관계나 대인관계의 어려움을 겪거나, 완벽주의 성향의 사람이 다이어트를 했을 때 섭식장애를 일으키는 경우가 많다.

성장이 활발한 청소년 시기 섭식장애를 겪는다면 신체성장과 뇌발달 저하를 가져오고 이른 나이에 골다공증을 유발하는 등 의학적 합병증을 동반할 수도 있다. 또한 모든 활동이나 생활의 우선순위를 체중과 관련짓기 때문에 이러한 집착이 심해지면 사람들과의 교류가 뜸해지고 정서, 감정 기능에도 문제가 생겨 우울증에 빠지기 쉽다. 청소년의 왜곡된 신체상으로 발생하는 문제는 치료적 접근도 중요하지만 청소년기 올바른 신체적 자아개념 형성을 위한 상담과 교육, 신체 및 외모를 평가하는 사회적 기준에 대한 인식 개선의 노력이 필요하다.

2. 인지발달

1) 청소년기 사고의 특징

청소년기의 뇌는 신경세포 수가 증가하고 연결이 복잡해지기 때문에 사고 수준이 이전보다 발달한다. 12세 정도가 되면 뇌의 부피 성장은 거의 완성되고 신경세포가 모여 있는 회백질(gray matter)은 나이가 들면서 초기에는 두꺼워지다가 점차 얇아진다. 회백질이 얇아지는 것은 불필요한 여분의 시냅스에 가지치기가 일어나서 뇌의 회로가 효율적으로 작용하도록 회백질이 성숙하는 과정이다. 뇌의 부위에 따라 뇌의 성숙이 이루어지는 시기가 다른데 전두엽의 발달은 가장 늦게까지 이루어진다. [그림 7-5]와 같이 사춘기는 전두엽의 회백질의 성장이 절정을 이루고 이후로는 불필요한 부분을 차츰 제거해 나가는데, 성인이 되어서도 불필요한 부분의 가지치기는 계속된다.

회백질
척추동물의 중추신경(뇌와 척수)에서 신경세포가 모여 있는 곳으로 육안으로 관찰했을 때 회백색을 띠는 부분

전두엽
대뇌반구의 일부로 중심구(中心溝)보다 전방에 있는 부분으로 기억력, 사고력 등의 고등 행동을 관장함

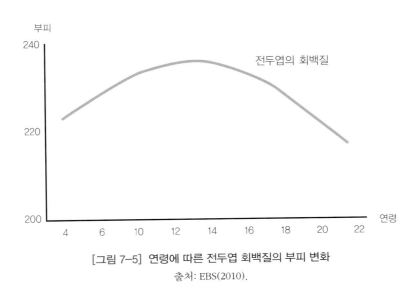

[그림 7-5] 연령에 따른 전두엽 회백질의 부피 변화

출처: EBS(2010).

전전두엽은 전두엽에서도 앞에 있는 부분으로, 감정, 사고력, 문제 해결, 계획, 자기통제 등의 고등 정신 기능을 담당하는 영역이다. 전전두엽은 인간이 인간다움을 유지하고 성숙할 수 있도록 기능하는 뇌 부위라고도 할 수 있다. 전전두엽의 기능이 떨어지면 충동적이고 비논리적인 행동을 하거나 동정심이나 죄책감을 느끼지 못하는 경우가 많다. 전전두엽은 다양한 영역들과 연결되어 원초적인 감정에서부터 고등 인지 기능까지 관여한다. 전전두엽은 복잡한 지적 과제를 수행하는 데 기초가 되며 작업기억(working memory)과 학습뿐만 아니라 기억할 필요가 있는 것과 없는 것을 선택하는 정보처리의 중요한 역할을 한다.

청소년기 동안 전전두엽 피질(prefrontal cortex)의 부피는 매우 빠르게 감소하는데 이는 전전두엽 피질에서 큰 폭의 시냅스 가지치기를 통해 뇌의 성숙과 효율을 향상시키는 작업이 이루어지고 있다는 것을 의미한다. 청소년의 감각과 감정은 일찍 발달하는 데 비해 전전두엽은 아직 미성숙하기 때문에, 청소년은 성인보다 충동을 잘 이기지 못하고 산만하며 일탈에 빠지기 쉽다.

청소년기는 Piaget의 인지발달단계에서 형식적 조작기(formal operational period)에 해당하는 시기다. Piaget(1952)는 청소년의 추상적 논리 사고 능력을 검증하기 위하여 10개의 속담과 각 속담이 내포하는 의미를 찾는 문제를 제시하였다. 예를 들어, 형식적 조작기의 청소년은 '소 잃고 외양간 고친다'라는 속담에 대해 그 속

전전두엽

뇌의 앞부분에 있는 전두엽에서도 맨 앞부분으로서 주의력, 계획, 결정 등의 고등 인지 작업을 담당하며 운동 기능에도 관여함

형식적 조작기

인지발달의 연속적 체제 중 가장 상위에 속하는 인지발달단계. 가능한 모든 논리적 형식을 조작할 수 있다는 뜻에서 형식적 조작기라 함

에 담긴 추상적 의미까지 이해하였다.

청소년은 추상적 명제에 대한 논리적 사고를 할 수 있는 능력이 발달한다. 그들은 여러 명제 간의 논리적 추론을 다루는 명제적 사고(propositional thinking)를 할 수 있다. 명제적 사고를 할 수 있다는 것은 구체적인 예시 없이도 추상적 논리의 사용을 활용한 추론이 가능함을 의미한다. 형식적 조작기의 청소년은 다음과 같이 명제와 결론이 추상적으로 진술되어 있어도 유사한 추론이 가능하다.

> 명제적 사고
> 여러 명제 간의 논리적 추론을 다루는 사고

모든 A는 B다. [명제]

C는 A다. [명제]

그러므로 C는 B다. [결론]

> 가설 연역적인 논리적 사고
> 일반적인 가설로부터 연역적으로 추리된 명제에 의하여 경험적인 현상을 설명하는 방식의 사고

형식적 조작기의 청소년은 가설 연역적인 논리적 사고가 가능하다. 즉, 다양한 현상에 대해 여러 가지 가설을 세우고 이를 검증하는 자료를 수집할 수 있다. Piaget(1972)는 형식적 조작기의 청소년은 '어린 과학자'로서의 사고 기능을 성공적으로 수행할 수 있다고 보았다.

> 조합적 추리 능력
> 문제 해결에 필요한 변인을 골라내어 체계적으로 조합, 구성하는 능력

또한 형식적 조작기의 청소년은 문제 해결에 필요한 변인만을 골라내어 체계적으로 조합, 구성하는 조합적 추리 능력이 발달한다. [그림 7-6]과 같이 Inhelder와 Piaget(1958)는 진자 과제(pendulum task)를 통해 청소년의 조합적 추리 능력을 발견하였다. 실험에서 구체적 조작기의 아동은 여러 가지 방법으로 변인을 조합할 수 있지만 모든 경우의 조합을 만들 수는 없었다. 반면 형식적 조작기의 청소년은 모든 경우의 조합을 체계적으로 만들어 낼 수 있다. 〈표 7-2〉와 같이, 이 과제에서는 진동을 정확하게 맞추기 위해서 줄의 길이, 줄에 달린 추의 무게, 추를 어느 정도의 힘을 주어 밀었는지를 고려해야 한다.

[그림 7-6] 진자 과제

| 표 7-2 | 줄의 길이와 추의 무게 조합에 따른 추의 진동 차이 |

일어날 수 있는 상황			
	줄의 길이	추의 무게	추의 진동
1	길다	가볍다	느림
2	짧다	가볍다	빠름
3	길다	무겁다	느림
4	짧다	무겁다	빠름
일어날 수 없는 상황			
	줄의 길이	추의 무게	추의 진동
1	길다	가볍다	빠름
2	짧다	가볍다	느림
3	길다	무겁다	빠름
4	짧다	무겁다	느림

출처: Ginsburg & Opper (1988).

형식적 조작기의 청소년은 각 변인을 따로따로 검증하고, 필요하다면 그 변인들을 조합하여 검증하고, 결국 줄의 길이가 추의 진동 차이를 만든다는 것을 스스로 발견할 수 있다.

　Piaget의 형식적 조작 사고는 두 가지 면에서 한계점을 보였다. 먼저 Piaget의 생물학적 연령에 따른 인지발달의 단계가 일치하지 않는다는 연구 결과가 있다. 형식적 조작 사고는 그 과정이 복잡하고 난해하기 때문에 모든 청소년의 인지발달이 이에 도달하기는 어렵다. 실제로 미국 청소년의 30~40%만이 형식적 조작 사고가 가능하였다(Capon & Kuhn, 1979; Keating, 1980; Linn, 1983). 또한 Piaget의 주장과 달리 인지발달단계는 모든 문화에 보편적이지 않다. 문화 간 비교 연구에서 문화적 발달 수준이 비교적 낮은 사회의 청소년과 성인에게서는 형식적 조작 사고를 찾아볼 수 없었다(Dasen, 1977; Rogoff, 1981). 청소년이 폭넓은 경험을 하면 할수록 추상적이고 체계적으로 사고할 가능성은 많아진다. 따라서 형식적 조작 사고를 할 기회가 상대적으로 적은 농경 문화권 사회의 청소년과 성인은 형식적 조작 과제를 완전히 습득하지 못하는 경우도 있다. Piaget 역시 일부 사회의 사람의 경우 가설적인 문제를 해결할 기회를 갖지 못하기 때문에 형식적 조작 사고를 할 수 없다는 사실을 인정하였다. 한편, 청소년이 사회과학 과목을 수강할 때는 명제적 사고가 발달하는 반면, 수학 · 과학 과목을 수강할 때는 통계적 추론을 촉진시키는 사고가 발달한다는 연구 결과도 있다(Berk, 2007). 즉, 인지발달단계에서 Piaget가 제시한 생물학적 원리보다 특정 상황에 대한 기회와 경험 그리고 연습이 형식적 조작 사고의 발달에 더 큰 영향을 미칠 수 있음을 알 수 있다.

2) 자아중심성(egocentrism)

청소년기는 추상적 · 논리적 사고가 발달하고 지적 능력이 향상되는 시기다. 그러나 향상된 지적 능력이 균형을 잃고 지나치게 자기 자신만을 향하여 사용될 때 자기중심적이고 자의식이 과장되기 쉽다. David Elkind(1967)는 청소년의 사고 특징을 '청소년기 자아중심성(adolescent egocentrism)'으로 정의하고, 이는 '상상적 청중'과 '개인적 우화'의 두 가지 문제로 나타난다고 제안하였다.

상상적 청중(imaginary audience)은 자의식을 지나치게 과장한 나머지 자신의 행동이 모든 사람의 관심 대상이라고 생각하는 현상이다. 버스에 타면 앉아 있는 모든 사람이 나를 쳐다볼 것이라고 생각하거나, 교실의 모든 친구가 오늘 내가 무엇을 입고 왔는지에 관심을 가질 것이라 생각하는 것이다. 자신의 내면에 충실하게 행동하지 않고 마음속에 키워 온 상상 속의 청중을 향해 가식적인 말과 행동을 하는 것이 증가한다. 결국 이러한 경향은 실제 대인관계에도 영향을 미쳐 상대방을 깊이 이해하려 하기보다 다른 사람이 나를 어떻게 생각할까에 더 신경을 쓰게 된다. 등교 시간에 쫓기는 아침에도 머리 모양이나 옷에 신경 쓰느라 거울 앞에서 오래 시간을 보내므로 부모 입장에서 보면 공부는 안 하고 하루 종일 거울 앞에 서 있는 것 같다. 좋아하는 아이돌 가수를 생각하고 상상 속의 청중을 배경으로 러브 스토리를 펼쳐 나간다. 청소년이 혼자 미소를 지으며 공상에 빠질 때, 어른들은 '쓸데없는 생각한다'고 나무라기도 하지만, 청소년은 '착각은 자유'라며 스스로를 방어한다. 한편으로 지나치게 착각 속에 빠지고 이러한 자신을 지적으로 방어하는 것 자체가 청소년의 사고가 질적으로 성장했다는 것을 의미한다.

개인적 우화(personal fable)는 자신의 경험은 독특하다 못해 특이하기 때문에 다른 사람과는 다르다는 강한 믿음이다. 우화 속의 주인공은 위험한 상황에서도 죽

자아중심성

이기적이고 비사회적인 사고(思考)로 인하여 타인을 의식하지 않고 자기 자신을 중심으로 모든 정신생활이나 행동을 영위하는 상태

상상적 청중

실제적이거나 가상적인 상황에서 자신에 대해 다른 사람이 어떤 반응을 할 것인지를 예측해 보려는 것으로 항상 누군가가 자신을 지켜보고 있으며 관심을 가지고 있다고 믿는 경향

개인적 우화

자신을 남들과는 다른, 아주 특별한 존재로 느끼는 상태. 다른 사람이 경험하는 위기, 위험, 죽음이 자신에게는 일어나지 않으며, 혹시 일어나더라도 피해를 입지 않을 것으로 확신함

지 않고 계속 살아나는 등 주변 인물과 달리 그들의 삶에 일반적인 법칙이 적용되지 않는다. 이처럼 청소년은 남들이 겪는 위험이 자신에게는 일어나지 않을 것이라고 믿으며, 설령 일어나더라도 고통이 없을 것이라고 믿는다. Elkind는 이러한 생각이 청소년의 위험 행동과 관련성이 있다고 주장한다. 예를 들어, 청소년은 오토바이를 타다가 사고가 일어나도 '난 괜찮을 것'이라고 믿고, 담배를 피워도 자신의 건강에는 영향이 없을 것이라고 믿으며, 심지어 성관계를 해도 자신은 임신이 되지 않을 것이라고 믿는다.

자아중심성은 청소년의 사고 및 행동 특성의 일면을 이해하는 이론적 틀을 제공해 주지만, 현실에서 청소년의 위험 행동은 자아중심성만으로 설명될 수 없으며 다양하고 복잡한 원인에 의해 일어난다. 청소년은 사회적 상호작용을 해 나가면서 조금씩 타인의 관점을 수용하게 되고, 점차 상상 속의 청중을 버리게 된다. 또한 청소년은 이러한 상호작용 속에서 타인과 친밀감을 교류함으로써 자신이 다른 사람과 크게 다르지 않다는 것을 깨닫게 되고 개인적 우화를 줄여 나간다.

3. 심리사회적 발달

1) 자아정체감

청소년기에는 '나는 누구인가?' '미래의 나는 어떻게 될 것인가?' 등 자신에 대한 물음에 대한 답을 찾는 과정에서 자아정체감을 형성한다.

자아정체감(self identity)이란 자신이 타인과 구별되는 독립적이고 고유한 존재라는 것을 인식하는 것으로 외적인 자극이나 환경, 감정적 변화에도 불구하고 일관되게 자신을 인식하여 안정적인 느낌을 가지는 것을 의미한다. 자아정체감은 일생을 통해 이루어야 할 중요한 문제이기도 하지만, 청소년기는 아동기에서 성인기로 옮겨 가는 과도기이며 이 시기에 급격한 신체적 변화와 성적 성숙이 이루어지고 진학 문제, 이성 문제 등 많은 선택과 결정을 해야 하기 때문에 특히 청소년기가 자아정체감 형성에 있어 결정적인 시기라고 할 수 있다.

자아정체감

자기의 성격, 취향, 가치관, 능력, 관심, 인간관, 세계관, 미래관 등에 대해 비교적 명료한 이해를 하고 있으며, 그런 이해가 지속성과 통합성을 가지고 있는 상태

[그림 7-7] Erikson의 심리사회적 발달단계와 청소년기(5단계)

Erikson은 자아정체감이 형성되는 청소년기를 기본적 신뢰감이 형성되는 시기인 1단계에 못지 않을 만큼 중요한 시기라고 주장한다. 그 이유는 이 시기에 자아정체감을 확립하면 이후의 단계에서 부딪히는 심리적 위기를 무난히 넘길 수 있게 되지만, 그렇지 못하면 다음 단계에서도 방황이 계속되고 때로는 부정적인 정체감을 형성하게 되기 때문이다.

또한 청소년기는 이전의 발달적 위기가 다시 반복되기도 한다. 1단계의 영아가 자신과 어머니에 대한 신뢰감을 발달시키는 것처럼, 청소년은 믿고 따르는 우상을 찾는다. 2단계의 유아가 자율성을 추구하는 것과 같이, 청소년은 독립적으로 자신의 미래를 선택하려고 하며 통제를 거부한다. 3단계의 취학 전 아동이 놀이를 하면서 다양한 역할을 수행하는 것처럼, 청소년은 자신의 미래의 역할을 탐색한다. 4단계의 아동이 자신이 잘할 수 있는 일을 찾는 것처럼, 청소년은 자신의 직업을 탐색한다.

Erikson은 청소년기의 발달 과업인 자아정체감의 중요성을 강조하고 이 시기 정체감의 위기를 언급하였다. 이는 우리가 방황하는 청소년, 비행에 빠진 청소년, 부모-자녀 갈등을 겪는 청소년 등을 이해할 수 있는 단서를 제공하였다는 점에서 의의가 있다. 특히 오늘날 청소년은 20~30대에 이르도록 교육, 취업 준비 등으로 인해 비교적 긴 정체감 획득의 시간을 경험하기도 한다. 따라서 정체감 발달은 특정 시기뿐만 아니라 일생 동안 지속된다고 볼 수 있기 때문에 끊임없는 자기 평가를 통해 정체성을 확고히 다지는 노력이 필요하다.

Marcia(1980)는 Erikson의 이론을 발전시켜 **정체성 지위**(status of identity)에 관한 연구를 하였다. 정체성 지위는 개인의 정체감 형성과정뿐 아니라 정체감 형성 수준의 개인차를 함께 보여 준다. 〈표 7-3〉은 '정체성 위기 경험 여부(정체감을 갖기

정체성 지위

개인의 정체감 형성과정뿐 아니라 정체감 형성 수준의 개인차를 함께 진단하고자 하는 개념. 정체감 혼미, 정체감 상실, 정체감 유예, 정체감 성취의 상태로 구분됨

표 7-3 Marica의 자아정체성 지위

정체성 지위(status of identity)	위기(crisis)	전념(commitment)
정체감 혼미	×	×
정체감 상실	×	○
정체감 유예	○	×
정체감 성취	○	○

위해 노력하는가)'와 '과업에 대한 전념(무엇인가에 전념하고 있는가)'이라는 두 가지 기준에 따라 '정체성 지위'를 네 가지로 분류하였다. 청소년에게는 '정체감 유예'와 '정체감 성취'가 바람직한 정체성 지위 상태로 볼 수 있다.

정체감 혼미(identity diffusion) 상태에 있는 청소년은 위기를 경험하지 않았고 직업이나 이념 선택에 대한 의사결정을 하지 않았을 뿐 아니라 이러한 문제에 관심도 없다. 정체감 혼미 상태에 있는 청소년은 부모와의 애착관계가 없거나 부모로부터 거부당한 것으로 느끼는 경우가 많고, 자아존중감이 낮으며, 혼돈과 공허감에 빠져 있다. 정체감 혼미는 청소년 초기에 보편적이지만 정체감 탐색과정의 가장 낮은 단계에 속하며, 그대로 방치해 두면 부정적 정체감으로 빠져들 위험이 있다.

정체감 상실(identity foreclosure)은 스스로 심각하게 생각하거나 의문을 갖지 않고 타인의 가치를 받아들이는 상태다. 예를 들어, 수정이에게 장래 희망이 무엇이냐고 물으면 의사라고 한다. 그 이유를 물으면 '아버지가 의사이기 때문'이라고 대답한다. 수정이가 의사가 되고 싶어 하는 결정에 있어서는 개인적 이유나 개인적 탐색 과정도 없었던 것처럼 보인다. 위기를 경험하지 않고 쉽사리 의사결정을 하는 청소년이 이 범주에 속한다. 다른 지위에 비해 사회적 인정 욕구가 강하고, 부모와 긴밀한 관계를 유지하기 때문에 부모에게서 영향을 받은 자신의 가치에 따라 인생의 방향을 결정한다. 그들은 청소년기를 매우 안정적으로 보내는 것 같으나, 성인이 되어 뒤늦게 정체성 위기를 경험하는 경우도 있다. 이전에는 정체감 혼미만이 청소년기의 문제, 즉 심리적 부적응을 유발하는 것으로 인식되었으나 최근에는 정체감 상실도 문제가 있는 것으로 지적된다.

정체감 유예(identity moratorium)는 현재 정체감 위기나 변화를 경험하고 있는 상

정체감 혼미

방향성이 결여되어 있는 상태로서 다른 사람이 어떤 일을 하는지, 내가 이 일을 왜 하는지에 대해 관심이 없음

정체감 상실

스스로 심각하게 생각하거나 의문을 갖지 않고 타인의 가치를 받아들이는 상태

정체감 유예

현재 정체감 위기나 변화를 경험하고 있는 상태로, 정체감 확립을 위해 노력하고 있는 것

태로 정체감 확립을 위해 노력한다. 삶의 목표와 가치에 대해 회의하고 대안을 탐색하나 여전히 불확실한 상태에 머물러 구체적인 자신의 역할과 과업에 몰두하지 못하는 상태를 뜻한다. 이 지위에 속하는 청소년은 자아정체감과 관계된 갈등을 해결하려고 노력하면서 가장 적극적으로 정체성을 탐색한다. 유예기의 청소년은 안정감이 없으나, 정체감 성취를 위한 과도기적 단계이므로 시간이 지나면 정체감을 확립하게 되는 경우가 많다.

▶ **정체감 성취**
삶의 목표, 가치, 직업, 인간관계 등에서 위기를 경험하고 대안을 탐색하며 확실하고 변함없는 자아정체감을 확립한 상태

정체감 성취(identity achievement)는 삶의 목표 및 가치, 직업, 인간관계 등에서 위기를 경험하고 대안을 탐색하며 확실하고 변함없는 자아정체감을 확립한 상태다. 정체성을 성취한 청소년은 현실적이고 대인관계가 안정감이 있으며, 자아존중감도 높고 스트레스에 대한 저항력도 높다. 교사는 청소년의 정체감 성취를 돕기 위해서 연령 수준에 맞는 무엇인가에 전념하도록 격려해야 한다. 대단한 것보다는 자신의 수준에 맞는 활동이 중요하며, 한 가지 일에 전념하고 스스로 정한 것을 지킬 수 있도록 돕는다. 다양한 인물의 사례를 통해 청소년의 역할 모델을 발견하거나 다양한 가치, 문화 등을 체험하도록 하는 것은 정체성 확립에 도움이 되기 때문에 각 분야에 전념하여 성공한 예를 보여 주고 교사나 다른 성인이 역할 모델이 되어 주는 것도 중요하다. 〈표 7-4〉는 정체감 형성을 판단하기 위해 Marcia(1980)의 '정체성 지위 인터뷰(identity status interview)'다.

정체성 지위의 특징은 정체성 지위가 높은 수준으로 올라갈수록 획득하는 속도가 느려지고, 상대적으로 적은 수의 개인에게만 나타난다는 것이다. 초등학교 6학년~중학교 2학년 학생을 대상으로 한 연구에 따르면, 12%의 학생이 정체

표 7-4 정체성 지위 인터뷰

질문	정체성 지위에 따른 응답
직업적 신념에 관한 질문: "만약 당신이 현재 하는 일보다 더 좋은 일을 제안받는다면 현재 하는 일을 포기할 수 있습니까?"	정체감 혼미: "물론이죠. 저는 더 나은 일이 있다면 그냥 바꾸겠어요."
	정체감 상실: "아니요. 지금 원하는 일을 하고 있어요. 이 일이 내 주변 사람들을 기쁘게 하니까 저도 만족해요."
	정체감 유예: "만약 제가 더 잘할 수 있는 일이라면 그 일을 하겠어요."
	정체감 성취: "네, 그럴 수 있을 것 같은데요……. 저에게 더 좋은 일이라는 것이 무엇을 의미하는지 이해가 되지 않아요."

출처: Papalia, Olds, & Feldman (2009), p. 392.

감 유예에 도달하고 9%의 학생만이 정체감 성취에 도달한 것으로 나타났으며 (Allison & Schultz, 2001), 성인을 대상으로 한 연구에서는 33%의 성인이 정체감 성취를 경험한 것으로 나타났다(Marcia, 1999).

또한 정체성 지위는 최종적으로 정체감이 성취되는 것으로 끝나는 것은 아니다. 즉, 정체감은 인간의 발달단계에 따라 변화한다. 만약 한 개인이 살아가는 동안 실패하고 좌절하는 사건이 발생한다면, 비록 정체감 성취에 도달한 사람이라도 과거에 자신이 가진 가치관이나 행동 양식에 회의를 느끼는 등 인생의 위기를 다시 경험한다. 그러나 이때 대부분의 사람은 자신을 되돌아보고 자신에 대한 관점을 새롭게 형성해 간다. 이와 같이 나는 누구이고, 어디에 소속되고, 무엇을 해야 하는가에 대한 확신과 의심을 반복하는 현상을 MAMA 사이클(Moratorium-Achievement-Moratorium-Achievement)이라고 한다(Marcia, 1999, 2001, 2002).

MAMA 사이클
일생 동안에 정체감 유예 (Moratorium)와 정체감 성취 (Achievement)를 반복하는 현상. 즉, 정체감 성취에 도달한 사람이라도 삶의 과정 속에 여러 사건을 경험하면서 정체감에 대해서도 다시 위기를 겪음

2) 청소년기 성

성(性)은 생물학적으로 남성과 여성을 구분하는 의미와 함께 남녀의 사회적·문화적 성을 의미하기도 한다. 또한 성적 관심이나 욕구, 성과 관련된 모든 행동을 포함하는 의미이기도 한다. 인간의 성은 새로운 생명을 탄생시킨다는 의미뿐만 아니라 사랑과 믿음을 표현하는 중요한 의미가 있다.

청소년기 성역할 정체감 형성은 자아정체감 형성의 중요하고 결정적인 요소가 된다. 청소년기에는 신체 변화를 경험하면서 스스로를 여성 또는 남성으로 강하게 인식하게 되고, 이에 따라 자신의 성역할과 일치하는 행동을 하려고 한다. 사회적으로 성역할의 변화가 나타나면서 심리적 성차가 생리적 성차와 일치한다는 전통적 성역할 이론과 달리 성차와 개인차를 포괄할 수 있는 새로운 개념인 양성성 개념이 등장하였다. 양성성은 남성성과 여성성을 상반되는 연속선상의 개념이 아닌 상대적으로 독립된 차원에서 다루어야 한다는 견해이다(Bem, 1974). 사람은 남성적 특성과 여성적 특성을 모두 가지고 있으므로 상황에 따라 남성적 역할과 여성적 역할을 융통성 있게 할 수 있다. Bem의 심리적 양성성 개념의 특징은 남성성과 여성성이 근본적으로 상호배타적이 아니라는 점, 남성이나 여성을 막론하고 한 개인이 성 전형화된다는 것은 심리적 건강을 위해 별 도움이 되지 못한다는

것이다(Taylor & Hall, 1982).

1990년대 중반 이후부터 성평등이라는 목적을 달성하기 위해 세계 많은 국가 정책의 중요한 기준으로서 성인지적 관점이 두드러지게 나타나면서 등장한 개념이 성인지 감수성(gender sensitivity)이다. 성인지 감수성은 성별 간의 차이로 인한 일상생활 속에서의 차별과 유·불리함을 이해하고 나아가 불평등을 인지하여 이를 해결하고자 하는 관점과 태도를 말한다. '감수성'을 대인 공감능력이나 문학적 감수성, 감성 등과 혼동하는 경우가 많으나 이와는 다른 개념으로 '감각의 예민함' 정도로 표현할 수 있다. 성인지 감수성은 남성과 여성이라는 성역할 고정관념이나 편견이 사람들의 의사소통을 단절시키고 성적인 문제를 야기할 가능성이 있으므로 성별 간의 불균형에 대한 이해 또는 지식을 갖춰 일상생활 속에서 성차별적 요소를 잘 감지하는 민감성을 의미한다.

🌱 우리나라 '성인지 감수성' 최초 판례

2018년 4월 대법원 판결문에서 '성인지 감수성'이란 용어가 대한민국 최초로 등장한다.

한 대학의 컴퓨터계열 교수가 소속 학과 학생 3명을 성희롱 및 성추행하였다는 이유로 징계해임을 당했는데 부당하다며 취소소송을 제기하였다. 취소소송 항고심(2심)에서 원고(교수 측)는 승소 판결을 받았다. '피해자가 사후에도 교수의 수업방식을 긍정적으로 평가했고 계속 수강을 이어 갔던 점' '교수의 적극적인 수업방식으로 비롯되었으며, 일반인의 시각에서 보았을 때 유죄로 보기 어려운 점' 등이 이유였다. 다만 실습실 공간의 협소로 인해 이동하거나 지도할 때 어쩔 수 없이 발생할 수 있는 신체 접촉의 가능성은 인정했다. 하지만 대법원은 원고 패소 취지로 파기환송한다.

"법원이 성희롱 관련 소송의 심리를 할 때에는 그 사건이 발생한 맥락에서 성차별 문제를 이해하고 양성평등을 실현할 수 있도록 '성인지 감수성'을 잃지 않아야 한다. …… 피해자는 2차 피해에 대한 불안감이나 두려움으로 인하여 피해를 당한 후에도 가해자와 종전의 관계를 계속 유지하는 경우도 있고, 피해사실을 즉시 신고하지 못하거나, 신고한 후에도 진술에 소극적인 태도를 보이는 경우가 적지 않다. 이와 같이 성희롱 피해자가 처하여 있는 특별한 사정을 충분히 고려하지 않은 채 피해자 진술의 증명력을 가볍게 배척하는 것은 정의와 형평의 이념에 입각하여 논리와 경험의 법칙에 따른 증거판단이라고 볼 수 없다."(대법원 2018. 4. 12. 선고 판결문에서 요약)

청소년기는 신체의 성적 성숙뿐만 아니라 성인지 감수성, 성 가치관도 함께 성숙해야 하는 시기이다. 청소년기에 건강한 성 가치관을 확립하기 위해서는 먼저 남성과 여성의 서로 다른 특성을 바르게 이해하고 정확한 성 지식을 습득하여 올바른 성 인식을 가져야 한다. 아직 성 가치관이 정립되지 않은 청소년이 또래 집단이나 인터넷, 대중매체 등을 통해 자극적이고 잘못된 성 지식을 얻게 되면 왜곡된 성 가치관을 갖게 될 수 있다. 청소년의 유해매체 경험 실태(e-나라지표, 2020)를 보면 위기청소년의 경우 성인용 간행물(31.1%), 성인용 영상물(51.9%)을 경험한 것으로 나타났다. 또한 위기청소년보다는 낮은 비율이지만 일반 청소년들도 성인용 간행물(24.9%)이나 영상물(37.4%)을 경험한 비율이 높게 나타나서 청소년이 성적 유해환경에 쉽게 노출되고 있음을 알 수 있다.

> **위기청소년**
> 가출 청소년, 학교부적응 청소년, 소년원 청소년

우리나라 청소년의 성교육은 건전한 이성교제, 결혼, 성 윤리, 생식 구조, 임신과 출산 등의 내용을 포함하고 있지만 피임방법이나 성관계하는 법, 성병 예방법, 원하지 않는 성관계 거절 등 구체적이고 실제적인 주제들이 충분히 다루어지지 못하는 경우가 많다. 자신이 원하지 않는 성 표현, 자신이 원하는 성 표현의 수위 등 성과 관련해 자기 자신의 의견을 분명히 밝히고, 주체적이고 책임감 있는 성적 의사결정을 할 수 있으며, 자신의 욕구뿐만 아니라 상대방의 의견도 소중히 여기고 존중하는 마음을 갖도록 하는 성교육이 이루어져야 한다.

또한 청소년기에 성적 욕구가 나타나는 것은 자연스러운 현상이지만 너무 성적 욕구에 집중하지 않도록 자신에게 맞는 취미 활동이나 단체 활동 등 다양한 활동에 참여함으로써 관심 영역을 다양하게 하는 등 건강한 욕구 해소 방법을 탐색하는 것이 필요하다.

표 7-5　청소년 유해매체 경험 실태

구분	일반집단 청소년	특수집단(위기) 청소년
성인용 간행물	24.9	31.1
성인용 영상물	37.4	51.9

출처: e-나라지표(2020).

3) 도덕성 발달

◀ **인습적 수준**

도덕성 발달단계 중 권위 있는 사람의 기대에 부응하여 도덕적 판단과 행위를 하는 3단계와 자신이 속하는 사회의 법과 질서를 기준으로 하는 4단계가 해당됨

Kohlberg(1963)의 도덕성 발달단계에 따르면, 청소년기는 사회적 규범과 의무를 준수하려는 인습적 수준에 속한다. '인습적 수준'에는 다른 사람, 특히 권위 있는 사람에게서 칭찬을 받는 행위가 도덕적인 행위라고 생각하는 3단계와 법과 질서, 사회 속에서 개인의 의무를 중시하는 4단계가 포함된다.

3단계 도덕성에 이른 청소년은 착한 소년, 소녀가 되기를 지향한다. 12~17세 청소년은 타인의 관점과 의도를 이해할 수 있으므로 다른 사람의 기대에 부응하는 것을 중시한다. 이 단계의 청소년은 다른 사람, 특히 권위 있는 사람에게서 칭찬을 받는 행위가 도덕적인 행위라고 생각한다. 따라서 신뢰, 의리, 충성이 대인관계를 유지하는 데 매우 중요하다고 생각한다. 4단계 도덕성에 도달한 18~25세 청소년은 법과 사회질서를 기준으로 도덕적 판단을 한다. 이 시기 청소년은 법을 어기거나 공공의 질서를 심각하게 위배하였는가에 따라 친구의 비행을 말할 수도 있고 하지 않을 수도 있다. 그들은 법과 사회질서를 지키는 것이 자신의 의무라고 생각한다.

Kohlberg는 도덕성 발달단계가 나이가 듦에 따라 발달한다고 주장하였지만, 같은 연령의 모든 사람이 같은 순서로 도덕성이 발달하지 않는다는 연구 결과도 있다. Kohlberg와 Krammer의 종단연구(1969)에서는 인습 수준에 도달한 약 20%의 대학생이 대학에 입학한 2~3년 동안 도덕성 발달의 2단계로 후퇴하였다가 4단계로 되돌아오거나, 5단계로 발달하는 현상이 나타났다. 이 같은 결과에 대해 Kohlberg는 도덕성 발달이 2단계로 완전히 돌아가는 것이 아니라 5~6단계로 이행하는 과정에서 나타나는 일시적 동요, 즉 도덕적 퇴행(regression)이라고 주장하였다(Kohlberg, 1984). 이는 Erikson의 자아정체감 형성과 관련해 볼 때 청소년기는 정체성 위기로 인해 심리적 측면에서 혼란과 동요가 일어나게 되는데, 도덕성 발달에 있어서도 마찬가지 현상이 나타난다. 따라서 도덕적 퇴행은 정체성 탐색의 일환으로 볼 때 2단계로의 구조적인 후퇴가 아니라, 5~6단계의 수준 높은 도덕성으로 발전해 가는 과정상의 기능적인 진보를 의미한다. 그러나 청소년기 도덕성 발달의 퇴행을 일시적 동요나 기능적 진보로 생각하는 Kohlberg의 관점과 달리, 도덕성 퇴행 경향이 우려할 만한 일이라는 지적도 있다.

2019년 흥사단 윤리연구센터에서 대한민국 거주 초·중·고등학교 재학 중인 남·여 청소년을 대상으로 설문조사를 실시한 결과, 대한민국 청소년의 정직 지수와 윤리의식이 낮고 학년이 올라갈수록 떨어지는 것으로 조사되었다. 청소년 전체 정식 지수는 77.3점이고, 학교급별로 초등학생 87.8점, 중학생 76.9점, 고등학생 72.2점으로 학년이 올라갈수록 학생들의 정직 지수는 계속 떨어지는 것으로 나타났다. '10억이 생긴다면 잘못을 하고 1년 정도 감옥에 들어가도 괜찮다'는 항목에 초등학생 23%, 중학생 42%, 고등학생 57%가 괜찮다는 응답을 하였다. 우리 사회에 10대 청소년층의 물질 중심적인 가치관과 자신에게 이익이 된다면 사회질서를 지키지 않아도 된다는 생각이 심각함을 알 수 있다.

'시험 보면서 부정행위를 한다'는 초등학생 3%, 중학생 4%, 고등학생 5%로 시험 중 부정행위를 안 한다는 응답이 압도적이었지만 유사한 항목인 '친구의 과제를 베껴서 낸다'는 조사에는 초등학생 13%, 중학생 46%, 고등학생 48%가 괜찮다고 응답하였다. 이는 시험 중 부정행위처럼 잘못이 발각될 가능성이 높고 자신에게 높은 처벌이 예상되는 것에 대해서는 매우 정직하게 대응하는 반면에 친구의 과제를 베껴 내는 것처럼 잘못이 발각되기 어렵거나 발각되더라도 처벌이 약하거나 없는 경우에는 정직하지 못하게 대응하는 것을 알 수 있다.

도덕성은 가치판단과 의사결정이 필요한 복잡한 심리적 과정으로 도덕성 발달은 저절로 이루어지는 것이 아니다. 여러 가지 문제를 겪어 보고 다양한 해결책을 시도하면서 자신의 판단력을 키워 나가야 하는 것이다. 꾸준한 생각과 행동의 연습이 없으면 갑자기 도덕적 행동을 하기는 어려우므로 특정 교과목이나 프로그램만으로 성과를 거두기는 어렵다. 사회에서는 바람직한 공동체적 삶을 위한 기본적 행동 양식과 태도에 대한 인식을 공유하고 이러한 공동체의 중요성에 근거하여 청소년의 도덕적 사고력을 향상하는 노력이 필요할 것이다. 청소년이 관심을 가지는 학교폭력, 숙제를 베껴서 내는 문제, 불법 다운로드 문제 등 구체적인 주제에 집중하여 이와 관련된 가치의식을 발달시키는 것도 중요할 것이다.

4) 또래관계

또래(peer)는 본래 라틴어 par(동일한, 같은)에서 파생된 단어로 신체적·정신적 발달이 비슷하며 성별, 학년, 연령에서 비슷한 특성을 가지고 있어 사회적으로 동일시되어 함께 상호작용을 할 수 있는 대상을 의미한다. 또래는 청소년기의 발달과업을 함께 해결해 나가는 집단이다.

또래관계는 정서적 유대감을 가진 또래 집단 구성원 간의 상호작용 안에서 수용과 인정을 주고받는 역동적 관계이다. 청소년기는 독립성과 자율성을 추구하려는 욕구가 강해지며 부모의 영향력과 보호에서 벗어나 또래와의 관계로 사회화가 확대되는 시기이다. 또래 집단은 청소년들이 자율성을 발휘하고 정체성을 찾아가는 장으로서 이전 발달단계보다 더 중요하고, 안정적인 또래관계는 이후 발달단계에서 이들의 심리사회적 적응을 예측하는 강력한 요인이 된다.

청소년기에 또래들은 서로가 공통되는 욕구, 규범, 흥미 등을 가지고 있기 때문에 교사나 부모의 말보다 친구의 말이 영향력이 더 크고, 고민이나 문제가 있을 때 친구를 찾게 된다. 또래 집단은 청소년기의 혼란과 갈등을 서로 이해하고 스트레스 상황에 대처하는 심리적·정서적 안정과 지지를 제공하는 지지집단과 준거집단의 역할을 한다고 볼 수 있다.

한편, 또래압력은 청소년기에 두드러지는 또래관계 현상 중의 하나로 또래로부터 특정한 일을 함께 하도록 강요받는 인식이나 느낌을 말한다. 또래들은 청소년들을 혼자 내버려 두지 않고 그들과 함께 생각하고 행동하도록 압력을 가하고, 그것은 청소년들의 일상생활에 영향을 줄 수 있다. 또래압력은 청소년이 또래와의 관계를 유지하기 위하여 또래의 문화와 유행을 따르고, 또래의 눈치를 살피도록 함으로써 학교생활이나 일상생활의 행동에 영향을 미친다. 또래압력이 청소년기 때 강력한 영향력을 행사하는 것은 청소년들이 가족 활동 등 다른 활동에 보내는 시간보다 또래들과 더 많은 시간을 보내기 때문이다.

청소년은 또래 집단 내에서 사회적 지지를 받으며 안정감을 느끼고, 또래 집단을 준거 기준으로 삼아 자신의 신념, 가치 및 행동을 결정하고 판단한다. 이처럼 또래 집단의 영향을 받아 행동하는 것을 또래동조성의 현상으로 볼 수 있다. 또래동조성은 또래압력을 지각한 다음에 어떠한 행동을 취하는 행동적인 기질로 또래동조성은 중립적 동조행동과 반사회적 동조행동으로 구분된다. 중립적 동조행동은 자신이 원하는 것이 아닐지라도 또래들의 제안에 동조하는 것이다. 이는 타인에게 피해를 주거나 규칙을 위반하는 행위는 아니다. 반면 반사회적 동조행동은 타인에게 피해를 입힐 수 있거나 규칙을 위반하는 등의 행동에 동조하는 것으로 자신이 수행하기 꺼리는 행동을 또래가 제안했을 때 이에 동조하는 것을 의미하며 부정적인 행동에 대한 또래동조성을 나타낸다.

4. 청소년기 주요 쟁점

1) 흡연과 음주

청소년들은 흡연의 위험성을 간과하기 쉬우나, 청소년기는 뇌세포를 비롯한 모든 세포들이 성장, 성숙하는 시기이므로 이 시기의 흡연은 뇌세포를 비롯한 각 장기들의 성장, 성숙을 저해할 뿐만 아니라 노화를 촉진하여 중추신경계의 기능과 운동 기능 등을 저하시킨다. 또한 청소년은 담배에 포함된 여러 가지 유해한 물질에 대한 해독능력이나 저항능력이 성인에 비하여 약해 폐암을 비롯한 각종 암과 성인병의 원인이 될 위험성이 있다.

청소년기 흡연의 특징으로는 첫째, 어린 나이에 시작할수록 니코틴 중독의 위험성이 더 높아진다. 성인 흡연자의 대부분이 아동·청소년기에 흡연을 시작하였으며, 첫 흡연 경험 연령이 낮을수록 성인 흡연자가 될 가능성이 높다. 둘째, 청소년 흡연은 성인보다 성장기에 있는 청소년에게 더 유해한 것으로 알려져 있다. 청소년기는 뇌세포를 비롯한 모든 세포가 성장 및 성숙하는 시기인데, 흡연을 하게 되면 세포의 성장을 저해할 뿐만 아니라 노화가 촉진된다. 또한 청소년 흡연은 만성 폐쇄성 폐질환 및 관상동맥 질환의 발병 위험성 증가 및 발생 연령의 저하, 각종 흡연 관련 암 발생 위험 증가 등 성인기 질환의 위험성을 증가시킨다. 셋째, 청소년 흡연은 약물남용의 원인으로 작용하는 경우가 많으며 바람직하지 못한 식습관, 스트레스, 우울, 자살 및 자살 시도 등 부정적인 영향을 미친다.

약물남용

중추신경계에 작용하는 약물의 비의학적, 불법적 사용

우리나라 청소년의 흡연율(일반담배)은 2021년 남학생 6.0%, 여학생 2.9%로 나타났다. 청소년의 처음 흡연 경험 연령은 '청소년건강행태조사(2006~2019년)' 결과, 만 12.1~13.2세로 중학생에 해당하였다. 처음 담배를 피우게 된 주된 이유는 1위가 호기심(중학생 52.1%, 고등학생 50.4%)이었고, 2위가 친구 권유(중학생 20.9%,

고등학생 28.9%)로 나타났다. 청소년은 성인에 비해 니코틴에 더 민감하고 의존성도 빨리 생긴다. 따라서 쉽게 담배에 대한 습관성이 생겨 금연이 어려울 뿐만 아니라 금연한 후에도 다시 흡연할 가능성이 성인에 비해 더 높다. 충동조절이 어려운 청소년은 금연을 결심하고 실천하기가 쉽지 않기 때문에 예방교육이 더욱 중요하다.

청소년의 흡연은 제품(일반담배, 전자담배 등)의 형태와 무관하게 건강에 해로운 것으로 알려져 있다. 외국의 많은 청소년이 흡연을 전자담배로 시작하는데 니코틴이 포함된 전자담배는 담배와 같이 중독성이 있고 청소년의 뇌발달에 영향을 미칠 수 있다. 특히 일반담배에 비해 냄새가 적은 전자담배의 특성으로 인해 여자 청소년의 전자담배 사용률이 높은데, 성인 여성과 거의 비슷한 수준을 보이고 있다. 또한 일반담배와 전자담배를 이중, 삼중 사용하는 비율이 흡연하는 청소년 중 2명당 1명꼴로 나타나고 있다.

청소년의 흡연 요인에 관한 연구에서는 부모의 영향이 친구 못지않게 중요한 영향을 미치는 것으로 나타났다. 덴마크, 핀란드, 영국 등 6개 유럽 국가에서 이루어진 연구에서는 이제까지 청소년의 흡연 원인에 부모의 영향이 과소평가된 반면, 친구들의 영향은 과대평가되어 왔다고 밝히고 있다. 이 연구는 청소년의 흡연 시작에 미치는 영향은 부모와 친구의 흡연이 비슷하다고 밝히고 있다. 실제로 청소년 흡연자를 대상으로 한 설문조사를 보면 흡연자인 부모가 장난처럼 한번 피워 보라는 말을 듣고 흡연을 시작했다는 비율도 10%로 나타났다. 또한 집안에 방치된 담배꽁초를 피워 보았다는 답변도 있었다.

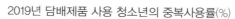

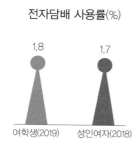

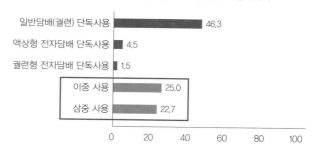

[그림 7-8] 전자담배 사용 현황

출처: 질병관리청(2018, 2019).

이와 같은 연구 결과를 볼 때 청소년의 흡연 동기에서 '가족 또는 친구'가 차지하는 비중이 크다는 점을 알 수 있다. 청소년은 흡연에 대한 호기심이 있더라도 흡연에 대한 주변의 심리적 지지가 없다면 흡연을 시작하기가 쉽지 않다. 따라서 청소년 흡연을 줄이기 위해서는 무엇보다 흡연 환경에 노출되지 않도록 예방하는 것이 중요하다.

음주는 알코올 의존증을 포함한 정신 및 행동장애, 암, 폭력 및 교통사고 등 200개 이상의 질병과 손상의 원인이라고 알려져 있다. 알코올은 청소년 유해약물 (담배, 주류, 마약류, 환각물질 등) 중 우리나라 청소년에서 가장 많이 경험하고 있는 물질로 뇌의 기능을 둔화시키고 수면이나 마취 효과를 나타내는 중독성이 강하다. 혈액 속에 흡수된 알코올의 농도에 따라 신체적·심리적 반응이 다르게 나타나는데, 다량의 알코올을 단시간 내에 마시면 혈액 속의 알코올 농도가 갑자기 증가하여 뇌의 조절 기능이 마비되며 사망에까지 이른다. 실제로 대학에 갓 입학한 신입생이 갑작스러운 과음으로 사망하는 사례로 있었다. 청소년의 음주는 인지적인 측면에서 기억력, 공간 지각력, 언어 능력 등에 영향을 미쳐 학습과 관련된 능력을 저하시킨다. 또한 음주로 인한 폭력 행위, 절도, 기물 파손과 같은 행동 문제를 비롯하여 좀 더 위험한 약물 사용의 가능성을 높일 수 있다.

청소년의 음주는 성인보다 적은 양으로도 위험할 수 있으며 뇌발달 저해, 급성 알코올중독으로 인한 사망 등의 원인이 된다. 2021년 우리나라 청소년의 음주율은 남학생 12.4%, 여학생 8.9%로 나타났다.

청소년 건강행태조사에서 청소년 음주 관련 요인으로 편의점이나 가게 등에서 술을 구매하려고 했을 때 노력 없이도 쉽게 살 수 있다는 구매 용이성 비율이 가장 높은 것으로 나타났다. 가정환경 측면에서는 가정 내에서 가족 또는 친지로부터 음주를 권유받은 경험이 있었던 학생은 그렇지 않은 학생에 비해 음주율이 2~3배 더 높았다. 청소년은 성인에 비해 자기조절 능력이 낮아서 음주를 허용하는 환경의 영향이 클 수 있다. 청소년 스스로의 음주 절제 노력을 요구하기에 앞서 음주 문화에 대한 부모의 관심과 주의 및 사회적 차원에서의 청소년 보호 정책 등이 필요하다.

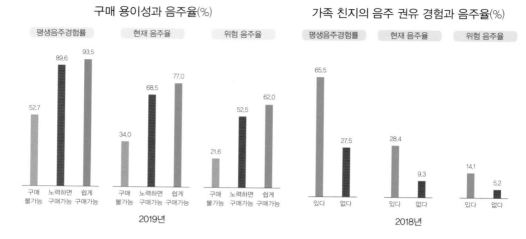

[그림 7-9] 청소년 음주 관련 요인

출처: 질병관리청(2020).

2) 학교폭력

최근 청소년을 대상으로 학교, 가정, 사회에 이르기까지 가장 큰 관심사 중 하나는 학교폭력 사안이다. 학교폭력은 중·고등학생뿐 아니라 초등학생들 사이에서도 빈번히 발생한다. 매일 등교하는 학교라는 특수한 상황에서 폭력이 반복적으로 이루어지며 가해자가 미성년자로 처벌이 크지 않다.

「학교폭력 예방 및 대책에 관한 법률」(약칭: 학교폭력예방법)에서는 '학교폭력'이란 '학교 내외에서 학생을 대상으로 발생한 상해, 폭행, 감금, 협박, 약취·유인, 명예훼손·모욕, 공갈, 강요·강제적인 심부름 및 성폭력, 따돌림, 사이버 따돌림, 정보통신망을 이용한 음란·폭력 정보 등에 의하여 신체·정신 또는 재산상의 피해를 수반하는 행위를 말한다.'고 정의하고 있다.

학교폭력 실태조사(교육부, 2022)에 따르면 설문 참여 학생(약 321만 명)의 1.7%가 학교폭력 피해 경험이 있는 것으로 나타났다. 그중 초등학교(3.8%)가 가장 높았고, 중학교(0.9%), 고등학교(0.3%)로 갈수록 줄어들고 있다. 학교폭력은 초등학교에서 가장 많은 것으로 나타나서 점차 저연령화되고 있음을 알 수 있다. 연령이 높아질수록 학교폭력의 양은 줄어드는 것으로 보이지만 폭력은 더욱 집요하고 잔인해진다. 모든 학교급에서 언어폭력이 가장 많았으며, 중·고등학교는 초등학교에 비해 사이버폭력, 성폭력의 비율이 높게 나타났다. 학교폭력 가해 이유로는 '장난이나 특별한 이유 없이(34.5%)'라고 응답한 비율이 가장 높았으며, 다음으로 '상대방이 먼저 괴롭혀서(22.1%)' '오해와 갈등으로(12.2%)'라는 순으로 나타났다.

폭력은 연령대와 상관없이 피해자에게 신체적·정신적으로 악영향을 미치지만 학교폭력이 가지는 위해성은 다른 폭력과는 조금 다른 특성을 가진다. 학교폭력의 피해자와 가해자 모두 청소년기 학생으로 신체적으로나 정신적으로 발달이 이루어지는 시기다. 따라서 이 시기의 폭력은 정상적인 발달을 막고 삶의 방향 자체를 변화시키는 등 피해자 삶 전체에 피해를 준다.

학교폭력은 가해자 자체가 집단일 수도 있고, 1명이나 소수의 가해자에 의해 이뤄질 수 있지만, 대부분 다수의 묵인하에 이루어진다. 이로 인해 피해자는 '폭력이 나에게 문제가 있어서 발생하는 것'이라고 생각하며 자책에 빠지기도 하고 아무도 도와주지 않는다는 생각에 자포자기하게 된다.

또한 학교폭력은 지속적으로 행해진다. 대부분 학생들은 자신이 사는 집을 기반으로 학창시절을 보내고, 입학 후 학교의 구성원, 즉 친구들이 큰 변화 없이 몇 년 동안 이어지므로 한번 시작된 학교폭력은 대체로 오랜 시간 지속되기 쉽다. 오히려 시간이 흐를수록 가해자들은 죄책감이 무뎌지고 폭력에 익숙해지면서 더욱 강도 높은 폭력을 행할 가능성이 있다.

피해자가 가해자가 되는 폭력의 순환구조가 일어날 수도 있다. 학교폭력에 오래 노출된 피해자는 우울증이나 불안 같은 부정적 감정을 쉽게 느끼게 되고 피해의식으로 인해 분노 조절에 어려움을 겪을 위험이 크다. 이런 상황으로 인해 피해자인 학생이 타인에게 공격성을 보이며 가해자가 되는 경우가 발생하기도 한다.

다행히 학교폭력에서 벗어났다고 해도 학교폭력으로 인해 생긴 트라우마는 피해자의 정상적인 발달을 방해하고 성장 과정에 직접적으로 영향을 주기 때문에 성인이 되어서도 여전히 학교폭력의 트라우마에서 벗어나지 못하고 오히려 더 악화되어 우울, 불안, 심한 경우에는 환각, 망상과 같은 심각한 정신 증상을 경험하기도 하고 대인관계를 회피하는 경우도 발생한다.

청소년은 하루 중 가장 많은 시간을 학교에서 또래들과 어울려 보낸다. 이 가운데서 학교폭력에 노출된 청소년이 겪을 신체적·심리적 스트레스와 무게감은 성인들이 상상하는 이상일 수 있다. 학교폭력의 문제가 단지 청소년기뿐만 아니라 한 개인의 삶에 끼치는 영향을 고려할 때 학교폭력 문제 해결을 위한 사회 구성원 모두의 관심과 노력이 필요할 것이다.

3) 자살

가족관계의 변화, 학교폭력과 유해환경 증가, 경쟁이 심한 사회 분위기 등 청소년을 둘러싼 가정, 학교, 사회 요인들은 청소년의 스트레스, 불안, 우울 등 정신 건강을 위협하고 있다.

2017년 대비 2020년 청소년들의 삶의 만족도는 경제협력개발기구(OECD) 국가 중 최하위권으로 조사됐다. 다른 국가와 비교해도 한국 청소년의 삶의 만족도는 낮았다. OECD에 따르면 만 15세 기준 대한민국 청소년의 삶의 만족도는 67%로 네덜란드(90%), 멕시코(85%), 핀란드(82%) 등에 미치지 못했다.

청소년들의 자살도 지속적으로 증가하고 있다. 아동 · 청소년(0~17세)의 사망 원인 1위인 자살률은 2021년 10만 명당 2.7명으로 조사돼 2020년 대비 0.2명 증가했다. 연령별로 보면 중학생 나이에 해당하는 12~14세의 자살률이 2020년 3.2명에서 2021년 5.0명으로 급증했고, 15~17세의 경우 같은 기간 9.9명에서 9.5명으로 소폭 하락하였다.

청소년기 자살의 원인 및 특징으로 충동성, 스트레스 대처의 취약성, 자아중심

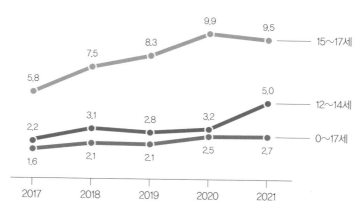

[그림 7-10] 최근 5년간 아동 · 청소년 자살률 추이

주: 만 0~17세 사망자 중 자살로 인한 사망자수를 해당 연령 인구를 10만 명당으로 계산한 수치임.

출처: 통계청, 통계개발원(2022).

성 등을 들 수 있는데, 청소년은 발달단계상 자살 생각이 쉽게 자살 행동으로 이어지는 충동성이 있다. 또한 인지 능력이나 정서조절 능력이 아직 미숙한 상태이기 때문에 가정, 학교, 사회에서 과도한 경쟁이나 압력이 주어졌을 때 심리적 불편감이나 불안감을 해소할 방법을 스스로 찾기 어렵고 다른 사람들은 모두 괜찮아 보이는데 유독 나만 힘든 것 같다고 여기는 자기중심적 사고도 청소년 자살의 원인이 될 수 있다.

청소년의 자살 예방 방안을 생각할 때 중요하게 고려해야 할 점은 청소년 자살이 일반 성인들의 자살과는 다를 수 있다는 점이다. 즉, 자살의 원인과 증후부터 그 영향력까지 성인의 자살과는 다른 맥락에서 고려되어야 한다. 청소년기는 발달 과정상 아동기와 성인기 사이에 있어 심리적으로 매우 불안정하고 주변의 자극에 큰 영향을 받으며 스트레스나 자극에 충동적으로 대처하는 특징이 있다. 청소년 자살의 주요 원인은 부모와의 관계, 가정 불화, 친구관계, 학업 스트레스 등 심리적 요인인 것으로 나타난다. 청소년은 자살을 시도하기는 하지만, 정말 죽음을 기대하며 시행하기보다는 부모의 관심을 끌기 위해서 혹은 스트레스의 대처 방안으로 자해를 선택하기도 한다. 자신의 신체를 고의적으로 파괴하는 자해(비자살적 자해)도 청소년 사이에서 심각하게 일어나는 경우가 많다(Leutenberg & Liptak 저, 육성필 역, 2021).

더불어 청소년기의 자살은 우리가 예상하는 여러 자살 징후들의 표현 없이 갑작스럽게 일어나기도 하는데, 이는 청소년 스스로가 본인의 우울을 잘 감지하지 못하고 생활하는 경우가 많을 수 있으며, 정신적 문제가 있을 경우 전문상담 기관 혹은 병원을 자발적으로 찾아 도움을 구하기도 어렵기 때문일 수 있다. 청소년기 자살 및 자해 위험 징후들을 우울, 불안, 반항 등 단순히 사춘기 특성으로 오인하여 놓치는 경우가 발생하지 않도록 해야 하며 청소년기 자살의 원인, 특성 등을 고려하여 청소년 자살 예방 대책 또한 수립되어야 할 것이다.

성인전기

자화상

윤동주

산모퉁이를 돌아 논가 외딴 우물로 홀로
찾아가선 가만히 들여다 봅니다

우물 속에는 달이 밝고 구름이 흐르고
하늘이 펼치고 파아란 바람이 불고 가을이 있습니다

그리고 한 사나이가 있습니다
어쩐지 그 사나이가 미워져 돌아갑니다

돌아가다 생각하니 그 사나이가 가엾어집니다
도로 가 들여다보니 사나이는 그대로 있습니다

다시 그 사나이가 미워져 돌아갑니다
돌아가다 생각하니 그 사나이가 그리워집니다

우물 속에는 달이 밝고 구름이 흐르고
하늘이 펼치고 파아란 바람이 불고 가을이 있고
추억처럼 사나이가 있습니다

CHAPTER 08

성인전기

early adulthood, 20~40세

성년기는 언제부터 시작되는가? 이에 대해서는 다양한 견해가 있다. 법적으로 보았을 때 우리나라 「민법」에서는 19세를 성년이 되는 나이로 정하고 있다. 성년기는 생물학적, 심리적, 사회적으로 성숙이 이루어지는 시기를 의미한다. 생물학적 성숙은 생식이 가능한 것을 포함하여 신체적으로 완전히 성장했음을 의미하고 18~21세경에 완성된다. 심리적 성숙은 정체감을 획득하고, 부모로부터 독립하며 가치관을 확립하고, 타인과 친밀한 관계를 맺을 수 있는 것을 말한다. 사회적 성숙은 개인이 가정을 떠나 결혼을 하고 가정을 꾸리고 스스로를 부양할 수 있을 때 이루어진다. 성인기를 구분 짓는 명백한 연령을 규정하기는 어려우나, 이 책에서는 일반적으로 발달심리학에서 규정하는 것처럼 성인전기를 20세경에 시작하여 40세경에 끝나는 것으로 본다.

부모의 집에서 떠나는 것, 교육을 마치는 것, 직업을 갖는 것, 경제적으로 독립하는 것, 그리고 성적으로 또 정서적으로 한 사람과 장기간 친밀한 관계를 형성하고 자신의 가정을 가지는 것이 성인기에 진입했다는 기준이 될 수 있다. 그러나 오늘날에는 20대 중반까지도 많은 사람이 '당신이 성인기에 도달했다고 생각하는가?'라는 질문에 대하여 '그렇기도 하고 아니기도 하다.'라고 답한다. [그림 8-1]에서 보면 20대 후반과 30대 초반에서 1/3의 사람들이 자신이 아직 완전하게 성인기로 이행하지 않았다고 답하였다(Arnett, 2000). 우리나라 18~39세 남녀 2,583명을 대상으로 한 장휘숙(2008)의 연구에 따르면, 남성들은 30세, 여성들은 28세에 성인기가 시작된다고 인식하고 있었다. Arnett(2000)은 10대 후반에서 20대 중반

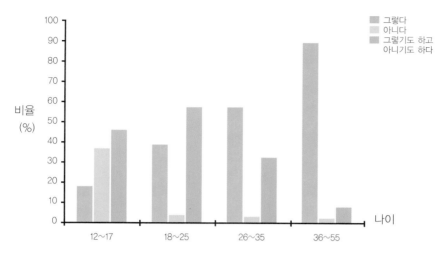

그렇다
아니다
그렇기도 하고
아니기도 하다

[그림 8-1] '당신은 자신이 성인기에 다다랐다고 생각하는가?'라는 질문에 대한 답

출처: Arnett (2000).

까지의 젊은이들이 부모의 감독에서 벗어나지만 아직 성인의 역할을 하지는 않는 성인기 진입 단계(emerging adulthood)를 경험한다고 하였다. 이 시기는 정체성 탐색의 시기, 불안정성의 시기, 자기 중심적인 시기, 사이에 낀 시기, 가능성의 시기로 설명된다(Arnett, 2015). 직업이나 사랑과 같은 영역에서 고민하며, 직업을 바꾸거나 연애 상대를 바꾸며 변화를 경험한다. 또한 자기 자신에게 집중함으로써 자신이 누구인지, 삶에서 원하는 것이 무엇인지 더 잘 이해하게 되고 일상생활에 필요한 기술을 발달시키며 성인기 삶의 기초를 세우게 된다. 그들은 청소년기와 진짜 성인기 사이에 끼어 있다고 느끼며, 가능성을 감지하고 낙관적인 생각을 가지고 있다.

1. 신체발달

1) 신체 상태 및 변화

20대 초반에는 건강하고 에너지가 넘치며 활기차다. 정신운동 능력이 정점에 이르러 그 어떤 시기보다 반응 시간이 빠르고, 근육의 힘이 강하며, 눈과 손의 협응 능력이 좋다. 체력, 지구력, 감각 민감성도 정점에 이른다. 운동기술은 20~35세에 최고 수준에 이르게 되는데, 대부분의 수영선수나 체조선수는 10대 후반에, 골프 선수나 마라톤 선수들은 20대 후반에 최고의 기량을 보여 준다. 면역체계의 능력이 좋기 때문에 질병에 잘 걸리지 않고 질병에 걸리더라도 곧 회복된다.

30대 후반까지는 이러한 최고의 신체 기능 수준을 유지하면서 점차적으로 생물학적 노화가 시작된다. 20~30대에는 신체 기능의 감소나 신체적 외모 변화가 느리게 일어나기 때문에 노화가 거의 눈에 띄지 않는다. 시력은 20세경에 가장 좋으며, 40세쯤 되면 노안이 진행된다. 청력의 점진적인 감퇴는 보통 25세 이전에 시작되어 25세 이후에 보다 뚜렷해진다. 운동할 때 폐활량을 측정해 보면 35~40세부터 1년에 1%씩 감소하며, 힘은 30세 정도부터 서서히 감소한다.

여성의 가임 능력은 20대 초에 절정에 달하고, 그 이후 계속 줄어들어서 폐경후 완전히 상실된다. 20대에 임신하는 것은 유산이나 염색체 이상에 따른 기형아와 장애아의 출산 비율이 낮기 때문에 많은 사람이 이상적이라고 여긴다. 여성의 연령이 높아지면 저장 난자의 수가 감소하고 난자의 질이 떨어지기 때문에 가임능력이 저하된다. 그러나 [그림 8-2]에서 보듯이 우리나라 첫 아이 출산 평균 연령은 2020년 32.3세로 OECD 국가 중 가장 높다. 1993년 26.2세에 비해 6.1세 올라간 것으로 이는 OECD 다른 나라에 비해 급속한 변화다. 남성의 경우 40세 이후에 정액의 양이나 정자의 농도와 활동성이 점차 감소한다. 성인기 중 부모가 되기

[그림 8-2] 주요국 초산 평균연령(여성이 첫째 자녀를 낳는 평균연령) 변화
출처: 경제협력개발기구(2022).

에 가장 적합한 시기가 있는 것은 아니지만, 30대 후반이나 40대까지 자녀 출산을 미루는 사람들은 자신이 바라는 것보다 더 적은 수의 아이를 가지게 되거나 혹은 아이를 전혀 가질 수 없게 될 위험이 있다.

2) 건강과 질병

성인전기는 인생에서 가장 건강한 생활을 할 수 있는 시기이기 때문에 건강 문제에 관심을 갖지 않고 건강을 증진시키기 위한 노력을 별로 기울이지 않는다. 성년들은 어떻게 질병을 예방할 수 있는지, 그리고 어떻게 건강을 증진시킬 수 있는지 알고 있지만 이러한 정보를 자신을 위해 활용하지는 않는다. 아침을 거르는 등 규칙적인 식사를 하지 않고 패스트푸드로 식사를 하며 과체중이 될 정도로 많이 먹거나 건강을 위협하는 무리한 다이어트를 하기도 한다. 또한 음주나 흡연과 같이 건강에 해로운 행동을 하며 잠을 적게 자고 운동을 하지 않는다. 학자들은 이러한 현상을 청년기 자기중심적 사고가 성인전기 건강 지각에 그대로 적용되기 때문이라고 설명한다. 성인전기 동안의 생활방식이 이후 건강 상태에 많은 영향을 끼치는 것을 인식하지 못하는 경우가 많다.

(1) 비만

25~50세 사이에 어느 정도 체중이 증가하는 것은 노화의 정상적인 부분인데, 이는 활동적인 근육세포의 수가 감소함에 따라 완전한 휴식 상태에서 신체가 사용하는 에너지의 양인 기초대사율(basal metabolic rate)이 점차적으로 떨어지기 때문이다. 그러나 지나친 과체중은 심각한 건강 문제를 일으킨다.

우리나라 성인의 20년간(1998~2018)의 건강행태 및 만성질환의 변화를 보고한 국민건강영양조사 FACT SHEET(2020)에 따르면 비만 유병율은 20년 동안 남자에게 급격히 증가하여 5명 중 2명이 비만이며, 특히 30~40대에서 비만 유병율이 가장 높게 나타났다. 여성은 비만 유병율의 변화가 별로 없었으며 4명 중 1명이 비만인 것으로 나타났다.

비만은 고혈압, 당뇨병, 심장질환 등과 같은 성인병을 유발할 뿐만 아니라 수명을 단축시키기 때문에 심각한 건강 문제가 된다. 고위험 음주와 낮은 신체 활동,

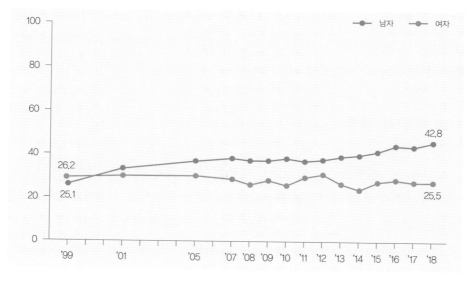

[그림 8–3] 성인 비만 유병률(단위: %)
출처: 질병관리본부(2020).

식생활 불균형 등을 개선하여 적절한 체중을 유지해야 한다.

(2) 운동

규칙적인 운동은 정상 체중을 유지할 수 있게 도와주며, 뼈와 근육을 강하게 하고, 심장과 폐를 튼튼하게 하며, 유연성을 증가시킨다. 또한 혈압을 낮추고, 심장마비, 암, 골다공증과 같은 질병을 예방한다. 운동은 신체적 건강뿐만 아니라 정신적 건강에도 도움이 되는데, 자존감을 높이고 불안이나 우울, 스트레스를 감소시키고 숙면을 하도록 한다. 운동을 하면서 느끼는 기쁨이나 즐거움도 크다. 운동중에서도 등산, 걷기, 달리기, 자전거 타기, 수영 등과 같은 호흡 순환기의 산소 소비를 늘리는 유산소 운동이 가장 좋다. 운동으로 인한 최대의 효과를 얻기 위해서는 일주일에 3~4회 정도 규칙적으로 하는 것이 좋다. 그러나 운동이 건강에 유익하다는 것을 알고 있지만 규칙적인 운동을 하는 젊은이들은 많지 않다. 2022년 청년 삶 실태조사에 따르면 주 3회 이상 규칙적으로 운동하는 청년의 비율은 32.6%에 불과했다. 운동을 하지 않는 이유로 '운동할 시간을 내기 어려워서'라고 응답한 경우가 많았다(정세정 외, 2022).

(3) 음주

적당한 양의 음주는 인간관계에서 윤활유 역할을 하지만 양이 지나치면 중추신경에 의해 통제되는 활동이 크게 영향을 받는다. 폭음을 하는 사람들의 경우, 처음에는 불안을 경감시키기 위해 음주를 하지만 음주의 효과가 사라지면 다시 불안해져서 또다시 음주를 많이 하게 된다. 만성적인 음주는 전반적인 신체 손상을 유발하며 알코올중독으로 이어지기 쉽다. 과음을 하면 신장과 간을 해치게 되고, 위염이 생기며, 감각장애를 일으킨다. 뇌에 큰 손상을 주어 새로 발생한 일들을 기억하지 못하는 심각한 기억장애인 **코르샤코프 증후군**(Korsakoff's syndrome)을 유발할 수도 있으며, 더 심하면 혼수상태에 빠지고 죽음에까지 이를 수도 있다.

코르샤코프 증후군
알코올중독으로 인해 발생하는 기억력 장애

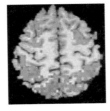 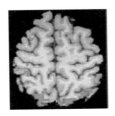

건강한 20세 여성의 뇌　　　알코올 의존이 있는 20대 여성의 뇌

기억 과제를 하는 동안 건강한 20세 여성의 뇌와 알코올 의존이 있는 20세 여성의 뇌 활성화 정도를 비교한 것이다. 붉은색이 활성화된 뇌 영역을 보여 주는데 알코올 의존 여성의 경우 뇌 활성화 정도가 낮다.
출처: Tapert et al. (2001).

알코올 사용장애는 과다한 알코올 사용으로 일상생활에 어려움이 있으나 지속적으로 알코올을 사용하는 질환으로 2021년 건강실태조사에 따르면 알코올 사용장애의 유병율은 남자 3.4%, 여자 1.8%로 나타났고, 20대의 유병율이 4.5%로 가장 높게 나타났다.

(4) 흡연

흡연은 폐암, 후두암, 구강암, 식도암, 방광암, 신장암, 췌장암뿐만 아니라 궤양과 같은 위와 장의 질환 및 심장마비와 관련이 있으며 기관지염, 폐기종과 같은 호흡기 질환과도 관련이 있다. 담배 연기의 성분인 니코틴, 타르, 일산화탄소와 그 밖의 화학물질은 신체에 악영향을 끼친다. 담배를 빨아들이면 신체조직에 전달되

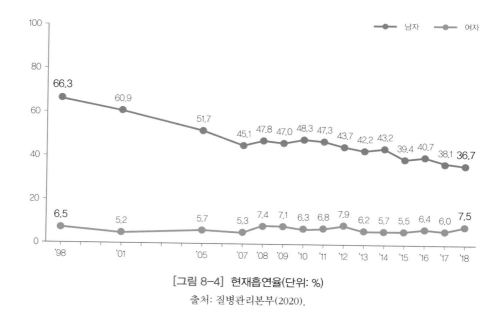

[그림 8-4] 현재흡연율(단위: %)
출처: 질병관리본부(2020).

는 산소가 감소해서 심장 박동과 혈압이 상승한다. 장기간의 독소 노출과 불충분한 산소는 눈의 망막 손상, 노화가 빨리 이루어지는 것, 상처가 잘 아물지 않는 것, 탈모 등을 포함한 피부 이상, 뼈의 질량 감소, 여성의 경우 저장 난자의 감소와 조기 폐경, 남성의 경우 정자 수 감소와 성 불능의 비율을 높인다.

우리나라 2018년도 흡연율 통계에 따르면 남자 흡연율은 36.7%, 여자 흡연율은 7.5%로 나타났다. 남자의 현재흡연율은 1998년과 비교하여 절반 수준으로 줄었으나, 흡연 시작 연령은 남자는 18.8세, 여자는 23.5세로 1998년 남자 20.8세, 여자 29.4세에 비해 낮아졌다.

(5) 약물남용

청소년기에서 성년기로 옮겨 갈 무렵부터 마약, 대마, 향정신성 의약품 등의 약물남용이 증가한다. 대검찰청에 따르면, 2022년 마약사범은 1만 8,395명으로 이 중 20대가 전체의 31.6%, 30대가 25.6%를 차지하여, 20~30대가 마약사범 중 절반 이상을 차지했다. 마약류 약물을 사용하는 것 외에도 본드나 가스 등 유해물질을 흡입하거나 진통제, 수면제 등의 약물을 환각의 목적으로 사용하는 경우도 약물남용에 해당한다. DSM-5에서는 약물 사용으로 인해 가정, 학교, 직장 등에서 자신의 임무를 수행하지 못하고, 약물 사용으로 인해 법적·사회적·대인관계 문제가 반복되는데도 불구하고 지속적으로 약물을 사용하며, 신체적 위험이 존재하는 상황에서도 약물을 계속 사용하고, 내성이나 금단이 나타나는 등의 증상이 있는 경우 물질사용 장애(substance use disorder)로 진단한다.

유흥을 즐기기 위한 목적으로 약물을 사용하는 경우도 있지만, 고통 감소를 위해 마약을 처방받기도 한다. 이러한 약물에 의존하지 않기 위해 사용하는 마약이 무엇인지, 이름과 복용량, 순도를 정확히 알아야 하며 약에 대해 전문적인 의사가 처방한 약물을 구매해야 한다(Rathus, 2022). 약물남용은 중독으로 이어질 수 있으며 신체적 건강, 심리적 건강에 악영향을 미치고 과다사용으로 인해 사망에 이르기도 한다. 하지만 우리나라 청년층은 대마나 필로폰, 프로포폴, 본드 등은 남용 약물로 높게 인식하고 있으나 그 외의 약물에 대해서는 낮은 인식 수준을 보였고, 약물남용이 유발하는 문제에 대해 잘 모르는 것으로 나타났다(최봉실, 박정숙, 2022). 남용 약물이 무엇인지 알고, 약물남용의 폐해에 대해 교육하여 약물남용을 감소시키고 예방할 수 있도록 해야 한다.

(6) 스트레스

스트레스는 생활의 변화로 말미암아 심리적·생리적 안정이 흐트러지는 유쾌하지 못한 상태라고 정의할 수 있다. 스트레스는 '팽팽한, 좁은' 등의 의미를 가지고 있는 라틴어의 strictus에서 유래된 것이다. Lazarus와 Folkman(1984)은 스트레스가 개인과 환경 간의 특별한 관계에 의해 매개된다고 한다. 즉, 스트레스는 자신의 능력에 부담이 되고 안녕에 심각한 위협을 예상할 때 경험하게 되는 주관적 상태다. 스트레스는 불안과 긴장을 유발하며, 고혈압, 심장질환, 뇌졸중, 궤양 같은 여러 가지 질병을 일으키거나 악화시키는 요인이다.

스트레스원은 스트레스를 일으키는 원인이 되는 사건으로, 가족의 사망이나 이혼과 같이 부정적인 사건뿐 아니라 결혼이나 휴가와 같은 긍정적인 사건도 스트레스를 유발하는 스트레스원이 된다. 긍정적인 사건들도 생활의 변화와 그에 따른 재적응을 필요로 하기 때문이다. 주요 생활 사건뿐만 아니라 교통 체증이나 줄서서 기다리는 것, 지갑을 잃어버리는 것과 같은 일상적 사건들에서도 스트레스를 경험한다. 성인전기는 도전적인 과제가 증가하여 스트레스가 많아지는 시기로, 대학생들은 취업 준비나 진로 고민, 학과 공부와 학비 마련, 이성 문제, 대인관계 등으로 인해 스트레스를 경험한다.

어떤 사건이 스트레스원이 될지의 여부는 개인이 그 사건을 어떻게 해석하느냐에 달려 있다. Lazarus와 Folkman(1984)은 스트레스의 평가를 논의하면서 일차적 평가(primary appraisal)와 이차적 평가(secondary appraisal)를 제시하였다. **일차적 평가**는 어떤 사건이 해가 되는지, 위협적인지 등을 판단하는 과정이고, **이차적 평가**는 스트레스에 대처하기 위한 자원과 선택에 대해 평가를 하는 과정이다. 스트레스 대처 방식은 스트레스 상황으로 인해 생긴 부정적인 감정을 해소하는 것을 목적으로 하는 **정서중심 대처**와 스트레스 상황을 해결하기 위해 정보를 찾고 필요한 행동을 적극적으로 실행에 옮기는 **문제중심 대처**가 있다. 시험을 앞두고 불안함을 해소하기 위해 친구를 만나서 수다를 떠는 것은 정서중심 대처이고, 시험 준비 계획을 세우고 그에 따라 공부를 하는 것은 문제중심 대처다. 이 두 가지 대처 방식을 균형 있게 사용할 때 스트레스를 감소시킬 수 있다.

일차적 평가
사건이 자신에게 해가 되는지, 위협적인지 등을 판단하는 과정

이차적 평가
스트레스에 대처하기 위한 자원과 필요한 행동방안에 대해 평가하는 과정

정서중심 대처
스트레스 상황에서 발생된 정서적 불쾌감을 해소하기 위한 대처노력

문제중심 대처
스트레스 상황을 해결하기 위한 대처노력

2. 인지발달

Piaget의 인지발달단계에서 형식적 조작기는 마지막 단계로, 청소년의 인지발달뿐 아니라 성인의 인지발달을 설명하는 데도 적용된다. Piaget는 성인이 청소년에 비해 더 많은 지식을 가지고 있으므로 사고에서 양적으로 앞서며 성인기에 전문 분야에서 지식의 양을 증가시킨다고 생각했다.

그러나 성인기 인지발달에 관심을 갖는 많은 이론가는 Piaget 모델이 성인기 사고를 효과적으로 설명하지 못한다고 주장한다. 그들은 성인기 동안 발달하는 부가적인 사고 수준이나 새로운 유형의 사고가 존재한다고 보았다.

1) 성인기 사고

(1) Perry의 관점

Perry(1970)는 하버드 대학교 학생들을 인터뷰하여 대학생활을 하는 동안 그들

의 사고과정이 어떻게 변화하는지 연구하였다. 저학년 학생들은 자신의 교육 경험이나 세상을 해석하는 데 있어서 이분법적인 방식으로 사고하는 경향을 보였다. 세상을 선과 악으로, 옳은 것과 그른 것으로, 우리와 그들로 나누었고, 절대적인 진리나 지식을 추구하였다. 그들은 무엇이 옳고 그른지 판단하는 데 있어 권위자의 전문 지식에 의존하였다. 또한 그들의 사고는 논리의 규칙에 매여 있고, 단 하나의 합리적 결론은 논리적으로 추론된 것이라고 생각하였다.

그러나 고학년이 되면 학생들은 점차 이러한 절대적인 사고방식에서 벗어나 타인의 다양한 견해나 관점에 대해 인식하였다. 어떤 주제에 대한 의견이 다양할 수 있음을 알고 절대적 진리의 가능성을 포기하고 여러 개의 상대적인 진리가 존재하는 것으로 생각하였다. 그 결과로 사고가 더 유연해지고 관대해졌다. 학생들의 사고가 **이원론적 사고**(dualistic thinking)에서 **상대적 사고**(relative thinking)로 변화한 것이다. 상대적 사고를 통해 그들은 세계를 절대적 기준이나 가치를 가지고 바라보기보다, 다른 사회, 문화, 개인은 다른 기준과 가치를 가질 수 있고 그것이 모두 동등하게 타당하다는 것을 인식하게 되었다.

상대적 사고는 하나의 틀로 사고하는 제약을 벗어나게 하지만 한편으로는 회의적인 태도를 갖게 한다. 어떤 것이 옳은 것인지 혹은 틀린 것인지 확신할 수 없기 때문에 혼란스러울 수 있다. 그러나 성숙하게 사고하는 성인은 회의적인 태도를 넘어서서 **상대적 사고 전념**(commitment within relativistic thinking)으로 발달한다. 그들은 불확실성과 다른 타당한 가능성이 있음에도 불구하고 자기 자신의 견해를 만들고 신념과 가치를 선택한다. 하나의 관점에 전념하면서 타인이 전념하는 다른 관점이 있을 수 있다는 것을 인식하게 되는 것이다.

(2) Labouvie-Vief의 관점

Labouvie-Vief(1985)는 성인기의 인지적 변화가 양적인 변화가 아닌 질적인 변화라고 주장하였다. 형식적 사고에만 기반을 둔 사고는 성인초기에 경험하는 다양한 요구를 충족시키지 못하므로, 형식적 사고는 **실용적 사고**(pragmatic thought)

이원론적 사고
옳은 것과 그른 것, 좋음과 나쁨 등으로 현상을 양극화하는 이분법적 사고

상대적 사고
진리의 상대성을 이해하는 능력

상대적 사고 전념
불확실성과 다른 타당한 가능성이 있음에도 불구하고 자기 자신의 견해를 만들고 신념과 가치를 선택함

실용적 사고
논리가 실제 생활의 문제를 해결하는 도구가 되는 사고 구조

로 전환된다. 청소년들은 형식적 조작에 의한 논리에 의존하지만, 성인전기가 되면 엄격한 논리를 사용하기보다는 실제 상황에서 나타날 수 있는 다양한 가능성을 고려한다. 성인기에는 실제적 · 구체적 상황에 초점을 맞추는 실용적 사고를 하게 된다.

형식적 조작 사고에서 실용적 사고로의 변화는 미성숙한 사고로의 퇴행이 아니라 인지적 논리가 실제 세계의 문제를 해결하는 도구라는 점에서 구조적 진보다. 성인은 여러 대안 중에서 하나를 선택함으로써 발생하는 제약에 대해 더 잘 알게 되며, 불완전함과 타협을 수용하는 사고방식을 획득하게 된다. 여러 개의 진실이 존재할 수 있다는 인식, 논리와 현실의 통합, 이상과 현실 사이의 괴리에 대한 인내 등은 성인기 사고에 질적 변화를 가져온다.

Labouvie-Vief는 이러한 성인기 사고의 변화를 후형식적 사고(postformal thought)라고 하였다. 후형식적 사고는 Piaget의 형식적 사고를 뛰어넘는 것으로, 단순히 논리에 기반하거나 문제에 대한 절대적으로 옳고 그른 답을 구하는 것이 아니라 성인기의 문제들이 상대적인 방식으로 해결된다는 것을 인식하는 것이다.

▶ 후형식적 사고
문제를 절대적으로 이해하는 것이 아니라 상대적인 방식으로 인식하는 사고방식

(3) Riegel의 관점

Riegel(1973)은 청소년기 이후에도 인지발달이 계속해서 이루어진다고 보았고, 성인기의 인지발달단계를 변증법적 사고(dialectical thinking) 단계라고 하였다. 변증법적 사고를 하는 사람들은 비일관성과 역설을 잘 감지하고 정(正, theses)과 반(反, antitheses)으로부터 합(合, synthesis)을 이끌어 낸다. 그는 모순을 이해하는 것이 성인 인지발달에서 중요한 성취라고 강조하며 변증법적 사고의 중요한 측면은 이상과 현실의 통합이라고 하였다.

▶ 변증법적 사고
문제점이나 모순을 인식하고 더 나은 해결책을 찾기 위해 노력하는 사고방식

Piaget에 의하면 형식적 사고를 하는 사람은 인지적 평형 상태에 도달하지만, 변증법적 사고를 하는 사람은 항상 불평형 상태에 있게 된다. 종교적 사고를 예로 들자면, 청소년기의 형식적 조작기에는 자신이 믿는 종교의 다양한 특성에 관한 여러 요인을 체계적으로 고려하고 통합하여 종교적인 관점을 확립한다. 하지만 변증법적 사고를 하는 성인기에는 자신이 믿는 종교와 자신이 확립한 관점의 문제점이 무엇인지를 인식하고 그 모순을 깨닫고 더 나은 해결책을 찾기 위해 노력하여 높은 차원의 사고발달이 일어난다.

(4) Schaie의 관점

Schaie(1977)는 성인기의 인지발달이 형식적 조작 사고 이상으로 발달하기는 어렵지만 습득한 지식을 실생활에 적용하는 단계로 전환한다고 보았다. Schaie는 성인기의 지능은 양적 증가나 감소보다는 성인들이 사고하는 방식의 질적 변화가 보다 더 중요하다고 보고 [그림 8-5]와 같은 성인기 인지발달단계를 제안하였다 (Schaie & Willis, 2002).

1단계인 습득 단계(acquisitive stage)에서 아동과 청소년은 자신을 위해서 혹은 사회에 참여하기 위해서 정보와 기술을 폭넓게 획득한다. 아동기와 청소년기 동안의 교육은 미래의 활동을 준비시키기 위한 것이다.

2단계인 성취 단계(achieving stage)는 성인전기에 해당하는 단계로, 미래의 지식 사용을 목표로 하기보다는 여기-현재로 초점이 옮겨진다. 지식을 획득하는 데 관심을 갖기보다 그것을 매일의 생활에 적용하는 데 더 많은 관심을 갖는다. 직업이나 가족, 사회 기여와 관련하여 스스로 설정한 인생의 목표를 이루기 위해 지적 능력을 사용한다.

3단계인 책임 단계(responsible stage)에서 중년기 사람들은 배우자와 자녀의 욕구 충족에 대한 책임과 직업인으로서 또는 지역사회의 일원으로서 책임을 지게 된다. 그들은 타인에 대한 책임과 관련 있는 실제적인 문제를 해결하기 위하여 지적 능력을 사용한다.

4단계인 실행 단계(executive stage)는 더 넓은 조망으로 세계에 대한 관심을 갖

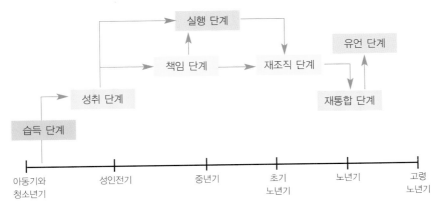

[그림 8-5] Schaie의 성인기 인지발달단계

게 되는 시기다. 자기 자신의 삶에 초점을 두기보다는 사회 조직을 유지하고 키우는 데 에너지를 쏟는다. 그들은 다양한 수준에서 복잡한 관계들을 다룬다.

5단계인 재조직 단계(reorganizational stage)는 중년기 후반과 초기 노년기에 해당되며, 은퇴 후에 삶을 재조직하고 임금을 받는 일 대신 의미 있는 일에 지적인 에너지를 사용한다.

6단계인 재통합 단계(reintegrative stage)는 노년기에 해당하는 시기로, 노인들은 생리적 · 인지적 변화를 경험하게 되면서 어떤 일에 노력을 기울여야 하는지에 대해 더 선택적이 된다. 노인은 자신이 하는 일의 목적에 초점을 맞추고 자신에게 가장 의미 있는 과업에 집중한다.

7단계인 유언 단계(legacy-creating stage)는 고령 노년기에 해당하며, 삶의 마지막 무렵에 재통합이 완성되고, 재산 처분이나 장례 준비, 유언 등을 하게 된다. 이러한 과업들은 모두 사회적 · 정서적 맥락 내에서 인지적 처리 활동을 포함하고 있다.

2) 진로발달

Freud는 '일'과 '사랑'을 인간의 삶 속에서 추구하는 가장 중요한 가치로 보았다. 직업은 경제적인 보상을 받는 활동이기도 하면서 개인이 지닌 잠재력을 발현할 수 있는 자아실현 활동이기도 하다. 우리는 일반적으로 사람을 처음 만났을 때 이름을 물어보고 난 후 하는 일이 무엇인지 묻는다. 많은 사람이 하고 있는 일로 자신을 소개한다. 성인들에게 직업은 개인의 정체감과 자기효능감 형성에 중요한 요인이다. 또한 성인들은 직장에서 많은 시간을 보내기 때문에 직업에서의 만족도가 인생의 행복을 결정하는 데 많은 영향을 미친다.

직업의 만족도를 결정하는 가장 중요한 요인은 개인-직업 부합(person-vocation fit)이다. 좋은 직업이라고 하여 누구에게나 만족을 주는 것은 아니며, 우수한 사람이라고 해서 어떤 직업에서나 성공하는 것은 아니다. 자신의 특성을 잘 알고 이러한 자신의 특성에 적합한 직업을 선택해야 한다. 직업을 선택할 때는 자신의 가치관, 흥미, 적성, 능력과 직업의 업무 특성과 보상체계 및 직업 전망 등을 고려해야 한다.

성인전기에 생계를 꾸리고, 직업을 선택하고, 경력을 쌓아 가는 것은 매우 중요한 과업이다. 아동기에는 자랐을 때 무엇이 되고 싶은지에 대해 환상을 가지고 있지만, 고등학교 시기 정도가 되면 현실적으로 직업에 대해 생각하기 시작한다. 10대 후반이나 20대 초에는 다양한 직업 가능성을 진지하게 탐색하지만 아직 그들이 하고 싶은 일에서의 경험은 없는 상태다. 대학생이 되면 특정한 영역의 일을 할 수 있도록 준비하는 전공을 선택한다. 20대 중반 정도가 되면 많은 사람이 그들의 교육이나 훈련을 끝내고 직업을 가지며, 이후의 성년기 동안 특정 영역에서 자신의 경력을 쌓기 위해 노력한다.

Vaillant(1977)에 따르면, 20∼40대는 직업적 안정(career consolidation)의 시기다. 직업적 안정을 이루려면 개인의 정체성을 확립하는 데서 더 나아가 일의 세계에서 사회적 정체성을 확립해야 한다. 직업은 다른 사람과의 관계를 전제로 성립하므로, 성격에 심각한 결함이 있는 사람은 평생 직장생활을 하지 못하는 경우도 있다. Vaillant는 성인의 삶에 있어 일의 중요성을 강조하면서 Erikson의 친밀성 대 고립 단계와 생산성 대 침체 단계 사이에 직업적 안정의 시기를 추가하였다.

(1) Ginzberg의 진로발달이론(Ginzberg's career development theory)

Ginzberg(1990)는 직업 선택이 대략 10∼21세에 걸쳐 일어나는 과정이며, 욕구와 현실 사이의 절충으로 정점에 이른다고 한다. 욕구와 현실을 중재하는 것은 자아이며, 자아 기능에 의해 일어나는 직업발달 과정은 단계와 시기에 따라 다르게 나타난다. 직업 선택의 근거가 변하는 것을 기준으로 해서 환상적 시기, 시험적 시기, 현실적 시기의 3단계로 나누고 있다.

환상적 시기(fantasy period)는 11세까지로, 이 시기 아동은 직업 선택에 대해 환상적으로 생각한다. 능력이나 기술, 가능한 직업 기회 등을 고려하지 않고 직업을 선택하기도 하고 버리기도 한다. 즉, 자신의 소망만 고려할 뿐 현실적인 문제를 고려하지 않는다. 아동은 '제복이 멋져서 경찰관이 되겠다.'고 하거나 '발레화가 예뻐서 발레리나가 되겠다.'와 같이 어떤 직업의 보이는 측면만을 생각하여 직업을 선택한다. 또한 자신의 능력을 고려하지 않고 노래를 잘 부르지 못하는데도 가수가 되겠다고 하기도 한다.

시험적 시기(tentative period)는 11∼18세의 시기로, 청소년들은 직업에 대해 보

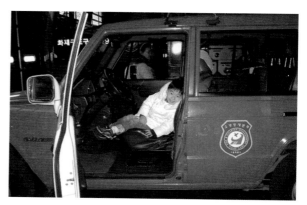

환상적 시기의 아동

다 복잡하게 생각하게 되어 자신의 소망과 현실적인 문제를 함께 고려한다. 다양한 직업에서 필요로 하는 것이 무엇인지 실제적으로 생각하고, 그들의 능력이나 흥미가 그 직업에 얼마나 적합한지 생각하기 시작한다. 개인의 가치관, 인생 목표 등을 고려하고 자신에게 만족감을 주는 직업이 어떤 직업일지 탐색하기 시작한다. 이 시기 동안 고교 졸업 후에 취업을 할 것인가, 아니면 대학에 진학을 할 것인가를 결정해야 한다. 처음에는 오로지 직업에 대한 자신의 흥미에만 관심이 집중된다. 하지만 시간이 지나면서 자신이 하는 일이 사회에 얼마나 기여할 것인지, 돈을 많이 버는 것, 자유 시간을 갖는 것, 누구에게 간섭받지 않고 자기 일을 할 수 있는 것이 자신에게 얼마나 중요한 일인지 등을 생각하게 되고, 자신의 가치관과 능력에 알맞은 직업 쪽으로 기울게 된다.

현실적 시기(realistic period)는 18세 이후로, 성년기에 이르면 사람들은 실제 직업에서의 경험이나 직업을 위한 훈련 등을 통해서 직업을 탐색한다. 그리고 특정 직업에 필요한 훈련, 자신의 흥미나 재능, 직업 기회 등을 현실적으로 고려하여

표 8-1 Ginzberg의 직업 선택 과정

단계	시기	특성
환상적 시기	~11세	현실적인 문제에 대한 고려 없이 자신의 소망만을 고려하여 직업 선택
시험적 시기	11~18세	흥미, 능력, 가치관, 인생 목표 등을 고려하여 직업 선택
현실적 시기	18세~	특정 직업에 필요한 훈련, 자신의 흥미나 재능, 직업 기회 등을 현실적으로 고려하여 직업 선택

직업을 선택한다. 자신의 개인적 특성과 잘 어울리는 직업 선택 가능성에 대해 더 많은 정보를 수집하고 한동안 실험을 하여 한 가지 직업을 선택한다.

(2) Super의 자아개념이론(Super's developmental self-concept theory)

Super(1990)는 진로발달이 전 생애에 걸쳐서 이루어지는 것으로 보았으며, 자아개념이 진로발달 과정에서 중요한 요인이라고 주장한다. 진로발달은 직업적 자아개념을 발달시키고 실천해 가는 과정으로 성장기, 탐색기, 확립기, 유지기, 쇠퇴기로 구분된다.

첫 번째 성장기(growth stage)는 14세 이전의 아동기에 해당하며 가정이나 학교에서 중요한 사람과 동일시함으로써 자아개념이 발달한다. 성장기는 환상에 근거하여 직업에 대한 생각을 하는 환상기(4~10세), 좋아하는 것에 근거하여 진로 목표를 결정하는 흥미기(11~12세), 능력에 근거하여 직업을 선택하는 능력기(13~14세)로 구분된다.

두 번째 탐색기(exploration stage)는 15~24세에 해당하며 자신의 특성을 이해하고 다양한 역할을 수행하면서 자신의 정체감을 형성하고 이를 기초로 진로에 대한 구체적 탐색과 의사결정을 하는 시기다. 욕구, 흥미, 능력 등을 고려하여 잠정적으로 진로를 선택하는 잠정기(15~17세), 희망하는 직업에 필요한 교육이나 훈련을 받으며 현실적인 요소를 탐색하는 전환기(18~21세), 자신에게 적합하다고 판단되는 직업을 선택하여 종사하기 시작하는 시행기(22~24세)로 나누어진다.

세 번째 확립기(establishment stage)는 25~44세까지를 말하며 자신에게 적절한 분야를 발견해 종사하면서 직업세계에서 자신의 지위를 확립해 나아간다. 선택한 일의 분야가 불만족스러울 경우 자신에게 맞는 직업으로 바꾸는 시행기(25~30세)와 선택한 직업에서 안정되게 일을 하면서 만족과 소속감을 경험하며 더 높은 지위로 승진하기 위해 노력하는 안정기(31~44세)로 나누어진다.

네 번째 유지기(maintenance stage)는 45~64세에 해당하는 시기로 자신의 직업 분야에서 높은 지위를 획득하게 되고, 전문가가 되고, 고참이 된다. 이 시기에는 지위의 향상보다는 이미 달성한 권력, 안정성, 특권 등을 지키는 것에 목표를 둔다.

다섯 번째 쇠퇴기(decline stage)는 65세 이후로 육체적·정신적 기능이 쇠퇴함에 따라 직업에서 은퇴를 하고 새로운 역할과 활동을 찾는 시기다. 일의 양을 줄

표 8-2 Super의 진로발달단계

시기	연령	특성
성장기	출생~14세	초기에는 욕구와 환상이 지배적이나 사회 참여와 현실 검증이 증가함에 따라 흥미와 능력을 점차 중요시하게 됨
탐색기	15~24세	학교생활, 여가 활동, 시간제 일을 통해 자아를 검증하고 역할을 수행하고 직업적 탐색을 시도함
확립기	25~44세	자신에게 적합한 분야를 발견하고 직업에 종사하면서 점진적으로 안정된 기반을 확립해 나감
유지기	45~64세	자신이 선택한 직업에서 안정되고 숙련된 업무수행을 통해 비교적 만족스러운 삶을 유지함
쇠퇴기	65세 이후	정신적 · 육체적으로 기능이 약해지는 시기로 은퇴를 준비하며 새로운 역할과 활동을 찾게 됨

이고, 은퇴를 심사숙고하면서 일로부터 해방되기 시작한다. 은퇴한 이후 자아상을 정의하는 데 직업이 없는 것에 적응하며 자신이 만족할 수 있는 새로운 역할과 활동을 찾는다.

(3) Holland의 성격유형이론(Holland's six personality types)

Holland(1992)는 자신의 성격에 적합한 직업을 선택하는 것이 직업에 보다 쉽게 적응하고, 일하는 데 즐거움을 느끼며, 성공하기가 쉽기 때문에 바람직하다고 주장하면서 현실적 유형, 지적 유형, 예술가적 유형, 사회적 유형, 기업가적 유형, 관습적 유형의 여섯 가지 기본 성격 유형을 제시하였다.

현실적 유형(realistic type)의 사람들은 현실적이고 실제적이며 추상적이고 창의적인 접근을 요하는 문제보다는 체계적이고 분명하게 정의된 문제를 좋아한다. 대인관계 기술이 부족하므로 다른 사람과 함께 일하지 않아도 되는 직업을 선호한다. 이들에게는 기계공, 농부, 트럭 운전사, 건설공사 인부, 측량기사 등의 직업이 적합하다.

지적 유형(intellectual type)은 개념적이고 이론적인 성격의 유형으로, 이들은 인간관계를 회피하며, 행동하기보다는 사색하는 편이다. 이들은 창의적이고 분석적인 접근이 필요한 일이나 혼자 하는 일을 좋아하지만 반복을 요하는 일은 싫어한다.

[그림 8-6] Holland의 성격 유형

이런 유형의 사람들은 과학자, 의사, 교수, 연구원 등의 직업에 적합하다.

예술가적 유형(artistic type)은 예술적 표현을 통해 자신의 세계와 교감하며 독창적이고 창의적이며 상상력이 풍부하다. 사회적으로 무관심한 경향이 있으며, 구조화된 과제를 싫어하고, 주관적인 인상에 의존하는 것을 선호한다. 이런 유형의 사람들은 작가나 화가, 음악가, 작곡자, 지휘자, 무대감독 등에 적합하다.

사회적 유형(social type)은 사람 사귀는 것을 좋아하며, 이해력이 빠르고, 붙임성이 있으며, 모임에서 중심인물이 되는 것을 좋아한다. 어떤 문제에 직면했을 때 이성적인 해결책보다는 감정에 호소하는 방식으로 문제를 해결한다. 이들은 언어적 기술이 뛰어나서 사회사업이나 상담, 목사, 교사직에 적합하다.

기업가적 유형(enterprising type)은 다른 사람들을 거느리거나 지배하려는 유형으로, 대인관계의 기술이 뛰어나고 자기주장이 강하다. 타인을 지도하거나 설득하는 데 자신의 사교술을 이용하기를 좋아한다. 이들은 부동산 중개인, 세일즈맨, 정치가, 법조인, 경영직에 적합하다.

관습적 유형(conventional type)의 사람들은 권위나 규칙에 순응하는 유형으로 체계적이며 질서를 잘 지킨다. 구조화되어 있고 예측 가능한 환경에서 일하기를

표 8-3 Holland의 성격유형이론

유형	성격 특성
현실적 유형	솔직함, 성실함, 검소함, 실제적, 물질주의적, 수줍음 많음, 완고함
지적 유형	분석적, 논리적, 독립적, 내성적, 신중함, 정확함, 이론적
예술가적 유형	상상력, 감수성, 직관적, 즉흥적, 비조직적, 개방적, 민감함
사회적 유형	사교적, 협동적, 외향적, 열정적, 친절함, 이해심 있음, 따뜻함
기업가적 유형	지배적, 외향적, 경쟁적, 설득적, 야심적, 사교적, 낙천적, 자신감 있음
관습적 유형	조심성 있음, 순응적, 정확함, 체계적, 책임감 있음, 절제함, 지속적

선호하며 구체적인 과제를 선호한다. 어휘력보다는 사무 능력과 수리력이 더 높은 편이다. 이런 유형의 사람들은 은행원이나 사무원, 회계사, 비서직에 적합하다.

Holland는 처음에 개인이 하나의 유형에 속하는 것으로 생각하였으나, 이론을 수정하면서 대부분의 사람이 두세 가지 유형이 복합된 유형을 가지고 있다고 하였다.

3. 심리사회적 발달

1) 성격발달

(1) Erikson의 친밀성 대 고립 단계

Erikson(1968)에 따르면, 성인전기 동안 해결해야 하는 심리사회적 위기는 친밀성 대 고립이다. 성년기가 되면 다른 사람에 대해 개인적으로 깊이 관여하기를 바라며 친밀감을 원한다. 자신의 정체감과 다른 사람의 정체감을 융합시킬 수 있는 능력을 의미하는 친밀감은 타인을 이해하고 깊은 공감을 나누는 수용력에서 발달한다. 정체감을 확립한 후에라야 다른 사람과 진정한 친밀감을 형성할 수 있다. 그러나 능력이나 외모 등에 일관성 있는 정체성을 확립하지 못한 사람은 자의식에서 벗어나지 못하고, 타인에게 관심과 배려를 보일 수 없게 된다.

이 단계의 긍정적인 결과는 성적 친밀감이나 진정한 우정, 안정된 사랑, 결혼의

[그림 8-7] Erikson의 심리사회적 발달단계와 성인전기

지속을 포함하는 친밀감이다. 부정적인 결과는 고립과 고독인데, 이는 상호관계를 형성하는 것에 실패한 것이다. 개인의 정체감이 약한 성인들은 타인과 긴밀한 관계를 형성하는 것을 기피하게 된다.

(2) Levinson의 인생의 사계절

Levinson(1978)은 35~40세 남성을 심층 면접한 결과를 바탕으로 『남자가 겪는 인생의 사계절(The Season of a Man's Life)』이라는 책을 집필하였고, 이 책에서 성인기 동안 일어나는 변화를 [그림 8-8]과 같이 단계적으로 구분하여 제시하였다. 그는 성인기에도 아동기와 같이 모든 사람이 동일한 발달 시기를 거쳐 간다고 보았으며, 안정기(stable period)와 전환기(transitional period)가 교차되는 일련의 시

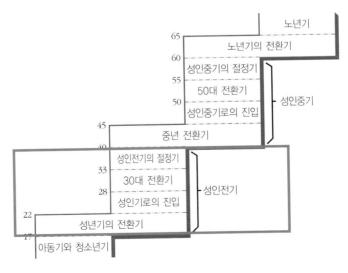

[그림 8-8] Levinson의 인생주기

기들을 통해 성인기 발달 과정을 설명하였다.

　Levinson에 의하면, 인간의 인생주기(life cycle)는 탄생에서 죽음까지의 여행을 의미하며, 대략 25년씩 지속되는 일련의 시대를 통해 전개된다. 거기에는 질적으로 다른 계절들이 있고 그 자체의 고유한 특성들을 갖고 있다. 변화는 각 계절 안에서 일어나며, 한 계절에서 다음 계절로 바뀌는 데에는 전환기가 필요하다. 인생주기는 아동기와 청소년기(0~22세), 성인전기(17~45세), 성인중기(40~65세), 성인후기(60세 이후)로 진행되며, 전환기가 있다. 전환기는 이전 시기를 끝내고 다음 단계를 준비하는 시기로 4~5년 정도 지속된다. 전환기들 사이에 사람들은 안정기로 진입하게 되는데, 이 시기에는 내적인 개인의 요구와 외적인 사회의 요구를 조화시키기 위해 생애 구조를 만든다. 생애 구조는 개인의 인생 기초가 되는 설계로 특정 시점에서 개인이 선택한 삶의 양식이며 결혼, 가족, 직업 등의 선택과 이에 수반되는 역할 수행 등이 포함되는 개념이다. 그리고 이러한 생애 구조는 문화, 민족, 종교, 사회 제도, 정치적 체계와 같은 사회적 맥락에서 일어나는 변화에 의해 변경되고 수정된다.

　성인전기는 인생주기에서 두 번째로 오는 시대이며 17~18세에 시작해서 성인중기로 들어가는 입구인 중년의 전환기에 끝이 난다. 성인전기는 성인초기 전환기에서 시작해서 성인 입문기, 30대 전환기, 안정기로 이어진다. 성인초기 전환기(the early adult transition: 17~22세)는 성인 이전기를 벗어나고 성인 세계 속으로 첫발을 내딛는 시기다. 성인 이전 세계의 본질, 그 안에서 자기의 위치에 대해 의문을 던져 보고 중요한 사람들이나 집단과 맺어 온 관계를 수정하거나 끝을 맺는다. 또한 성인 세계 안에서 자신의 가능성을 탐색해 보고 최초의 성인 정체감을 형성한다. 22~28세는 성인 입문기(entering the adult world)로 자신의 자아와 성인 사회를 연결해 줄 수 있는 잠정적인 구조를 형성한다. 성인 입문기의 발달 과제는 첫 번째, 성인기 삶에 대한 가능성을 탐색하는 것이며, 두 번째, 안정된 생애구조를 창조하는 것이다. 이 두 발달 과제 사이의 균형을 찾는 것은 쉬운 일이 아닌데, 첫 번째 과제가 우세하면 인생은 뿌리 없이 흔들릴 것이고 두 번째 과제가 우세하면 대안들에 대해 충분히 탐색해 보지 않고 너무 급하게 하나의 구조에 전념해 버릴 위험이 있다. 새로운 성인 세계를 탐색하면서 안정된 삶을 구축하려고 노력하는 것은 흥분되기도 하면서 가끔은 혼란스럽고 고통스러운 과정이다.

30세를 전후한 전환기(age 30 transition)에는 첫 번째 인생 구조에 대해 재평가를 한다. 자기 인생에서 무엇인가를 놓쳐 버린 듯한 느낌, 뭔가 잘못된 듯한 느낌, 미래를 위해서 변화가 필요하다는 느낌이 들면서 초기 선택들을 재고해 보고, 자신이 처한 상황 안에서 크건 작건 변화를 시도해 보는 기회를 갖는다. 30대 전환기의 마지막 무렵에는 새로운 인생의 방향을 발견하기도 하고, 새로운 선택을 하고, 혹은 이미 선택한 것들에 대한 개입을 강화시키기도 한다. 친밀한 유대나 직업 성취를 하지 못한 경우에는 30대 전환기가 위기가 될 수 있지만, 이를 잘 극복하면 가정과 사회에서 현실적이고 안정적인 생활양식을 확립하여 성인전기 생애 구조가 완성된다.

30대 전환기 후에 그들은 가족과 직업 그리고 지역사회 내에서 자신의 삶을 정착시키는 안정기(setting down)에 접어든다. 자신이 누구인지 알고, 자신의 가정을 가지고 있으며, 가치 있는 집단에 소속되어 있으면서 그 사회의 가치 있는 일원이라는 점에서 긍지를 가진다. 30대 후반은 자기 자신이 되어 가는(becoming one's own man) 단계로, 안정기의 목표를 성취하는 것, 자신의 직업 세계의 상급 멤버가 되는 것, 자신의 목소리로 좀 더 분명하게 말하는 것, 좀 더 큰 권위를 갖는 것, 자신의 삶 속에 있는 다른 사람들이나 기관들에 이전보다 덜 의존적이 되는 것 등이 발달 과제다.

Levinson(1996)은 이후에 45명의 여성을 면접하여『여자가 겪는 인생의 사계절(The Season of a Woman's Life)』을 집필하였다. 여성을 대상으로 한 연구의 결과도 성인기로의 진입은 꿈을 찾고, 멘토를 찾고, 직업을 선택하고, 특별한 사람과 친밀한 관계를 형성하는 것이라는 그의 이론을 지지하였고, 여성을 위한 생애단계 모델도 남성의 모델과 유사하였다. 그러나 여성에게는 직업 성취보다는 가정에서의 역할 수행이 더 중요한 생애 구조 요인이며, 일과 가정의 조화를 이루는 데 남성보다 더 큰 어려움을 겪는다는 사실을 지적하였다.

2) 도덕성 발달

Kohlberg의 도덕성 발달단계에서 인습 이후 수준에 있는 사람들은 법이나 사회 규칙에 제한되지 않으며 보편적인 원리나 윤리에 초점을 두어 판단한다. 이 도덕

340

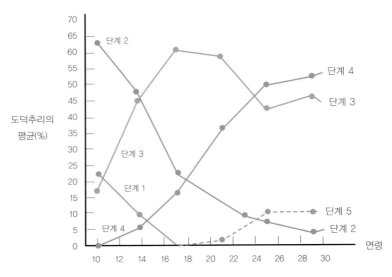

[그림 8-9] 연령에 따른 도덕성 발달단계

출처: Colby, Kohlberg, & Gibbs (1979).

성 발달단계에서 5단계는 사회적 계약지향 단계로, 법과 규칙이 인간의 권리나 존엄성을 위태롭게 하는 경우 변경될 수 있는 것으로 생각한다. 6단계는 보편적 윤리 원리지향 단계로, 법이나 관습을 넘어 정의나 평등과 같은 보편적인 윤리 원리를 지향하며 양심의 원리에 비추어 판단한다. 5단계는 20세 이후에 나타나고, [그림 8-9]와 같이 성인들 중에서 5단계나 6단계로 도덕적 판단을 하는 비율은 10%를 넘지 않는다. 즉, 성인들 중 소수만이 인습 이후 수준의 도덕성 발달을 보인다.

성인들은 경험에 의해 무엇이 옳은 것인지에 대한 기준을 재평가한다. 성인 중 일부는 도덕적 딜레마에 대한 답의 근거로 자신의 경험을 말하기도 한다. 예를 들면, 암에 걸렸던 사람 혹은 친척이나 친구, 가족이 암에 걸렸던 사람은 하인츠 딜레마에서 죽어 가는 아내를 살리기 위해 비싼 약을 훔친 것을 용인하였고, 자신의 경험으로 이러한 관점을 설명하였다(Papalia et al., 2009).

문화권에 따라서도 도덕성 발달의 차이를 보인다. 개인주의적인 서구 문화권에서는 정의에 기초하여 판단하지만, 집단주의적인 동양 문화권에서는 조화를 중시하는 모습을 보인다. Kohlberg는 집단주의적 사회의 도덕적 추리를 개인주의적 사회의 것보다 낮게 평가하였고, 도덕성의 판단을 배려의 관점에서 하는 여성의 경우 남성보다 도덕성 발달이 낮은 것으로 평가하였다. Gilligan(1982)은 여성의

표 8-4 Gilligan의 도덕성 발달단계

단계	설명
수준 1: 자기지향(orientation to individual survival)	자신의 이익과 생존에 집중하는 단계다.
전환기 1: 이기심에서 책임감으로(from selfishness to responsibility)	다른 사람과의 관계에 대해 깨닫고 도덕적 판단 기준이 이기적인 것에서 관계와 책임감으로 옮겨 가기 시작한다.
수준 2: 자기희생으로서의 선(goodness as self-sacrifice)	타인이 원하는 것을 위해서 자신의 욕구를 희생한다.
전환기 2: 선에서 진실로(from goodness to truth)	타인의 욕구뿐 아니라 자신의 욕구도 고려하여 판단한다.
수준 3: 비폭력 도덕성(the morality of nonviolence)	개인의 권리 주장과 타인에 대한 책임이 조화를 이룬다.

도덕성 발달이 남성의 경우에 비해 낮다고 규정한 Kohlberg의 주장을 비판하며, 여성의 도덕성 발달을 배려의 관점에서 바라보는 도덕성 발달단계를 〈표 8-4〉와 같이 제시하였다.

3) 우정과 사랑

친밀한 관계를 형성하는 일은 성인전기의 중요한 과제다(Erikson, 1963). 사람들은 자기 공개를 하고 상대방의 요구에 부응하면서, 또한 상호 간의 수용과 존중을 통해서 친밀감을 발달시킨다. 홀로 있는 것이 바람직한 때가 있기는 하지만, 대부분의 경우 우리는 사람들을 필요로 한다. 친구나 연인이 없다면 삶은 매우 고독해질 것이다.

(1) 우정

우정은 즐거움, 수용, 신뢰, 조력, 이해, 편안함을 포함하는 친밀한 관계를 의미한다. 친구는 자기 자신과 자신의 삶을 평가하는 비교 준거의 역할을 해 주고, 재미와 즐거움을 공유하며, 안정된 소속감을 제공한다. 그리고 물질적 도움이나 지식의 제공과 같은 현실적인 도움을 제공해 주기도 한다.

친구관계는 대체로 후기 청소년기와 성인전기에 정점을 이룬다. 이 시기에 가장 많은 수의 친구를 가지고 있고 가장 빈번하게 상호작용을 하는 경향이 있다. 성인의 삶을 준비하면서 끊임없는 시도를 하는 대학생들에게는 같은 경험을 하는 친구가 가장 큰 정서적 지지원이 된다. 직업을 갖고 결혼을 하고 아기를 낳고 돌보게 되면서 친구들과 보내는 시간은 줄어들게 된다. 하지만 친구관계는 여전히 중요하다. 교우관계가 좋은 사람들이 더 행복하다고 느끼며, 스트레스 상황에 더 잘 대처하고 더 높은 자존감을 갖는다.

여성들은 남성들에 비해 더 친밀한 친구관계를 맺는다. 여성들은 서로 비밀을 털어놓을 수 있는 친구관계를 맺지만, 남성들은 정보를 공유하거나 같은 활동을 하면서 친구관계를 맺는다. Reisman(1981)의 구분에 따르면 여성들은 상호적 친구관계(reciprocal friendship)를 유지하는 경향이 있고 남자들은 연합적 친구관계(associative friendship)를 맺는 경향이 있다. **상호적 친구관계**는 상대방에 대한 깊은 정서적 유대와 헌신적 관여가 있는 관계이고, **연합적 친구관계**는 업무의 공유나 공간의 근접성에 의해 맺어지는 친구관계다.

우리는 어떤 사람과 친밀한 관계를 맺게 되는 것일까? 근접성(proximity)이 중요한 요인 중 하나다. 사람들은 '이웃사촌'이라는 말처럼 가까운 곳에 사는 사람들과 친구가 되고, 자주 만나는 사람들과 친구가 된다. 또한 우리는 무엇이든지 자주 접하는 것을 좋아하는 경향이 있는데 이것을 친숙성(familiarity)이라고 한다. 친숙성이 호감을 증가시키는 이유는 낯선 사람보다는 친숙한 사람에게 호감을 느끼는

상호적 친구관계
상대방에 대한 깊은 정서적 유대와 헌신적 관여가 있는 친구관계

연합적 친구관계
업무의 공유나 공간의 근접성에 의해 맺어지는 친구관계

것이 생존 가능성을 높여 주기 때문이다. 그리고 친숙한 사람은 잘 알고 익숙하기 때문에 그 사람의 행동을 이해하고 예측하기 쉽다.

또한 우리는 자신과 비슷한 사람을 좋아하는 경향이 있다. '유유상종(類類相從)' '같은 깃털의 새가 함께 모인다(Birds of a feather flock together)'와 같은 말처럼, 우리는 취미나 가치관이 유사한 사람을 친교 대상자로 삼는다. 유사성(similarity)이 친교관계를 촉진하는 이유는 서로 유사하면 상대방의 속성을 이해하기 쉽고, 두 사람 사이에 일어날 접촉의 성격을 예상하기 쉽고, 심리적 부담을 감소시키기 때문이다. 유사한 상대에 대해서는 그가 나를 좋아할 것이라고 기대하는 경향이 있기 때문에 상대방과의 관계에 대한 긍정적 기대가 친교 행동을 촉진시킬 수 있다. 유사한 사람들 간의 관계는 서로에게 보상을 가져다주는데, 서로의 태도나 의견에 대해서 공감과 강화를 많이 주고받으며, 함께할 수 있는 공통적인 활동이 많아져 접촉의 기회가 증대된다. 또한 신체적 매력, 성격 특성, 능력도 친교 대상자를 선택하는 데 영향을 준다.

자기 공개(self-disclosure)는 친구관계를 심화시키는 중요한 요인이다. 처음에는 좋아하는 활동이나 관심사와 같은 피상적인 수준에서 자기 공개를 하지만, 관계가 진전됨에 따라 다양한 영역에서 깊은 수준으로 자기 공개를 하게 된다. 자기 공개는 상호적인 경향이 있어서 한 사람이 좀 더 깊은 자기 공개를 하면 상대방도 그에 맞는 자기 공개를 하게 된다. 자기 공개를 통해 상대방에 대해 더 잘 이해하게 되고 오해가 줄어들어 갈등이 감소한다.

대학생들은 친구관계에서 많은 어려움을 경험한다. 친밀한 교우관계 형성에 어려움이 있어서 외로움을 호소하기도 하고, 친구관계를 심화시키는 데 어려움을 느끼기도 한다. 또한 교우관계에서 나타나는 심각한 다툼과 갈등으로 인해 불편을 경험하기도 하고, 과도한 교우관계 때문에 생활 관리에 문제가 생기는 학생들도 있다(권석만, 2004).

🌱 은둔형 외톨이

은둔형 외톨이(히키코모리)는 정신적인 문제나 사회생활에 대한 스트레스 등의 이유로 외출하지 않고 집 안에서만 머무르는 사람이다. 일본 사회에 은둔형 외톨이가 등장한 것은 1970년이었고, 1990년 이후 사회적 문제로 대두되었다. 2010년 일본 내각부가 15~39세 남녀 3,287명을 대상으로 은둔형 외톨이 실태를 조사한 결과를 토대로 추산하여, 전국에서 은둔형 외톨이는 70만 명

영화 〈김씨 표류기〉

여주인공은 3년간 집 밖으로 나오지 않고 자신의 방에서 인터넷을 하며 생활한다.

에 달할 것으로, 그리고 은둔형 외톨이가 될 가능성이 높은 위험군은 155만 명에 이르는 것으로 보고하였다. 조사에 따르면 은둔형 외톨이가 된 계기는 '직장생활에 적응하지 못해서'와 '병 때문에'가 가장 많았고, '취직이 여의치 못해서'가 그 뒤를 이었다.

우리나라에서는 아직 은둔형 외톨이와 관련된 정확한 실태조사가 이루어지지 않았으며, 윤철경과 서보람(2020)은 한국청소년정책연구원의 '청년사회경제실태조사' 데이터를 활용하여 19~39세의 은둔형 외톨이 발생률과 추정인구를 계산하였고, 0.9%인 약 13만 5천 명이 은둔청년으로 추산되었다. 은둔형 외톨이는 청소년 및 청년 초기에 시작되는 경우가 많으며, 이 시기는 인생을 설계하고 생산활동에 적극적으로 참여하는 시기이므로(김혜원, 2022) 은둔형 외톨이로 인한 문제가 개인과 가정뿐만 아니라 사회 전반에도 부정적 영향을 끼칠 수 있다.

(2) 사랑

① Sternberg의 사랑의 삼각형 이론(triangular theory of love)

사랑을 완벽하게 정의하기는 어렵지만, 사랑을 이해하기 위한 방법 중의 하나는 어떤 요소가 필수적인지에 대해 생각해 보는 것이다. Sternberg(1986)에 의하면, 사랑에는 친밀감, 열정, 전념의 세 가지 구성 요소가 있다. 친밀감(intimacy)은 가깝고 편하게 느낌, 서로를 잘 이해함, 함께 공유함, 원활한 의사소통, 긍정적인 지지 등을 의미한다. 열정(passion)은 사랑의 뜨거운 측면으로, 연인들을 생리적으로 흥분시켜 들뜨게 하고 사랑하는 사람과 함께 있고 싶고 일체가 되고 싶은

강렬한 욕망을 불러일으킨다. 열정은 급속
하게 발전하나 오래 지속되기 어렵다. 전념
(commitment)은 상대방을 사랑하겠다는 결
정과 행동적 표현을 의미한다. 사랑하는 사
람과의 사랑을 지키겠다는 선택이자 결정
이며 책임의식이기도 하다. 전념의 단기적
인 측면은 누군가를 사랑하고자 하는 의식
적인 결정과 관련이 있고, 장기적인 측면은
어떤 관계를 지속시키고자 하는 결심을 반
영한다. 결혼과 약혼, 사랑의 약속과 맹세,
사랑의 징표나 선물 교환, 주변 사람들에게

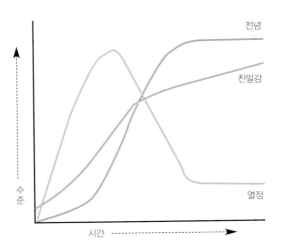

[그림 8–10] 시간의 흐름에 따른 사랑의 구성 요소 변화

연인을 소개하고, 연인과 함께 고통스러운 일을 돕고 견디는 일 등이 포함된다.
[그림 8–10]에서 볼 수 있는 것처럼 사랑의 요소 중 열정은 초기에 최고조에 달했
다가 점차 감소되고, 친밀감과 전념은 점차적으로 증가되었다가 유지된다.

　　Sternberg는 세 요소 각각의 존재 여부에 따라 여덟 가지 사랑 유형으로 분류하
였다. 비사랑(nonlove)은 세 요소 중 아무것도 갖추지 않은 관계다. 많은 사람과
의 무의미한 대인관계에 해당한다. 우정(liking)은 친밀감만 있는 경우로 가까움
과 따뜻함을 느끼는 상태다. 짝사랑(infatuation)은 열정만 있는 상태로, 우연히 어
떤 사람을 보고 첫눈에 반해 뜨거운 사랑의 감정을 느끼지만 결코 말 한번 걸어 보
지 못하고 혼자 가슴앓이를 하는 경우다. 공허한 사랑(empty love)은 열정이나 친
밀감이 없이 전념만 있는 경우다. 사랑 없이 결혼생활을 하는 부부가 여기에 해당
된다. 낭만적 사랑(romantic love)은 열정과 친밀감은 가지고 있지만 전념이 없는
사랑이다. 휴가나 여행에서 만나 며칠 동안 나눈 뜨거운 사랑이 해당된다. 허구적
사랑(fatuous love)은 열정을 느껴 전념을 하지만 친밀감이 형성되지 못한 사랑의
경우로 할리우드식 사랑이라고도 한다. 만난 지 며칠 만에 열정을 느껴 약혼하고
보름 만에 결혼하는 식의 사랑이다. 우애적 사랑(companionate love)은 친밀감과
전념은 있으나 열정이 없거나 식어 버린 사랑으로, 오랜 결혼생활을 한 부부에게
서 나타난다. 완전한 사랑(consummate love)은 세 가지 요소를 모두 갖춘 완벽하
고 이상적인 사랑을 말한다.

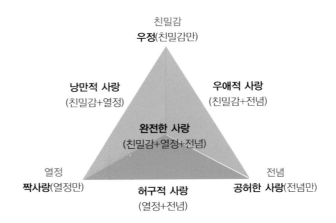

친밀감
우정(친밀감만)

낭만적 사랑
(친밀감+열정)

우애적 사랑
(친밀감+전념)

완전한 사랑
(친밀감+열정+전념)

열정
짝사랑(열정만)

허구적 사랑
(열정+전념)

전념
공허한 사랑(전념만)

[그림 8-11] Sternberg의 사랑의 삼각형

출처: Sternberg (1986).

② 성인기 애착이론

영아기에 형성된 애착은 아동기, 청소년기의 심리사회적 발달에 중요한 역할을 할 뿐 아니라 성인기에 낭만적 관계를 맺는 데도 영향을 미친다. 사랑하는 사람과의 관계는 부모와의 관계와는 다르지만, 사랑하는 사람은 부모가 자녀들의 요구를 충족시켜 주는 것과 같은 욕구를 충족시켜 준다. Hazan과 Shaver(1987)는 애착 유형이 성인기까지 지속되며 낭만적 관계에 영향을 미친다고 하였다.

안정 애착을 형성한 아이의 경우 성장해서도 타인에 대해 신뢰를 갖고 지나치게 의존하는 것 없이 안정되고 친밀한 인간관계를 형성하게 된다. 그들은 상대에 의해 버림받을 것에 대해서 거의 걱정을 하지 않는다. 가장 오랫동안 변치 않는 관계를 유지하고 이혼율도 가장 낮다. 양육자를 안전기지 삼아 주변 환경을 탐색하는 것처럼, 성인들도 사랑하는 사람에 대해 스트레스 상황에서 돌아와서 위안과 안전감을 얻을 수 있는 안전기지로 여긴다.

회피 애착을 형성한 아동은 성장 후에 인간관계에 관심을 보이지 않고 친밀한 관계를 형성하지 않으려 한다. 타인을 완전하게 믿지 못하며, 너무 가까워지려는 사람들을 두려워한다. 연인관계를 잘 맺지도 못하고 상대방과 거리를 유지하며 무미건조한 관계를 맺는 경향이 있다.

양가적인 애착을 형성한 아이의 경우 성장하여 타인의 인정과 사랑에 지나치게 의존적인 사람이 되거나 타인의 사랑을 믿지 못하는 사람이 되기 쉽다. 타인의 거부에 예민하게 반응하는 불안정한 인간관계를 맺는 경향이 있다. 파트너가 자신을 진정으로 사랑하지 않는 것은 아닌지, 함께하기를 원하지 않는 것은 아닌지 자주 걱정한다.

애착 유형은 성인이 자신의 낭만적 파트너가 도움을 필요로 할 때 제공하는 보살핌의 특성과도 관련이 있다. 안정 애착 유형의 성인은 파트너의 심리적 요구에 반응하면서 민감하고 지지적인 보살핌을 제공하지만, 양가 애착 유형의 성인은 충동적이고 별 도움이 되지 않는 방해되는 도움을 제공하기 쉽다.

또한 성인의 애착 유형은 괴로운 일에 반응하는 방식과도 관련이 있다. 안정 애착의 사람들은 자신의 괴로움을 타인에게 알리며 지지와 위안을 구하는 것과 같이 긍정적인 방법으로 부정적 감정을 처리한다. 회피 애착의 사람들은 부정적 감정을 잘 알리지 않으며 분노나 고통을 표현하지 않으려고 한다. 이것은 그들이 거부적이고 무감각한 양육자와의 갈등을 줄이기 위해 사용했던 방식과 같다. 양가 애착의 사람들은 비일관적인 양육자와 접촉을 유지하기 위해서 했던 것처럼 지속적으로 부정적인 감정을 자각하며 강도 높게 자신의 공포와 분노를 표현한다.

4) 결혼과 가족

(1) 결혼

결혼은 성적으로 친밀한 성인들의 합법적이고 사회적으로 인가된 결합이다. 또한 자녀를 낳아 기를 수 있는 가장 바람직한 제도라고 여겨진다. 결혼에 이르게 하는 가장 큰 요인은 사회적으로 허용되고 상호 보상적인 친밀한 관계에 참여하고자 하는 동기다. 또 다른 요인은 부모나 친척 그리고 친구들이 결혼하도록 가하는 사회적 압력이다(Weiten, Lloyd, Dunn, & Hammer, 2009).

Kerckhoff와 Davis(1962)는 배우자 선택에 영향을 미치는 요인을 소개했다. 초기 단계에는 인종, 연령, 교육 수준, 사회계층, 종교와 같은 사회적 특성이 중요한 역할을 하고, 관계가 점차 진전되면 가치관, 인생관, 흥미, 관심사와 같은 개인적 특성의 공유와 공감이 더 중요한 역할을 하게 된다. 더욱 친밀한 관계로 진행되어 약혼이나 결혼을 생각하는 단계에 이르면 서로의 상호 보완성이 가장 중요한 선택 기준이 된다.

　　Udry(1971)의 여과망(filter) 이론에 따르면, 첫째, 근접성의 여과망을 통하여 지리적으로 가깝고 쉽게 만날 수 있는 사람들로 그 대상이 제한된다. 둘째, 매력의 여과망을 통하여 서로에게 매력과 호감을 느끼는 사람들로 그 대상이 다시 좁혀진다. 셋째, 사회적 배경의 여과망을 통하여 인종, 연령, 교육 수준, 사회계층, 종교 등이 유사한 사람들로 축소된다. 넷째, 의견 일치의 여과망을 통하여 인생관, 가치관, 결혼관 등에 대하여 일치되는 의견과 태도를 지닌 사람들만 남게 된다. 다섯째, 상호 보완성 여과망을 통하여 서로의 욕구와 필요를 충족시켜 줄 수 있고 서로의 단점을 보완해 줄 수 있는 사람을 결혼 상대자로 진지하게 고려한다. 마지막으로 결혼 준비 상태의 여과망을 통과함으로써 결혼을 하게 된다. 병역 문제가 해결되거나 경제적 독립을 위한 안정적 직업을 갖게 되는 등 결혼에 필요한 준비가 갖춰진 경우 결혼에 이르게 된다.

　　결혼생활의 만족은 가족 생활주기에 따라서도 달라진다. 가족 생활주기란 가족 체계 내에서의 발달 과정으로, 가족 구성원들과 그들이 수행하는 역할이 시간 경과에 따라 변한다고 가정하는 것이다. Duvall과 Miller(1985)는 첫 자녀의 성장을 기준으로 8단계로 구성된 가족 생활주기를 제시하였다.

　　1단계는 신혼기로, 결혼을 하고 첫 자녀를 출산하기 이전까지로 이 시기에는 부부 정체감을 확립하고, 부부 역할에 적응하고 새롭게 형성된 시집 식구, 처가

모든 가능한 데이트 상대

1. 근접성 여과망

가까이 사는 사람(결혼 가능성이 있는 커플)

2. 매력 여과망

상호 매력을 느끼는 커플

3. 사회적 배경 여과망

유사한 사회적 배경을 갖는 커플

4. 의견 일치 여과망

유사한 태도, 가치관을 갖는 커플

5. 상호 보완성 여과망

상호 보완적인 커플

(서로 애정을 느끼는 커플)
6. 결혼 준비 상태 여과망

결혼한 부부

[그림 8-12] Udry의 배우자 선택의 여과망 이론

식구, 배우자의 친구들과의 인간관계에 자연스럽게 적응하는 일이 중요한 과제다. 또한 부모가 되는 것에 대한 준비가 필요한 시기다. 2단계는 출산 및 유아 양육기로, 첫아이를 출산하고 나서 30개월까지의 기간에 해당한다. 아이와 안정된 애착관계를 형성하도록 노력하며, 양육에 대한 역할을 분담하고, 조부모와의 원활한 관계를 형성해야 한다. 3단계는 첫아이가 초등학교에 입학하기 전 시기로, 자녀의 사회화를 촉진하고 아동이 지닌 욕구를 잘 충족시켜 주며 건강한 가족관계와 지역사회와의 관계 형성을 해야 한다. 4단계는 학령기 자녀 양육기로, 첫째 자녀가 초등학교에 입학해서 졸업하기까지의 기간으로 자녀가 학업에서 성취할 수 있도록 지원하고 격려하며 자녀의 발달을 돕기 위해 학교와 보조를 맞추어야 한다. 5단계는 청소년기 자녀 양육기로, 자녀가 청소년기에 접어들면서 서서히 부모로부터 심리적 독립을 하게 되고, 부모와 자녀의 갈등은 증폭될 수 있다. 자녀는 대학 진학을 위한 커다란 학업 부담을 지게 되며, 부모 역시 교육비 부담을 포함하여 자녀교육에 가장 높은 관심을 지닌다. 6단계는 성인 자녀를 둔 시기로, 자녀가 대학에 입학하고 나서 결혼을 하여 부모의 슬하를 떠나게 되는 시기이며

'진수(進水)기'라고도 한다. 자녀의 결혼을 통하여 새로운 가족 구성원(사위, 며느리)을 맞이하게 되고 가족 범위가 확대된다. 7단계는 중년기로, 마지막 자녀가 결혼하여 가정을 떠남으로써 가정에 부부만 남게 되는 시기다. 자녀의 양육에서 완전히 자유로워지면서 부부간의 상호 의존성이 증가한다. 조부모 역할에 적응해야 하는 시기이기도 하다. 8단계는 노년기로, 직장에서 퇴직을 하고 인생을 마무리하는 시기다. 퇴직 생활에 적응해야 할 뿐만 아니라 신체적으로 노쇠해지고 사회적 역할이 감소하는 노년기의 삶에 적응하는 것이 필요하다. 배우자의 사별과 혼자 사는 것에 대한 적응이 이 시기의 중요한 과제다.

(2) 성인의 다양한 삶의 형태

① 독신

우리나라는 1인가구의 비중이 계속 높아지고 있다. 1인 가족의 유형은 미혼독신, 이혼독신, 사별독신 등이며 이 중 미혼독신의 비율이 가장 높다. 독신은 친밀

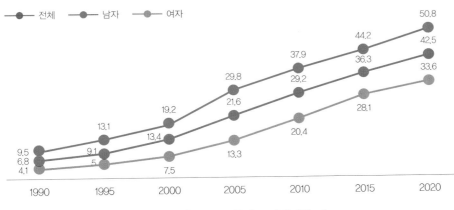

[그림 8-13] 30대 미혼인구 비중(단위: %)
출처: 통계청(2022c).

한 파트너 없이 홀로 지내는 것을 말하는데, 2020년 통계 자료에 따르면 우리나라 30대 10명 가운데 4명은 결혼을 하지 않은 것으로 나타났다. 미혼남녀가 결혼을 하지 않는 이유는 '아직 결혼하기에는 이른 나이이므로' '교육을 더 받고 싶어서' '자아 성취와 자기 계발을 위해' '소득이 적어서' '결혼생활과 직장 일을 동시에 수행하기가 어려울 거 같아서' '마땅한 사람이 없어서' 등이었다. 30대 미혼율의 증가는 출산율의 저하를 가져오고 사회의 고령화로 이어지게 된다.

독신의 장점으로 가장 흔히 언급되는 것은 자유와 이동성이다. 또한 자신을 위해 투자를 많이 할 수 있고 다양한 이성 교제를 할 수 있다는 장점도 있다. 그러나 단점으로는 고독, 성적 삶과 사회적 삶의 제한, 안정감의 부족, 결혼한 부부들의 세계로부터 추방된 듯한 느낌 등이 있다. 또한 독신에 대한 사회적 태도가 부정적이기 때문에 적응 문제를 가질 수 있다.

② 동거

동거(cohabitation)란 법적으로 혼인 신고를 하지 않은 채 성적으로 친밀한 관계를 가지면서 함께 거주하는 것을 말한다. 동거 유형에는 비용 부담을 함께 하거나 성적인 접근성을 용이하게 하는 편의에 기반을 둔 일시적인 동거, 시험적으로 결혼 전에 결혼생활을 해 보는 혼전 동거, 법적인 결혼 없이 오랫동안 서로에게 헌신하는 결혼의 대안으로서의 동거 등이 있다.

　　미국에서는 1970년부터 동거를 하는 커플의 수가 급격히 증가하고 있다. 2009년 미국 인구조사 보고서에 따르면 약 50% 정도가 동거를 한다고 한다. 네덜란드, 노르웨이, 스웨덴에서는 동거가 완전히 사회에 통합되어 있으며, 70~90%의 젊은이가 동거를 한다. 우리나라에서도 동거에 대한 긍정적인 견해가 증가하는 추세다. 통계청의 2022년 사회조사 결과에 따르면 국민 10명 중 7명 정도가 비혼 동거가 가능하다고 응답했다.

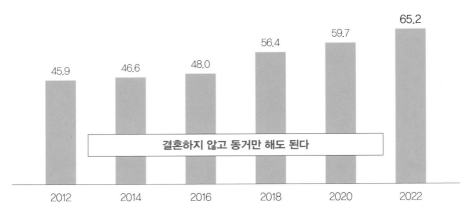

[그림 8-14] 비혼 동거에 대한 태도(단위: %)
출처: 통계청(2022).

　　미국이나 유럽에서는 동거가 결혼을 위한 준비가 아니라 결혼의 한 유형으로 자리 잡고 있다. 프랑스에서는 1999년 결혼하지 않고 사는 모든 형태의 동거부부에게 법적 지위를 부여했고, 2007년에는 정식으로 결혼하지 않은 커플 사이에서 태어난 신생아 수가 전체 출산의 50%를 넘었다.

　　동거를 하는 것은 어떤 사람에게는 결혼의 준비가 된다. 둘 간의 관계를 검증해 보고 함께 사는 것에 익숙해지는 시간이다. 어떤 사람에게는 결혼의 대안이 되는 것으로, 성적 친밀감과 동반자 관계를 가질 수 있는 동시에 만족감이 감소되면 쉽게 헤어질 수 있는 가능성도 있는 것이다. 경제적인 이유로 동거를 선택하기도 하는데, 생활비 부담이나 집세 부담을 덜기 위해서 부모의 집을 떠나 생활하는 대학생이나 직장인들 사이에 동거가 증가하고 있다.

　　동거는 결혼에 비해 관계가 일시적이고, 동거 후 결혼을 한 커플이 그렇지 않은 커플보다 이혼율이 높게 나타난다. 동거를 택하는 사람들은 결혼을 신봉하지 않는 덜 관습적인 사람들이기 때문에 이혼율이 높게 나타나기도 하고, 동거를 하면서 사람들의 태도나 습관이 이혼의 가능성을 높이는 쪽으로 변화되기 때문이기도 하다(Popenoe & Whitehead, 1999). 동거를 하는 커플의 경우 결혼생활을 하는 부부와 달리 사회적으로 인정받지 못하는 경우가 많으며, 양가 집안이 아닌 둘만의 관계로 한정되는 경향이 높다.

③ 이혼과 재혼

부부관계에서의 갈등과 대립은 서로의 해결 노력에 의해 해소되는 것이 일반적이지만, 최선의 노력에도 불구하고 해소되지 않을 경우에는 부부관계가 해체되는 이혼으로 이어진다. 이혼은 법률상으로 유효하게 성립된 혼인에 대해 결혼 당사자들이 모두 생존한 동안에 그 결합관계를 협의 또는 재판상 절차를 거쳐서 소멸시키는 것을 말한다. 우리나라의 이혼율은 꾸준히 증가하다가 2003년을 정점으로 감소하는 추세로 바뀌었다. 2008년부터 시행하고 있는 이혼숙려기간제가 이혼율 감소에 도움을 준 것으로 분석된다. 자녀를 둔 부부는 합의이혼의 전제로 3개월간의 이혼숙려기간을 거쳐야 한다. 자녀가 없는 경우도 1개월간은 시간을 두고 이혼에 대해 이성적 판단의 시간을 가져야 합의이혼으로 갈 수 있다.

이혼은 전 연령에 걸쳐 나타나지만 부부의 동거기간이 0~4년인 경우에 가장 많이 발생하므로, 성인전기에 이혼이 발생할 가능성이 가장 높으며, 어린아이들이 있는 경우가 많다.

이혼의 사유로는 성격 차이가 가장 많았고, 경제 문제, 배우자 부정, 가족 간 불화 등이 뒤를 이었다. 성격 차이는 부부간의 다양한 심리적 갈등을 의미하는 것으로, 서로 다른 환경에서 성장한 두 사람은 습관이나 자녀 양육 문제와 같은 생활 속의 여러 영역에서 의견 충돌이 발생한다. 경제 문제는 사업 실패로 경제적 어려움에 처하게 되거나 무능력한 배우자 때문에 가족을 부양할 수 있는 최소한의 경제적 요건이 충족되지 못하는 경우다. 배우자 부정은 결혼 후 상대방에 대한 성적인 매력이 감소하고, 정서적 유대감이 줄어들면서 가정 밖에서 성적 욕구를 해결하는 것이다. 가족 간 불화는 고부갈등이나 장서갈등 등으로 인해 부부관계가 악화되는 것이다.

이혼을 한 사람들은 실패감과 외로움을 느끼고 새로운 관계를 형성하는 데 어려움을 보이며 자존감이 낮아진다. 이혼한 여성들은 이혼한 남성들에 비해 경제적 어려움을 경험하는 경우가 많은데, 전업주부로 지낸 경우라면 더욱 그러하다. 경제적 자립을 위해 일을 구하는 것이 어렵고, 일을 하더라도 낮은 보수를 받는 일을 하게 되는 경향이 있어서 자녀 양육에 어려움을 겪는다. 이혼은 행복감을 감소시키기도 하지만, 매우 갈등적인 부부관계를 유지했던 경우라면 그것을 끝내는 것이 행복감을 증진시키기도 한다.

헤어진 배우자에 대한 생각으로 가득 차 있고 그들에 대해 높은 수준의 적대감을 보이는 사람들은 그렇지 않은 사람들에 비해 주관적인 안녕감이 낮게 나타난다. 헤어진 배우자를 용서하는 것은 이혼 후 적응에 매우 중요하다(Cavanaugh & Blanchard-Fields, 2011). 또한 활발한 사회적 활동도 도움이 된다.

새로운 파트너를 만나는 것은 이혼한 성인들의 행복감을 증진시키는 가장 중요한 요소이지만 재혼은 몇 가지 이유로 인해 초혼보다 실패하기가 쉽다. 초혼에서 배웠던 부정적 상호작용 방식과 문제 해결 방식을 재혼 가정에서 그대로 사용하기도 하고, 새 부모와 새 자녀의 관계에서의 문제 때문에 더 많은 스트레스를 경험하기도 한다. 또한 과거 결혼에 실패한 사람들은 결혼생활에서 문제가 나타났을 때 이혼을 선택 가능한 해결방법으로 생각하기 쉽다(Berk, 2007).

이혼으로 이끄는 부부 사이의 파괴적인 상호작용 방식

- 비난(criticism): 구체적인 행위에 대해 불평하는 대신 배우자의 성격이나 특질에 대해 공격
- 멸시(contempt): 의도적으로 상대방을 모욕하고 심리적으로 학대하는 행위
- 방어적 태도(defensiveness): 책임을 부인하거나 회피하고, 부정적인 생각을 배우자에게 귀인함으로써 어떤 일에 대한 책임을 피하려는 행위
- 벽 쌓기(stonewalling): 의사소통의 중지. 의사소통의 거부

출처: Gottman (1994).

4. 성인전기 주요 쟁점

1) 청년 실업

청년 실업은 일을 할 수 있고 또 일할 의사도 있는 15~29세의 청년들이 일자리를 구하지 못하거나 일할 기회를 가지지 못하는 것을 말한다. 통계청에 따르면 2020년 청년 실업률은 9.0%로 나타났으며, 전체 실업률 4.0%보다 2배 이상 높다.

공식적인 청년 실업률과는 달리 젊은 세대가 느끼는 체감 실업률은 이보다 훨씬 높다. 체감 실업률은 실업자 외에 취업을 원하는 잠재구직자까지 포함한 비율로 2020년 체감 실업률은 25.1%로 공식 실업률 수치와 차이가 있다. 15~29세 청년 중 일자리를 얻으려는 노력조차 하지 않는 니트족(Not in Employment, Education or Training: NEET) 비중도 2020년 20.9%를 차지했다(한국고용정보원, 2021).

> **니트족**
> 일하지 않고 일할 의지도 없는 사람

고용의 악화로 인해 청년들이 취업 준비 등 구직 활동을 단념하는 현상에 대해 우려의 목소리가 높다. 이러한 사실은 청년층 노동시장에서 실업(unemployment)이 아닌 미취업(joblessness)이 더욱 심각한 문제가 될 수 있음을 시사한다(김용성, 2008). 구직을 포기하는 이유로는 '이전에 찾아보았지만 일거리가 없었기 때문에' '원하는 임금 수준이나 근로 조건에 맞는 일거리가 없을 것 같아서' '전공이나 경력에 맞는 일거리가 없을 것 같아서' 등이다.

취업에 실패한 청년들은 경제적인 어려움을 겪게 될 뿐 아니라 우울이나 불안

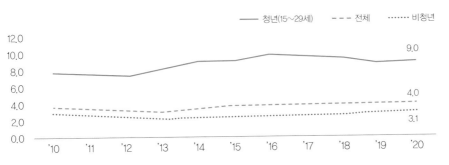

[그림 8-15] 실업률 추이(단위: %)

출처: 통계청(2021c).

🌱 캥거루족

캥거루족은 어미 배에 달린 주머니에서 자라는 캥거루처럼 성인이 되어서도 독립하지 못하고 여전히 경제적으로나 정신적으로 부모에 기대어 의지하고 있는 젊은 세대를 가리킨다. 그들은 학교를 졸업하고 자립할 나이가 되었음에도 취직을 하지 않거나 취업을 할 수 있음에도 일자리를 찾지 않는다. 취업 후에도 생활비 부족으로 부모님의 도움을 받는 직장인들도 있다. 이와 같은 현상은 다른 나라에서도 나타나고 있으며, 나라마다 다음과 같이 다양한 이름으로 불린다.

- 부메랑 세대(캐나다): 고교 졸업 후 집을 떠나 대학 진학이나 사회생활을 하다가 주로 경제적 이유로 독립을 포기하고 다시 부모 밑으로 돌아온 젊은이
- 트윅스터(Twixte, 미국): Between의 고어인 Betwixt에서 파생된 이 용어는 나이로 봐서는 성인이지만 사고방식이나 말투는 10대 같은 '이도 저도 아닌 사이에 끼인 자'를 의미
- 패러사이트족(일본): 패러사이트는 기생충이라는 뜻. 경제적으로 부모에게 의지하며 얹혀 살면서도 하고 싶은 것들을 하며 사는 젊은이
- 탕기(프랑스): 독립할 나이가 된 아들을 내보내려는 부모와 얹혀 살려는 아들 사이의 갈등을 그린 영화 〈탕기(tanguy)〉에서 나온 말
- 맘모네(mammone, 이탈리아): 어머니가 해 주는 음식에 집착하는 사람. 집을 떠나지 않으려는 젊은이를 가리킴
- 키퍼스(kIPPERS: Kids in parents'pockets eroding retirement savings, 영국): 은퇴한 부모의 퇴직연금을 축내는 젊은이
- 네스트호커(nesthocke, 독일): 둥지에 웅크리고 있는 사람

과 같은 심리적 고통을 경험하게 된다(장재윤 외, 2004). 자아실현의 기회와 소속감 등이 박탈되기 때문에 자신과 환경에 대한 통제력이 감소하고 고립감을 느끼게 된다. 그리고 역할 수행을 제대로 하지 못했다는 생각 때문에 낮은 자아존중감을 보인다.

일자리를 찾지 못한 대졸자들은 전문대학이나 직업전문학교에 다시 진학하기도 하고, 대학생들은 취업난을 의식하여 휴학을 하거나 어학연수를 다녀온다. 또한 졸업을 늦추면서 자격증 취득이나 고시 같은 시험 준비를 하기도 한다. 청년 실업 문제는 결혼 기피, 저출산 등의 문제로 이어질 수 있으며 부모 세대의 경제적

부담을 가중시키기도 한다. 세수 감소로 경제활동 인구의 사회적 부담을 가중시키며 장기적으로는 경제성장 잠재력을 약화시킨다.

청년 실업의 원인으로는 일자리 창출 규모가 작아진 것을 들 수 있으며, 무인 시스템의 발달도 고용 축소에 영향을 미치고 있다(이영민, 박철우, 정동열, 2019). 직업·진로 지도 및 취업 지원 역할이 미흡한 것도 그 원인으로 볼 수 있다. 또한 대학 진학률이 80%에 이를 정도로 고학력 청년이 많아지는 데 비해 그들이 선호하는 좋은 일자리는 부족하기 때문이다. 청년들이 선호하는 대기업 정규직은 전체 일자리의 10% 남짓에 불과하다. 우리나라 전체 기업 수의 99%에 이르고 고용의 88%를 책임지고 있는 중소기업은 구인난에 시달린다. 중소·중견기업에는 빈 일자리가 많은데, 구직자들은 대기업과 공기업만을 선호하는 미스매치 현상이 청년 실업 문제의 중요한 원인으로 지적된다. 기업에서 재교육 비용이 많이 드는 신입 채용보다는 곧바로 실무에 투입될 수 있는 경력직 채용을 선호하는 것도 청년 실업을 가중시키는 요인이다.

청년 실업을 줄이기 위해서는 창업을 지원하거나 창의적인 사업 아이템으로 새로운 직업을 개발하고 새로운 일자리를 창출하는 창직(創職)을 권장하는 등 일자리 창출 기반을 확대해야 한다. 또한 직업상담과 같이 청년층의 취업 지원을 강화해야 하며, 기업에서 필요로 하는 직업 능력을 개발할 수 있도록 지원하는 것이 필요하다.

2) 저출산

우리나라는 경제협력개발기구(OECD) 국가 중 합계출산율이 가장 낮은 나라다. 합계출산율은 가임 연령층인 15~49세 여성이 평균적으로 낳는 자녀 수로 측정하는데, 2022년 인구동향조사에 따르면 0.78명으로 1970년 통계 작성 이래 최저치를 기록했다. 사망률 등을 감안하면 남녀 한 쌍이 결혼해 평균 2.1명을 낳아야 인구가 줄지 않는데, 지금 상태라면 인구는 계속 줄어들게 된다.

저출산 현상이 지속된다면 노동 공급이 감소될 것이고 고령인구 비율의 증가로 노동생산성이 저하될 것이다. 또한 노인인구의 증가로 연금이나 건강보험과 같은 사회보험의 안정성이 위협받게 될 것이다. 세입 기반은 감소하는 데 비해 사회보

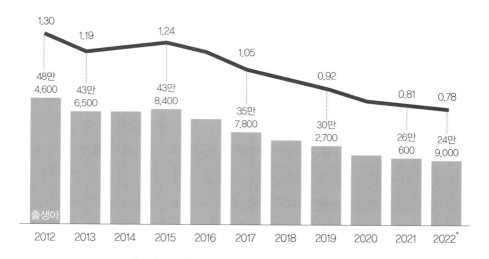

[그림 8-16] 출생아 · 합계출산율 추이(단위: 명)
주: 2022년은 잠정 합계출산율(여자 1명이 평생 낳을 것으로 예상되는 평균 출생아 수)
출처: 통계청(2023).

장 부담은 오히려 증가하여 정부의 재정 수지가 악화될 것이다.

여성의 경제활동 참가율이 늘어나면서 결혼 시기가 늦어지고 첫 자녀를 출산하는 나이가 높아지고 있다. 초산 연령의 상승에 따라 남아 있는 가임기간이 짧아지고 가임 능력이 감소되어 출산할 수 있는 아이의 수가 줄어들게 된다. 결혼이나 자녀에 대한 가치관이 변화된 것도 저출산의 요인이다. 일정 연령이 되면 결혼을 반드시 해야 한다는 생각이 약화되면서 결혼을 하지 않는 비율이 증가하고 있으며 결혼을 하더라도 자발적으로 자녀를 낳지 않은 가정도 증가하고 있다.

고용 불안정도 저출산의 원인이다. 남녀 실업률이 증가하고 비정규직이 증가하면서 경제적인 어려움으로 인해 결혼을 늦추고, 아이를 낳지 않거나 적게 낳으려고 한다. 또한 교육비를 포함한 자녀 양육비용의 증가도 출산율을 저하시키는 요인이다.

여성들이 일과 양육을 병행하는 것이 힘들기 때문에 취업 여성들이 자녀를 출산하여 양육하는 경우 직장을 그만두는 일이 많다. 자녀가 성장하고 나서 다시 취업을 원하더라도 이전과 같은 수준의 일을 찾기는 쉽지 않다. 그들을 도울 수 있는 양질의 보육 및 육아 지원 인프라도 부족하다.

정부에서는 저출산 · 고령화 현상에 체계적으로 대응하기 위하여 2005년 「저출산·고령사회기본법」을 제정하고, 2006년부터 제1차 저출산·고령사회 기본계획을 시행하였다. 2021년부터 시행하고 있는 제4차 저출산·고령사회 기본계획에서는 '함께 일하고 함께 돌보는 사회'를 목표로 하고 있다. 일−양육 병행 가능한 노동 환경을 실현하기 위해 부모 모두의 육아휴직을 확산하고 육아휴직 사용문화를 정착시키고자 한다. 육아기 근로시간을 단축하고 남성의 돌봄권을 보장하며 임신·출산 근로자에 대한 보호를 확대한다. 여성이 결혼과 출산으로 인한 불이익 없이 평등하게 일할 수 있는 권리를 보장하고, 아동 돌봄의 사회적 책임을 강화한다. 아동의 안정적 발달을 지원하고 보호안전망을 강화하며, 평등 관점의 성교육 등 건강한 성 가치관을 형성하고, 생애 전반 생식건강 관리 및 건강하고 안전한 임신과 출산을 보장하고자 한다.

성인중기

중년 여자의 노래

문정희

봄도 아니고 가을도 아닌
이상한 계절이 왔다

(……중략……)

예쁜 옷 화려한 장식 다 귀찮고
숨 막히게 가슴 조이던 그리움도 오기도
모두 벗어버려
노브라 된 가슴
동해 바다로 출렁이든가 말든가
쳐다보는 이 없어 좋은 계절이 왔다

입만 열면 자식 얘기 신경통 얘기가
열매보다 더 크게 낙엽보다 더 붉게
무성해 가는
살찌고 기막힌 계절이 왔다

CHAPTER 09

성인중기

middle adulthood, 40~65세

　평균수명이 50대가 안 되던 시대에는 중년이라는 용어 자체가 없었지만 인간의 수명이 길어지면서 19세기 말부터 중년(middle life)이라는 용어가 사용되기 시작하였다(Lachman, 2004). 일반적으로 40세경부터 65세경을 성인중기 또는 중년기라고 하지만 이 시기가 시작되고 끝나는 정확한 시점을 구별하기는 쉽지 않다. 생물학적 특성이나 생활환경, 사회적 · 경제적 지위에 따라 중년의 신체적 · 인지적 · 사회적 관계 능력이 많이 다르다. 요즘의 중년은 대부분 좋은 건강과 인지적 능력을 유지하고 자신의 삶의 질을 긍정적으로 유지하지만 개인차가 크다.

　의학의 발달로 사람들이 보다 건강해지고 기대수명이 연장되면서 중년기가 활동적이고 안정적인 시기로 인식되고 있다. 이제 중년기는 쇠퇴와 상실의 시기라기보다는 완성과 성숙의 시기라고 할 수 있다. 자신의 인생 목표를 재평가하고 남은 시간을 어떻게 보낼지를 결정하는 시기다. 여러 가지 경험을 통해 자신의 직업에서 리더로서의 역량을 보여 주거나 경제적 안정을 경험하는 절정의 시기가 될 수도 있고 자신의 삶을 돌아보면서 죽을 때까지 남은 생을 어떻게 살아갈지 반성해 보고 새로운 전환을 모색하는 시기이기도 하다. 길어진 중년을 어떻게 보내는지가 의미 있는 삶을 살아가는 데 중요한 요인이 되고 있다.

1. 신체발달

1) 신체 변화

성인중기가 되면 노화로 인한 신체적 변화를 확실히 느끼게 된다. 우선 피하조직의 지방층이 얇아지면서 주름이 점점 더 많아지고 피부가 건조해진다. 피부의 외피층은 세포의 손실로 인해 점점 더 얇아지고 결합조직을 보충해 주는 콜라겐 섬유가 줄어들면서 탄력성이 줄어든다. 또 피부 중간층의 엘라스틴 섬유가 탄력을 잃게 되어 피부의 주름이 늘어난다. 50세 이후에는 피부 아래 색소가 쌓여 검버섯이 생긴다. 대체로 여성의 피부가 남성의 피부보다 노화가 빠른데 이는 여성의 진피가 남성의 진피보다 얇기 때문이다. 피부의 노화 현상은 자외선에 많이 노출되거나 흡연으로 인해 입술 주변 피부의 혈류의 흐름이 제한될 때 더 빠르게 진행된다. 태양에 노출되면 피부의 주름과 얼룩 등 피부노화가 촉진되므로 가급적 직사광선의 노출을 줄이고 금연을 하는 것이 좋다.

(1) 시력

중년이 되면 사람들은 점점 더 밝은 곳을 선호하고, 신문이나 책을 더 멀리 놓고 읽는데 이는 40대에 생기는 눈의 구조적인 변화와 50대에 시작되는 망막의 변화 때문이다(Mojon-Azzi et al., 2008). 40세쯤이 되면 초점을 맞추는 근육과 수정체의 조절 능력이 약해지면서 노안이 된다. 50세경의 수정체 조절 능력은 20대의 1/6 정도로 감소한다. 60대에는 수정체가 두꺼워져 가까운 것을 보기가 어려워진다.

나이가 들면서 어두운 곳에 가는 것과 야간운전을 꺼리게 되는데 이는 어두운 곳에서 보는 능력이 감소해 낮 동안에 비해 시력이 두 배 정도 줄어들기 때문이다. 성인기 동안 동공의 크기는 줄고 수정체는 황색으로 변화되며 유리체가 불투명해져서 망막에 도달하는 빛의 양이 줄어든다. 이와 같은 수정체와 유리체의 변화로 인해 번쩍이는 불빛에 대해 더욱 민감해져 야간 운전이 힘들어진다.

[그림 9-1]에서 알 수 있는 것 같이 우리 눈의 망막에는 광수용기(photorecepter)인 간상체와 추상체가 있는데 약 1억 2천만 개의 간상체와 6백만 개의 추상체가 있다.

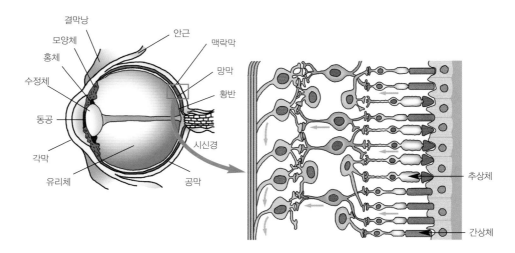

원추형의 추상체는 밝은 곳에서 작용하고 색을 지각하며, 막대 모양의 간상체는 주로 어두운 곳에서 작용한다.

[그림 9-1] 광수용기

원추모양의 추상체(cone)는 낮 동안의 시각을 담당하고 세밀한 정보를 제공하며 색채시각을 담당하여 다양한 파장의 빛을 변별한다. 반면 간상체(rod)는 색채를 탐지하지 못하지만 빛에 민감하여 어두운 곳에서 작동한다. 중년이 되면 빛과 색채 반응기 세포인 간상체와 추상체가 점점 상실되는데 어두운 곳에서 볼 수 있게 하는 간상체의 1/2이 상실되어 어두운 곳에서 보는 것이 점점 더 힘들어진다. 낮에 볼 수 있게 하는 추상체에 필요한 물질은 간상체에서 분비되기 때문에 간상체의 상실은 추상체의 상실까지 가져와 시력감퇴에 영향을 미치게 된다.

(2) 청력

청력의 감퇴는 나이를 먹으면서 경험하는 가장 잘 알려진 규범적 변화다 (Aldwin & Gilmer, 2004). 나이가 들면서 대부분 TV의 볼륨을 점점 높이는 것을 경험하는데 대체로 15% 정도의 사람들이 청력 손실을 경험하고 있는 것으로 추정된다. 청력의 감퇴는 자연적인 세포감소와 동맥경화중으로 인한 혈액감소로 내이구조의 쇠퇴와 신경메시지 처리 기능의 감소에 기인한다. 청력의 감퇴를 처음에는 잘 느끼지 못하지만 50대가 되면 급격하게 나타나며, 초반에는 고음을 잘 듣지 못하다가 점점 모든 주파수로 확대된다. 청력의 손실은 여성보다 남성에게서 두 배

정도 일찍 그리고 빠른 속도로 진행된다. 시끄러운 작업 환경이나 과도한 이어폰 사용 등은 청력의 손실을 증대시키며, 흡연이나 혈압, 심장질환, 뇌졸중도 청력 손실과 관계가 있다. 청력의 손실은 사람들과의 상호작용에 어려움을 주고 사회적 활동을 제한하므로 주의가 필요하다.

(3) 미각과 후각

미각과 후각은 상당히 긴밀한 관계가 있다. 미각과 후각은 뇌에 정보를 제공하며 이를 통해 맛을 감지하게 된다. 단맛, 짠맛, 쓴맛, 신맛은 후각과 관계없이 인식될 수 있지만 김치의 맛을 느끼기 위해서는 미각과 후각이 둘 다 필요하다. 중년이 되면서 맛과 냄새에 대한 감각이 점차 줄어들게 되지만 사람에 따라, 향기의 종류에 따라 감퇴 수준은 상당히 다르다.

30세경에는 작은 유두(tiny elevations) 위에 각각 245개의 미뢰가 있지만 70세쯤 되면 88개 정도로 감소한다. 미각은 아주 천천히 변하는데 단맛과 짠맛이 가장 먼저 영향을 받는다. 노인이 되면 음식의 맛이 없다는 불평을 자주 하는데 이것은 후각 능력, 질병 또는 심리적 요인에 기인한다. 가족이나 친지들이 함께 즐거운 분위기에서 음식을 먹으면 더 맛있게 지각하지만 혼자 또는 외롭게 식사할 때는 덜 맛있게 지각하기 때문이다.

후각은 우리의 일상생활이나 사회적 관계에 중요한 영향을 미치는 감각이다. 냄새를 맡는 능력은 코의 내부와 코에서 뇌까지의 신경 변화에 의해 영향을 받는다. 코의 안쪽 막이 점차 더 얇아지고 건조하게 되면 후각 능력이 떨어진다. 여러 연구 결과, 냄새를 감지하는 능력은 40세경부터 변화가 시작된다고 한다. 후각 능력의 감퇴는 사람이나 향기의 종류 등 다양한 변인에 따라 다르다(Aldwin & Gilmer, 2004). 냄새를 맡는 것은 식사, 생활의 즐거움, 위험한 상황으로부터의 안전 등과 관계가 있어 중년 이후 후각의 감퇴는 삶의 질에 부정적 영향을 미칠 수 있다. 후각은 사회적 상호작용에도 영향을 주는데 자신의 불쾌한 냄새를 스스로 감지하지 못한다면 주변 사람들과의 관계에서 당황스러운 상황을 겪을 수 있다. 후각은 과거의 경험을 기억하는 데도 중요한 역할을 한다. 어린 시절 할머니가 만들어 주던 구수한 된장찌개 냄새를 잊지 못하고, 맛있는 된장찌개를 먹을 때면 할머니와의 추억을 기억하게 되는 것이다.

(4) 근육과 지방 구성

먹는 것을 조심하는데도 불구하고 나이가 들면 살이 찌고 옷이 맞지 않게 된다. 대부분 대사활동이 떨어지는 30대 초기부터 50대에 주로 살이 찌는데 이는 나이가 들면 체지방이 늘고 체질량(근육과 뼈)이 감소하기 때문이다. 성인초기에서 성인중기로 가면서 남성의 허리는 6~16% 증가하고, 여성의 허리는 25~35% 정도 증가한다(Whitebourne, 1996). 나이가 들면 기초대사율이 감소하기 때문에 체중의 증가를 막으려면 칼로리 섭취를 줄이고 지속적인 다이어트와 운동이 필요하다. 육류 대신 채소 위주의 식단으로 구성된 저지방 다이어트는 체중의 감량과 유지에 효과적이다. 살이 찌는 것은 사람에 따라 개인차가 있고 여성과 남성에 따라서도 차이가 있으며 문화적인 차이도 있다.

(5) 골량과 골밀도

잠재적으로 심각한 문제가 될 수 있는 신체적 변화는 뼈의 질량 감소다. 골밀도는 20~30대에 최고로 높다가 나이가 들면서 무기질의 함유량이 점차 감소해 뼈에 구멍이 많아지고 이로 인해 골량이 점차 감소한다. 골량의 감소는 여성에게 많이 나타나는데 30대 후반에 시작되어 50대에 가속화된다. 남성은 약 8~12%의 골밀도가 감소되고, 여성은 20~30% 정도의 골밀도가 감소되는데, 여성이 더 심한 이유는 폐경 이후 에스트로겐의 감소로 뼈의 무기질 흡수가 줄어들기 때문이다. 골밀도의 감소는 [그림 9-2]와 같이 척추뼈 디스크의 협착이 생겨 점점 키가 작아지고 뼈가 약해져 부서지기 쉽게 된다. 뼈가 부러지거나 금이 가 치료를 받을 경우 중년기 이후에는 완쾌가 되기까지 시간이 더 많이 걸린다.

심각한 골밀도의 감소는 골다공증으로 이어질 수 있는데 [그림 9-3]처럼 뼈가 벌집처럼 구멍이 숭숭해져서 약한 충격에도 쉽게 부서진다. 골다공증은 주로 남성보다는 여성에게 많이 발생한다. 그 이유는 여성들은 어린 시절부터 성인전기까지

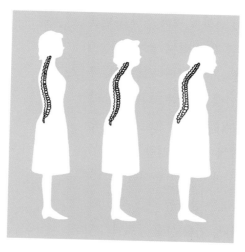

[그림 9-2] 나이에 따른 척추뼈의 변화
출처: Ebersole, Hese, & Luggen (2004), p. 395.

강한 뼈를 형성하는 데 필요한 충분한 칼슘을 섭취하지 않기 때문이며, 폐경 이후 에스트로겐의 감소로 뼈의 손실이 가속화되기 때문이다. 그 외에도 흡연, 고단백 다이어트, 과도한 음주, 카페인과 소금 섭취 등이 골다공증의 원인이 되기도 한다.

폐경 후 에어로빅 운동, 무게 운동, 비타민C 섭취, 칼슘 섭취는 골다공증을 완화시키고 골밀도 손실을 줄이는 데 효과적이다. 반면 에스트로겐 대체 치료는 주의해야 한다. 에스트로겐 대체 치료를 하는 동안에 골밀도 손실이 완화되지만 호르몬 요법

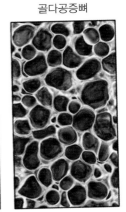

정상인의 뼈　　골다공증뼈

[그림 9-3] 정상인의 뼈(좌)와 골다공증뼈(우)

을 끝내면 급격한 속도로 골다공증이 진행되기 때문이다. 골다공증을 줄이기 위해서는 특히 우유나 브로콜리 같은 칼슘이 많이 포함된 음식을 섭취하고, 알코올과 소금 섭취를 줄이며, 칼슘 보충제를 섭취하는 것이 바람직하다.

중년의 신체적 변화를 정리하면 〈표 9-1〉과 같다. 표에서 볼 수 있듯이 어떤 기관은 성인초기부터 신체적 변화가 일어나기도 하지만 중년이 되면서 감각기관, 신경계, 심폐 기능, 생식 능력 등 거의 모든 기관의 기능이 저하된다. 키는 1인치 정도 줄어들고, 피부는 검버섯이 생기며 눈은 가까운 것이 잘 보이지 않고 특히 어두운 곳에서 보는 것이 어려워진다. 소리는 낮은 음역을 듣는 것이 어렵게 된다.

중년기의 이와 같은 신체적 변화는 삶의 질에 부정적 영향을 미치기도 하지만 대부분의 중년들은 이러한 신체적 변화에 적응해 가면서 자신의 건강을 유지하기 위해 좀 더 노력한다. 또한 신체적 변화를 겪으면서 인생의 유한성에 대해 새롭게 조망하게 되어 의미 있는 삶을 찾기 위해 노력하기도 한다. 일부 중년들은 이전에 하지 못했던 새로운 일에 도전하고 생활을 풍요롭게 하는 여가나 취미 활동을 즐기거나 지역사회를 위해 봉사하는 생활에 관심을 가지면서 후세를 위해 보람된 시기를 보내려고 노력한다.

표 9-1 중년기의 신체적 변화

신체 기능	주요 변화 시기	변화 상태
시각	40대 중반	수정체 조절 능력 저하 빛에 민감, 암순응 저하 색체 지각 변화
청각	50~60세	아주 높거나 낮은 음역은 난청
후각	40세경	냄새 구분 능력 감소
미각	없음	맛 구분 능력 거의 변화 없음
근육	50세경	근육조직 상실
골격	30대 중반	뼈 속 칼슘 성분 상실
심폐 기능	35~40세	운동, 일에서 능력 변화
신경계	성인기 전 기간	뇌신경계 상실 뇌 크기, 무게 감소 신경세포 수상돌기 감소
면역체계	청년기	T 세포 감소
생식기능	여: 30대 중반	가임 능력 감소
	남: 40세경	활동성 정자 수 감소
세포	성인기 전 기간	점차 피부, 근육, 힘줄, 혈액을 포함한 대부분의 세포 감소
신장	40~80세	1~2인치 축소(척추 디스크 압축 현상)
체중	중년기	최고 도달
	노년기	점차 감소
피부	30~40세	탄력성 상실, 주름 생성
모발	50세경	가늘어지고 희어짐

2) 성인중기의 건강과 갱년기 증상

(1) 성인중기의 건강

성인전기의 영양 상태와 흡연, 음주와 약물 사용 여부, 신체 활동 정도는 중년의 건강 상태에 지속적으로 영향을 미친다. 중년에 금연하거나, 규칙적이고 적당한 운동을 하거나, 과일과 야채를 많이 먹으면 그렇지 않은 사람들의 건강에 비해 약 14년의 차이가 있는 것으로 나타났다.

우리나라 중년의 62.1%는 건강 상태가 좋은 편이라고 생각하고 있다. 이러한 주관적 건강 상태에 대한 인식은 성별, 연령별, 결혼 상태, 가구 유형, 교육 수준, 취업 여부, 가구 소득에 따라 차이가 있다. 여성보다는 남성이, 연령이 낮을수록, 배우자가 있는 경우, 교육 수준이 높을수록, 취업 중인 경우, 가구 소득이 높을수록 건강 상태가 좋다는 응답 비율이 높다. 중년의 38.0%는 우울 상태이며, 특히 배우자가 없는 경우(54.0%), 가구 유형이 1인가구인 경우(53.4%) 우울 상태 비율이 높다. 2010년의 50대와 비교하여 2019년의 50대는 건강수준이 향상된 것으로 나타났다. 만성질환을 보유한 비율은 2010년 33.7%에서 2019년 32.1%로 소폭 낮아졌고 건강검진 참여 비율은 같은 기간 82.3%에서 88.0%로 높아졌다(황남희 외, 2019).

건강과 실업은 밀접한 관계가 있는 것으로 나타났다. 실업은 미취업자의 주관적 건강을 악화시켰으나, 재취업은 실직으로 인한 건강의 악화를 완화하는 역할을 하는 것으로 나타났다. 실업은 여성보다 남성들에게 더욱 정신적 스트레스를 유발하고 이로 인해 건강이 악화된다. 직장에서의 인간관계가 긴밀할수록 실업을 하게 되면 건강에 더욱 부정적인 영향을 미친다. 여성보다 직장에서의 관계가 긴밀한 남성들의 경우 더욱 부정적인 영향을 미치는 것으로 나타났다(홍정림, 2022).

(2) 갱년기 증상

일반적으로 갱년기(climacterium)란 난소 기능의 점진적인 저하가 일어나 생리적 기능 및 성기능이 저하되는 과도기를 의미한다. 갱년기는 그리스어의 'Klimax(사다리)'에서 유래하여 단계, 즉 '사다리를 오르다.'라는 의미를 갖는다. 에스트로겐의 감소로 인한 육체적·생리적·정신적 변화와 사회문화적·정신적 상호작용에 의한 변화를 겪게 된다.

갱년기 증상은 폐경을 전후하여 나타나는데 폐경보다는 더 포괄적 의미를 내포한다. 난소 기능의 쇠퇴와 관련된 내분비 변화로 인한 일련의 증세뿐만 아니라 노화과정에 적응하는 변화로 인한 사회, 심리적 요인이 복합된 다양한 증상을 말한다(Morse, 1980; Willson & Carrington, 1987). 갱년기 증상은 내분비계 이상과 관련된 열감, 손발이 차고 저린 증상, 발한 증상, 질과 외음의 위축, 피부 거칠어짐, 관절통, 변비, 설사, 심계항진 등의 신체적 증상과 가슴 두근거림, 현기증, 요통, 피로, 두통, 불면증, 불안, 우울, 신경과민, 집중력 결핍, 질식감, 초조감 등의 정신적 증상을 겪는다. 증상은 다양하고 개인차가 크다.

여성은 갱년기가 되면 폐경으로 인해 아이를 낳을 수 없게 되지만 남성은 수정 능력이 줄어들긴 해도 계속해서 생식 능력을 유지한다. 성적 쾌락(enjoyment)은 성인기 동안 계속 유지된다. 중년기의 성별 생식 기능의 변화와 증상은 〈표 9-2〉와 같다.

표 9-2 중년기의 생식 기능의 변화

	여성	남성
호르몬의 변화	에스트로겐과 프로게스테론의 감소	테스토스테론의 감소
증상	홍조, 질 건조증, 비뇨장애(urinary dysfunction), 성에 대한 관심 감소	분명하지 않음
성적 변화	각성의 세기 감소, 덜 자주, 빠른 오르가슴	심리적 각성의 감소, 반응이 덜 자주 발생되며 오르가슴이 느려지고 발기 간의 회복에 더 시간이 걸리며 발기부전의 위험성 증대
생식 능력	종료	생식 능력 유지, 생식 발생 감소

(3) 폐경

폐경(menopause)은 여성이 배란과 월경을 멈추고 더 이상 아이를 임신할 수 없게 되는 것으로 마지막 월경 후 약 1년 정도 걸린다. 폐경은 한 번의 사건이 아니라 일련의 과정이기 때문에 폐경으로의 전환(menopausal transition)으로 명명하기도 한다. 30대 중반에서 40대 중반 무렵이 되면 여성은 성숙한 난자의 생산이 점점 줄고 자궁에서는 여성 호르몬 에스트로겐의 생산이 줄어든다. 호르몬 생산과 배란의 감소가 3~5년 동안 일어나면서 유사폐경(perimenopause)을 경험하는데 월경이 불규칙해지고 월경의 양이 점점 줄어들며 월경의 간격이 점점 늘어나다가 마침내 멈추게 된다. 폐경이 시작되는 나이는 기후나 유전, 체질, 종족, 영양 상태, 환경 등에 따라 차이가 있으나 과거에 비해 폐경 시기가 점차 늦어지는 경향이 있다. 정상 폐경은 48~52세에 일어나는 경우가 대부분으로 한국 평균 폐경 연령은 49.7세이다. 40세 이전에 난소 기능의 상실로 발생하는 폐경을 조기 폐경이라고 한다. 조기 폐경은 에스트로겐이 장기간 부족해 폐경 증상이 조기에 발생하는 것으로 심혈관 질환과 골다공증이 조기에 발생할 수 있으므로 일찍 진단하여 호르몬 요법을 받는 것이 바람직하다. 일반적으로 폐경기 증상은 3~5년 정도 지속되지만 개인차가 커서 증상을 거의 느끼지 못하는 경우도 있고, 수개월 또는 10년 이상 지속되는 경우도 있다. 폐경으로 인해 에스트로겐이 생성되지 않으면 1/3~1/2은 골소실이 발생한다. 에스트로겐이 없는 상태에서는 새로운 뼈를 생성하는 세포보다 오래된 뼈를 제거하는 세포가 더 활발하게 작용하면서 골소실이 발생되므로 폐경 후에는 골소실이 가속화되어 골다공증이 발생할 위험성이 커진다(서울아산병원 홈페이지, 2023).

초기 정신분석학에서는 폐경의 부정적 측면을 강조하였다. Freud(1956)는 상실감으로 인해 우울증이 증가하게 된다고 하였고, Hoskin(1946)은 여성이 개인적 가치에 대한 상징을 잃어버림으로써 자아에 위협을 받고 불안감이 생긴다고 하였다. Kaluger와 Kaluger(1979)는 폐경은 여성이 경험할 수 있는 신체적 변화 중에서 가장 스트레스를 주는 요인이며 이는 폐경을 여성의 매력과 젊음의 상실, 노년기로의 이행으로 받아들이기 때문이라고 보았다.

그러나 반대로 폐경기를 긍정적으로 보기도 한다. 폐경기는 안정과 만족의 시기이며 임신과 피임, 자녀 양육과 같은 스트레스에서 벗어나 자신의 역할을 재평가하는 시기일 수 있다.

우리나라 갱년기 여성들의 폐경 증상은 삶의 의미에 큰 영향을 미치는 것으로 나타났다. 우리나라 갱년기 여성 414명을 대상으로 한 김순안(2010)의 연구에서 '폐경은 누구나 겪는 것으로 특별한 느낌이 없다.'가 38.15%, '아프고 병들까 봐 슬픈 느낌이다.'가 34.78%, '홀가분하고 자유로우며 성숙해지는 느낌이다.'가 27.5%로 자유롭고 성숙해지는 느낌보다는 누구나 다 겪는 것으로 이해하거나, 아프고 병들 것에 대한 부정적 인식을 갖고 있는 여성 비율이 1/3 정도로 나타났다. 또한 갱년기의 신체적ㆍ심리적 건강요인은 폐경과 관계가 있으며 자아존중감, 사회적 지지, 정신건강이 폐경 증상에 간접적인 영향을 주어 삶의 의미에 영향을 주는 것으로 나타났다.

① 폐경에 따른 증상

폐경으로 전환될 때 대부분의 중년 여성들이 공통된 증상을 경험하지만 어떤 사람들은 아무런 증상이 없는 경우도 있다. 전체 여성의 25% 정도는 폐경 증상을 경험하지 않으며, 50%는 가벼운 증상을 경험하고, 나머지 25%는 의학적 치료가 요구되는 극심한 증상이 나타난다. 우리나라 여성의 폐경 증상 호소율은 50~90%로 비교적 높은 것으로 보고되며(조윤희, 2007), 증상 정도는 '중' 정도로 보고되었다(박영주 외, 2001). 폐경을 일으키는 많은 증상들은 주로 자연적 노화와 관계있다. 일반적 증상으로는 월경주기가 불규칙해지고 열이 나거나 밤에 땀이 나고 온몸이 갑자기 더워지면서 메스껍고 어지럽다가 몇 분 후에 이런 증상들이 사라지는 일과성 열감(hot flash)을 경험하기도 한다. 대개 개인차가 있으며 일반적으로 1~2년 정도 지속된다. 흔히 상체의 한 부분에서부터 갑작스럽게 발생하는 열감을 느끼게 되고, 얼굴이나 목이 붉게 달아오른다. 붉은 반점이 가슴이나, 등, 팔에 생길 수 있고, 땀을 흥건히 흘리거나 추워 몸을 떠는 증상이 이어질 수 있다. 보통 한번 발생하면 30초에서 10분 정도 지속된다(서울아산병원 홈페이지, 2023).

기억력 감퇴와 집중력 상실

두통: 호르몬 분비량의 변동으로 생길 수 있다. 편두통을 앓는 여성도 있다.

변덕: 호르몬 분비량의 변화에 따라 신체의 기분을 조절하는 세로토닌 생산의 문제로 불안해지거나 슬퍼질 수 있다.

번열증: 폐경 전단계의 상당수 여성이 번열증을 경험한다. 대체로 머리와 상반신에서 일어나며 몇 분씩 지속된다. 야간 발한(發汗)으로 불리는 야간 번열증은 불면증으로 이어질 수도 있다.

생리주기 불순: 폐경 전단계의 전형적 증상이다. 생리주기는 18일로 짧아질 수도 있고 아예 건너뛸 수도 있다. 과다 출혈도 흔하다.

질 건조증: 에스트로겐 수치가 감소함에 따라 질벽이 얇아지면서 탄력을 잃는다. 성행위가 고통스러울 수도 있다.

피부 건조: 에스트로겐 감소로 인한 콜라겐 감소로 피부 탄력이 줄고 주름살이 늘어난다.

뼈의 상실: 골밀도가 감소되어 골다공증이 심화된다.

요실금: 방광을 떠받치던 질벽이 약해지면서 소변 조절이 힘들어진다.

[그림 9-4] 여성의 갱년기 폐경 증상

② 호르몬 보충 요법

호르몬 보충 요법은 폐경의 증상을 완화시키고 비뇨생식기계의 위축을 예방하며 골다공증으로 인한 골절을 막아 주는 데 효과적이다. 또한 폐경 후 피부의 탄력과 두께를 유지하는 데 효과가 있을 뿐 아니라 대장직장암의 발생율을 감소시키는 것으로 알려져 있다. 그러나 과거에 자궁내막암이나 유방암 같은 호르몬 의존성 종양이 있었던 사람은 호르몬 보충 요법을 시행하면 암의 재발 가능성이 있어 호르몬 보충 요법을 권장하지 않는다.

③ 폐경에 대한 태도

19세기 초까지 서양문화에서는 폐경을 질병으로 보았지만 이제 대부분의 여성은 폐경을 자연스런 과정으로 받아들이는 경향이 있다. 폐경에 대한 여성의 태도를 연구한 결과, 긍정적 태도와 부정적 태도의 이중적 태도를 가지는 것으로 나타났다.

중년은 여성들에게 새로운 것을 시도하고 오래된 습관을 버리며 새로운 출발의 시기로 묘사된다. 자녀가 집을 떠나고 마침내 자신의 인생을 살게 되는 시기로, 상실보다는 획득의 시기, 자아실현의 시기로 인식되고 있다(Burns & Leonard, 2005). Neugarten 등(1968)의 연구에서 폐경 후 여성들은 더 좋게 느끼고 더 자신감이 있고 더 침착하며 더 자유롭게 느낀다고 기술하였다. 일반적으로 폐경에 따른 긍정적 측면으로는 더 이상 피임을 하지 않아도 되고, 더 이상 월경 기간이 없으며, 생식과 관련된 걱정에서 자유로울 수 있다는 것이다. 반면 부정적 측면은 노화의 시작, 출산 능력 상실, 여성성 상실, 정서적 혼란에 대한 걱정, 신체적 건강에 대한 걱정, 매력적이지 않게 되는 나이가 되었다는 걱정 등이었다. Förster(2001)의 연구에 참여한 60대 여성들은 폐경에 대해 부정적 생각을 했지만 막상 돌아보니 그렇게 나쁜 것은 아니었다고 보고하였다. 즉, 중년의 여성들은 폐경을 인생의 새로운 후반, 다시 말해 역할 변화와 독립성, 개인적 성장으로의 전환의 상징으로 인식하고 있다.

④ 문화적 차이

에스트로겐과 프로게스테론 분비의 감소로 인한 폐경은 다양한 신체적 · 심리적 증상을 야기하지만 모든 문화의 여성들이 같은 경험을 하는 것은 아니다. 성별 위계의 정도, 근대화 정도, 나이에 대한 문화적 태도 등이 여성들의 폐경에 대한 태도에 영향을 준다. 예를 들어, 멕시코의 마야 문화에서는 폐경을 반기며 그것을 자연적인 현상으로 받아들인다(Mahady et al., 2008). 인도네시아 폐경기 여성 603명을 대상으로 한 연구에서는 폐경 증상에 대한 불안이 서구보다 현저하게 낮으며 에스트로겐 의존 증상도 거의 나타나지 않았고 안면홍조, 질 위축증 등의 증상을 거의 경험하지 않았다(Flint & Samil, 1990). 라틴계 미국인과 아프리카계 미국인 노동계층의 여성들은 폐경을 긍정적으로 보는 반면, 유럽계 미국 여성들은 부정적으로 인식하는 경향이 있다(Dillaway et al., 2008). Lock(1993)의 연구에 참여한 일본 여성의 20%만이 홍조현상을 경험하였으나 서구 여성은 거의 65%가 경험한 것으로 나타나 차이가 컸다. 대신 일본 여성들은 두통과 어깨 뻐근함, 이명, 어지러움을 서양 여성들보다 많이 호소하였다. 그 이유에 대해 일본 사회는 폐경의 증상을 시간이 많은 여성들의 현대적 질병으로 인식하는 경향이 있는데 이와 같은 공식적인 태도만으로는 일본 여성들이 실제로 폐경을 다르게 경험하는지 아니면 그들이 실제 경험을 표현하는 것을 꺼리는지는 알 수 없다. Fu, Anderson과 Courtney(2003)의 연구에서도 대만 여성과 호주 여성은 폐경에 대한 태도, 증상, 신체적 활력에서 상당한 차이가 있는 것으로 나타났다. 이처럼 문화적 차이는 식습관, 운동, 여성의 생리주기에 대한 태도 등과 밀접한 관계가 있으며 사회문화적 요소가 폐경기 동안 여성들의 경험에 영향을 미친다.

⑤ 남성의 갱년기 증상

남성은 여성의 폐경과 같이 중년에 갑자기 호르몬 생산이 중단되지는 않지만, 30세 이후 1년에 1% 정도씩 테스토스테론의 수준이 서서히 감소한다(Asthana et al., 2004; Whitbourne, 2001). 남성은 노인이 될 때까지 생식 기능을 유지하지만, 개인차가 있다. 나이가 들면서 정액의 양이 줄어들고 임신 가능성도 줄어든다. 테스토스테론 수준의 감소는 뼈의 밀도, 근육량의 감소와 관계가 있으며 에너지의 감소와 성욕의 감소, 과체중, 우울증, 정서적으로 참지 못하게 되거나 무기력증 등의 신경 정신적 증상, 가슴 두근거림, 얼굴 달아오름, 식은땀 등의 증상을 보일 수 있다. 또한 체중이 증가하고 배가 나오는 복부 비만이 뚜렷해진다. 이러한 증상들은 당뇨 및 심장병과도 관련이 있다. 사회심리적 측면에서 남성도 여성이 폐경기에 경험하는 것과 같은 변화를 경험하는데, 전업과 승진 기회의 감소, 퇴직 준비에 대한 압박감, 젊은이들과의 경쟁에 대한 두려움 등이 두드러진다(Kim, 1998).

우리나라 40대 이상의 중년 남성 3명중 1명이 각종 남성 갱년기 증상을 느끼고 있는 것으로 나타났다. 중년 남성들의 과도한 업무 스트레스와 고혈압, 당뇨병 등과 같은 성인병의 증가로 남성 갱년기에 대한 관심과 주의가 필요한 것으로 나타났다. 성욕감소와 발기부전 등 성기능 장애가 가장 흔한 증상이며 그 외에도 공간 인지 능력 저하, 의욕 저하, 불안, 우울 등의 심신 증상, 복부를 중심으로 체지방의 증가와 체형 변화, 피부 노화 등의 근골격 증상과 함께 만성 피로 등의 증상이 나타난다.

젊은 날에 우리의 관심이던 신체와 외모는 점차 변하고 빛을 잃어 가지만 여전히 중년은 사회를 이끌어 가는 리더다. 그들의 어떤 능력이 사회의 리더로 참여하게 하고 의사결정을 내리게 하는지 다음 절에서는 중년의 인지발달에 대해 알아보고자 한다.

2. 인지발달

1) 지적 능력의 변화

(1) 성인중기 지능 발달의 특징

1955년 이전까지 지능에 대한 이해는 15~16세경까지 급속히 발달하여 10대 후반과 20대 초반에 절정에 달하고 그 이후 점차 쇠퇴하다가 60대 이후 쇠퇴가 가속화되는 것으로 생각했다(Wechsler, 1944). 그러나 최근 연구에서는 인간의 전 생애를 통한 지능의 변화는 이보다 훨씬 더 복잡한 것으로 밝혀지고 있다. 2010년 버지니아 대학 연구팀에서 18~80세 1,600여 명을 대상으로 2.5년마다 기억력, 창의력, 문제 해결력, 학습 능력 등을 추적 분석해 본 결과, 나이가 들수록 약간의 감소는 있으나 일상생활이나 업무에 지장을 줄 정도로 감소하지는 않는 것으로 나

376

타났다(서유헌, 2014).

Berg와 Sternberg(1992)는 전 생애 발달에서 지능의 개념이 어떻게 변하는지 연구하였다. 22세에서 85세의 사람들에게 30대와 50대, 70대의 특별한 지능의 특성을 보여 주는 55가지 행동을 평가하라고 했다. 동기, 지적 노력, 독서는 모든 연령의 사람들에게 중요한 지능의 지표라고 응답한 반면, 다른 행동들은 인생의 특별한 시점에 특히 중요하다고 인식하고 있었다. 예를 들면, 30대에는 미래에 대한 계획과 개방적 태도가 가장 중요하다고 보았고, 50대와 70대는 책임 있게 행동하고 여러 상황에 적응하며 언어적으로 유창하고 지혜롭게 행동하는 것이 지능의 중요한 기능으로 인식하였다.

Baltes 등(1999)은 인간의 적응과 일상생활에서 지능의 중요성을 강조하면서, 나이에 따라 지능이 저하되지만 그러나 정신 기능의 안정성과 성장이 성인기 전반에 걸쳐 일어날 수 있다고 보았다. 그들은 전 생애 지능 발달은 다차원성, 다방향성, 가소성, 개인 간 다변성의 네 가지 측면이 있다고 보았다. 다차원성(multi-dimensionality)은 우리가 수행하는 여러 종류의 정신적 활동이 각각 다른 특정한 영역에서 수행된다는 것이다. 두 번째로 다방향성(multi-directionality)은 능력의 변화 패턴이 다르다는 것이다. 일상에서 지식은 시간과 나이와 함께 축적되지만 다른 한편으로 기본적인 인지적 메커니즘은 감소하기도 한다. 가소성(plasticity)은 개인의 지적 기능 범위와 개인의 능력 변화에 관한 것으로 뇌의 가소성은 평생 동안의 경험에 따라 변화할 수 있다. Patty Reutrer-Lorenz(2022)의 연구에서 노인과 젊은 성인은 인지적 과제를 수행할 때 뇌의 활성화 패턴이 다르다. 노인들은 자신의 수행 능력의 감소를 보충하는 뇌의 영역을 활성화하여 최적의 수행을 보인다. 마지막으로 개인 간 다변성(interindividual variability)인데 성인들의 지적 발달은 개인의 변인에 따라 다르다는 것이다. Schaie의 순차적 연구에서 특정 출생연도별 집단이나 어떤 세대의 사람들은 특정한 능력에서 종단적인 감소를 보이는 반면, 어떤 집단 사람들은 같은 능력에서 안정적이거나 또는 수행의 개선을 보여 주기도 한다. 따라서 나이에 따른 전형적인 또는 평균적인 변화 기울기만으로는 집단 속의 다양한 개인이 어떻게 기능하는지를 정확하게 제시할 수 없다.

지능에 대한 이와 같은 관점에 기초하여 Baltes와 동료들은 지적 기능의 이중 요인 모델(the dual-component model of intellectual functioning)을 제안하였다. [그

▶ **다차원성**
우리의 정신적 활동은 각각 다른 특정 영역에서 수행

▶ **다방향성**
인간의 지적 능력은 각각 변화의 패턴이 다름

▶ **가소성**
개인의 지적 기능의 범위와 능력은 경험에 따라 다름

▶ **개인 간 다변성**
개인의 지적 능력의 변화는 각 개인이 가지고 있는 변인에 따라 다름

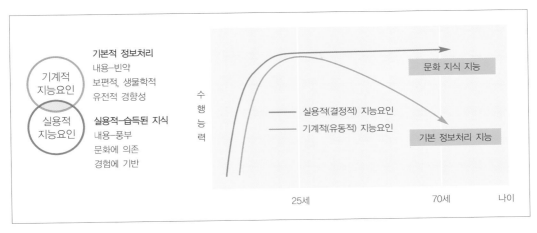

[그림 9-5] 발달에 따른 지능의 변화

출처: Baltes, Staudinger, & Lindenberger (1999), p. 487.

림 9-5]에서 볼 수 있듯이 첫 번째 구성 요인은 '기계적 지능'으로 마음의 신경병리적 체계다. 추리, 공간지향, 지각속도와 같은 정보처리와 문제 해결 지능과 관련된 사고의 기본적 측면이 포함된다. 기계적 지능은 아동기와 청소년기에 가장 많이 변화한다. 이런 능력은 학교에서 경험하는 복잡한 인지적 과제를 다루는 데 필요하다. 두 번째 요인은 '실용적 지능'으로 자신의 문화에 유용한 지식을 얻는 것으로 일상의 인지적 수행이나 적응과 관계있다. 언어 지식, 지혜, 실질적 문제 해결 등이 포함되며 주로 성인기에 성장한다.

　이 모형을 통해 성인기에 지능 발달이 어떤 경로로 가는지 예측할 수 있다. 만약 생물학적-유전적 힘이 더 많이 통제한다면 나이가 들면서 아래쪽으로 내려가지만 실용적 지능이 환경적 요소에 의해 더 강력하게 영향을 받으면 성인기에 좀 더 위쪽으로 올라간다(Cavanaugh & Blanchard-Fields, 2011 재인용). 이러한 차이는 개인의 유전과 환경, 경험에 따른 지능 변화의 개인차를 보여 준다.

　[그림 9-6]에서 볼 수 있는 것처럼 Schaie의 연구 결과(2005)를 분석해 보면 기본 정신 능력은 30대 후반 또는 40대 초반까지 계속해서 향상되는 경향이 있다. 50대 중반이나 60대 초반까지도 점수가 안정적으로 유지되다가 60대 후반이 되면 각 검사마다 일관되게 감소하는 경향이 있다. 어떤 사람들은 50대 중반에 감소를 보이기 시작하지만 이와 같은 감소는 70대 중반까지는 크지 않다.

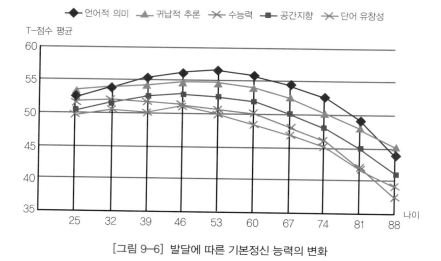

[그림 9-6] 발달에 따른 기본정신 능력의 변화

앞에서 언급한 Baltes의 지능의 이중 요인 모델과 관련해 보면 추론 능력, 언어 능력, 공간지향, 지각속도와 같은 기계적 지능요인은 성인기 동안 쇠퇴하는 양상을 보이고 노인기에 급격한 쇠퇴를 보이지만 실용적 지능요인, 즉 언어적 의미나 수능력은 상당히 안정적이고 60대와 70대까지 좋아지기도 한다. 때로는 매우 어렵고 복잡하고 스트레스를 야기하는 환경에 있을 때 지능이 낮아질 수 있다.

(2) 성인중기의 기본정신 능력 변화에 관한 연구

중년이 되면 갑자기 잘 알고 있던 단어가 생각나지 않거나 조금 전에 사용하던 물건을 어디에 두었는지 생각이 나지 않아 한참씩 찾는 경우를 종종 경험한다. 대부분 중년에 이런 경험을 하게 되면 지능이 나빠진다고 생각하는데 반드시 지능의 쇠퇴 때문은 아니다. 학자들은 연구방법과 연구 문제에 따라 중년의 인지 능력 변화에 대해 다른 결과를 제시하였다.

① 기본정신 능력의 변화

20세기 초에는 인간의 지능이 독립적인 몇 개의 능력으로 구성되었다고 생각했다. 1938년 Thurstone은 수, 단어유창성, 언어의 의미, 연합기억, 추론, 공간지향, 지각속도를 기본정신 능력(primary mental abilities)이라고 보았다. 그 후 많은 다른 연구에서 기본정신 능력은 25가지로 정교화되고 확대되었으나 이 25가지의 능력을 측정하는 것이 쉽지 않았다. Thurstone의 전통에 따라 25가지 능력을 다시 범주로 묶어 다음과 같은 다섯 가지를 기본정신 능력으로 분류하였다.

- 수능력(numerical facility): 수학적 추론에 기초한 기본 능력
- 단어유창성(word fluency): 사물에 대한 언어적 진술 능력
- 언어적 의미(verbal meaning): 개인의 단어 능력
- 귀납적 추론(inductive reasoning): 특별한 사실에서 일반적 개념으로 추정하는 능력
- 공간지향(spatial orientation): 3차원에서의 추론 능력

성인기의 기본정신 능력 변화에 대한 중요한 연구는 Schaie와 동료들이 수행한 발달에 따른 지능 변화에 대한 연구다. Schaie와 동료들(1994)은 앞의 5개 기본정신 능력에 정보처리 능력인 지각속도와 언어기억 능력을 추가해 종단연구를 실시하였다.

- 지각속도(perceptual speed): 빠르고 정확하게 시각적인 상세 내용을 찾거나 비교
- 언어기억(verbal memory): 의미 있는 언어 단위의 저장과 회상 능력으로 전통적으로는 이 개념에 단어유창성이 포함되지만 Schaie의 연구에서는 여기에 단어유창성은 포함되지 않음

Schaie와 동료들이 실행한 성인지능연구(Schaie, 1990, 1994, 1996b, 2005; Willis & Schaie, 2006)에 따르면 중년의 인지 능력은 일부 능력을 제외하고는 전성기라 할 수 있다. 중년의 인지 능력은 개인차가 상당히 크지만 대부분의 능력에 있어서는 최고의 수준을 유지하고 있는 것으로 나타났다. 논리, 어휘, 언어, 기억, 공간지향에서 중년의 참여자들의 점수는 자신들이 20세 때 얻은 점수보다 오히려 높았다. 최고 수행력에 도달하는 시기는 평균적으로 남성들이 약간 빨랐는데 50대 후반에 절정에 달했다. 남성들은 처리속도를 약간 더 오래 유지하고 공간지향 검사에서 전반적으로 더 높은 점수를 얻었다. 여성들은 언어기억과 어휘에서 남성들

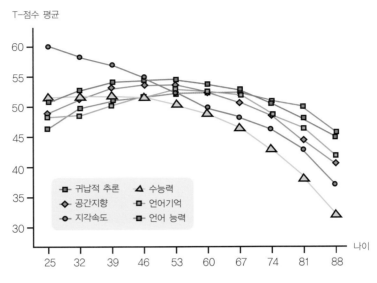

T-점수 평균

- 귀납적 추론 ▲ 수능력
- 공간지향 언어기억
- 지각속도 언어 능력

나이

[그림 9-7] 지각속도와 언어기억이 포함된 지적 능력의 변화

보다 점수가 높았고 60대 초반까지도 계속해서 점수가 높아졌다.

20세기 중반까지는 지능의 변화에 대한 판단 근거가 주로 횡단적 연구 결과에 근거하였다. 동일한 시점에 여러 세대의 사람들을 대상으로 지능검사를 실시하였는데 그 결과는 젊은이들보다 노인들의 점수가 낮았다. 이와 같은 결과를 노화에 따른 지능의 감퇴로 보는 것은 적절하지 못하다. 오히려 동시집단효과를 통제하지 못했기 때문일 수 있다. 즉, 노인 세대는 젊은이들보다 교육을 받을 기회가 적었고 직장에서 다양한 자극을 받지 못했으며, 상대적으로 덜 건강하기 때문이다. 따라서 실제 노인들의 지능보다 과소평가되었을 가능성이 높다.

Schaie는 1956년부터 22세부터 67세까지 5세 단위로 남성과 여성 각각 25명씩 500명을 대상으로 여섯 가지 기본정신 능력 검사를 7년마다(1956, 1963, 1970, 1977, 1984, 1991, 1998, 2005년) 동일하게 실시하고 계속해서 새 출생연도별 집단을 추가하였다. 이 연구로 성인기에 기본정신 능력이 어떻게 변화되는지를 확인하였고 순차적 설계(sequential designs)와 같은 새로운 연구방법을 개발해 동시집단효과를 통제하였다. 이 연구 결과, 나이와 관계된 지능 변화의 동일한 패턴은 없으며 획득과 손실이 동시에 일어나고 언어적 의미(verbal meaning) 능력은 노인이 될 때까지 계속 증대하였다. 대부분 참여자들의 지능은 상당한 정도의 안정성을 유지하였으나 어떤 사람들은 일찍 쇠퇴하였고 환경에 따른 가소성을 보이기도 했다(Willis & Schaie, 2006). 동시집단효과를 극복하기 위해서는 동일한 집단의 사람들을 주기적으로 전 생애 동안 지능을 검사하는 지속적인 종단적 연구가 바람직하다.

　이러한 연구를 통해 나타난 지능의 변화는 지능의 발달에 대한 일반적인 생각과는 다른 것으로 나타났다. 종단적 연구 결과, 성인의 지능은 상당히 안정적이며 30대 중반까지도 지능검사 점수가 증가하였다. 그러나 이와 같은 종단검사에서 사람들은 동일한 검사를 반복적으로 수행함으로써 더 편안하게 잘 수행하는 연습효과(practice effect)가 발생할 수 있다. 또 종단검사에서 연구참여자들이 점점 참여를 원하지 않거나 사망함으로써 신체적·심리적으로 건강한 사람들이 남게 되어 실제보다는 평균점수가 높아져 노인들의 점수가 과대평가될 가능성이 있다.

　[그림 9-8]에서와 같이 교육 기회가 제한되었던 19세기 말 출생집단에 비해 20세기 중반 출생집단은 언어적 의미와 공간지향, 귀납적 추론 능력이 훨씬 더 높다.

　이와 같이 출생연도별 집단에 따라 지능이 다른 동시집단효과의 원인은 교육의 양과 유형의 차이 때문이다. 노인 세대는 성인기 동안 지능 발달에 필요한 교육을 받을 기회가 적었다. 교육을 많이 받은 사람들이 일반적으로 인지적 능력을 유지하는 생활방식을 가지는 경향이 있다. 성인기에 지능이 높은 사람들의 특징은 대

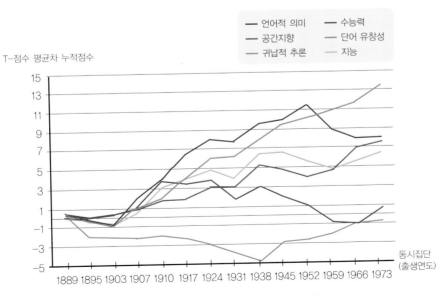

[그림 9-8] 동시집단에 따른 지적 능력의 차이

체로 교육 수준이 높고, 유연한 성격을 가졌으며 복잡한 인지적 능력과 활동을 요구하는 직업을 가졌고 배우자의 인지적 수준이 높으며 자신의 인생 성취에 대한 만족도가 높은 편이다.

그러나 21세기에도 이와 같은 비율로 출생연도별 집단에 따라 계속적인 차이를 보여 줄 것으로 기대할 수는 없다. 이미 다수에게 교육의 기회가 제공되는 21세기에는 동시집단효과가 크지 않을 수도 있다는 점을 주목할 필요가 있다.

② 유동지능과 결정지능

지능 변화에 대한 연구에서 고려해야 할 다른 문제는 지능검사가 주로 신체적 수행 능력과 관계 있다는 점이다. 즉, 나이가 들면 신체와 관련된 과제 반응시간이 길어지는데 지능검사 결과가 인지 능력의 변화라기보다는 신체적 능력의 변화일 수 있기 때문이다. 이런 점에서 정보처리 능력, 논리적 능력, 기억 능력과 같은 유동지능과 사람들이 학습과 경험을 통해 배우고 문제 해결 상황에 적용할 수 있는 정보와 기술, 전략 같은 결정지능으로 나눌 수 있다.

Horn과 Cattell(1967)은 지능을 두 가지 측면으로 구별하여 연구하였다. 그들은 지능을 유동지능과 결정지능으로 구별하였는데 '유동지능(fluid intelligence)'은 도형의 연속된 패턴을 찾는 것과 같이 지금까지의 지식과는 관계없이 새로운 문제를 해결하는 능력으로 관계의 지각, 개념 형성, 추론 능력 등으로 신경 상태에 의해 결정되는 능력이다. 반면 '결정지능(crystallized intelligence)'은 기억 및 정보 사용 능력으로 동의어를 찾는 것과 같은 능력이다. 주로 어휘검사, 일반적인 정보, 사회적 상황이나 딜레마에 대한 반응, 교육과 문화적 경험에 따른 지적 능력 등을 검사하여 측정한다.

이 두 지능의 발달은 서로 다른 발달적 경로를 보여 주는데 전형적으로 유동지능은 초기 성인기에 가장 수준이 높은 반면, 결정지능은 중년기를 거쳐 거의 노년기까지도 계속해서 발달한다. 지각속도와 같은 유동지능은 20세 초반에 최고 수준을 보이지만 작동기억 능력은 이때 이미 쇠퇴를 보인다. 이런 변화는 점진적으로 일어나며 기능적 손상으로 인한 것은 아니다. 신체적 운동은 인지 기능을 개선할 수도 있는데 특히 유동지능과 관계있다.

이전에는 유동지능은 유전적 요인에 의해 결정되고 결정지능은 경험과 같은 환경적 요인에 의해 결정된다고 보았지만, 최근에는 결정지능도 부분적으로는 유동지능에 의해 결정된다고 보고 있다. 유동지능이 학습을 효과적으로 할 수 있게 하여 결정지능 발달에 영향을 주기 때문이다(Salthouse, Pink, & Tucker-Drob, 2008).

　학습은 전 생애에 걸쳐 계속되지만 노인들은 젊은 성인들보다 배우는 것을 더 어려워한다. 예를 들어, 15세의 중학생과 70세 노인이 중국어를 배운다고 할 때 15세의 중학생이 훨씬 빨리 잘 배울 것이다. 그것은 15세가 외국어를 배우는 데 필요한 유동지능이 새로운 언어를 쉽게 배우는 데 영향을 주기 때문이다. 따라서 유동지능의 발달이 지속될 경우 결정지능 발달에도 긍정적 영향을 미칠 수 있다.

　유동지능과 결정지능은 발달에 따른 개인차도 존재한다. 유동지능의 개인차는 비교적 시간에 따라 상대적으로 일정한 편이지만, 결정지능의 개인차는 나이에 따라 커지거나 안정된 상태로 남아 있다. 결정지능은 개인이 그것을 사용하는 데 필요한 환경에 있는가가 중요하다. 예를 들면, 유동지능검사에서 사용하는 복잡한 문자 시리즈 과제를 연습하는 사람은 거의 없지만, 자신의 어휘 능력을 독서를 통해 발전시키기도 하고 얼마나 많이 책을 읽었는지에 따라 개인차가 생길 수 있다. 결국 유동지능이 새로운 상황에서 학습할 수 있는 힘을 제공하는 역할을 한다면, 결정지능은 자료들이 다소 친숙할 때 풍부한 지식 기반을 제공한다.

　우리나라 성인의 유동지능과 결정지능의 변화도 이런 연구 결과와 거의 유사한 것으로 나타났다. 결정지능 발달에 관한 추정선(1986)의 연구 결과, 36~42세에 감퇴가 시작되어 46~52세에 급격한 감퇴가 나타난다고 보고하였다. 영역별로는 수리, 언어 능력 등 학업적 능력을 측정하는 과제에서 의미 있는 감퇴가 있었으나 사회적 능력을 측정하는 과제에서는 의미 있는 감퇴현상이 나타나지 않았다. 특히 사회경제적 지위는 결정지능의 감퇴에 중요한 요인으로 나타났는데 사회경제적 지위가 높은 성인은 성인기 이후에 지능 감퇴가 적은 반면, 낮은 계층의 성인은 결정지능의 유의미한 감퇴가 나타났다. 윤진(1992)이 20대 대학생과 60대 성인에게 어휘검사(결정지능)와 토막짜기(유동지능), 일상적 문제 해결 검사를 실시하였는데 일상적 문제 해결 검사 수행은 성인초기와 후기에 유의미한 차이가 없었으나 어휘검사는 성인후기 집단이, 토막짜기 검사는 성인초기 집단이 유의미하게 더 우수한 수행 능력을 보였다.

2) 기억 능력

40대가 되면 사람들은 금방 사용하던 휴대폰과 자동차 열쇠를 찾는 일이 잦아지면서 자신의 기억 능력 저하에 불안감을 갖게 된다. 늘 걸던 동생의 전화번호를 잊어버리거나 냉장고를 열면서 무엇을 꺼내려고 했는지 기억이 나지 않으면 기억 능력의 변화에 대해 걱정하게 된다. 그러나 성인중기의 기억 변화에 대한 연구에 따르면 대부분의 중년 사람들은 최소한의 기억 손실을 겪는 것으로 나타났다. 사회 통념상 나이가 들면 건망증이 생기는 것으로 생각하지만 실제는 그 이전부터 사람들은 건망증을 가지고 있던 것이 사실이다. 젊을 때는 자신의 건망증에 대해 별로 신경을 쓰지 않지만 나이가 들면서 건망증을 자신의 기억 능력 감퇴로 인식하는 경향이 있다(Chasteen et al., 2005; Hess, Hinson, & Hodges, 2009).

정보처리이론의 관점에서 보면 감각기억과 단기기억은 중년기 동안 거의 약화되지 않지만 장기기억은 약간 다르다. 나이가 들면서 장기기억 능력이 감퇴되는 것은 기억이 희미해지거나 기억의 손실이라기보다는 나이가 들면서 정보를 덜 효율적으로 저장하거나 기억에 저장되어 있는 정보를 인출하는 데 비효율적이 되기 때문이다.

중년기의 기억 능력 쇠퇴는 상대적으로 크지 않으며 다양한 인지적 전략으로 보충할 수 있다. 처음 어떤 상황을 접할 때 좀 더 집중하게 되면 이후 회상하는 데 도움이 된다. 열쇠를 어디에 두었는지 기억을 못하는 것은 기억의 감소와 거의 관계 없으며 그것을 둘 때 부주의했기 때문이다.

사람들이 정보를 회상하는 방법 중 하나는 우리 기억에 저장된 조직화된 정보인 도식(schema)을 사용하는 것이다. 도식은 사람들이 조직된 방법으로 표상하는 것을 돕고 정보를 범주화하고 새 정보를 해석하는 것을 도와준다. 중년의 사람들이 자신에게 익숙한 도식을 효과적으로 사용하면 잘 회상할 수 있다.

중년기에는 요점기억(verbatim effect)이 그대로 유지되거나 더 좋아지기도 한다. 요점을 사용해 핵심에 효과적으로 접근하며 이질적인 실마리들을 묶어 새로운 전체를 만드는 성향이 있다. 중년 이후에 이름을 기억하는 것과 같은 기능은 쇠퇴하지만, 판단하는 능력은 더 우수해진다. 뇌가 지식을 층층이 서로 얽고 연결망의 패턴을 형성하기 때문에 상황의 유사성을 인식하고 바로 해결책을 찾아낸다

(Strauch, 2011).

　개인의 지능이나 사회경제적 변인 또한 지적 기능의 변화와 관계있다. 직업에 따라 요구되는 인지적 능력이 다르기 때문에 어떤 직업에서 계속 그 일을 하게 되면 그 능력은 덜 저하된다. 심리측정적 지능과 실용적 지능의 변화를 연구하면 은행 관리자의 실용적 지능을 측정했을 때 나이에 따라 심리측정적 지능은 감소하였지만 묵시적(tacit) 지식과 관리 기술 같은 실용적 지능의 저하는 나타나지 않았다.

　종단적 연구에서도 성인이 나이가 들수록 직업의 복잡성 수준이 그들의 지적 기능 수준에 계속 영향을 미치는 것으로 나타났다(Schooler et al., 1999). 복잡한 사고와 독립적인 판단을 요구하는 직업은 사람들의 지적 능력을 향상시키는 반면, 복잡한 과정을 요구하지 않고 단순한 일을 반복적으로 하는 직업은 지적 기능 수준을 오히려 감소시킨다. 직업 복잡성의 긍정적 효과는 젊은 노동자들보다 나이 든 사람들에게 더 높게 나타났다(Schooler & Caplan, 2009).

　또한 높은 교육과 높은 사회경제적 변인은 지능 감소의 비율을 늦추는 경향이 있다. 성인기 동안 자극적 환경에 노출되고 문화를 활용하며 교육적 자원을 이용하고 사회 활동에 참여할 때 지능이 덜 감퇴된다(Schaie, 2008; Zunzunegui et al., 2003). 1980년대 말 중국의 상하이에 살고 있는 5,000명을 상대로 한 역학조사에서 교육을 받지 못한 사람들이 중학교나 초등학교를 나온 사람들보다 치매에 걸릴 위험이 두 배나 높았다. 이후 프랑스와 이탈리아, 스웨덴, 이스라엘에서 실시된 치매율 조사에서도 유사한 결과들이 나왔다(Strauch, 2010 재인용). 최근 연구 결과, 고독은 급격한 인지적 능력의 감소와 관계있으며, 높은 수준의 사회적 참여는 치매 발병 위험을 감소시키며 인지 능력의 감소 위험을 줄여 준다(Wilson et al., 2007).

　이시형(2009)은 중년은 경험을 통한 원숙미, 폭넓은 인맥을 바탕으로 한 정보력, 축적된 경제력 등을 가지고 있어 에이징 파워(aging power)라는 자산을 가지고 있다고 주장한다. 여기에 더해 계속해서 공부를 하면 해마의 신경세포가 증식해서 더 생기발랄한 삶을 살 수 있다. 나이 들어 하는 공부는 실생활의 문제 해결에 도움이 되고 당장 써 먹을 수 있어서 응용을 잘하게 되면서 창의적인 지혜를 얻을 수 있기 때문이다. 나이가 들면 자기 자신에 대해 더 잘 알기 때문에 어려움이나 스트레스를 잘 극복할 수 있고 물질적 · 정서적 투자를 더 많이 할 수 있는 여유를 가지고 있으며 자신의 성취에 대한 만족감이 크다. 최적의 뇌 컨디션을 만들어 주고 행복감을 느끼기 위해서는 세로토닌이 필요하다. 세로토닌은 정서적이거나 감정적인 행위, 수면이나 기억, 식욕 조절 등에 관여하며 인간의 몸과 정신에 생기와 활력을 불어넣어 주는 호르몬으로, 씹고 걷고 심호흡하고 사랑하고 사람들과 모여 있을 때 분비된다.

활력이 넘치는 뇌를 위한 일곱 가지 습관은 다음과 같다(서유헌, 2014).

- 감정의 뇌를 다스려야 뇌가 장수한다: 단조로운 일상에서 벗어날 수 있는 새로운 일을 찾아 감정의 뇌에 즐거운 자극을 준다.
- 죽을 때까지 배운다: 뇌세포는 신선한 자극을 멈추면 죽는다. 전뇌를 활용하여 뇌의 호기심을 채운다.
- 많이 움직인다: 잘 쓰지 않는 신체기관은 쇠퇴하므로 온몸을 적극적으로 사용한다.
- 잘 먹는다: 식욕에 따라 필요한 만큼 균형 있게 잘 먹어야 장수한다.
- 표현한다: 적극적으로 표현하여 마음의 환기를 한다.
- 잘 쉰다: 건강한 성생활을 즐기고 숙면을 취한다.
- 줄인다: 음주·흡연, 스트레스를 줄이면 뇌의 수명이 길어진다.

3) 중년의 전문성과 직업 만족

중년에 나타나는 점진적인 지적 능력의 감소에도 불구하고 그들이 사회에서 중요한 역할을 맡거나 책임지는 이유는 무엇일까? 전형적인 인지기술 검사에서 측정하는 내용과 특정한 직업에서 성공하는 데 필요한 인지 능력의 유형이 다르기 때문이다. 전통적인 지능검사와 직업에서 필요한 실용적 지능이 다르다. 중년의 경험은 그들의 판단 능력과 문제 해결력을 더 높일 수 있다.

1951년생인 조종사 Chesley Sullenberger 3세는 2009년 1월 15일 US Airways 항공기를 운항하던 중 비행기 엔진 속으로 날아든 거위 떼를 피해 엔진을 끄고 허드슨 강에 불시착하여 150여 명의 승객이 전원 생존했고 비행기도 부서지지 않았다. 그와 함께 활약한 비행기 승무원, 예인선과 여객선 선장도 모두 경험이 많은

허드슨 강에 무사히 착륙한 비행기(좌)와 조종사 Chesley Sullenberger 3세(우)

중년으로 침착하게 비상착륙을 지휘해 승객들을 안전하게 대피시켜 피해를 모면할 수 있었다. Taylor의 3년에 걸친 조종사 연구에서도 나이 든 조종사들이 새로운 것을 따라 잡는데는 시간이 걸렸지만, 비행기를 있어야 할 곳에 유지시킨다는 가장 중요한 목적에 있어서는 젊은 조종사들을 능가한 것으로 나타났다(Taylor et al., 2007).

중년기의 인지적 능력은 오랜 경험으로 인해 도전적이고 현실적인 문제를 효율적으로 잘 처리할 수 있다. 더구나 요즘의 중년기 사람들은 과거에 비해 다양한 경험들을 가지고 있고 변화하는 사회 속에서 지속적으로 학습의 기회를 가지기 때문에 전문성이 오히려 증가한다. 유명한 레오나르도 다 빈치는 54세에 그의 대표작 〈모나리자〉를 완성했고, 알프레드 히치콕은 그의 대표적인 스릴러 영화들을 50세 이후에 주로 제작하였다. 우리 사회 대부분의 지도자들이 중년기인 것도 중년의 전문성을 증명한다고 볼 수 있다.

한편 중년에 사회에서 중요한 역할을 맡은 사람은 중년기의 모든 사람들이 아니라 아주 소수의 성공한 사람들이라고 보는 입장도 있다. 대부분의 중년의 사람들은 직업에서 은퇴하거나 병들거나 활동을 줄이지만, 중년에 사회의 리더로 일하는 사람들은 중년의 사람들 중에서 특별히 우수한 소수 집단일 수 있다. 사회에서 리더로 살아가는 데 필요한 능력으로는 이 시기에 저하되는 인지적 능력보다는 경험을 통해 발달된 문제 해결 능력과 판단력이 더 중요하다. 중년이 되면 새로운 것을 기억하는 능력이나 빠른 신체적 반응을 보이는 것은 젊은이들만큼 할 수 없지만, 전문적인 수행에 필요한 능력과 경력을 통한 판단 능력은 저하된 능력을 충분히 보상할 수 있기 때문이다.

이와 같이 자신의 손실된 부분을 보상하기 위해 특별한 기술에 집중하는 것을 **선택적 최적화**(selective optimization)라고 한다. 즉, 중년과 노년기의 인지적 능력은 성장과 쇠퇴가 모두 일어나는데 생물학적 퇴화로 인해 어떤 능력은 저하되지만 자신의 기술을 강화하기 위한 다른 기술을 발달시켜 궁극적으로는 안정되거나 때로는 더 우수한 능력을 계속해서 유지할 수 있게 된다(Baltes & Carstensen, 2003). 나이가 많은 타이피스트의 타이프 치는 시간은 젊었을 때보다 느려지지만, 대신 그들은 타이프해야 할 자료들을 미리 봄으로써 느려진 반응시간을 보충한다. 피아니스트 Arthur Rubinstein은 나이가 들면서 새로운 기교를 사용했는데 빠른 악절에 들어가기 전에 속도를 늦춤으로써 노화로 인한 연주속도의 감퇴를 보충하고 인상적인 대비를 보여 주었다.

산업화된 사회에서 직업은 나이와 밀접한 관련이 있다. 청소년이나 청년은 공부하는 학생의 역할을, 성인초기와 중년기에는 직업을 가지고 일하는 직장인으로, 노년기에는 은퇴 후 여가를 즐기는 것으로 인식하였다. 그러나 지식정보화 사회로 변화하면서 평생학습 사회에서는 전 생애 동안 배워야 하고 자신의 능력에 따라 계속 새로운 직업을 선택하게 되었다. 또한 사회의 급격한 변화와 기술 개발, 세계화로 인한 경쟁이 더 강화되면서 평생직장보다는 비정규직 일자리가 늘어나고 갑작스런 해고를 경험하게 되었다. 이와 같은 상황에서 사람들은 직업에 대한 유연성과 계속 교육을 받지 않을 수 없게 되었다. 회사는 점점 더 시장의 변동에 맞추어 변화하기 때문에 직업을 가지기 위해서는 계속적인 역량 개발과 훈련이 필요하다. 중년에도 자신의 직업을 유지하고 경력을 개발하기 위해 계속해서 공부하지 않으면 안 되는 현실이다. 세계경제포럼(World Economic Forum: WEF)이 'Future of Jobs Report 2020'(2020)에서 15개 산업분야, 291개 글로벌 기업을 대상으로 최고경영자 등 비즈니스 리더에 대한 설문과 민관의 최신 자료를 종합한 보고서에서 설문에 참여한 80% 이상의 기업들은 코로나로 인해 작업 과정의 자동화를 가속화하고 원격작업을 확대하고 있으며 현재 수행하고 있는 업무를 위한 직업능력개발(upskilling)과 새로운 직무에 필요한 스킬을 배우는 직무역량 개발(reskilling)의 디지털화와 프로그램의 실행을 가속화하고 있는 것으로 나타났다.

자신의 능력 개발을 위한 계속적인 전문성 개발과 함께 후세대와 후배들이 어

선택적 최적화
생물학적 노화로 인한 능력 감소를 보충하기 위해 다른 능력을 발달시켜 궁극적으로 자신의 능력을 유지함

려움을 겪지 않도록 도와주는 멘토로서의 역할은 중년에 의미 있는 경험이다. Erikson이 중년의 생산성(generativity) 개념에서 제시한 것과 같이 자신만을 위해서가 아니라 사회를 위해 무엇인가 도움이 되고 후배를 키우고 양성하는 것은 중년 자신에게도 상당히 보람된 경험이다. 전문성을 갖춘 멘토는 교사로서, 스폰서로서, 모델로서 그리고 카운셀러로서 후배를 지원하는 역할을 한다. 실수나 어려움을 겪지 않도록 정보를 제공하거나 긴밀한 관계를 통해 능력 개발과 심리적 · 사회적 복지 차원에서 도움을 주면 멘토의 도움을 받은 멘티에게는 상당히 중요한 경험이 되고 성공의 가능성이 높아진다. 멘토링 과정에서 멘토와 멘티 간 형성된 강한 신뢰는 업무성과를 높여 주는 것은 물론 구성원들 사이의 유용한 상호관계는 직무 스트레스를 낮추는 긍정적 결과를 갖게 하기도 한다(박현희, 이승민, 2012). 여성 멘토와 남성 멘토의 지원 방식은 차이가 있는데 남성 멘토는 좀 더 경력에 대한 멘토의 역할을 하는 반면, 여성 멘토는 심리적 멘토링을 하는 경향이 있다(Allen & Eby, 2004). 남성 멘티보다 여성 멘티는 직장에서 필요한 기술을 배울 수 있는 기회가 적기 때문에 멘토의 도움이 더 많이 필요하지만 여성 멘티들은 좋은 여성 멘토를 찾기가 쉽지 않다. 그 이유는 멘토로서 역할을 해 줄 수 있는 직장에서 성공한 여성의 수가 적고 여성 멘티와 남성 멘토는 불편한 경우가 될 수 있다.

직업 만족은 자신의 일에 대한 평가 결과에 느끼는 긍정적 느낌으로, [그림 9-9]에서 볼 수 있듯이 중년 이후 꾸준히 증가하는 경향이 있다(Hochwarter et al.,

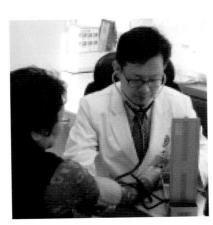
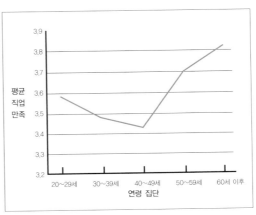

[그림 9-9] 발달에 따른 직업 만족의 변화

2001). 대체로 중년기에 사람들은 자신의 직업적 의미와 목표를 높이려는 시도를 한다(Levinson, 1996b). 중년에 직업 만족도가 높은 이유는 자신의 직무 계획과 직무 활동을 통제할 수 있는 가능성이 높고 합리적인 작업량과 좋은 물리적 작업 조건을 가지기 때문이다. 또한 중년은 다른 직장으로 옮겨 갈 수 있는 대안이 상대적으로 적기 때문에 실제 성취와 가능한 성취에 대한 지각의 차이가 줄어 직무 수행이 증가하며, 나이 든 근로자들은 젊은 근로자들에 비해 무단결근이나 이직, 사고율이 낮고 직업 생산성의 변화가 적다(Warr, 1994).

3. 심리사회적 발달

1) 인성의 변화

전 생애의 전망으로 보면 중년기는 변화(change)와 계속성(continuity)의 두 가지 측면을 모두 가지고 있다. 나이가 들면서 젊을 때와는 달리 신체적 특성이나 성격이 변하기도 하지만, 자신의 특성을 그대로 유지하기도 한다. 중년이 되면 수명의 유한성에 대한 자각이 증가하고 인생의 다양한 경험을 가지며 생성적 관심들이 증가한다. 인생 초기의 경험이 후반기의 삶에 결정적인 영향을 주는 것은 아니며 중년 초기와 후기의 삶이 같을 수도 있지만 다를 수도 있다. 사회적 변화로 사람들의 삶이 다양해지면서 40대와 60대에 어떤 삶을 사는 것이 전형적인 삶이라고 말하기 어려워졌다. 어떤 사람은 40대에 첫아이를 낳는가 하면 어떤 사람은 그때 이미 조부모가 되기도 한다. 어떤 사람은 중년기에 제2의 인생을 시작하는가 하면 조기 은퇴로 직업 활동을 정리하기도 한다. 이처럼 중년기는 개인차가 큰 시기다.

특히 동시집단과 성별, 민족, 문화, 사회경제적 지위는 발달 과정에 중요한 영향을 미치는 요인들이다. 지금 중년이 된 여성의 삶의 경로는 전적으로 가족을 위해 살아온 그녀의 어머니와 매우 다를 뿐 아니라 지금 막 대학원을 졸업하고 결혼보다는 경력을 개발하려는 딸과도 많이 다를 수 있다. 또한 그녀가 남성이었거나 전혀 다른 사회경제적 배경하에서 성장했다면 그녀의 발달 경로는 또 다를 수 있다.

중년기의 인성발달은 비교적 안정적이다. Freud는 50세가 넘은 사람의 심리치료에 대해 관심을 갖지 않았는데, 이 나이 무렵이면 인성이 완전히 형성된다고 믿었기 때문이다. 인본주의 심리학자인 Maslow나 Rogers는 중년기를 긍정적 변화의 기회를 가질 수 있는 시기로 보았다. Maslow는 자신의 잠재력을 실현하는 자아실현(self-realization)이 인격적 성숙과 함께 가능하다고 보았고, Rogers도 완전히 기능하는(self-functioning) 인간이 되기 위해서는 평생 동안 계속해서 자아와 경험과의 조화가 이루어져야 한다고 주장하였다. 여러 종단적 연구 결과, 인성의 발달은 안정성과 변화가 내포되어 있지만 변화의 유형과 그 영향에 대해서는 이론마다 접근과 해결책이 다르다.

(1) 규범적 위기와 생의 사건

성인기 동안의 인성발달에 대한 규범적 위기 모델(normative crisis models)은 특정 나이에 대부분의 사람이 공통적으로 겪는 각 시기별 특성에 따라 연속적인 단계를 나누어 인간의 발달적 특성을 설명하는 모델이다. 이 모델은 각 단계에서 일어나는 개인의 삶의 목표와 일, 관계 등에 따라 인성이 변화한다고 본다. 각 단계마다 특정한 위기가 있는데 예를 들어, Erikson의 심리사회적 발달이론을 통해 사람들이 전 생애 동안 각 단계에서 어떤 위기를 경험할지 예측할 수 있다. 그러나 과거에는 사람들의 나이에 따른 발달을 대체로 예측할 수 있었지만, 사회의 변화가 많고 여성과 남성의 역할이 상대적으로 유사해진 현대와 같은 상황에서는 이와 같은 규준적 접근으로는 설명할 수 없는 것들이 많다.

오히려 나이보다는 성인기의 특별한 사건이 인성발달 과정을 결정할 수 있다. 예를 들어, 21세에 첫아이를 낳은 여성과 39세에 첫아이를 낳은 여성은 나이는 다르지만 인성발달에서 얻는 심리적 힘(psychological force)은 비슷하다.

두 접근 방법 중 어느 것이 인성의 발달과 변화에 대해 더 정확한 모델을 제시할 수 있는지 확신하기 어렵지만 분명한 것은 중년기는 심리적 성숙이 계속되는 중요한 시기라는 점에서 두 접근 모두 같다.

(2) Jung의 개성화와 초월성

스위스 심리학자인 Jung은 건강한 중년은 개성화(individuation), 즉 이전에 부

> **▶ 규범적 위기 모델**
> 대부분의 사람이 특정한 시기에 공통적으로 겪는 발달적 특성을 설명하는 모델

정되었던 인성의 갈등요소들의 균형과 통합을 통한 진실된 자아가 출현하는 시기로 보았다. 서로 극단을 이루는 외향성과 내향성, 심리 기능인 감각과 직관, 사고와 감정의 합일을 통해 원만한 성격이 되어 가는 과정이다. 약 40세 이전까지 사람들은 가족과 사회가 요구하는 의무를 다 하는 데 집중하고 자신의 외적 목표를 달성하는 데 필요한 인성적 측면을 발달시킨다. 여성은 표현을 잘하고 양육(nurturance)을 중시하는 반면, 남성은 성취 지향적인 특성을 보인다. 그러나 중년이 되면 사람들은 자신이 이전에 몰두하던 것으로부터 내적·영적 자아로 옮겨 가면서 개성화가 두드러지게 된다. 남성과 여성은 모두 자신이 이전에 소유하지 않았던 다른 성의 특성과의 통합(union of opposites)을 추구하게 되어 양성적이 된다. 따라서 중년의 남성은 점차 가정과 자녀에 대한 관심이 많아지고 내향적이 되는 반면, 가정에서 자녀에게만 관심을 가지던 여성은 사회적 활동에 관심을 가지며 적극적이고 외향적인 성향으로 바뀌게 된다. 남성의 남성성과 여성의 여성성이 줄어들면서 성역할 고정관념에 의한 행동보다는 균형 잡힌 성역할 프로파일로 바뀌게 된다([그림 9-10] 참조).

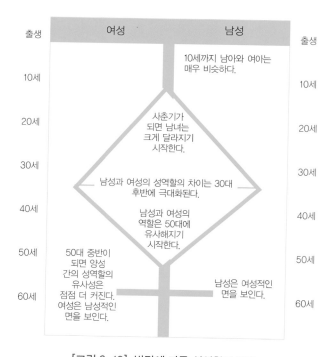

[그림 9-10] 발달에 따른 성역할의 변화

(3) Erikson의 생산성 대 침체 단계

[그림 9-11]에서와 같이 Erikson은 그의 발달이론에서 성인중기를 생산성 (generativity)대 침체(stagnation)의 시기로 보았다. Jung이 중년을 내적으로의 전환의 시기로 보았다면 Erikson은 외적으로의 전환의 시기로 보았다. 이 시기에 성숙한 성인들은 다음 세대를 지도하고 가족과 지역사회, 직장, 사회에 기여하는 것을 통해 자신을 영속화하는 데 관심을 가진다. 중년들은 미래의 세대를 지도하고 안내하고 격려해 주는 멘토의 역할, 자녀 양육에 힘쓰는 부모 노릇, 예술적이고 창의적인 작품을 통해 자신의 생산성에 대한 욕구를 만족시키기 위해 노력한다.

그러나 이 시기에 심리적 성숙이 부족한 사람은 자신의 심리적 발달이 침체되는 것을 경험하게 된다. 그들은 자기도취적이거나 자기몰두적인 성향을 갖는다. 또한 자신의 인생과 일이 쓸모없거나 시시하다고 생각한다. 자신은 이 세상에 단지 제한된 기여만 한다고 느끼고 거기에만 초점을 두게 되어 자신의 존재를 아주 작게 느낀다. 살아가기 위해 버둥거리는 자신에 대해 좌절하거나 지겹다는 느낌을 가진다.

중년기에 지역사회에 대한 자원봉사나 정치적 활동은 생산성의 표현이다. 실제로 자원봉사는 성인초기와 중년기에 증가한다. 55세 이후 약간 감소하지만 65세 이후 다시 증가하는 경향이 있다. 이는 중년이나 노년이 되면서 식구를 돌보는 일이나 직장의 책임으로부터 자유롭게 되어 더 높은 수준의 생산성을 표현하려는 욕구를 가지기 때문이다. 참여를 통한 생산성은 사회에 의미 있게 기여한다는 느낌을 통해 중년의 복지와 만족감과 연결된다. Erikson의 발달이론은 Vaillant와 Levinson의 연구에 영향을 미쳤다.

[그림 9-11] Erikson의 심리사회적 발달단계와 성인중기

(4) Vaillant의 인생 적응

Vaillant(1977)는 1938년 Grant 연구를 위해 18세의 신체적·심리적으로 건강한 하버드 학부생 268명을 선발하였고, 그들이 중년이 된 1977년에 그들의 전형적인 발달 패턴을 연구하였다. 그는 내면으로의 전환에 대한 Jung의 개념에 관심을 가졌고, 중년기 성차의 감소와 남성의 중년기 양육에 대한 관심과 표현적 성향을 연구하였다.

중년의 하버드 졸업생들의 생산성은 40세 때 50%, 60세에 83%로 높아졌다. 직장에서 다른 사람에 대한 책임감과 자선단체에 대한 기부나 아이들의 성취 등을 기준으로 측정했을 때 50세 무렵에 가장 잘 적응한 사람들이 가장 생산적이었다. 45세에서 55세 무렵에 사람들은 자신의 삶의 의미를 찾으려고 노력하였고 타인의 강점과 약점을 수용하는 능력의 발달을 통해 그 의미를 지키려 노력하였다. 비록 세상이 완전하지 않고 단점이 많지만 그들은 이 세상을 지키기 위해 최선을 다하고 비교적 만족하였다.

(5) Levinson의 생애 구조

Levinson은 그의 예일 대학교 동료들과 함께 35세에서 45세 남성 40명의 성격검사와 심층 인터뷰를 기초로 생애 구조(life structure)에 기초한 인성발달이론을 연구하였다. 생애 구조는 인생의 기초가 되는 설계로 특정 시점에서 개인이 선택한 삶의 양식이다. Levinson은 [그림 9-12]에서와 같이 인생주기가 대략 25년씩 지속되는 일련의 시기를 통해 전개된다고 보았다. 아동기와 청소년기(0~22세), 성인전기(17~45세), 성인중기(40~65세), 성인후기(60세 이후)의 네 시기로 구분하였고, 각 시기가 시작하는 시점에 과도기가 있다고 보았다.

Levinson에 따르면 중년의 성인들은 자기 자신과의 관계, 사람들과의 관계를 재평가하기 위해 4개의 발달 과제에 직면해야 하는데 자기 내부의 2개의 대립된 경향을 화해시킴으로써 내적 조화를 얻게 된다고 하였다. 중년기의 네 가지 발달 과제는 다음과 같다.

• 젊음과 늙음: 중년기가 되면 어떤 젊음의 특질은 포기하고 어떤 것은 그대로 유지하거나 변화되어야 한다. 이를 통해 나이 먹는 것의 긍정적 의미를 알게

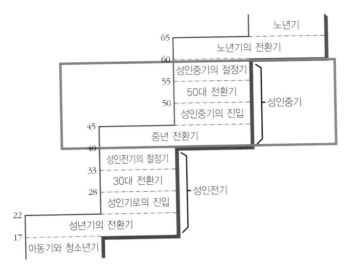

[그림 9–12] Levinson의 인생주기

된다.

- 파괴와 창조: 지금까지 자신의 생활이 주변 사람들에게 고통을 주거나 파괴적인 행동을 해 온 것을 반성하고, 자신과 주변 사람들에게 가치 있는 결과를 만들고 인간 복지를 향상시키는 행동에 참여한다.
- 남성성과 여성성: 중년이 되면서 남성들은 더 공감하고 양육에 관심을 보이는 반면, 여성들은 자율적이 되며 자기주장이 더 강해진다.
- 참여와 분리: 주로 사회적 활동에 참여하던 남성은 점차 자신의 야망과 성공으로부터 물러나 자신에게 더 관심을 가지는 반면, 여성들은 좀 더 적극적으로 사회적 활동이나 공동체에 참여한다.

Vaillant와 Levinson의 연구를 우리에게 적용해 보면 때로 우리 문화와 맞지 않는다는 느낌을 가질 수도 있다. 그들의 연구는 샘플의 제약과 방법론의 약점을 가지고 있으며 문화적 차이를 고려하지 않았다는 점을 주의할 필요가 있다. Levinson의 첫 연구는 남성들만 대상으로 하였으나 그 후 45명의 여성에 대한 연구를 추가로 하였는데 여성도 남성과 비슷한 발달적 패턴을 보였다. 남성과 여성의 역할에 대한 전통문화의 차이가 인생의 구조를 형성하는 데 심리적·환경적 제약으로 작용하기도 하였다.

2) 중년의 위기

40대 초·중반 동안 성격과 라이프 스타일의 변화는 인생을 재평가하면서 스트레스를 받게 되는데, 이를 중년의 위기(midlife crisis)라 한다. 중년의 위기는 청소년기 이후 두 번째 정체성의 위기다. 많은 사람들은 이때쯤 되면 자신이 젊었을 때 가졌던 꿈을 실현할 수 없다는 것을 알게 되고, 꿈이 실현되었다고 하더라도 기대했던 것만큼 만족하지 못한다는 것을 알게 된다. 만약 인생의 목표를 바꾸기 원한다면 더 이상 지체하지 말고 실행해야 한다고 생각한다. Erikson과 같은 이론가들은 중년의 성인들이 몇 가지 중요한 도전에 직면하고 그 문제를 해결하면서 새로운 자신을 발전시키게 된다고 생각하였다.

Erikson은 중년기에 자신의 관심과 목표의 우선순위가 근본적으로 변화하는 것을 경험한다고 하였다. Jung도 성인은 중년의 위기를 경험할 수 있다고 믿었으며 성인기에 안정과 전환의 기간을 교대로 경험한다고 하였다. Levinson은 중년의 혼란은 자신의 삶을 재구조화하는 데 필요한 갈등이며 불가피한 것으로 보았다.

여러 이론에서 중년의 위기가 다루어지긴 하지만 이 위기는 중년의 모든 사람들이 경험하는 것은 아니다. 수십 년 동안 많은 연구들은 사람들이 중년의 위기로 인한 어려움을 겪는다는 것을 입증하는 데 실패하였다. Burns와 Leonard(2005)는 호주 중년 여성 60명과의 심층면담을 진행하였는데, 그들은 자신의 과거 대부분의 시기보다 중년이 인생에서 더 만족스러운 시기로 인식하였다. 그들은 중년을 새로운 것을 시도하고 오래된 습관을 뒤로 하고 떠나는 '새로운 출발'의 시기로 묘사하였다. 맥아더재단 연구네트워크(Macarthur foundation research network on successful midlife development)의 성공적인 중년기 발달에 관한 연구에서도 다른 연령대에 비해 중년에 위기가 더 자주 일어난다는 증거는 찾지 못하였다. 오히려 40~60세 사이에 안녕(well-being)의 느낌이 증가하였으며 연구에 참여한 대부분이 자신이 생산적이라고 느꼈고 의미 있는 활동에 참여하였으며 자신의 삶을 적절하게 통제하고 있다고 느꼈다.

여성과 남성을 대상으로 인터뷰나 검사지 등을 활용한 다양한 방법을 사용하여 연구한 결과, 기대하지 않았던 사건(예: 이혼이나 직업을 바꾸는 것)이 규범적인 중년의 사건보다 더 스트레스를 주는 것으로 나타났다. 중년의 위기가 매우 특별한 것처럼 보여 어떤 사람들은 중년에 위기와 혼란을 경험하기도 하지만 다른 사람들은 중년에 자신의 힘의 절정을 느끼기도 한다. 사람마다 중년기에 위기감이나 자신의 능력에 대한 자신감을 얻는 시기와 영역이 다르다.

중년의 여성들이 신체적 · 심리적 변화에 잘 적응하기도 하지만 중년의 여성이 느끼는 위기감은 남성보다 클 수 있다. 우리나라 가정에서는 아직도 가부장적 의식과 제도가 잔존하고 있으며 중년의 여성들은 윗세대와 아랫세대의 중간에 낀 세대로 자기정체감이 분명치 않은 삶을 살아오면서 삶의 목적이나 의미를 상실하거나 자신의 삶에 대한 후회, 억압된 분노감 등의 신체적 · 심리적 증상을 겪기도 한다(이우경, 2008). 우리나라 35~59세까지의 직장 남성 825명을 대상으로 한 개방형 설문조사에서 50% 정도가 중년의 비유에 대해 '위기, 서글픔' 등과 같은 부정적 용어로 표현하였고, 중년기의 발달 과업으로는 50% 정도가 '경제적 안정'을 꼽은 반면, 하고 싶은 일로는 50%가 '개인적 여가'를 꼽았다(김경은 외, 2011).

중년은 중요한 하나의 터닝포인트라고 할 수 있다. 의미 있는 삶의 목적과 방향으로 전환하는 데 중요한 변화의 시점이다. 터닝포인트로서 중년기는 인생의 주요한 사건과 규준의 변화 또는 과거 경험에 대해 긍정적이든 부정적이든 새로운 이해를 갖게 되는 시점이 될 수 있다.

중년의 터닝포인트가 위기인지 아닌지는 나이보다는 개인의 환경 및 자원과 더 관계가 있다. 자아탄력성(ego resilience)이 높은 사람들은 중년의 변화를 다룰 수 있는 인성 자원을 가지고 있어 변화와 성장의 기회로 중년기를 경험한다. 반면 자아탄력성이 낮은 사람은 중년기를 정체와 쇠퇴의 시기로 경험한다. 신경증이 심한 사람은 중년의 위기를 상대적으로 더 심각하게 경험한다.

자아탄력성을 가진 사람과 그렇지 못한 사람의 특성은 〈표 9-3〉과 같다.

중년 부부가 위기감을 줄이고 보다 건전한 인생주기를 형성하는 데는 여가 활동이 중요하다. 여가 활동은 결혼 만족도를 높이고 중년의 위기를 줄인다. 여가 활동을 통해 부부간의 솔직한 대화가 증가하면 부부간의 갈등이 줄어든다.

우리나라 중년은 삶에서 여가 활동을 중요하게 인식하는 것으로 나타났다. 현재 삶에서는 84.9%, 노후의 삶에서 91.9%가 여가 활동이 중요하다고 평가하였

표 9-3 자아탄력성을 가진 사람과 부족한 사람의 특성 비교	
자아탄력성을 가진 사람	**자아탄력성이 부족한 사람**
• 자신의 동기와 행동에 대한 통찰력을 가짐 • 따뜻함을 가지고 있으며 긴밀한 관계를 맺는 능력 소유 • 사회에 대한 균형 잡힌 태도 • 생산적이며 일을 잘함 • 침착하고 누그러진 태도를 가짐 • 상상놀이의 사회적 기법에 관한 기술을 가짐 • 상호작용의 단서에 대한 사회적 지각 능력 소유 • 중요한 문제의 중심을 볼 수 있는 능력 소유 • 순수하고 신뢰할 만하며 책임감 소유 • 유머에 반응적임 • 독립성과 자율성에 가치를 부여 • 선호와 수용적 경향 • 유머가 있음	• 자기 방어적: 스트레스를 받을 때 부적응적이고 자기 패배적임 • 불확실하고 복잡한 것에 대해 불편함 • 작은 좌절에도 과도한 반응을 보이고 성을 잘 냄 • 불쾌한 생각과 경험에 대해 부정적임 • 역할을 바꾸지 않으며 늘 모두에게 같은 방식으로 관계를 가짐 • 기본적으로 불안함 • 좌절이나 역경으로부터 위축되거나 포기함 • 정서적으로 덤덤함 • 실제 또는 근거 없는 위협에 쉽게 상처받고 두려워함 • 생각에 골몰하고 곰곰이 생각하는 경향이 있음 • 사기당하거나 희생당했다는 느낌을 가짐 • 인생에서 자신의 의미를 낮게 부여

출처: Papalia, Olds, & Feldman (2009).

여행은 스트레스를 해소하고 부부 만족도를 높여 주는 여가 활동 중의 하나다.

다. 우리나라 중년이 주로 하는 여가 활동은 TV시청(42.0%)이 가장 많고 그다음으로 등산(7.4%), 산책(6.5%), 이웃/친구와 대화 및 전화(6.1%), 친목단체. 사교활동(4.9%), 국내외 여행, 소풍, 나들이(4.1%)의 순으로 나타났다. 여가 활동은 혼자 하는 경우가 36.4%로 가장 많았고 친구와 함께 하는 경우가 31.3%, 가족과 함께 하는 경우는 28.0%로 나타났다. 현재와 비교하여 노후에 국내외 여행, 소풍, 나들이 등을 하고 싶은 욕구가 높고 그 외에 등산, 산책, 수영 등 활동적인 여가 활동을 선호하는 것으로 나타났다(황남희 외, 2019).

3) 가족관계

전형적인 중년 부부가 직면하는 주요한 문제는 좋은 부부관계를 유지하고, 성인이 되어 가는 자녀들에 대한 책임과 직업에서의 압박 그리고 나이가 든 부모에 대한 관심이다. 특히 중년의 부부는 자녀가 성장해서 집을 나간 후에 둘만 생활하게 되면서 새로운 부부관계를 형성한다. 그러나 자녀의 문제로부터 완전히 벗어나기보다는 계속해서 관심을 가지고 돌보아야 할 일이 많은 것이 현실이다. 노인이 된 부모를 돌보는 일도 간단치 않다. 중년 부부를 '샌드위치 세대(sandwich generation)'라고 하는데 그들은 부모와 자녀 두 세대 간의 서로 대립되는 요구를 수용해야 하는 어려움을 겪고 있기 때문이다. 여성과 남성에게 샌드위치 세대가 갖는 의미가 다른데, 여성의 경우 자신의 중년의 전환을 얼마나 잘 극복하는지를 평가할 때 청소년 자녀와 관련된 문제가 더 중요하지만, 남성의 경우는 노부모 봉양이 더 중요하다(Riley & Bowen, 2005).

우리나라 중년은 인생에 있어 화목한 가정생활을 상당히 중요하게 생각하는 것으로 보인다. 중년 남녀 1,666명을 대상으로 자랑스러운 성공 경험에 대해 개방형 질문을 한 결과, 전업주부는 화목한 가정생활이, 남편은 원만한 인간관계 및 직업이, 취업주부는 원만한 인간관계, 화목한 가정생활을 중요하게 생각하였다. 성공의 가장 중요한 원인으로는 아내와 남편 모두 자기조절이 가장 중요하고, 그다음으로 가정환경이 중요하였으나 전업주부는 가정환경을 더욱 중요하게 인식하였다(박영신, 김의철, 한기혜, 2011).

① 부부관계

결혼은 사람들에게 심리적 안정감과 소속감을 준다. 일반적으로 독신자가 유배우자보다 스트레스 수준이 높다(Sherbourne & Hays, 1990). 배우자의 존재는 건강한 생활양식, 적절한 문제 해결에 도움을 주기 때문에 정신건강 및 육체적 질병과도 밀접한 관계가 있다. 결혼한 사람들이 이혼한 사람들보다 낮은 사망률을 보이며(Berkman & Syme, 1979), 결혼한 사람들이 미혼자나 이혼자보다 더 건강하다(Pearlin & Johnson, 1977).

중년 부부의 결혼생활이 과거와는 많이 달라졌다. 기대수명이 짧았을 때에는 부부관계를 30년 이상 유지하는 부부가 많지 않았고, 대부분 많은 자녀들을 키웠으며 막내가 독립할 때까지는 많은 시간이 필요했다. 자녀 없이 중년의 부부 둘만 생활하는 것은 매우 드문 경우였다. 그러나 지금은 아이들이 가정을 떠난 후 이십여 년을 부부 둘만 생활하는 경우가 많아지고 있다.

부부가 오래 생활하면 부부는 더 행복해질까? 8,929명의 남녀를 대상으로 한 최근 국제적 설문조사에서 우리나라는 결혼 만족도에서 다른 나라 부부들과 비슷한 U자형 곡선을 그리는 것으로 나타났다([그림 9-13] 참조). 결혼 기간이 35년에서 44년일 때가 결혼 첫 4년보다 더 만족스러운 것으로 나타났다. 결혼 기간이 길어지면 결혼 만족도가 긍정적으로 변하기 시작한다(Orbuch et al., 1996).

결혼 만족도는 일반적으로 중년 초기에 바닥을 치는데 그때 대부분의 부부가 사춘기 자녀가 있을 때이고, 자신의 직업에서의 경력을 개발하는 데 매진하기 때문이다. 그 후 자녀가 성인이 되고 직장에서 은퇴하고 평생 동안 모은 재산으로 어느 정도 경제적 안정을 경험할 때 부부 만족도가 정점에 달한다(Orbuch et al., 1996). 그러나 이런 변화가 부부에게 새로운 압력이나 압박으로 작용하기도 한다(Antonucci et al., 2001). 우리나라 중년 여성들은 살아가는 데 가장 믿고 의지할 수 있는 사람으로 배우자가 65.2%로 가장 높았고, 그다음이 자녀 22.7%, 형제자매 7.7%, 친구와 동료 4.1%, 친척 0.2% 순으로 나타나 배우자를 가장 믿고 의지하는 것으로 나타났다(김순안, 2010). 우리나라 중년의 직장 남성들의 행복 심리에 영향을 미치는 변인으로 40대 직장 남성과 50대 직장 남성의 경우가 상대적으로 차이가 있었는데

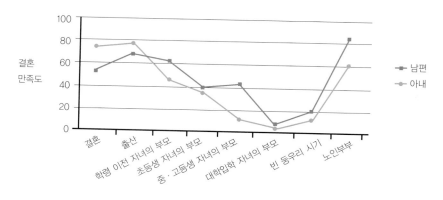

[그림 9-13] 발달에 따른 결혼 만족도의 변화

40대 직장 남성의 경우 직무 만족도가 가장 큰 설명력이 있는 것으로 나타났으나 50대 직장 남성의 경우 부부관계가 직무 만족보다 더 큰 설명력이 있는 것으로 나타났다(곽금주 외, 2011). 우리나라 남성은 50대가 되면서 직장에서의 직무 만족도보다도 부부관계가 행복심리에 더 중요한 영향을 미치는 것으로 보인다.

부부의 개인적 특성인 성격, 태도, 가치관 등이 유사할수록 결혼 만족도가 높은 것으로 나타났으며(김은지, 박재호, 2010; 김효민, 박정윤, 2013), 성별에 따라서는 부인이 남편보다 결혼 만족도가 낮으며(Lawrence, 2005), 부부의 역할분담과 의사결정권이 결혼 만족도에 영향을 미치는데 가사노동이 공평하게 분담되고 있다고 인식될 때 여성의 결혼 만족도가 높은 것으로 나타났다(Wilkie et al., 1998).

성적 만족 또한 결혼 만족도와 안정적 결혼에 영향을 미치는데 283명을 대상으로 한 장기연구에 따르면 부부의 성적 만족도가 높은 사람들이 결혼에 대해 만족하는 경향이 있으며 더 나은 결혼생활의 질이 남성과 여성 모두에게 결혼관계를 오랫동안 유지하는 데 영향을 미친다(Yeh, Lorenz, Wickrama, Conger, & Elder, 2006).

우리나라 결혼 만족도는 소득에 따라 차이가 있는데 소득이 높을수록 결혼 만족도가 높았으며(최문임, 최규련, 2007), 세대에 따른 차이는 X세대가 가장 높고 그 다음이 베이비붐 세대, 준고령 세대 순으로 나타나 세대에 따른 유의미한 차이가 있었다(김미령, 2011). 또한 부부의 의사소통 방식도 결혼 만족도에 영향을 주는데

X세대

X세대는 1971~1984년 사이에 출생한 연령층을 말하는 것으로, 캐나다의 대중 작가 Douglas Coupland(1961~)가 1991년 출간한 데뷔작의 제목에서 유래한 것임. X세대는 베이비붐 다음 세대로 인터넷을 주로 사용하여 정보를 얻는 데 익숙하며 경제적인 풍요로움을 경험한 첫 세대라고 할 수 있고 신속한 일처리와 빠른 성공을 추구하는 세대. '정의할 수 없는 세대'라는 뜻처럼 X세대는 이전 세대의 가치관과 문화를 거부하고 새로운 유행을 만들어 적극적으로 흐름을 주도함

베이비붐 세대

전쟁 후 출생률이 급격하게 높아진 1955년부터 산아제한정책이 시작된 1963년까지 태어난 세대

준고령 세대

베이비붐 이전 세대로 8·15 해방 전후에 태어난 세대를 말함

 존중과 품격 있는 부부를 위한 팁

Norville(2009)은 사람은 존중받는다고 느낄 때 마음이 열린다고 주장하면서 서로 존중하고 품격 있는 부부가 되기 위한 팁을 다음과 같이 제시하였다.

- 배우자의 장점을 인정하고 아낌없이 칭찬한다.
- 배우자가 좋아하는 것을 이해하고 관심 가지려고 노력한다.
- 남들 앞에서 배우자의 장점을 칭찬하고 사랑을 표현하는 데 주저하지 않는다.
- 배우자가 바빠서 못하는 일을 배우자가 하는 방식으로 해 준다.
- 모든 것을 함께 나누며 어떤 상황에서도 배우자를 믿는다.
- 배우자의 의견을 경청하고 존중한다.
- 배우자와 어울리는 사람으로 언제나 품격 있는 행동을 한다.

부부가 건설적인 대화를 많이 할수록 결혼 만족도가 높고 비난과 공격이 포함된 의사소통을 많이 하거나 대화를 회피하는 부부일수록 결혼 만족도가 낮게 나타났다(박영화, 고재홍, 2005). 김의진(2014)의 연구에서도 중년 남성이 중년 여성보다 결혼 만족도가 더 높게 나타났으며 교육 수준과 생활 수준이 높을수록 결혼 만족도가 더 높게 나타났다. 또한 부부가 함께 여가 활동을 하는 그룹이 그렇지 않은 그룹에 비해 결혼생활에 대한 만족도가 높게 나타났다.

② 자녀와 빈 둥우리

중년기 동안 대부분의 부모들은 자녀와 관련된 두 가지 긍정적 발달을 경험한다. 자녀가 사춘기를 지나면서 부모−자녀와의 심각한 갈등이 줄어들고 부모와 자녀의 관계가 개선된다. 이는 자녀가 부모를 새로운 시각으로 보게 되면서 부모와 자녀가 친구관계로 변화되기 때문이다. 그러나 이런 긍정적 관계로 자연스럽게 발전하기 위해서 부모는 자녀가 독립적이 되는 과정을 인정해 주어야 한다. 실제로 대부분의 부모들은 자녀가 독립해 나간 빈 둥우리를 성공적으로 잘 극복한다(Lewis & Lin, 1996). 반면 자신의 역할을 주로 아이의 어머니로 규정하는 경우에는 아이가 떠나면 우울감이나 부정적 정서를 경험하는 경향이 있다(Hobdy, 2000). 약 20%의 부모가 막내가 집을 떠났을 때 슬프고 불행하다고 느끼는 것으로 보고되었다(Lewis & Lin, 1996). 그러나 많은 부모들은 새로운 것을 할 수 있는 자유를 갖게 되거나 자신의 형제자매들과 다시 가까워지기도 한다.

우리나라 베이비부머의 가족 유형에 관한 연구 결과, 부모와 부부, 그들의 자녀로 구성된 3세대 구성이 70.8%였고 부부와 자녀로 구성된 2세대 비율은 29.2%로 나타나 베이비부머가 샌드위치 세대의 특성을 가지고 있는 것으로 나타났다. 그들은 자녀의 부양시기와 관련하여 취업(28.5%), 교육기관으로부터의 졸업(26.7%), 결혼(25.5%)까지의 순으로 책임져야 한다고 인식하는 것으로 나타났다(양지훈, 권미애, 2018).

그러나 자녀가 부모를 떠났다고 해도 완전히 떠나는 것은 아니다. 계속해서 재정적·정서적 지원을 요구한다. 문화에 따라 많은 차이가 있지만 일반적으로 성인 자녀와 그들의 부모가 자신들이 긍정적이고 긴밀한 관계를 가지고 있다고 믿을수록 서로 필요할 때 도와주는 것이 당연하다고 생각한다. 1980년대부터 서양의 대부분 가정의 자녀들이 20대 후반이나 그 이후까지도 가정을 떠나는 것을 늦추는 경향이 나타났는데, 이것을 회전문 신드롬(revolving door syndrome) 또는 부메랑 현상(boomerang phenomenon)이라고 한다.

때로는 빈 둥우리 기간이 상당히 짧을 수도 있다. 미국의 경우 대략 절반 정도의 자녀들은 적어도 한 번 정도 집으로 다시 돌아온다. 아들이 딸보다 더 많이 돌아오며 대학에서 성적이 나쁘거나 자율성이 부족하거나 부모가 많은 돈을 줄 것을 기대하는 경우에 더 많이 돌아온다. 그러나 부모가 자녀를 언어적 · 신체적으로 학대한 경우에는 가정으로 돌아오는 경우가 적다.

이와 같이 연장된 부모 노릇은 부모의 규범적 기대가 다를 때 세대 간의 갈등을 야기할 수 있다(Putney & Bengtson, 2001). 자녀가 청소년에서 성인으로 성장할 때 대부분의 부모는 전형적으로 자녀가 독립하게 될 것을 기대하고 성인이 된 자녀가 직장을 찾고 스스로 독립하여 자율성을 가지면 부모는 자신이 인생에서 성공했다고 생각한다. 그런데 자녀가 독립하지 않거나 다시 부모에게 돌아오면 가족은 대부분 스트레스를 받는다(Antonucci et al., 2001).

그러나 성인 자녀와 함께 사는 것에 대한 부모의 태도는 문화에 따라 차이가 있고 비규범적 측면에서 부정적으로만 볼 필요는 없는 것으로 나타났다. 갑자기 자녀가 부모를 떠나는 것보다 빈 둥우리로의 전환이 천천히 일어나고 분리의 과정이 지연되는 것이 가정의 연대감 유지와 자녀에 대한 지원의 연장으로 볼 수 있기 때문이다. 1,365명의 다 자란 자녀를 둔 부부에 대한 미국에서의 국가 수준의 장기적인 연구 결과, 4명 중 1명은 부모와 한집에서 살고 있었다. 성인 자녀가 부모와 함께 지내는 것이 부모의 결혼 만족도와 결혼 갈등, 부부가 함께 지내는 시간의 양에 영향을 미치지 않는 것으로 나타나(Ward & Spitze, 2004) 지연된 부모 노릇을 부정적인 경험으로 볼 필요는 없다.

그러나 우리나라 중년 부부는 자녀 양육에 대해 상당한 부담을 느끼는 것으로 나타났다. 조선일보사와 갤럽 글로벌 마켓인사이트의 2011년 10개국 5,090명에 대한 행복도 조사에서 한국 중년 여성이 가장 불행한 집단으로 나타났다. 한국 남성의 행복도는 20대에서 40대까지 떨어지다가 50대에 다시 상승하는 전형적인 U자형 곡선을 보이지만, 한국 50대 여성의 행복도는 세계 최저치를 기록하면서 30대 이후 계속해서 내리막을 기록하고 있다. 보수적인 가치관 속에서 성장하였고 젊어서 가족을 위해 희생하였지만 자녀의 취직이 어려운 상황에서 나이가 들어도 자식들로부터 보상을 기대하기 어려워 상대적으로 불행감이 높게 나타나고 있다(조선일보, 2011. 1. 24.).

자녀들과 동거하고 있는 중년의 45.3%가 동거 자녀에 대한 경제적인 부양이 부담스럽다고 느끼고 있는데 비동거 자녀에 대한 경제적인 부양부담(14.0%)보다 세

🌱 한국의 베이비붐 세대의 특징

한국의 베이비붐 세대는 전쟁 후 다산의 시대에 출생한 세대로, 우리나라의 경우는 1955~1963년에 태어났다. 이 세대는 유년기에는 경제적 어려움을 겪었고, 청년기에는 유신시대를 겪었으며, 1980년대 경제적 풍요와 정치적 민주화에서 갈등을 겪은 세대다. 1990년대 IMF로 승진에 대한 불안과 해고 가능성을 직면했고 뒤를 따르는 X세대와의 정서적 단절을 경험하였다. 이와 같은 과정에서 베이비붐 세대는 사회적 변화를 추구하지만 가정의 안정을 원하는 이중잣대를 가지며 이념적으로도 보수와 진보가 혼재된 특징을 지닌다.

유년시절 대가족 내에서 사회화 과정을 겪었으나 청장년 시절에 핵가족 제도를 겪으면서 전통과 혁신의 양면적 가치관을 소유한 세대다. 따라서 이들은 부모에게 효도하는 마지막 세대, 자식이 의지하는 첫 세대라 할 수 있다. 전기 베이비부머는 부모 지원에 대한 부담을, 후기 베이비부머는 자녀 지원에 대한 부담을 더 많이 느끼고 있다. 최근 우리나라도 베이비붐 세대의 퇴직이 시작되면서 경제적 문제뿐 아니라 사회로부터의 단절감, 무력감 등 심리적 문제를 겪고 있다. 우리나라 베이비부머 선두 세대인 1955년 출생자들이 2020년부터 노년기에 진입하게 되면서 급격한 노인인구의 증가로 사회적 부담이 커지고 있다. 기존의 노인 세대와 달리 베이비부머는 건강, 학력 등이 향상된 세대이므로 경제활동 참여 등을 통한 그들의 인적 자원 활용을 위한 정책이 필요하다.

일본의 베이비붐 세대는 1947~1949년 사이에 태어난 약 664만 명으로 단카이('덩어리'의 의미) 세대라고 한다. 일본은 단카이 세대의 은퇴가 시작되면서 노동력 감소와 숙련 단절의 문제에 직면하였고, 이들이 은퇴 후 고령층에 진입하게 되어 고령화 문제를 심각하게 겪고 있다.

미국 베이비붐 세대(1946~1964년)는 7,700만 명으로 인구의 30%를 차지하고 있다. 이들은 문화적으로는 풍요와 히피로 상징되며 미국 현대사의 최전성기를 누린 세대다. 이들은 부분적·점진적 은퇴를 통해 계속해서 일을 하는 경향이 있으며, 연령계층 중 평균자산이 상대적으로 많아 일반적으로 보유자산이 풍부한 편이다. 이들은 부모 세대의 검소하고 규칙적인 생활방식이 아닌 소비적이고 여행과 레저활동을 즐기며 높은 구매력을 보이고 있다.

배 정도가 높은 것으로 나타났다(황남희 외, 2019).

③ 노부모와의 관계

기대수명이 연장되면서 대부분의 중년은 아직 상당히 건강한 부모들이 있으며 그들을 돌보는 경우가 대부분이다. 자식들은 오랫동안 자신을 키워 준 부모를 돌보아야 하는 책임감을 느낀다. 지구상의 대부분의 문화에서 자식들이 부모를 봉양하지만 나라마다 문화에 따른 차이도 있다. 미국의 경우 딸이 아들보다 세 배 이상 부모를 돌보는 것으로 나타났으나, 우리나라나 일본의 경우는 아직까지 주로 맏아들이 부모를 봉양하고 있으며 이들의 며느리는 이와 같은 부모 봉양에 대해 상당한 스트레스를 받고 있다.

노쇠한 부모를 봉양하는 일은 실제로 쉬운 일이 아니다. 라이프 스타일의 세대 간 차이로 인한 갈등과 매일의 일상적인 일들이 갈등을 야기하는 요인이다. 특히 중년의 딸과 노모와의 갈등의 주요인은 돌봄의 필요성에 대한 지각의 차이다. 딸은 어머니가 돌봄이 필요하다고 생각하는 것보다 더 필요하다고 생각하고 있어 (Fingerman, 1996) 노모에게 오히려 부담을 줄 수도 있다.

자식이 병든 노부모를 간병하는 것은 정서적 · 신체적 건강에 영향을 미친다. 부모 간병은 역할 과중, 잦은 장기 결근, 정신 쇠약, 집중력 곤란, 적대감, 노화에 대한 두려움 등을 가져오며 30~50% 정도는 우울을 경험한다(Stephens et al., 2001). 부모를 돌보는 데 따르는 심리적 걱정거리는 슬픔, 다양한 상실 처리하기, 역할 반전, 가족 역할의 왜곡, 부모 지지의 상실, 죽음 또는 혈족의 마지막을 직면하는 것 등이다(Ziemba & Lynch-Sauer, 2005). 부모 봉양에 대한 스트레스는 문화에 따라 차이가 큰데 특히 자식이 부모를 모셔야 한다는 의무감을 가진 한국인들은 부담을 심하게 느끼는 것으로 나타났다. 한국인, 한국계 미국인, 유럽계 미국인의 부모 간병에 대한 연구에서 한국인과 한국계 미국인이 가장 높은 수준의 가족 의무와 간병 부담을 보고하였고 가장 높은 수준의 불안과 우울을 가지고 있었다(Youn et al., 1999).

노인들의 수명이 길어지고 치매 등의 발생이 증가하면서 부모를 돌보는 것에 대한 어려움을 경험하지만 사회적 지지를 활용하는 사람들이 점차 늘어나고 있다. 나이 든 부모를 돌보기 위해 다른 가족 구성원들과 역할을 나누고 서로 도와

주는 것이 필요하다. 특히 사회적 지지는 간병 스트레스를 감소시키는 데 바람직하다. 50세 이상의 중년 여성들은 노인 봉양에 신체적·심리적·경제적 어려움을 경험한다. 이를 지원할 수 있는 지지 서비스를 이용하는 것이 바람직하다. 우리나라에서 운영되는 장기요양보험제도는 65세 이상의 노인 또는 65세 미만의 노인으로 치매, 뇌혈관성 질환 등 노인성 질병을 가진 노인 중에서 6개월 이상 혼자서 일상생활을 수행하기 어렵다고 인정되는 노인에게 신체 활동 또는 가사 활동 지원 등의 장기요양급여를 제공하여 노후의 건강증진 및 생활안정을 도모하고 그 가족의 부담을 덜어 주고 있어 이를 적극 이용하는 것이 바람직하다.

인천시에 거주하는 베이비부머를 대상으로 한 연구에서는 부모의 지원에 대한 부담과 관련하여 금전적 지원이 평균 3.23(5점 척도)으로 가장 높았고 신체적 지원(2.81), 정서적 지원(2.80), 도구적 지원(2.58)의 순으로 나타났다(양지훈, 권미애, 2018).

④ 중년의 조부모

1세기 전만 해도 조부모가 살아 있는 아이들이 적었지만 오늘날은 북미의 10세 어린이 중 90%와 20세 청년의 75%가 적어도 1명의 조부모가 살아 있다. 수명의 연장으로 일생의 절반 동안 조부모 상태로 있게 되는 것이다.

과거에는 조부모와 손자녀와의 관계를 안정성과 연속성, 돌봄, 일관성의 근원으로 보았으나(Timberlake, 1980), 할머니의 이미지는 이전 그 어느 때보다 다양해졌고 모든 할머니가 자신에게 가장 잘 어울리는 이미지를 선택할 수 있는 사회적 정당성이 증가하고 있다. 지금의 조부모들은 더 건강하고 많은 교육을 받았으며 더 젊게 보이고 패션 감각이 있고 더 유식하다(Komhaber, 1996). 자기 스스로에게 더 많은 것을 기대하고 자신의 직업을 가지고 있으며 경력의 정점에 있는 사람들도 있다. 또한 이들은 은퇴 후에도 좀 더 공부를 하거나 취미 활동을 하고 자원봉사 등의 새로운 활동을 하고 싶어 한다.

한편 현대사회의 사회적 변화로 인한 가정의 붕괴와 위기 자녀의 비율 증가 등으로 인해 조부모의 역할이 보다 확대되고 강화되었으며 조부모가 맡아 관리하는 가정이 증가하고 있다(Burton, 1997; Creighton, 1991). 조부모, 특히 할머니는 가족과 사회로부터 자녀와 손자를 도와줄 것을 요청받는다. 우리나라도 부모의 이혼,

실직, 사망 등으로 조부모가 자녀를 돌보는 조손가정에서는 조부모의 경제적 부담이 크다.

2010년 인구주택총조사(통계청, 2011d)에 의하면 1세대 가구는 2005년 16.2%에서 2010년 17.5%로 늘어난 반면, 2세대 가구는 55.4%에서 51.3%로 4.1% 감소하였다. 그중에서 조부모와 미혼 손자녀로 구성된 2세대 가구는 2005년 58,000여 가구(0.4%)에서 2010년 51,000여 가구(0.3%)로 11.9% 감소하였다. 반면, 부+미혼 자녀, 모+미혼자녀는 각각 21.1%, 15.1%가 증가하여 점차 조부모에게 아이를 맡기기보다는 부 또는 모가 혼자 미혼자녀를 맡아 양육하는 경우가 증가하는 것으로 보인다. 2005년까지는 조부모+미혼 손자녀 가정 비율이 증가하였으나 2010년 조사에서는 11.9%가 줄었다. 부모가 자녀를 책임지는 비율이 증가하면서 조부모의 손자녀 양육비율은 감소하는 것으로 나타났다.

⑤ 형제자매 관계

형제자매는 인생에서 가장 오랫동안 유지되는 관계다. 종단적 연구에서 전 생애에 걸친 형제자매 관계는 마치 모래시계와 같다. 즉, 어린 시기, 중년기, 노년기에 형제자매 간에 가장 많은 상호작용이 있는 반면, 각각 자녀를 양육하는 동안에는 상호작용이 적다. 자신의 가정과 경력 개발 후에 형제와 자매는 다시 긴밀한 관계를 형성하게 된다(Bedford, 1995). White(2001)가 다양한 인종의 미국인을 대상으로 한 연구에 따르면 초기 성인기와 중년기 사이에 형제의 접촉과 지지가 감소하고 70세 이후 서로 가까이 사는 형제자매들의 경우가 다시 증가하였다. 다

른 연구에서는 성인기 동안은 접촉이 감소하고, 나이를 먹으면서 갈등이 줄어드는 경향이 있는 것으로 나타났다. 이는 형제들이 서로 자주 만나지 못하는 데 원인이 있을 수 있다(Putney & Bengtson, 2001). 살면서 형제자매가 계속해서 접촉하는 관계는 중년의 심리적 안녕의 핵심이 될 수 있다(Spitze & Trent, 2006). 성인초기에 자매들은 형제관계보다 더 밀접한 경향이 있다(Blieszner & Roberto, 2006). 노부모를 돌보는 문제가 형제자매 관계를 더 긴밀하게 할 수 있으나 때로는 갈등과 불유쾌한 관계가 되기도 한다(Ingersoll-Dayton, Neal, Ha, & Hammer, 2003).

⑥ 중년의 1인가구

우리나라의 1인가구는 점차 증가하여 2017년 가장 많은 가구의 형태로 27.9%를 차지하였는데 중년층의 1인가구의 증가율이 가장 두드러지게 나타났다. 40~50대 중년 1인가구는 전체 1인가구의 32.5%를 차지하였으며(통계청, 2017), 3가구 중 1가구는 중년가구이다. 중년 1인가구는 2016년 남성이 53.3%, 여성이 46.7%를 차지하여 남성이 많아졌고, 50대가 61.6%, 40대 38.4%로 연령대가 점차 상승하고 있다. 중년 세대는 이혼으로 인해 혼자서 생활하는 경우가 가장 많았으며 이들은 파트너와의 일정한 교류나 동거, 혹은 양육자 역할을 수행하기 위해 일정 기간 자녀와 합거하는 등 매우 유연한 가구 구성의 변화를 경험하기도 한다(김혜영, 2014).

1인가구의 남성보다 여성의 삶의 만족도가 비교적 높았고, 비혼 남성에 비해 비혼 여성의 삶의 만족도가 높았다. 우리나라의 다인 가구 중년은 자녀 교육과 노부모에 대한 부양 역할을 동시에 해야 한다는 가치관을 가지고 있어 1인가구 중년보다 부담감이나 스트레스 상황에 놓일 확률이 높다. 중년 1인가구의 삶은 그렇게 나쁘지 않으며, 새로운 라이프 스타일이나 규범을 만들어 내고 있다. 홀로서기에 나선 중장년층 독신가구의 삶의 질은 특별히 나쁘지 않은 것으로 나타났다(이하나, 조영태, 2019).

4. 성인중기 주요 쟁점

1) 스트레스 관리

스트레스는 원래 라틴어의 strictus 또는 stringere라는 말에서 유래하였다. strictus라는 말은 '팽팽한' '좁은' 등의 의미를 가지고 있는데 이는 스트레스를 경험할 때의 근육의 긴장과 같은 신경생리학적 변화를 묘사한다. Lazarus와 Folkman (1984)은 스트레스를 개인과 환경 간의 특별한 관계에 의해 매개되는 것으로 자신의 능력에 부담이 되고 안녕에 심각한 위협을 예상할 때 경험하게 되는 주관적 상태라고 하였다.

중년 초기의 사람들은 성인초기의 사람들이나 노인들보다 스트레스 수준이 더 높고, 더 자주 그리고 종류가 다른 스트레스를 경험하는 것으로 나타났다 (American Psychological Association, 2007). 중년의 주요 스트레스원은 가족관계, 직업, 돈, 주거와 관계있다. 성인초기의 사람들은 주로 흡연이나 불면증, 음식을 거르는 것과 같이 건강과 관련된 행동에 대해 주로 스트레스를 받는 반면, 노인들은 건강이나 노화와 관련된 문제로 주로 스트레스를 받는다. 중년의 사람들이 받는 스트레스의 원인별 비율은 [그림 9-14]와 같다.

스트레스의 일관성 있는 개인차는 성격적 요인과 관계가 있다. Friedman과 Rosenman (1974)은 관상동맥 질환에 잘 걸리는 사람들의 행동 유형을 관찰한 결과, 이들이 주로 경쟁적이고 공격적이며 성급하고 적개심을 가지고 있으며 시간적 압박감을 많이 느낀다는 것을 발견했다. 이러한 행동을 A유형 행동패턴(type A behavior pattern)이라 하는데, 이들은 말투와 행동이 빠르고 참지 못하며 스트레스를 유발하는 상황이 아니더라도 계속 스트

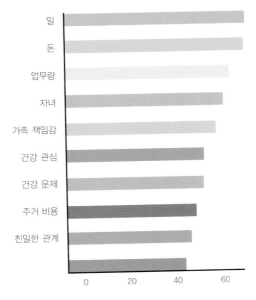

[그림 9-14] 중년의 스트레스 원인

레스를 받는 경향을 가지고 있다. 느긋하고 덜 압박감을 받는 B유형의 사람들보다 A유형은 두 배나 많은 심장질환을 보였다(Rosenman et al., 1975). 그러나 이후 연구에서 A유형의 행동 특성 중에서 특히 적개심이 남녀 모두 심장질환과 다른 건강 문제를 일관성 있게 예언하는 것으로 나타났다.

중년기 스트레스와 대처 능력의 특징은 개인차가 점점 더 커진다는 점이다. 어떤 사람은 실직, 건강, 청소년 자녀와의 갈등, 배우자 사망, 부모의 사망 등으로 인한 스트레스를 경험하기도 하지만, 반면 어떤 이들은 그동안 성취한 것을 누리면서 안정적 시기를 경험하기 때문이다.

미국 국립산업안전보건연구소(NIOSH, 2023)는 직무 스트레스(job stress)를 직무상 요구하는 사항이 근로자의 능력이나 자원, 요구 등에 일치하지 않을 때 생기는 유해한 신체적·정서적 반응이라고 하였다. 이러한 직무 스트레스는 직무환경 및 직무내용이 복잡해질수록 문제가 심각하게 나타나게 되며, 과도한 스트레스로 인해 개인의 건강이 악화되므로 심리적 불만족은 물론이고 조직의 개인적 성과를 저하시키는 요인이 되고 있다. 따라서 그로 인하여 직무를 회피하게 되고, 성과의 저하와 이에 따른 불만족을 초래하게 된다(McGrath, 1976; 박성복, 이상욱, 2018).

우리나라 중년 남성의 직무 스트레스는 교육 수준에 따라 다르게 나타났는데 직장 내 인사 관계, 일의 난이도 및 과중한 업무 부담에서 오는 스트레스 수준은 교육 수준이 높은 집단에서 상대적으로 더 높은 반면, 작업환경과 자율성의 문제에서 오는 스트레스는 교육 수준이 낮은 집단에서 더 많이 경험하는 것으로 나타났다. 반면 고용불안정, 새로운 기술과 지식 도입 등 구조조정에 관련된 불안은 고졸 및 대학 학력집단에서 높고 중졸 및 대학원 학력집단에서 상대적으로 낮게 나타났다(이미숙, 2003). 스트레스는 중년의 우울에 중요한 영향을 미치는 요인이다. 중년 여성의 경우 스트레스, 자아존중감, 건강 상태의 인지 순으로 우울에 영향을 미치는 반면, 중년 남성은 자아존중감, 스트레스의 순으로 우울에 영향을 미치는 것으로 나타났다(조남희, 성춘희, 2016).

직무를 수행하는 과정에서 지속적으로 과도한 에너지를 사용함으로써 나타나는 직무소진(burnout)은 초기에는 교육, 의료, 서비스 분야 등과 같이 대인 접촉이 많은 직업군에서 경험하는 것으로 인식되었으나 이후 연구에서는 일반 직업군에서도 경험할 수 있는 현상이 되었다(Maslach, 1998). Girdin, Dusek과 Everly(1996)

는 직무소진을 과도하고 장기적인 스트레스로 인한 정신적·육체적 소진 상태로 정의하였다. 박성복과 이상욱(2018)은 직무소진을 개인이 오래 직무관련 스트레스에 접하여 자기 직무에 대해 흥미와 열정, 그리고 가치 등을 상실하고, 나아가 신체적·정서적 고갈을 경험하는 상태로 정의하였다. 직무소진의 증상으로는 만성피로, 일 요구에 대한 분노감, 일 요구를 참는 것에 대한 자기비판, 냉소감, 고립감, 하찮은 일에 대해서도 쉽게 폭발, 잦은 두통이나 위장장애, 체중감소나 체중 증가, 불면증이나 우울증, 호흡곤란, 무기력감 등을 겪는다.

　중년 남성의 가족 스트레스 지각수준으로는 자녀 공부와 교육비로 인한 스트레스가 가장 높았고 직장 일로 부모 역할, 가장 역할, 남편 역할을 잘하지 못하는 것에 대한 심리적 부담을 가지고 있었다. 자녀교육 문제에서 오는 스트레스는 연령 및 교육 수준에 따라 유의한 차이가 없이 중년 남성 모두에게 스트레스 요인으로 작용하고 있었다. 중년기 남성의 가족 스트레스 지각수준은 [그림 9-15]와 같다 (이미숙, 2003).

　우리나라 중년 여성 711명을 대상으로 조사한 결과, 70%가 아침까지 피곤하고

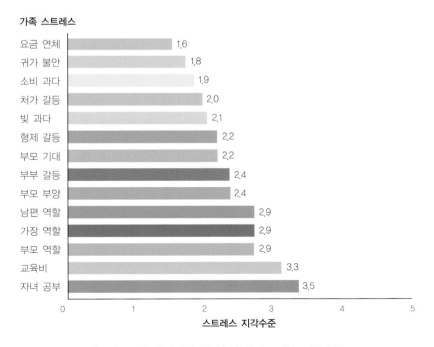

[그림 9-15] 우리나라 중년 남성의 스트레스 지각수준

무기력을 느끼며 61.8%가 사소한 일에 신경질적이고 58.5%가 소모감, 무기력을 느꼈으며 그 외에도 40~60%가 감정조절이 잘 안 되거나 긴장과 불안 상태, 침착하지 못하거나 기분의 동요가 심하며 집중력이 떨어지는 등 심리적 스트레스를 경험하는 것으로 나타났다. 신체적 스트레스로는 어깨 결림이 83.9%로 가장 많았고 눈의 피로 82.3%, 요통 78%, 두통 73.8% 순으로 나타났다(이영숙, 박복희, 2000).

우리나라 중년 여성의 경우 가정과 가정 밖의 생활사건의 변화를 통해 많은 갈등, 즉 부부 사이의 갈등, 부모-자녀 간의 갈등, 고부간의 갈등, 성적 갈등, 자아실현의 결여 및 경제력 결여로 인한 갈등과 스트레스를 경험한다. 그중에서도 우리나라 중년 여성은 자녀와의 관계에서 가장 많은 스트레스를 경험하는데 진로문제, 성적 문제, 자녀와의 갈등 문제 등에 스트레스를 많이 느끼는 것으로 나타났다.

다른 나라와 달리 우리나라 중년 여성은 자녀 시험 및 학교 문제에 대한 스트레스가 상당히 많다. 고등학교 3학년 수험생 어머니를 대상으로 한 입시준비경험에 대한 연구에서 '고3' 하면 떠오르는 단어로 스트레스, 압박감, 고통, 지옥, 공부와의 전쟁, 인내, 기도, 수능, 대학입시, 학원, 대학 등을 반복적으로 제시하였다. 수험생의 심리적 긴장과 갈등이 가족 구성원 전체의 문제로 확대되고 부모 자신의 스트레스는 물론 부모-자녀 간 갈등의 원인이 되기도 한다(양성은, 2005). 고3 자녀로 인해 경험하는 스트레스 원인으로는 '학업성적 부진' '자녀와의 의사소통의 어려움' '정신적·육체적 부담감' '자녀의 피로와 건강 염려' '자녀의 짜증' '자녀로 인해 남편의 눈치를 보는 것' '경제적 걱정' '자녀의 나태함으로 인한 답답함' 등으로 나타났다(최명숙, 박정원, 2006).

스트레스를 잘 관리하는 것은 어느 연령에서나 중요하지만 특히 중년기에는 스트레스를 잘 관리하면 나이와 관련된 질병의 위험을 줄이고 질병이 발생했을 때도 그 심각성을 감소시킬 수 있다. 스트레스를 효과적으로 줄이는 성인은 신중하고 생각이 깊으며 자신과 타인을 존중하는 경향이 있으나, 반대로 스트레스를 많이 받는 사람은 충동적이고 도피적이며 감정적으로 대처하는 경향이 있다(Lazarus, 1999).

중년의 사람들은 성인초기의 사람들보다 스트레스를 많이 받지만, 반면 효과적으로 대처하는 경향이 있다. 자신이 상황을 변화시킬 수 있고 자신의 능력을 현

표 9-4 중년의 스트레스 관리 전략

전략	내용
상황에 대한 재평가	불합리한 신념에 기반한 반응과 정상적인 반응을 구별하는 것을 배움
자신이 통제할 수 있는 사건에 대해 초점	일어나지 않을 일에 대해 미리 걱정하지 말고, 통제할 수 있는 일들을 다루는 전략에 초점을 둠
인생을 변화하는 것으로 바라보기	변화는 피할 수 없는 것으로 받아들임
대안을 고려하기	행동하기 전에 생각하고 서두르지 않음
자신에게 합리적인 목표 설정	목표는 높게 세우지만 자신의 능력, 동기, 상황에 대해서는 현실적이 됨
규칙적인 운동	건강하면 정서적으로 스트레스를 잘 극복할 수 있음
이완기법 활용	이완은 스트레스를 줄이는 데 도움이 됨
분노조절을 위한 건설적 방법 이용	지연응답, 분노각성을 통제하는 방법(거꾸로 열까지 세기), 문제해결 방안을 생각
사회적 지지 구하기	친구, 가족, 동료, 조직적 지지 집단 등의 도움을 받음

출처: Berk (2007).

실적으로 판단하며 스트레스를 주는 사건을 미리 예측하고 그것을 피할 수 있는 조치를 취하기 때문이다(Aldwin & Levenson, 2001). 스트레스를 잘 관리하기 위해 〈표 9-4〉와 같은 전략을 활용하는 것이 바람직하다(Berk, 2007).

2) 노후 준비

과거에 비해 지금의 중년은 신체적으로 매우 건강하고 이전 세대들보다 많은 교육을 받은 세대여서 직업에서의 은퇴 후에도 새로운 역할과 일을 원하는 경향이 있다. 그 외에도 중년의 가장(家長)은 샌드위치 세대로 노부모를 책임지고 봉양해야 하며 더불어 아직 독립하지 못했거나 직업을 구하지 못한 자녀를 지원해야 하기 때문에 경제적 부담은 은퇴를 늦추는 중요한 원인이 되고 있다.

Warr(1994)는 직업이 금전적 가용성, 물리적 안전, 가치 있는 사회적 지위, 생활통제의 기회, 기술 사용의 기회, 목표 설정의 기회, 다양한 경험, 명확한 행동 반경, 타인 접촉의 기회를 제공해 준다고 보았다. 이와 같은 특성들은 비타민처럼 신체적 건강에 작용하지만 결핍될 경우 정신건강에 부정적 영향을 준다. 따라서 직업을 잃었을 때 사람들은 활동의 다양성 감소, 목표와 방향성 상실, 사회 참여와 자아실현의 기회 상실, 재취업에 대한 불안, 대인관계의 제한, 사회적 지위나 역할의 상실을 경험하게 된다.

2021년 기준 우리나라 55~64세가 '주된 일자리'(가장 오랜 기간 종사한 일자리)에서 퇴직한 나이는 평균 49.3세로 평균 근속 기간은 12.8년이었다. 퇴직 사유로는 비자발적 조기퇴직이 41.3%로 가장 많았고 정년퇴직 비중은 9.6%에 그쳤다. 그러나 50대, 60대가 실질적으로 경제활동을 끝내는 시기는 점점 늦어지고 있다. 소비 지출액이 근로 소득을 넘어서는 '소득 적자 전환' 연령은 2010년 56세에서 2019년 60세로 높아졌다. 또 완전히 경제활동을 하지 않게 되는 실질 은퇴연령은 평균 72.3세로 국민연금 수령 연령(62세)보다 10년 이상 늦었다.

HSBC가 Oxford Institute of Aging, Age Wave, Harris Interactive와 세계 21개국 22,000명을 대상으로 은퇴에 대한 인터뷰를 한 결과, 우리나라 사람들은 다른 나라에 비해 은퇴를 통한 자유와 행복에 대한 비율이 상대적으로 낮은 반면, 지루함과 외로움, 두려움은 상대적으로 높게 나타났다. [그림 9-16]에서 나타난 것과 같이 전 세계인들의 평균과 아시아인들의 평균은 거의 차이가 없었으나 우리나라의 경우 상대적으로 은퇴에 대해 상당히 부정적인 것으로 나타났다. 이와 같이 부정

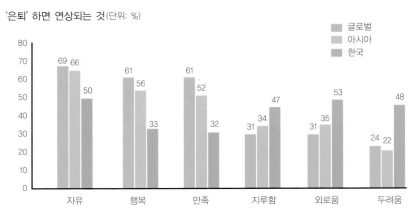

[그림 9-16] 은퇴에 대한 느낌 비교

출처: HSBC (2006).

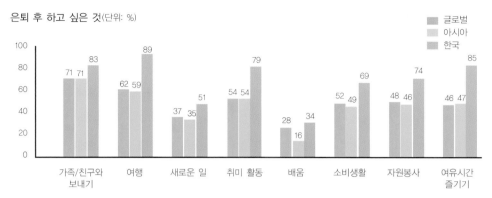

은퇴 후 하고 싶은 것(단위: %)

[그림 9-17] 은퇴 후 하고 싶은 것

출처: HSBC (2006).

적인 이유에 대해 우리나라 사람들은 너무 일 위주로 살다 보니 제대로 여가를 즐기지 못했고 어떻게 여가를 보내야 하는지 알지 못하기 때문이다. 그러나 이보다 더 중요한 것은 경제적인 문제인데 대부분의 사람들이 아직 은퇴 이후에 대한 준비가 되어 있지 않기 때문이다. [그림 9-17]에 은퇴 후 가장 하고 싶은 것으로 국제적으로는 가족, 친구와 같이 보내기가 많았으나 우리나라의 경우 여행이 가장 많았고 그다음으로 여유시간 즐기기, 취미 활동인 것으로 나타났다(HSBC, 2006).

2020 KIDI 은퇴시장 리포트(보험개발원, 2021)에 의하면 우리나라 40~50세대의 대부분이 노후 준비가 필요하다고 응답(94.9%)하였으나, 충분한 노후 준비가 되어 있다는 응답자는 31.3%에 불과하였다. 은퇴 후에도 예상되는 지출은 높은 편(자녀 교육비, 자녀 결혼비 등)이나 은퇴 시 받을 퇴직급여만으로 충당하기에는 부족하다.

기대수명이 100세에 가까워지는 현실에서 은퇴 후 삶의 준비는 매우 중요하다. 특히 우리나라는 세계에서 가장 빠르게 고령화가 진행되고 있고 고용불안이 심화되어 은퇴준비의 중요성이 강조되고 있다. 베이비부머 실태조사의 경우 베이비부머 세대의 6.9%가 연금이나 저축에 대한 준비가 전혀 이루어지지 않았으며 한 개의 연금만 준비한 경우가 12.9%로 약 20%의 베이비부머 세대는 노후소득준비가 제대로 이루어지지 않고 있다(정경희 외, 2011). 성별로는 여성보다는 남성이 은퇴준비를 잘하고 있다. 남성은 여성에 비해 재무적 노후준비방법으로 공적연금을 선택한 비율이 높고, 여성의 경우 주로 금융저축을 선호하는 것으로 나타났다(박창제, 2008). 이는 현재 중년기 후반 여성들 중에는 직장을 통해 연금을 수령할 수 있는 인구가 소수에 불과하기 때문인 것으로 보인다.

프랑스의 경우 2023년 연금개혁을 추진하였는데 현행 62세인 퇴직 연령을 2023년 9월부터 매월 3개월씩 점진적으로 늘어나기 시작해 2027년에는 63세 3개월, 2030년에는 64세로 높아진다. 연금을 100% 수령하기 위해 노동해야 하는 기간도 기존 42년에서 43년으로 1년 늘리기로 하고, 시행 시점도 2035년에서 2027년으로 앞당기기로 했다. 즉, '더 오래 일하고 더 늦게 받으라'는 것이 프랑스 연금개혁안의 골자다.

국가 차원에서 사회보장제도를 유지하기 위한 비용 부담이 증가하기 때문에 개인들은 빠른 은퇴를 원해도 사회는 은퇴 환경을 결정하는 연금제도나 건강보험제도의 변화로 조기퇴직이 오히려 억제되고 있다. 빨리 은퇴해 쉬고 싶어도 쉴 수 없는 상황이다.

이와 같이 미국이나 유럽에서는 퇴직연령에 대한 제한을 없애거나 실직연령을 늦추는 추세인 데 반해 우리나라의 경우 원하지 않는 조기실직의 문제가 심각하다. 우리나라는 OECD 다른 회원국들에 비해 공식 퇴직연령(55~58세)이 낮음에도 불구하고 그 연령에 도달하기도 전에 강제퇴직 또는 명예퇴직 등이 시행되고 있다. 자녀의 양육 및 교육을 아직 끝내지 못했거나 대학교육은 마쳤더라도 청년실업으로 취직하지 못한 자녀의 지원, 노부모 봉양 등으로 인한 경제적 부담이 큰 반면, 새로운 직장을 구하기도 어려운 상황에서 우리나라 중년은 샌드위치 세대로서 정신적 스트레스가 매우 크다.

우리나라 베이비부머 세대들이 인식하는 향후 필요한 노후 준비교육으로 가장 많은 것이 자산 관리 및 노후 재무 설계(22.4%)인 것으로 나타났으며 2순위는 노년기 성격 특성과 신체 변화 등에 관한 정보(12.1%), 우울증, 치매 등 정신건강 관리(11.5%), 새로운 또는 확장된 취미, 여가 활동(11.3%), 새로운 직업을 위한 직업 능력 및 개발(10.2%)의 순으로 나타났으며 자원봉사활동, 인터넷, 스마트기기 이용 방법 등에 관한 교육은 순위가 낮았다(양지훈, 권미애, 2018).

노년기

어느 95세 어른의 수기

나는 젊었을 때
정말 열심히 일했습니다.
그 결과
나는 실력을 인정받았고 존경을 받았습니다.
그 덕에 63세 때 당당한 은퇴를 할 수 있었죠.
그런 지금 95번째 생일에
내 65년의 생애는 자랑스럽고 떳떳했지만
이후 30년의 삶은
부끄럽고 후회되고 비통한 삶이었습니다.

나는 퇴직 후
이제 다 살았다. 남은 인생은 그냥 덤이다
라는 생각으로 그저 고통 없이 죽기만을 기다
렸습니다.

덧없고 희망이 없는 삶……
그런 삶을 무려 30년이나 살았습니다.

30년의 시간은
지금 내 나이 95세로 보면……
3분의 1에 해당하는 기나긴 시간이었습니다.

만일 내가 퇴직을 할 때
앞으로 30년을 더 살 수 있다고 생각했다면
난 정말 그렇게 살지는 않았을 것입니다.

그때 나 스스로가
늙었다고, 뭔가를 시작하기엔 늦었다고
생각했던 것이 큰 잘못이었습니다.

나는 지금 95세지만 정신이 또렷합니다.
앞으로 10년, 20년을 더 살지 모릅니다.

이제 나는
하고 싶었던 어학공부를 시작하려 합니다.
그 이유는 단 한 가지……
10년 후 맞이하게 될 105번째 생일날!
95세 때 왜 아무것도 시작하지 않았는지
후회하지 않기 위해서입니다.

－오명철, 칼럼 '그때는 그때의 아름다움을
모른다'(동아일보, 2008. 8. 14.) 중에서

CHAPTER 10

노년기

노년기의 시작점에 대한 견해는 다양하다. 예컨대,「고용상 연령차별금지 및 고령자고용촉진에 관한 법률」에서는 55세,「국민연금법」에서는 노령연금 수급권자를 60세로, 그리고 고령인구의 비율 구성은 65세를 기준으로 노년기의 시작점을 규정한다. 그러나 노년기를 생활연령으로 분류하기보다는 동일 연령대의 신체적 · 사회적 환경과 비교하여 얼마나 잘 기능하고 있는지에 따라 분류하는 것이 바람직하다는 견해가 확산되고 있다. 예를 들어, 건강한 90세 노인이 건강하지 못한 65세 노인보다 기능적으로 더 젊다고 보는 것이다. 일반적으로 노년기를 생각하면 은퇴로 인한 경제적인 어려움과 육체적 · 정신적 쇠약으로 곧 죽게 될 것이라는 부정적 측면의 느낌을 갖는다. 그러나 의학 · 과학기술의 발전 및 풍요로운 삶의 질 등은 노년기를 더욱 건강하게 만들었다. 노인 스스로가 무엇인가를 시작

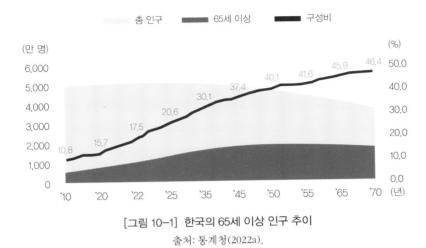

[그림 10-1] 한국의 65세 이상 인구 추이

출처: 통계청(2022a).

하기엔 늦었다고 생각하기보다는 성인전기 혹은 성인중기 때 미루어 왔던 활동들을 하면서 활기차게 보내는 것이 성공적인 노화다.

한편, 의학·과학기술의 발전 및 유전적·환경적 요인 등으로 인해 인간의 수명이 늘어남에 따라 노년기는 인생의 약 1/3가량에 해당될 만큼 길어졌다. 우리나라 전체 인구 중 65세 이상 고령인구의 비율은 1990년 5.1%, 2000년 7.2%, 2010년 10.8%, 2020년 15.7%, 2022년 17.5%로 빠르게 지속적인 증가 추세를 보이고 있다. [그림 10-1]과 같이 이미 한국 사회는 2000년에 고령화 사회(aging society)에 진입하였고, 2020년에는 65세 이상 고령인구 비율이 15.7%로 고령 사회(aged society)에 진입하였으며, 2025년에는 20.6%로 초고령 사회(super-aged society)에 도달

고령화 사회

전체 인구 중 65세 이상 인구 비율이 7% 이상 14% 미만인 사회

고령 사회

65세 이상 인구 비율이 14% 이상 20% 미만인 사회

초고령 사회

65세 이상 인구 비율이 20% 이상인 사회

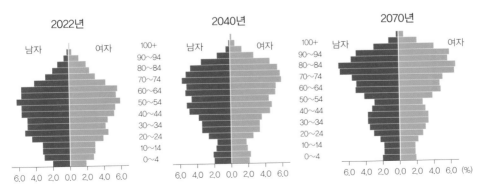

[그림 10-2] 한국의 인구 피라미드

출처: 통계청(2022b).

할 것으로 예측된다(통계청, 2022a). 따라서 한국의 인구 피라미드 구조는 [그림 10-2]와 같이 2022년 현재 항아리형이지만 약 20년 후인 2040년경에는 젊은 세대가 급격히 감소하고 2070년경에는 노인 인구 비율이 높은 역피라미드형이 될 것으로 예측된다(통계청, 2022b). 이러한 인구의 고령화는 노동 생산성 감소에 따른 경제의 저성장, 사회복지 부담 증가, 국가 경쟁력 약화 등 다양한 문제가 예상된다.

1. 신체발달

인간이 살 수 있는 연령은 보통 70~110세이며 세계 공식 최장수 기록은 122년 6개월을 산 프랑스 여성 Jeanne Louise Calment(1875년 2월 21일~1997년 8월 4일)이다. 인간이 살 수 있는 연령은 기대수명(life expectancy at birth)과 기대여명(average remaining lifetime)으로 표현된다. 기대수명이란 0세의 출생자가 향후 생존할 것으로 기대되는 평균 생존 연수를 의미하고, 기대여명이란 일정한 연령에 도달한 사람이 향후 몇 년 동안이나 생존할 수 있는가를 계산한 평균 생존 연수를 말한다. 2021년에 출생한 한국 사람의 기대수명은 83.6년으로, 남성은 80.6년이고 여성은 86.6년이다(통계청, 2022e). 기대여명은 국가 및 문화권과 상관없이 성차가 존재하고, 여성의 기대여명은 남성보다 평균적으로 4~7년 정도 더 길다. 기대여명에 대한 성차의 원인으로는 유전적 요인과 사회·환경적 요인, 호르몬 요인 등이 있다. 여성이 가진 2개의 X성염색체가 항체를 생성해서 질병에 저항할 수 있고 여성 호르몬인 에스트로겐이 면역 체계를 강화시켜 주기 때문에 질병을 예방해 주어 여성의 기대여명이 높다. 반면 남성은 알코올이나 흡연 등의 올바르지 못한 건강 습관과 오염물질 노출 등 열악한 근무환경으로 인해 기대여명이 낮다. 2021년도 60세를 기준으로 한국 남성은 23.5년, 여성은 28.4년을 더 살 수 있다(통계청, 2022e).

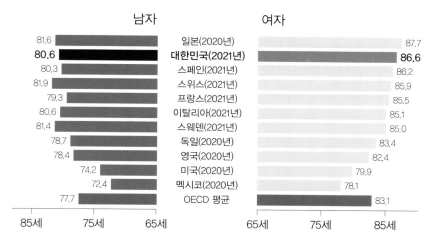

[그림 10-3] OECD 주요 회원국의 성별 기대수명 비교

출처: 통계청(2022e).

1) 신체적 변화

(1) 노화

노화(老化)란 나이가 들어 생물의 성질이나 기능이 쇠퇴하는 것을 의미한다. 몸을 이루는 세포에도 찌꺼기나 지방의 작은 알갱이가 쌓이기 시작하고 세포 및 세포핵의 부피가 감소하는 등의 쇠퇴가 일어남으로써 노화가 진행된다. 노화 현상은 생물학적·유전적 요인 외에도 환경적 요인이 함께 상호작용하여 나타난다.

노화는 유전적 요인에 의한 일차적 노화(primary aging)와 환경적 요인에 의한 이차적 노화(secondary aging)로 구분할 수 있다. 일차적 노화는 평생 동안 자연스럽게 점진적으로 유전적인 영향을 받아 쇠퇴하는 것을 의미하며, 이차적 노화는 질병이나 신체 사용 정도, 그리고 식습관 및 운동 부족과 같은 환경적 영향에 의한 쇠퇴를 의미한다. 이와 같이 노화에 영향을 미치는 요인이 유전적인 것도 있지만 환경적 요인을 어떻게 관리하느냐에 따라 노화의 진행 속도가 달라질 수 있다.

노화에 대해 설명하는 이론은 유전적 계획이론(genetic programming theory)과 오류이론(error theory)이 있다.

① 유전적 계획이론

유전적 계획이론은 노화가 이미 계획된 유전자에 의해 예정된 순서대로 진행되는 것을 의미하는 것으로서, 계획된 노쇠이론(programmed senescence theory)과 신경내분비이론(neuroendocrine theory)이 있다.

계획된 노쇠이론은 노화가 특정 유전자에 의해 미리 정해진다는 관점이다. 이 이론은 정상적인 체세포의 분열 횟수는 유한하다는 'Hayflick의 한계(Hayflick limit)'로 증명된다. 미국의 해부학자인 Hayflick은 사람의 정상적인 체세포는 약 50~60회에 걸쳐 세포 분열을 한 후 그 활동이 점차 둔해지며 더 이상 분열되지 않아 정지하게 됨으로써 결국 세포가 죽게 되어 인간의 최대 수명을 조절할 수 있는 요인이 될 수 있음을 발견하였다(Hayflick, 1996; Hayflick & Moorhead, 1961). 이러한 체세포의 분열 횟수를 결정하는 것이 '텔로미어(telomere)'다. [그림 10-4]에서 보듯이, 텔로미어는 염색체 끝부분에 위치하여 세포시계의 역할을 담당하는 DNA의 조각들로, 끝을 의미하는 그리스어인 'telos'와 부위를 일컫는 그리스어인 'meros'의 합성어다. 세포 분열이 진행될수록 길이가 점진적으로 짧아져 나중에는 매듭만 남게 되고 세포 복제를 어렵게 만들어 세포를 죽게 만듦으로써 노화와 수명을 결정한다(De Lange, 1998; Cristofalo, Tresini, Francis, & Volker, 1999). 즉, 세포 분열이 진행될 때마다 텔로미어의 손실은 남성의 경우 매년 14.1 bp(base pair: 유전자를 구성하는 DNA의 길이를 나타내는 단위), 여성은 9.6 bp가 감소하여 약 50회 정도 분열한 후에는 손실된 텔로미어 DNA의 총량이 더 이상 세포 분열이 일어나지 않도록 신호를 보낸다(Müezzinler, Zaineddina, & Brennera, 2013; 전용균, 심경은, 2021). 텔로미어 길이에 영향을 미치는 요인들은 연령, 유전, 후성 유전학적 환경, 사회 및 경제 상태, 운동, 체중, 흡연 등이며 이들의 조합에 의해 영향을 받는다(Farzaneh-Far et al, 2008; Yang et al, 2009; 전용균, 심경은, 2021 재인용). 특히 비만은 산화스트레스(oxidative stress) 증가 및 DAN 손상과 관련이 있기 때문에 텔로미어 길이에 부정적인 영향을 미치고 노화를 불필요하게 앞당길 수 있다. 그리고 너무 많은 신체 활동량은 텔로미어 길이에 부정적 영향을 줄 수 있어 자신의 건강 수준에 맞는 신체 활동이 필요하다. 적정 수준의 신체 활동은 만성적인 염증과 산화스트레스를 감소시키고 항산화 방어 능력은 증가시켜 산화적인 DNA 손상을 감소시키기 때문에 결과적으로 텔로미어의 손실을 예방하는 데 도움을 주며, 텔로미어의 기능이 감소되는 중년 이후의 규칙적인 운동은 세포노화의 예방에 도움을 준다(Furukawa et al., 2004; Soares-Miranda et al., 2015; 전용균, 심경은, 2021 재인용).

신경내분비 이론은 노화의 원인을 호르몬 분비를 통해 신체 기능을 조절하는 내분비계 기능의 저하로 본다. 젊은 사람의 경우는 호르몬의 농도가 높게 유지되지만, 노년기에는 전반적으로 성장 호르몬, 에스트로겐, 생식 호르몬인 DHEA(dehydroepiandrosterone) 등과 같은 호르몬의 분비 및 농도가 점차 감소하여 근력이 약해지고 체내 지방이 많아지며 각 기관들이 쇠퇴한다.

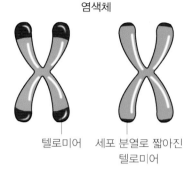

염색체

텔로미어　세포 분열로 짧아진 텔로미어

[그림 10-4] 텔로미어 구조

② 오류이론

오류이론은 세포의 우연적·임의적 오류 또는 손상이 축적되어 노화를 발생시키고 결국 죽음을 야기한다는 것이다. 오류이론에는 사용으로 인한 마모이론(wear and tear theory), 유리기(free radical)이론, 자동면역이론(autoimmune theory), 교차연결이론(cross-linking theory)이 있다.

사용으로 인한 마모이론은 신체기관들을 장기간 반복적으로 사용하면 기능 및 구조가 약해져 결국 신체가 낡고 노화한다는 것이다. 그러나 규칙적인 운동을 통한 각 기관들의 사용이 노화 방지 및 수명 연장에 도움을 준다는 것을 설명해 주지 못한다는 점이 이 이론의 한계다.

유리기란 산소가 에너지를 만드는 과정에서 생성되는 산소 화합물이다. 보통 분자는 쌍을 이루어 안정된 상태로 존재하지만 유리기는 쌍을 이루지 못해 불안정하고 반응성이 매우 크다. 그렇기에 유리기는 다른 물질과 반응하게 되면 정상 세포 형성 및 DNA에 손상을 주거나 세포 단백질, 지방, 탄수화물에 악영향을 줄 수 있다. 이러한 유리기로부터의 손상은 연령이 증가함에 따라 축적되며 관절염 및 파킨슨병과 같은 질병의 원인이 되기도 한다.

자동면역이론은 면역성을 지닌 세포가 바이러스나 세균 등 외부의 이물질과 자신을 구별하지 못하고 자신의 물질에 저항하는 항체를 생성하여 자체의 세포를 공격함으로써 노화 및 질병을 유발시킨다는 견해다.

교차연결이론에서는 뼈나 피부 내에 존재하는 단백질의 일종인 콜라겐 분자들이 서로 부착되어 움직일 수 없게 되고 세포 분열을 불가능하게 만든다고 본다. 이렇게 되면 영양과 노폐물의 이동이 어려워져 결국에는 단백질을 굳게 만들고 각막 및 피부 등에 탄력성을 잃게 하여 노화를 촉진한다.

(2) 외모 변화

노년기에는 머리카락의 수가 감소하고 가늘어지며 머리카락 색소가 없어짐에 따라 회색 또는 흰색으로 변하는 등 외적인 변화가 온다. 피부는 탄력을 잃어 주름이 생기고 처지며, 지방 분비선 및 수분 유지 기능의 감소로 건조해지고 거칠어진다. 얼굴 및 손에는 노인성 반점(age spots)이 생긴다. 우리나라 75세 이상 노인의 평균 잔존 치아 수는 11개에 불과하며(보건복지부, 2010), 치아는 변색되어 탁해지고 잇몸이 내려앉아 뿌리가 드러나 결국 치아의 상실이 일어난다. 치아의 상실은 구강질환을 심화시킬 뿐만 아니라 전신 건강 상태에 악영향을 미친다. 치아 상실로 인한 잇몸의 감염이 염증을 발생시키고, 이것이 다시 뇌에 염증을 일으켜 신경세포가 사멸하여 기억 기능이 손상되기 때문에 치아가 많이 빠진 노인일수록 기억력 저하를 보인다(Okamoto et al., 2010). 체중은 60세 이후 감소하는데, 이는 수분, 근육, 뼈, 뇌, 장기, 단백질, 당질 등을 측정한 제지방량의 손실이 일어나기 때문이다. 키도 작아지는데, 이는 힘줄이 부분적으로 오그라들어 딱딱해지고 디스크의 수분이 손실되어 척추 디스크 압축이 일어나고 뼈가 약해져서 오는 현상이다.

제지방
체중에서 체지방량을 제외한 수분, 근육의 단백질, 당질, 뼈 등을 측정한 양. 즉, 지방을 제외한 나머지 부분

(3) 뇌 또는 신경계, 순환기 및 호흡기 변화

뇌의 무게는 성인기 동안 지속적으로 줄어들지만 60세 이후부터 그 손실이 증가한다. 이는 뉴런의 손실 때문이지만 소뇌와 같은 특정 뇌 영역을 제외한 뉴런의 손실은 큰 편이 아니다(Burke & Barnes, 2006; Finch & Zelinski, 2005). 뉴런의 손실이 있는 소뇌는 운동 기능이나 평형 감각 조절을 원활치 못하게 해 정밀한 움직임을 어렵게 하며 걸음걸이를 불안정하게 만든다. 이 외에도 뉴런의 연결체인 시냅스의 손실로 인해 신경전달물질인 도파민의 밀도가 감소함에 따라 반응 시간이 둔화되고, 몸과 팔의 움직임이 느려지며, 근육이 굳고, 손 떨림 등의 증상이 나타

난다. 또한 뉴런이 뇌 영역 사이를 빠르게 움직일 수 있도록 자극하는 수초(myelin sheath)가 감소하여 신경 전달이 원활하지 못해 인지 및 작업 기능이 감퇴한다 (Andrews-Hanna et al., 2007; Finch & Zelinski, 2005). 노년기 뇌의 변화는 노인의 삶에 긍정적 또는 부정적 영향을 미친다. 긍정적인 영향은 갈등 해결에 있어서 젊은 사람보다 더 건설적으로 접근한다는 점이다. 이는 감정 조절을 담당하는 편도체가 부정적인 사건에 대해 덜 민감해지기 때문이다. 그러나 부정적인 영향은 대화의 주제와 상관없는 이야기를 많이 한다는 점이다. 이는 전두엽 기능의 감소로 원치 않거나 무관한 생각을 억제하는 데 어려움이 있기 때문이다.

순환기의 변화는 심장 및 혈관과 관련이 있다. 나이가 들어도 특별한 심장질환이 없는 한 혈압은 정상 수치인 120/80mmHg를 유지해야 한다. 노인은 휴식 시 좌심실의 수축 기능은 정상적으로 유지되지만 좌심실 이완 기능의 장애로 운동 시 호흡 곤란이 올 수 있다. 노화에 의한 혈관의 대표적 변화는 혈관 내경의 증가와 혈관의 비후다(Lakatta & Levy, 2003a). 혈관의 내막과 중막 두께는 연령이 증가함에 따라 증가하며 심혈관 및 뇌혈관 질환 발생과 밀접한 관련이 있다(Smulyan, Asmar, Rudnicki, London, & Safar, 2001). 이러한 변화들은 심장 박동수를 감소시키고 혈액의 흐름을 방해하여 산소가 신체의 각 조직으로 충분히 운반되지 못하도록 만든다. 폐 세포는 점진적으로 탄력성을 잃어 80세의 폐활량은 20세의 절반가량으로 감소하고, 호흡을 하는 데 중요한 역할을 하는 횡격막은 약해진다. 결국 숨을 들이마시고 내쉬는 과정에서 산소를 더 적게 들이마시고 탄산가스를 더 적게 배출하기 때문에 더 많은 숨을 쉬면서도 노인은 늘 숨이 차다.

표 10-1 30세 대비 75세의 뇌, 신경계, 순환기 및 호흡기의 감소율(남성 기준)

구분	감소율(%)	구분	감소율(%)
뇌 무게	44	뇌의 혈액 공급	20
중추신경 축삭돌기 수	37	폐활량	44
신경 충동 속도	10	최대 산소 흡수	60
미뢰(맛봉우리) 수	64	신장의 사구체 수	44

(4) 감각 기능 변화

노인은 수정체의 탄력성이 떨어져 안경 없이 사물을 보기 어렵다. 멀리 있는 물체의 초점은 맞지만 가까운 곳에 있는 물체의 초점은 맞지 않아 원시성 시각이 나타난다. 그리고 눈에 들어오는 빛의 양을 조절하는 홍채 기능이 떨어져 빛의 변화에 민감하지 못해 밤길 혹은 야간 운전 시 사고의 위험이 높다. 노년기에는 색채 지각에도 문제가 발생한다. 노란색 안경을 쓰고 사물을 보는 것과 같은 황화 현상이 일어나는데, 이는 수정체의 색채가 노란색으로 변하기 때문이다. 그래서 노랑, 빨강, 주황과 같은 색깔은 잘 식별하지만 파랑, 보라, 남색과 같은 색깔은 정확하게 식별하는 데 어려움을 겪는다.

노인에게 흔한 질병인 백내장은 수정체가 혼탁해져 빛을 제대로 통과시키지 못해 안개가 낀 것처럼 시야가 뿌옇게 흐려지는 현상이다. 백내장과 함께 대표적인 안질환으로 꼽히는 황반변성(macular degeneration)은 주로 50~60대에 발병한다. 65세 노인 중 10% 이상이 앓고 있는 황반변성은 황반 부위가 제대로 기능하지 못하는 질환이다. 안구 내부에는 얇은 신경층이 존재하는데, 이 신경층의 가장 중심부에 위치한 것이 황반이며

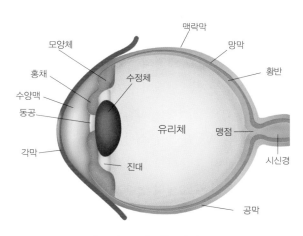

[그림 10-5] 안구의 구조

황반변성의 증상

지름이 약 1.4mm의 원형 부위로서 황갈색을 띤다. 황반변성의 증상은 글자나 직선이 휘어져 보이며 글자나 그림을 볼 때 어느 부분이 지워진 것처럼 보인다.

노년기 눈질환의 하나인 녹내장은 안구의 압력이 높아져 눈으로 받아들인 빛을 뇌로 전달하여 보게 하는 시신경이 눌리거나 시신경에 혈류 공급의 장애가 생겨 시신경 기능에 이상을 초래하는 질환이다. 시신경에 장애가 생기면 시야 결손이 나타나고 말기에는 시력을 상실하기 때문에 매년 정기적인 안압검사를 통해 녹내장을 조기에 발견하고 치료하는 것이 중요하다.

청각과 관련하여 60세 이후 크게 증가하는 노인성 난청은 연령이 증가함에 따라 발생되는 퇴행성 변화에 의해 청력이 약화되는 현상으로, 보통 남자가 여자보다 낮은 연령에서 두 배 빠르게 진행된다. 노인성 난청은 주파수가 상대적으로 높은 아이나 여성의 말 또는 '스' '츠' '트' '프'와 같은 고음을 잘 알아듣지 못하는 현상으로 시작해 이후에는 모든 소리에 둔감해진다. 또한 소리는 들리지만 단어의 분별력이 떨어져 '발'이나 '달' 같은 비슷한 말을 구분하지 못한다. 작은 소리는 잘 듣지 못하고 큰 소리는 오히려 불쾌감을 느낀다. 노인성 난청으로 인한 행동은 TV 볼륨을 크게 하거나 귀를 갖다 대고 구부리는 자세를 취하며 반복해서 되묻고 질문에 부적절한 대답을 하는 것이다. 노인성 난청의 가장 큰 문제는 타인의 말을 잘 듣지 못하여 주변 사람들과의 정서적인 격리를 겪게 되는 점이다. 주변 사람들의 대화를 알아듣지 못해 의사소통이 어려워져 자존감이 저하되고 사회적 관계의 위축 및 외로움 등 정서장애를 겪는다.

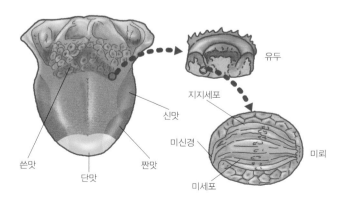

[그림 10-6] 혀의 구조

430

노인들이 흔하게 하는 말 중의 하나가 "나이가 들어 그런지 입맛이 떨어져서……."라는 말이다. 이는 미각의 둔화와 관련된 것으로 혀의 노화가 주된 원인이다. 중년기 이후부터 맛을 느끼게 하는 3,000~1만 개 미뢰 속의 미(味)세포가 감소 및 퇴화하기 시작하여, 80세 정도가 되면 기본적인 미각인 단맛, 신맛, 쓴맛, 짠맛을 구별하기 어렵다. 이러한 미각의 둔화는 60세 이후 후각 수용기가 감소되는 후각의 둔화와도 관련되어 있어 음식 냄새를 잘 맡지 못하여 먹는 즐거움이 반감된다.

또한 노인들은 촉각 둔화로 인해 온도 식별 기능이 저하되어 화상이나 상처를 입는 경우가 많아지고, 접촉 강도가 높아야 접촉을 느낄 수 있으며, 감각 기능 및 뉴런의 감소로 통증 감각도 둔화된다. 이러한 촉각 둔화는 피부 특정 부위에 있는 촉각 수용기의 손실이나 원활하지 못한 혈액 순환이 원인일 수 있다.

2) 노인성 질환

(1) 치매

치매

뇌기능 장애로 인해 후천적으로 지적 능력이 상실되어 이전 수준의 일상생활을 유지하는 데 어려움이 있는 것

치매(dementia)란 '없다'라는 의미의 de와 '정신'이라는 의미의 ment, 그리고 '질병'을 의미하는 명사형 어미 tus의 합성어인 라틴어 dementatus에서 유래된 말로서 '정신이 없어진 것'을 의미한다. 즉, 치매는 일상생활을 정상적으로 유지하던 사람이 뇌기능 장애로 인해 후천적으로 지적 능력이 상실되어 이전 수준의 일상생활을 유지하는 데 어려움이 있는 경우를 말한다. 치매의 원인 중 가장 흔한 것은 퇴행성 뇌질환의 일종인 알츠하이머병으로 약 50~60%를 차지하며, 그다음으로 혈관성 치매가 20~30%, 나머지 10~30%는 기타 원인에 의한 것이다. 일반적으로 사람들은 치매와 단순기억장애인 건망증을 잘 구분하지 못하지만, 치매와 건망증의 특징은 〈표 10-2〉와 같이 명확히 구분된다.

치매와 건망증은 서로 원인이 다르기 때문에 둘 간의 관련성은 없는 것으로 알려져 있지만, 최근 연구에서는 건망증이 심한 사람이 치매에 더 잘 걸린다는 보고가 있다. 건망증이 아주 심한 50대 이상 남녀 270명을 추적 조사한 결과, 6년 안에 치매로 이행한 비율이 80%에 달했다. 건망증으로 진단을 받았던 사람 중 심한 건망증으로 치매예방센터를 찾은 환자 45명 중 33%가 치매의 초기 증상으로 나타났다(Peterson, 2003; 강동성심병원 치매예방센터, 2007).

표 10-2 치매와 건망증의 구분

구분	치매		단순기억장애 (건망증)
	알츠하이머성	혈관성	
특성	5대 증상인 기억장애, 언어장애, 방향감각 소실, 계산력 저하, **성격 및 감정의 변화** 중 3개 이상 해당		
원인	대뇌의 여러 영역 중에서 지적 기능을 담당하는 부위의 신경 세포들이 서서히 죽어 감	뇌혈관 질환이 누적되어 나타남	치매의 5대 증상 중 기억장애만 해당
치료	치료제는 개발되지 않았지만 진행 속도를 늦추는 약이 있음	초기에 발견하면 진행을 늦추거나 막을 수 있음	힌트를 얻으면 대부분 다시 기억해 냄
주요 대상	노인 여성, 직계가족 중 알츠 하이머병이 있는 사람	고혈압, 당뇨병, 고지혈증, 심장병이 있는 사람, 뚱뚱하 거나 담배를 피우는 사람	

출처: 삼성서울병원 의학정보 홈페이지(2013), www.samsunghospital.com

> **성격 및 감정의 변화**
>
> 도덕관, 수치심, 소유 개념을 잃어 염치를 모르고 남의 물건을 자기 것처럼 태연하게 사용하거나 성적으로 추한 행동을 스스럼없이 함. 감정 상태가 불안정하여 불안 혹은 우울증을 보이며 사소한 일에도 쉽게 울거나 웃는 것과 같은 감정실금이 나타남. 피해망상(이유 없이 주위 사람 의심, '자기를 해치려 한다'는 식으로 말함), 환각, 환청, 공격적 행동, 방황, 가출 및 배회, 대소변을 뭉개는 불결한 행동, 식사 거부 등의 일반적인 정신행동 장애가 나타남

① 알츠하이머병

알츠하이머병(Alzheimer's disease)은 뇌의 구조적·화학적 퇴화로 인해 행동 및 사고 능력이 점진적으로 상실되는 병을 의미한다. 고령일수록 발병률이 높고 〈표 10-3〉과 같이 초기, 중기, 말기에 따라 그 증상은 다르다.

알츠하이머병의 증상들은 기억력 감퇴, 언어적 퇴보, 시공간적 처리의 결손 등

> **알츠하이머병**
>
> 뇌의 구조적·화학적 퇴화로 인해 행동 및 사고 능력이 점진적으로 상실되는 병

표 10-3 알츠하이머병의 증상

구분	증상
초기	• 귀중한 물건의 보관 장소나 약속을 잊어버린다. • 질문 혹은 같은 내용의 말을 반복한다. • 말에 대한 이해를 하지 못하고 엉뚱한 말을 한다.
중기	• 낯선 장소에 가면 길을 잃어버린다. • 며칠 전에 있었던 일이나 금방 했던 일을 잊어버린다. • 집안일이나 가전제품 사용 등 혼자 할 수 있는 능력이 저하된다. • 움직임이 느려지고 자세가 불안정하다.
말기	• 생일이나 자녀의 이름을 혼동한다. • 가족의 얼굴을 알아보지 못하는 등 과거에 대한 기억이 없어진다. • 전혀 알아들을 수 없는 말을 하다가 나중에는 말을 안 하게 된다.

이며, 초기 증상들은 건망증이나 노화에 따른 증상으로 이해되기 때문에 이를 간과하면 더 심각한 노인성 치매로 발전할 수 있다.

알츠하이머병의 원인은 아직까지 명확히 밝혀지지 않았지만 크게 세 가지로 볼 수 있다. 첫째는 뇌세포의 손상으로서 '베타 아밀로이드 펩타이드(beta amyloid peptide)'라 불리는 비정상적인 단백질의 축적이 주요한 원인이다(Cummings, 2004; Gatz et al., 2006). 둘째는 유전적 요인이다. 65세 이상의 노인에게 전형적으로 발견되는 APOE(apolipoprotein, 아포리포 단백질) 유전자의 변형이 후발성 알츠하이머병을 걸리기 쉽게 만든다(Gatz, 2007). 그리고 이란성 쌍생아의 알츠하이머 발병 일치율은 22% 정도이지만 일란성 쌍생아의 경우에는 67%에 달해 유전 가능성을 시사하고 있다(Gatz et al., 1997). 셋째는 환경적 요인이다. 붉은 고기, 버터, 아이스크림과 같은 트랜스 불포화 지방이 많은 음식들은 알츠하이머를 유발하는 위험 요인인 반면, 비타민 E, n-3 지방산, 그리고 땅콩, 열매, 생선, 달걀과 같은 비수소 불포화 지방(unhydrogenated unsaturated fat)이 풍부한 음식들은 알츠하이머병을 예방한다(Launer et al., 1999; Morris, 2004; Ott et al., 1998).

알츠하이머병의 예견은 뇌 구조의 퇴화된 변화들을 살펴봄으로써 알 수 있다. 다음의 사진과 같이 정상인의 뇌와 알츠하이머병을 앓는 환자의 뇌를 비교하면 알츠하이머병 환자의 뇌는 기억과정을 담당하는 부분의 뇌세포가 죽어 있어 활동하지 않는다.

편도체와 해마의 축소는 향후 6년 이내에 알츠하이머병의 발병 가능성을 예측해 준다. 알츠하이머병의 치료는 아직까지 확실한 방법이 없으며 다만 진행을 늦

아포리포 단백질
지방 성분과 결합하여 리포 단백질을 형성하는 단백질 성분

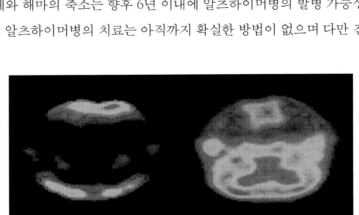

73세 알츠하이머병 환자의 뇌   72세 정상인의 뇌

알츠하이머 환자의 뇌(좌)와 정상인의 뇌(우)

출 수 있는 약물치료, 적절한 영양, 운동, 기억훈련 등을 통해 도움을 받을 수 있다(den Heijer et al., 2006; Smith et al., 2007).

② 혈관성 치매

혈관성 치매(vascular dementia)는 뇌출혈 및 뇌경색과 같은 뇌혈관 질환이 축적되면서 나타나는 치매 질환으로 간접적인 뇌세포 손상이 원인이다. 큰 혈관이 막히거나 터지게 되면 반신불수 및 언어장애 등 눈에 띄는 장애가 나타나지만 작은 혈관이 손상되면 자신이 느끼지 못하는 사이에 뇌의 신경세포들이 조금씩 죽게 된다. 이러한 과정의 반복이 치매를 발생시킨다. 혈관성 치매의 원인은 당뇨, 고지혈증, 심장병, 흡연, 비만 등이며 고혈압이 가장 큰 위험 요소다. 혈관성 치매의 예방은 발병을 촉진하는 위험 요소들을 없애는 것이며 평소에 혈압, 혈당, 체중, 콜레스테롤을 조절하고 금연하는 것이 최우선이다.

> **혈관성 치매**
> 뇌출혈 및 뇌경색과 같은 뇌혈관 질환이 축적되면서 나타나는 치매 질환

(2) 파킨슨병

파킨슨병(Parkinson's disease)은 뇌흑질의 도파민계 신경이 파괴되는 질병으로, 신체가 정교하게 움직일 수 있도록 하는 도파민이 부족하여 움직임에 장애를 가져온다. 다음 사진처럼 정상인과 파킨슨병 환자의 중뇌(midbrain) 단면 사진을 보면, 정상인의 중뇌 앞쪽에는 검은 띠 모양의 흑질이 선명하게 관찰되나 파킨슨병 환자는 흑질이 탈색되어 있다. 이 흑질은 도파민을 생산하는 조직으로 흑질의 변성이 도파민의 결핍을 초래하여 여러 가지 증상이 나타난다.

> **파킨슨병**
> 뇌흑질의 도파민계 신경이 파괴되는 질병

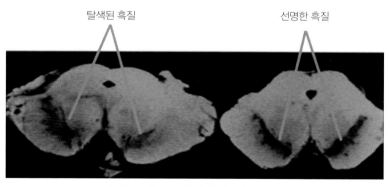

탈색된 흑질　　　선명한 흑질

파킨슨병 환자 중뇌(좌)와 정상인 중뇌(우)

증상은 운동 속도 및 정신적 반응이 비정상적으로 둔화되고, 근육이 굳으며, 편안한 상태에 있을 때 주로 손가락이나 손목 관절 같은 곳이 떨린다. 그리고 바로서 있는 자세라든가 평형을 유지하기 위한 자세 등에 문제가 발생되고, 의도적으로 어떤 일을 하려고 할 때 마치 몸이 얼어 버린 것처럼 꼼짝을 하지 않으며, 자세의 불안정으로 인해 자주 넘어진다. 도파민계 신경이 파괴되는 원인은 정확히 알려지지 않았지만, 일반적으로 유전적 요인과 환경적 요인이 복합적으로 작용해서 나타나고, 제초제, 농약, 중금속 등 환경 및 직업에서의 유해인자 노출 또한 파킨슨병을 유발할 수 있다. 유병률은 산업화가 진행되면서 세계적으로 10만 명당 50~300명 수준으로 점차 높아지고 있으며, 연령이 증가할수록 발생률과 유병률이 증가한다. 진단은 의사가 환자의 병력 및 가족력을 듣고 진찰하며 관절의 움직임과 근육 테스트를 시행한다. 환자의 걸음을 통해 균형을 잡을 수 있는지 확인하고 파킨슨병이라고 생각할 수 있는 느린 움직임, 경직, 떨림, 균형장애 등을 관찰한다. 파킨슨병을 완치시킬 수 있는 치료법은 없지만 증상을 호전시키고 정상적인 생활을 할 수 있도록 도움을 줄 수 있는 약물치료, 운동치료 및 물리치료 방법들이 있다. 이 외에도 말하거나 삼키는 데 도움을 줄 수 있는 언어치료 방법이 있다.

2. 인지발달

1) 지능의 변화

정보처리나 속도와 같은 능력은 노년기에 감소하지만 다른 지적 능력들은 삶을 통해서 향상된 경향을 보이기도 한다. 처리 능력의 변화는 신경학적인 감퇴에 의해 일어날 수도 있지만 개인차가 많아 기능적인 감퇴가 곧 필연적인 것은 아니며 예방할 수도 있다.

노년기의 여섯 가지 주요 정신 능력을 측정하여 노년기 지능 변화를 살펴본 대표적인 연구는 Schaie의 시애틀 종단연구(The Seattle Longitudinal Study)다. 측정된 여섯 가지 주요 정신 능력은 언어적 의미, 단어유창성, 수(계산 능력), 공간 능력, 귀납적 추리, 지각속도다. 이 연구를 통해 Schaie는 노년기 지능 변화에 대한 몇 가지 시사점을 도출하였다(Schaie, Willis, & Caskie, 2004). 첫째, 연령에 따른 지적 능력의 변화는 일정한 패턴이 없다. 유동적 지능은 빠른 감소를 보이지만 결정적 지능은 70대 후반 무렵에 점진적인 감소가 나타나며, 지각속도의 변화는 성인 전기부터 시작되어 지속적으로 감소한다. 대부분의 건강한 노인은 60대 후반 혹은 70대까지도 지적 능력의 감소가 덜하다. 둘째, 지적 능력의 변화는 개인차가 심하다. 일부는 40대에 감소가 나타났지만 어느 정도는 생(生)의 후반까지 기능을 유지하였고, 심지어는 80대 후반까지도 하나 혹은 그 이상에서 지적 능력이 유지되었다. 셋째, 다양한 환경적 요인이 지적 능력에 영향을 미친다. 지적 능력의 감소를 보였던 사람들은 대부분 교육 수준이 낮고 삶을 불만족스럽게 느꼈지만, 지적 능력의 유지 혹은 증가를 보였던 사람들은 인지적 기능을 활용하며 생활하였다(Schaie, 2005; Schaie et al., 2004). 인지적 능력 향상 훈련은 노인들의 감퇴된 인지 능력을 증가시키고 심지어 이전의 성취를 능가하게 만들었다(Schaie & Willis, 1996). 결국 인지적 감퇴는 생활 속에서 인지적 능력들이 잘 활용되지 않았기 때문이다.

Kleemeier는 12년 동안 13명의 남성 노인을 대상으로 지적 능력 변화에 대한 종단연구를 실시하여 지적 능력이 급격히 감퇴한 노인이 그렇지 않은 노인보다 일찍 사망한다는 사실을 밝혔다. 이를 최종 급강하 가설(terminal drop hypothesis)이라 한다. 지적 능력의 급격한 감퇴는 사망하기 5년 정도 앞두고 일어나며 지적 기능의 변화는 연령 그 자체와 관련된 것이 아니라 죽음과 관련된 것이다(Kleemeier, 1962).

최종 급강하 가설
지적 능력이 급격히 감퇴한 노인이 그렇지 않은 노인보다 일찍 사망한다는 가설

문제 해결력은 성인전기부터 노년기까지 안정적으로 유지되다가 감소한다(Papalia, Olds, & Feldman, 2009; Thornton & Dumke, 2005). 이 외에도 노인들은 가족 간의 갈등과 같은 대인관계 문제 발생 시 성인전기 사람들보다 지혜롭고 냉철하게 판단하여 문제를 쉽게 풀어 나갈 수 있다(Blanchard-Fields, Mienaltowski, & Seay, 2007).

노화에 따른 중추신경계 기능의 퇴화는 정보처리의 효율성을 저하시켜 전화번호 찾기, 잔돈 세기와 같은 일상적인 활동에 지장을 주며 인지 능력을 감퇴시킨다. 노인들은 한 과업에서 다른 과업으로 주의를 전환할 때는 천천히 움직이게 되지만 몸에 익숙한 습관이나 지식에 따른 과업 처리는 잘한다(Bialystok, Craik,

Klein, & Viswanathan, 2004; Craik & Salthouse, 2000; Salthouse, Fristoe, McGuthry, & Hambrick, 1998).

이러한 지적 능력의 감퇴는 심장혈관계 질환이나 만성질환이 원인일 수 있으며 이를 치료하기 위해 복용하는 약물도 하나의 원인이 될 수 있다. 이 외에도 생각을 하지 않는 생활 습관이나 교육 수준 그리고 사회경제적 지위 및 직업 등이 지적 능력의 감퇴 혹은 변화에 영향을 줄 수 있다.

노년기 인지 능력 향상에 도움이 되는 활동

- 음악 활동: 노래 부르기, 음악 듣기 등
- 회상 활동: 고향, 가족 및 친구 이름 회상, 행복하고 즐거웠던 시간 회상 등
- 신체 활동: 산책, 레크리에이션, 주사위 던지기, 텃밭 가꾸기 등
- 인지 활동: 낱말 만들기 및 맞추기, 관찰력 훈련 등
- 작업 활동: 퍼즐 맞추기, 구슬 꿰기, 콩 고르기 등
- 미술 활동: 종이접기, 모자이크, 지점토 공예, 색칠하기 등

2) 기억력의 변화

노년기가 되면 기억력 감퇴로 인한 어려움을 호소하거나, 치매에 걸린 것은 아닌지 걱정하기 시작한다. 며칠 전에 친구들과 한 약속 장소와 시간을 잊어버린다든지 친구의 전화번호를 잊거나 혼동하는 것 등이 대표적인 기억력 감퇴의 예다. 기억력 감퇴는 노화의 징후로 여겨지며 일상생활에 영향을 주기 때문에 현실적인 문제로 다가와 스트레스를 유발한다. 그러나 실제로 노인의 기억력 감퇴가 심각하지 않다는 연구들도 있다. 45~54세 집단과 65~77세의 두 집단을 대상으로 단서가 주어지는 기억검사에서 65~77세 집단은 기억력 감소 경향을 보였지만 두 집단 간에 통계적으로 유의미한 차이는 없었다(Boyle, Aaprico, Jonas, & Acker, 1975). 또한 65~85세에 해당되는 노인들을 연령별로 네 집단으로 분류한 후 연상학습과 문장기억 과제 실험을 한 결과에서도 집단 간에 통계적으로 유의미한 차이는 없었다(Benton, Eslinger, & Damasio, 1981).

노화와 기억의 관계를 설명해 주는 세 가지 이론이 있다. 첫 번째는 용량감소 이론(capacity decline model)으로, 연령이 증가함에 따라 정보처리에 필요한 처리 자원이 감소하여 전반적으로 기억 수행을 떨어뜨린다는 이론이다(Craik, 1983; Hasher & Zacks, 1988; Salthouse, 1985a; Zacks & Hasher, 1988). 그러나 이 이론은 처리 자원에 대한 구성적 명확성과 처리 기제가 모호하다는 비판점을 지니고 있다. 두 번째는 선택감소 이론(selective decline model)으로, 연령의 증가가 전반적으로 기억 수행을 감소시키기보다는 선택적으로 감소시킨다는 입장이다(Howard, 1988; Schacter, Kihlstrom, Kaszniak, & Valdiserri, 1993). 즉, 연령이 증가함에 따라 전반적인 과제의 반응 시간이나 인출과정에 손상이 일어날 수 있지만, 기억체계 자체는 정상적이라는 것이다(Schacter et al., 1993). 그러나 이 이론도 장기기억의 한정된 연구 결과에 의존하였다는 점이 비판점으로 제기되었다. 용량감소 이론과 선택감소 이론은 연령과 기억의 관계를 구체적으로 설명하는 조망 틀이 없었기 때문에 이를 보완할 보상–상호작용 이론(compensatory-interaction model)이 제안되었다. 이는 연령의 증가에 따른 감소된 처리 자원은 지식체계에 의해 보상될 수 있다고 보는 관점이다. 즉, 연령에 따른 각 개인의 지식체계에 대한 축적과 사용 경험이 감소된 처리 자원을 보상해 줄 수 있다는 것이다. 따라서 연령의 증가에 따라 축적된 지식이 많거나 정교화되어 있으면 기억 수행의 손상을 막을 수 있다(Stanovich, 1981; West & Stanovich, 1982).

노년기의 기억력 변화는 노화에 따른 감각기억, 단기기억, 장기기억과 관련이 있다. 노년기에는 주의집중하기가 어렵고 감각기억은 성인전기 및 중년기보다 민감하지 못하기 때문에 더 큰 감각 자극이 필요하다. 그러나 노년기의 감각기억 감퇴는 속도 과제를 제외하면 일상생활에 큰 지장을 초래하지 않는다.

(1) 단기기억

노년기의 단기기억 감퇴는 새로운 정보를 처리하는 정보처리 역량의 감소, 즉 정보에 주의를 기울이는 주의 역량과 작업기억 역량의 감소로 인해 나타난다. 작업기억은 기억체계에서 중추적인 역할을 하지만 새롭게 들어온 정보는 약 $10 \sim 20$초간 머무르게 되고 저장 용량도 7 ± 2개(item)라는 기능적인 한계를 지니고 있다. 50대 후반부터는 6 ± 2개로 감소하며 10년마다 숫자 한 개씩을 회상하지 못하기 때문

용량감소 이론
연령이 증가함에 따라 정보처리에 필요한 처리 자원이 감소하여 전반적으로 기억 수행 감소

선택감소 이론
연령의 증가가 전반적으로 기억 수행을 감소시키기보다는 선택적으로 감소

보상–상호작용 이론
연령에 따른 각 개인의 지식체계에 대한 축적과 사용 경험이 감소된 처리 자원을 보상할 수 있다는 관점

에 70대가 되면 5±2개가 된다(Poon, 1985; Wingfield & Byrnes, 1981).

정방향 혹은 역방향 숫자 암송 검사에서 정방향 숫자 암송은 연령이 증가해도 수행하는 데 문제가 없었지만 역방향 숫자 암송은 그렇지 못했다(Craik & Jennings, 1992; Lovelace, 1990; Poon, 1985).

과제의 의미성 여부와 복잡성 여부는 단기기억의 감퇴에 영향을 미칠 수 있다. 과제의 의미성 여부와 관련하여 노인과 젊은 성인을 대상으로 산문을 읽고 그 읽은 내용을 글자 그대로 회상하라는 과제와 읽은 내용의 의미를 요약하라는 과제가 주어졌을 때, 글자 그대로 회상하는 과제에서는 노인의 수행 수준이 낮았지만 주요 의미를 요약하는 과제에서는 젊은 성인과 비슷한 수행 수준을 보였다(Hultsch et al., 1984). 과제 성격의 복잡성과 관련하여 단순한 시연 혹은 암송이 필요한 과제에서는 연령에 따른 기억력의 감퇴가 적었지만, 복잡한 과제에서는 연령에 따라 기억력의 감퇴가 더 크게 일어났다(Craik & Jennings, 1992; Kausler, 1990).

이와 같이 과제의 성격에 따라 노년기의 단기기억력은 달리 나타났지만, 기억력 감퇴를 극복하기 위해서는 기억하려고 하는 것에 의미를 부여하고 반복적으로 암송하며 새로운 정보를 받아들일 때 이미 알고 있는 정보와 결합해서 암기하려는 정교화와 같은 의도적인 전략이 필요하다.

(2) 장기기억

단기기억 또는 작업기억을 통해 저장된 정보는 장기기억으로 넘어가 정보가 필요할 때 인출된다. 그러나 저장되어 있던 정보가 인출되려면 작업기억으로 이동해야 하는데, 노년기에는 작업기억의 감퇴가 일어나 부호화 및 인출에 어려움이 있다. 인생에서 일어났던 사건의 의식적 기억인 **일화기억**(episodic memory)은 연령에 따라 감퇴되며 새롭게 접한 정보를 회상하는 능력은 떨어진다(Papalia, Olds, & Feldman, 2009; Poon, 1985; Smith & Earles, 1996; Souchay et al., 2004). 일화기억에 있어 노인은 어떤 일이 언제 일어났고 거기에 누구와 있었는지 등 맥락에 대한 치중이 덜하기 때문에 연결고리가 적어 젊은 사람보다 회상 능력이 낮다(Kausler, 1990; Lovelace, 1990). 그러나 노인이 어떤 사건을 특별한 일로 지각하게 되면 젊은 사람만큼 기억을 잘 해낼 수 있다(Cavanaugh, Kramer, Sinnott, Camp, & Markley,

일화기억

인생에서 일어났던 사건의 의식적 기억

1985; Kausler, 1990). 사실에 관한 지식의 기억인 의미기억(semantic memory)은 일화기억과는 달리 연령에 따른 감퇴가 적거나 영향을 받지 않는다. 어휘 및 문법에 대한 지식은 심지어 증가하기도 한다(Horn, 1982). 일의 절차나 방법을 기억하는 절차기억(procedural memory)은 연령의 증가에 따라 반응이 느리지만 상대적으로 연령에 영향을 받지 않는다(Kausler, 1990; Salthouse, 1985b). 최근 노인의 단기기억력과 판단 능력은 떨어지지만 장기기억력은 그대로 유지된다는 연구 결과가 나왔다. 연령이 증가할수록 사회적 기술과 감성 지능, 어휘 능력은 좋아지며 충동적인 반응을 일으키는 도파민 등의 호르몬 변화가 크지 않기 때문에 젊은 사람보다 합리적인 결정을 내릴 수 있다(www.mssm.edu).

> **의미기억**
> 사실에 관한 지식의 기억

> **절차기억**
> 일의 절차나 방법에 관한 기억

(3) 기억력 감퇴의 원인

노년기의 기억력 감퇴에 대한 원인은 생물학적 요인과 정보처리 시 필요한 부호화, 저장, 인출의 결함 요인으로 볼 수 있다. 생물학적 요인으로서 기억력에 가장 큰 영향을 미치는 것은 전두엽과 해마다. 사고 및 판단과 같은 고도의 정신 작용이 이루어지는 전두엽은 일화기억에 대한 부호화와 인출 모두를 담당한다. 전두엽에 문제가 생기면 전혀 발생되지 않았던 사건들을 회상하는 등의 틀린 기억이 일어나며, 미래 행동의 계획, 불필요한 행동의 억제, 문제 해결을 위한 전략 수립, 의사결정과 같은 다양한 역할을 담당하는 전전두피질 내의 문제는 단계를 가진 과업 수행 및 주의집중에 대한 어려움을 유발시킬 수 있다(Budson & Price, 2005). 학습과 기억력 및 공간 지각력과 연관된 해마는 일화기억에서 새로운 정보를 저장하는 데 결정적인 역할을 하기 때문에 해마에 문제가 생기면 최근 기억을 손실한다. 정보처리 시 필요한 부호화에 있어 노인은 젊은 성인보다 능률적이지 못하며 정밀함에 있어서도 떨어지는 경향이 있다(Craik & Byrd, 1982). 노인들과 젊은 성인들을 대상으로 한 효과적인 부호화 전략 실험에서 두 집단 모두 동일하게 아는 것이 많았지만, 부호화 전략 훈련을 받지 않은 노인들은 부호화 전략을 사용하는 데 어려움이 있었다(Craik & Jennings, 1992; Salthouse, 1991). 저장 시에도 저장 실패가 연령에 따라 발생한다. 정보 회상 시 노인들은 젊은 성인보다 어려움이 많았고 기억을 인출하는 데도 시간이 더 길었다(Lovelace, 1990; Papalia, Olds, & Feldman, 2009).

3) 지혜

해결하기 어렵거나 판단이 잘 서지 않을 때, 일반적으로 사람들은 나이 든 사람을 찾아가 해결점을 찾거나 조언을 듣는다. 그 이유는 대부분의 사람이 노인들은 지혜롭다고 믿고 있기 때문이다. 실제로 사람들에게 지혜로운 공인을 지명하도록 했을 때, 사람들은 50~70세 사이의 노인들을 지목했으며 평균연령이 64세인 노인들을 선택하였다(Baltes, Staudinger, Maercker, & Smith, 1995).

지혜
사물의 이치를 빨리 깨닫고 사물을 정확하게 처리하는 정신적 능력

지혜란 사물의 이치를 빨리 깨닫고 사물을 정확하게 처리하는 정신적 능력이다. 지혜는 역설에 대한 이해와 모순에 대한 화해 및 타협의 능력이며 불확실성에 대한 통찰과 깨달음, 현실에 대한 역설과 초월, 선입견으로부터의 분리를 포함한 개념이다(Clayton, 1975, 1982; Kramer, 2003). 지혜는 이성과 감정의 종합 및 후형식적 사고의 확장으로 정의된다(Labouvie-Vief, 1990). 이러한 지혜는 다섯 가지 차원으로 볼 수 있다. 첫째, 지혜는 삶의 근본적 문제에 대한 사실적 지식으로서 인간의 본성, 대인관계, 사회적 기준, 인생의 중대 사건, 감정의 이해, 딜레마를 가진 상황에 대한 풍부한 지식이다. 둘째, 지혜는 문제 해결을 위한 풍부한 절차적 지식으로서 다양하게 문제를 정의하는 능력, 조언의 방식, 갈등을 해결하기 위한 효과적인 전략이다. 셋째, 지혜는 맥락적 지식으로서 다양한 맥락에서 다차원적으로 고려할 수 있는 능력이다. 넷째, 지혜는 가치에 대한 상대적 이해로서 개인마다 가치관이 다르기 때문에 옳고 그름에 대한 기준이 달라질 수 있다. 다섯째, 지혜는 인생의 불확실성에 대한 인식으로서 많은 문제가 완벽하게 해결될 수 없다는 한계를 인정하는 것이다(Berk, 2007). 노년기에 지혜가 발휘되는 이유는 뇌가 새로운 것을 배울 능력이 있으면서도 천천히 활동하고 충동적인 감정을 다스릴 줄 알기 때문이다.

노인은 기분을 좋게 하는 호르몬인 '도파민'에 의존적이지 않고 감정의 조절이 잘되며 충동이 심하지 않다. 또한 노인의 뇌가 젊은 사람의 뇌보다 느리게 활동하기 때문에 부정적인 감정 자극에 무심한 편이다.

지혜와 연관된 뇌의 4개 영역

지혜와 연관된 뇌 부분은 4개 영역이며, 지혜는 이 영역들의 활동이 일치되고 통합됨으로써 발현된다. 첫 번째 영역은 대뇌전두 피질(anterior cingulate cortex)로서 갈등 혹은 모순을 발견한다. 두 번째 영역은 중전두엽 피질(medial prefrontal cortex)로서 감정 및 친사회적 사고와 관련이 있다. 세 번째 영역은 편도체(amygdala)로서 즐거움, 행복, 공포와 같은 감정 조절이 가능하다. 네 번째 영역은 배외측 전전두엽 피질(dorso-lateral prefrontal cortex)로서 냉정한 인지(cold cognition)와 공리적 선택을 담당한다. 노인은 젊은 사람보다 이 네 가지 영역에서 활동 수치가 높게 나타난다(Jeste, 2010).

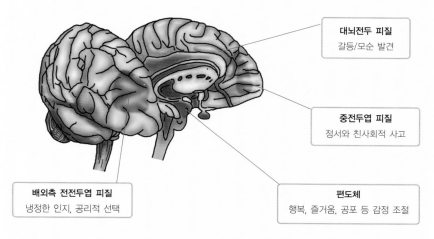

[그림 10-7] 지혜와 관련된 뇌 영역

3. 심리사회적 발달

1) 노화와 성격

오랜 세월 동안 형성된 성격이 노년기가 되어도 유지될 것인가 혹은 변화될 것인가에 대한 두 가지 상반된 입장이 있다.

먼저 노년기가 되어도 성격은 변화되지 않고 이전 성격이 그대로 유지된다고 보는 입장이 있다. 20~80세 사이의 성인 2,000명을 대상으로 한 연구에서는 성인전기의 성격이 노년기에도 큰 변화 없이 안정적인 것으로 나타났다(Costa & McCrae, 1984, 1986, 1988, 1989). 또한 일반적으로 적대적인 사람은 심리치료를 받지 않는 한, 연령에 따라 부드러워지지 않았으며 낙관적인 사람들도 그대로 낙천성을 유지했다(Papalia, Olds, & Feldman, 2009). 다음으로, 성격은 지속적으로 변화된다고 보는 입장이다. 성격의 다섯 요인 모형을 기반으로 한 연구에서는 연령의 증가에 따라 친화성 및 성실성은 증가하였지만 외향성과 개방성은 감소하였다(Roberts & Mroczek, 2008). 55~85세에 이르는 네덜란드인 2,117명을 대상으로 한 연구에서는 신체 혹은 인지적 기능의 감퇴에 따라 신경증에 있어 변화가 나타났다(Steunenberg, Twisk, Beekman, Deeg, & Kerkhof, 2005). 사람들의 고정관념상 노인들은 융통성이 없고 완고하며 의욕이 쇠퇴할 것이라고 생각한다. 그러나 노인에게 나타나는 성격은 오히려 우호적이고 변화를 더 잘 수용한다. 나이가 들수록 사교성은 약간의 감소를 보이는데, 이는 선택적 인간관계 및 지인들의 죽음으로 인해 대인관계의 범위가 좁아지기 때문이다(Berk, 2007; Costa & McCrae, 1994; Schaie, 2005).

성격의 다섯 요인 모형
사람들의 성격은 공통적으로 5요인(big-five)으로 구성. ① 외향성: 타인과의 상호작용을 좋아하고 타인의 관심을 끌고자 하는 정도, ② 친화성: 타인과 편안하고 조화로운 관계를 유지하는 정도, ③ 성실성: 사회적 규칙, 규범, 원칙 등을 지키려는 정도, ④ 정서적 안정성: 정서적으로 얼마나 안정되어 있으며 자신이 세상을 얼마나 통제할 수 있는지의 정도, ⑤ 경험에 대한 개방성: 지적 자극, 변화, 다양성을 좋아하는 정도

(1) Erikson의 통합성 대 절망 단계

Erikson은 노년기에 8단계인 '통합성 대 절망'의 심리사회적 위기를 경험한다고 하였다. 자신이 살아온 인생을 되돌아보고 자신의 삶이 의미가 있었고 만족스러우며 보람이 있었다고 느끼면 보다 높은 수준의 인생철학을 발전시켜 통합성을 이룬다. 그러나 자신의 삶을 되돌아보았을 때 삶이 무의미했다고 후회하게 되면 절망과 우울을 경험한다. 따라서 통합성을 이루게 되면 아무런 동요 없이 남은 인생을 평온하게 보내고 죽음에 대해서도 유연하게 대처할 수 있다. 그러나 통합성을 이루지 못하면 인생을 낭비하고 헛살았다는 느낌을 받아 절망 및 우울감을 경험하게 되며, 죽음에 대해서도 불안을 느낀다. 이 시기 동안에 발달되는 바람직한 미덕은 지혜로서 '그때 ~을 했어야 하는데'라는 큰 후회 없이 자신이 살아온 삶을 수용하는 것이다. 노인이 자아 통합을 이루기 위해서는 사회 속에서 '적극적인 삶'을 유지해야 한다. 왜냐하면 자아 통합은 과거를 반성함으로써만 오는 것이 아니라 사회 속에서 정치적 활동과 운동 그리고 창조적인 일과 같은 지속적인 자극과 도전으로부터도 오는 것이기 때문이다(Erikson, Erikson, & Kivnick, 1986).

[그림 10-8] Erikson의 심리사회적 발달단계와 노년기

(2) Peck의 노년기 발달 과업

Peck은 Erikson의 '통합성 대 절망' 단계를 좀 더 세분화하여 노년기에 해결해야 할 과업을 세 가지로 구분하였다. 세 가지 과업을 성공적으로 해결하면 노인은 자신의 인생 목적에 대해 폭넓은 이해를 할 수 있다. 첫 번째 과업은 '자신에 대한 재정의 대 직업역할 몰두(redefinition of self vs preoccupation with work role)'다. 사람은 자신의 직업을 통해 정체감, 자존감, 자아개념을 유지 및 발전시킨다. 그러나 은퇴 이후에는 자신의 직업에서 물러나야 하기 때문에 자신의 가치를 직업이 아닌 다른 방법으로 찾고 재정의해야 한다. 직장생활만큼 만족스러운 가족 및 친구관계, 지역사회에서의 역할을 포함한 다른 역할들을 찾고 그 안에서 의미를 발견하려는 자신에 대한 재정립이 필요하다. 두 번째 과업은 '신체초월 대 신체몰두(body transcendence vs body preoccupation)'다. 노년기의 신체적 감퇴는 피할 수 없는 현상이기 때문에 노인이 지나치게 이에 대해 걱정 혹은 몰두를 하면 쉽게 절망감에 빠진다. 이를 방지하기 위해서는 타인과 친밀한 관계를 맺고 관심을 기울일 수 있는 활동들을 찾아야 한다. 세 번째 과업은 '자아초월 대 자아몰두(ego transcendence vs ego preoccupation)'다. 죽음은 자신에게도 온다는 불가피성을 수용할 때 현재의 자신과 삶을 초월할 수 있다. 이 과업은 죽음이라는 현실에 건설적으로 직면하는 것이며, 노인은 젊은 세대의 행복과 안녕에 기여함으로써 자신의 죽음을 넘어선 미래를 찾아야 한다.

(3) Levinson의 노년기 발달

Levinson은 노년기를 '노년기의 전환기(60~65세)'와 '노년기(65세 이상)'로 구분하였다. '노년기의 전환기'는 중년기를 종결하고 노년을 준비하는 시기로, 자신이

444

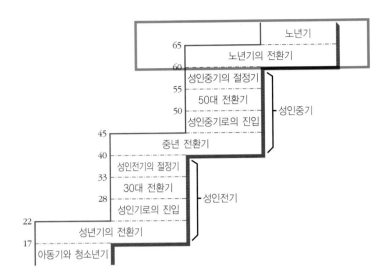

[그림 10-9] Levinson의 인생주기

살아온 인생을 재평가하고 새롭게 시작되는 노년기의 인생 구조를 형성하는 데 필요한 기반을 마련한다. 이 시기에는 노화와 죽음에 대한 인식이 강해지며 자신과 타인의 노화를 재확인한다. '노년기'는 사회적인 권력 및 권위로부터 멀어지지만 가정적으로는 조부모로서의 역할을 하게 되고, 자녀에게는 지혜 및 지원자로서의 역할을 한다. 이 시기에는 자신에 대한 관심과 인생이 무엇인지에 대해 정리를 하게 되는데, Levinson은 이를 '다리 위에서의 조망(one's view from the bridge)'이라 하였다.

(4) 노화와 성격 적응 유형

Reichard, Livson과 Peterson(1962)은 노화에 따른 성격 적응 유형을 성숙형, 은둔형, 무장형, 분노형, 자학형으로 분류하였다. 이 다섯 가지 유형은 일생을 통해 형성된 성격의 결과로서 나타난다. 성숙형(the matured)은 나이 들어 가는 자신을 있는 그대로 받아들임으로써 현실을 인정하고, 살아온 삶에 대해 실패 및 불운보다는 성공과 행운에 더 비중을 두고 감사하며 삶을 살아간다. 그렇기 때문에 자신이 살아온 삶에 대해 후회하거나 미래에 대한 두려움 없이 생활에 만족하며 활동적인 삶을 추구한다. 은둔형(the rocking-chair man)은 여러 가지 책임, 복잡한 대인관계 및 사회 활동에서 해방된 것을 다행으로 여기고 조용한 생활에 만족하면서 수동적인 삶을 추구한다. 무장형(the armored)은 나이 듦에 대한 불안을 방어하기 위해 사회적 활동 및 기능을 지속적으로 유지함으로써 신체 능력의 감퇴를 막아 보려고 노력한다. 분노형(the angry man)은 자신이 세운 인생 목표를 이루지 못하고 늙어 버린 것에 대해 매우 비통해하며 그 원인을 시대, 부모, 가족 등 외부 요인으로 돌려 남의 탓을 한다. 또한 늙어 가는 것에 대해 타협하지 않으려고 안간힘을 쓴다. 자학형(the self-haters)은 인생을 실패로 보고 애통해하지만 그 원인을 자신의 탓으로 돌려 자책 및 비관하여 심한 우울증에 빠지기도 하며, 심할 경우 자살을 기도하기도 한다. 다섯 가지 성격 적응 유형 중 성숙형·은둔형·무장형은 비교적 잘 적응하는 경우이지만, 분노형·자학형은 부적응의 대표적인 예다.

    Neugarten, Havighurst와 Tobin(1968)은 노화에 따른 성격 적응 유형을 더 발전시켜 〈표 10-4〉와 같이 노년기 특유의 여덟 가지 성격 적응 패턴을 성격 유형과 적응 유형 그리고 생활 만족도의 세 차원으로 제시하였다.

표 10-4 노년기의 여덟 가지 성격 적응 패턴

성격 유형	적응 유형	생활 만족도
성숙형	재구성형: 은퇴 후에도 자신의 시간 및 생활양식 재구성/모든 분야에 적극적이며 일상생활에 적응 잘함	상
	초점형: 활동적이고 적응을 잘하지만 한두 분야에만 집중	상
	유리형: 건강하고 적응 수준도 높지만 스스로 자원하여 활동하지는 않음/조용히 지내는 사람	상
방어형	계속형: 심리적 적응은 잘하지만 활동을 하는 이유가 노화 방지에 있어 활동에 얽매임	상
	위축형: 노화의 위협에 사로잡혀 타인과의 사회적 접촉 없이 폐쇄적으로 살아가는 사람	중
수동-의존형	구원요청형: 가족이나 친지에게 심리적 의존/보통 정도의 생활 만족도로 살아가는 사람	중
	무감각형: 건강 유지를 위한 활동 외에는 활동 없음/무기력/무감각/수동적으로 행동하는 사람	하
미성숙형	조직와해형: 사고, 지능, 판단 능력의 결핍/정서적 반응의 일관성 없음/생활 만족도 매우 낮음	하

젊은 시절의 성격은 노년기에도 지속되며, 노인은 은퇴 후에도 은둔생활을 하는 것이 아니라 사회생활 및 대인관계를 지속한다. 그렇기에 개인의 성격에 맞는 적절한 활동을 통해 심리적 안정을 유지하며 개인의 생활 만족도와 연결된 노년 특유의 성격 적응이 나타난다.

2) 성공적 노화

노인은 큰 병치레 없이 행복하게 노년기를 보내다가 생을 마감하기 원한다. 이 것이 바로 성공적 노화이지만 사람들의 성격이나 생활양식 등에 따라 성공적 노화에 대한 다른 기준들이 존재할 수 있다. 즉, 성공적 노화에 대한 기준은 일상생활이나 신체적 수행에 아무런 불편함이 없는 건강과 수명뿐만 아니라 사회적·심리적 요인으로도 생각할 수 있어 성공적 노화를 다중적인 차원에서 접근할 수 있다.

성공적 노화의 세 가지 요인은 서로 관련성이 있으며 그 관련성은 어느 정도 위계성을 유지한다. 예를 들어, 질병과 장애가 없으면 신체적·인지적 기능을 유지할 수 있고, 이것이 곧 유급이든 무급이든 사회적 가치를 창출할 수 있는 사회적·생산적 활동에 적극적인 참여를 가능하게 하여 결국 성공적 노화를 이루게 된다.

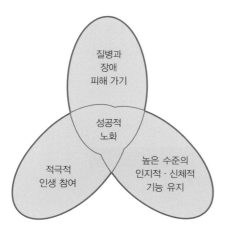

[그림 10-10] 성공적 노화 요인
출처: Rowe & Kahn (1997).

노후 행복의 열쇠는 인간관계!

1937년 하버드 의과대학에서는 똑똑하고 야심 차며 적응력이 뛰어난 하버드생 268명을 대상으로 정기적인 인터뷰 및 설문을 통해 72년 동안 그들의 신체적·정신적 건강을 추적 조사하기 시작하였다. 1967년부터 연구를 이끌어 온 George E. Vaillant 교수는 2009년에 연구 결과를 발표하였다.

연구 결과에 따르면, 성공적인 노후의 열쇠는 지성이나 계급이 아닌 사회적 적성, 즉 인간관계로 나타났다. 65세에 잘 살고 있는 사람의 93%가 원만한 형제관계를 맺고 있는 것으로 보아 형제자매관계도 중요하며, 47세 무렵까지 형성되어 있는 인간관계가 이후 생애를 결정하는 가장 중요한 변수로 꼽혔다.

이 연구에서는 행복하게 늙어 가기 위한 요소를 일곱 가지로 제시하고 있다. 즉, 이타주의 또는 유머와 같은 고난 및 고통에 대처하는 성숙한 자세, 안정된 결혼, 교육, 금연, 금주, 운동, 적당한 체중이다. 이 일곱 가지 중 50세 때에 5~6개를 갖춘 사람은 80세 때에도 행복하고 건 강한 삶을 살았지만, 3개 이하를 갖춘 사람은 80세 때 행복하지도 건강하지도 않았다. 3개 이 하의 요소를 갖춘 사람은 그 이상을 갖춘 사람보다 80세 이전에 사망할 확률이 세 배 이상 높 았다.

(1) 유리이론

유리이론(disengagement theory)은 노인 스스로 사회로부터 멀어지려 하고 사회 도 노인을 멀리하려는 상호 철회에 초점을 둔 이론이다. 노년기에 나타나는 신체 적 기능의 감퇴는 개인이 이제까지 수행해 왔던 사회적 역할로부터 불가피한 분 리를 만들고, 사회도 노인에게 이러한 역할 제공을 멈추기 때문에 상호 철회적이 다(Cumming & Henry, 1961). 유리이론에서는 노인과 사회의 상호적인 철회과정을 부정적으로 보지 않으며 이것이 곧 성공적 노화라고 본다. 그러나 이 이론은 유리 가 모든 노인에게 일어나는 보편적인 현상이 아니라는 점에서 비판을 받고 있다. 실제로 대부분의 노인은 사회로부터 유리되어 있지 않으며 일상생활이나 자신의 일에 지속적으로 참여한다.

◀ 유리이론
노인 스스로 사회로부터 멀어 지려 하고 사회도 노인을 멀 리 한다는 이론

(2) 활동이론

활동이론(activity theory)은 유리이론과는 대조적인 입장으로서, 삶의 만족과 연 결된 활동들을 하면서 노년기를 보낼 때 행복과 만족감이 높아져 성공적 노화가 가능하게 된다는 이론이다. 활동 그 자체가 사회적 역할이며 사회와 연결되어 있 기 때문에 역할 활동을 하지 못할 경우 노인들은 삶의 만족도가 떨어진다. 따라서 노인은 가능하면 더 많은 활동을 유지하려 하고, 만약 역할이 줄어들면 다른 역할 을 찾는다. 자신에게 주어진 역할의 손실은 노인에게 안녕감과 정신건강의 감퇴 로 작용한다(Greenfield & Marks, 2004). 그러나 활동이론 또한 모든 노인에게 일어

◀ 활동이론
삶의 만족과 연결된 활동들 을 하면서 노년기를 보낸다 는 이론

텃밭 가꾸는 노년 부부

나는 보편적인 현상이 아니라는 점과 신체적·정서적 감퇴 또는 장애로 인해 불가피하게 활동을 하지 못하는 노인들을 고려하지 못했다는 점에서 비판을 받고 있다. 일부 노인은 활동을 하지 않아도 만족감을 느끼는 경우가 있으며 활동 그 자체가 큰 의미를 주지 못할 경우 만족감에 도움이 되지 못한다. 결국 활동 자체보다는 어떤 활동을 하고 있고 노인 자신에게 그것이 어떠한 의미가 있는지가 중요하다(Ward, 1984a).

(3) 연속이론

연속이론

과거와 현재 사이를 유지하기 위한 활동들을 하며 노년기를 보낸다는 이론

연속이론(continuity theory)은 과거와 현재 사이를 유지하기 위한 활동들을 강조한다(Atchley, 1989). 이러한 활동은 생활양식에 대한 연속을 의미한다. 대부분의 은퇴한 사람은 과거에 그들이 즐겼던 것들과 유사한 직업 혹은 여가 활동을 할 때 가장 행복해한다. 예를 들어, 과거에 아내, 엄마, 직장인, 자원봉사자로서의 다양한 역할에 참여했던 여성들은 나이가 들어도 이러한 활동에 지속적으로 참여하지만, 과거에 활동이 적거나 없었던 사람들은 쉬려는 경향을 보인다.

(4) 보상을 통한 선택적 최적화

보상을 통한 선택적 최적화

노화에 따른 신체 및 인지 기능에 손실이 있을 경우 주어진 능력에 적합한 활동을 선택하고 자신이 가진 기술을 최적화하여 손실한 것을 보상하는 전략

보상을 통한 선택적 최적화(selective optimization with compensation: SOC)는 노화에 따른 신체 및 인지 기능에 손실이 있을 경우 주어진 능력에 적합한 활동을 선택하고 자신이 가진 기술을 최적화하여 손실한 것을 보상하는 전략을 말한다. 마치 청력 손실에 대한 보상을 위해 보청기를 사용하는 것처럼, 노년기가 되면 사람들은 점진적인 감퇴에 대한 관리와 건강 유지를 위해 노력한다. 고령 노년기가 되면 사람들은 최적화에 중점을 둔 목표를 설정하고 그 목표를 성취하기 위한 대안적 방법들을 동원 및 선택하여 손실에 대한 보상을 한다(Baltes, 1997; Baltes & Smith, 2004; Jopp & Smith, 2006; Lang, Rieckmann, & Baltes, 2002). 또한 사회정서적 선택이론이 있다. 예를 들어, 노인들은 정서적 만족을 중시하기 때문에 이에 대한 충족

을 위해 가족 또는 친척 그리고 친구들과의 접촉 및 유지를 증대시켜 정서적 만족을 극대화하고, 중요하지 않은 사람과는 접촉을 감소시켜 정서적 위험을 최소화한다. 노인들은 이러한 과정을 통해 자신에게 최적화된 사회적 교제를 선택할 수 있다. 그러나 보상을 통한 선택적 최적화도 보편적인 것은 아니기 때문에 일부 노인은 이를 효과적으로 잘 사용하지만 그렇지 못한 노인들도 있다. 이러한 차이는 자신이 환경을 능동적이고 적극적으로 통제할 수 있다고 생각하는 개인의 통제력 때문에 나타난다(Baltes & Smith, 2004; Jopp & Smith, 2006; Schulz & Heckhausen, 1996).

3) 은퇴 이후의 삶

　은퇴란 직업에서 물러나거나 사회 활동에서 손을 떼고 한가히 지냄을 의미한다. 대부분의 사람은 65세를 전후로 하여 자신이 다니던 직장 혹은 직업으로부터 은퇴한다. 19세기까지는 지금의 은퇴 연령까지 살지도 못했고, 대부분 육체가 움직일 수 있을 때까지 지속적인 노동을 했다. 그러나 산업화가 진행되면서 기계화로 인한 노동 수요의 감소와 기술 진화에 따른 나이 든 사람의 지식 및 기술의 퇴보, 1935년 이후 선진국에서 설치한 연금 및 사회복지 제도 등 다양한 산업화 요인들이 은퇴를 가능하게 만들었다. 강제 은퇴를 제외하고는 은퇴가 갑작스럽게 개인에게 오는 현상은 아니며, 노년기가 되면 대다수의 사람들에게 일어나는 점진적인 하나의 과정이다. 그러나 문제는 은퇴가 직장 및 직업 상실로부터 오는 경제적 문제나 역할 상실 그 이상의 의미를 지닌다는 점이다. 성인전기 이후부터 가져온 직업은 개인의 정체감을 이루는 데 중요한 역할을 해 왔으며 자아존중감 및 자신의 가치에 많은 영향을 주었다. 이러한 이유로 은퇴로 인한 직장 혹은 직업으로부터의 분리는 자신의 모든 신체적·심리적·사회적·경제적 측면에서의 변화에 대한 재적응 혹은 자신에 대한 재확립을 하게 만들었다.

> **은퇴**
> 직업에서 물러나거나 사회 활동에서 손을 떼고 한가히 지냄

(1) 은퇴의 단계

　Atchley(2000)는 은퇴를 어떻게 지각하고 경험하는지에 대한 은퇴의 6단계를 [그림 10-11]과 같이 제시하였다. 그러나 각 개인이 처한 상황과 은퇴 이유, 연령

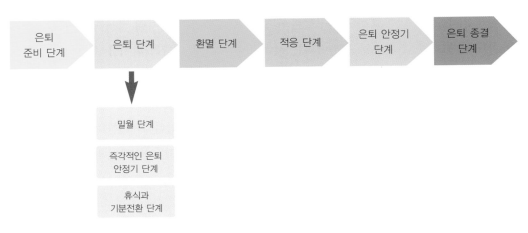

[그림 10–11] 은퇴의 단계

및 성격 등이 다르기 때문에 모든 사람이 이 6단계를 동일하게 경험하는 것은 아니다.

첫 번째는 은퇴 준비(pre-retirement) 단계다. 이 단계에서 사람은 직장 혹은 직업으로부터 언제, 어떻게 은퇴할 것인지에 대한 이탈을 생각하며 은퇴 이후의 삶, 즉 경제, 건강, 주거, 여가 등의 문제에 대한 대책을 계획한다.

두 번째는 은퇴(retirement) 단계다. 이 단계는 더 이상 유급 고용에 참여할 수 없는 단계로, 사람들은 은퇴 직후 밀월(honeymoon) 단계, 즉각적인 은퇴 안정기(immediate retirement routine) 단계, 휴식과 기분전환(rest and relaxation) 단계 중 어느 하나의 입장을 취한다. 밀월 단계에서는 일 때문에 전혀 시간을 낼 수 없어 하지 못했던 여가 활동을 하게 되며 매우 바쁘게 지내고 이를 통해 여유와 행복감을 느낀다. 즉각적인 은퇴 안정기 단계는 은퇴 전에 모든 스케줄이 꽉 차 있으며 활동적인 사람들이 자주 택하는 단계로 은퇴 후에도 다시 바쁜 스케줄을 갖는다. 휴식과 기분전환 단계는 밀월 단계와 비교하면 활동이 그리 많지 않다. 매우 바쁜 직업으로 인해 자신에 대한 시간 투자를 하지 못했던 사람들은 은퇴 직후에 일을 매우 적게 선택할 가능성이 있다. 그러나 몇 년간의 휴식과 기분전환 후에는 활동 수준이 증가한다.

세 번째는 환멸(disenchantment) 단계로, 밀월 혹은 휴식과 기분전환의 시간 다음에 오는 실망 혹은 불확실성의 기간이다. 은퇴 전에 생각하고 계획했던 것이 환상이었고 현실과는 다르다는 것을 느껴 상실을 경험하며, 심할 경우 우울증에 걸릴 수도 있다. 또한 은퇴에 대한 환멸은 배우자의 죽음 혹은 원치 않는 이사와 같은 경험이 중요한 원인이 될 수 있다.

네 번째는 적응(reorientation) 단계로, 은퇴 후 자신의 경제적·신체적·정신적 상황에 대해 현실적인 검토를 하고 이를 바탕으로 정확하게 현실을 직시한다. 공동체 활동에 더 적극적으로 참여하고 새로운 취미를 갖기도 하며 자신이 감당할 수 있는 상황을 만들어 은퇴 후의 두 번째 기회를 갖는다. 결국 이 단계는 생활에 만족을 주며 즐겁게 생활할 수 있는 은퇴 생활양식을 새롭게 설계한다.

다섯 번째는 은퇴 안정기(retirement routine) 단계로, 사람들은 은퇴생활을 일상으로 받아들이며 은퇴자로서의 새로운 역할 및 정체감을 형성한다. 일부는 은퇴 직후에 곧 이렇게 될 수 있지만, 또 다른 일부는 이 단계까지 오는 데 시간이 오래 걸리기도 한다. 만족스럽고 편안한 은퇴 안정기가 되면 이 단계는 오래 지속될 수 있다.

여섯 번째는 은퇴 종결(termination of retirement) 단계다. 은퇴자가 재취업을 함으로써 종결되기도 하지만 장애 혹은 쇠약으로 인해 더 이상 독립적인 생활이 불가능하게 될 때 은퇴자의 역할이 종결되기도 한다.

(2) 은퇴 이후의 적응 및 만족

은퇴 이후의 적응 및 만족 여부는 각 개인이 은퇴를 심각한 위기로 인지하는지, 아니면 새로운 삶을 시작할 수 있는 또 다른 기회로 인지하는지에 달려 있다.

은퇴를 하나의 위기나 역할 상실로 보는 입장에는 위기이론과 역할이론이 있다. 위기이론은 은퇴가 개인의 신체적·심리적·사회적·정신적 건강에 위협을 가하는 것으로 본다. 역할이론은 은퇴 전 사회적 역할이 은퇴 이후에는 역할의 상실을 가져와 정체감 상실로 이어진다고 본다.

그러나 은퇴를 삶의 위기로 보는 것이 아니라 또 다른 새로운 삶의 기회로 보는 활동이론과 연속이론이 있다. 이 두 가지 이론은 은퇴 이후의 삶이 은퇴 이전의 삶과 크게 다르지 않으며, 은퇴 이전과 유사한 역할 및 활동들을 찾아 생활하게 되면 적응 및 만족감을 얻어 은퇴 후 성공적인 삶을 살 수 있다고 본다.

은퇴 이후의 적응 및 만족 여부에 영향을 미치는 요인 중의 하나는 경제적인 문제다. 생애주기 소득 가설(life cycle income hypothesis)에서는 개인 및 가계가 전 생애에 걸쳐 일정한 소비 수준을 유지함으로써 효용의 극대화를 이룰 수 있다는 가정을 한다. 그러나 전 생애에 걸친 소득 흐름은 일정하게 나타나지 않는다. 은퇴 후의 소득은 급격하게 감소하지만 소비 흐름은 은퇴 전과 비교하여 급격하게 감소하지 않기 때문에, 격차가 클수록 은퇴 이후의 경제적 문제는 크게 다가올 수 있으며 은퇴 후의 적응 및 만족에 영향을 미칠 수 있다(Ando & Modigliani, 1963). 따라서 은퇴 후 소비 수준을 유지하기 위해서는 저축과 같은 충분한 자산의 축적이 은퇴 이전에 필요하다.

부부관계도 은퇴 이후의 적응 및 만족에 영향을 미칠 수 있다. 은퇴 후 부부가 함께 지내는 시간이 많아지면서 상호작용이 증가하고 서로에 대한 관심 및 친밀감이 증대되어 은퇴 후의 삶에 대한 만족도가 높아질 수 있는 반면, 함께하는 시간이 익숙지 않은 경우 긴장과 갈등이 생겨 은퇴 후 삶의 만족도는 떨어질 수 있다. 은퇴 후의 부부관계 만족도는 은퇴 전 부부관계가 어떠했는지에 따라 달리 영향을 미친다. 은퇴 전 좋은 부부관계를 유지했다면 은퇴 이후의 관계는 더욱 좋아지지만, 그렇지 않을 경우 은퇴 후의 관계는 더욱 악화된다(Szinovacz & Schaffer, 2000). 또한 낮은 교육 수준, 적정치 못한 수입, 소수의 친구, 좋지 못한 신체적·정신적 건강, 지속적인 심한 스트레스 경험 등은 은퇴 후의 생활 만족도를 저하시킨다(Blau, Oser, & Stephens, 1979; Matthews & Brown, 1987).

대부분의 은퇴자는 은퇴 후의 적응을 위해 다양한 생활양식을 추구한다. 가족 중심 생활양식은 가장 쉽게 접근할 수 있는 가정과 친구 주변을 오가며 대화를 하거나 TV를 보며 생활하는 방식이다. 균형된 투자 생활양식은 학력이 높은 사람의 전형으로서 가족, 일 그리고 여가 사이의 시간을 동등하게 배분한다. 이 생활양식은 나이에 따라 다르게 나타나는데, 삶의 질을 가장 중시하는 젊은 은퇴자들은 정기적으로 여행 및 문화 행사에 참여하지만 75세 이후의 은퇴자들은 가족-집 기반의 활동을 가장 만족해한다(Kelly, Steinkamp, & Kelly, 1986). 자원봉사 생활양식은 안녕감과 밀접한 관련이 있는 것으로서 은퇴 후 잃어버린 사회적 자본을 대신하는 데 도움이 되며 역할 정체성의 안녕감 손실을 감소시켜 주는 역할을 한다(Kim & Moen, 2001). 은퇴 후 삶에 대한 의미를 찾고 즐길 수 있는 방법은 자신이 만족해하는 일 혹은 대인관계를 갖는 것이다(Papalia, Olds, & Feldman, 2009).

　이 외에도 은퇴 시기 및 은퇴의 자발성 여부 그리고 개인의 성격 등이 은퇴 이후의 적응 및 만족 여부에 영향을 미칠 수 있다. 조기 은퇴자 혹은 너무 늦게 은퇴한 사람은 정서적 고통을 더 많이 경험한다(Bosse, Aldwin, Levenson, & Ekerdt, 1987). 물론 조기 은퇴자가 반드시 심리적 고통을 수반한다고는 볼 수 없지만, 경제적 대책이 없거나 아직 자녀 양육 및 부양 책임이 있는 조기 은퇴자일수록 심리적 고통이 클 수 있다. 그리고 비자발적 은퇴자는 자발적 은퇴자보다 스트레스 정도가 심하고 정서적 만족도나 적응 수준이 낮다. 또한 성취 지향적이고 경쟁적이며 일에 지나치게 몰두하는 성격을 가진 은퇴자는 덜 경쟁적이고 느긋한 성격을 가진 은퇴자보다 은퇴 후 적응에 더 많은 어려움을 겪는다(김애순, 윤진, 1995).

(3) 대인관계

　은퇴 후 사람들은 신체적·심리적으로 위축되고 지인의 죽음 등으로 대인관계가 축소된다. 이러한 축소된 대인관계로 인해 가족관계 및 타인과의 사회적 관계는 노년기의 삶에 더욱더 중요한 의미를 지닌다.

① 부부관계

　생애주기에 따른 결혼 만족도를 보면, 결혼 초에는 결혼 만족도가 높다가 자녀 출산 후 양육하는 동안에는 부부 갈등이 증가하여 만족도가 낮으며 자녀가 성장한 후 결혼할 때쯤 되면 다시 결혼 만족도가 증가하는 U형의 결혼 만족 패턴을 보인다. 하지만 노년기가 되면 신체적 쇠약, 질병, 은퇴, 수발, 역할 변화 등 다양한 요인으로 인해 결혼 만족도가 낮아지는 경우가 있다.

　우리나라의 노년기 부부관계는 가부장적 관계, 수정된 가부장적 관계, 평등한 관계의 유형으로 구분된다. 신혼 초·중기에 남편의 위치가 절대적으로 가부장적이었다면 노년기가 되었을 때도 부인의 종속적인 위치는 확고히 굳어져 부부관계가 악화되거나 냉랭해지는데, 이것이 가부장적 부부관계다. 수정된 가부장적 관계는 신혼 초에 남편이 가부장적이었지만 노년기가 되면서 남편은 역할 수행이나 의사결정에 있어 융통성을 보이고 이해를 하며 협조적인 태도를 보인다. 노인이 된 후에는 부부밖에 없다는 것을 인식하여 부부가 함께 가사 및 취미생활을 즐기면서 친밀감과 애정이 강화된다. 평등한 부부관계는 신혼 초부터 부부가 서로 상

행복한 노년기 부부

의 및 협조하면서 부부간의 애정이 돈독해지는 데, 이러한 유형의 부부관계는 노년기까지 지속되어 안정적인 경향을 보인다.

모든 부부가 죽음을 맞이하는 순간까지 부부의 연을 맺고 살지는 않는다. 때로는 부부간에 있어서 이전에 해결되지 못한 갈등이 지속적으로 남아 있어 심각한 갈등을 경험하기도 하며, 갈등이 증폭될 경우에는 소위 '노년기 이혼'을 하게 된다. '2021년 이혼 통계' 결과를 보면, 2021년 20년 이상 동거한 부부의 이혼은 3만 9,400건(총 이혼 중 38.7%)으로 10년 전보다 11,100건 증가한 것으로 나타났다. 또한 2021년 기준으로 혼인지속기간 30년 이상 이혼도 10년 전에 비해 2.2배 증가하였고, 전년 대비 7.5% 증가로 혼인지속기간별 이혼 건수 중 가장 크게 증가한 것으로 나타났다(통계청, 2022c). 20년 이상 함께 살아온 부부가 황혼이 돼서 이혼을 결심하게 되는 이유는 크게 네 가지 측면으로 볼 수 있다. 첫째, 여성의 경제활동 참여다. 여성의 사회 활동 참여는 과거에 비해 더욱 활발해져 부부가 독립적으로 돈을 운영하게 되어 상대에 대한 의존도가 낮아졌다. 둘째, 평균수명의 연장과 가치관의 변화다. 셋째, 자녀가 대부분 성장했기 때문에 사회적 편견이나 상처를 감내할 만해졌고 그동안 자식을 위해 어느 정도 희생했으므로 더 이상 자신의 행복을 포기할 수 없다는 인식이 강해졌다. 넷째, 사회적 인식이다. 사회적으로 이혼에 대한 죄의식이 줄어들어 노년기 이혼에 대해 '그럴 수 있다'는 식의 분위기도 한몫을 하고 있다. 노년기 이혼을 막기 위한 최선의 방법은 부부간의 대화이며 공통의 관심사를 찾아 공유하는 시간을 늘리는 것이다.

노년기 부부관계에 있어 노년기 이혼만큼이나 고통스럽고 스트레스로 지각되는 것이 배우자와의 사별이다. 사별은 생존해 있는 사람에게 큰 충격으로 다가오며 상실감, 절망감, 외로움 등 심리적 고통을 느끼게 한다. 배우자와의 사별 후 시간의 흐름에 따라 초기에는 충격, 무감각, 회피 및 부정 등 혼돈의 시기를 거치며, 어느 정도 시간이 흐르면 죄책감, 그리움, 우울, 외로움을 경험한다. 그 후에는 사별한 자신의 상태를 수용하고 적응하면서 새로운 현실감 및 정체성을 재정립하여 삶을 재정비한다(Stroebe, Stroebe, & Hansson, 1993). 그러나 사별로 인한 슬픔을 제대로 극복하지 못할 경우 우울증이 생길 수 있고, 심하면 자살까지 이어진다. 노년기 배우자와의 사별 후 슬픔을 치유하기 위한 가장 좋은 방법은 대인관계를 형성하는 것이다. 예를 들어, 사별을 경험한 사람들끼리 모임을 가짐으로써 동병상련의 입장에서 공감대를 형성하고 자연스럽게 관계를 형성한다면 슬픔을 치유하는 데 도움이 된다. 또한 일정한 성취를 통해 만족감을 느낄 수 있는 취미 활동, 여러 사람과 함께 어울릴 수 있는 운동, 자신의 이야기를 함께 나눌 수 있는 대화 상대 만들기 등도 사별로 인한 슬픔을 치유하는 데 도움이 된다. 그러나 노년기 배우자와의 사별 후 6개월~1년 정도의 충분한 애도 기간을 가졌음에도 우울감이 계속된다면 약물치료 등의 전문적인 의학적 도움을 받아야 한다.

② 노부모와 성인 자녀 및 손자 · 손녀의 관계

노부모의 죽음이든 성인 자녀의 죽음이든 어느 한쪽의 사망 없이는 평생 지속되는 혈연관계가 노부모와 성인 자녀의 관계다. 둘 간의 관계 기간은 평균수명의 연장으로 과거보다 더 길어졌고, 노부모의 사회적 관계가 위축됨에 따라 둘 간의 관계는 매우 중요해졌다.

노부모 혹은 성인 자녀 어느 한쪽이 제공자 또는 수혜자라 할 수 없기 때문에 노부모와 성인 자녀의 관계는 호혜적이며, 이를 사회교환 이론으로 설명할 수 있다. 인간은 비용을 최소화하면서 보상은 최대화하려는 인간관계를 맺고 싶어 한다. 비용과 보상이 균형을 이루면 교환관계가 만족스럽지만, 비용에 비해 보상이 적으면 교환관계에 불만을 갖게 된다. 노부모가 성인 자녀에게 제공해 주는 가사보조, 손자녀 돌보기, 경제적 보조, 심리적 지지는 노부모의 비용으로 인식되지만, 성인 자녀가 노부모에게 제공해 주는 경제적 지원, 도구적 지원, 심리적 지지는 노부모가 얻는 보상으로 인식된다. 성인 자녀에게 제공한 비용과 자녀로부터의 보상이 적절하다고 판단한 노부모는 자녀와의 교환관계를 긍정적으로 평가하지만, 그렇지 못할 경우 노부모는 성인 자녀와 갈등을 겪는다. 그러나 한국의 사회 · 문화적 맥락에서 볼 때 노부모와 성인 자녀의 관계를 사회교환 이론으로 해석하기에는 부적절한 경우가 종종 관찰된다.

조부모는 부모보다 자녀를 양육한 경험이 많기 때문에 손자녀에게 정서적 안정감을 줄 수 있다. 조부모가 손자녀 양육을 원조하는 주된 원인은 성인 자녀의 경

노부모와 성인 자녀

노부모와 손자

제적 활동 지원이다(Goodman & Silverstein, 2002). 성인 자녀와 함께 거주하는 노부모는 손자녀 양육을 위한 안전망이며 성인 자녀의 양육 스트레스 완화 및 여성 자녀의 경제활동을 가능하게 해 준다.

③ 사회적 관계

노년기에는 신체 기능의 저하, 배우자 및 친구와의 사별, 은퇴, 경제적인 어려움 등 부정적 변화를 경험한다. 그러나 이 시기에 주변인들로부터 제공받는 정서적·도구적 지지는 자신에 대한 긍정적 관념을 유지할 수 있고 위기 상황에 잘 대처할 수 있게 만든다. 가족이나 친척 그리고 친구 및 지인과의 접촉 빈도가 높고 사회적 관계망이 크고 다양할수록 노인들은 더 많은 지지를 받을 수 있으며, 이러한 노년기의 사회적 관계는 노인의 삶의 질을 높이는 데 중요한 의미를 갖는다. 반면 사회적 관계망의 크기가 작을수록 정신건강에 나쁘고 사회적 상호작용이 낮으며, 사회적 지지를 적게 받고 있다고 인지할수록 사망률이 높고, 사회적 관계망 내의 접촉 빈도가 낮을수록 노인의 우울 정도는 높다(김병하, 남철현, 1999; Blazer, 1982; Tolsdorf, 1976).

초고령 사회로 진입함에 따라 노인이 느끼는 외로움에 대한 문제는 가속화되고 있다. 서영석, 안수정, 김현진, 고세인(2020)은 외로움(loneliness)을 '개인이 자발적으로 선택하지 않았지만 사회적 관계에서 원하고 바라는 것과 실제 관계에서 달성한 정도가 일치하지 않는다고 지각할 때 느끼는 공허함, 쓸쓸함 등과 같은 고통스러운 감정'으로 정의하고 있다. 60세 이상의 노년기가 50대 이하의 다른 연령 집단보다 외로움을 가장 많이 느끼고 있으며, 연령대가 높아질수록 사회관계 요인이 외로움에 미치는 영향력이 크다. 또한 노인 중 여성보다는 남성이, 이혼·사별·별거를 한 경우에, 경제 상황에 대한 만족이 낮을수록, 오프라인 모임에 참여를 하지 않을수록, 도움 요청을 하지 못할수록, 사회관계에 대한 만족이 낮을수록 외로움을 더 많이 경험하게 된다(강대선, 오영란, 조혜정, 김혜정, 2021, p. 323). 이와 같이 노령 인구의 외로움에 대한 문제는 점차 사회 문제로 부각되고 있어 각국에서도 이에 대한 대책을 마련하고 있다. 영국은 2018년 1월에 외로움 대응 부서를 설립하고 해당 자치정부 행정수반을 임명하였고, 독일 베를린 시는 2019년부터 대화를 원하는 노인 누구나 24시간 무료로 통화할 수 있는 '실버네츠─그냥 한번 대화합시다' 서비스를 시작하였으며, 한국의 부산광역시는 2019년 5월에 '부산시민 외로움 치유와 행복증진을 위한 조례'(부산광역시조례 제5925호)를 제정하여 외로움에 대한 정책적 접근을 시도하고 있다(안소영, 2019; 서울연구원, 2019; 강대선 외, 2021).

사회 활동의 참여는 인간관계를 유지하는 데 필요하고, 인간관계의 유지는 성공적 노화의 전제가 된다. 사회적 관여(social engagement)란 사회적 관계를 유지하고 사회 활동에 적극적으로 참여하는 것을 의미하며, 이는 노인의 인지 능력 감퇴를 방지한다(Bassuk, Glass, & Berkman, 1999). 사회적 관여는 배우자의 존재, 매월 혹은 매년 친척과 친구와의 만남 및 연락, 종교 참여, 사회단체의 회원 가입, 규칙적인 사회 활동이 그 예가 된다.

은퇴 후 변화된 역할의 수용 능력과 이에 대한 성공적인 수용, 사회적 환경 속에서 의미 있는 타인이 역할에 대해 긍정적으로 가치를 부여해 주는 것은 은퇴 후의 적응을 쉽게 만든다. 노인은 자신이 속한 사회적 관계망을 통해 필요한 지원을 교환함으로써 노후 적응의 어려움을 극복하고 성공적인 노후를 보낼 수 있다.

4. 노년기 주요 쟁점

1) 노인 자살과 우울, 노인 학대

최근 노인의 자살 문제가 심각한 사회 문제로 대두되고 있다. '2021년 사망원인

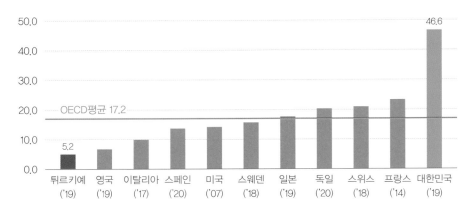

[그림 10-12] OECD 주요 회원국 노인(65세 이상) 자살률(단위: 인구 10만 명당 명)
출처: 보건복지부, 한국생명존중희망재단(2022).

통계'에 따르면, 80세 이상 노인의 경우 10만 명당 자살자 수는 61.3명으로 2011년과 비교해 약 1.9배 감소한 것으로 나타났으나, OECD 평균보다 여전히 높은 것으로 나타났다. 2011년에 60대는 10만 명당 50.1명, 70대는 84.4명, 80대는 116.9명이었으나, 2021년에 60대는 10만 명당 28.4명, 70대는 41.8명, 80대는 61.3명으로 나타났다. 2011년 대비 2021년의 노인 자살률은 큰 폭으로 감소하였으나 연령이 높아질수록 노인 자살률은 증가하는 것으로 나타났다(통계청, 2022d).

노인 자살은 순간적인 감정보다는 치밀한 계획하에 이루어지기 때문에 성공률이 매우 높은 편이며, 61세 이상 노인의 자살 동기로는 육체적 질병 문제(39.6%)가 가장 많았고, 그다음으로는 정신적·정신과적 문제(36.9%), 경제생활 문제(11.0%), 가정 문제(6.6%) 순으로 나타났다(경찰청, 2021: 보건복지부, 한국생명존중희망재단, 2022 재인용). 특히 정신적·정신과적 문제의 하나인 노인 우울증의 경우는 전조 증상이 쉽게 나타나지 않아 특이 사항을 찾기 힘들다. 여성의 경우 폐경기 이후 증가하고 65세 이상 여성 10명당 3명은 우울증을 호소하고 있으며 남성에 비해 여성이 약 2배가량 우울 발생률이 높다.

노인 우울증은 정신적인 문제로 복통, 두통, 흉부통, 관절통 등 신체 여러 부분의 통증을 만성적으로 호소하는 방식으로 나타난다. 노인 우울증은 '자신의 과거는 잘못되었다.'든가 '주위 사람들에게 죄를 지었다.'는 등의 우울증적 망상을 쉽게 갖는 중증부터 경미한 사항까지 여러 증상으로 나타난다. 젊은이와는 다르게 노인 우울증은 매우 비전형적이며, 가장 큰 특징은 슬픔의 표현이 적고 신체적 증상으로 표현하는 경향이 많다는 것이다. 노인 우울증의 발생 원인은 신체적 질병과 기능 상실, 사별과 같은 생활 사건, 사회적 지지체계, 재정적 문제, 교육 수준, 성격 등이다. 우울증의 정도는 만성질환 및 기능 상실의 정도와 비례하고 건강의 악화는 새로운 우울 증상을 유발시키는 주요 요인이 될 수 있다. 뇌혈관 질환(중풍) 환자의 약 24%가 우울장애를 겪고 있는 것으로 보고되었고, 알츠하이머병이나 파킨슨병에서도 우울장애의 발생이 매우 흔하다. 노인 우울증을 극복하기 위한 방법으로는 가족이나 친구들의 지속적인 격려와 지지, 자원봉사, 종교생활, 취미생활, 운동 등 여가 시간을 활용하는 것이다.

　　노년기의 또 다른 사회 문제는 노년층이 증가함에 따라 학대를 당하는 노인의

표 10-5 한국형 노인 우울 간이 척도

구분	예	아니요
1. 기본적으로 자신의 생활에 만족하십니까?	0점	1점
2. 전에 하던 활동이나 흥미가 떨어졌습니까?	1점	0점
3. 인생이 허무하다고 느끼십니까?	1점	0점
4. 자주 지루하다고 느끼십니까?	1점	0점
5. 대부분의 생활이 활기에 차 있습니까?	0점	1점
6. 무엇인가 나쁜 일이 일어날까 봐 걱정되십니까?	1점	0점
7. 대부분의 생활이 행복하다고 느끼십니까?	0점	1점
8. 자주 무력감을 느끼십니까?	1점	0점
9. 밖에 나가 새로운 일을 하는 것보다 집에 있는 것이 좋습니까?	1점	0점
10. 다른 사람에 비해 기억력이 더 떨어졌다고 느끼십니까?	1점	0점
11. 지금 살아 있다는 사실이 놀랍다고 느끼십니까?	1점	0점
12. 현재의 생활이 매우 가치 없다고 느끼십니까?	1점	0점
13. 힘이 넘친다고 느끼십니까?	0점	1점
14. 지금 상태가 희망이 하나도 없다고 느끼십니까?	1점	0점
15. 대부분의 다른 사람들이 당신보다 더 잘 살고 있다고 느끼십니까?	1점	0점

주: 7점 이상은 우울증/6점 이하는 정상
출처: 조주연, 조경희, 배철영(1999).

정서적 학대

비난, 모욕, 위협 등의 언어 및 비언어적 행위를 통하여 노인에게 정서적으로 고통을 유발시키는 행위

신체적 학대

물리적인 힘 또는 도구를 이용하여 노인에게 신체적 혹은 정신적 손상, 고통, 장애 등을 유발시키는 행위

방임

부양의무자 또는 보호자로서의 책임이나 의무를 거부, 불이행 혹은 포기하여 노인의 의식주 및 의료를 적절하게 제공하지 않는 행위(필요한 생활비, 치료, 의식주를 제공하지 않는 행위)

경제적 학대

노인의 의사에 반(反)하여 노인으로부터 재산 또는 권리를 빼앗는 행위로서 경제적 착취, 노인 재산에 관한 법률 권리 위반, 경제적 권리와 관련된 의사결정에서의 통제 등을 하는 행위

성적 학대

성적 수치심 유발 행위(기저귀 교체 시 가림막 미사용 등) 및 성폭력(성희롱, 성추행, 강간) 등 노인의 의사에 반(反)하여 강제적으로 행하는 모든 성적 행위

자기방임

노인 스스로가 의식주 제공 및 의료 처치 등 최소한의 자기보호 관련 행위를 의도적으로 포기 또는 비의도적으로 관리하지 않아 심신이 위험한 상황이나 사망에 이르게 하는 행위

유기

보호자 또는 부양의무자가 노인을 버리는 행위

비율이 지속적으로 증가하고 있다는 것이다. 2021년 노인학대 현황보고서에 따르면, 2021년 한 해 동안 노인학대 신고접수 건수는 총 19,391건으로 나타났다. 이 중 노인학대가 의심되어 현장조사를 실시한 후 사례를 판정한 결과, 학대 사례로 판정된 건수는 6,774건(총 신고접수 건수 중 34.9%)으로, 2020년 대비 약 8.2% 증가한 수치다. 2021년 학대 유형별 건수는 총 10,624건으로 정서적 학대 4,627건(43.6%), 신체적 학대 4,390건(41.3%), 방임 691건(6.5%), 경제적 학대 406건(3.8%), 성적 학대 260건(2.4%), 자기방임 204건(1.9%), 유기 46건(0.4%) 순으로 나타났다(보건복지부, 중앙노인보호전문기관, 2022). 노인 학대의 가장 큰 위험성은 사망과의 연결성이다. 정서적 학대는 노인의 우울증으로 발전될 가능성이 높다. 일반적으로 노인은 우울증의 빈도가 낮지만, 우울증이 생기면 자살 시도 확률이 매우 높고 미래에 대한 큰 희망이 없기 때문에 자살 성공률도 높다. 그러므로 정서적 학대는 다른 연령층보다 죽음으로 이어질 가능성이 높고, 우울증이 사망으로 이어지지 않는다 해도 치매와의 연관성이 높기 때문에 치매 발생 확률을 높일 수 있다. 신체적 학대는 사망의 직접적인 원인으로 작용한다. 노인은 골다공증으로 인해 손상 위험도가 매우 높아 작은 골절에도 취약하고 사망으로 이어질 수 있다. 또한 노인은 불편한 신체로 인해 자신감도 없어지고 사회생활도 위축될 수 있어 인지장애나 우울증이 동반될 수 있다. 방임의 가장 흔한 유형은 식사를 제대로 챙겨 주지 않는 것이다. 노인이 하루를 굶었을 때 느끼는 충격은 청년이 5일을 굶었을 때와 유사하다. 노인은 체력이 약하고 질환을 갖고 있어 영양 보충이 제대로 이루어지지 않을 경우 생명에 큰 지장을 줄 수 있다. 거동이 불편한 노인을 방치할 경우 바로 영양실조로 사망하지 않는다 해도 체력 및 면역력 저하가 동반되어 직접적인 사망의 원인이 될 수 있다.

2) 노년기 정책

한국 노인의 삶과 인식 변화 연구(김세진 외, 2021)에 따르면, 2004년부터 2020년까지 지난 15년간 한국 노인의 삶에 대한 분석 결과, 노인들은 개인의 소득 수준 증가, 건강상태의 긍정적 변화, 노인 단독가구 증가에 따른 자립적 생활, 사회적 관계망 다양화, 적극적인 사회 참여, 삶의 만족도 증가 등 전반적인 삶의 질이 향

상된 것으로 나타났다. 그러나 그 속을 들여다보면 소득불평등 증가, 생활습관병 증가, 평균수명 연장에 따른 돌봄 필요 증가, 사회적 관계망의 접촉 방법 변화에 따른 소외계층 발생 우려, 낮은 수준의 사회 참여 등 부정적 측면도 함께 있는 것으로 나타났다. 그러므로 우리 사회가 추구해야 할 100세 시대를 대비한 노년기 정책은 포괄적 차원의 균형 잡힌 정책 설계가 이루어져 하며, 이를 위해서 기존의 고령 사회에 대한 패러다임이 근본적으로 전환되어야 한다. 현재의 고령 사회는 보살핌(care)을 필요로 하는 노년층이 많아 '늙어 가는(aging) 사회' 이미지에 기초하고 있고, 고령 사회에 대한 정책은 신체적 건강(의료)과 경제적 건강(소득보장)을 중심으로 재정 소요 대응에 초점이 맞추어져 있다. 그러나 100세 사회는 개인의 인생 시계(time horizon)가 확대됨에 따라 기존의 사회제도나 정책 등에 변화가 필요하다. 80세 시대에서 100세 시대로의 변화는 정치 · 경제 · 사회 · 문화 등 사회 전 분야의 변화에 영향을 미친다. 정치 행태 측면에서는 세대 간 차이가 다양하고 극명하게 발생될 수 있고, 경제활동 측면에서는 경력이나 은퇴에 대한 개념 변화로 새로운 직업이나 근로 유형이 등장할 수 있다. 그리고 사회 측면에서는 가족이나 결혼과 같은 관습 및 제도에 대한 새로운 관점과 이에 따른 변화가 일어날 수 있고, 문화 측면에서는 시간과 생활에 대한 가치 변화에 따라 문화 및 여가 활동에도 변화가 발생할 수 있다. 따라서 노년기를 삶의 연속선상에서 여전히 인간으로서 누려야 하는 권리의 차원으로 바라봐야 하기 때문에 100세 사회에 대한 정책 방향은 돌봄이 아닌 자립과 기회, 참여와 공생이 중점이 되어야 하며 정치 · 경제 · 사회 · 문화 등 사회 전 분야에서 새로운 정상에 대한 표준(New Normal Standards)이 필요하다(이수영, 2011; 이윤경, 강은나, 황남희, 주보혜, 김세진, 2019).

　100세 시대를 대비하기 위한 가족정책으로는 우선 가족생활 재설계가 필요하다. 예를 들어, 남성 은퇴자를 대상으로 한 가족생활 적응 및 지역사회 참여 프로그램, 자녀돌봄품앗이 및 공동육아와 같은 이웃공동체 복원, 지역사회 어르신 돌봄 공동체 구성, 노인 독거가구 및 부부가구 증가에 따른 보편적 지원체계, 노인의 일상생활을 지원해 줄 수 있는 서비스 확대, 지역단위의 자조모임 확대 등이다(최인희, 2011; 김세진 외, 2021). 그다음으로는 장기화된 노년기를 대비하기 위하여 다양한 정책들이 개발되어야 한다. 예를 들어, 배우자 돌봄이나 손자녀 돌봄 등과 같은 노인에 의한 가족 돌봄이 확대될 수 있도록 지원 정책이 마련되어야 하며, 가족 돌봄으로 인한 스트레스와 어려움을 최소화하고 극복하기 위해 '자기관리(self-care)' 개념을 도입하고 이에 대한 다양한 교육 프로그램을 개발하고 확산해야 한다(최인희, 2011).

현재 우리나라는 초고령 사회로의 진입이 가속화됨에 따라 만성질환에 대한 유병률이 증가 추세에 있고 이로 인한 의료비 부담이 가중되고 있는 상황이다. 그렇기 때문에 정부는 미국이나 호주 등의 선진국과 같이 국가 차원에서 사전 예방적 관점에서의 건강관리체계를 구체화해야 한다. 그리고 예방 서비스와 만성질환 관리를 별도로 구분하여 관리하기보다는 통합관리체계로 구축할 필요가 있으며, 민간에서 제공되는 건강관리서비스도 활성화시켜야 한다(김남순, 2011). 이 외에도 노인복지관이나 경로당과의 연계를 통한 노년기 건강교육, ICT를 활용한 자가관리 시스템 개발 등도 필요할 것으로 보인다(김세진 외, 2021).

고령자의 사회 참여 활성화 방안으로는 첫째, 퇴직 후 사회 참여가 원활히 이루어지도록 체계적인 노후 설계 시스템을 마련해야 한다. 이를 위해 퇴직 전 기업에서의 노후 설계 교육이나 동호회 활동 등과 같은 작업장 또는 지역사회와 연계된 노후 설계 시스템을 개발하고 투잡(two job)을 통해 자신의 커리어를 개발할 수 있도록 해 주어야 한다. 둘째, 퇴직 후 제2 커리어의 기반을 준비할 수 있는 기업 지원을 제도화해야 한다. 예를 들어, 45세 이상의 근로자가 재직 중에 제2 커리어에 대한 준비를 할 수 있도록 유연근무제나 퇴직 준비 휴가제 등과 같은 제도적 장치를 마련하는 것이다. 셋째, 노년기 1인 1여가 활성화를 위해 노인 마일리지 제도 도입이나 노인 문화 바우처 등을 확대·적용해야 한다. 마일리지 제도는 마일리지 카드를 만들어 각종 교육에 참여하거나 체육 시설 등을 이용 시 마일리지 형태로 적립하는 것이며, 노인 문화 바우처는 현재 취약계층을 중심으로 운영되고 있는 문화 바우처 사업을 노인 계층에게까지 확대·적용하는 것이다. 넷째, 노인복지관이나 경로당과 같은 노인여가문화 시설을 선진화해야 한다. 예를 들어, 노인복지관을 노인 문화공간으로 확대·발전시키고 지역 맞춤형으로 경로당을 개발하거나 지역의 유휴 건물을 노인여가문화 시설로 전환하도록 하는 것이다(이소정, 2011). 이 외에도 노인들이 단순 지식 습득을 넘어 전문적인 지식 습득, 세대 간 교류 강화, 그리고 사회에 기여를 할 수 있도록 대학 내 평생교육 기능을 강화하는 것도 필요하다(김세진 외, 2021).

　주거 분야에서는 고령자의 건강 등을 고려한 의료서비스 중심의 고령자 주택이나 여가 중심의 고령자 주택 등 고령자 맞춤형 전용 주택 등을 확대·공급해야 하고 고령자가 안전하고 독립적인 생활이 가능하도록 주택을 개조하거나 재가 복지 서비스를 제공 받을 수 있도록 하며, 주거비를 지원하는 방안 등이 있다(최영국, 2011).

　이 외에도 정부는 노인의 활기찬 노후 생활을 위해 국민연금 지원 확대, 독거 노인 대상의 영양 개선 강화, 사회 참여 및 자원봉사 확대 등과 같은 공동체 활동 장려, 체계적인 직업훈련을 통해 55세 이상 인력의 적극적인 활용, 기초지자체 단위의 고령친화 평생학습 도시 지정 확대 등 100세 시대를 대비하여 다양한 노년의 정책들을 개발·확대해야 할 것이다.

생의 마지막과 죽음 준비

죽음이란

시 창작 시간이었다.
"교수님, 죽음에 대해 정의를 내려주십시오."

한 학생이 벌떡 일어나더니 엉뚱한 질문을 했다.
교수는 조용히 자리에서 일어나며 말했다.
"죽음이란 자리를 비워 주는 것이지. 이렇게……."

잠시 정적이 흐르고, 교수는 다시 말했다.
"다음 사람을 위해 시간도 남겨 놓는 것이지."

교수는 차고 있던 시계를 풀러 탁자 위에다 놓았다.
그때 종료 시간을 알리는 벨소리가 났다.
"그래, 죽음이란 수업을 마친 여러분들이 각자 집으로 돌아가는 것과 같지."

교수는 나가려다 말고 한마디를 덧붙였다.
"아쉬운 게 있다면 내일 또 만나자는 인사를 할 수 없다는 것이지!"

─윤수천(2000), 『아름다운 약속』 중에서

생의 마지막과 죽음 준비

우리 모두는 결국 생을 마감한다. 죽음은 모든 인간에게 나타나는 보편적 현상으로 죽음을 피할 수 있는 사람은 아무도 없다. 18세기 영국에서는 1,000명 중 400명이 2세 이전에 죽음을 맞이하는 등 모든 아기의 1/3이 유아기 때 사망했으며, 모든 아동의 절반이 10세가 되기 전에 사망했다. 그러나 의학과 과학기술의 발전으로 2020년 영국의 인구 1,000명당 사망률은 10.4명, 우리나라의 인구 1,000명당 사망률은 5.9명(통계청, 2022e)밖에 안 될 정도로 사망률이 줄어들고 인간의 수명이 늘어났다. 이렇게 수명이 길어지고 사회의 고령화가 심화되면서 사람들은 죽음을 노년기에 나타나는 것으로 생각하고 젊어서는 죽음을 거의 인식하지 않고 살아간다. 이제는 '죽음'이라는 것보다는 건강, 치유, 평균수명, 노년, 복지 등을 중요하게 생각하게 되었다.

그러나 우리는 가족과 주변 사람들의 죽음을 경험하면서 나도 언젠가 죽을 것이라는 것을 자각한다. 모든 삶이 다르듯이 죽음도 다 다르다. 우리는 인생의 마지막 작별을 제대로 잘 해내기 위해 죽음을 올바르게 인식하고 대처하는 데 관심을 가질 필요가 있다. 대표적인 내과 교과서 중 하나인 『Harrison's Principles of internal medicine』(2012)에서는 2005년부터 고통 완화와 생의 마지막 치료(Palliative and End-of-life care) 부분이 1장에 등장하고 있다. 임상 의사들의 의학 공부에서 삶을 다루는 첫 번째 주제로 죽음이 등장한다는 것은 그만큼 죽음이 삶에서 가장 중요하게 다루어져야 하는 인생의 마지막 단계임을 의미한다. 이 책에서는 임종이 얼마 남지 않은 환자가 의식이 없어 보여도 청각과 촉각은 가장 마지

우리나라에서의 사망 원인

우리나라에서 2021년 3대 사망 원인은 암, 심장 질환, 폐렴으로 전체 사인의 43.1%를 차지하고 있다. 1위는 암으로 인구 10만 명당 161.1명이 사망하였고, 다음 원인은 심장 질환(61.5명), 폐렴(44.4명)의 순으로 나타났다. 2020년에 패혈증이 10대 사인에 처음 포함된 이후 작년에 비해 순위가 상승(10위 → 9위)하였고 10년 전과 비교해 알츠하이머병과 패혈증의 순위가 크게 상승하였다. 남녀별 10대 사인에서 남자가 여자보다 높은 사인으로는 암, 폐렴, 고의적 자해(자살), 간 질환, 당뇨병, 만성 하기도 질환, 운수사고로 나타난 반면, 여자가 남자보다 높은 사인으로는 심장 질환, 뇌혈관 질환, 알츠하이머병, 고혈압성 질환, 패혈증, 코로나19로 나타났다. 남녀 모두 암으로의 사망이 가장 많았고, 남자의 암 사망률이 여자보다 1.6배 높은 것으로 나타났다. 연령별 5대 사망 원인의 경우 암은 1~9세 및 40세 이상에서 1위이고, 10대와 30대에서 2위이며, 20대에서 3위를 나타내어 모든 연령대에서 공통적인 주요 사망 원인이었고, 암 사망률은 인구 10만 명당 폐암(36.8명), 간암(20명), 대장암(17.5명), 위암(14.1명) 순으로 나타났다. 고의적 자해(자살)는 10대부터 30대까지 1위이고, 40대 및 50대에서는 2위, 60대에서는 4위로 나타났다(통계청, 2022d).

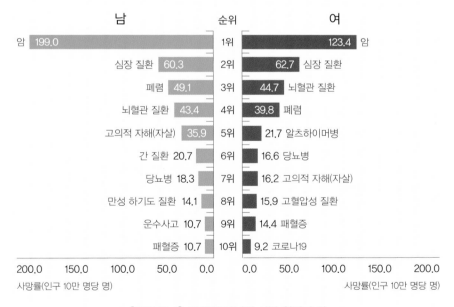

[그림 11-1] 2021년 남녀별 사망 원인 순위

출처: 통계청(2022d).

막까지 유지되는 감각이므로 가족들이 환자의 손을 잡고 그동안 못다 한 이야기를 나눌 것을 의사가 권장하라는 등의 내용으로 환자가 생의 마지막을 잘 맞이할 수 있도록 의사가 해야 할 역할을 설명하고 있다.

또한 죽음학 혹은 사망학(thanatology)에서는 죽음에 대해 종교학, 철학, 심리학, 간호학, 사회학, 의학, 문화인류학 등 전문가들이 공동으로 연구해 왔다. 타나토스(thanatos)는 그리스어로 죽음을 뜻하며, 죽음은 삶과 나누어 생각할 수 없다는 취지에서 사생(死生)학 또는 생사학으로 불린다. 죽음학에서 논의되는 '좋은 죽음'이란 평안한 것이며 가족들이 모인 곳에서 맞는 적절한 고별을 말한다. 그러나 '나쁜 죽음'이란 너무 젊은 나이에 죽음을 맞이하거나 혹은 너무 오래 끄는 죽음을 말하는데, 이는 가족들에게 매우 큰 정서적 · 육체적 · 경제적 짐을 주게 되며 그만큼 인간의 존엄성과 통제 능력을 상실하게 만들기 때문이다. 죽음에 대해 제대로 이해하고 수용하는 것은 살아 있다는 것에 의미를 부여하고 삶에서의 기쁨을 인식하며, 죽음이 다가올 때 자신의 인생을 돌아보게 하므로 매우 중요하다. 또한 사람들은 주변 사람들의 죽음으로 인해 큰 고통을 겪게 되므로 죽음에 대해 이해하면서 살아 있는 사람들의 고통과 비탄을 함께 인식하고 죽음을 어떻게 대비할 것인지 고민해야 할 것이다.

1. 죽음에 대한 이해

1) 죽음의 정의

죽음은 '죽는 일, 생물의 생명이 없어지는 현상'을 말하며 세계보건기구(WHO)에서는 죽음을 "소생할 수 없는 삶의 영원한 종말"로 정의한다. 죽음은 인체의 기관들이 연속적으로 기능을 멈추는 과정으로, 사망을 판정하는 기준은 명확하게 정의하기 어렵다. 의학적 죽음의 판정 기준은 생명 연장 조치를 중지하고 기증된 장기를 적출하는 시기를 결정하도록 돕기 때문에 신중히 사망 판정을 내려야 하지만 여전히 명확하게 기준을 정하기 어렵다.

의학적 죽음의 판정 기준으로 첫 번째는 폐, 장기의 정지로 인해 호흡이 없고 심장 박동이 중지된 상태를 말한다. 과거에는 호흡 및 심장 박동이 멈춘 그 시점이 사망 판정의 기준이 되었다. 그러나 현대에는 의학 및 과학기술의 발전, 특히 심폐소생술의 발달로 인해 기능이 멈춘 심장과 폐를 소생시켜 다시 살려낼 수 있다. 그러므로 호흡과 심장이 멈추었다는 것은 더 이상 죽음의 기준으로는 적절하지 않은 경우가 많다.

두 번째 의학적 죽음의 판정 기준은 '뇌사(brain death)'라는 뇌의 죽음으로, 오늘날 대부분의 산업화된 나라에서 뇌사를 사망의 정의로 사용한다. 뇌사는 대뇌 신경세포의 괴사로 뇌 활동이 비가역적으로 소실된 것을 의미한다. 뇌사 판정에서 필수적인 세 가지 요소는 의식불명(coma), 뇌간 반응 소실(absence of brainstem reflexes), 무호흡(apnoea)이며, 이러한 상태가 회복되지 않고 일정 기간 유지될 때 뇌사로 인정한다. 어느 정도 기간 동안 이러한 상태가 유지되어야 뇌사로 판정하는가에 대해서는 일치된 견해를 찾기 어렵다. 국내 한 대학병원에서는 이러한 상태가 48시간 이상 지속되어야만 뇌사로 인정하지만, 나라에 따라 또 병원에 따라 서로 다른 기준을 적용하고 있으므로 절대적인 기준을 제시할 수는 없다. 그러나 뇌사라 판정되어도 심장의 기능은 멈추지 않으며 드물게 다시 살아나는 경우도 있다. 따라서 뇌사가 언제 생명 연장 조치를 멈출 것인지에 대한 기준이 되기는 어렵다.

또한 뇌사는 아니고 일부 체세포의 기능은 유지되나 정상인으로서의 기능을 전혀 할 수 없는 상태인 식물인간 상태(persistent vegetative state)도 사망의 판정에 있어 논란이 된다. 식물인간 상태에서는 뇌피질 활동이 정지되어 더 이상 뇌파 활동을 볼 수 없지만 여전히 뇌간은 활동한다. 의사들은 이러한 상태에서 의식이나 신체 움직임을 회복할 수 없다고 하지만, 몇몇 사례에서 이러한 환자가 의식을 회복하는 경우가 있어 이러한 상태를 사망하였다고 선언하기에도 어려움이 있다. 따라서 의학적 죽음은 의식적으로 불가역적인 혼수에 빠진 사람이 자발적인 호흡과 심박동이 소실된 상태라고 이해하는 것이 타당하다.

죽음에 대한 사회·문화적 정의도 다양하다. 모든 문화와 종교에서는 죽음을 바라보는 고유의 관점을 가지고 있다. 유교 문화권에서는 생자의 정신과 신체처럼 망자의 혼백이 사후 세계에서도 생활한다는 관점을 지니고 있다. 유교에서의 삶이란 혼백이 결합된 상태이며 죽음이란 혼백이 분리되어 자연으로 돌아가는 것이다. 그렇기에 죽음이란 존재가 사라지는 것을 의미하는 것이 아니라 본래의 상태로 돌아가는 것이다. 망자의 혼백은 늘 자손들 곁을 왕래할 수 있고 자손들을 보호하거나 경우에 따라서는 벌주기도 한다고 생각한다. 따라서 죽음을 통해 자연으로 돌아간다는 것은 다른 세계로 전이되는 것이 아니라 생자와 함께 영원히 존재한다는 것을 의미한다. 주자가례(朱子家禮)에서 제시한 절차에 따라 매장하며, 묘지는 망자와 생자 사이의 의미 있는 상호작용이 이루어지는 상징적인 장소로서 기능한다.

순환적 시간관을 공유하는 불교 문화권에서는 내세를 주로 '윤회'라는 관점으로 해석하여 생명의 지속성을 강조한다. 불교에서는 깨달음을 통해 생사에서 벗어나지 않는 한, 사람이 죽게 되면 육신을 떠난 영혼이 전생에 지은 업에 따라 지옥, 아귀, 축생, 아수라, 인간, 천상의 6도 중 한 곳에서 다시 태어난다는 윤회를 믿는다. 이 세상을 떠나는 것은 주인인 자신(영혼)이 이승에서 입었던 헌 옷(죽은 육신)을 벗고 새 옷으로 갈아입는 것이다. 그렇기 때문에 새 옷을 입기 위해서는 헌 옷을 벗어야 하듯 내생의 삶을 위해 전생의 몸을 버려야 한다. 따라서 헌 옷과도 같은 이승에서의 육신을 불태움으로써 이승에 대한 애착과 미련을 끊고 새 옷의 주인이 되라는 의미에서 화장을 한다.

직선적 시간관을 공유하는 기독교 문화권에서는 내세를 주로 '부활'이라는 관점에서 해석하고 죽음을 일종의 전환(transition)으로 생각한다. 죽음은 세상의 처소에서 하나님이 준비하신 천국으로의 이전이며, 산 자와의 이별이 단지 영원한 죽음이 아니라 죽은 자들의 공동체와 함께하며 안식하게 되었음을 의미한다. 부활을 믿는 기독교 문화권에서는 대체로 매장을 선호하며, 시신을 땅에다 묻는 것은 흙에서 왔다가 흙으로 돌아가는 인간의 덧없음을 인정하는 것이다.

한국인의 죽음에 대한 개념은 유교, 불교, 무(巫)교의 영향을 받아 왔다. 무교에서는 삶의 공간을 이승으로 부르고 죽은 뒤의 세상을 저승이라고 부른다. "저승길이 멀다더니 대문 앞이 저승일세."라는 '상여소리'의 가사에서 보듯이 이승과 저승은 동떨어진 세계가 아니라 삶의 공간에서 공존하는 연결된 세계다. 인간은 육체와 영혼의 이원적 관계로, 죽음은 육체가 소멸되는 것일 뿐 영혼은 그대로 살게 된다. 사람의 생사는 저승신이 주관하며, 이 세상에서 장수하여 인간으로서 누릴 것을 다 누린, 즉 천수를 누린 사람들의 영혼은 극락에서 영생하고, 원망을 가지거

주자가례

주자가 지은 전통사회에서의 가정의 행위규범. 유학적인 교양을 갖춘 사대부 계층의 행위규범을 근거로 하고 있으며, 관례(冠禮) · 혼례(婚禮) · 상례(喪禮) · 제례(祭禮)의 가례에서 모든 사람에게 필요한 행위규범

순환적 시간관

죽음. 재생, 죽음이 반복적으로 이어지는 것으로 보는 관점

직선적 시간관

시간이 미래로 직선적으로 흘러간다고 보는 관점

나 아직 때가 되지 않아 죽은 경우 그 영혼은 저승에 가지 못하고 이승을 방황하면서 사람에게 가해하거나 원한을 풀려고 한다. 무속에서의 내세관은 미래에 대한 종교적 구원 개념이 없으므로 무당을 불러 굿을 하여 한이 있는 악령의 활동을 예방하거나 제거하려 한다. 이승에서의 죄와 공덕이 저승의 삶에 영향을 미친다고 믿는 것이다. 또한 한국인은 저승보다 이승을 중시하는 의식 세계를 가지고 있다. '개똥밭에서 굴러도 이승이 낫다.' '죽은 정승이 산 개보다 못하다.'라는 속담에서처럼 유달리 이승에 대한 집착이 강하고 죽음을 부인하거나 두려워하는 전통을 가지고 있어서 죽음에 대한 강한 거부감을 지니고 있다. 한국어에서 숫자 4(四)는 '사'로 읽어 죽을 사(死) 자와 연관 짓고 고층빌딩에서는 4층이 없이 F(Four)로 쓰거나 아예 4층을 빼고 3층에서 5층으로 바로 넘어가기도 할 정도로 죽음에 대한 거부감이 강하다.

죽음에 대한 인식의 차이는 묘지를 어디에 두는가와 관련된다. 다음 사진에서 보는 것과 같이 죽음을 일종의 전환으로 인식하는 미국인들은 주택가에 공동묘지를 두고 묘지 가까이에서 사는 것에 대해 거부감이 없다. 그러나 죽음에 대한 거부감이 강한 우리나라 사람들은 주로 살아 있는 사람들과 멀리 떨어진 산에 묘지를 둔다.

죽음에 대한 거부감이 강한 우리나라 사람은 제대로 된 준비 없이 죽음을 맞이한다. 한국에서 대부분의 말기암 환자는 죽음에 관해 아무런 교육도 받지 못하고 항암제에 의존하여 혼수상태로 죽음을 맞이하지만, 서양권에서는 말기암 환자의 상당수가 남은 2~3개월 동안 죽음을 준비하면서 '품위 있는 죽음'을 선택한다. 환

주택가에 위치한 미국의 공동묘지(좌)와 산에 위치한 우리나라 공동묘지(우)

자 본인이 불치병을 앓고 있다는 사실조차 잘 알려 주지 않는 한국적 상황에서 환자가 죽음에 대해 준비하고 사전연명의료의향서 등의 의학적 결정에 참여하도록 하기 위해서는 웰다잉(well-dying)에 대한 중요성의 인식과 죽음에 대한 사회적 인식 전환이 필요하다.

웰다잉
품위 있게 죽음을 맞이하는 것

2) 발달단계에 따른 죽음의 의미

사람들은 다가오는 자신의 죽음과 가까운 사람들의 죽음에 대해서 어떻게 인식하는가? 죽음에 대한 인식은 연령에 따라 달라지는데, 다음의 다섯 가지 요소를 어떻게 이해하는지에 따라 차이가 있다. 첫째, 죽음은 되돌릴 수 없다는 것을 의미하는 불변성(permanence)으로서 이와 유사한 단어는 비가역성, 비소급성, 영구성 등이다. 일단 신체가 죽게 되면 마술, 약, 음식, 물, 기타 어떠한 수단을 통해서도 다시는 살아날 수 없다는 사실을 이해하는 것이다. 둘째, 모든 생물은 죽는다는 것을 의미하는 필연성(inevitability)으로서 이와 유사한 단어는 보편성, 불가피성 등이다. 모든 생물은 마침내 죽게 될 것이라는 사실을 이해하는 것으로, 어떠한 존재도 죽음으로부터 도망칠 수 없다는 것을 이해하는 것이다. 셋째, 죽으면 모든 활동, 느낌, 사고가 중단된다는 것을 의미하는 중단성(cessation)으로서 이와 유사한 단어는 정지, 비기능성이다. 죽으면 살아 있을 때 할 수 있었던 걷기, 먹기, 보기, 듣기, 생각하기 등의 모든 신체 기능이 중단된다는 사실을 이해하는 것이다. 넷째, 죽음은 살아 있는 대상에게만 적용된다는 것을 의미하는 적용성(applicability)이다. 다섯째, 죽음은 신체 기능의 정지이며 그것에는 원인이 있다는 것을 의미하는 원인성(causation)으로서 이와 유사한 단어는 인과성이다. 죽음이 왜 일어나는지에 대한 객관적인 원인을 아는가에 대한 사고를 말한다.

불변성
죽으면 다시 살아날 수 없음

필연성
죽음은 피할 수 없음

중단성
죽으면 모든 것이 중단됨

적용성
죽음은 살아 있는 것에 적용됨

원인성
죽음은 원인이 있음

(1) 유아기, 아동기

유아의 죽음에 대한 인식은 연령이 증가함에 따라 발달하며, 죽음을 이해하기 위해서는 기본적인 생명 유지에 필요한 신체 부분들에 대한 지식을 습득해야 한다. 출생부터 2세 사이의 영아들은 죽음을 일반화 혹은 추상화하기는 어렵지만 죽음을 이해하는 방식을 가지고 있다(Kastenbaum & Aisenberg, 1972). 즉, 대상이 사라졌다가 다시 나타나는 '까꿍놀이'에서 존재하지 않는 것을 통해 돌아오지 않는 어떤 것이 있다는 것을 서서히 알게 된다. 이 시기의 영아들은 "엄마, 내가 죽은 후에 얼마나 있으면 다시 살 수 있어?" "내가 죽어 있는 동안에도 엄마가 나를 간지럼 태울 거야?" 하고 질문을 던지는데, 이는 아직 죽음을 일시적인 사건으로 이해하고 있음을 보여 준다.

유아와 아동이 죽음에 대해 어떻게 이해하고 있는지는 연령에 따라 크게 3단계로 구분된다(Nagy, 1948). 첫 번째 단계는 '덜 살아 있는(less alive)' 상태로서 3~5세경의 단계로, 이 시기에는 죽음이 마지막이라는 것을 깨닫지 못한다. 죽음의 비가역성을 받아들이는 데 어려움이 있기 때문에 죽음을 다시 깨어날 수 있는 일시적인 것으로 받아들이는 것이다. 그래서 유아들은 죽음을 단순히 꿈을 꾸듯 잠을 잔다거나 내 주변에서 분리되고 멀리 여행을 떠나는 정도로 생각하게 되며 회피 가능하고 회복 가능하다고 생각한다. 그리고 유아들은 죽은 후에도 살아 있을 때처럼 계속 성장하고 먹고 움직인다고 생각한다. 이 시기의 아이들은 "천국에서 음식이 맛있었으면 좋겠어." 등의 표현을 한다. 유아는 똑똑하거나 운이 좋은 특정한 사람은 죽지 않으며 자신과 친한 사람들 그리고 자신은 영원히 살 것이라고 믿는 경향이 있다(Speece & Brent, 1992).

두 번째 단계는 '죽음의 의인화' 상태로서 5~9세경의 단계로, 이 시기의 유아혹은 아동은 죽음에 대한 구체적인 사고를 한다. 죽음은 현실세계와 분리된 세계로 떠나는 것이며, 죽음이 마지막이라는 것을 이해하게 되고, 회복은 불가능하지만 회피는 가능하다고 생각한다. 그래서 죽음을 자신과 관계없는 먼 곳에 있는 것으로 생각하기 때문에 자기 자신은 피할 수 있다고 생각한다(Kastenbaum, 1967). 또한 7, 8세경의 아동은 죽음이 마지막이라는 것과 보편성, 불가피성을 인식하기는 하지만 죽음은 나에게 일어나는 것이 아닌 특정한 사람에게만 해당되는 것이라고 생각한다(Hoyer, Rybash, & Roodin, 1999). 대부분의 사람은 이 시기에 친척이나 조부모의 죽음을 통해 죽음을 처음 경험하는 경우가 많다.

세 번째 단계는 '죽음에 대한 인식' 상태로서 9~10세경의 단계로, 이 시기의 아동은 죽음이 삶의 마지막 혹은 최종적인 것이며 어느 누구도 절대적으로 피할 수 없기 때문에 모든 사람은 반드시 죽는다고 생각하는 보편성 개념을 알게 되어 회복과 회피가 불가능하다는 것을 깨닫게 된다. 이 시기의 아동은 "죽는 것은 아파요? 무서워요?" 등 죽음에 대한 보다 구체적인 질문을 한다.

Piaget에 의하면 전조작기에서 구체적 조작기로 인지가 발달하는 시기에 비가역성(irreversible), 보편성(universal), 불가피성(inevitable) 등을 이해하게 되고, 이는 죽음에 대한 이해를 하는 데 토대가 된다. 자기중심적인 아동은 죽음이 개인적 경험 이상의 것이므로 죽음을 이해하기 어렵다. 또한 어른이 죽음에 대해 모호한 표현을 하면 아동은 혼란스럽다. 예를 들어, "할아버지는 긴 여행을 떠나셨어…… 좋은 나라로 가셨어……." 등의 표현은 아동에게 "좋은 곳에 가면서 왜 나는 안 데려가셨어?"와 같은 의문이 들게 한다. 따라서 아동의 이해 능력에 맞추어 솔직하게 설명하는 것이 효과적이다. 유아나 아동에게 자신의 경험과 관련된 애완동물이나 식물의 죽음을 이용하여 죽음의 개념을 가르친다면 죽음을 이해하도록 하는 데 보다 도움이 된다. 또한 생물학에 대한 기본 지식을 가르치는 것은 죽음의 개념을 이해하는 데 좋다. 심장, 뇌, 폐 등 생명 유지기관의 역할에 대해 교육받은 3~5세 아동들은 죽음에 대해 더 잘 이해하고 있었다(Slaughter & Lyons, 2003). 죽음에 대해 솔직하고 개방적으로 대화하는 것은 유아나 아동이 죽음을 현실적으로 이해하고, 주변 사람의 죽음을 경험할 때 충분히 슬퍼하면서 극복할 수 있도록 하는 데 도움을 준다.

(2) 청소년기

청소년기에는 죽음에 대한 관념을 갖기는 하지만 아직 완전히 성숙하게 이해하고 있는 것은 아니다. 청소년기 자아중심성으로 인해 개인적 우화(personal fable)에 빠져 있어 자신은 특별해서 자신에게는 죽음이 미치지 않는다고 생각한다. 죽음이 모두에게 일어나고 언제라도 일어날 수 있음을 알고 있지만, 이러한 의식이 안전의식을 강화하지는 않는다. 죽음에 대해 낭만적으로 생각하며 모험을 원하고 죽음을 두려워하지 않는다. 따라서 거칠게 차를 운전하고, 전쟁터에서 용감한 병사가 될 수 있으며, 강한 약물도 시험 삼아 복용해 보다가 비극적인 결과를 가져오기도 한다. 죽음에 대한 의식이 낮은 사춘기 소년일수록 고위험 활동에 더 많이 참여한다(Word, 1996).

청소년기에는 논리적 개념으로서의 죽음과 현실 속의 개인적 경험으로서의 죽음을 연결하고 통합하도록 돕는 것이 필요하다. 뉴스나 주변 사람의 죽음을 계기

▶ 비가역성
불변성과 같은 개념으로 죽은 사람, 동물, 식물은 모두 다시 살아 돌아올 수 없음

▶ 보편성
살아 있는 모든 것은 죽음

▶ 불가피성
필연성과 같은 개념으로 죽음은 피할 수 없음

로 청소년이 죽음에 대한 생각과 느낌을 부모와 이야기하는 기회를 가지도록 한다. 이러한 대화는 청소년의 죽음에 대한 느낌을 부모가 수용하고, 청소년이 갖고 있는 죽음에 대한 잘못된 개념을 바로잡는 기회가 된다.

(3) 성인전기 및 성인중기

성인전기에는 열심히 삶을 살면서 죽음에 대해 안정적인 태도를 취한다. 그러나 갑자기 병들거나 사고에 의한 죽음에 직면할 때 인생의 다른 시기에 있는 사람들보다 더 감정적이 된다(Hølge-Hazelton et al., 2016). 죽음으로 인해 자신의 꿈과 능력을 더 이상 펼칠 수 없다는 점 때문에 극심한 좌절감을 겪고, 열심히 일해 온 것이 헛되다고 생각하면서 좌절은 분노로 바뀌어 다루기 힘든 환자가 되기도 한다.

성인중기(중년기)에 죽음은 더 이상 모호한 개념이 아니다. 부모, 친인척, 친구 등의 죽음이 많아져 주변의 죽음을 경험하는 횟수가 늘어나면서 자신도 죽을 것이라는 사실을 실제적으로 깨닫게 된다. 또한 집안에서도 나이가 많은 세대가 되고 신체 노화를 경험하면서 자신이 늙고 죽을 것임을 인식한다. 성인중기 이전에는 이제까지 살아온 햇수로 시간을 지각했으나, 성인중기부터는 죽을 날까지 얼마나 남아 있는지로 시간을 지각하게 되며 어떻게 남은 시간을 뜻깊게 살 것인가를 생각한다. 이러한 성인중기의 죽음에 대한 인식은 자신의 사회적 지위나 역할에 따라 달라진다. 사회 활동을 열심히 하고 생산성이 높은 사람은 죽음에 대한 공포나 불안감이 상대적으로 적지만, 그렇지 않은 사람들은 죽음에 대한 두려움을 더 많이 느낀다. 죽음을 지각하게 되면서 자신의 직업, 결혼, 자녀, 친구와의 우정 등에 대해 되돌아보게 되는 시기다.

(4) 노년기

노인들은 오히려 성인중기의 사람들보다 죽음에 대한 걱정을 많이 하지 않는다 (Neimeyer, 1985). 살아가면서 가까운 사람들을 잃는 경험을 하면서 자신의 죽음을 받아들이도록 사고의 전환을 하기 때문이다.

자신의 인생이 의미 있는 것으로 받아들여지는 **자아통합감**을 이룬 노인은 죽음을 삶의 일부로 수용하지만, 삶의 의미에 대해 방황하고 절망을 겪는 노인들은 죽

> **자아통합감**
> 자신의 인생에 대해 받아들이고 인생의 의미를 찾는 것. Erikson의 심리사회적 발달에서 노년기에 통합성 대 절망감의 심리사회적 위기를 잘 극복하면 자아통합감을 획득할 수 있음

음에 대해 두려움을 보인다(Hamachek, 1990). 과거에 집착하고 미래에 대해 생각하기를 회피하는 노인들은 죽음을 인식하고 준비하는 노인들보다 죽음에 대해 더 불안해한다(Pollack, 1980).

3) 죽음 불안

죽음을 상실이라고 보는 관점은 죽음에 대한 태도나 불안과 밀접하게 관련되어 있다. 사람들은 죽음을 두려워하는데, 이는 죽음 자체보다는 사후 세계에 대한 무지와 죽어 가는 과정에서 발생되는 고통에 대한 두려움, 죽음 후에 오는 벌, 자신이 없어진다는 것 자체에 대한 두려움을 모두 포함한다. 죽음 불안(death anxiety)은 죽음에 대한 공포와 걱정이다. 죽음 불안을 유발하는 것에는 개인차, 문화차가 매우 크다. 다양한 문화에서 우울, 불안 등 정신건강에 문제가 있는 사람들이 더심하게 죽음에 대해 걱정하는 것으로 나타났다(Neimeyer & Van Brunt, 1995; Wu, Tang, & Kwok, 2002). 그리고 Gesser, Wong과 Reker(1987~1988)가 18~26세의 청년 집단, 35~50세의 성년기 및 중년기 집단, 60세 이상의 노년 집단의 세 집단을 대상으로 죽음에 대한 태도를 측정한 결과, 죽음에 대한 공포가 가장 심한 집단은

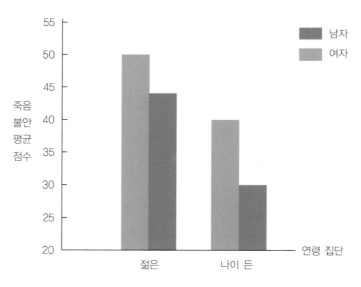

[그림 11-2] 죽음 불안과 연령, 성별과의 관계

출처: Tomer (2000).

중년이었으며 그다음은 청년 집단으로 나타났고, 죽음에 대한 공포를 가장 낮게 인식한 집단은 노년으로 나타났다. 또한 나이에 관계없이 동양과 서양의 모든 문화에서 여성은 남성보다 더 큰 죽음 불안을 지니는 것으로 나타났다(Tomer, 2000).

　죽음에 대한 불안은 이외에도 다양한 요인의 영향을 받는다. 죽음에 대해 개인적 철학을 잘 발달시킨 사람이 죽음 불안을 덜 느낀다. 자신이 매우 신앙적이라고 생각하거나 교회에 규칙적으로 가는 사람들이 그렇지 않은 사람들보다 죽음을 덜 두려워하는 것으로 나타났다(Thorson & Powell, 1990). 종교적 신앙심이 매우 깊거나 또는 종교를 전혀 믿지 않는 사람들은 모두 어떤 종교나 철학적 전통에도 확실한 태도를 보이지 않는 사람들보다 죽음을 두려워하지 않았다. 종교성 자체보다는 믿음의 확고함, 믿음과 실행 간의 일치성(사후 세계를 믿으며 기도나 예배에 참여하는 것)이 죽음 공포를 감소시킨다고 볼 수 있다(Wink & Scott, 2005). 또한 죽음 불안은 자신감, 자기효능감, 삶의 목표와 밀접하게 관련되어 있다. 자신의 목표를 성취했다고 느끼거나 자신이 되려고 했던 사람과 자신이 크게 다르지 않다고 느끼는 사람들, 자신의 인생이 의미 있었다고 느끼는 사람들은 자기 자신에 대해 실망하는 사람보다 죽음 불안을 덜 느낀다(Neimeyer & Chapman, 1981). 이와 같이 죽음에 대한 불안의 정도는 사람마다 다르다. 죽음에 대해 약간의 불안을 경험하는 것은 매우 정상적이지만, 강렬하게 죽음 불안을 느끼는 것은 좋지 않다.

2. 죽음의 과정

1) Kübler-Ross의 죽음의 단계 이론

　정신의학자이며 호스피스 운동의 선구자인 Kübler-Ross(1969, 1997)는 말기 환자 500명과 인터뷰를 통해 죽음에 임박한 환자가 죽음을 받아들이기까지의 심리적 과정을 제시하였다. Kübler-Ross는 Bowlby(1961)와 Parkes(1972)의 비탄(grief)의 단계 이론을 발전시켜 죽어 가는 사람에 대한 5단계의 죽음의 단계 이론을 만들었다. 이 이론은 죽어 가는 사람의 가족들이 겪는 비탄의 단계로도 널리 알려져 있다.

> **비탄**
> 상실로 인해 수반되는 충격, 분노, 좌절, 외로움, 무력감, 공허감 등의 정서적 반응

[그림 11-3] Kübler-Ross의 죽음의 단계

죽음은 삶의 가장 중요한 순간이고 곧 삶의 총체이며, 죽음의 문제는 삶의 문제이고 어떻게 죽느냐는 삶을 의미 있게 완성하는 매우 중요한 과제다. 대다수의 환자는 자신의 상태에 대해 솔직하게 이야기할 수 있는 기회를 원하며 자신의 죽음이 임박하였음을 알고 있다고 한다. Kübler-Ross는 불치병 환자들과 이야기를 나눈 후, 사람들이 임종하는 순간까지 경험하는 부정, 분노, 타협, 우울, 수용의 5개의 심리적 단계를 제시하였다([그림 11-3] 참조).

(1) 부정

죽음에 임박한 사람들의 첫 번째 심리적 반응은 부정(denial)이다. 자신이 곧 죽게 된다는 사실을 알았을 때 갑작스러운 충격을 감당하기가 어려워 나타나는 자연스러운 반응으로 그 사실을 부정하려고 한다. 부정의 반응으로는 보통 "나는 아니야! 아마 검사 결과가 잘못 나왔을 거야. 나에게 이런 일은 있을 수 없는 일이야!"라는 반응을 보인다. 부정은 갑작스러운 충격을 완화시킬 수 있는 역할을 하게 되며 자신의 생각을 스스로 가다듬게 하는 일종의 일시적 방어 수단이다. 또한 자신을 찾아온 가족 또는 친척들도 죽음이라는 문제에 대해 말하는 것을 기피하게 되고, 자신도 애써 부정을 하려고 하기 때문에 더 고립감에 빠지며 소외감을 심하게 느낀다. 이러한 부정과 고립의 단계는 임종을 앞둔 대부분의 사람에게 나타나는 현상이며 사람에 따라서는 짧게 혹은 길게 지속되는 경우도 있다. Kübler-Ross는 의사나 가족이 환자의 상태에 대한 진실을 왜곡함으로써 부정 단계를 연장하지 말라고 충고하고 있다. 환자가 죽음에 임박해서 자신이 죽을 것임을 알게 된다면 필요한 준비를 할 수 없게 된다.

🌱 **죽음을 통보받은 환자가 평온한 죽음을 맞는다**

　　미국의 Wright 박사 연구 팀은 말기암 환자 603명을 대상으로 죽음을 통보받은 환자와 그렇지 않은 환자를 추적 조사하였다.

　　그 결과, 사망한 323명 중 죽음을 '통보'받은 환자들은 그렇지 않은 환자들에 비해 돈만 들어가고 효과도 없는 치료를 피하려는 경우가 많았다. 그리고 죽음을 통보받은 환자들이 그렇지 않은 환자들에 비해 생의 마지막 일주일을 중환자실에서 보내는 비율은 1/3, 호흡기에 의존하는 비율은 1/4, 심폐소생술을 사용하는 비율은 1/6에 불과하였다.

　　죽음을 통보받은 환자의 가족들은 미리 마음의 준비를 할 수 있어 환자가 사망한 뒤에도 훨씬 마음의 평온함을 느꼈다. 이는 '죽음에 관해 얘기하는 것이 환자를 죽이는 일'이라는 고정관념에서 탈피해야 함을 시사하고 있다.

출처: Zhang et al. (2008).

(2) 분노

　　죽음에 임박한 사람들의 두 번째 심리적 반응은 분노(anger)다. 자신의 죽음에 대해 더 이상 부정할 수 없음을 알고 분노, 유감, 시기 등의 복잡한 감정을 느낀다. 살아 있는 시간이 부족하여 더 이상 하고 싶은 것을 해 볼 기회 없이 죽어야 한다는 것에 대해 화가 난다. 분노의 반응에서는 보통 "다른 사람이 아니고 왜 하필 나야?" "어떻게 나에게 이런 일이……."라는 반응을 보인다. 분노의 대상이 되는 사람은 보통 가족, 의사, 간호사가 되며 마치 누군가에게 책임이 있는 것처럼 주위 사람들의 잘못으로 인해 자신이 죽게 되었다고 적개심을 품으며 불평을 토로한다. 그러나 이러한 분노는 어떤 누군가를 향한 분노가 아니라 자신이 어찌할 수 없는 죽음을 곧 맞이하게 된다는 사실에 대한 분노다. 분노가 시도 때도 없이 아무에게나 전이되므로 자신이나 가족, 의사 모두에게 있어서 감당하기 힘든 단계가 된다. 그러나 이러한 분노가 모든 사람에게 나타나는 것은 아니며 신앙심이 깊고 죽음을 이미 대비한 사람들에게는 나타나지 않는 경우도 있다. 분노의 이유는 죽음의 불공평성에 대한 것이므로 임종을 앞둔 사람을 공감하고 이해하며 그들의 분노를 참아 주는 것과 같은 따뜻한 관심을 보여야 한다.

(3) 타협

죽음에 임박한 사람들의 세 번째 심리적 반응은 타협(bargaining)이다. 이는 자신의 죽음을 기정사실로 받아들이기는 하지만 죽음이 연기되거나 지연될 수 있도록 비현실적이고 불가능한 타협을 시도한다. 타협의 단계에서는 보통 "손자를 볼 때까지만 살 수 있다면 죽음을 받아들이겠습니다……." "몇 년만 더 살 수 있도록 허락해 주신다면 더 이상 아무것도 바라지 않을 것입니다……."라는 반응을 보인다. 타협은 과거의 경험상 착한 행동이나 특별한 헌신을 맹세하면 이에 대한 보상을 받을 수 있다고 생각하기 때문에 나타난다. 이는 다가오는 죽음에 대한 시간을 좀 더 벌기 위한 시도로, 대개 절대자 혹은 초자연적 존재와의 타협이 주를 이룬다. 주변 사람들은 죽음을 앞둔 사람들의 타협 반응에 대해 공감하면서 들어 주는 것이 좋다.

(4) 우울

죽음에 임박한 사람들의 네 번째 심리적 반응은 우울(depression)이다. 이 시기에는 자신의 병세가 더 악화되기 때문에 자신의 죽음을 확신한다. 말이 없어지고 지인들의 방문을 사절하며 대부분의 시간을 울고 슬퍼하며 보내게 돼 우울에 빠진다. Kübler-Ross는 우울을 반동적 우울(reactive depression)과 예비적 우울(preparatory depression)로 구분하였다. 반동적 우울은 병으로 인해 이미 잃어버린 가족, 친구 등에 대해 슬퍼하는 반응이며 자기의 죽음 문제에 대해 그들이 적극적으로 개입해 주기를 바란다. 그러나 예비적 우울은 가까운 시일 내에 자신이 사랑하는 모든 것을 잃게 된다는 예비적 슬픔에서 오는 반응으로 격려나 위안은 아무 소용이 없다. 그래서 우울 단계의 임종을 앞둔 사람에게 주변 사람들은 위로하지 않는 것이 좋으며 오히려 말없이 곁에 있어 주는 것이 위안이 될 수 있다. 우울 단계의 사람이 자신의 죽음에 대해 슬퍼하고 표현할 때 이러한 우울은 더 빨리 극복될 수 있다.

(5) 수용

죽음에 임박한 사람들은 마지막 몇 주나 며칠을 남겨 두고 수용(acceptance)의 반응을 보인다. 환자가 앞선 네 단계를 통해 자신의 감정을 표현할 기회를 가지고 사랑하는 사람과 이별하는 슬픔도 나누었다면 이제 자신의 죽음을 평안하게 수용한다. 즉, 체념의 상태는 아니지만 해야 할 것을 다했다는 느낌을 갖게 된다. 그래서 수용의 단계에서는 보통 "이제 다 됐다." "나는 더 이상 죽음과 싸울 수 없고 죽음에 대한 준비가 잘되어 있다."라는 반응을 보인다. 환자들은 많은 시간 혼자 있기를 좋아하며 거의 말이 없고 가족과 의사를 제외한 모든 사람과의 관계를 끊음으로써 죽음을 준비한다. 이 시기에는 환자의 가족들에게 도움과 따뜻한 관심이 필요하다.

Kübler-Ross가 제시한 죽음의 단계 이론은 많은 시사점을 준다. 이 이론을 통해 사람들은 죽음에 직면한 환자들을 대상으로 어떤 순간에 희망을 이야기하며 위로하고, 어떤 때에는 그저 단순히 들어 주기만 해야 하는지를 알 수 있다. 이 이론에 근거하여 환자에게 호스피스 프로그램이 제공되기도 한다. 그러나 이 이론에 대한 비판점도 존재한다. 첫째, 죽음은 논리적 절차가 아니라는 것이다. 즉, 죽음은 일정한 순서에 의한 고정된 '단계'가 아니다. 이러한 비판 이후에 Kübler-Ross는 '단계'라기보다는 죽음에 대해 나타나는 다섯 가지 종류의 '반응'이라고 자신의 이론을 수정하였다. 둘째, 죽음은 개인적인 경험이다. 죽음의 과정 순서는 바뀔 수 있고 모든 사람이 마지막 반응인 '수용'의 상태에서 죽게 되는 것은 아니다. 개인차에 따라 다섯 단계를 모두 거치지 않는 사람도 있고, 제시된 순서가 아닌 다른 순서로 다섯 개의 반응을 경험하는 사람도 있다. 특정 반응에서 오래 머무르는 사람도 있고, 몇 개의 반응을 중복해서 경험하는 경우도 있다. 어떤 사람은 수용 단계보다 부정이나 분노와 같은 다른 단계에서 죽음을 맞을 수도 있다. 마지막으로 죽음에 대한 5개의 반응이 언제나 보편적으로 나타나는 것은 아니다. 죽어 가는 사람들은 성격, 문화, 사회, 성별, 생활양식에 따라 죽음에 대해 다양한 반응을 보인다. 따라서 모든 사람이 다양한 특성을 초월하여 모두 순차적으로 죽음의 과정을 겪는다고 할 수는 없다. Kübler-Ross의 죽음에 대한 전형적인 반응들은 위험에 직면했을 때 누구나 보이는 대처 전략의 관점에서 이해될 수 있다.

2) Pattison의 죽음의 과정 이론

Pattison(1977)은 죽음에 대처하는 과정이 능동적으로 이루어진다고 주장하면서 절망과 희망이 교차하며 죽음에 이른다고 하였다. 죽음의 위기가 찾아온 순간부터 죽음까지를 삶과 죽음의 간격(living-dying interval)이라고 정의하고 이를 세 국면으로 구분하였다. 사람들은 어떤 질병에 걸려 죽어 가는가에 따라 다양한 형태의 국면을 맞이하며, 각 과정에 머무르는 시간도 다르다. Pattison은 각 단계를 개인적인 반응과 욕구에 대처하는 것으로 설명하고 있다. 첫 번째 단계는 급성 위기 단계(acute crisis phase)다. 이 단계는 Kübler-Ross의 부정, 분노, 타협의 단계에 해당되며 불치병을 인식한다. 죽음이 임박해 있음을 깨닫고 그들이 희망했던 성취와 경험을 더 이상 할 수 없다는 것을 인식하면서 강한 두려움과 불안을 느끼게 된다. 이 단계에서는 주변 사람들의 정서적인 격려와 죽음을 합리적으로 생각할 수 있도록 돕는 것이 필요하다. 두 번째 단계는 만성적 삶-죽음 단계(chronic living-dying phase)다. 이 단계에서는 죽음에 대한 두려움을 직접적으로 직면하기 시작한다. 외로움, 고통, 사랑하는 사람들과의 이별에 대한 두려움을 느낀다. 처음의 불안이 감소하고 죽어 가는 것 같다가도 다시 살 것같이 느끼기도 한다. 하지만 결국 현실의 죽음을 인정하게 된다. 버려짐에 대한 두려움, 자아통제 상실에 대한 두려움, 고통에 대한 두려움, 정체성 상실에 대한 두려움, 미지의 두려움 등의 감정이 남은 인생에 대한 희망, 수용적인 감정 등의 대비되는 감정과 동시에 일어나거나 교차로 일어난다. 세 번째 단계는 말기 단계(terminal phase)다. 이 단계에서는 죽음이 멀지 않았다는 것을 실감하게 되고 매우 위축되고, 혼돈된 심리적 갈등을 보인다. 불안은 감소하고 삶으로부터 사회적·정서적으로 철회하는 단계다. 가장 짧은 단계이며 죽음으로 생을 마감하게 된다.

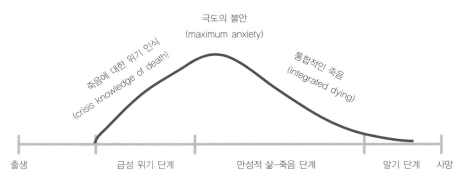

[그림 11-4] Pattison의 죽음의 과정

　　Kübler-Ross의 죽음의 단계가 모든 사람에게 고정되거나 같은 순서로 나타나지 않는 것처럼 Pattison의 죽음의 과정도 모든 사람에게 적용되는 단 하나의 과정이라고 할 수 없다. 사람들은 각 단계에서 서로 다른 시간에 머물러 있으며, 갑작스러운 죽음을 맞이하는 사람은 이러한 과정을 거의 겪지 못하며, 때로는 수년에 걸쳐 죽음에 대한 준비를 하게 되는 경우도 있다.

🌱 죽음에 임박한 사람의 심리적 특성 변화

　　Lieberman(1965), Lieberman과 Coplan(1970)은 미국 양로원의 25명의 노인 자원 피험자를 대상으로 Bender-Gestalt 검사와 사람그림검사(draw a person test: DAP)를 3~4주에 한 번씩 2년 6개월 동안 일정 기간마다 실시하여 죽음에 임박한 사람들의 심리적 특성 변화를 연구하였다.

　　연구가 끝난 후 3개월 이내에 사망한 노인(사망 임박 집단 8명)과 일 년 이후까지 여전히 생존하고 있는 노인(사망 지연 집단 17명) 간 반응점수를 비교한 결과, Bender-Gestalt 검사에서는 사망 임박 집단일수록 그림의 크기가 작고 정확성이 떨어졌으며 도형 복사 재생은 비조직적으로 하였다. 사람그림검사에서도 사망 임박 집단일수록 사람의 얼굴을 복잡하고 상세하게 그리지 못하였다.

　　죽음에 임박한 사람은 기억력, 추리력, 감수성, 적극성 등 심리적 능력 및 특성이 급격히 떨어졌으며, 이는 Kleemeier의 최종 급강하 가설을 뒷받침한다.

3) 사별로 인한 유족의 슬픔

　　사랑하는 사람의 죽음은 현실에 남게 되는 사람들에게 큰 고통을 안겨 준다. 죽어 가는 사람이 죽음을 받아들이는 데 다양한 반응을 보이는 것처럼, 주변 사람의 죽음을 인정하는 데에도 과정이 있다. 비탄이란 상실로 인해 수반되는 정서적 반응으로 충격, 분노, 좌절, 외로움, 무력감, 공허감 등 다양하게 나타난다. 애도(mourning)는 사회·문화적, 종교적 관습에 의해 사별의 슬픔을 표현하는 것을 의미한다. 애도는 상실한 대상을 자신의 마음으로부터 떠나보내고 슬픔을 이겨 내며, 상실한 대상 없이 살아갈 수 있도록 극복하는 과정을 도와준다.

(1) 비탄의 과정

비탄은 자신의 고통을 줄이기 위해 현실과 자신의 감정에 직면하고 대처하는 것들을 포함하는 과정이다. Bowlby(1961, 1980)와 Parkes(1972), Parkes와 Weiss (1983)는 비탄의 과정을 4개의 단계, 즉 충격, 그리움, 혼란 및 절망, 회복으로 나누어 설명하고 있다. 4개의 비탄의 과정은 배우자, 자녀, 부모 등 깊은 애착을 형성했던 사람을 상실했을 때 나타난다. 비탄의 과정은 단계라기보다는 일련의 과제들로 이해될 수 있으며, 개인차에 따라 과제를 경험하는 정도는 다르다. 그들의 이론을 바탕으로 만들어진 Kübler-Ross의 죽음의 단계 이론은 비탄의 단계로도 알려져 있으며, 호스피스 교육과 보호자 교육, 상담에서 지침으로 널리 사용된다. 비탄으로부터 회복하는 것을 돕기 위해서는 너무 서둘러 회복하도록 조언하기보다 함께 있어 주고 그들의 이야기를 들어 주는 것이 좋다.

① 충격(numbness)

사망 소식을 접하게 되면 살아 있는 생존자들은 당황, 혼동, 멍한 상태가 되거나 사망 사실을 부정하게 된다. 숨이 가쁘거나 가슴이 답답하고 식욕 상실 등의 신체적 증상도 나타날 수 있다. 상실에 대한 자각과 함께 생존 시에 고인에게 더 잘해 주지 못한 것에 대한 죄의식, 죄책감, 분노를 느낀다. 초기의 무기력한 반응은 극도의 슬픔과 자주 우는 것으로 나타나며 이러한 감정을 억제하기보다는 솔직하게 표현하도록 돕는 것이 좋다. 갑작스럽거나 예견되지 않은 죽음일 경우 이 과정이 몇 주간 지속될 수 있다.

② 그리움(yearning)

두 번째는 망자를 그리워하고 찾는 상태로, 대부분 상실 바로 이전에 망자와의 일들을 먼저 그리워하게 되고 다음에는 더 오래전의 일들을 그리워한다. 마치 어린아이가 엄마와 잠시 떨어졌을 때 강한 애착의 표현으로 엄마를 찾으며 분리 불안을 보이는 것처럼 강한 애착을 가지고 있던 사람과 영원히 분리되면서 나타나는 현상이다. 이 단계에서는 일종의 분노도 표현되는데, 의사가 최선을 다하지 않았다는 등의 원망을 하게 된다. 망자와의 슬픈 추억에 대한 기억은 고통스럽지만, 즐거웠던 추억에 대한 기억은 망자와 살아남은 사람 간의 올바른 관계 회복 및 치유가 이루어지는 데 도움이 될 수 있다. 최소 6개월에서 최대 2년까지 지속되며 때때로 망자가 현재에 있는 것과 같은 느낌에 사로잡힌다. 결혼기념일이나 추모식 등으로 인해 고인에 대한 그리움이 마음에 다시 떠오를지라도 시간이 지남에 따라 이러한 경험들은 감소한다.

③ 혼란 및 절망(disorganization and despair)

더 이상 망자가 돌아올 수 없다는 사실을 깨닫게 되면서 우울한 감정이나 무감동한 상태가 되어 절망적인 상태가 된다. 매사에 무관심하고 패배감을 느끼기도 한다. Kübler-Ross의 절망의 상태와 유사하며 극심하게 피로함을 느끼기도 한다.

④ 회복(reorganization)

회복 상태에서는 어느 정도 시간이 흐름에 따라 사별을 인정하고 받아들여 자신의 삶에 적응한다. Kübler-Ross의 수용 단계와 유사하다. 다시 일상생활을 하고 새로운 관계를 찾게 되는 회복은 사별 후 1년 이내에 나타난다. 고인의 유품을 정리하고, 평온한 감정으로 고인을 회고하게 된다.

상실에 대한 적응은 살아 있는 사람들의 개별적인 상황과 고인과의 관계, 성별, 나이와 같은 개인적인 특성 등 다양한 요소가 작용한다. Wortman과 Silver(1989)는 비탄의 유형을 세 가지로 구분했는데, 보편적으로 기대되는 유형(commonly expected pattern)은 정신적 고통이 높은 것에서 점차 낮아지는 유형이다. 비탄이 없는 유형(absent grief pattern)은 사별 직후에 오랜 시간이 지난 후에도 강한 고통을 경험하지 않는 유형이다. 만성적인 비탄 유형(chronic grief pattern)은 오랫동안 고통스러운 상태에 놓여 있는 유형으로, 사랑하는 사람이 실종되거나 죽은 것으로 추측되는 경우에 이를 받아들이기 어렵고 심리적 고통이 가장 심할 것으로 여겨진다.

비탄의 과정이 보편적인 것으로 알려져 있지만, 비탄에 대한 경험적 연구들이 이어지면서 비탄의 과정 이론에 대한 비판점도 제시되고 있다. 첫째, 사람들은 충격에서 회복까지의 과정들을 모두 겪지 않는다는 점이다. Maciejewski, Zhang,

Block과 Prigerson(2007)은 사랑하는 사람을 잃은 대부분의 사람이 죽음 직후에 죽음을 수용하고 있으며, 분노나 절망보다는 그리움의 감정만을 더 느낀다고 보고한다. 이는 단계 이론에서 수용이 가장 마지막 단계에 나타난다는 주장과 대비된다. 둘째, 슬픔을 표현하지 않는 것이 슬픔을 이겨 내는 데 더 도움이 될 수 있다. Boerner, Wortman과 Bonanno(2005)는 배우자와의 사별 후 46%의 사람들이 충격, 절망, 분노의 감정을 표현하지 않으며 사별한 이에 대해 생각하거나 이야기하는 데 많은 시간을 보내지 않음을 보고하였다. 이는 사별 후 잘 지내는 것이 정상이 아니라고 생각할 필요가 없음을 나타낸다.

(2) 가족과의 사별

① 배우자의 사별

여성의 평균수명이 남성보다 길기 때문에 남편과 사별한 여성 배우자가 훨씬 더 많다. 배우자와 사별한 경우에는 연령에 따라 다른 반응을 보인다. 젊은이의 경우에는 예상하지 못한 경우가 많기 때문에 상실감이 매우 크고 더 강렬한 비탄을 하지만 1년 반이 지나면 상실감이 쉽게 잊혀진다. 그러나 노인의 경우에는 젊은 사람에 비해 상대적으로 비탄은 적지만 오랜 결혼생활을 통해 얻어진 동반의식에 손상을 받아 상실감이 쉽게 잊히지 않는다. 사별은 면역체계에 손상을 가져오고 두통, 어지러움, 소화불량, 가슴 통증 등의 신체적 증상을 가져오기도 한다.

여성의 경우 배우자에 대한 의존성이 강했던 과거에는 배우자와의 사별 후에 여성이 남성보다 더 많은 건강 문제를 보였으며, 죽음에 대한 불안, 우울증 등을 더 많이 경험한다고 하였다. 하지만 최근에는 여성의 경우 사별 후 가장 큰 어려움은 경제적인 변화이고, 남성은 사회적 고립과 정서적 지지자의 상실인 것으로 나타났다(Pudrovska, Schieman, & Carr, 2006). 여성이 전업주부였던 경우 남편의 사별로 인한 수입이나 연금의 감소는 현실적인 문제가 되며, 맞벌이 부부였다고 하더라도 남편의 수입 감소는 경제적인 측면에서 나타나는 큰 변화다. 한편 배우자와 사별한 남성의 사망률은 인구 1,000명당 13.3%인 것에 비해 배우자와 사별한 여성의 사망률은 3.4%인 것으로 나타났다(김태환, 2016. 7. 31.). 이는 남성이 여성보다 심리적 스트레스를 더 많이 경험하는 것으로 해석된다. 또한 성별에 관계

없이 부부관계가 친밀하고 서로 의존성이 강한 부부일수록 사별 후 더 많은 불안과 그리움을 나타내는 경향이 있어서(Carr et al., 2000), 부부관계의 질과 사회적 관계 등이 비탄의 과정에 중요한 영향을 미치고 있음을 보여 준다.

② 부모, 자녀와의 사별

부모와 자녀 사이는 가장 친밀한 관계이므로 자녀 사별로 인한 비탄은 가장 큰 비탄으로서 말할 수 없는 아픔으로 다가온다. 자녀가 아동일 경우 자녀의 죽음은 사망의 유형 중 최악이며 죄책감을 가지게 되고 비슷한 아픔을 겪는 사람들로부터의 격려가 큰 힘이 된다. 성인 자녀의 죽음 또한 견디기 힘든 일로 부모로서의 정체감 상실, 죄책감, 분노, 불안, 고립 등의 반응이 나타난다. 어린 자녀의 죽음에 대해서는 어머니가 아버지보다 더 심하게 반응하지만(Peppers & Knapp, 1980), 비탄과정에서의 전반적인 적응에서는 성차가 없다(Parkes, 1975). 자녀를 잃은 부모는 몇 년이 지난 후에도 죽은 자녀에 대해 생각하고 큰 고통을 호소한다(Kreicbergs et al., 2004). 자녀가 죽을 것을 알았던 부모는 그렇지 않았던 부모보다 아이의 죽음을 더 잘 수용한다(Binger et al., 1969).

부모와 사별하는 경우에는 아동기, 청년기, 성인기 등 어느 시기에 발생하든지 오랜 기간 지속적인 영향을 미치게 된다. 자녀들은 그들이 받아 온 사랑, 애착, 관심 등의 상실뿐만 아니라 부모와의 관계를 향상할 수 있는 기회도 사라진다는 상실감에 상처받는다. 인지발달에 따른 죽음에 대한 이해는 아동의 사별 반응과 밀접한 관계가 있다(Furman, 1974; Piaget, 1954). 인지발달이 성숙하지 못한 아동은 부모의 죽음이 부모가 자신에게 화가 나서 의도적으로 떠난 것이라고 믿을 수 있는데, 부모가 죽기를 원한 것이 아니며 자녀에게 화가 난 것도 아니라는 것을 확신시키기 위해서는 반복적으로 설명해 주는 것이 필요하다(Christ, Siegel, & Christ, 2002). 그리고 아동에게 사랑하는 사람의 죽음에 대해 정직하게 알려 주고 심리적 충격을 완화시키는 것은 상실에 대한 대처를 돕는다. 청소년은 아동보다 슬픔을 억제하고 정상처럼 보이려 하는 경향이 있는데, 이러한 감정의 억제 때문에 더 우울해질 수 있다. 노부모의 죽음은 사전에 마음의 준비를 하기 때문에 젊은 부모의 죽음보다 덜 고통스럽다.

우리나라의 장례 문화

인간이 죽음을 맞이하게 되면 산 자가 죽은 자의 시신을 처리한다. 장례란 죽음의 문제를 처리하는 하나의 과정으로서 시신을 처리하는 과정만을 뜻한다. 그러나 국가, 문화, 지역, 종교에 따라 죽은 자를 장사하는 방식과 무덤의 형태가 달라 다양한 장례 문화가 나타난다. 장례는 구성적인 측면에서 세 가지 공통점이 있다. 첫째, 죽은 자에 대한 애도와 죽은 자를 이승에서 저승으로 보내는 의례다. 둘째, 유족들이 다시 정상적인 생활을 할 수 있도록 도와준다. 셋째, 죽음에 대한 인식을 통해 산 자가 숙명적인 존재라는 것을 깨닫게 하여 현재의 삶을 더욱 의미 있게 만든다. 장례 문화는 생사관을 중심으로 죽음에 대한 의미를 살펴보고 충격을 극복하려는 종교적 기능과 죽은 자와의 관계 단절로 생겨나는 감정적 · 경제적 문제를 공동체와 유대하여 극복하려는 사회적 · 공동체적 기능, 그리고 현실적이고 실제적으로 시신을 처리하는 기능으로 볼 수 있다. 이러한 세 가지의 요소가 하나의 틀로서 작용하여 장례 문화를 형성하고 의례를 구성하게 된다(윤동철, 1999).

한국의 전통적 장례는 무속적, 불교적, 도교적, 유교적 요소 등 복합적인 성격을 띠었으나 조선시대 이후 유교적 성격이 주를 이루게 되었고, 일제시대와 서구 문화의 영향으로 혼합적인 장례 문화 양상이 나타났다. 고려시대에는 불교적 색채가 강하여 화장이 널리 유행하였고, 조선시대에는 유교를 정치 이념으로 삼고 있었기 때문에 『주자가례』에 의한 매장 중심의 장법이 주를 이루었다. 또한 일제시대에는 1912년 총독부령 제123호 '묘지, 화장장, 매장 및 화장취체 규칙'을 공포하여 500여 년간 유지해 온 화장금지령을 폐지하고 매장보다는 화장을, 일반 개인 묘지보다는 공동묘지를 이용하도록 권장하였다.

한국의 장례 문화는 불교와 유교의 영향을 받아 왔지만, 우리의 전통적인 장례는 최근까지도 『주자가례』에 의한 절차 및 방법들로 행해지고 있다. 운명 후 첫째 날은 시신의 운구와 안치가 주를 이룬다. 이후 병원 측의 장례식장과 장례 일정 및 방법, 빈소의 크기 등 장례에 관한 전반적인 것과 영정 사진, 제단의 장식 유무, 상복의 결정, 장례용품의 선정 등을 상담하고 결정한다. 상복을 입고 정식으로 조문을 받기 시작한다. 시신을 꺼내어 영구차에 싣고 장지 또는 화장터로 떠나는 발인 및 운구가 진행된다. 한국의 매장 위주 장례 방식은 조선시대

의 유교 문화를 통해 형성된 것이다. 유교 생사관 혹은 내세관에 따라 우리 사회에서 화장보다 매장이 일반화된 이유는 효 사상 및 조상 숭배 사상이 가족의 핵심적인 가치로 내면화되어 왔기 때문이다.

그러나 최근에는 장례 방식이 매장 문화에서 화장 문화로 빠르게 변화하고 있다(보건복지부 보건사회연구원, 2011; 한국보건사회연구원, 2013). 2017년 1년 동안 발생한 사망자 285,535명 중 화장한 경우는 전체의 84.6%로, 매장한 경우인 15.4% 보다 월등히 높은 것으로 나타났다(김혁우, 2019).

3. 죽음의 주요 쟁점

1) 안락사

안락사(euthanasia)는 죽음에 임박한 환자의 극심한 고통을 제거하기 위하여 환자의 생명을 단절하는 행위를 말한다. 안락사는 인공호흡기 등의 연명치료를 중단하여 환자가 자연스럽게 죽음을 맞도록 하는 소극적 안락사와 독극물을 주입하는 등의 인위적인 방법으로 죽음을 맞게 하는 적극적 안락사로 나뉜다.

안락사는 인간 생명의 존엄성과 직결되므로 도덕적 · 종교적 · 법률적 측면에서 수많은 논쟁을 낳아 왔다. 특히 적극적 안락사는 살인죄 논쟁을 야기한다. 안락사를 반대하는 사람들은 안락사를 합법화할 경우 범죄에 악용될 가능성이 있고, 이미 만연된 생명 경시 풍조를 부채질하게 될 것임을 우려한다. 무엇보다도 인간의 생명을 인위적으로 결정한다는 것은 자연의 섭리와 신의 뜻을 거스르는 행위라고 본다. 반면 안락사를 지지하는 사람들은 인간답게 죽을 권리를 강조한다. 죽어 가는 환자에게 생명의 존엄성을 운운하며 극심한 육체적 · 정신적 · 경제적 고통을 참으라고 강요할 수 없다는 것이다.

안락사 논쟁은 1975년 미국의 'Karen Ann Quinlan 사건'에서 시작되었다. 식물인간 상태에서 인공호흡기로 연명하고 있는 Karen을 보고 그녀의 아버지는 딸에게 자연스러운 죽음을 맞이할 기회를 주고 싶다며 치료 중단을 요구하였으나 의사는 이를 거부하였다. 이에 Karen의 아버지는 딸의 후견인으로서 생명 연장 장치를 뗄 권한을 달라는 소송을 제기하였고 결국 승소하였다. 한편, 적극적인 안락사를 주장하는 '죽음의 의사' Kevorkian 박사에게 미국 법원은 1999년 2급 살인죄의 중형을 선고하였다. Kevorkian 박사는 1980년대부터 죽을 권리를 주장하여 화제가 되었고, 9년 동안 불치병 환자 130여 명을 안락사 시킨 것으로 밝혀졌다. 1998년에는 루게릭병을 앓고 있던 환자에게 치사량의 독극물을 주입하여 안락사 시키면서 전 과정을 비디오로 녹화한 뒤 미국 CBS 방송에 공개하여 미국 내에 사회적 반향을 일으켰다. 오늘날에 와서는 많은 국가가 소극적 안락사를 인정하는 추세이며, 일부 국가에서는 적극적 안락사 또한 법적으로 허용하고 있다. 네덜란드는 안락사를 '환자의 분명한 요구에 따라 환자의 삶을 끝내고자 하는 명백한 의도를 가진 독극물의 투여'라고 정의하고, 1984년에 관련 법을 제정하여 안락사를 관례적으로 시행하고 있다. 스위스, 벨기에, 룩셈부르크 등의 유럽 국가들과 미국 오리건주, 워싱턴주 등에서도 안락사를 법적으로 허용하고 있다.

우리나라의 안락사 논쟁은 1997년으로 거슬러 올라간다. 아내의 요구로 환자의 인공호흡기를 제거하고 퇴원시킨 의사를 살인방조죄로 처벌한 보라매병원 사건 등과 같이 1990년대 말 안락사에 대한 우리나라 국민의 인식은 부정적이었다. 그러다 2009년 대법원이 무의미한 연명치료 장치 제거를 인정하는 판결을 내린 '김 할머니 사건' 이후 존엄사의 허용 여부에 대해 뜨거운 논쟁이 있었고, 이를 계기로 2016년 「연명의료결정법」이 제정되어 2018년부터 소극적 안락사가 허용되기 시작하였다.

Kevorkian 박사

2008년 당시 76세였던 김 할머니는 폐암 조직검사를 받던 중에 의식을 잃고 소위 '식물인간'이 되어 인공호흡기와 같은 생명 연장 장치에 의존하여 연명하게 되었다. 이에 할머니의 자녀들은 평소 할머니의 뜻을 전하며 인공호흡기를 제거해 달라고 요구하였지만 병원에서는 이를 받아들이지 않았고 결국 소송에까지 이르게 되었다. 그 결과 대법원은 질병의 호전을 포기한 상태에서 현 상태만을 유지하기 위하여 이루어지는 연명치료는 무의미한 신체침해 행위로서 오히려 인간의 존엄과 가치를 해하는 것이며, 회복 불가능한 사망의 단계에 이른 환자가 인간으로서의 존엄과 가치 및 행복추구권에 기초하여 자기결정권을 행사하는 것으로 인정되는 경우에는 연명치료 중단을 허용할 수 있다는 판결을 내렸다. 이 판례는 사실상 존엄사를 인정한 첫 판례라는 의의를 가진다.

'김 할머니 사건' 이후, 무의미한 연명치료에 대한 사회적 공감대가 크게 형성되면서 2013년 대통령 소속 국가생명윤리심의위원회가 특별위원회를 구성하여 연명의료중단에 대한 구체적인 방법과 절차를 논의하였고, 그에 따라 연명치료에 관한 특별법 제정의 필요성을 권고하였다. 이에 2016년 2월에 「호스피스 · 완화의료 및 임종단계에 있는 환자의 연명의료결정에 관한 법률」(약칭 연명의료결정법)이 제정되었고, 이 법에 따라 연명의료결정제도가 2018년 2월부터 시행되었다. 여기서 '연명의료'란 '임종과정에 있는 환자', 즉 회생가능성이 없고 치료에도 불구하고 회복되지 않으며 급속도로 증상이 악화되어 담당 의사와 전문의 1인으로부터 사망에 임박한 상태에 있다고 판단을 받은 환자에게 하는 의료 활동으로, 치료 효과는 없고 임종과정의 기간만 연장하게 되는 치료를 말한다. 구체적인 연명의료에는 심폐소생술, 혈액투석, 항암제 투여, 인공호흡기 착용, 혈압상승제 투여, 수혈, 체외생명유지술 또는 '그 밖에 담당의사가 환자의 최선의 이익을 보장하기 위해 시행하지 않거나 중단할 필요가 있다고 의학적으로 판단하는 시술'을 포함한다.

연명의료결정제도는 사전연명의료의향서와 연명의료계획서를 통해 연명의료에 관한 본인의 의사를 남겨 놓음으로써 의학적으로도 무의미하고 환자도 원치 않는 연명의료는 시행하지 않을 수 있도록 하고, 환자에 대한 연명의료 시행 여부를 결정할 책임이 가족에게 떠넘겨지지 않도록 보호하는 제도적 장치이다. 사전연명의료의향서는 19세 이상의 성인이 향후 임종과정에 있는 환자가 되었을 때를 대비하여 자신이 중단 또는 유보하고자 하는 연명의료 및 호스피스에 관한 의향을 작성하는 문서다. 이 문서는 보건복지부가 지정한 사전연명의료의향서 등록기관을 찾아가 충분한 설명을 듣고 작성해야 법적으로 유효한 서식이 된다.

연명의료계획서는 의료기관윤리위원회가 설치되어 있는 의료기관에서 담당의사 및 전문의 1인에 의해 말기환자나 임종과정에 있는 환자로 진단 또는 판단을 받은 환자가 자신의 연명의료결정 및 호스피스에 관한 사항을 담당의사와 함께 계획하여 문서로 작성하는 서식이다. 즉, 환자는 담당의사로부터 본인의 의학적 상태와 연명의료 등에 관한 충분한 설명을 듣고 이해한 후, 서면으로 연명의료계획을 남길 수 있다. 연명의료계획서를 작성한 환자가 임종과정에 진입하면 담

표 11-1	사전연명의료의향서와 연명의료계획서	
	사전연명의료의향서	연명의료계획서
대상	19세 이상의 성인	말기환자 또는 임종과정에 있는 환자
작성	본인이 직접	환자의 요청에 의해 담당의사가 작성
설명의무	상담사	담당의사
등록	보건복지부 지정 사전연명의료의향서 등록 기관	의료기관윤리위원회를 등록한 의료기관

당의사는 연명의료계획서에 따라 해당 연명의료를 이행하지 않거나, 환자가 이미 제공받고 있는 시술을 중단할 수 있다. 이미 사전연명의료의향서나 연명의료계획서를 작성하였더라도 본인은 언제든지 그 의사를 변경하거나 철회할 수 있다. 특히 담당의사와 연명의료계획서를 쓰는 순간 기존에 작성된 사전연명의료의향서는 효력이 없어진다.

사전연명의료의향서나 연명의료계획서로 연명의료를 받지 않겠다는 의사를 밝혔다 하더라도, 실제로 연명치료를 받지 않으려면 다음의 절차를 걸쳐야 한다. 우선, 의료기관윤리위원회가 설치된 의료기관에서 담당의사와 전문의 1인에 의해 회생의 가능성이 없고, 치료에도 불구하고 회복되지 않으며, 급속도로 증상이 악화되어 사망에 임박한 상태에 있는 환자라는 판단을 받아야 한다. 그다음으로, 환자 또는 환자가족이 환자에 대한 연명치료를 원치 않는다는 의사를 표시하고 담당의사(환자가 의사표현을 할 수 있는 의학적 상태인 경우) 또는 담당의사 및 전문의 1인(환자가 의사표현을 할 수 없는 의학적 상태인 경우)의 확인이 있어야 한다. 위의 두 요건이 동시에 갖추어지면 비로소 연명치료를 시행하지 않을 수 있다. 즉, 연명의료결정은 환자가 회복 불가능한 사망의 단계에 이르렀다는 의학적 판단을 전제로 한다. 그리고 환자 스스로의 결정이라고 해서 반드시 존중되어야 한다는 것은 아니라는 점에서 존엄사와 구별된다.

사전연명의료의향서나 연명의료계획서가 모두 없고 환자가 의사표현을 하는 것이 불가능한 상태라면, 평소 연명의료에 관한 환자의 의향을 환자가족 2인 이상이 동일하게 진술하고 그 내용을 담당의사와 해당 분야 전문가가 함께 확인하면 된다. 만약 이 모든 것이 불가능하면, 환자가족 전원이 합의하여 환자를 위한 결

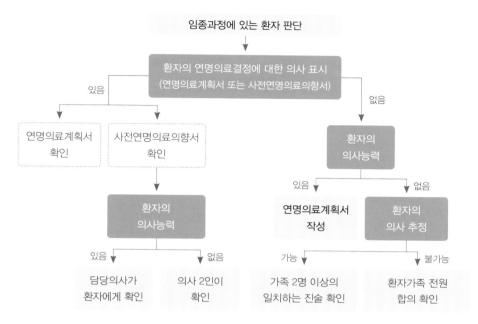

[그림 11-5] 연명의료 유보 및 중단 절차도
출처: 국립연명의료관리기관 홈페이지.

정을 할 수 있고 이를 담당의사와 해당 분야 전문가가 함께 확인해야 한다. [그림 11-5]는 연명의료 유보 및 중단 절차도다.

　우리나라도 이제 안락사에 대한 인식이 많이 바뀌었다. Young Ho Yun, Jin-Ah Sim, Yeani Choi와 Hyejeong Yoon(2022)이 2021년에 실시한 안락사 혹은 의사 조력 자살(euthanasia or physician-assisted suicide: EAS) 합법화에 대한 태도 조사에 따르면, 조사에 응한 19세 이상 대한민국 성인 1,000명 중 76.4%가 안락사 혹은 의사 조력 자살 합법화에 찬성하였다. 찬성하는 이유로는 남은 삶의 무의미함(30.8%), 좋은(존엄한) 죽음에 대한 권리(26%), 고통 완화(20.6%), 가족의 고통과 부담(14.8%), 의료비 및 돌봄으로 인한 사회적 부담(4.6%), 인권침해 위배 아님(3.1%), 자기결정의 중요성(0.1%) 순으로 나타났다. 반대하는 이유로는 생명에 대한 존중(44.3%), 자기결정권 침해(15.6%), 악용 또는 남용의 위험(13.1%), 인권침해(12.2%), 오진의 위험성(9.7%), 회복가능성(5.1%)을 들었다. 의학기술의 눈부신 발전은 인류의 수명을 연장해 주었지만, 병고에 시달리는 기간 또한 연장시켰다. 이러한 때 우리는 어떠한 죽음을 준비해야 할지 미리 충분히 생각해 보아야 할 것이다.

■ 호스피스 · 완화의료 및 임종과정에 있는 환자의 연명의료결정에 관한 법률 시행규칙 [별지 제1호 서식]

(앞쪽)

연명의료계획서

※ 색상이 어두운 부분은 작성하지 않으며, [ ]에는 해당되는 곳에 ✓표를 합니다.

등록번호		※ 등록번호는 의료기관에서 부여합니다.

환자	성명		주민등록번호
	주소		
	전화번호		
	환자 상태 [ ] 말기환자		[ ] 임종과정에 있는 환자

담당의사	성명	면허번호
	소속 의료기관	

호스피스 이용	[ ] 이용 의향이 있음	[ ] 이용 의향이 없음

담당의사 설명 사항 확인	설명 사항	[ ] 환자의 질병 상태와 치료방법에 관한 사항 [ ] 연명의료의 시행방법 및 연명의료중단 등 결정에 관한 사항 [ ] 호스피스의 선택 및 이용에 관한 사항 [ ] 연명의료계획서의 작성 · 등록 및 보관 및 통보에 관한 사항 [ ] 연명의료계획서의 변경 · 철회 및 그에 따른 조치에 관한 사항 [ ] 의료기관윤리위원회의 이용에 관한 사항
	확인 방법	위의 사항을 설명 받고 이해했음을 확인하며, 임종과정에 있다는 의학적 판단을 받은 경우 연명의료를 시행하지 않거나 중단하는 것에 동의합니다. [ ] 서명 또는 기명날인 년 월 일 성명 (서명 또는 인) [ ] 녹화 [ ] 녹취 ※ 법정대리인 년 월 일 성명 (서명 또는 인) (환자가 미성년자인 경우에만 해당합니다)

환자 사망 전 열람허용 여부	[ ] 열람 가능 [ ] 열람 거부 [ ] 그 밖의 의견

「호스피스 · 완화의료 및 임종과정에 있는 환자의 연명의료결정에 관한 법률」 제10조 및 같은 법 시행규칙 제3조에 따라 위와 같이 연명의료계획서를 작성합니다.

년   월   일

담당의사   (서명 또는 인)

■ 호스피스 · 완화의료 및 임종과정에 있는 환자의 연명의료결정에 관한 법률 시행규칙 [별지 제6호 서식]

사전연명의료의향서

(앞쪽)

※ 색상이 어두운 부분은 작성하지 않으며, [ ]에는 해당되는 곳에 ✓표를 합니다.

등록번호		※ 등록번호는 의료기관에서 부여합니다.

작성자	성명	주민등록번호
	주소	
	전화번호	

호스피스 이용	[ ] 이용 의향이 있음	[ ] 이용 의향이 없음

사전연명의료 의향서 등록기관의 설명사항 확인	설명사항	[ ] 연명의료의 시행방법 및 연명의료중단 등 결정에 대한 사항
		[ ] 호스피스의 선택 및 이용에 관한 사항
		[ ] 사전연명의료의향서의 효력 및 효력 상실에 관한 사항
		[ ] 사전연명의료의향서의 작성 · 등록 · 보관 및 통보에 관한 사항
		[ ] 사전연명의료의향서의 변경 · 철회 및 그에 따른 조치에 관한 사항
		[ ] 등록기관의 폐업 · 휴업 및 지정 취소에 따른 기록의 이관에 관한 사항
	확인	위의 사항을 설명 받고 이해했음을 확인합니다. 년 월 일 성명 (서명 또는 인)

환자 사망 전 열람허용 여부	[ ] 열람 가능 [ ] 열람 거부 [ ] 그 밖의 의견

사전연명의료 의향서 등록기관 및 상담자	기관 명칭	소재지
	상담자 성명	전화번호

본인은 「호스피스 · 완화의료 및 임종과정에 있는 환자의 연명의료결정에 관한 법률」 제12조 및 같은 법 시행규칙 제8조에 따라 위와 같은 내용을 직접 작성했으며, 임종과정에 있다는 의학적 판단을 받은 경우 연명의료를 시행하지 않거나 중단하는 것에 동의합니다.

작성일   년   월   일
작성자   (서명 또는 인)

등록일   년   월   일
등록자   (서명 또는 인)

■ 호스피스·완화의료 및 임종과정에 있는 환자의 연명의료결정에 관한 법률 [별지 제13호 서식]

연명의료중단 등 결정 이행서

※ [   ]에는 해당되는 곳에 ✓표시를 합니다.

환자	성명		주민등록번호	
담당의사	성명		면허번호	
	소속 의료기관			
의료기관	의료기관 명칭		요양기관기호	
	소재지		전화번호	
이행일	년 월 일			
이행 내용	[ ] 심폐소생술　　　[ ] 인공호흡기 착용　　[ ] 혈액투석　　　　[ ] 항암제 투여 [ ] 체외생명유지술　[ ] 수혈　　　　　　[ ] 혈압상승제 투여 [ ] 그 밖의 연명의료(　　　　　　　　　)			
환자의 의사 확인방법	[ ] 별지 제1호 서식의 연명의료계획서(법 제17조 제1항 제1호) [ ] 별지 제10호 서식의 연명의료중단 등 결정에 대한 환자의사 확인서(사전연명의료의향서) 　　　(법 제17조 제1항 제2호) [ ] 별지 제11호 서식의 연명의료중단 등 결정에 대한 환자의사 확인서(환자가족 진술) 　　　(법 제17조 제1항 제3호) [ ] 별지 제12호 서식의 연명의료중단 등 결정에 대한 친권자 및 환자가족 의사 확인서 　　　(법 제18조)			

「호스피스·완화의료 및 임종과정에 있는 환자의 연명의료결정에 관한 법률」 제19조 및 같은 법 시행규칙 제15조에 따라 위와 같이 연명의료중단 등 결정 이행 과정 및 결과를 기록합니다.

년   월   일

담당의사   (서명 또는 인)

2) 호스피스 제도

국내 병원 시스템 중에서 가장 발달되어 있는 곳이 영안실이다. 반대로 호스피스 병동이나 임종실을 갖춘 병원은 손에 꼽을 정도다. 즉, 죽기 전의 절차보다 죽은 후의 절차가 더 중요한 것이 우리나라의 현실이다. 호스피스 병동이나 임종실이 없으니 환자들은 일반 병실이나 중환자실에서 임종을 맞게 된다. 환자에게 응급 상황이 생기면 담당의사가 달려와서 심폐소생술을 하고 심장제세동기를 사용하며 몇 시간 동안 사투를 벌인다. 그러나 결국 환자는 임종을 맞이한다. 그러는 동안 옆 침대에 있는 환자나 보호자들은 웅성대며 복도를 서성거린다. 이것이 우리나라 사람들이 맞이하는 일반적인 임종의 모습이다. 한편 죽은 이후에 상주가 문상객을 맞는 영안실은 병원마다 큰 공간을 차지하며 수많은 조문객과 화환으로 화려하게 성업 중이다.

이제는 임종의 질을 논의해야 할 때다. 임종은 기계와의 사투 끝에 맞이하는 과정이 아니라 세상 사람들과 마지막 시간을 보내는 과정이어야 한다. 호스피스는 말기 환자와 임종자의 비인간적인 대우에 대한 반응과 고도로 발전한 현대 과학기술로 인한 비인간화 내지는 비인격화 현상에 대한 반응으로 시작된 인간성 회복 운동이다(서혜경, 2009). 1978년 미국호스피스협회(National Hospice Association)에서 제시한 호스피스에 대한 정의는 다음과 같다.

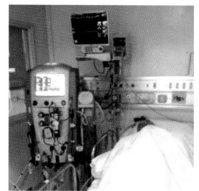

중환자실에서 각종 기계에 연결되어 죽음과 싸우는 환자

임종은 자연스러운 삶의 한 과정으로 모든 사람은 자신의 임종에 참여할 권리가 있다. 호스피스는 임종 환자를 위한 것으로 기존 의료체계보다 나은 대안이며, 의료 지식을 포함한 모든 필요 전문 지식을 동원하여 임종 환자의 삶의 질을 높게 하여 환자로 하여금 죽음을 부정하게 하는 것이 아니라 임종 시까지의 삶을 확인시키는 과정이다. 호스피스는 독립된 전문기관에서 간호사가 중심이 된 종합의료 팀이 임종 환자 및 그 가족을 위해 지속적인 가정간호와 입원간호를 제공하는 의료 프로그램이다. 호스피스는 하루 24시간 중 어느 때라도 제공되어야 하며 환자의 진료 및 교육을 위해 모든 사항에 대한 기록을 유지한다.

즉, 말기 질환을 앓는 환자들에 대한 전통적인 치료방법이 죽음을 부정하고 치료를 적극적으로 하여 삶의 연장을 강조하는 것이라면, 호스피스는 죽음을 삶의 순환과정으로 보고 삶을 단축하거나 연장시키지 않고 삶의 질 향상을 강조한다. 따라서 호스피스는 적극적인 통증 완화 의료를 시행한다. 또한 임종을 앞둔 환자에 대해 의료진의 주의가 줄어들고 가족의 방문 시간이나 방문 대상이 제한되었던 전통적인 치료방법과 달리, 호스피스는 임종 환자에게 더 많은 시간을 할애하고 가족 방문 시간에 제한을 두지 않으며 아이들의 방문도 허락한다. 그리고 죽음 이후 가족과의 모든 접촉이 끝나는 전통적인 치료방법과 달리, 호스피스는 죽음 이후에도 가족들을 위한 사별관리 프로그램을 제공한다.

대부분의 국가에서 호스피스 제도를 본격적으로 시작한 지는 그다지 오래되지는 않았으나, 호스피스의 태동국이라고 할 수 있는 영국과 호스피스 제도가 가장 잘 갖추어진 나라라고 할 수 있는 호주를 비롯하여 미국, 일본, 캐나다 등의 많은 국가에서 호스피스가 제도화되어 활발히 시행되고 있다. 우리나라에서는 1965년 호주에서 온 수녀들이 강릉에서 가정 호스피스를 시작한 '갈바리의원'이 최초의 호스피스다. 그 이후 여러 간호대학에서 호스피스 교육을 실시하기 시작하였으며, 1988년에는 강남성모병원이 한국 최초로 14병상의 호스피스 병동을 설립하였고 세브란스병원은 가정방문 호스피스 간호를 제공하여 본격적으로 호스피스 운동을 전개하고 있다.

그러나 호스피스 기관이 턱없이 부족하다. 2022년 국내 호스피스 서비스는 입원형 호스피스 기관 88개소에 1,501개 병상, 요양병원 호스피스 기관 7개소에 84개 병상, 가정형 호스피스 기관 37개소, 자문형 호스피스 기관 37개소, 시범사업 시행 중인 소아청소년 완화의료 기관 10개소에서 제공되고 있다(국립암센터 중앙호스피스센터 홈페이지, 2022). 우리나라의 암 사망자 수가 연간 8만 2,000여 명임을 감안해 볼 때 현재의 기관으로는 턱없이 부족한 실정이다. 또한 병원 내 호스피스 병동은 기존 일반병동을 활용하고 있으므로 호스피스의 목적을 충분히 달성하기 어렵다. 그리고 호스피스 프로그램이 표준화되어 있지 않아 각 기관의 상황이나 형편에 따라 자의적으로 진행되고 있어 서비스 내용 및 평가에서 큰 차이를 보이고 있는 것도 문제다. 호스피스에 대한 올바른 지식과 정보가 대중에게 잘 알려져 있지 않다는 것도 우리가 당면한 문제들이다.

다행스럽게도 2018년부터 시행되고 있는 「호스피스·완화의료 및 임종과정에 있는 환자의 연명의료결정에 관한 법」, 일명 「연명의료결정법」에 의해서 입원 중심이었던 호스피스는 입원형, 가정형, 자문형으로 다양화되었다. 여기서 가정형 호스피스란 가정에서 지내기를 원하는 말기 환자와 가족 대상으로 전문기관의 호스피스 팀이 가정으로 방문하여 호스피스·완화의료 서비스(심리적/사회적/영적 지지, 임종 준비교육 및 돌봄 지원, 환자 및 돌봄 제공자 교육, 주·야간 상담 전화 등)를 제공하는 것을 말하며, 자문형 호스피스는 일반 병동과 외래 진료를 받는 말기 환자와 가족 대상으로 호스피스 팀이 담당의사와 함께 호스피스·완화의료 서비스[신체증상 관리자문, 심리적/사회적/영적 지지, 임종 준비 교육 및 돌봄 지원, 생애말기 돌봄 계획 및 상담 지원, 호스피스 입원 연계(말기 암인 경우) 등]를 제공하는 것을 말한다(국립암센터 중앙호스피스센터 홈페이지, 2022).

　그동안 사람들의 관심은 웰빙(well-being)에 쏠려 있을 뿐 웰다잉(well-dying)이나 웰엔딩(well-ending)에 눈길을 주는 데는 많이 인색하였다. 하지만 세상은 이제 웰빙만큼이나 웰다잉을 고민하고 있다. 이제 스스로 죽음을 받아들이고 사랑하는 사람들과 생의 마지막을 준비할 수 있는 시간을 갖도록 인식의 변화, 제도적 변화가 필요하다. 앞으로 환자가 품위 있게 죽을 수 있도록 도와주는 호스피스 제도가 활성화되고 존엄사에 대한 광범위한 사회적 공감대를 형성해 나가야 할 것이다.

3) 장기 기증

　의료기술이 발전함에 따라 다른 사람의 장기를 환자에게 이식할 수 있게 되었다. 이로 인해 꺼져 가는 생명을 다시 살릴 수 있게 되었지만 장기 매매, 뇌사자의 장기 이식 등 예전에 없었던 논란을 불러일으켰다. 우리나라는 장기 기증이 악용될 가능성을 배제하기 위하여 장기 기증·이식 관련 법령을 제정하고 보건복지부 소속기관인 국립장기조직혈액관리원을 설립하여 국가가 관리하고 있다. 대표적인 법률로서 1999년에 제정된 「장기등 이식에 관한 법률」은 뇌사판정의 기준, 장기등의 적출 요건, 이식 대상자 선정 등을 정하고 있다.

　장기 기증이란 다른 사람의 장기 기능 회복을 위하여 대가 없이 자신의 장기를 제공하는 것을 말한다. 뇌사 판정을 받은 환자가 기증할 수 있는 장기는 심장, 간장, 신장, 안구(각막), 췌장, 폐, 췌도, 소장이다. 뇌사자의 장기 기증은 본인이 뇌사 또는 사망 전에 장기등의 적출에 동의하였거나 그 가족 또는 유족이 동의한 경우에 가능하다. 하지만 본인의 동의가 있었다 하더라도 그 가족 또는 유족이 장기등의 적출을 명시적으로 거부하는 경우에는 이를 적출할 수 없다. 생존 시 기증, 즉 살아 있는 기증자로부터 적출할 수 있는 장기는 신장 2개 중 1개, 간장, 말초혈, 골수, 폐로, 췌장이나 췌도, 소장은 의학적으로 인정되는 범위 안에서 그 일부를 기증할 수 있다. 사후 기증은 안구(각막)와 조직(뼈, 피부, 연골, 심장판막)이다. 안구(각막) 기증의 경우 5~80세의 건강했던 사람으로 간염, AIDS, 백혈병, B형 및 C형 간염 등의 질병과 전염성 질환이 없어야 한다. 근시, 원시, 난시, 색맹은 기증에 영향을 주지 않는다. 사후 기증은 사망 후 15시간(안치 시 24시간) 이내에 조직이 채취되어야 하며, 안구(각막)는 사망한 후 6시간 이내에 적출되어야 한다. 조직이 채취된 후에는 시신을 원상 복구하여 가족에게 돌려주며, 장례 절차 등은 유족의 의사에 따른다.

우리나라에서 장기와 인체조직, 그리고 조혈모 기증을 희망하는 건수는 2000년 5,408건에서 2021년 175,889건으로 크게 증가하였으나 20년간 등락을 거듭하고 있으며 이를 누적할 경우 2021년 장기, 인체조직, 조혈모 기증 희망 건수는 2,590,226건에 이른다(보건복지부 질병관리본부 장기이식관리센터, 2016; 보건복지부 국립장기조직혈액관리원, 2022). 그러나 〈표 11-2〉와 같이 2021년 장기 이식 대기자가 48,459명인 것에 비해 뇌사 기증자를 포함하여 실제로 장기를 기증한 사람

표 11-2 2021년도 장기등 이식 대기자 및 장기등 기증·이식 현황(단위: 명, 건)

| 구분 | 명 | 이식 건수 | | | | | | | 조혈모 | | 안구 |
		신장	간장	췌장	심장	폐	췌도	소장	골수	말초혈	
장기 이식 대기자	48,459	31,055	6,388	1,588	943	425	27	20	–	5,929	2,084
뇌사 기증	442	747	357	37	168	167	–	1	–	–	301
사후 기증	42	–	–	–	–	–	–	–	–	–	69
생존 기증	3,994	1,480	1,158	–	–	–	–	–	12	1,344	–

출처: 보건복지부 국립장기조직혈액관리원(2022).

은 4,478명에 불과하였다(보건복지부 국립장기조직혈액관리원, 2022). 이와 같이 장기 기증이 적은 이유는 유교 문화의 영향 때문으로 보인다. 즉, '신체발부 수지부모(身體髮膚 受之父母)'와 같이 부모님께 받은 몸을 상하지 않도록 하는 것이 효(孝)라고 생각하는 경향이 여전히 크기 때문이다.

가족 간의 생존 기증은 활발하게 이루어지고 있다. 2021년 생존 시 전체 기증자 2,638명 중 친족인 경우가 2,591명으로 대다수를 차지하였으며, 그 외 교환 이식이나 타인 지정을 제외한 순수 기증은 1명으로 나타났다. 특히 자식이 부모님께 장기 이식을 하는 비율이 가장 높았으며, 그다음으로는 배우자, 형제자매 순으로 높았다(보건복지부 국립장기조직혈액관리원, 2022). 이는 우리나라의 가족 중심적인 문화에 기인한 것으로 해석된다.

사후 기증이나 생존 기증에 비하여 뇌사 기증의 경우 이식될 수 있는 장기의 범위가 더 넓기 때문에 여러 사람의 생명을 살릴 수 있다. 따라서 뇌사자의 장기 기증을 활성화할 수 있는 방안이 모색될 필요가 있다. 또한 장기 기증에 대한 문화적 재고가 필요하다. 장기 기증은 신체의 훼손이 아니라 생명이 다한 몸으로 또 다른 귀한 생명을 구할 수 있는 참으로 소중한 일이며, 의미 있는 나눔의 실천임을 인식할 필요가 있다. 그리고 인간의 귀한 몸을 사용하는 것이므로 모든 과정이 엄숙하고 투명하게 운영되어야 할 것이며, 누구에게나 공평하게 그 혜택이 돌아가야 할 것이다.

■ 장기등 이식에 관한 법률 시행규칙 [별지 제6호 서식] 〈개정 2019. 9. 27.〉

장기등 및 조직 기증희망자 등록신청서

※ 색상이 어두운 란은 신청인이 작성하지 않으며, [   ]에는 해당되는 곳에 ✓표를 합니다.

접수번호		접수일자		처리기간 즉시

신청인	성명		주민등록번호	
	전화번호		전자우편주소	
	주소			
	정보수신 여부	[ ] 전자우편 [ ] 휴대전화, 문자메시지 [ ] 우편물		

신청 내용	기증 형태 (중복 선택 가능)	[ ] 장기등(신장, 간장, 췌장, 췌도, 심장, 폐, 소장, 안구, 손, 팔 등) 기증 [ ] 조직(뼈, 연골, 근막, 피부, 양막, 인대, 힘줄, 심장판막, 혈관 등) 기증 [ ] 안구(각막) 기증		
	기증희망자 표시 여부	운전면허증에 기증희망자라는 사실을 표시하기를 원하십니까? [ ] 예 [ ] 아니오 ※ 운전면허증 신규발급, 갱신, 재발급 시 표시할 수 있습니다.		
	법정대리인의 동의 (신청인이 16세 미만인 경우)	성명	주민등록번호	
		관계	서명	

「장기등 이식에 관한 법률」 제15조 제1항 및 같은 법 시행규칙 제7조와 「인체조직안전 및 관리 등에 관한 법률」 제7조의2 제1항 및 같은 법 시행규칙 제3조 제2항에 따라 위와 같이 신청합니다.

년   월   일

신청인   (서명 또는 인)

○○○ 등록기관장 귀하

첨부서류	1. 신청인이 16세 미만인 경우: 기증에 동의하는 사람이 법정대리인임을 확인할 수 있는 서류 2. 신청인이 「정신건강증진 및 정신질환자 복지서비스 지원에 관한 법률」 제3조 제1호에 따른 정신질환자나 「장애인복지법 시행령」 별표 1 제6호에 따른 지적장애인인 경우: 정신건강의학과 전문의가 기증하는 본인이 동의 능력을 갖추었다고 인정하는 소견서 ※ 신청인 본인의 서명이 없는 경우에는 등록이 되지 않습니다.	수수료 없음

강대선, 오영란, 조혜정, 김혜정(2021). 성인기 연령집단별 외로움에 영향을 미치는 관련요인 연구: 부산시민을 대상으로. NGO연구, 16(2), 301-337.

강이주, 김효신(2005). 남자고등학생들의 흡연 영향 요인 분석. 소비문화연구, 8(4), 121-142.

건강다이제스트(2008. 11.). 통권 제304호.

게임물등급위원회(2011). 등급분류제도 인지도 및 게임이용 실태조사.

경제협력개발기구(2022). 2022 한국경제보고서.

경찰청(2021). 2020년 변사자 통계.

과학기술정보통신부, 한국정보화진흥원(2020). 2019 스마트폰 과의존 실태조사.

곽금주, 민하영, 김경은, 최지영, 전숙영(2011). 중년직장남성의 가족관계, 가족외 관계 및 직무만족이 행복심리에 미치는 영향. 인간발달연구, 18(3), 115-133.

곽금주, 성현란, 장유경, 심희옥, 이지연, 김수정, 배기조(2005). 한국영아발달연구. 서울: 학지사.

곽지혜(2016). 디지털기기에 대한 영아의 사용현황 및 부모의 인식과 언어발달 간의 관계. 이화여자대학교 대학원 석사학위논문.

교육과학기술부(2012. 12. 28.). 보도자료: 교과부 '2012 학교진로교육 지표조사' 결과 발표. 교육과학기술부.

교육과학기술부, 한국교육개발원(2012. 3. 14.). '2012년 학교폭력 실태 전수조사' 결과 중간발표.

교육부(2015. 12. 1.). 2015년 2차 학교폭력 실태조사 결과. 교육부 보도자료.

교육부(2022). 2022년 1차 학교폭력 실태조사 결과 발표.

교육부, 보건복지부, 질병관리본부(2015). 제11차(2015년) 청소년건강행태온라인조사 통계.

교육부, 질병관리청(2021). 제17차(2021년) 청소년건강행태조사 통계.

권석만(2004). 젊은이를 위한 인간관계의 심리학. 서울: 학지사.

권숙희, 김영자, 문길남, 김인순, 박금자, 박춘화, 배정이, 송애리, 여정희, 정은순, 정향미(1997). 중년 여성의 갱년기 증상과 우울에 관한 연구. 기초과학연구논문집, 7(1), 343-353.

기획재정부 외 10개 기관(2011). 역동적인 100세 사회 어떻게 만들어야 하나? 100세 시대 종합 컨퍼런스.

김경은, 곽금주, 민하영, 최지영, 전숙영(2011). 한국 직장남성의 중년에 대한 인식. 인간발달연구, 18(3), 135-155.

김남순(2011). 100세 시대 대비 사전 예방적 건강관리체계 구축. 100세 시대 종합 컨퍼런스 자료집.

김미령(2011). 베이비붐세대, X세대, 준고령세대 여성의 삶의 질 구성요소 비교 연구. 노인복지연구, 통권 51호, 7-34.

김미숙, 전진아, 하태정, 김효진, 오미애, 정은희, 최은진, 이봉주, 김선숙(2013). 아동종합실태조사. 보건복지부·한국보건사회연구원.

김병하, 남철현(1999). 유배우 노인의 우울정도와 관련 요인 분석연구. 한국노년학, 19(2), 173-192.

김세진, 이선희, 남궁은하, 이윤경, 백혜연, 신혜리, 이상우(2021). 한국 노인의 삶과 인식 변화: 노인실태조사 심층분석. 연구보고서 2021-23. 한국보건사회연구원.

김숙배, 최희진(2008). 식품교환법을 활용한 영양교육의 효과: 초등학생의 영양지식, 식생활 태도, 식이섭취 변화. 대한지역사회영양학회지, 13(6), 922-933.

김순안(2010). 갱년기 여성의 삶의 의미에 영향을 미치는 관련 변인 연구. 백석대학교 기독교전문대학원 박사학위논문.

김승권(2010). 한국인의 자녀양육 책임한계와 양육비 지출실태. 보건·복지 이슈앤포커스, 68호. 한국보건사회연구원.

김애순, 윤진(1995). 은퇴이후의 사회심리적 영향: 은퇴는 위기인가? 조기퇴직과 장, 장노년기의 위기문제. 제6회

노인복지 세미나. 한국노년학회.

김영심, 황혜신, 황혜정(2009). 저출산/불임. 아동학회지. 30(6), 75-84.

김용성(2008). 청년실업의 원인과 정책적 대응방안. 한국개발연구원.

김윤정, 이창식(2005). 부모의 성교육이 청소년들의 성행동에 미치는 영향. 청소년학연구, 12(2), 250-268.

김은준, 강창원(2011). 주의력결핍과잉행동장애의 유전적 요인 규명. Nature Medicine 2011년 4월 18일자 온라인판 게재.

김은지, 박재호(2010). 부부간 유사성 및 일치도가 커뮤니케이션과 결혼만족에 미치는 영향. 한국심리학회지: 여성, 15(3), 403-423.

김의진(2014). 중년부부의 부부갈등, 여가경험, 결혼만족도의 관계. 이화여자대학교 대학원 박사학위논문.

김정서(2006). 인공와우 이식 영유아의 수술 후 기간에 따른 음소 발달. 이화여자대학교 대학원 석사학위논문.

김정운(2012). 노는 만큼 성공한다. 서울: 21세기북스.

김정운, 이장주(2003). 여가와 삶의 질: 중년부부를 중심으로. 여가학연구, 1(2), 1-10.

김정희, 이영주, 이순희(2003). 중, 노년 남성의 갱년기 지식과 태도에 관한 연구. 간호과학, 15(2), 이화여자대학교 간호과학연구소.

김지향, 오혜숙, 민성희(2004). 대학생의 건강생활 습관과 스트레스에 관한 연구. 동아시아식생활학회지. 14(3), 207-216.

김태환(2016. 7. 31.). 배우자와 작별한 남성 사망률 최대 4.2배 높아. 이코노믹리뷰. https://www.econovill.com/news/articleView.html?idxno=295175

김혁우(2019). 한국 장례문화에서 본 화장률의 지역별 남녀별 실증적 연구. 한국사상과 문화, 100, 647-673.

김혜영(2014). 유동하는 한국가족: 1인가구를 중심으로. 한국사회, 15(2), 255-292.

김혜원(2022). 은둔형 외톨이 청년들의 특성 및 은둔 경험 분석. 청소년학연구, 29(10), 1-32.

김효민, 박정윤(2013). 결혼만족도에 영향을 미치는 변인에 관환 연구: 본인 및 배우자 관련변인을 중심으로. 가정과 삶의 질 연구, 31(3), 통권 123호, 125-140.

남재량(2011). 최근 청년 니트(NEET)의 현황과 추이. 월간 노동리뷰, 제72호. 한국노동연구원.

대검찰청(2010). 2010년 범죄분석.

대한성장비만연구회(2008). 한방 키 박사의 숨은 키 10cm 키 우는 비법. 서울: 건강다이제스트사.

류정하(2020). 영유아의 스마트기기 이용 실태 및 부모의 인식. 광주교육대학교 교육대학원 석사학위논문.

문용린, 문미희(1993). 한국청소년의 도덕판단력 발달 연구 개관: DIT를 사용한 연구를 중심으로. 청소년학연구, 1(1), 43-57.

박문일(1999). 태교는 과학이다. 서울: 한양대학교 출판부.

박성복, 이상욱(2018). 감정노동과 직무스트레스가 직무소진에 미치는 영향관계. 한국사회와 행정연구, 29(3), 53-85.

박영신, 김의철, 한기혜(2011). 중년기 성인남녀의 성공, 실패, 미래성취의식: 전업주부, 취업주부와 그들의 남편을 중심으로. 인간발달연구, 18(2), 299-330.

박영애(1995). 부모의 양육행동, 형제관계와 아동의 자존감과의 관계. 고려대학교 대학원 박사학위논문.

박영주, 구병삼, 강현철, 천숙희, 윤지원(2001). 한국 여성의 폐경연령ㆍ증상 관련요인. 간호학논집, 3, 75-87.

박영화, 고재홍(2005). 부부의 자존감, 의사소통 방식, 및 갈등대처행동과 결혼만족도 간의 관계: 자기효과와 상대방효과. 한국심리학회지: 사회 및 성격, 19(1), 65-83.

박종서, 임지영, 김은정, 변수정, 이소영, 장인수, 조성호, 최선영, 이혜정, 송지은(2021). 2021년도 가족과 출산조사. 한국보건사회연구원.

박창제(2008). 연령별 재무적 노후준비 유형에 관한 연구. 사회보장연구, 24(4), 139-166.

박충선(2010). 조손가정의 형성원인과 양육경험에 따른 조모의 생활만족도에 관한 연구. 한국가족복지학, 15(2), 105-125.

박현희, 이승민(2012). 멘토링 기능이 패션 관련 학과 대학생의 학과 적응에 미치는 영향: 자기효능감과 멘토역량의 조절효과. 한국의류학회지, 36(10), 1074-1086.

배소영(2001). 언어발달. 이승환 외 공저. 의사소통장애개론. 서울: 하나의학사.

백현진(2017). 만 1~2세 영아의 디지털 기기 사용현황 및 부모의 인식 연구. 배재대학교 대학원 석사학위논문.

보건교육포럼(2010). 초ㆍ중ㆍ고 여자 청소년의 초경 연구보고회.

보건복지가족부(2009). 2009년 보건복지가족통계연보.

보건복지가족부, 아동청소년정책실(2008). 인터넷중독 치료재활 사업보고서.

보건복지부(2005). 2005년 암발생 통계집.

보건복지부(2009). OECD Health Data 2009.

보건복지부(2010). 2010년 국민구강건강실태조사.

보건복지부(2011a). 2010년 국민건강통계.

보건복지부(2011b). OECD Health Data 2011.

보건복지부(2014). OECD Health Statistics 2014.

보건복지부(2015). 2014년 노인학대 현황 보고서.

보건복지부(2016). 2013년 국가 암등록 통계 참고자료.

보건복지부(2018). 학대피해아동보호현황.

보건복지부(2021). 2021 전국보육실태조사.

보건복지부 국립장기조직혈액관리원(2022). 2021년도 장기 등 이식 및 인체조직 기증 통계연보.

보건복지부 보건사회연구원(2006). 2005년 국민건강영양조사 제3기.

보건복지부 보건사회연구원(2011). 장사제도 및 장사문화에 대한 국민인식조사.

보건복지부 육아정책연구소(2021). 2021년 전국보육실태조사.

보건복지부 질병관리본부 장기이식관리센터(2016). 2015년도 장기등 이식 통계연보.

보건복지부, 중앙노인보호전문기관(2022). 2021 노인학대 현황보고서 가이드북.

보건복지부, 한국생명존중희망재단(2022). 2022 자살예방 백서.

보험개발원(2021). 2020 KIDI 은퇴시장 리포트. 서울: 보험개발원.

삼성경제연구소(2010). 베이비붐 세대 은퇴의 파급효과와 대응방안. 삼성경제연구소.

서미경(2011). 여성흡연의 현황 및 정책과제. 보건복지포럼, 통권 제172호, 59-67.

서영석, 안수정, 김현진, 고세인(2020). 한국인의 외로움(loneliness): 개념적 정의와 측정에 관한 고찰. 한국심리학회지: 일반, 39(2), 205-247.

서울연구원(2019). 세계도시동향 제448호.

서유헌(2014). 나이보다 젊어지는 행복한 뇌. 서울: 비타북스.

서혜경(2009). 노인죽음학개론. 서울: 경춘사.

송명자(2005). 발달심리학. 서울: 학지사.

송숙자, 심희옥(2003). 아동의 컴퓨터 게임 몰두 성향과 심리 사회 및 행동적 특성에 관한 연구. 한국아동학회지, 24(5), 27-41.

송현옥, 박아청, 김남선(2008). K-WAIS에 나타나는 유동적 지능과 결정적 지능의 발달 경향에 관한 연구. Androgogy Today: International Journal of Adult & Continuing Education, 11(2), 149-177.

식품의약품안전청(2011). 주류 섭취량 및 실태조사.

신동균(2009). 중고령 남성 근로자들의 점진적 은퇴행위에 대한 연구. 노동정책연구, 9(2), 1-41.

신동균 외(2010). 한국 베이비 부머의 근로생애 연구. 한국노동연구원.

신명희, 강소연, 김은경, 김정민, 노원경, 박성은, 서은희, 원영실, 황은영(2010). 교육심리학. 서울: 학지사.

심희옥(1997). 아동후기 초등학교 학생의 내적·외적 문제 행동인 우울성향과 반사회적 행동에 영향을 주는 요인들. 아동학회지, 19(1), 39-52.

안소영(2019). 영국의 고령화와 '외로움' 대응전략. KIRI 고령화리뷰 제30호. 보험연구원.

양성은(2005). 고3 수험생 어머니의 입시준비 경험에 대한 현상학적 연구. 한국가정관리학회지, 23(2).

양지훈, 권미애(2018). 인천시 베이비부머 실태 및 욕구조사. 인천광역시 고령사회 대응센터.

여성가족부(2006). 새싹플랜 '제1차 중장기 보육계획'.

여성가족부(2007a). 보육정책의 공공성과 투명성 제고방안.

여성가족부(2007b). 제1차 건강가정기본계획.

여성가족부(2010a). 2009년도 청소년 유해환경 접촉 실태조사.

여성가족부(2010b). 2010년 제2차 가족실태조사.

여성가족부(2014). 2014 청소년 백서.

여성가족부(2020). 제3차 경력단절여성등의 경제활동촉진 기본계획(2020-2024).

오명철(2008. 8. 14.). 그때는 그때의 아름다움을 모른다. 동아일보.

오태진(2006. 6. 24.). [만물상] 시간과 인간. 조선일보.

우남희, 김영심, 이은정, 김현신(2009). 저 출산시대의 자녀 양육과 교육에 대한 한국 어머니들의 인식 및 실태 조사. 미래유아교육학회지, 16(3), 297-325.

우남희, 백혜정, 김현신(2005). 조기 사교육이 유아의 인지적, 정서적, 사회적 발달에 미치는 영향 분석: 유치원 원장들의 인식을 중심으로. 유아교육연구, 25(1), 5-24.

유하나(2022). 저출산 정책의 사각지대 해소방안에 관한 연구. 한국복지실천학회지, 14(2), 38-53.

육성필 역(2021). 청소년 자살과 자해예방 전문가 지침서(Teen suicide & self-harm prevention workbook: A clinician guide to assist teen clients). Leutenberg, E. R. A., & Liptak, J. J. 저. 서울: 박영스토리.

육아정책연구소(2016). 영유아 사교육 실태와 개선방안 2: 2세와 5세를 중심으로.

윤동철(1999). 전통 장례문화와 기독교 장례문화. 성경과 신학, 26, 145-188.

윤수천(2000). 아름다운 약속. 서울: 북스토리.

윤진(1992). 성인 노인심리학. 서울: 중앙적성출판사.

윤철경, 서보람(2020). 은둔형 외톨이 현황과 제도적 지원의 정립. 서울시 은둔형 외톨이 현황과 지원방안 토론회(2020. 8. 25.).

이경숙, 신의진, 전연진, 박진아, 정유경(2005). 과도한 영상물 노출 양육이 영유아의 심리적 발달에 미치는 영향: 임상군과의 비교. 한국심리학회지: 발달, 18(2), 75-103.

이기숙, 장영희, 정미라, 홍용희(2002). 가정에서의 유아 조기 현황 및 부모의 인식. 유아교육연구, 22(3), 153-171.

이문희, 정옥분(1994). 도시 청소년의 성의식 및 성문제와 성교육에 관한 조사 연구: 성교육 실시의 타당성과 성교육 지도방향 개선의 필요성을 중심으로. 한국가정과교육학회지, 6(2), 41-58.

이미숙(2003). 사회적 스트레스와 중년기 남성의 정신건강: 피고용 직장인을 중심으로. 한국사회학, 37(3), 25-56.

이미영(2007). 조손가정의 형성과정 및 생활실태. 복지행정논총, 17(1), 203-230.

이상목(2010). 동서양의 생명윤리. 서울: 아카넷.

이소정(2011). 100세 시대 대비 중고령자 사회 참여 활성화 방안. 100세 시대 종합 컨퍼런스 자료집.

이수영(2011). 100세 시대 도래의 시사점과 정책방향. 100세 시대 종합 컨퍼런스 자료집.

이순형, 이옥경, 김지현(2005). 이혼 가정 아동의 우울과 불안 판별 연구: 자기효능감, 또래애착, 부모자녀 의사소통을 중심으로. 한국가정관리학회지, 23(1), 99-111.

이시형(2009). 공부하는 독종이 살아남는다. 서울: 중앙북스.

이영민, 박철우, 정동열(2019). 청년실업 발생의 원인과 해소방안에 관한 소고. 예술인문사회 융합 멀티미디어 논문지, 9(6), 793-801.

이영숙, 박복희(2000). 중년 여성의 스트레스와 갱년기 증상과의 관계. 여성건강간호학회지, 6(3), 383-397.

이영준(2022. 8. 29.). 쌍둥이 전성시대 올까… 쌍둥이 출생률 사상 첫 5% 넘었다. 서울신문. https://www.seoul.co.kr/news/newsView.php?id=20220829500217

이우경(2008). 중년기 여성의 스트레스, 마음챙김, 자기: 연애, 정서적 안녕감 간의 관계 구조 분석과 마음 챙김 증진 프로그램의 효과 연구. 이화여자대학교 대학원 박사학위논문.

이윤경, 강은나, 황남희, 주보혜, 김세진(2019). 노인정책종합계획 수립을 위한 기초 연구. 한국보건사회연구원 정책보고서.

이하나, 조영태(2019). 중년 1인가구와 다인가구의 건강행태 및 질병 이환 비교. 보건사회연구, 39(3), 380-407. 30 September 2019.

이홍직, 박선아, 이원희 이정은(2022). 외국의 출산장려 정책 고찰: 경제적 지원 및 일·가정 양립 지원 정책을 중심으로. 생명연구, 65, 97-127

이훈구(2004). 이혼이 자녀에게 미치는 효과에 관한 개관 연구. 한국심리학회지: 사회문제, 10, 47-53.

이희란, 장유경, 최유리, 이승복(2009). 한국 아동의 어휘 습득. 언어치료연구, 18(3), 65-80.

임종범(2022). 인터넷, 스마트폰 과의존, 어떻게 해결할 것인가. 서울교육, 64(249), 서울특별시교육청 교육연구정보원.

장문선, 김지호, 진영선, 곽호완, 박영신, 조현춘 공역(2010). 심리학의 세계. 서울: 학지사.

장유경(2004). 한국 영아의 초기 어휘발달: 8개월~17개월. 한국심리학회지: 일반, 23(1), 77-99.

장재윤, 장은영, 김범성, 노연희, 이지영, 한지현(2004). 청년실업이 정신건강에 미치는 영향에 대한 종단연구. 한국심리학회지, 23(2), 121-144.

장지연, 신현구(2008). 중고령자 노동시장 국제비교연구. 한국노동연구원.

장휘숙(2008). 성인초기의 발달과업과 시작시기에 관한 탐색적 연구. 한국심리학회지: 발달, 21(4), 109-126.

전용균, 심경은(2021). 웰니스적 삶을 위한 텔로미어 연구 동향. 한국웰니스학회지, 16(2), 327-334.

전현주(2011). 인공와우이식 영아의 발성 및 음소 발달 종단연구. 이화여자대학교 대학원 석사학위논문.

정경희 외(2010). 베이비부머의 생활실태 및 복지욕구. 한국보건사회연구원 연구보고서(2010-30-18).

정경희 외(2011). 베이비 붐 세대 실태조사 및 정책 현황 분석. 한국보건사회연구원 보건복지부.

정세정 외(2022). 2022년 청년 삶 실태조사. 국무조정실·한국보건사회연구원.

정옥분(2005). 발달심리학: 전생애발달. 서울: 학지사.

정재현(2022). 청년 NEET 특성 및 유형 분석. 고용이슈.

정현숙(1993). 이혼과 자녀 문제의 이론적 고찰. 한국가족연구회(편). 이혼과 가족문제. 서울: 하우.

조남희, 성춘희(2016). 중년여성과 중년남성의 스트레스와 자아존중감이 우울에 미치는 영향. *Journal of the Korea Convergence Society*, 7(6), 89-97.

조복희(2009). 아동발달. 경기: 교육과학사.

조선일보(2011. 1. 24.). 2011 한국인이여 행복하라. 갤럽글로벌마켓인사이트.

조윤희(2007). 배우자 지지와 폐경 증상이 중년여성의 우울에 미치는 영향. 대전대학교 대학원 석사학위논문.

조주연, 조경희, 배철영(1999). 노인환자평가의 실제: 임상가이드. 서울: 의학출판사.

질병관리본부(2015). 2014년 국민건강영양조사.

질병관리본부(2020). 국민건강영양조사 FACT SHEET.

질병관리본부, 대한소아과학회(2017). 2017 소아청소년 성장도표 해설집.

질병관리본부 장기이식관리센터(2015). 2015년 장기이식 통계연보.

질병관리청(2017). 성장도표해설집.

질병관리청(2018). 제14차 청소년건강행태조사.

질병관리청(2019). 제15차 청소년건강행태조사.

질병관리청(2020). 제16차 청소년건강행태조사.

차미영(2006). 웰 다잉을 위한 죽음의 이해. 서울: 상상커뮤니케이션.

최경숙(2010). 아동발달 심리학. 경기: 교문사.

최명숙, 박정원(2006). 중년기 여성의 고등학교 3학년 자녀로 인한 스트레스에 관한 연구. 여성건강간호학회지, 12(2), 156-167.

최문임, 최규련(2007). 중년기 여성의 성적 적응이 심리적 복지에 미치는 영향. 한국가족관계학회지, 12(3), 59-83.

최봉실, 박정숙(2022). 청년층의 약물남용에 대한 일반적인 인식과 태도 조사. 한국융합학회 논문지, 13(3), 275-280.

최영국(2011). 100세 시대를 대비한 국토 및 도시정책 방향과 과제. 100세 시대 종합 컨퍼런스 자료집.

최은희(2000). 한국 아동의 어휘 발달 연구. 연세대학교 대학원 석사학위논문.

최은희, 서상규, 배소영(2001). 1;1-2;6세 한국 아동의 표현 어휘 연구. 언어청각장애연구, 6(1), 1-16.

최인희(2011). 100세 시대 대비 가족정책 과제. 100세 시대 종합 컨퍼런스 자료집.

최정인 역(2009). 내가 정말 알아야 할 모든 것은 유치원에서 배웠다(*All I really need to know I learned in kindergarten*). Robert Fulghum 저. 서울: 랜덤하우스코리아.

최혜승, 박미란, 황혜리, 이종은(2021). 만2~3세 아동의 비만에 영향을 미치는 요인: 국민건강영양조사(2016~2018년) 자료 이용. 대한보건연구, 47(2), 통권 118호, 97-105.

최혜원, 김현우, 백기청, 이경규, 박진환(1998). 중년여성의 폐경에 대한 태도 및 폐경기 증상. 대한신경정신의학회, 37(6), 1146-1157.

추정선(1986). Cattell 이론의 유동적 결정적 지능 개념에 관한 고찰. 학생생활연구(7), 19-34.

통계청(2002). 사회조사.

통계청(2006a). 장래인구추계.

통계청(2006b). 사회조사.

통계청(2006c). 장래인구추계.

통계청(2007). 2006년 사망원인 통계결과.

통계청(2008a). 사회조사.

통계청(2008b). OECD: 외과수술. 국가통계포털 국제통계.

통계청(2009). 정책뉴스.

통계청(2010a). 2009년 이혼통계 결과보고서.

통계청(2010b). 2010년 통계로 보는 여성의 삶.

통계청(2010c). 2010년 사회조사.

통계청(2010d). 한국의 사회동향 2010.

통계청(2010e). 2009 생명표.

통계청(2010f). 통계용어 · 지표의 이해.

통계청(2011a). 2010년 사망원인 통계결과.

통계청(2011b). 2011년 청소년 통계.

통계청(2011c). 2010년 출생 통계.

통계청(2011d). 2010년 인구주택총조사.

통계청(2011e). 2010년 혼인 · 이혼 통계.

통계청(2012). 장래인구추계: 장래인구추계 전국편.

통계청(2014). 2014년 한국의 사회지표.

통계청(2015a). 2014년 사망원인 통계.

통계청(2015b). 2014년 생명표(전국 및 시도).

통계청(2015c). 2014년 혼인 · 이혼 통계.

통계청(2015d). 2015년 고령자 통계.

통계청(2015e). 세계와 한국의 인구현황 및 전망.

통계청(2015f). 인구동향조사. e-나라지표.

통계청(2015g). 한국의 사회동향 2015.

통계청(2016a). 2015년 12월 및 연간 고용 동향.

통계청(2016b). 2015년 출생 통계.

통계청(2016c). 2015년 혼인 · 이혼 통계.

통계청(2017). 성 및 연령별 1인 가구.

통계청(2019). 지역별 고용조사.

통계청(2020). 2020 통계로 보는 여성의 삶.

통계청(2021). 2020년 인구주택총조사.

통계청(2021a). 2021년 육아휴직 통계.

통계청(2021b). 2021년 출생 통계.

통계청(2021c). 경제활동인구조사.

통계청(2022). 2022년 사회조사.

통계청(2022a). 2022 고령자 통계.

통계청(2022b). 2021년 장래인구추계를 반영한 세계와 한국의 인구현황 및 전망.

통계청(2022c). 2021년 혼인 · 이혼 통계.

통계청(2022d). 2021년 사망원인통계 결과.

통계청(2022e). 2021년 생명표.

통계청(2022f). 인구동향조사. 2021년 KOSIS 국가통계포털 (https://kosis.kr).

통계청(2023). 2022년 인구동향조사 출생통계.

통계청, 통계개발원(2022). 아동 · 청소년 삶의 질 2022.

피델리티(2008). 피델리티 은퇴백서. 서울: 피델리티 자산운용 주식회사.

하동욱, 차홍원(1999). 서울소재 건강검진기관에 내원한 성인에서의 평균 생활시력과 안압. 대한안과학회지, 40(12), 191-198.

한경혜(2010). 한국의 베이비부머 패널연구. 서울대노화사회연구소.

한국고용정보원(2021). 청년고용정책 사각지대 발굴 및 정책제언.

한국교육개발원(2011a). 2011 학생표본 건강실태 조사 및 분석(CR2011-81). 한국교육개발원 수탁연구보고서.

한국교육개발원(2011b). 학교교육 실태 및 수준 분석(III): 초등학교 연구(RR 2011-22). 한국교육개발원 기본보고서.

한국보건사회연구원(2013). 보건 · 복지 ISSUE & Focus 제198호.

한국소비자원(2022). 2021년 어린이 안전사고 동향 분석. 위해정보국 위해예방팀.

한국아동학회(2001). 아동발달백서. 서울: 한솔교육.

한국여성정책연구원(2010a). 2009년 전국보육실태조사 보고서. 보건복지가족부 아동청소년가족정책실 보육정책과.

한국여성정책연구원(2010b). 제2차 건강가정기본계획 및 관련 기본계획 수립에 관한 연구. 여성가족부.

한국정보화진흥원(2014). 인터넷중독 실태조사. 한국정보화진흥원 조사연구보고서.

한국청소년정책연구원(2009). 한국 청소년 진로 실태조사.

현대경제연구원(2010). 대학생의 취업관과 취업활동 실태에 대한 여론조사.

홍계옥, 정옥분(1995). 유아의 기질 및 어머니의 양육행동과 모자 애착행동간의 관계. 아동학회지, 16(1), 99-112.

홍정림(2022). 실업률과 사망률 간의 관계 분석. 한국인구학회, 45(2), 23-48.

황남희 외(2019). 신중년의 안정적 노후 정착 지원을 위한 생활실태조사. 세종: 한국보건사회연구원.

황수경(2011). 설문구조에 따른 실업 측정치의 비교: 청년층을 중심으로. KDI 정책포럼, 제242호. 한국개발연구원.

강동성심병원 치매예방센터(2007). http://kangdong.hallym.or.kr/DPC/

국립암센터 중앙호스피스센터. https://hospice.go.kr:8444/?menuno=52

국립연명의료관리기관. https://www.lst.go.kr/main/main.do

국립장기이식관리센터. http://www.konos.go.kr

동아사이언스. http://news.dongasicence.com

법제처 국가법령정보센터. https://law.go.kr

삼성서울병원 의학정보(2013). http://www.samsunghospital.com

서울대학교병원. http://www.snuh.ac.kr

서울대학교병원(2022. 12. 24.). N의학정보: 태아 알코올 증후군. http://www.snuh.org/health/nMedInfo/nView.do?category= DIS&medid=AA000477

서울아산병원(2023). http://www.amc.seoul.kr

서울아산병원 질환백과. https://www.amc.seoul.kr/asan/healthinfo/disease/diseaseSubmain.do

서울아산병원(2022. 12. 24.). 질환백과: 다운증후군. https://www.amc.seoul.kr/asan/healthinfo/disease/disease Detail.do?contentId=32352

스마트쉼센터. https://www.iapc.or.kr

아동학대 정의. https://namu.wiki

인터넷중독대응센터. http://www.iapc.or.kr

전남대학교병원(2022. 12. 24.). 질병정보: 선천성 풍진 증후군. https://www.cnuh.com/health/disease.cs?act=view&infoId= 20&searchKeyword=&searchCondition=&pageIndex=57

질병관리청 예방접종도우미. https://nip.kdca.go.kr/irhp/infm/goVcntInfo.do?menuLv=1&menuCd=115

한국과학창의재단 사이언스올 이슈. http://www.scienceall.com

한국금연운동협의회. http://www.kash.or.kr

한국정보화진흥원. http://www.nia.or.kr

EBS (2010). 〈10대 성장보고서〉. 2부 이상한 봄, 사춘기.

e-나라지표(2020). https://www.index.go.kr

HSBC (2006). 2006 은퇴보고서-은퇴의 미래 II: 은퇴 그 이후는. 서울: HSBC.

Icahn School of Medicine at Mount Sinai. http://www.mssm.edu

MEDI: GATE NEWS (2019. 5. 20.). 최근 5년간 '성조숙증' 환자 연평균 9.2% 꾸준히 증가.

National Institute for Occupational Safety and Health (NIOSH) (2023). https://blogs.cdc.gov/niosh-science-blog/category/stress-2

OECD (2022). 한국 경제 보고서.

Ainsworth, M. D. S., & Eichberg, C. G. (1992). Effects on infant-mother attachment of mother's experience relatedto loss of an attachment figure. In C. M. Parkes, J. Stevenson-Hinde, & P. Marris (Eds.), *Attachment across the life cycle* (pp. 160-183). New York: Routledge.

Ainsworth, M. D. S., Blechar, M., Waters, E., & Wall, S. (1978). *Patterns of attachment.* Hillsdale, NJ: Erlbaum.

Aldwin, C., & Gilmer, D. (2004). *Health, illness, and optical aging: Biological and psychosocial perspectives.* Thousand Oaks, CA: Sage Publications.

Aldwin C. M., & Levenson M. R. (2001). Stress, coping, and health at mid-life: A developmental perspective. In M. E. Lachman (Ed.), *The handbook of midlife development* (pp. 188-214). New York: Wiley.

Alexander, B. K., & Harlow, H. F. (1965). Social behavior in juvenile rhesus monkeys subjected to different rearing conditions during the first 6 months of life. *Zoologische Jarbucher Physiologie, 60,* 167-174.

Allen, T. D., & Eby, A. L. (Eds.) (2004). *The blackwell handbook of mentoring: A multiple perspectives approach.* London, UK: Blackwell.

Allison, B. N., & Schultz, J. B. (2001). Interpersonal identity formation during early adolescence. *Adolescence, 36*(143), 509-523.

Allport, G. W. (1961). *Pattern and growth in personality.* New York: Holt, Rinehart & Winston.

American Academy of Pediatrics (AAP) Section on Breastfeeding. (2005). Breastfeeding and the use of human milk. *Pediatrics, 115,* 496-506.

American College of Obstetricians and Gynecologists (2022). Pregnancy at age 35 year or older. Obstetric Care Consensus No. 11, *Obstetrics & Gynecology, 140*(2), 348-366. https://www.acog.org/clinical/clinical-guidance/obstetric-care-consensus/articles/2022/08/pregnancy-at-age-35-years-or-older

American Psychological Association (2007). Stress in America mind body health: For a healthy mind and body, talk to a psychologist. Washington, DC: American Psychological Association.

Amstrong, T. (2000). *Multiple intelligences in the classroom* (2nd ed.). Alexandria, VA: Association for Supervision and Curriculum.

Anderson, D. R., Lorch, E. P., Field, D. E., Collins, P. A., & Nathan, J. G. (1986). Television viewing at home: Age trends in visual attention and time with T. V. *Child Development, 57,* 1024-1033.

Anderson, P. J., & Graham, S. M. (1994). Issues in second language phonological acquisition among children and adults. *Topics in Language Disorder, 14,* 84-100.

Andersson, B. (1992). Effects of day-care on cognitive and socioemotional competence of thirteen-year-old Swedish schoolchildren. *Child Development, 63,* 20-36.

Ando, A., & Modigliani, F. (1963). The 'Life Cycle' Hypothesis of saving: Aggregate implications and tests. *American Economic Review, 53*(1), 55-84.

Andrews-Hanna, J. R., Snyder, A. Z., Vincent, J. L., Lustig, C., Head, D., Raichle, M. E., & Buckner, R. L. (2007). Disruption of large-scale brain systems in advanced aging. *Neuron, 56,* 924-935.

Antonucci, T. C., Akiyama, H., & Merline, A. (2001). Dynamics of social relationships in midlife. In M. E. Lachman (Ed.), *Handbook of midlife development* (pp. 571-598). New York: Wiley.

Apgar, V. (1953). A proposal for a new method of evaluation of the newborn infant. *Current Research in Anesthesia and Analgesia, 32*, 260-267.

Aries, P. (1962). *Centuries of childhood*. London, UK: Jonathan Cape.

Arnett, J. J. (2000). Emerging adulthood-A theory of development from late teens through the twenties. *American Psychologist, 55*, 469-480.

Arnett, J. J. (2015). *Emerging adulthood: The winding road from the late tees through the twenties* (2nd ed.). Oxford, UK: Oxford University Press.

Asher, J., & Garcia, G. (1969). The optimal age to learn a foreign language. *Modern Language Journal, 31*, 334-341.

Aslin, R. N., Pisoni, D. B., & Jusczyk, P. W. (1983) Auditory development and speech perception in infancy. In M. M. Haith & J. J. Campos (Eds.), *Handbook of child psychology (Vol. 2), Infancy and developmental psychobiology*. New York: Wiley.

Asthana, S., Bhasin, S., Butler, R. N., Fillit, H., Finkelstein, J., Harman, S. M., Holstein, L., Korenman, S. G., Matsumoto, A. M., Morley, J. E., Tsitouras, P., & Urban, R. (2004). Masculine vitality: Pros and cons of testosterone in treating the andropause. *Journal of Gerontology: Medical Sciences, 59A*, 461-466.

Atchley, R. C. (1989). A continuity theory of normal aging. *Gerontologist, 29*, 183-190.

Atchley, R. C. (2000). *Social forces and aging* (9th ed.). Belmont, CA: Wadsworth.

Baldwin, B. A. (1986). Puberty and Parents. *PACE Magazine* (pp. 13, 15-19). Greensboro, NC: Pace Communications Inc.

Ball, J. F. (1977). Widows's grief: The impact of age and mode of death. *Omega, 7*, 307-333.

Baltes, P. B. (1997). On the incomplete architecture of human ontogeny: Selection, optimization, and compensation as foundation of developmental theory. *American Psychologist, 52*, 366-380.

Baltes, P. B., & Smith, J. (2004). Lifespan psychology: From developmental contextualism to developmental biocultural co-constructionism. *Research in Human Development, 1*, 123-144.

Baltes, P. B., Staudinger, U. M., & Lindenberger, U. (1999). Lifespan psychology: Theory and application to intellectual functioning. *Annual Review of Psychology, 50*, 471-507.

Baltes, P. B., Staudinger, U. M., Maercker, A., & Smith, J. (1995). People nominated as wise: A comparative study of wisdom-related knowledge. *Psychology and Aging, 10*, 155-166.

Balts, M., & Carstensen, L. (2003). The process of successful aging: Selection, optimization and compensation. In U. Staudinger & U. Lindenberger (Eds.), *Understanding human development: Dialogues with lifespan psychology*. Dordrecht, Netherlands: Kluwer Academic Publishers.

Bandura, A. (1977). *Social learning theory*. Englewood Cliffs, NJ: Prentice-Hall.

Bandura, A. (1989). Social cognitive theory. In R. Vasta (Ed.), *Annals of child development (Vol. 6): Six theories of child development* (pp. 1-60). Greenwich, CT: JAI.

Bandura, A. (1993). Perceived self efficacy in cognitive development and functioning. *Educational Psychologist, 28*, 117-148.

Bandura, A. (1994). Social cognitive theory of mass communication. In J. Bryant & D. Zillmann (Eds.), *Media effects: Advances in theory and research*. LEA's communicaation series. Hillsdale, NJ: Erlbaum.

Barranti, R. (1985). The Grandparent/Grandchild Relationship: Family Resource in an Era of Voluntary Bonds. *Family Relations, 34*(3), 343-352.

Barrett, D. E., & Frank, D. A. (1987). *The effects of undernutrition on children's behavior*. New York: Gordon & Breach.

Bartoshuk, L. M., & Beauchamp, G. K. (1994). Chemical senses. *Annual Review of Psychology, 45*, 419-499.

Bassuk, S., Glass, T., & Berkman, L. F. (1999). Social disengagement and incident of cognitive decline in the community-dwelling elderly. *Annals of Internal Medicine, 131*, 165-173.

Baumrind, D. (1967). Child care practices anteceding three patterns of preschool behavior. *Genetic Psychology Monograph, 75*, 43–88.

Baumrind, D. (1971). Current patterns of parental authority. *Developmental Psychology Monograph, 4*(1, Pt. 2).

Baumrind, D. (1991). Parenting styles and adolescent development. In J. Brooks-Gunn, R. Lerner, & A. C. Peterson (Eds.), *The encyclopedia of adolescence* (pp. 746–758). New York: Garland.

Bedford, V. H. (1995). Sibling relationships in middle and old age. In R. Blieszner & V. Hilkevitch (Eds.), *Handbook of aging and familly* (pp. 201–222). Westport, CT: Greenwood Press.

Bee, H. (1998). *Lifespan development* (2nd ed.). Boston, MA: Addison-Wesley.

Begley, S. (1997). How to builds a baby's brain. *Newsweek Special Issue*, spring/summer, 28–32.

Bell-Dolan, D., & Wessler, A. E. (1994). Attribution style of anxiety children: Extensions from cognitive theory and research on adult anxiety. *Journal of Anxiety disorders, 8*, 79–94.

Belsky, J. (1981). Early human experience: A familyperspective. *Developmental Psychology, 17*, 3–23.

Bem, S. L. (1974). The measurement of psychological androgyny. *Journal of Consulting and Clinical Psychology, 42*, 155–162.

Bem, S. L. (1975). Sex role of adaptability: On consequence of psychological androgyny. *Journal of Personality and Social Psychology, 31*, 634–643.

Bem, S. L. (1981). Gender schema theory: A cognitive account of sex typing. *Psychological Review, 88*(4), 354–364.

Bem, S. L. (1985). Androgyny and gender schem theory: A conceptual and empirical integration. In T. B. Sondregger (Ed.), *Nebraska symposium on motivation, 1984: Psychology and gender*. Lincoln: University of Nebraska Press.

Bem, S. L. (1989). Genital knowledge and gender constancy in preschool children. *Child Development, 60*, 649–662.

Bem, S. L., Martyna, W., & Watson, C. (1976). Sex-typing and androgyny: Further explorations of the expressive domain. *Journal of Personality and Social Psychology, 34*, 1016–1023.

Bengston, V. L., Cuellar, J. A., & Ragan, P. K. (1977). Stratum contrasts and similarities in attitudes toward death. *Journal of Verontology, 32*, 76–88.

Bengtsson, H. (2003). Children's cognitive appraisal of others' distressful and positive experiences. *International Journal of Behavioral Development, 27*, 457–466.

Benton, A. L., Eslinger, P. J., & Damasio, A. R. (1981). Normative observations on neuro-psychological test performance in old age. *Journal of Clinical Neuropsychology, 3*, 33–42.

Berg, C. A., & Sternberg, R. J. (1992). Adults' conceptions of intelligence across the adult life span. *Psychology and Aging, 7*, 221–231.

Bergen, D., & Mauer, D. (2000). Symbolic play, phonological awareness, and literacy skills at three age levels. In K. A. Roskos & J. F. Christie (Eds.), *Play and literacy in early childhood: Research from multiple perspectives* (pp. 45–62). New York: Erlbaum. ED 456–904.

Berk, L. E. (1992). Children's private speech: An overview of theory and the status of research. In R. M. Diaz & L. E. Berk (Eds.), *Private speech: From social interaction to self-regulation* (pp. 17–53). Hilsdale, NJ: Erlbaum.

Berk, L. E. (2001). *Development through the lifespan*. Boston, MA: Allyn & Bacon.

Berk, L. E. (2006a). *Child development* (7th ed.). Boston, MA: Allyn & Bacon.

Berk, L. E. (2006b). *Development through the lifespan*. Boston, MA: Allyn & Bacon.

Berk, L. E. (2007). *Development though the lifespan* (4th ed.). Hoboken, NJ: Pearson.

Berkman, L. F., & Syme, S. L. (1979). Social networks, host resistance and mortality: A nine year follow up study of Alameda County residents. *American Journal of Epidemiology, 109*, 186–204.

Bialystok, E. (1997). Effects of bilingualism and biliteracy on children's emerging concepts of print. *Developmental Psychology, 33,* 429-440.

Bialystok, E., Craik, F. I. M., Klein, R., & Viswanathan, M. (2004). Bilingualism, aging and cognitive control: Evidence from the Simon task. *Psychology and Aging, 19,* 290-303.

Binger, C. M., Albin, A. R., Feuerstein, R. C., Kushner, J. H., Zoger, S., & Mikkelsen, C. (1969). Childhood leukemia: Emotional impact on patient and family. *New England Journal of Medicine, 280*(8), 414-418.

Birdsong, D., & Molis, M. (2001). On the evidence for maturational constraints in second-language acquisition. *Journal of Memory and Language, 44,* 235-249.

Bjorklund, D. F., & Coyle, T. R. (1995). Utilization deficiencies in the development of memory strategies. In F. E. Weinert & W. Schneider (Eds.), *Research on memory development: State of the art and future directions* (pp. 161-180). Hillsdale, NJ: Erlbaum.

Blakemore, J. E. O., LaRue, A. A., & Olejnik, A. B. (1979). Sex-stereotyped toy preference and the ability to conceptualize toys as sex-role related. *Developmental Psychology, 15,* 339-340.

Blanchard-Fields, F., Mienaltowski, A., & Seay, R. B. (2007). Age differences in everyday problem-solving effectiveness: Older adults select more effective strategies for interpersonal problems. *Journals of Gerontology: Series B: Psychological Sciences and Social Sciences, 1,* 61.

Blau, Z. S., Oser, G. T., & Stephens, R. C. (1979). Aging, social class, and ethnicity: a comparison of anglo, black, and mexican-american Texans. *Pacific Sociological Review, 22,* 501-525.

Blazer, D. G. (1982). Social support and mortality in an elderly community population. *American Journal of Epidemiology, 115,* 684-694.

Blieszner, R., & Roberto, K. (2006). Perspectives on close relationships among the baby boomers. In S. K. Whitbourne & S. L. Willis (Eds.), *The baby boomers grow up: Contemporary perspectives on midlife* (pp.

261-279). Mahwah, NJ: Erlbaum.

Boerner, K., Wortman, C. B., & Bonanno, G. A. (2005). Resilient or at risk? A 4-year strudy of older adults who initially showed high or low distress following conjugal loss. *Journal of Gerontology: Psychological Science, 60B,* 67-73.

Boetsch, E. A., Green, P. A., & Pennington, B. F. (1996). Psychological correlate of dyslexia across the lifespan. *Developmental and Psychology, 8,* 539-562.

Bongaerts, T., Planken, B., & Schils, E. B. (1997). Age and ultimate attainment in the pronunciation of a foreign language. *Second Language Research, 19,* 447-465.

Bosse, R., Aldwin, C. M., Levenson, M. R., & Ekerdt, D. J. (1987). Mental health differences among retirees and workers: Finding from the normative aging study. *Psychology and Aging, 2,* 383-389.

Bowlby, J. (1961). Processes of mourning. *The International Journal of Psychoanalysis, 42,* 317-339.

Bowlby, J. (1980). *Attachment and loss (Vol. 3). Loss, sadness, and depression.* New York: Basic Books.

Boyle, E., Jr., Aparico, A. M., Jonas, K., & Acker, M (1975). Auditory and visual memory losses in aging populations. *Journal of the American Geriatrics Society, 23,* 284-286.

Brodaty, H., Thomson, C., Thompson, C., & Fine, M., (2005). Why caregivers of people with dementia and memory loss don't use services. *International Journal of Geriatric Psychiatry, 20*(6), 537-546.

Bronfenbrenner, U. (1979). *The ecology of human development.* Cambridge, MA: Harvard University Press.

Bronfenbrenner, U. (1989). Ecological systems theory. In R. Vasta (Ed.), *Six theories of child development.* Greenwich, CT: JAI Press.

Bronfenbrenner, U., & Ceci, S. J. (1994). Nature-nurture reconceptualized in developmental perspective: A bioecological model. *Psychological Review, 101,* 568-586.

Brown, B. B., Clasen, D. R., & Eicher, S. A. (1986) Perceptions of peer pressure, peer conformity dispositions, and self-reported behavior among adolescents. *Developmental Psychology, 22*, 521-530.

Brum, G. D., & McKane, L. K. (1989). *Biology: Exploring life*. New York: John Wiley & Sons.

Bruner, J. (1983). *Child's talk: Learning to use language*. New York: W. W. Norton & Company.

Budson, A. E., & Price, B. H. (2005). Memory dysfunction. *New England Journal of Medicine, 352*(7), 692-699.

Burke, S. N., & Barnes, C. A. (2006). Neural plasticity in the ageing brain. *Nature Reviews Neuroscience, 7*, 30-40.

Burns, A., & Leonard, R. (2005). Chapters of our lives: Life narratives of midlife and older australian women. *The Journal of Sex Roles, 52*, 269-277.

Burton, L. J. (1997). A shoulder to lean on: Assisted living in the U.S. *American Demographics*, pp. 45-51.

Butler, R., & Lewis, M. (1982). *Aging and mental health* (3rd ed.). St. Louis, MO: Mosby.

Campos, J. J., Langer, A., & Krowitz, A. (1970). Cardiac responses on the visual cliff in prelocomotor human infants. *Science, 170*, 196-197.

Capon, N., & Kuhn, D. (1979). Logical reasoning of the supermarket: Adult females' use of a proportional reasoning strategy in an everyday context. *Developmental Psychology, 15*, 450-452.

Carr, D., House, J. S., Kessler, R. C., Nesse, R. M., Sonnega, J., & Wortman, C. (2000). Marital quality and psychological adjustment to widowhood among older adults: A longitudinal analysis. *Journal of Gerontology: Social Sciences, 55B*, S197-S207.

Carrington, D. (1995). Infections. In M. J. Whittle & J. M. Connor (Eds.), *Prenatal diagnosis in obstetric practice* (2nd ed., pp. 100-113). Oxford, UK: Blackwell.

Cascio, W. F. (1995). *Managing human resources: Productivity, quality of work life, profits*. New York: McGraw-Hill.

Case, R. (1985). *Intellectual development: Birth to adulthood*. Orlando, FL: Academic Press.

Casey, B. M., McIntire, D. D., & Leveno, K. J. (2001). The continuing value of the Apgar score for the assessment of newborn infants. *New England Journal of Medicine, 344*, 467-471.

Cavanaugh, J. C., & Blanchard-Fields, F. (2006). *Adult development and aging*. Belmont, CA: Wadsworth Publishing/Thomson Learning.

Cavanaugh, J. C., & Blanchard-Field, F. (2011). *Adult Development and Aging* (6th ed.). Belmont, CA: Wadsworth/Cengage Learning.

Cavanaugh, J. C., Kramer, D. A., Sinnott, J. D., Camp, C. J., & Markley, R. P. (1985). On missing links and such: Interfaces between cognitive research and everyday problem solving. *Human Development, 28*, 146-168.

Chasteen, A. L., Bhattacharyya, S., Horhota, M., Tam, R., & Hasher, L. (2005). How feelings of stereotype threat influence older adult's memory performance. *Experimental Aging Research, 31*, 235-260.

Chin S. B. (2003). Children's consonant inventories after extended cochlear implant use. *Journal of Speech, Language, and Hearing Research, 46*, 849-862.

Cho, K. Y., Park, H. S., & Seo, J. W. (2009). The relationship between lifestyle and metabolic syndrome in obese children and adolescents. *Korean Journal of Pediatric Gastroenterology and Nutrition, 11*, 150-159.

Choi, S., & Gopnik, A. (1995). Early acquisition of verb in Korean across linguistic study. *Journal of Child Language, 22*, 497-529.

Chomsky, N. (1957). *Syntactic structures*. The Hague: Mouton.

Christ, G. H., Siegel, K., & Christ, A. E. (2002). Adolescent grief: It never really hit me until it happened. *Journal of American Medical Association, 288*, 1269-1279.

Cicchetti, D. (2001). How child builds a brain. In W. W. Hartup & R. A. Weinberg (Eds.), *Child psychology in retrospect and prospect*. Mahwah, NJ: Erlbrum.

Clayton, V. (1975). Erikson's theory of human development as it applies to aged: Wisdom as contradictory cognition. *Human Development, 18*, 119-128.

Clayton, V. (1982). Wisdom and intelligence: The nature and function of knowledge in the later years. *International Journal of Aging and Human Development, 15*, 315-323.

Colby, A., Kohlberg, L., & Gibbs, J. (1979). The

measurement of stages of moral judgement. *Final report to the National Institute of Mental Health*. Cambridge, MA: Center for Moral Development and Education.

Cole, M., & Cole, S. R. (1993). *The development of children*. New York: W. H. Freeman.

Colman, W. L., Levine, M. D., & Sandler, A. D. (1991). Learning disabilities in adolescents: Description, assessment and management. In R. M. Lerner, A. C. Petersen, & J. Brooks-Gunn (Eds.), *Encyclopedia of adolescence* (Vol. 1). New York: Garland.

Conde-Agudelo, A., Diaz-Rossello, J., & Belizan, J. (2003). Kangaroo mother care to reduce morbidity and mortality in low birthweight infants(Cochrane Review). In: *The Cochrane Library, 2*, Oxford, UK: Update Software.

Connolly, J. A., & Doyle, A. (1984). Relations of social fantasy play to social competence in preschoolers. *Developmental Psychology, 20*, 797-806.

Costa, P. T., Jr., & McCrae, R. R. (1984). Personality as a life-long determinant of wellbeing. In C. Malatesta & C. Izard (Eds.), *Emotion in adult development*. Sage.

Costa, P. T., Jr., & McCrae, R. R. (1986). Personality stability and its implications for clinical psychology. *Clinical Psychology Review, 6*, 407-423.

Costa, P. T., Jr., & McCrae, R. R. (1988). Personality in adulthood: A six-year longitudinal study of self-reports and spouse ratings on the NEO Personality Inventory. *Journal of Personality and Social Psychology, 54*, 853-863.

Costa, P. T., Jr., & McCrae, R. R. (1989). Personality continuity and the changes of adult life. In M. Stanford & G. R. Vanden Bos (Eds.), *The adult years: Continuity and change* (pp. 45-77). Washington, DC: American Psychological Association.

Costa, P. T., Jr., & McCrae, R. R. (1994). Stability and change in personality from adolescence through adulthood. In C. F. Halverson, G. A. Kohnstamm, & R. P. Martin (Eds.), *The developing structure of temperament and personality from infancy to adulthood*. Hillsdale, NJ: Erlbaum.

Craik, F. I. M. (1983). On the transfer of information from temporary to permanent memory. *Philosophical Transactions of the Royal Society of London, B302*, 341-359.

Craik, F. I. M., & Byrd, M. (1982). Aging and cognitive deficits: The role of attentional resources. In F. I. M. Craik & S. E. Trehub (Eds.), *Aging and cognitive processes*. New York: Plenum.

Craik, F. I. M., & Jennings, J. J. (1992). Human memory. In F. I. M. Craik & T. A. Salthouse (Eds.), *The handbook of aging and cognition*. Hillsdale, NJ: Erlbaum.

Craik, F. I. M., & Salthouse, T. A. (2000). *Handbook of aging and cognition* (2nd ed.). Hillsdale, NJ: Erlbaum.

Creighton, L. L. (1991). The silent saviours. *U.S. news and world report*, pp. 80-89.

Cristofalo, V. J., Tresini, M., Francis, M. K., & Volker, C. (1999). Biological theories of senescence. In V. L. Bengtson & K. W. Schaie (Eds.), *Handbook of theories of aging*. New York: Springer.

Cumming, E., & Henry, W. (1961). *Growing old: The process of disengagement*. New York: Basic Books.

Cumming, G. P., Currie, H. D., Moncur, R., & Lee A. J. (2009). Web-based survey on the effect of menopause on women's libido in a computer-literate population. *Menopause International, 15*, 8-12.

Cummings, J. L. (2004). Alzheimer's disease. *New England Journal of Medicine, 351*, 56-67.

Cytryn, L., & McKnew, D. (1972). Proposed classification of childhood depression. *American Journal of Psychology, 129*, 149-155.

Dannemiller, J. L., & Stephens, B. R. (1988). A critical test of infant pattern preference models. *Child Development, 59*, 210-216.

Dapretto, M., & Song, Y. K. (1994). Input vs. constraints: Early word acquisition in Korean and English. *Journal of Memory and Language, 33*, 567-582.

Dasen, P. R. (1977). Are cognitive processes universal? A contribution to cross-cultural Piagetian psychology. In N. Warren (Ed.), *Studies in cross-cultural psychology* (Vol. 1). London, UK: Academic Press.

Dasen, P., Ngini, L., & Lavallee, M. (1979). Cross-cultural training studies of concrete operation. In L. H. Eckenberger, W. J. L onner, & Y. H. Poortinga (Eds.), *Cross-cultural contributions to psychology*. Amsterdam, Netherlands: Swets & Zeilinger.

De Lange, T. (1998). Telomeres and senescence: Ending the debate. *Science, 279*, 333-335.

De Vries, R. (1969). Constancy of genetic identic identity in the years three to six. *Monographs of the Society for Research in Child Development, 34*(127). Chicago, IL: University of Chicago Press.

Deans, A. (2003). *Your pregnancy bible*. London, UK: Carroll and Brown Ltd.

den Heijer, T., Geerlings, M., Hoebeek, F. E., Hofman, A., Koudstaal, P. J., & Hofman A. et al. (2006). Use of hippocampal and amygdalar volumes on MRI to predict dementia in cognitively intact elderly. *Archives Of General Psychiatry, 63*, 57-62.

DePaulo, B. M. (2006). *Singled out: How singles are stereotyped, stigmatized, and ignored, and still live happily ever after*. New York: St Martin's Press.

Dillaway, H., Byrnes, M., Miller, S., & Rehan, S. (2008). Talking 'among us': How women from different racial-ethnic groups define and discuss menopause. *Health Care for Women International, 29*, 766-781.

Domjan, M., Cusato, B., & Krause, M. (2004). Learning with arbitrary versus ecological conditioned stimuli: Evidence from sexual conditioning. *Psychonomic Bulletin & Review, 11*, 232-246.

Durlak, J. A. (1973). Relationship between attitudes toward life and death among elderly women. *Developmental Psychology, 8*(1), 146.

Duvall, E. M., & Miller. B. C. (1985). *Marriage and Family development* (6th ed.). Cambridge, NY: Harper & Row.

Dzurova, D., & Pikhart, H. (2005). Down syndrome, paternal age and education: comparison of California and the Czech Republic. *BMC Public Health, 5*, 69-78.

Ebersole, P., Hess, P., & Luggen, A. S. (2004). *Toward healthy aging* (6th ed.). St Louis, MO: Mosby.

Elder, G. H., Jr. (1974). *Children of the great depressions: Social change in life experience*. Chicago, IL: University of Chicago Press.

Elkind, D. (1967). Egocentrism in adolescence. *Child Development, 38*, 1025-1034.

Elkind, D. (1986). Article 11, Formal education and early childhood education: An essential difference. *Phi Delta Kappa*, 631-636.

Erikson, E. H. (1963). *Childhood and society*. New York: Norton.

Erikson, E. H. (1968). *Identity: Youth and crisis*. New York: Norton.

Erikson, E. H. (1980). *Identity and the life cycle*. New York: Norton.

Erikson, E. H., Erikson, J. M., & Kivnick, H. Q. (1986). *Vital involvement in old age: The experience of old age in our time*. New York: Norton.

Fagot, B. I. (1978). Reinforcing contingencies for sex-role behaviors: Effect of experience with children. *Child Development, 49*, 30-36.

Fantz, R. L. (1961). The origin of form perception. *Scientific America, 204*, 66-72.

Farzaneh-Far, R., Cawthon, R. M., Na, B., Browner, W. S., Schiller, N. B., & Whooley, M. A. (2008). Prognostic value of leukocyte telomere length in patients with stable coronary artery disease: Data from the heart and soul study. *Arteriosclerosis, Thrombosis, and Vascular Biology, 28*(7), 1379-1384.

Feldman, R. S. (2001). *Child Development*. Upper Saddle River, NJ: Prentice-Hall.

Feldman, R. S. (2003). *Development across the lifespan* (3rd ed.). Upper Saddle River, NJ: Prentice-Hall.

Feldman, R. S. (2004). *Child development* (3rd ed.). Upper Saddle River, NJ: Prentice-Hall.

Feldman, R. S. (2006). *Development across the life span* (4th ed.). Upper Saddle River, NJ: Pearson Prentice Hall.

Fenson, L., Dale, P. S., Reznick, J. S., Bate, E., Thal, D. J., & Pethick, S. J. (1994). Variability of early communicative development. *Monographs of the Society for Research in Child Development, 59*, Serial No. 242.

Ferber, S. G., & Makhoul, I. R. (2004). The effect of skinto-skin contact (Kangaroo Care) shortly after birth on the neuro-behavioral responses of the term newborn: A randomized, controlled trial. *Pediatrics, 113*, 858-865.

Finch, C. E., & Zelinski, E. M. (2005). Mechanisms in the normal aging of brain structure and cognition: Evolutionary and ecological perspectives. *Research in Human Development, 2*, 69-82.

Fingerman, K. L. (1996). Sources of tension in the aging mother and adult daughter relationship. *Psychology and Aging, 11*, 591-606.

Fischer, K. (1980). A theory of cognitive development: The control and construction of hierarchies of skills. *Psychological Review, 87*, 477-531.

Fisher, M., Golden, N. H., Katzman, D. K., Kreope, R. E., Rees, J., Schebendach, J., Sigman, G., Ammerman, S., & Hoberman, H. M. (1995). Eating disorders in adolescents: A background paper. *Journal of Adolescent Health, 16*, 420-437.

Flint, M., & Samil, R. S. (1990). Cultural and subcultural meanings of menopause. *Annals of the New York Academy of Sciences, 592*, 134-147.

Flynn, J. R. (1999). Searching for justice: The discovery of IQ gains over time. *American Psychologist, 54*, 5-20.

Föster, S. (2001). *The dragonflies of central america exclusive of mexico and the west indies a guide to their identification* (2nd ed.). Wolfenbüttel: Gunnar Rehfeldt.

Fox, M., Sear, R., Beise, J., Ragsdale, G., Voland, E., & Knapp, L. A. (2009). Grandma plays favourites: X-chromosome relatedness and sex-specific childhood mortality. *Proceeding of the royal society B, 2010 277, 567-573 first published online 28 October 2009.*

Freud, S. (1956). *On sexuality*. London, UK: Pengnin Books Ltd.

Friedman, M., & Rosenman, R. H. (1974). *Type A behavior and your heart*. New York: Random House.

Fu, S. Y., Anderson, D., & Courtney, M. (2003). Cross-cultural menopausal experience: Comparison of Australian and Taiwanese women. *Nursing & Health Science, 5*, 77-84.

Furman, E. (1974). *A child's parent dies: Studies in childhood bereavement*. New Haven, CT: Yale University Press.

Furukawa, S., Fujita, T., Shimabukuro, M., Iwaki, M., Yamada, Y., Nakajima, Y., ······ & Shimomura, I. (2004). Increased oxidative stress in obesity and its impact on metabolic syndrome. *The Journal of Clinical Investigation, 114*(12), 1752-1761.

Garcia-Portilla, M. (2009). Depression and perimenopause: A review. *Actas Españolas de Psiquiatría, 37*, 231-321.

Gardner, H. (1999). *Intelligences reframed: Multiple intelligences for the 21st century*. New York: Basic Books.

Gatz, M. (2007). Commentary on evidence-based psychological treatments for older adults. *Psychology and Aging, 22*, 52-55.

Gatz, M., Pedersen, N. L., Berg, S., Johansson, B., Johansson, K., Mortimer, J. A., Posner, S. F., Viitanen, M., Winblad, B., & Ahlbom, A. (1997). Heritability for Alzheimer's disease: The study of dementia in Swedish twins. *Journals of Gerontology: Series A, Biological Sciences and Medical Sciences, 52*, 117-125.

Gatz, M., Prescott, C. A., & Pedersen, N. L. (2006). Lifestyle risk and delaying factors. *Alzheimer Disease & Associated Disorders, 20*, 84-88.

Gatz, M., Reynolds, C. A., Fratiglioni, L., Johansson, B., Mortimer, J. A., Berg, S., Fiske, A., & Pedersen, N. L. (2006). Role of genes and environments for explaining Alzheimer disease. *Archives Of General Psychiatry, 63*, 168-174.

Geserick, M., Vogel, M., Gausche, R., Lipek, T., Spielau, U., & Keller, E. et al. (2018). Acceleration of BMI in early childhood and risk of sustained obesity. *New England Journal of Medicine, 379*(14), 1303-1312.

Gesser, G., Wong, P. T. P., & Reker, G. T. (1987-1988). Death attitudes across the life-span: The development and validation of the death attitude profile(DAP). *Omega, 18*, 113-128.

Gilligan, C. (1982). *In a different voice: Psychological theory and women's Development*. Cambridge, MA:

Harvard University Press.

Gilliom, M., Shaw, D. S., Beck, J. E., et al. (2002). Anger regulation in disadvantaged preschool boys: Staratgies, antecedents, and the development of self-control. *Developmental Psychology, 38*, 222-235.

Ginsburg, H., & Opper, S. (1988). *Piaget's theory of intellectual development: A introduction* (3rd ed.). Englewood Cliffs, NJ: Prentice-Hall.

Ginzberg, E. (1990). Career development. In D. Brown, L. Brooks, & Associates (Eds.), *Career choice and development*. San Francisco, CA: Jossey-Bass.

Ginzberg, E., Ginsburg, S. W., Axelard, S., & Herma, J. L. (1951). *Occupational choice*. New York: Columbia University Press.

Girdin, D. A., Dusek, D. E., & Everly, G. S. (1996). *Controlling stress and tension*. Needham Height, MA: Allyn & Bacon.

Golinkoff, R. M., Jacquet, R., Hirsh-Pasek, K., & Nandakumar, R. (1996). Lexical principles may underlie the learning of verbs. *Child Development, 67*, 3101-3119.

Goodman, G., & Silverstein, M. (2002). Grandparents raising grandchildren: Family structure and well-being in culturally diverse families. *The Gerontologist, 42*(5), 676-689.

Gopnik, A., & Choi, S. (1990). Do linguistic differences lead to cognitive differences? A cross-linguistic study of semantic and cognitive development. *First Language, 10*, 199-215.

Gottman, J. M. (1994). *Why marriages succeed or fail: And how you can make your last*. New York: Simon & Schuster.

Gottman, J. M., Katz, L. F., & Hooven, C. (1997). Meta-emotional determinants of aggression among African-American and Latino young adolescents. *Developmental Psychology, 28*, 731-740.

Greenfield, E. A., & Marks, N. F. (2004). Formal volunteering as a protective factor for older adults' psychological well-being. *Journal of Gerontology: Social Sciences, 59*, 258-264.

Grossmann, K., Grossmann, K. E., Spangler, G., Suess, G., & Unzer, L. (1985). Maternal Sensitivity and newborns' orientation responses as related to quality of attachment in northeren Germany. In I. Bretherton & E. Waters (Eds.), Growing points of attachment theory and research. *Monographs of the Society for Research in Child Development, 50*(1-2), Serial No. 209.

Guilford, J. P. (1988). Some changes in the structure of the intellect model. *Educational and Psychological Measurement, 40*, 1-4.

Gunnar, M. R. (1998). Quality of early care and buffering neuroendocrine stress reactions: potential effects on the developing human brain. *Preventive Medicine, 27*, 208-211.

Hagerman, R. J. (1996). Biomedical advances in developmental psychology: The case of Fragile X syndrome. *Developmental Psychology, 32*, 416-424.

Haith, M. M. (1986). Sensory and perceptual processes in early infancy. *Journal of Pediatrics, 109*(1), 158-171.

Hallahan, D. P., & Kaufmann, J. M. (2000). *Exceptional learners* (8th ed.). Boston, MA: Allyn & Bacon.

Hamachek, D. (1990). Evaluating self-concept and ego status in Erikson's last three psychosocial stages. *Journal of Counseling and Development, 68*, 677-683.

Harlow, H. F., & Zimmerman, R. R. (1959). Affectional responses in the infant monkey. *Science, 130*, 421-432.

Harris, G. (1997). Development of taste perception and appetite regulation. In G. Bremner, A. Slater, & G. Butterworth (Eds.), *Infant development: Recent advances* (pp. 9-30). East Susses, UK: Psychology Press.

Hart, B., & Risley, T. R. (1995). *Meaningful differences in the everyday experience of young american children*. Baltimore, MD: Paul H. Brookes Publishing Co., Inc.

Hasher, L., & Zacks, R. T. (1988). Working memory, comprehension, and aging: A review and a new view. In G. H. Bower (Ed.), *The Psychology of Learning and Motivation, 22*, 193-225. New York: Academic Press.

Hayflick, L. (1996). *How and why we age*. New York: Ballantine Books.

Hayflick, L., & Moorhead P. S. (1961). The serial

cultivation of human diploid cell strains. *Experimental Cell Research, 25*, 585-621.

Hazan, C., & Shaver, P. (1987). Romantic love conceptualized as an attachment process. *Journal of Personality and Social Psychology, 52*, 511-524.

Herrnstein, R. J., & Murray, C. (1994). *The bell curve: Intelligence and class structure in American life.* New Yok: Free Press.

Hess, T. M., Hinson, J. T., & Hodges, E. A. (2009). Moderators of and mechanisms underlying stereotype threat effects on older adults' memory performance. *Experimental Aging Research, 31*, 153-177.

Hetherington, T. F., & Weinberger, J. (Eds.)(1993). *Can personality change?* Washington, DC: American Psychological Association.

Hickling, A. K., & Wellman, H. M. (2001). The emergence of children's causal explanations and theories: Evidence from everyday conversations. *Developmental Psychology, 37* (5), 668-683.

Hines, M., & Kaufman, F. R. (1994). Androgen and the development of human sex-typical behavior: Rough-and tumble play and sex of preferred playmates in children with congenital adrenal hyperplasia(CAH). *Child Development, 65*, 1042-1053.

Hobdy, J. (2000). The role of individuation processes in the launching of children into adulthood. *Dissertation Abstracts International Section B: The Sciences and Engineering, 60*(9-B), 4929.

Hochwarter, W. A., Ferris, G. R., Canty, A. L, Frink, D. D., Perrewea, P. L., & Berkson H. M. (2001). Reconsidering the job-performance-turnover relationship: The role of gender in form and magnitude. *Journal of Applied Social Psychology, 31*(11), 2357-2377.

Hoff-Ginsbers, E. (1998). *Language development* (4th ed.). Cengage Learning.

Hoff-Ginsberg, E., & Shatz, M. (1982). Linguistic input and the child's acquisition of language. *Psychological Bulletin, 92*, 3-26.

Hølge-Hazelton, B., Timm, H. U., & Graugaard, C. et al. (2016). "Perhaps I will die young." Fears and worries

regarding disease and death among Danish adolescents and young adults with cancer. A mixed method study. *Support Care Cancer, 24*, 4727-4737. https://doi.org/10.1007/s00520-016-3322-z

Holland, J. L. (1992). *Making vocational choices: A theory of vocational personalities and work environment* (2nd ed.). Odessa, FL: Psychological Assessment Resources.

Horn, J. L. (1982). The aging of human abilities. In B. B. Wolman (Ed.), *Handbook of developmental psychology.* New York: Prentice-Hall.

Horn, J. L., & Cattell, R. B. (1967). Age differences in fluid and crystallized intelligence. *Acta Psychologica, 26*, 107-129.

Hoskin, R. G. (1946). *The biology of schizophrenia.* New York: WW Norton & Co.

Howard, D. V. (1988). Aging and memory activation: The priming of semantic and episodic memories. In L. L. Light & D. M. Burke (Eds.), *Language, memory, and aging* (pp. 77-99). New York: Cambridge University Press.

Hoyer, W. J., Rybash, J. M., & Roodin, P. A. (1999). *Adult development and aging* (4th ed.). New York: McGraw-Hill.

Hultsch, D. F., Hertzog, C., & Dixon, R. A. (1984). Text recall in adulthood: The role of intellectual abilities. *Developmental Psychology, 20*, 1193-1211.

Hurlock, E. B. (1981). *Developmental psychology a life span approach.* New Delhi, India: Tata McGraw-Hill Pub. Co., Ltd.

Ingersoll-Dayton, B., Neal, M. B., Ha, J., & Hammer, L. B. (2003). Redressing inequity in parent care among siblings. *Journal of Marriage and Family, 65*, 201-212.

Inhelder, B., & Piaget, J. (1958). *The growth of logical thinking: From childhood to adolescence.* New York: Harper & Row.

Jacobson, J. L., Jacobson, S. W., Sokol, R., J., Martier, S. S., Ager, J. W., & Kaplan-Estrin, M. G. (1993). Teratogenic effects of alcohol on infant development. *Alcoholism: Clinical and Experimental Research, 17*, 174-183.

Jaenicke, C., Hammen, C., Zupan, B., Hiroteo, D.,

Gordon, D., Adrian, C., & Burge, D. (1987). Cognitive vulnerability in children at risk for depression. *Journal of Abnormal Child Psychology, 15*, 559–572.

Jeste, D. (2010). *Wisdom: East and west.* 2010 International Congress of the Royal College of Psychiatrists.

Jopp, D., & Smith, J. (2006). Resources and life-management strategies as determinants of successful aging: On the protective effect of selection, optimization, and compensation. *Psychology and Aging, 21*, 253–265.

Kagan, J., & Herschkowitz, N. (2005). *A young mind in a growing brain.* Mahwah, NJ: Erlbaum.

Kalish, C. W. (1998). Young children's predictions of illness: Failure to recognize probabilistic cause. *Developmental Psychology, 34*(5), 1046–1058.

Kalish, R. A. (1985). The social context of death and dying. In R. H. Binstock & E. Shanas (Eds.), *Handbook of aging and the social sciences* (2nd ed., pp. 149–170). New York: Van Nostrand Reinhold.

Kaluger, G., & Kaluger, M. F. (1979). *Human development the span of life.* St. Louis, MO: Mosby.

Kaplan, P. S. (2004). *Adolescence.* New York: Houghton Mifflin Company.

Kastenbaum, R. J. (1967). The child's understanding of death: How does it develop? In E. Grollman (Ed.), *Explaining death to children* (pp. 89–109). New York: Merrill.

Kastenbaum, R., & Aisenberg, R. (1972). *The psychology of death.* New York: Springer.

Katzman, R. (1993). Education and prevalence of Alzheimer's disease. *Neurology, 43*, 13–20.

Kausler, D. H. (1990). *Experimental psychology, cognition, and human aging* (2nd ed.). New York: Springer-Verlag.

Keating, D. P. (1980). Thinking processes in adolescence. In J. Adelson (Ed.), *Handbook of adolescent psychology* (pp. 211–246). New York: Wiley.

Keating, D. P. (1990). Adolescent thinking. In S. S. Feldman & G. R. Elliot (Eds.), *At the threshold: The development adolescent.* Cambridge, MA: Harvard University Press.

Kelley-Buchanan, C. (1988). *Peace of mind during pregnancy: An A–Z guide to the substances that could affect your unborn baby.* New York: Facts on File Publications.

Kellogg, R. (1970). Understanding children's art. In P. Cramer (Ed.), *Reading in developmental Psychology Today.* Delmar, CA: CRM.

Kelly, J. R., Steinkamp, M. W., & Kelly, J. R. (1986). Later life leisure: How they play in Peoria. *Gerontologist, 26*, 531–537.

Kerckhoff, A. C., & Davis, K. E. (1962). Value consensus and need complementarity in mate selection. *American Sociological Review, 27*, 295–303.

Killen, M., & Nucci, L. P. (1995). Morality, autonomy, and social conflict. In M. Killen & D. Hart (Eds.), *Morality in everyday life* (pp. 52–86). Cambridge, UK: Cambridge University Press.

Kim, J. E., & Moen, P. (2001). Is retirement good or bad for subjective well-being? *Current Directions in Psychological Science, 10*, 83–86.

Kim, M., McGregor, K. K., & Thompson, C. K. (2000). Early lexical development in English and Korean speaking children: language general and language specific patterns. *Journal of Child Language, 27*, 225–254.

Kim, Y. C. (1998). *Andopause and androgen.* Seoul, Korea: Korea Medical.

Kleemeier, R. W. (1962). Intellectual changes in the senium. *Proceedings of the Social Statistics Section of the American Statistical Association, 1*, 290–295.

Klenow, D. J., & Bolin, R. C. (1989–1990). Belief in an afterlife: A national survey. *Omega, 20*, 63–74.

Kobak, R., & Sceery, A. (1988). Attachment in late adolescence: Working models, affect regulation, and representations of self and others. *Child Development, 59*, 135–146.

Kochanska, G. (1993). Towards a synthesis of parental socialization and child temperament in early development of conscience. *Child Development, 64*, 325–347.

Kohlberg, L. (1963). The development of children's orientations toward a moral order: Sequence in the development of moral thought. *Human Development, 6,* 11-33.

Kohlberg, L. (1966). A cognitive-developmental analysis of children's sex role concepts and attitudes. In E. E. Maccoby (Ed.), *The development of sex differences.* Stanford, CA: Stanford University Press.

Kohlberg, L. (1984). *The psychology of moral development: The nature and validity of moral stages* (Vol. 2). New York: Harper & Row.

Kohlberg, L., & Kramer, R. (1969). Continuities and discontinuities in childhood and adult moral development. *Human Development, 12,* 93-120.

Komhaber, A. (1996). *Contemporary grand-parenting.* Newbury Park, CA: Sage.

Kramer, D. A. (2003). The ontogeny of wisdom in its variations. In J. Demick & C. Andreoletti (Eds.), *Handbook of adult development.* New York: Plenum Press.

Kreicbergs, U., Valdimarsdottir, U., Onelov, E., Henter, J., & Steineck, G. (2004). Talking bout death with children who have severe malignant disease. *New England Journal of Medicine, 351,* 1175-1253.

Kreutzer, M., Leonard, C., & Flavell, J. (1975). An interview study of children's knowledge about memory. *Monographs of the Society for Research in Child Development, 40*(1), Serial No. 159.

Kübler-Ross, E. (1969). *On death and dying.* New York: Macmillan.

Kübler-Ross, E. (1997). *On death and dying.* New York: Scribner Book Company.

Labouvie-Vief, G. (1985). Intelligence and cognition. In J. E. Birren & K. W. Schaie (Eds.), *Handbook of the psychology of aging* (2nd ed.). New York: Van Nostrand Reinhold.

Labouvie-Vief, G. (1990). Wisdom as integrated thought: Historical and developmental perspectives. In R. J. Sternberg (Ed.), *Wisdom: Its nature, origins, and development.* New York: Cambridge University Press.

Lachman, M. E. (2004). Development in midlife. *Annual Review of Psychology, 55,* 305-331.

Lagattuta, K. H. (2005). When you shouldn't do what you want to do: Young children's understanding of desires, rules, and emotions. *Child Development, 76,* 713-733.

Lakatta, E. G., & Levy, D. (2003a). Arterial and cardiac aging: Major shareholders in cardiovascular disease enterprises: Part Ⅰ. Aging arteries: A "set up" for vascular disease. *Circulation, 107,* 139-146.

Lakatta, E. G., & Levy, D. (2003b). Arterial and cardiac aging: Major shareholders in cardiovascular disease enterprises: Part Ⅱ. The aging heart in health: Links to heart disease. *Circulation, 107,* 346-354.

Lang, F. R., Rieckmann, N., & Baltes, M. M. (2002). Adapting to aging losses: Do resources facilitate strategies of selection, compensation, and optimization in everyday functioning? *Journals of Gerontology. Series B, Psychological Sciences and Socail Sciences, 57B,* 501-509.

Lapsley, D. K. (1990). Continuity and discontinuity in adolescent social cognitive development. In R. Montemayor, G. R. Adams., & T. P. Gullotta (Eds.), *From childhood to adolescence: A transitional period?* Newbury Park, CA: Sage.

Launer, L. J., Andersen, K., Dewey, M. E., et al. (1999). Rates and risk factors for dementia and Alzheimer's disease: Results from EURODEM pooled analyses. EURODEM Incidence Research Group and Work Groups. European studies of dementia. *Neurology, 52,* 78-84.

Lawrence, A. K. (2005). Gender and marital satisfaction early in marriage: A growth curve approach. *Journal of Marriage and Family, 67* (1), 68-84.

Lazarus, R. S. (1999). *Stress and emotion: A new synthesis.* New York: Springer Publishing Co.

Lazarus, R. S., & Folkman, S. (1984). *Stress, appraisal, and coping.* New York: Springer.

Lee, S. J., Ralston, H. J. P., Drey, E. A., Partridge, J. C., & Rosen, M. A. (2005). Fetal pain: A systematic multidisciplinary review of the evidence. *Journal of the American Medical Association, 294,* 947-954.

Lenneberg, E. H.(1967). *Biological foundations of*

language. New York: John Wiley & Sons.

Levine, R. A. (1974). Parental goals: A cross-cultural view. *Teachers College Record, 76*, 226-239.

Levinson, D. (1978). *The seasons of a man's life*. New York: Ballantine.

Levinson, D. (1996). *The seasons of a woman's life*. New York: Alfred Knopf.

Levinson, D., Darrow, C., Klein, E., Levinson, M., & Braxton, M. (1978). *The seasons of a man's life*. New York: Ballantine.

Lewis, R. A., & Lin, L. W. (1996). Adults and their midlife parents. In N. Vanzetti & S. Duck (Eds.), *A lifetime of relationships* (pp. 364-382). Pacific Grove, CA: Brooks/Cole.

Leyens, J. P., Camino, L., Parke, R. D., & Berkowitz, L. (1975). Effects of movie violence on aggression in a field setting as a function of group dominance and cohesion. *Journal of Personality and Social Psychology, 32*, 346-360.

Lieberman, M. A. (1965). Psychological correlates of impending death. *Journal of Gerontology, 20*, 181-190.

Lieberman, M. A., & Coplan, A. S. (1970). Distance from death as a variable in the study of aging. *Developmental Psychology, 2*(1), 71-84.

Linn, V. C. (1983). Content, context, and process in reasoning. *Journal of Early Adolescence, 3*, 63-82.

Lipstitt, L. P., & Kaye, H. (1964). Conditioned sucking in the human newborn. *Psychonomic Science, 1*, 29-30.

Lock, M. (1993). *Encounters with aging: Mythologies of menopause in Japan and North America*. Oakland, CA: Berkeley University Press.

Longo, D., Rauci, A., Kasper, D., Hauser, S., Jameson, J., & Loscalzo, J. (2012). *Harrison's principle of internal medicine* (18th ed.). New York: McGraw Hill Companies, Inc.

Lorenz, K. (1952). *King Solomon's ring*. New York: Crowell.

Lovelace, E. A. (1990). A ging and metacognitions concerning memory function. In E. A. Lovelace (Ed.), *Aging and cognition: Mental processes, self awareness*

and interventions. Amsterdam, Netherlands: Elsevier.

Maciejewski, P. K., Zhang, B., Block, S. D., & Prigerson, H. (2007). *An empirical examination of the stage theory of grief*. American Medical Association.

MacLean, P. D. (1990). *The triune brain in evolution: Role in paleocerebral functions*. New York: Plenum Press.

Madison, L. S., Madison, J. K., & Adubato, S. A. (1986). Infant behavior and development in relation to fetal movement and habituation. *Child Development, 57*, 1475-1482.

Magenis, R. E., Overton, K. M., Chamberlin, J., Brady, T., & Lorrien, E. (1977). Parental origin of the extra chromosome in Down's syndrome. *Human Genetics, 37*, 7-16.

Mahady, G. B., Low Dog, T., & Barrett, M. L. et al. (2008). United States Pharmacopeia review of the black cohosh case reports of hepatotoxicity. *Menopause: The North American Menopause Society, 15*(4), 628-638.

Main, M., & Solomon, J. (1990). Procedures for identifying infants as disorganized /disoriented during the Ainsworth strange situation. In M. T. Greenberg, D. Cicchetti, & M. Cummings (Eds.), *Attachment in the preschool years: Theory, research, and intervention* (pp. 121-160). Chicago, IL: The University of Chicago Press.

Marcia, J. E. (1980). Identity in adolescence. In J. Adelson (Ed.), *Handbook of adolescent psychology* (pp. 157-187). New York: John Wiley.

Marcia, J. E. (1999). Representational thought in ego identity, psychotherapy, and psychosocial developmental theory. In I. E. Sigel (Ed.), *Development of mental representation: Theories and application* (pp. 391-414). Mahwah, NJ: Erlbaum.

Marica, J. E. (2001). A commentary on Seth Schwartz's review of identity theory and research. *Identity, 1*(1), 59-65.

Marica, J. E. (2002). Identity and psychosocial development in adulthood. *Identity, 2*(1), 7-28.

Marlier, L., & Schaal, B. (2005). Human new-borns prefer human milk: Conspecific milk odor is attractive without postnatal exposure. *Child Development, 76*, 155-168.

Martikainen, P., & Valkonen, T. (1996). Motality after the death of a spouse: Rates and causes of death in a large Finnish cohort. *American Journal of Public Health, 86*, 1087–1093.

Martin, J. A., Hamilton, B. E., Sutton, P. D., Ventura, S. J., Menacker, F., Kirmeyer, S., & Munson, M. (2007). Births: Final data for 2005. *National Vital Statistics Reports, 56*(6). Hyattsville, MD: National Center for Health Statistics.

Maslach, C. (1998). A multidimensional theory of burnout. In C. L. Cooper (Ed.), *Theories of organizational stress* (pp. 68–85). Oxford, UK: Oxford University Press.

Maslow, A. H. (1954). *Motivation and personality.* New York: Norton.

Maslow, A. H. (1970). *Motivation and personality* (2nd ed.). New York: Harper & Row.

Matthews, S., & Brown, D. (1987). Retirement as a crucial life event: The differential experiences of women and men. *Research on Aging, 9*, 548–551.

Matusov, E., & Hayes, R. (2000). Sociocultural critique of Piaget and Vygotsky. *New Ideas in Psychology, 18*, 215–239.

Maurer, A. (1966). Maturation of concepts of death. *British Journal of Medicine and Psychology, 39*, 35–41.

McGrath, J. E. (1976). Stress and behavior in organizations. In M. D. Dunnette (Ed.), *Handbook of industrial and organizational psychology.* Chicago, IL: Rand McNally.

Merewood, A. (2000). Sperm under seige. In K. L. Freiberg (Ed.), *Human development 00/01* (28th ed., pp. 41–45). Guilford, CT: Dushkin/McGraw-Hill.

Mischel, W. (1986). *Introduction of personality* (4th ed.). New York: Holt, Rinehart & Winston.

Mischel, W. A. (1970). Sex-typing and socialization. In P. H. Mussen (Ed.), *Carmichael's manual of child psychology.* New York: Wiley.

Mojon-Azzi, S. M., Sousa-Poza, A., & Mojon, D. S. (2008). Impact of low vision on well-being in 10 European countries. *Ophthalmologica, 222*, 205–212.

Morris, R. G. (2004). Neurobiological abnormalities in Alzheimer's disease: Structural, genetic, and funtional correlates of cognitive dysfunction. In R. G. Morris & J. T. Becker (Eds.), *Cognitive neuropsychology of Alzheimer's disease* (2nd ed.). Oxford, UK: Oxford University Press.

Morse, C. (1980). The middlescent woman and the menopausal syndrome. *The Australia Nurse Journal, 9*(8), 37–48.

Moyer, A. (1999). Ultimate attainment in L2 phonology. *Studies in Second Language Acquisition, 21*, 251–286.

Müezzinler, A., Zaineddina, A. K., & Brennera, H. (2013). A systematic review of leukocyte telomere length and age in adults. *Ageing Research Reviews, 12*, 509–519.

Nagy, M. (1948). The child's theories concerning death. *Journal of Genetic Psychology, 73*, 3–27.

National Sleep Foundation. (2004). *Sleep in America.* Washington, DC: Author.

Neimeyer, G. (1985). Personal constructs and the counseling of couples. In F. Epting & A. Landfeld (Eds.), *Anticipating personal construct psychology* (pp. 201–215). Lincoln, NE: University of Nebraska Press.

Neimeyer, R. A., & Chapman, K. M. (1981). Self/ideal discrepancy and fear of death: The test of an existential hypothesis. *Omega, 11*, 233–239.

Neimeyer, R. A., & Van Brunt, D. (1995). Death anxiety. In H. Wass & R. A. Neimeyer (Eds.), *Dying: Facing the facts* (3rd ed., pp. 49–88). London, UK: Taylor & Francis.

Neitzel, C., & Stright, A. D. (2003). Relations between parents' scaffolding and children's academic self-regulation: Establishing a foundation of self-regulatory competence. *Journal of Family Psychology, 17*, 147–159.

Neugarten, B. L. (1967). The awareness of middle age. In R. Owen (Ed.), *Middle age.* London, UK: BBC.

Neugarten, B. L., & Gutmann, D. L. (1958). Age, sex roles and personality in middle age. In B. L. Neugarten (Ed.), *Middle age and aging.* Chicago, IL: University of Chicago Press.

Neugarten, B. L., Havighurst, R., & Tobin, S. S. (1968). Personality and patterns of aging. In B. Neugarten (Ed.), *Middle age and aging.* Chicago, IL: University of Chicago Press.

Newman, L., & Buka, S. L. (1990). *Every child a learner: Reducing risks of learning impairment during pregnancy and infancy*. Denver, CO: Education Commission of the States.

Norman, J., & Harris, M. W. (1981). *The private life of the American teenager*. New York: Rawson Wade.

Norville, D. (2009). *The power of respect*. Nashville TN: Thomas Nelson, Inc.

Nottelmann, E. D., Susman, E. J., Blue, J. H., Inoff-Germain, G., Dorn, L. D., Loriaux, D. L., Cutler, C. B., & Chrousos, G. P. (1987). Gonadal and adrenal hormone correlates of adjustment in early adolescence. In R. M. Lerner & T. T. Foch (Eds.), *Biological-psychologica interactions in early adolescence*. Hillsdale, NJ: Erlbaum.

OECD (2014). OECD Economic Surveys KOREA. 2014. 6.

Okamoto, N., Morikawa, M., Okamoto, K., Habu, N., Iwamoto, J., Tomioka, K., Saeki, K., Yanagi, M., Amano, N., & Kurumatani, N. (2010). Relationship of tooth loss to mild memory impairment and cognitive impairment: findings from the fujiwara-kyo study. *Behavioral and Brain Functions, 6*(77).

Orbuch, T. L., House, J, S., Mero, R. P., & Webster, P. S. (1996). Marital quality over the life course. *Social Psychology Quarterly, 59*, 162–171.

Ordy, J. M., Brizzee, K. R., Beaver, T., & Medart, P. (1979). Age differences in the functional and structural organization of the auditory system in man. In J. M. Ordy & K. R. Brizzee (Eds.), *Sensory systems and communication in the elderly*. Philadelphia, PA: Williams & Wilkins.

Ott, B. R., & Owens, N. J. (1998). Complementary and alternative medicines for Alzheimer's disease. *Journal of Geriatric Psychiatry and Neurology, 11*, 163–173.

Owens, R. E. (2005). *Language development: An introduction* (6th ed.). Boston, MA: Allyn & Bacon.

Oyama, S. (1976). A sensitive period for the acquisition of a non-native phonological system. *Journal of Psycholinguistics Research, 5*, 261–285.

Papalia, D. E., Olds, S. W., & Feldman, R. D. (2009). *Human development* (11th ed.). New York: McGraw-Hill.

Papousek, H. (1967). Experimental studies of appetitional behavior in human newborns and infants. In H. W. Stevenson, E. H. Hess, & H. L. Rheingold (Eds.), *Early behavior: Comparative and developmental approaches*. New York: Wiley.

Parke, R. D. (2004). The society for research in child development at 70: Progress and promise. *Child Development, 75*, 1–24.

Parkes, C. M. (1972). *Bereavement: Studies in grief in adult life*. London, UK: Tavistock.

Parkes, C. M. (1975). Determinants of outcome following bereavement. *Omega, 6*, 303–323.

Parkes, C. M., & Weiss, R. S. (1983). *Recovery from bereavement*. New York: Basic Books.

Pattison, E. M. (1977). The experience of dying. In E. M. Pattison (Ed.), *The experience of dying*. Englewood cliffs, NJ: Prentice-Hall.

Pearlin, L., & Johnson, J. (1977). Martial status, life strains and depression. *American Sociological Review, 42*, 704–715.

Pearson, B. Z., Fernandez, S. C., Lewedeg, V., & Oller, D. K. (1997). The relation of input factors to lexical learning by bilingual infants. *Applied Linguistics, 18*, 41–58.

Peck, R. C. (1968). Psychological development in the second half of life. In B. L. Neugarten (Ed.), *Middle age and aging*. Chicago: University of Chicago Press.

Peppers, L. G., & Knapp, R. (1980). Maternal reactions to involuntary fetal infant death. *Psychiatry, 43*, 155–159.

Perlmutter, M. (1984). Continuities and discontinuities in early human memory: Paradigms, processes, and performances. In R. V. Kail, Jr., & N. R. Spear (Eds.), *Comparative perspectives on the development of memory* (pp. 253–287). Hillsdale, NJ: Erlbaum.

Perry, W. G. (1970). *Forms of intellectual and ethical development in the college years*. New York: Holt, Rinehart & Winston.

Peterson, R. C. (2003). *Mild cognitive impairment*. Oxford: Oxford University Press.

Piaget, J. (1952). *The origins of intelligence in children*.

New York: International Universities Press.

Piaget, J. (1954). *The construction of reality in the child.* New York: Basic Books, Inc.

Piaget, J. (1955). *The child's construction of reality.* New York: Basic Books.

Piaget, J. (1962). *Play, dreams and imitation in childhood.* New York: Norton.

Piaget, J. (1965). *The moral judgement of the child.* New York: The Free Press.

Piaget, J. (1972). Intellectual evolution from adolescence to adulthood. *Human Development, 15,* 1-12.

Piaget, J. (1983). Piaget' theory. In P. H. Mussen (Ed.), *Handbook of child psychology: Vol. 1* (pp. 294-356). New York: Wiley.

Plomin, R. (1990). *Nature and nurture: An introduction to behavior genetics.* Pacific Grove, CA: Brooks/Cole.

Pollack, J. M. (1980). Correlates of death anxiety: A review of empirical studies. *Omega, 10,* 97-121.

Poon, L. W. (1985). Differences in human memory with aging: Nature, causes and clinical implications. In J. E. Birren & K. W. Schaie (Eds.), *Handbook of the psychology of aging* (2nd ed.). New York: Van Nostrand Reinhold.

Popenoe, D., & Whitehead, B. D. (1999). *Should we live together? What young adults need to know about cohabitation before marriage.* New Brunswick, NJ: The National Marriage Project.

Powlishta, K. K., Serbin, L. A., Doyle, A. B., & White, D. R. (1994). Gender, ethnic, and body type biases: The generality of prejudice in childhood. *Developmental Psychology, 30,* 526-536.

Pudrovska, T., Schieman, S., & Carr, D. (2006). Strains of singlehood in later life: Do race and gender matter? *Journal of Gerontology: Social Science, 61B,* S315-S322.

Purcell, P. J. (2002). Older workers: Employment and retirement trends. Congressional Research Service Report for Congress. Washington, DC: Congressional Research Service.

Putney, N. M., & Bengtson, V. L. (2001). Families, intergenerational relationships, and kin-keeping in midlife. In M. E. Lachman (Ed.), *Handbook of midlife development* (pp. 528-570). New York: Wiley.

Rathus, S. A. (2020). *Human lifespan development* (6th ed.). Boston, MA: Cengage.

Reichard, S., Livson, F., & Peterson, P. G. (1962). *Aging and personality: A study of 87 old men.* New York: John Wiley.

Reis, H. T., Collins, W. A., & Berscheid, E. (2000). The relationship context of human behavior and development. *Psychological Bulletin, 126,* 844-872.

Reisman, J. M. (1981). Adult friendship. In S. W. Duck & R. Gilmour (Eds.), *Personal relationships 2: Developmental personal relationships.* New York: Academic Press.

Rest, J. (1976). New approaches in the assessment of moral judgment. In T. Lickona (Ed.), *Moral development and behavior: Theory, research, and social issues.* New York: Holt, Rinchart and Winston.

Reuter-Lorenz, P. A. (2022). New vision of the aging and brain. *PlumX Metrics, 6*(9), 394-400. DOI: https://doi.org/10.1016/S1364-6613(02)01957-5

Riegel, K. F. (1973). Dialectic operation: The final period of cognitive development. *Human Development, 16,* 346-370.

Riley, M. W., & Bowen, C. (2005). The sandwich generation: Challenges and coping strategies of multigenerational family. *Counseling & Therapy for Couples & Families, 13,* 52-58.

Roberts, B. W., & Mroczek, D. K. (2008). Personality trait change in adulthood. *Current Directions in Psychological Science, 17,* 31-35.

Robins, R. W., Gosling, S. D., & Craik, K. H. (1999). An empirical analysis of trends in psychology. *American Psychologist, 54,* 117-128.

Rochlin, G. (1965). *Griefs and discontents: The forces of change.* Boston, MA: Little, Brown.

Rodriguez-Tome, H., Bariaud, F., Cohen-Zardi, M. F., Delmas, C., Jeanvoine, B., & Szylagyi, P. (1993). The effects of pubertal changes on body image and relations with peers of the opposite sex in adolescence. *Journal of Adolescence, 16*(4), 421-438.

Rogers, C. R. (1971). A theory of personality. In S. Maddi (Ed.), *Perspectives on personality*. Boston, MA: Little, Brown.

Rogler, L. H. (2002). Historical generations and psychology: The case of Great Depression and World War II. *American Psychologist, 57*(12), 1013–1023.

Rogoff, B. (1981). Schooling and the development of cognitive skills. In H. C. Triandis & A. Heron (Eds.), *Handbook of cross-culture psychology, Vol. 4: Developmental psychology*. Boston, MA: Allyn & Bacon.

Rosenman, R. H., Brand, R. J., Jenkins, D., Friedman, M., Straus, R., Wurm M. (1975). Coronary heart disease in Western Collaborative Group Study. Final follow-up experience of 8 1/2 years. *JAMA, 233*(8), 872–877.

Rosenthal, R., & Jacobson, L. (1968). *Pygmalion in the classroom*. New York: Holt, Rinehart & Winston.

Rosenzweig, M. R. (1969). Effect of heredity and environment on brain chemistry, brain anatomy, and learning ability in the rat. In M. Monosevitz, G. Lindzey, & D. D. Thiessen (Eds.), *Behavioral genetics*. New York: Appleton-Century-Crofts.

Rowe, J. W., & Kahn, R. L. (1997). Successful aging. *The Gerontologist, 37*(4), 433–440.

Ruff, H. A., & Capozzoli, M. C. (2003). Development of attention and distractibility in the first 4 years of life. *Developmental Psychology, 39*, 877–890.

Rutter, M. (1987). Continuities and discontinuities from infancy. In J. D. Osofsky (Ed.), *Handbook of infant development* (2nd ed.). New York: Wiley.

Salthouse, T. A. (1985a). *A theory of cognitive aging*. Amsterdam, Netherlands: Elsevier/North-Holland.

Salthouse, T. A. (1985b). Speed of behavior and its implications for cognition. In J. E. Birren & K. W. Schaie (Eds.), *Handbook of the psychology of aging* (pp. 400–426). New York: Van Nostrand Reinhold.

Salthouse, T. A. (1991). Mediation of adult age differences in cognition by reductions in working memory and speed of processing. *Psychological Science, 2*, 179–183.

Salthouse, T. A., Fristoe, N., McGuthry, K. E., &

Hambrick, D. Z. (1998). Relation of task switching to speed, age, and fluid intelligence. *Psychology and Aging, 13*, 445–461.

Salthouse, T., Pink, J., & Tucker- Drob, E. (2008). Contextual analysis of fluid intelligence. *Intelligence, 36*, 464–486.

Santrock, J. W. (2004). *Child development: An introduction* (10th ed.). New York: McGraw-Hill.

Santrock, J. W. (2010). *Adolescence* (13th ed.). New York: Mcgraw-Hill.

Schacter, D. L., Kihlstrom, J., Kaszniak, A. W., & Valdiserri, M. (1993). Preserved and impaired memory functions in elderly adults. In J. Cerella, J. Rybash, W. Hoyer, & M. L. Commons (Eds.), *Adult information processing: Limits on loss* (pp. 327–350). New York: Academic Press.

Schaie, K. W. (1977). Toward a stage theory of adult development. *International Journal of Aging and Human Development, 8*, 129–138.

Schaie, K. W. (1990). Intellectual development in adulthood. In J. E. Birren & K. W. Schaie (Eds.), *Handbook of the psychology of aging* (pp. 291–309). San Diego, CA: Academic Press.

Schaie, K. W. (1994). The course of adult intellectual development. *American Psychologist, 49*(4), 304–313.

Schaie, K. W. (1996a). Intellectual development in adulthood. In J. E. Birren & K. W. Schaie (Eds.), *Handbook of the psychology of aging* (4th ed., pp. 266–286). San Diego, CA: Academic Press.

Schaie, K. W. (1996b). *Intellectual development in adulthood: The Seattle longitudinal study*. Cambridge, UK: Cambridge University Press.

Schaie, K. W. (2005). *Developmental influences on adult intelligence: The Seattle longitudinal study*. New York: Oxford University Press.

Schaie, K. W. (2008). A lifespan developmental perspective of psychological aging. In K. Laidlaw & B. G. Knight (Eds.), *Handbook of emotional disorders in late life: Assessment and treatment*. Oxford, UK: Oxford University Press.

Schaie, K. W., & Willis, S. L. (1996). Psychometric

intelligence and aging. In F. Blanchard-Fields & T. M. Hess (Eds.), *Perspectives on cognition in adulthood and aging* (pp. 293-322). New York: McGraw-Hill.

Schaie, K. W., & Willis, S. L. (2002). *Adult Development and Aging* (5th ed.). New York: Prentice-Hall.

Schaie, K. W., Willis, S. L., & Caskie, G. I. L. (2004). The Seattle longitudinal study: Relationship between personality and cognition. *Aging Neuropsychology and Cognition(Neuropsychology Development and Cognition Section B), 11*(2-3), 304-324.

Schiller, J. S., & Bernadel, L. (2004). Summary health statistics for the U.S. population: National Health Interview Survey, 2002. *Vital and Health Statistics, 10*(220). Hyattsville, MD: National Center for Health Statistics.

Schooler, C., & Caplan, L. J. (2009). Those who have, get: Social structure, environmental complexity, intellectural functioning and self-directed orientations in the elderly. In R. Abeles & K. W. Schaie (Eds.), *Social structures and aging individuals: Continuing challenges*. New York: Springe.

Schooler, C., Mularu, M. S., & Oates, G. (1999). The continuing effects of substantively complex workers. *Psychology and Aging, 14,* 483-506.

Schulz, R., & Heckhausen, J. (1996). A life-span model of successful aging. *American Psychologist, 51,* 702-714.

Schuster, M. A., Corona, R., Elliott, M. N., Kanouse, D. E., Eatman, K. L., Zhou, A. J., & Klein, D. J. (2008). Evaluation of talking parents, healthy teens, a new worksite based parenting programme to promote parent-adolescent communication about sexual health: randomised controlled trial. *British Medical Journal,* 1-9.

Shafer, H. H., & Kuller, J. A. (1996). Increased maternal age and prior anenploid conception. In J. A. Kuller, N. C. Cheschier, & R. C. Cefalo (Eds.), *Parental diagnosis and reproductive genetics* (pp. 23-28). St. Louis, MO: Mosby.

Shaffer, D. R. (1993). *Developmental psychology: Childhood and adolescence* (3rd ed.). Belmont, CA: Brooks/Cole.

Shaffer, D. R. (1998). *Developmental psychology: Childhood and Adolescence* (5th ed.). Belmont, CA: Brooks/Cole.

Shaffer, D. R., & Kipp, K. (2007). *Developmental psychology: Childhood & Adolescence* (7th ed.). Glendale, CA: Thomson Learning, Inc.

Sheiman, D. L., & Slomin, M. (1988). *Resources for middle childhood.* New York: Garland.

Sherbourne, C. D., & Hays, R. D. (1990). Marital status, social support, and health transitions in chronic disease patients. *Journal of Health and Social Behavior, 31*(4), 328-339.

Siegler, R. S. (1991). *Children's thinking* (2nd ed.). Englewood Cliffs, NJ: Prentice-Hall.

Simmons, R. G., & Blyth, D. A. (1987). *Moving into adolescence: The impact of pubertal change and school context.* Hawthorne, NY: Aldine & de Gruyter.

Singer, D. G., & Revenson, T. (1978). *A Piaget primer: How a child thinks.* New York: International Universities Press and New American Library.

Singman, M., Neumann, C., Jansen, A. A. J., & Bwibo, N. (1989). Cognitive abilities of Kenyan children in relation to nutrition, family characteristics, and education. *Child Development, 60,* 1463-1474.

Slaughter, V., & Lyons, M. (2003). Learning about life and death in early childhood. *Cognitive Psychology, 46,* 1-30.

Smith, A. D., & Earles, J. L. K. (1996). Memory changes in normal aging. In F. Blanchard-Fields & T. M. Hess (Eds.), *Perspectives on cognitive change in adulthood and aging.* New York: McGraw-Hill.

Smith, C. D., Chebrolu, H., Wekstein, D. R., Schmitt, F. A., Jicha, G. A., Cooper, G., & Markesbery, W. R. (2007). Brain structural alterations before mild cognitive impairment. *Neurology, 68,* 1268-1273.

Smith, C. L. (1979). Children's understanding of natural language hierachies. *Journal of Experimental Psychology, 27,* 437-458.

Smulyan, H., Asmar R. G., Rudnicki, A., London, G. M., & Safar, M. E. (2001). Comparative effects of aging in men and women on the properties of the arterial tree.

Journal of the American College of Cardiology, 37, 1347-1380.

Snarey, J. R. (1987). A question of morality. *Psychology Today,* 6-8.

Snowman, J., McCown, R., & Biehler, R. (2011). *Psychology Applied to teaching* (13th ed.). Boston, MA: Houghton Mifflin.

Snyderman, M., & Rotheman, S. (1987). Survey of expert opinion on intelligence and aptitude testing. *American Psychology, 42,* 132-144.

Soares-Miranda, L., Imamura, F., Siscovick, D., Jenny, N. S., Fitzpatrick, A. L., & Mozaffarian, D. (2015). Physical activity, physical fitness and leukocyte telomere length: The cardiovascular health study. *Medicine and Science in Sports and Exercise, 47*(12), 2525-2534.

Soldo, B. J., Mitchell, O., & McCade, J. (2007). Cross-cohort differences in health on the verge of retirement. *National Bureau of Economic Research Working Paper 12762.* Cambridge, MA: National Bureau of Economic Research.

Souchay, C., Isingrini, M., Clarys, D., Taconnat, L., & Eustache, F. (2004). Executive functioning and judgment-of-learning versus feeling-of-knowing in older adults. *Experimental Aging Research, 30*(1), 47-62.

Spearman, C. (1904). 'Gerneral intelligence,' objectively determined and measured. *American Journal of Psychology, 15,* 201-293.

Speece, M. W., & Brent, S. B. (1992). The acquisition of a mature understanding of three components of the concept of death. *Death Studies, 16,* 211-229.

Spitze, G., & Trent, K. (2006). Gender differences in adult sibling relations in two-child families. *Journal of Marriage and Family, 68,* 977-992.

Stanovich, K. E. (1981). Attentional and automatic context effects in reading. In A. Lesgold & C. Perfetti (Eds.), *Interactive processes in reading.* Hillsdale, NJ: Erlbaum.

Steinhausen, H. C., Willms, J., & Spohr, H. L. (1993). Long-term psychopathological and cognitive outcome of children with fetal alcohol syndrome. *Journal of the American Academy of Child and Adolescent Psychiatry, 32,* 990-994.

Stephens, M. A. P., Townsend, A. L., Martire, L. M., & Druley, J. A. (2001). Balancing parent care with other roles: Interrole conflict of adult daughter caregivers. *Journal of Gerontology: Psychological Sciences, 56B,* 24-34.

Sternberg, R. J. (1985). *Beyond IQ: A triarchic theory of human intelligence.* New York: Cambridge University Press.

Sternberg, R. J. (1986). A triangular theory of love. *Psychological Review, 93,* 119-135.

Steunenberg, B., Twisk, J. W. R., Beekman, A. T. F., Deeg, D. J. H., & Kerkhof, A. J. F. M. (2005). Stability and change in neuroticism in aging. *Journal of Gerontology, 60B,* 27-33.

Strauch, B. (2011). *The secret life of the grown up brain: Surprising talents of the middle aged mind.* New York: Penguin.

Strauch, E. H. (2010). *The supraconscience or humanity.* Lanham, MD: University Press of America.

Stroebe, M., Stroebe, W., & Hansson, R. O. (1993). *Handbook of bereavement.* New York: Cambridge University Press.

Sullivan, H. S. (1953). *The interpersonal theory of psychiatry.* New York: Norton.

Super, D. E. (1990). *Career development: Self-concept theory.* New York: College Entrance Examination Board.

Sylwester, R. (1994). How emotions affect learning. *Educational Leadership, 52*(2), 60-65.

Szinovacz, M. E., & Schaffer, A. M. (2000). Effects of retirement on marital conflict tactics. *Journal of Family Issues, 21,* 367-389.

Tabors, P. O. (1997). *One child, two languages: A guide for preschool educators of children learning English as a second language.* Baltimore, MD: Paul H. Brookes Pub.

Tapert, S. F., Brown, G. G., Kindermann, S. S., Cheung, E. H., Frank, L. R., & Brown, S. A. (2001). fMRI measurement of brain dysfunction in alcohol-dependent young women. *Alcoholism: Clinical and Experimental Research, 25*(2), 236-245.

Taylor, J. L., Noda, A., & Yesavage, J. A. (2007). Pilot age and expertise predict flight simulator performance. *Neurology, 68*, 648-654.

Taylor, M. C., & Hall, J. A. (1982). Psychological androgyny: Theories, methods, and conclusions. *Psychological Bulletin, 92*, 347-366.

Teddlie, D. Y., Kirby, P. C., & Stringfield, S. (1989). Effective vs. ineffective schools: Observable differences in the classroom. *American Journal of Education, 97*, 221-236.

Teller, D. Y., & Bornstein, M. H. (1987). Infant color vision and color perception. In P. Salapatek & L. B. Cohen (Eds.), *Handbook of infant perception: Vol. 1. From sensation to perception* (pp. 185-236). Orlando, FL: Academic Press.

Thatcher, R. W., Walker, R. A., & Giudice, S. (1987) Human cerebral hemispheres develop at different rates and ages. *Science, 236*, 1110-1113.

Thomas, A., & Chess, S. (1986). The New York longitudinal study: From infancy to early adult life. In R. Plomin & J. Dunn (Eds.), *The study of temperament: Change, continuities, and challenges*. Hillsdale, NJ: Erldaum.

Thompson, R. A., & Nelson, C. A. (2001). Developmental science and the media. *American Pshychologist, 56*, 5-15.

Thornton, W. J. L., & Dumke, H. (2005). Everyday problem solving and decision making in aging: A meta-analytic review. *Psychology and Aging, 20*, 85-99.

Thorson, J. A., & Powell, F. C. (1990). Elements of death anxiety and meaning of death. *Journal of Clinical Psychology, 44* (5), 691-701.

Thurstone, L. L. (1938). *Primary mental abilities*. Chicago, IL: University of Chicago Press.

Timberlake, E. M. (1980). The value of grandchildren to grandmothers. *Journal of Gerontological Social Work, 3*(1), 63-76.

Timberlake, E. M. (1985). Working with disadvantaged

parents and their children. *Child & Adolescent Social Work Journal, March(01)*, 2-65

Tolmie, J. L. (1995). Chromosome disorders. In M. J. Whittle & J. M. Connor (Eds.), *Prenatal diagnosis in obstetirc practice* (2nd ed., pp. 34-57). Oxford, UK: Blackwell.

Tolsdorf, C. C. (1976). Social networks, support and coping. *Family Process, 15*, 407-417.

Tomer, A. (2000). *Death attitudes and the older adult: Theories, concepts, and applications*. Philadelphia, PA: Brunner-Routledge.

Udry, R. (1971). *The social context of marriage*. New York: Lippincott.

Vaillant, G. E. (1977). *Adaptation to life*. Boston, MA: Little, Brown.

van IJzendoorn, M. H., & Kroonenberg, P. M. (1998). Cross cultural patterns of attachment: A mata-analysis of the strange situation. *Child Development, 59*, 147-156.

van IJzendoorn, M. H., & Sagi, A. (1999). Cross-cultural patterns of attachment: Universal and contextual dimensions. In J. Cassidy & P. Shaver (Eds.), *Handbook of attachment*. New York: Guilford.

Vasta, R., Haith, M. M., & Miller, S. A. (1995). *Child psychology*. New York: John Wiley & Sons, INC.

Vygotsky, L. S. (1926/1997). *Educational psychology*. Delray Beach, FL: St. Lucie Press.

Vygotsky, L. S. (1979). *Mind in society: The development of higher mental processes*. Cambridge, MA: Harvard University Press.

Walk, R. D., & Gibson, E. J. (1961). A comparative and analytical study of visual depth perception. *Psychology Monographs, 75*(15).

Walker, L. J., & Taylor, J. H. (1991). Family interactions and the development of moral reasoning. *Child Development, 62*, 264-283.

Ward, R. A. (1984a). *The aging experience: An introduction to social gerontology* (2nd ed.). New York: Harper and Row.

Ward, R. A. (1984b). The marginality and salience of being old: When is age relevant? *The Gerontologist,*

24, 227-232.

Ward, R. A., & Spitze, G. D. (2004). Marital implications of parent-adult child coresidence: A longitudinal view. *Journal of Gerontology: Social Sciences, 59B*, S2-S8.

Warr, P. (1994). Age and employment. In H. C. Triandis, M. D. Dunnette, & L. M. Hough (Eds.), *Handbook of industrial and organizational psychology* (Vol. 4, pp. 485-550). Palo Alto, CA: Consulting Psychologists Press.

Warr, P. B. (1994). A Conceptual framework for the study of work and mental health. *Work and Stress, 8*, 84-97.

Wechsler, D. (1944). *The measurement of adult intelligence*. Baltimore, MD: Williams & Wilkins.

Weiss, G. (1983). Long-term outcome: Findings, concepts, and practical implications. In M. Rutter (Ed.), *Developmental neuropsychiatry*. New York: Guildford.

Weiten, W., Lloyd, M. A., Dunn, D. S., & Hammer, E. Y. (2009). *Psychology applied to modern life: Adjustment in the 21st century* (9th ed.). Belmont, CA: Wadsworth Cengage Learning.

Wertsch, J. B., & Tulviste, P. (1992). L. S. Vygotsky and contemporary developmental psychology. *Developmental Psychology, 28*, 548-557.

West, R. F., & Stanovich, K. E. (1982). Source of inhibition in experiments on the effect of sentence context on word recognition. *Journal of Experimental Psychology: Learning, Memory, and Cognition, 8*, 385-399.

Whitbourne, S. K. (1996). *The aging individual: Physical and psychological perspectives*. New York: Springer.

Whitbourne, S. K. (2001). The Physical aging process in midlife: Interactions with psychological and sociocultural factors. In M. E. Lachman (Ed.), *Handbook of midlife development* (pp. 109-155). New York: Wiley.

Whitbourne, S. K., Zuschlag, M. K., Elliot, L. B., & Waterman, A. S. (1992). Psychosocial development in adulthood: A 22-year sequential study. *Journal of Personality and Social Psychology, 63*, 260-271.

White, L. (2001). Sibling relationships over the life course: A panel analysis. *Journal of Marriage and Family, 63*(2), 555-568.

Wicks-Nelson, R., & Israel, A. C. (2000). *Behavior disorders if childhood* (4th ed.). Hoboken, NJ: Prentice-Hall.

Wilkie, J. R., Ferree, M. M., & Ratcliff, K. S. (1998). Gender and fairness: Marital satisfaction in two-earner couples. *Journal of Marriage and Family, 60*(3), 577-594.

Willgon, J. R., & Carrington, E. R. (1987). *Obstetrics and gynecology* (8th ed.). St. Louis, MO: Mosby.

Willis, S. L., & Schaie, K. W. (1999). Intellectual functioning in midlife. In S. L. Willis & J. D. Reid (Eds.), *Life in the middle: Psychological and social development in middle age* (pp. 233-247). San Diego, CA: Academic Press.

Willis, S. L., & Schaie, K. W. (2006). Cognitive functioning in the baby boomers: Logitudinal and cohort effects. In S. K. Whitebourne & S. L. Willis (Eds.), *The baby boomers grow up: Contemporary perspectives on midlife* (pp. 205-234). Mahwan, NJ: Erlbaum.

Wilson, R. S., Krueger, K. R., Arnold, S. E., Schneider, J. A., Kelly, J. F., Barnes, L. L. et al. (2007). Loneliness and risk of Alzheimer's disease. *Archives of General Psychiatry, 64*, 234-240.

Wingfield, A., & Byrnes, D. L. (1981). *The psychology of human memory*. New York: Academic Press.

Wink, P., & Scott, J. (2005). Does religiousness buffer against the fear of death and dying in late adulthood? Findings from a longitudinal study. *Journal of Gerontology: Psychological Sciences, 60B*, 207-214.

Wohlwill, J. F. (1973). *The study of behavioral development in children*. New York: Academic Press.

Wolf, R. M. (1964). The identification of measurement of environmental process variables related to intelligence. Unpublished doctoral dissertation, University of Chicago.

Wood, D. (1980). Teaching the young child: Some relationships between social interaction, language, and thought. In D. Olson (Ed.), *The social foundation of language and thought* (pp. 280-296). New York: Norton.

Wood, D., Brunner, J. S., & Ross, G. (1976). The role

of tutoring in problem solving. *Journal of Child Psychology and Psychiatry, 17*, 89-100.

Woolfolk, E. (2010). *Educational psychology* (11th ed.). London, UK: Pearson Education International.

Word, S. (1996). Motality awareness and risk-taking in late adolescence. *Death Studies, 20*(2), 133-148.

World Economics Forum (2020). *The Future of Jobs Report*. WEF.

World Health Organization (1992). *The ICD-10 classification of mental and behavioural disorders: Clinal descriptions and diagnostic guidelines*. Geneva, Switzerland: World Health Organization.

Wortman, C. B., & Silver, R. C. (1989). The myths of coping with loss. *Journal of Consulting and Clinical Psychology, 57*(3), 349-357.

Wu, A. M. S., Tang, C. S. K., & Kwok, T. C. Y. (2002). Death anxiety among Chinese elderly people. *Journal of Aging and Health, 14*(1), 42-56.

Yager, J. (1982). Family issues in the pathogenesis of anorexia nervosa. *Psychosomatic Medicine, 44*(1), 43-60.

Yang, Z., Huang, X., Jiang, H., Zhang, Y., Liu, H., Qin, C., ⋯⋯ & Ju, Z. (2009). Short telomeres and prognosis of hypertension in a Chinese population. *Hypertension, 53*(4), 639-645.

Yeh, H., Lorenz, F. O., Wickrama, K. A. S., Conger, R. D., & Elder, G. H. (2006). Relationships among sexual satisfaction, marital quality, and marital instability at midlife. *Journal of Family Psychology, 20*, 339-343.

Yoo, S., Paek, Y., Kim, S., Lee, D., Seo, D., Seong, M., Chang, H., Choi, S., & Im, H. (2010). Hair nicotine levels in non-smoking pregnant women whose spouses smoke outside of the home. *Tobacco Control, 19*(4), 338-341.

Youn, G., Knight, B. G., Jeong, H., & Benton, D. (1999). Differences in familism values and caregiving outcomes among Korea, Korean American, and White American dementia caregivers. *Psychology and Aging, 14*(3), 355-364.

Young Ho Yun, Jin-Ah Sim, Yeani Choi, & Hyejeong Yoon (2022). Attitudes toward the Legalization of Euthanasia or Physician-Assisted Suicide in South Korea: A Cross-Sectional Survey. *International Journal of Environmental Research and Public Health, 2022, 19*, 5183.

Yussen, S. R., & Bird, J. E. (1979). The development of metacognitive awareness in memory, communication, and attention. *Journal of Experimental Child Psychology, 28*, 300-313.

Zacks, R. T., & Hasher, L. (1988). Capacity theory and the processing of inferences. In L. L. Light & D. M. Burke (Eds.), *Language, memory, and aging* (pp. 154-170). New York: Cambridge University Press.

Zauszniewski, J. A., & Martin, M. H. (1999). Developmental task achievement and learned resourcefulness in healthy older adults. *Archives of Psychiatric Nursing, 13*, 41-47.

Zhang, B., Wright, A. A., Nilsson, M. E., Huskamp, H. A., Maciejewski, M. L., Earle, C. C., Maciejewski, P. K., Trice, E. D., Block, S. D., & Prigerson, H. G. (2008). Associations between advanced cancer patients' end-of-life conversations and cost experiences in the final week of life. *Journal of Clinical Oncology, 26*(15S), 9530.

Ziemba, R. A., & Lynch-Sauer, J. M. (2005). Preparedness for taking care of elderly parents: "First you get ready to cry". *Journal of Women and Aging, 17*(2), 99-113.

Zunzunegui, M., Alvarado, B. E., Del Ser, T., & Otero, A. (2003). Social networks, social integration, and social engagement determine cognitive decline in community-dwelling Spanish older adults. *Journals of Gerontology: Series B: Psychological Sciences and Social Sciences, 58*(2), S93-S100.

찾아보기

인명

내용

저자 소개

신명희(Synn Myunghi)
연세대학교 문과대학 교육학과(학사)
경북대학교 대학원 교육심리학과(석사)
미국 오하이오 주립대학교 심리학 전공(Ph.D.)
현 연세대학교 교육학과 퇴임교수

서은희(Seo Eunhee)
연세대학교 교육과학대학 교육학과(학사)
연세대학교 대학원 교육학과(석사)
연세대학교 대학원 교육심리 전공(교육학 박사)
현 가천대학교 교육대학원 교육학과 교수

송수지(Song Sooji)
서울여자대학교 사회과학대학 교육심리학과(학사)
연세대학교 대학원 교육학과(석사)
연세대학교 대학원 교육심리 전공(교육학 박사)
전 명지전문대학 유아교육과 교수
현 장로회신학대학교 기독교교육과 겸임교수

김은경(Kim Eunkyung)
연세대학교 교육과학대학 교육학과(학사)
연세대학교 대학원 교육학과(석사)
연세대학교 대학원 교육심리 전공(교육학 박사)
전 숭실대학교 교직과 교수
현 (주)호스트 대표

원영실(Won Youngsil)
서울대학교 음악대학 국악과(학사)
서울대학교 대학원 음악학과(석사)
연세대학교 대학원 교육심리 전공(교육학 박사)
현 연세대학교 교육대학원 강사

노원경(Noh Wonkyung)
영남대학교 사범대학 교육학과(학사)
연세대학교 대학원 교육학과(석사)
연세대학교 대학원 교육심리 전공(교육학 박사)
현 한국교육과정평가원 연구위원

김정민(Kim Jungmin)
연세대학교 문과대학 국어국문학과(학사)
연세대학교 대학원 교육학과(석사)
연세대학교 대학원 교육심리 전공(교육학 박사)
현 연세대학교 강사, 청소년상담사

강소연(Kang Soyeon)
연세대학교 문과대학 영어영문학과(학사)
연세대학교 대학원 교육학과(석사)
연세대학교 대학원 교육심리 전공(교육학 박사)
현 포도 공학교육컨설팅 센터 소장

임호용(Lim Hoyong)
한성대학교 사회과학대학 경영학과(학사)
연세대학교 대학원 교육학과(석사)
연세대학교 대학원 교육심리 전공(교육학 박사)
현 한국대학교육협의회 책임연구원

발달심리학 ^{3판}
Developmental Psychology (3rd ed.)

2013년 3월 20일 1판 1쇄 발행
2016년 9월 20일 1판 6쇄 발행
2017년 2월 10일 2판 1쇄 발행
2023년 8월 10일 2판 14쇄 발행
2024년 2월 29일 3판 1쇄 발행

지은이 • 신명희 · 서은희 · 송수지 · 김은경 · 원영실
　　　　노원경 · 김정민 · 강소연 · 임호용

펴낸이 • 김진환

펴낸곳 • ㈜ **학 지 사**

　　　　04031 서울특별시 마포구 양화로 15길 20 마인드월드빌딩

대표전화 • 02-330-5114　　팩스 • 02-324-2345

등록번호 • 제313-2006-000265호

홈페이지 • http://www.hakjisa.co.kr

인스타그램 • https://www.instagram.com/hakjisabook

ISBN 978-89-997-3080-1 93180

정가 30,000원

▋ 출판미디어기업 **학 지 사**

간호보건의학출판 **학지사메디컬** www.hakjisamd.co.kr
심리검사연구소 **인싸이트** www.inpsyt.co.kr
학술논문서비스 **뉴논문** www.newnonmun.com
교육연수원 **카운피아** www.counpia.com
대학교재전자책플랫폼 **캠퍼스북** www.campusbook.co.kr